U0724843

Zhonghua
Wenhua Gailun

中华文化概论

（第2版）

教育部教学改革重点项目
——「文化原典导读与本科人才培养」成果

教育部新文科研究与改革实践项目
——「文史哲拔尖创新人才培养创新与实践」成果

曹顺庆　徐希平　**主**编

孙纪文　王　猛
汪文学　房　锐　**副主**编
熊伟业

汉语言文学专业系列教材

重庆大学出版社

图书在版编目(CIP)数据

中华文化概论/曹顺庆,徐希平主编. —2 版. --重庆:重庆大学
出版社,2023.2
汉语言文学专业系列教材
ISBN 978-7-5689-3621-7

Ⅰ.①中⋯ Ⅱ.①曹⋯ ②徐⋯ Ⅲ.①中华文化—高等学校—
教材 Ⅳ.①K203

中国版本图书馆 CIP 数据核字(2022)第 225883 号

中华文化概论
ZHONGHUA WENHUA GAILUN
(第2版)

曹顺庆　徐希平　主编
责任编辑:黄菊香　　版式设计:陈　曦
责任校对:谢　芳　　责任印制:张　策
*
重庆大学出版社出版发行
出版人:饶帮华
社址:重庆市沙坪坝区大学城西路 21 号
邮编:401331
电话:(023) 88617190　88617185(中小学)
传真:(023) 88617186　88617166
网址:http://www.cqup.com.cn
邮箱:fxk@ cqup.com.cn(营销中心)
全国新华书店经销
重庆愚人科技有限公司印刷
*
开本:787mm×1092mm　1/16　印张:31.5　字数:636千
2023 年 2 月第 2 版　　2023 年 2 月第 5 次印刷
印数:9 501-12 500
ISBN 978-7-5689-3621-7　定价:89.00 元

汉语言文学专业系列教材

编 委 会

主　编　曹顺庆

编　委　（按拼音排序）

曹顺庆　傅其林　干天全　胡易容

金慧敏　靳明泉　雷汉卿　李　菲

李　凯　李　怡　刘　荣　刘　颖

罗　鹭　马　睿　王兆鹏　鲜丽霞

肖伟胜　徐希平　徐行言　阎　嘉

杨红旗　杨亦军　杨颖育　张　法

张　弘　张哲俊　赵渭绒　赵毅衡

支　宇　周维东

主编助理　张帅东

中华文化概论(第2版)

编委会

总序

这是一套以原典阅读为特点的新型教材,其编写基于我担任教育部教学改革重点项目——"文化原典导读与本科人才培养"和教育部新文科研究与改革实践项目——"文史哲拔尖创新人才培养创新与实践"的理论探索与长期的教学实践。

大学肩负着文化传承与创新、人才培养、科学研究、社会服务、国际交流合作的重要使命。近年来,我国高等教育取得长足进步,已建成世界最大规模的高等教育体系,2021年在学总人数超过4430万人。然而,尽管高校学生数量在世界上数一数二,但是人才培养质量仍然不尽如人意,拔尖人才、杰出人才比例仍然严重偏低。半个多世纪以来,中国在人才培养质量上没有产生一批堪与王国维、鲁迅、钱锺书、钱学森、钱三强等人相比肩的学术大师。

钱学森提出"为什么我们的学校总是培养不出杰出人才?"这个著名的"钱学森之问",体现的问题是当代教育质量亟待提高。其根本原因就是学生基础不扎实,缺乏创新的底气和能力。人才培养的关键还是基础,打基础很辛苦,如果不严格要求,敷衍了事,小问题终究会成为大问题。基础不牢,地动山摇;基础精通,一通百通。基础就是学术创新的起点,起点差,就不可能有大造化、大出息,就不可能产生真正的学术大师。怎样强基固本,关键就是要找对路径,古今中外的教育事实证明,打基础应当从原典阅读开始,一步一个脚印地扎扎实实前进。中华文化基础不扎实的现象不仅仅体现在文科学生上,我国大学的理、工、农、医科学生的文化素养同样如此。

针对基础不扎实的问题,基于培养一批拔尖创新人才的教学理念,我主编了这套以原典阅读为特点的新型教材,希望能够弥补教育体制、课程设置、教学内容、教材编写等方面的不足,解决学生学术基础不扎实、后续发展乏力这个难题。根据我的观察,目前高校中文学科课程设置的问题可总结为四个字:多、空、旧、窄。

所谓"多",即课程设置太多,包括课程门类多、课时多、课程内容重复多。不仅本科生与硕士生,甚至与博士生开设的课程内容也有不少重复,而且有的课程如"大学写作""现代汉语"等还与中学重复。而基础性的原典阅读反而被忽略,陷入课程越设越多、专业越分越窄、讲授越来越空、学生基础越来越差的恶性循环。其结果就是,不仅一般人读不懂中华文化原典,就连我们的大学生、研究生和一些学者的文化功底也堪忧。不少人既不熟悉中华文化原典,也不能用外文阅读西方文化原典,甚至许多大学生不知道十三经(《周易》《尚书》《诗经》《周礼》《仪礼》《礼记》《春秋左传》《春秋公羊传》《春秋穀梁传》《论语》《孝经》《尔雅》《孟子》)是哪十三部经典,也基本上没有读过外文原文的西方文化经典。就中文学科而言,我认为对高校中文学科课程进行"消肿",适当减少课程门类、减少课时,让学生多一些阅读作品的时间,改变中文系本科毕业生读不懂中华文化原典、外语学了多年仍没有读过一本原文版的经典名著的现状,这是我们进行课程和教学改革的必由之路与当务之急。

所谓"空",即我们现在的课程大而化之的"概论""通论"太多,具体的"原典阅读"较少,导致学生只看"论",只读文学史便足以应付考试,而很少读甚至不读经典作品,即使学经典的东西,学的方式也不对。比如,《诗经》、《论语》、《楚辞》、唐诗宋词,我们多少都会学一些,但这种学习基本是走了样的,不少课程忽略了一定要让学生直接用文言文来阅读和学习这样一种原典阅读的规律,允许学生用"古文今译"读本,这样的学习就与原作隔了一层。因为古文经过"今译"之后,已经走样变味,不复是文化原典了。以《诗经·周南·关雎》为例:"关关雎鸠,在河之洲。窈窕淑女,君子好逑。"余冠英先生将这几句诗译为:"水鸟儿闹闹嚷嚷,在河心小小洲上。好姑娘苗苗条条,哥儿想和她成双。"余先生的今译是下了功夫的,但无论怎样今译,还是将《诗经》译成了打油诗。还有译得更好玩的:"河里有块绿洲,水鸭勒轧朋友;阿姐身体一扭,阿哥跟在后头。"试想,读这样的古文今译,能真正理解中国古代文学,能真正博古吗? 当然不可能。诚然,古文今译并非不可用,但最多只能作为参考。这种学习方式不仅导致空疏学风日盛,踏实作风渐衰,还会让我们丢失了文化精髓。不能真正理解中华文化原典,也就谈不上文化自信。针对这种"空洞"现象,我们建议增开中华文化原典和中外文学作品阅读课程,减少文学概论和文学史课时,真正倡导启发式教育,让学生自己去读原著、读作品。在规定的学生必读书目的基础上,老师可采取各种方法检查学生读原著(作品)的情况,如课堂抽查、课堂讨论、诵读、写读书报告等。这样既可养成学生的自学习惯,又可改变老师"满堂灌"的填鸭式教学方式。

所谓"旧",指课程内容陈旧。多年来,教材老化的问题并没有真正解决。例如,现在许多大学所用的教材,包括一些新编教材,还是多年前的老一套体系。陈旧的教材体系,不可避免地造成了课程内容与课程体系陈旧,学生培养质量上不去的严重问题,这应当引起我们的高度重视。

"窄",也是一个亟待解决的问题。自 20 世纪 50 年代以来,高校学科越分越细,专业越来越窄,培养了很多精于专业的"匠人",却少了高水平的"大师"。现在,专业过窄的问题已经引起了教育部的高度重视。教育部提出"新文科",就是要打破专业壁垒和限制,拓宽专业口径,加强素质教育,倡导跨专业学习,培养文理结合、中西相通、博古通今的高素质通才,"新文科"正在成为我国大学人才培养模式的一个重要改革方向。中文学科是基础学科,应当首先立足于培养基础扎实、功底深厚、学通中西的高素质拔尖人才。只要是基本功扎实、眼界开阔的高素质的中文学科学生,我相信他们不但适应面广、创新能力强,而且在工作岗位上更有后劲。

基于以上形势和判断,我们在承担了教育部教学改革重点项目——"文化原典导读与本科人才培养"和教育部新文科研究与改革实践项目——"文史哲拔尖创新人才培养创新与实践"的教学改革实践和研究的基础上,立足原典阅读,着力夯实基础,培养功底深厚、学通中西的高素质拔尖人才,编写了这套原典阅读新型教材。本系列教材特色鲜明,立意高远、汇集众智,希望能够秉承百年名校的传统,再续严谨学风,为培养新一代基础扎实、融汇中西的高素质、创新型中文拔尖人才贡献绵薄之力。

本系列教材共 18 部,分别由一批学科带头人、教学名师、著名学者、学术骨干主编及撰写,他们是:四川大学文科杰出教授、教育部社会科学委员会委员、四川大学"985"文化遗产与文化互动创新平台首席专家项楚教授,四川大学文科杰出教授、欧洲科学与艺术院院士、"长江学者"特聘教授、国家级教学名师曹顺庆教授,原伦敦大学教授、现任四川大学文学与新闻学院符号学-传媒学研究所所长赵毅衡教授,四川大学文学与新闻学院院长、国家万人计划哲学社会科学领军人才李怡教授,"长江学者"特聘教授、国家万人计划哲学社会科学教学名师傅其林教授,著名学者冯宪光、周裕锴、阎嘉、谢谦、刘亚丁、俞理明、雷汉卿、张勇(子开)、杨文全,以及干天全、刘荣、邱晓林、刘颖等教授。需要特别指出的是,本系列教材在主编及编写人员的组织遴选上不限于四川大学,而是邀请国内外高校中一些有专长、有影响力的著名学者一起编写。如韩国又松大学甘瑞媛教授、四川师范大学文学院李凯教授、西南交通大学艺术与传播学院徐行言教授、西南民族大学文学院徐希平教授、西南大学文学院肖伟胜教授、成都理工大学传播科学与艺术学院刘迅教授、西南财经大学国际教育学院邓时忠、成都信息工程大学人文学院廖思湄教授等。

本系列教材自出版以来,被多所高校选作本科生、研究生的教材,或入学考试的参考用书，读者反响良好。在出版社的倡议和推动下，我们启动了这18部教材新版修订编写工作。此次修订编写依然由我担任总主编，相信通过这次精心的修订，本系列新版教材将更能代表和体现"新文科"教学的需要，更好地推进大学培养优秀拔尖创新人才的教学实践。

路虽远，行则将至。事虽难，做则必成。是为序。

2022年12月于四川大学新校区寓所

引言：我们为什么要读中华文化典籍

——曹顺庆教授访谈录

张金梅、刘诗诗(以下简称张、刘)：曹老师，您好！2020年第四届全球华人国学大典颁奖典礼，您作为特约颁奖嘉宾出席并接受了凤凰网的独家专访，谈到了近年的"国学热"与中华传统文化传承。能否请您进一步谈谈自20世纪90年代以来出现的这一"国学热"现象？

曹顺庆(以下简称曹)：20世纪90年代至今之所以会在国内出现"国学热"，我认为，从总体上来看，这是历史发展的必然，是继"五四"之后的又一次文化转折。

近现代之交，在西方强大的文化冲击下，中华文化产生了一次重大转折。当西方文化夹带着政治、经济优势强行冲向中国之时，中华文化被迫"大河改道"。这种"改道"一方面是西方文化的抢滩登陆；另一方面是中华文化在优势的西方文化面前，通过一番碰撞、挣扎后，转过来向西方文化学习。我们的知识分子通过一番"论战"，逐渐认识到我们故步自封，守着我们的传统文化是不行的，要向西方学习，"求新声于异邦"，于是掀起了"出国热"。当时我们很多相当优秀的、有代表性的学者都主张向西方文化学习。那么，就这一次向西方文化学习和西方文化冲进来的合理性来说，西方文化对中国的冲击和我们中国人主动向西方学习，即所谓"拿来主义"是有其合理性的，历史的大趋势使中华文化形成了一次"大河改道"。这种"改道"对中国现当代文化的影响是决定性的，我们的新文化、现当代文化就是在这次"大河改道"中形成的。

这种"改道"走过以后，近些年来，国内又开始出现了一种与"五四"运动以来文化发展趋势有所不同的另外一种转折趋势。今天的"国学热"就是这种现象之一，这可以从很多学者身上看出来。有很多学者，包括在西方待了很久的学者，他们当年主张学习西方

1

文化，现在却都开始转过来倡导中华文化、东方文化。典型的例子如季羡林先生留德十年，他从 20 世纪 90 年代开始就大力倡导重视中华文化和东方文化，认为不能唯西方文化马首是瞻，反对"贾桂"思想。有很多人对他的看法不以为然。他曾经说过："三十年河东，三十年河西。""21 世纪东方文化必将复兴。"现在回过头来看，季先生是有很敏锐的眼光的。现代著名诗人郑敏当年也是主张向西方学习的骨干，现在他对中华文化和东方文化也是大力倡导的。原先热衷西方后现代文化研究的王岳川教授现在却转过来提出重新"发现东方"，倡导将中华文化"输出"。我曾提出"失语症"，主张重建中国文论话语，要求读"十三经"，背《文心雕龙》《文赋》。我们老中青三代学者有的强调读经，有的主张学习东方文化、中华文化，此外，有的大学还建立了"国学院"。这是一个信号，中华文化又一次转折的信号！这种转折不是一两个人的意愿，而是一种潮流。随着中国经济的快速发展及国际地位的提升，中华文化的复兴已经势不可当，这种潮流已经成为我们今天学术研究的一个焦点，是一个学术前沿问题，也是一个事关中国软实力提升、国家整个文化发展战略的重大问题。如果我们处理得好，认识得清楚、深刻，那就是中华文化发展的一个机遇；如果我们处理得不好，很可能会困扰我们的教育发展和文化发展，困扰我们的学术研究。现在很多人对这个问题认识不深，我认为我们必须把握住这次文化发展的机遇，顺应这种历史发展的必然，真正实现中华民族的伟大复兴。

张、刘：您刚才提及了"失语症"，自 1995 年您提出"文论失语症"观点迄今，学术界热议不断，学者们积极探索重建文论话语的途径、举措，如"传统文化的现代转化"等。您作为提出者，怎么看待"失语症"与"中华文化传承""文明互鉴"之间的因果缘由？

曹：我对"传统文化的现代转化"基本赞成，但仍然有一点不同看法。所谓"传统文化的现代转化"这个提法，其实暗含了对中国古代文化的否定。以中国古代文论为例，学者们认为，因为古代文论已经不适合现代了，如果要用于现代，则必须转换，这个意思很清楚。我是不同意这一点的，中国古代文论在当代是有效的，也是可操作的。中国文论要活过来，必须要返之本源而不是求之于域外，域外资源永远只是一种辅助、参照。

只有在观念上承认中国古代文论的本然地位，才能让它活过来，比如用意象和意境来谈中国古代诗歌，是非常恰当的，甚至也可以评论现代诗歌，这比用现实主义、浪漫主义、典型论等西方理论来谈诗更恰当；用李渔的戏曲理论来评论中国戏剧，是很好用的；用妙悟、滋味来品诗，要比用现象学、接受美学的范式更恰当。中国古代文论中国化才是救活中国文论的基本路径。

所以，我认为"传统文化的现代转化"的最好方式就是直接"沐浴"经典，熟读"十三经"，背诵《文心雕龙》《二十四诗品》等原典著作，在原典中对中华文化进行体悟。为培养学生，我从 1995 年开始开设"十三经"课程，迄今已有 27 年了。事实证明，这样做的效果非常好。

"失语"的害处就是缺乏创新力，缺乏自主创新性。不学传统文化，读不懂中国古代典籍，必然会"失语"，这是肯定的。就文学理论来说，我们传统的文论基本上从现实的文学生活中消失了，目前的文学理论体系基本上是西方模式的，对于西方的文学理论，我们正在亦步亦趋地效颦。我们已经没有了自己的话语，开口就是西方的。当今的学者，包括一些已经很有名气的学者，有几个人真正读过"十三经"、读过"二十五史"、读过《诸子集成》？当初我们学习西方是为了赶上西方，费时糜日，我们至今仍处于追赶西方的被动状态。

近代以来，西方文明功不可没，对全人类文明做出了巨大贡献，这必须承认，即便如此，在表面上西方文化一家独大的现象下，文明互鉴、文明交流依然是人类文明发展的主流和基本脉络。例如，当代西方哲学与文化，尤其是现象学、阐释学、解构主义，海德格尔、迦达墨尔、德里达等西方哲学与文化大家，在当下中国走红，不少人认为，当代西方哲学与文化，就是西方文明的独创，实际上，这依然是文明互鉴、文明交流的结果。

西方近现代及当代哲学与文化，蕴含相当多的中华文化元素。例如，17世纪延续百年的"礼仪之争"将儒家思想带到西方，笛卡尔、莱布尼兹等大哲学家从中看到了理性主义生活方式，促使了启蒙运动的发展，从这个意义上来讲，中国传统思想本来就是现代思想的摇篮之一。法国哲学家笛卡尔深受中华文化的影响，从他探索世界本原的方式中，明显看出了中国宋明理学的"理、气"二元论在其哲学逻辑推演中的痕迹。在笛卡尔之后，许多西方哲学家都曾受到中国式二元论思维模式的影响，如胡塞尔的现象学。1679年，莱布尼兹就在《中国近事》中说："在实践哲学方面，欧洲人实不如中国人。"法国大学者伏尔泰对中国情有独钟，他的很多论述，都以中国为例子，批判当时法国乃至欧洲的专制统治。在法国大革命之前，对伏尔泰等一批法国知识分子来说，中国就是他们的曙光。

历史事实显示，文明是平等的，文明是交流互动的，文明是人类智慧共同构成的，当今的文明，没有哪一个不是在交流互鉴中形成的。全世界每个民族的文化都有自己的精神家园。西方文化有其自己的精神家园，如柏拉图、亚里士多德及从希伯来文化中拿过来的《圣经》；印度和其他民族也都有他们自己的文化家园；我们中国人也一定要知道自己的文化家园在哪里。古人讲"心正""身修""家齐""国治""天下平"；我们讲要有"良知"，要有"追求"。我们强调"和谐社会"、"一心为公"、人与人之间和睦相处的法则，强调"慎独"，这些都是中国传统文化的体现。今天，一些人唯利是图，社会上诸多精神空虚现象都与传统文化的失落有关系。

所以，传承中华文化，努力建构全球化语境下世界多元文明新格局，加强异质文明的对话交流、互鉴交融，避免中国文论失语，从根本上说就是回归原典、体会传统文化的博大精深和它独特的言说方式。这项工程任重而道远。

张、刘：回归原典，回归中华文化的精神家园！您在教学中也在实践这一理念，自

1995年至今,您坚持面向博士研究生开设"《十三经》原典阅读"课程,此门课程2021年获批教育部课程思政示范项目,以此延展的《溯源经典,文明互鉴》案例课、微课和说课视频上线"新华思政"教学服务平台,在全国范围内有效推广了"十三经"课程教学的经验与做法。请问您是如何教"十三经"的?您所提到的成效有哪些?您有什么读经的经验心得可与读者分享一下吗?

曹:27年来,我一直在研究生教学中做实验。说实在话,推动大家读经是一件很难的事情。我要求研究生阅读原汁原味的中华文化原典,教材直接选用阮元主持校刻的《十三经注疏》本,不用今译今注本。我之所以选用这个原汁原味的版本,是想让大家体会一下求学的门径。具体说来,有两点:

一、"自学"加"课堂点拨"。我讲"十三经"主要是让同学们自己在下面读,课堂上我只是抽查,随意抽签读,检查大家的学习效果。我的用心,就是试图做一个教学改革尝试,让同学们能读到原汁原味的东西,获得实实在在的知识与智能,而不是大讲空论,凌空蹈虚,不是在岸上大讲游泳理论,而是让同学们跳下水去学游泳。同时我会重点讲解一些大家读起来比较困难、难懂的和需要发挥的地方。遇到一些重大的文化问题、理论问题,我会从旁给予必要的指导与点拨。

二、"补课"。初读"十三经"的确很艰难,但只要大家咬牙坚持下来,还是很有收获的。翻过"十三经"和没翻过"十三经"是不一样的;用过"十三经"和没用过"十三经"是不一样的。以前同学们连"十三经"是哪"十三经"都不知道,现在都很清楚了,而且有些篇章还是仔细体会过了的,大致框架和基本内容是知道的。这对于我们学生"补课"是很有好处的,至少可以避免一些学习上的常识性错误,例如,古文经学与今文经学的问题很多人弄不清,读错字的现象比比皆是。虽然"十三经"这门课程只讲授一个学期,但是对于开设其他公选课如文学史、文学批评史都是很有帮助的。例如,在讲授"十三经"的同时,我还开设了"中华文化与文论"课程,我要求同学们背诵《文心雕龙》(起码背十篇)、《文赋》《诗品序》等中国文论典籍,这实质上也是读经的一种延伸,旨在进一步巩固同学们对传统文化的体验,使学习的知识更扎实。通过读"十三经",同学们在知识上、文化体验上、学风上、见解上都得到了拓展,学术功底大大加强。无论是写文章,还是开会发言,同学们都能对中华文化典籍信手拈来,文采斐然。

关于"如何读经",我认为最好要注意以下几点:

第一,面和点结合。如《周易》,我们先读《周易正义序》《周易正义卷首》《钦定四库全书总目·周易正义十卷提要》,对《周易》有个总体的概貌式的印象。接着我们有选择性地读《乾》《坤》《屯》《巽》等,大致了解卦爻辞的基本内容。最后我们读《系辞》《说卦》等。这样点面结合,就能对《周易》有个比较全面的认识与了解。

第二,泛读和背诵结合。"十三经"的内容很丰富,我提倡泛读。但有的内容如《礼记》的《礼运》《大学》《中庸》，包括中国古代文论中的《文心雕龙》《文赋》《诗品序》等是要求背诵的。学习经典能背一点最好。如《周易》"天行健，君子以自强不息""地势坤，君子以厚德载物"，这几句话已成为清华大学的校训，任何人多读两遍都能背下来。

第三，持之以恒，贵在坚持。今天很多人拿着经典就头疼，读不下去。我的经验是：读不懂不要怕！不论读不读得懂，先读了再说。读一遍不懂，读两遍；两遍不懂，读三遍；"书读百遍，其义自见"。要把经典当成"案头本""桌上书""枕边书"，常常翻、常常读。学经典，贵在坚持。开始可能很困难，可能读不懂，但坚持多读几遍，仔细品味，慢慢就进入其境界了。当然，实在困难，可查阅工具书，请教老师，或参考别的注释本，但仍然要以自己的沉潜诵读为根本。没有自己深沉的文本体验，是学不好古代典籍的。犹如不跳下水去，是永远学不会游泳的。如果同学们能够"枕藉观之""酝酿胸中，久之自然悟入"（严沧浪语），相信有朝一日定能进窥中华文化与文学之堂奥。这里还有几个例子可供大家参考。国学大师黄侃先生很爱读经，他有本《黄侃手批白文十三经》。据说他有个很特殊的习惯，每年冬天都读一遍"十三经"。"十三经"是他的案头书、桌上书。杨明照先生同样如此，我跟着他学了二十多年了。二十多年来，《十三经注疏》就一直放在他的书桌上，有空他就常常翻阅。我现在讲授"十三经"，每讲一次，就重新将它翻阅一遍，常翻，常读，就熟了。这都是他们的经验，可供大家参考。

张、刘：自 2004 年以来，四川大学文学与新闻学院的博士生入学考试不论专业和研究方向，都将"中华文化原典"作为入学的"敲门砖"。与此同时，四川大学为全校本科所有专业学生开设了"中华文化原典"教育必修课。这在全国博士招生和教学史上都是一项重大举措。请问学院及学校为什么会做出这样的决定？你们的期望是什么？

曹：我们之所以要将"中华文化原典"列为考试科目，是因为中华文化原典有重大的意义，同时，这也是鉴于"没有学术大师的时代"的考虑。仔细琢磨一下学术大师的成功之路，他们大多具备非常厚实的基础，这个基础就是博古通今、学贯中西。而我们今天的教育，既不博古，也不通今；既不通中，也不贯西。这并不是说我们不学古代的东西，不学西方的东西，而是学得不够——《诗经》《楚辞》《论语》《史记》，我们大家多少都会学一点，但对中华文化原典读得不够；英语我们也学了不少，但我们很多人看不懂英语文献，引证的大多是翻译过来的二手货，甚至是三手货、四手货。因此，我主要是从两个方面着手努力的：一方面，大力倡导用英文读西方文化与文学典籍。为了加强"西化"，从 1998年开始，我直接用英文版教材给研究生开设"文学研究方法论：当代西方文论导读"，要求每位同学都必须在课堂上用英文抽读西方文论著作。另一方面，大力倡导用古文（不用今译）读中华文化与文学典籍。不过，传统文化典籍仅在课堂上学习是远远不够的。若想真正将它进一步推广，可能需要采取一些行政方法、教育方法。换句话说，要有一根"指挥棒"。虽然我们手上这根"指挥棒"还很小，但我想借这根"指挥棒"来引导这个潮流,借考试和教学来使用这根"指挥棒"。我还倡导既尊重传统文化、学习传统文化,也尊重西方文化、学习西方文化,既学好中文原典,也学好西文原典这样一种朴实的学习风气、严谨而广博的教育方式。而这也是四川大学一贯坚持的学生必须具有深厚的人文底蕴这样一种教育思想。

现在我们已经把这项工作推向本科生。"中华文化"课程开设之初经历了一个艰难的由分到合、由合到精的探索过程。2004年以前,四川大学学生的文化素质培养工作任务主要集中在文学与新闻、历史文化和公共管理三个学院,处于文、史、哲分立局面。基于这种情况,2004年由学校教务处直接牵头,协同文、史、哲三家进行了全面的课程改革,为全校本科所有专业学生开设了具有文化素质课性质的"中华文化原典"必修课。从2006年9月开始,四川大学全校一万多名新生,包括文、理、工、医都须上"中华文化原典"这门必修课。之后在本科生原典教育研讨会上,来自全国40多所高校的教学主管交流了开设文化素质课程的心得体会,并成立了《中华文化》教材编委会。2006年,我担任主编的原典教材《中华文化》出版。这本教材的主要内容就是以传统的经、史、子、集经典阅读为基础来学习传统文化,实质上就是读经。诸多高校如西南民族大学、成都理工大学、重庆师范大学、成都电子科技大学、贵州师范大学等已经将《中华文化》作为人文素质教育课的教材和参考书。《中华读书报》当年即刊登了有关四川大学将在全校学生中开设"中华文化原典"课的消息。这门课是由学校来推动的,我们想借此慢慢地扭转一种风气。同时,这也体现了四川大学扎实严谨的学风和融会中西的教育传统(四川大学最早的校名为"中西学堂")。

张、刘:近年来,一股"少儿读经热"正在中国大地上蓬勃兴起,而关于该不该读经的争论也成为媒体和学者的热门话题。对此,您有何看法?您认为3～12岁的儿童应不应该读经?他们死记硬背自己不能理解的经典有何利弊?在该不该读经争论的背后,您认为有哪些问题应该引起大家的重视?

曹:关于少儿读经的问题,归根结底还是源自我们对教育的反省。我说过,目前是一个"没有学术大师的时代"。然而,"没有学术大师的时代"是如何形成的?中国的学术界,曾经人才辈出,大师云集。从王国维到鲁迅,从钱锺书到季羡林,这些学术大师甚至是群体性地产生的。例如,文学上的鲁(迅)郭(沫若)茅(盾)巴(金)老(舍)曹(禺),学术研究上的王国维、刘师培、陈寅恪、范文澜,乃至自然科学上的三钱(钱学森、钱三强、钱伟长)。这些大师是如何成为大师的?他们有他们的成长历程。简言之,这些大师有两大特点:第一,他们都是从小读"四书""五经"长大的;第二,他们长大以后都出国留学,被西方文化浸泡过,或受过国外文化熏陶,如胡适到美国去、钱锺书到英国去、季羡林到德国去。从他们的成长历程来看,有两点很重要,影响也非常大。一是从小学习经书,二是到国外亲身体验过西方文化。他们的古文、外文都学得很好。如今为什么会出现一个

"没有学术大师的时代"呢？一是因为我们从小没有读过"经"，拿着"经"就头疼，对中华文化典籍没感觉。二是我们的外文都不好，大多数人没去西方真正体验过，拿着西方的原文典籍很多人都不会看，很时髦的一些西方哲学理论，如现象学、阐释学、符号学、后现代、后殖民、女性主义都是从"二手""三手""四手"的翻译书上学习的。这些就是没有学术大师的原因。问题究竟出在哪里？我们还能否真正培养出像钱锺书、季羡林那样的人才来，我们的教育怎么走？像我们今天这样一种教育，从小学就学那些应试教育课本，中学也学那些课本，大学还学那些课本，学校课程还和我们现在的设置一样，势必仍然会出现"没有学术大师的时代"，势必会造成更严重的人才断层！

我倒没有倡导少儿读经。我猜测现在有人倡导少儿读经可能会有这样一种想法。我曾问过一些著名的学者，比如我的导师杨明照先生，他的国学功底很扎实。我问他："杨先生，您为什么会有这么好的功底？"他说："没什么，我是从小就学的。"我问："您从小就学经，如《三字经》《诗经》，您当时读'关关雎鸠，在河之洲，窈窕淑女，君子好逑。'尤其是后面的'求之不得，寤寐思服。悠哉悠哉，辗转反侧。'懂不懂啊？"他笑着说："哪里知道呀，七八岁的小娃娃！"我就问他："您这样读不懂有什么用呢？"他想了想说："不对，如果那时我没有读，就不能像今天这样了。"他这句话，我觉得大有深意。今天我们若想真正从理论上来证明少儿读经就是好，或者少儿读经就是坏，还很难讲。但杨先生的话可供大家参考。杨先生若不是从小读"十三经"，他就达不到今天这样的高度。还有，像钱锺书那样的大师，如果他从小不读"四书""五经"，恐怕在当代中国也不会成为一个"高山仰止"的神话。因此，从某种意义上说，这是一种历史经验的总结。

今天的小孩到底该不该读经？我觉得很多人在这个问题上是有偏见的。例如，现在很多小孩从小都在学习英语，而且很多从幼儿园就开始学。这件事没有引起任何争议。从小学英语、学唱外语歌、学习西方文化，好像是天经地义的，没有人反对；而从小学习中国传统经典，反对的意见就很大。显然，这是一个问题。3—12岁是小孩潜意识的形成期，这个时期他们的学习都是潜移默化的。若要陶冶，就应该从小陶冶其文化的"根"。既然小孩能从小学英语、学习西方文化，为什么就不能从小学习点中国古代的经典呢？所以我还是赞成既从小学英语，又从小读经。

有人认为小孩读经会毒害小孩的心灵，这种看法显然是有问题的。对于传统文化典籍，我们要有一种开放的眼光。其实，今天我们让小孩去读经，是有"选择"的，主要是学习一般的启蒙经典，并不是让他们去学习所谓的"三从四德"。另外，还有一个问题就是，大家担心小孩读经根本读不懂。这是事实，的确很难懂。诚如他们学习英语一样，我也认为很难懂，但是只要他学了，从小陶冶了就行。现在我们回过头来看，我们记得最牢、学得最好的，还是小时候的东西。所以从整体上说，我是赞成少儿读经的。小孩可以学英语，也可以读经；我们可以从小就培养外语好的学生，也可以从小就培养古汉语好的学生。小孩既可以讲"之乎者也",也可以讲"English"。未来大师的苗子可能就在其中了。

张、刘:有人认为读经是"复古",还有人认为读经会有"致人蒙昧之嫌",您认为呢?

曹:读经就是"复古",那么,学习什么不是"复古"呢?! 有人认为学习西方的东西就不是"复古",认为学习"诺亚方舟""亚当夏娃""伊甸园"就很时髦。其实,它们也不过是西方(其实是东方希伯来文化)古代的文化而已。人类文化原本就是一个不断传承、积累的过程,是在不断的"复古"和创新中,是在一边继承、一边发展中前进的。难以想象,一个不学习古代文化的人可以成为一个有深厚文化底蕴、有大智慧和创新能力的现代人! 任何人的创新都是站在前人的肩膀上的。任何文化都是有传承性的。然而,今天很多人认为我们不用传承古代的文化,只须传承西方的文化。西方有没有古代的文化呢? 有人满口柏拉图、亚里士多德,甚至大讲《圣经》、圣·奥斯汀、莎士比亚、达·芬奇等,其实他们都是西方古代的文化。因此我认为,那些反对"复古"的人其实并不是反对复"古",换句话说,他们并不反对西方文化的"古",只是反对中华文化的"古"! 只要给你扣上了一顶"复古"的帽子,你就完了,你就成了"复古主义"。究其实,就是这个"复古"问题在作祟。

学习中国的就是"蒙昧",学习西方的就是"开化"。学英语、学《圣经》、学"亚当夏娃"、学"伊甸园"、学柏拉图、学亚里士多德就是"开化",学古文、学《诗经》、学"夸父女娲"、学"桃花源"、学孔子、学孟子就是"蒙昧",这种思想本身就有问题。诚然,中国传统文化既有精华,也有糟粕;同样,西方文化亦既有精华,也有糟粕。然而,为什么有人会将中国古代文化视为"蒙昧",而将西方文化视为"开化"呢? 究其实,从某种意义上来说,这就是季羡林先生所批判的一种"崇洋媚西"的"贾桂"心态。所以,我认为,讲"蒙昧"也好,讲"保守"也好,这都是近现代以来我们对中国传统文化的一种偏见,以至于痛恨中国传统文化、丑化中国传统文化。丑化了中国传统文化,我们的传统文化就"失落"了。"失落"了传统文化,我们就"失语"了,就失去了文化家园。不幸的是,这种心态不是一个人有的,很多家长一听说读经就认为是"蒙昧""复古""保守"的,就不要小孩学了。丑化中国传统文化将来是会害人的。

张、刘:当今世界正处千百年未有之大变局,世界格局正在发生急剧变化,您认为中华文化原典中有哪些思想和理念仍然具有重要的价值,可以和热衷读经、钟爱中华文化的读者们分享一下吗?

曹:第一个关键词"自强不息",出自《周易》"天行健,君子以自强不息"。中华民族数千年来生生不息,中华文明为什么是世界四大文明中唯一没有中断的文明? 因为我们有一种自强不息的精神。我觉得,自强不息是中华文化、中华文明和国学中最值得我们尊敬和继承的一点。有了自强不息的精神,我们才能够万众一心,克服种种困难,中华民族才得以始终屹立在世界民族之林;有了自强不息的精神,我们才有真正所谓的精气神,任何艰难困苦都难不倒我们。

2020年，在纪念中国人民志愿军抗美援朝出国作战70周年时，我感慨良多。为什么我们的志愿军在那样艰苦的条件下、在武器装备落后甚至衣服都穿不暖的情况下，跟在"二战"中刚刚打了胜仗的强大的美国打，能够让他们这么震撼？在我看来就是因为这种自强不息的精神。有这种精神，我们甚至可以以弱胜强；有这种精神，我们可以在一穷二白的基础上重新走向辉煌。所以，自强不息是中华民族最宝贵的精神。今天，我们仍然要秉持这种精神，用自强不息精神武装起来的中华民族，一定能够早日实现中华民族伟大复兴。

第二个关键词"和谐"。中国人从来是强调和谐的，我们认为和谐会让这个世界变得更加美好。和谐表现在很多方面，除了"修齐治平"讲和谐，不同文明之间的相处也要讲和谐。在世界文明冲突中，不同宗教思想的冲突是比较突出的。亨廷顿讲，世界文明的冲突主要是"西方文明""儒家文明""伊斯兰文明"之间的冲突。但在中国，在和谐思想的指导下，不同的宗教思想、哲学思想、学术思想是可以和谐相处的。比如说佛教和儒家可以和谐相处。杨明照先生是研究《文心雕龙》的，《文心雕龙》的作者是刘勰，他写《文心雕龙》这件事本身就是一个典型的不同文明和谐相处的例子。

为什么这样讲？刘勰从小跟着释僧佑在定林寺整理佛教经藏，换句话说，他对佛教很熟悉，后来他写《文心雕龙》却完全以儒家思想为指导，讲的都是原道、征圣、宗经，征圣就是孔子，就是儒家，宗经就是儒家的经典。到了晚年，他又去当了和尚。刘勰这个人身上完美地体现了佛教、儒家思想的和谐共处，没有冲突。很多著名的文人学者，从陶渊明到李白、苏东坡，他们都能够儒佛道共存。可以说，儒佛道共存在中国是常见现象。

和谐思想让我们受益不少。比如说印度来的佛教，我们吸收了，把它中国化，成了中国的宗教——禅宗。这是一种文明互鉴的创新。禅宗不是印度的佛教，但是没有印度佛教就没有禅宗，这种文明交融带来的文明创新，大大丰富了中华文化。你想想，儒佛道三大主干，如果少了佛教这一支，中华文化就没有如此精彩。

所以今天，全世界要倡导和谐，不要到处去批评别人，人类要和谐相处、互相帮助。这恰恰是中华文化的一个特点：和谐包容，文明互鉴。

第三个关键词"世界大同"。《礼记·礼运》讲"大同之世，天下为公"。世界大同是中华民族的理想，在我看来也应该是人类的共同理想，大家都要共同为这个世界做出贡献。我们今天讲"人类命运共同体"，其实就有世界大同的意义，而这也恰恰是中华文化最值得肯定的东西，世界大同是我们传统文化的一大精髓。

自强不息，一个民族才会生生不息，不断强大；和谐包容，我们才有非常好的发展环境；世界大同，人类才有辉煌灿烂的明天。这三点都是中华民族的优良传统，在当今也同样值得中国人、值得全世界人民学习、铭记与践行。这就是中华文化对世界做出的贡献。

　　张、刘：曹老师,当您在关注"中华文化经典"的时候,也有成千上万的中华文化爱好者在关注您,您有什么话要对我们热爱读经、研经的朋友们讲吗?

　　曹：对我们热爱读经、研经的朋友们,我想说：

　　第一,读经并不是我们的目的,就如同学习西方也不是我们的目的一样。我们学习中华原典和学习西方原典,一个根本目的就是创新。请大家记住,我们读经绝不是复古,我们学习西方也不是赶时髦。我们读经,其实也是为了"纠偏"。我们应该以开放的、世界的眼光,汲取前人,包括东方的、西方的全世界人类的优秀成果。

　　第二,读经是一种文化涵养和文化修养的体现。读经的实际功利目的恐怕不一定马上就能看得到。一个读过经、有很深文化积淀的人,站出来就不一样。女孩子读了,淑女气质就出来了;男孩子读了,就有"书卷气",就很有文化,正所谓"腹有诗书气自华"。因此,读经不要有太多的功利目的,这主要是涵养、修养的问题。

　　第三,读经对我们现实生活也是有很多好处的,包括日常写作与行为谈吐。举个简单的例子,季羡林先生为我主编的《东方文论选》所写的序言中"岐嶷"二字便出自《诗经·大雅·生民》"诞实匍匐,克岐克嶷"句;杨明照先生虽几次患病,但年近九十其目光仍炯炯有神,步履稳健,银须髯髯,气质非常人可比。老一辈学者是在经典的"沐浴"下成长的,才华横溢且风度翩翩。可见若想做个有文化、有气质、有风度、有修养的人,那就多读读中华文化经典吧!

目 录

上 编

下　编

上　编

第一章 先秦诸子

先秦诸子是指中国春秋战国时期思想文化百家争鸣中的各家学术流派及其代表人物。春秋战国之际,社会经济和政治格局发生了急剧变化,思想文化重心由西周时期的王官逐渐移向贤者智者,进而向民间士庶传播,思想文化异常繁荣。自孔子兴办私学后,一时思想家辈出,如老子、墨子、孟子、庄子、荀子、韩非子等,皆能究天人之际,通古今之变,成一家之言,诸子百家争鸣,思想文化精彩纷呈,包含着对社会、政治、人类生存与发展、思想艺术和自然宇宙等方面的广泛思考与探索,形成了广博而深厚的思想文化和科学艺术体系。从思想学术文化角度讲,春秋战国的这个诸子百家时代又被称为"子学时代"。先秦诸子的学说在中国思想文化史上占有崇高地位,对后世思想学派和社会文化具有重大而深远的影响。

第一节 先秦诸子与中华文化

一、概述

春秋中晚期,铁制生产工具的普遍应用和牛耕技术的出现,使社会生产力水平迅速提高。战国时期,铁制农具被更加广泛地应用,牛耕技术不断推广,各诸侯国先后推行全面深入的改革,社会经济快速发展。其中秦国的商鞅变法最为彻底和成功。以个体家庭为单位的自耕农经济实力增强,随着农业的发展,商业和手工业繁荣起来,社会分工更加明确,战国时期各国都城既是政治中心,也是经济文化中心。春秋战国时期的社会经济变革和经济繁荣,促成了中国古代社会经济结构的基本形成,为诸子思想文化的出现和繁荣提供了强大的物质基础,更为诸子百家对社会发展模式的思考和对社会经济蓝图的规划提供了活生生的社会现实。孔子的"苛政猛于虎""庶民、富民、教民"思想,老子的"小国寡民"思想,孟子的"民本"思想,法家的"耕战"思想,墨子的"兼爱""非攻"思想等,都是对当时社会经济发展的直接响应,也是对农民、手工业者等社会角色的呼应,为当时及其以后历朝历代政策制定者提供了有效的参照方案。

春秋战国时期,周王室权力衰微,奴隶社会的"世卿世禄制"和"分封制"逐步走向衰亡,各诸侯国发展壮大,出现各自为政、各自为战的政治格局,扩建军队,开疆拓土,设置郡县,招揽贤能,委任官吏直接统治,建立起以国君为首的封建官僚制度,中央集权和君主专制有机结合的封建君主专制主义中央集权的政治制度逐渐形成。对诸子百家形成直接影响的有以下几点:一是政治从统一走向分裂,又从分裂逐渐走向统一,各诸侯国在寻求变革的道路上富国强兵,在富国强兵后寻求重新收拾旧河山,一统天下。前者打破了思想的束缚,开辟了社会思想多元取向的路径,后者为思想家提供了施展才华以治国安邦的政治舞台。诸子百家很多人直接参与甚至主导了这个过程,如孔子做过鲁国的司空、司寇,摄行相事,其学生多有入仕者,如子贡、冉有、季路等,老子、墨子、子夏、孟子、荀子、稷下学宫诸子等都不同程度地参与了当时的政治活动,兵家的孙武、孙膑直接参与指导军事战争,法家的吴起、慎到、申不害、商鞅等更是主持过各国改革,他们的思想尤以政治思想著称。孔子的"仁政"思想、孟子的"民本"思想、荀子的"礼治"思想,以及兵家和法家的一系列思想,正是来源于这个伟大的变革过程。从很大程度上讲,诸子百家是春秋战国时期政治文明的参与者、制定者、总结者和反思者。二是社会政治巨变与军事斗争频仍,个人地位和命运骤升骤降,起伏无常,生灵涂炭,生命无常,激发了诸子百家对国家治乱兴衰和个人命运与生命存在意义的多重思考和深度探究。儒家高扬生命的力量,坚守仁、义、礼、智、信,抱定君子当有"自强不息、厚德载物"的精神,奉行"颠沛必于是,造次必于是"的教诲,执着于"格致诚正、修齐治平"的修为与理想,他们是在艰难时代迎面而行的奔走呼救者和身系家国运途的担当者;老子的小国寡民、无为而治、人君南面之术则是对残酷的政治斗争的松绑和降温,其效法天道,返璞归真,寻求旷野般阔达、无争、无欲的人生状态,实质上是对个体生命真挚的热爱,是提供给命运多舛的民众和权势旋涡中的落魄者的一服精神解药和清凉剂;庄子在乎个人至真至诚、至得至乐的生活实态,追求高远久长的生命永恒,以达于至人神人之境,更是对生命的至珍至爱和自由、美丽、崇高生命梦境的痴迷。这些都是思想家在人生、社会、国家的多重考验中,激发并凝练出来的属于整个民族的永不褪色的智慧结晶。三是政治的开明、天下纷争、求贤求能的选人用人风气,带来相对宽松民主的政治环境,刺激了多种思想文化的产生,也为多种思想并存、百家争鸣、和而不同、和而求同提供了极大的空间和舞台。纵横家以三寸不烂之舌,可匹敌百万之师,一言而天下安,一言而天下攘;孔、墨之后,儒分为八,墨离为三;又有庄子、列子、杨朱,大致提倡贵己重生之说;邹衍高谈天人相因相应、大九州、五行相生相胜与五德终始等学说;惠施、公孙龙等善辩论。一时之间天下诸说蜂起,风云跌宕,各为其主,各因其时,各守其是,各有所得。

诸子百家思想文化有着悠久的历史渊源。商末周初,以箕子、微子、周文王、周武王、周公为代表的贵族统治阶层中形成了洪范九畴、敬天、保民、慎罚、明德等思想,西周王朝建立后,经过300年左右的发展演变,中国礼乐社会的基本精神准则和政治国家观念得到快速发展。这时思想文化掌握在国家官府,由祝、宗、卜、史等官职负责,掌管宗教祭祀、宗族宗庙、预测吉凶祸福、观测天象、文书整理和保管等,这就是所谓的"学在王官"。西周晚期至春秋早中期,进步的思想家越来越多地思考社会现实的兴衰变迁,把目光更多地投向客观存在的社会、自然和人,关注人和社会,开始了中国古代的又一次文化自觉,抛弃了"神本"的思想观念,对过去的历史、礼乐、刑政、鬼神、祭祀等现象做出新的人文主义解释。其代表人物和思想观念,如郑国的史伯提出"和实生物,同则不继"的观点;齐国管仲的经济改革思想;齐国晏婴提出五味、五声、六律、七音、八风、九歌等差异性共存、相济相成之理;臧哀伯、叔向、子产等对礼乐刑政的解释;观射父、展禽对祭祀的解释。这种人文精神的传统在春秋晚期已经形成。孔子及其弟子正是在这种学术和文化转型、私学兴起的条件下,继承和发扬了这个传统,又把人文精神推向新的高度,可以说他们是子学时代的开创者。战国早期,大致是儒、墨显学并雄时期,孔子和墨子之后,后学之间既相互影响,又是非相攻,直到战国晚期几乎没有间断。战国中期,老子、庄子、列子、杨朱等崛起,道家学派形成,稍后,儒家思孟学派、法家、阴阳家、农家、兵家、明辨家、纵横家、小说家、术数、方技、医术形成,真正的百家争鸣时代到来。战国晚期至汉初,随着政治上统一步伐的加快,为了适应新的需要,思想文化也逐渐走向融合。儒家融合了法家、阴阳家、道家的很多思想,儒学发展至更高的层次,以《荀子》《易传》《礼记》为代表;《吕氏春秋》融合了儒家、道家、阴阳家的思想,主动向大一统政治靠拢。这种融合与变化直至汉武帝时代,《淮南子》是先秦诸子百家在汉代新的时代背景下融合的结晶。随着"罢黜百家,独尊儒术"的思想文化专制制度的确立,先秦诸子思想文化终结。

先秦诸子思想文化的特质可从以下四方面来理解:

第一,各家各派坚持对天、地、人与古、今、未来的整体性思考,充分体现了东方文明的直觉思维和形象思维的独特性,集中表现为以天人合一的基本思想理念贯穿始终,但又各有具体的发掘和阐释。天人合一是中国古代最普遍、最核心的思维方式和思维模式。人和社会之外者总括为天(广义,与人相对),即自然界的宇宙、日、月、星、辰、山、河、风、雨、雷、电等及其相关的自然神异现象,分为天与地(狭义)。天在上,地在下,人居其中。天人合一,就是天地人有着相同的本源,运行规律和存在形式都有相关性,既相互作用又相对独立。人直接源于天地,把人置于天地之中,人和社会要与天地为一体,明天地之道,行天地之德,与天地通。各家在这个基本理念下,各自探求人与社会如何明天地之道、行天地之德、与天地通。有的回答比较直接,有的则体现在思考和论述之中,字里行间无处不在。其中，儒家提出无极太极—阴阳—天地日月—四时—男女—夫妇—父子—君臣的天地人生成观和人以诚可与天地互通互参的合一观；道家提出天下万物生于有、有生于无、人法地、地法天、天法道、道法自然的合一观；阴阳家提出五行相生相克与五德终始的合一观；医术、术数、方技、兵家、农家等都从各自的角度探求了天人合一的问题。正是诸子百家对天人合一思想进行的广泛深入的探索，形成了博大精深的思想文化内涵，成为中华民族基本的思维模式和文化基因，贯穿中国几千年，已经融入每一位中华儿女的日常生活言行之中。

第二，诸子作为鲜活的历史人物，是社会思想文化的先驱者和个人理想的不懈追求者的统一。他们高扬起强烈的批判精神和探索精神，触及人类社会生存与发展中的诸多根本性、永恒性问题，如人性的善伪，人类精神世界的独立与自由，历史变迁与国家兴衰，人类与自然的关系，个体与团体、国家之关系，礼制与法治，灵魂问题等。这些都对当时和后世的政治、经济、思想文化产生了全面、持续而深刻的影响，启示着每一代中华儿女，照耀着中华大地。他们深植于时代的土壤，紧跟时代的需求，响应时代的呼唤，仰望着人类永恒的星空，且行且盼，且思且悟，在艰难时代践行自己的思想，追寻自己的理想，体悟生命、关注生民、游学辩论、传扬智慧、启迪后学。他们是伟大变革时代的参与者、规划者、总结者和反思者。孔子、墨子、孟子、荀子、老子、庄子、吴起、商鞅、韩非、苏秦、张仪等，他们具有光辉丰满的人格魅力和坚贞高尚的精神格调，是中华民族纯洁而崇高的知识和智能化身，是中国知识分子甚至每一位中国人的精神导师。

第三，春秋战国时期是中华文化模式最重要的形成时期。春秋战国时期以前，从新石器时代早期起，中华文明经过上万年的孕育，经历了古文化—古城—古国—方国的发展历程，到殷周时期，形成了卜筮文明与礼乐文明两大思想文化传统，"六艺"即为其核心组成部分。诸子百家思想正是在这样一个具有深厚悠久的历史文化渊源的国度里，在300多年的历史进程中，促成了多元性思想文化并存、长期繁荣发展的文化格局，实现了长江流域和黄河流域众多区域性国家文明形态与多种文化模式精致化的重组和构建。持续而深刻的社会变革所展现的社会问题、人性问题，引领思想家持久地思考和辩论、总结与提炼，碰撞凝结而成光辉灿烂的原创经典，为中华民族编织了一套精深致密的思想文化之网。春秋战国时期的诸子百家思想与殷周时期形成的"六艺"共同构成中华文明体系的两大源头，千百年来，滋养着中国人的心灵，指引着中国人的行为。

第四，诸子百家思想文化存在一定的不足。一是较多地保留了传统的卜筮文明和"神本"思想的脐带。殷周之际，人文精神觉醒，对商及其以前的卜筮文明和"神本"思想进行了一次清理，产生了礼乐文明和"六艺"，但很不彻底。"周虽旧邦，其命维新"，这个革新的路径不是来自社会民众的觉醒，而是从"商周革命"的政治转型开始的，由政治精英如箕子、周文王、周武王、周公等创设，经过几百年自上而下逐渐铺开，浸润下移。这必然带有大量旧式上层建筑中卜筮文明和"神本"思想的传统，这是中国人文精神早熟的一个重要特征。春秋战国时期，诸子百家思想文化的萌芽发展与演变也经历了一个漫长的自上而下的过程。在这个过程中，孔子及其弟子扮演了非常重要的角色，他们接着周人的礼乐文明和"六艺"再讲，这就自然地把其中的旧传统也一起接纳了。虽然孔子努力地抛弃怪、力、乱、神，提出了"未能事人，焉能事鬼？""未知生，焉知死？"等观点，但对鬼神既敬之而又远之，同时也讲天与命，把不能解释的问题归之于天或命。就这样，传统的卜筮文明和"神本"思想的脐带一直在诸子百家思想中被保留，此后长期存在，几经反复，直到今天。二是与政治关系过于密切。除庄子外，儒家、法家、阴阳家、兵家等诸家都与政治有很深的关系。社会政治问题固然是诸家思考探索的重点之一，但他们都赞同或强化强君抑民、尊君弱民的政治设置。先秦诸子的民本思想没有发展出有效的民主政治思想，而是提供了一套维系中国两千多年君主专制的思想武器和智力支持。

二、原典选读及导读

史記·太史公自序·論六家要旨（節選）

司馬談

　　嘗易[1]大傳："天下一致而百慮，同歸而殊途。"夫陰陽、儒、墨、名、法、道德，此務為治者也，直所從言之異路，有省不省耳。[2]嘗竊觀陰陽之術，大祥[3]而衆忌諱，使人拘而多所畏[4]；然其序四時之大順，不可失也。儒者博而寡要，勞而少功，是以其事難盡從；然其序君臣父子之禮，列夫婦長幼之別，不可易也。墨者儉而難遵，是以其事不可徧循[5]；然其彊[6]本節用，不可廢也。法家嚴而少恩；然其正君臣上下之分，不可改矣。名家使人儉而善失真；然其正名實，不可不察也。道家使人精神專一，動合無形，贍足萬物。其為術也，因陰陽之大順，采儒墨之善，撮名法之要，與時遷移，應物變化，立俗施事，無所不宜，指約而易操，事少而功多。儒者則不然。以為人主天下之儀表也，主倡而臣和，主先而臣隨。如此則主勞而臣逸。至於大道之要，去健羨[7]，絀[8]聰明，釋此而任術。夫神大用則竭，形大勞則散。形神騷動，欲與天地長久，非所聞也。

（司馬遷撰《史記》，中華書局1982年版）

【注釋】

　　[1]易：指《周易》繫辭部分。

　　[2]"夫陰陽"句：據《史記·索隱》，意思是"六家同歸於正，然所從之道殊途，學或有

傅習省察,或有不省者耳。"

[3]大祥:一作"大詳"。

[4]使人拘而多所畏:言拘束於日時,令人有所畏忌。

[5]徧:讀遍。徧循:指難以盡用。

[6]彊:同"強"。

[7]去健羨:據如淳所解:"'知雄守雌',是去健也。'不見可欲,使心不亂',是去羨也。"

[8]絀:同"屈"。

【导读】

司马谈乃司马迁之父,是汉初著名的思想家,著有《论六家要旨》一文,司马迁在《史记·太史公自序》中全文引用了其父关于先秦诸子的评论。本节只是《论六家要旨》的总论部分,大致包括三个层次。作者首先指出先秦以来的阴阳、儒、墨、名、法、道德诸家,皆以求得天下之治道为当务之急,只不过是从各自角度、不同方面加以论说而已,后人对诸家学说往往是传述不同,省察各异,真所谓"一致而百虑,同归而殊途"。其次,作者对阴阳、儒、墨、名、法、道各家的优劣加以分别评述,评判立论之根本即在于是否有利于求得天下之治道。最后,作者特别对道家和儒家作对比论述,指出道家乃采合众家之所长,于治道最为有益,所谓"立俗施事,无所不宜,指约而易操,事少而功多"。而儒家之学说和烦琐内容则使人"博而寡要,劳而少功",于君于臣,于人于己,其治道之术远在道家之下。司马谈的这种思想倾向是汉初黄老思想的反映,也是道家在汉初适应社会政治需要主动吸收各家之长而发展的理论总结,是汉武帝"罢黜百家,独尊儒术"前思想界寻求"大一统"的前奏。

(叶成勇撰)

第二节　先秦儒家

一、概述

中国儒家思想导源于先秦时代,其创始人是孔子。后来,战国时期的孟子和荀子不同程度地继承了孔子的思想,并随时代有着自己的发展,成为先秦儒家的重要代表人物。

在中国古代哲学思想体系中,儒家思想扮演着重要的角色,对中国古代社会、经济、政治、文化、艺术、教育、文学等领域均产生了深远影响,对整个人类文明的发展有着不可估量的意义。20 世纪最杰出的历史学家之一汤因比(英国人)教授曾说:"要想解决 21 世纪人类社会的问题,只有靠中国的孔孟学说……"1988 年 1 月,96 位诺贝尔奖获得者齐聚法国巴黎,发表了联合宣言:"人类要想更好地生存下去,就必须回到二十五个世纪以前,去汲取中国孔子的智慧。"可以说,先秦儒家的思想在今天仍未过时,且为今世所需。

(一)孔子的主要思想

孔子(公元前 551—前 479 年),名丘,字仲尼,春秋末期鲁国陬邑(今山东省曲阜市南辛镇)人,祖籍宋国(今河南商丘市夏邑县),中国古代伟大的思想家、政治家、教育家,儒家学派创始人。他"祖述尧舜,宪章文武,上律天时,下袭水土"(《礼记·中庸》),并"独秀前哲,镕钧六经"(《文心雕龙·原道》),自称"述而不作,信而好古"(《论语·述而》),为先秦时期中华文明的集大成者。孔子的思想体大虑周、含蕴深广。他最主要的哲学思想是"仁","仁者爱人","己所不欲,勿施于人"(《论语·卫灵公》);"不仁者不可以久处约,不可以长处乐,仁者安仁,知者利仁"(《论语·里仁》);"君子无终食之间违仁,造次必于是,颠沛必于是"(《论语·里仁》);"苟志于仁矣,无恶也"(《论语·里仁》)。仁爱的思想,是儒家精神的核心,也是中国传统道德的核心。孔子按道德质量的不同将人分为"君子"和"小人"两类,"君子坦荡荡,小人长戚戚"(《论语·述而》);"君子周而不比,小人比而不周"(《论语·为政》)。而儒家教育的目的,正在于使人成为道德高尚的君子,并努力成圣成贤。孔子的伦理思想,是其思想内容中极其重要的组成部分,主要内容有:第一,"五伦"关系的落实,即父子有亲、君臣有义、夫妇有别、长幼有序、朋友有信。第二,"五常"的实践,即"仁、义、礼、智、信",这是人之为人所应具备的基本道德。第三,"八德"的修习,即"孝、悌、忠、信、礼、义、廉、耻"。孔子的伦理思想,构筑了中华民族道德哲学的基石。孔子的政治思想,最突出的特征就是提倡以德治为本,而以法治为辅,反对苛政与暴政。子曰:"道之以政,齐之以刑,民免而无耻;道之以德,齐之以礼,有耻且格。"(《论语·为政》)孔子的教育思想,主要包括有教无类、因材施教、文行忠信等。在教学内容方面,一是"子以四教,文行忠信"(《论语·述而》),二是"德行、言语、政事、文学"(孔门四科),三是"志于道,据于德,依于仁,游于艺"(《论语·述而》)。值得一提的是,在孔子的教育思想里,虽才德并重,但德行排在才能的前面,"弟子入则孝,出则悌,谨而信,泛爱众,而亲仁,行有余力,则以学文"(《论语·学而》)。在孔子的思想中,有很多见解可为有志于学者所继承,诸如学思结合的思想("学而不思则罔,思而不学则殆"《论语·为政》),温故知新的思想,快乐学习的思想("知之者不如好之者,好之者不如乐之者"《论语·雍也》),"敏而好学,不耻下问"的思想,修学有次第的思想(格物、致知、诚意、正心、修身、齐家、治国、平天下)，"慎独"的思想("莫见乎隐，莫显乎微，故君子慎其独也"《礼记·中庸》)等，无不是中华民族特有的宝贵精神财富。

(二)孟子的主要思想

孟子(约公元前 372—前 289 年)，名轲，字子舆，战国时邹(今山东省邹城市东南)人，战国时期儒家学派的重要代表人物，他继承并发扬了孔子的思想，被后世尊称为"亚圣"，与孔子合称为"孔孟"。孟子的思想，主要体现在《孟子》一书中。在政治思想方面，他提出"民贵君轻"，"民为贵，社稷次之，君为轻"(《孟子·尽心章句下》)，这使得他的政治思想带有浓厚的民本色彩，在当时具有很大的进步意义。他还力倡"仁政"，力倡君主之德对百姓的感召。在治国方面，他主张君主应勤政爱民、不可懈怠，"生于忧患，死于安乐"。孟子思想的独特贡献，还体现在他的伦理学与心性哲学方面。他提出"性善论"，认为人性的本质是善而非恶，"善"是先天的资质和人性的本有，"恶"是后天的熏习与染污，而教育的意义正在于使人复归本性、弃恶从善。孟子曰："人之所不学而能者，其良能也；所不虑而知者，其良知也。孩提之童，无不知爱其亲者；及其长也，无不知敬其兄也。亲亲，仁也；敬长，义也。无他，达之天下也。"(《孟子·尽心章句上》)孟子认为，人的本性(善)与天地万物相通，人通过修身养性，便可知天命、立己命，"存其心，养其性，所以事天也。夭寿不贰，修身以俟之，所以立命也"(《孟子·尽心章句上》)。而君子之修身养性，重在反躬内求，而不在于向外驰求、责备外物。若求于外，则于所得无益，且于所学无补，求于内，才能真正得到圣贤学问，并能得到切实的利益。孟子曰："求则得之，舍则失之，是求有益于得也，求在我者也。求之有道，得之有命，是求无益于得也，求在外者也。"(《孟子·尽心章句上》)在伦理思想方面，孟子尤为注重"耻"的重要性，他说："人不可以无耻。无耻之耻，无耻矣。"(《孟子·尽心章句上》)此外，他还提出修身行道不论穷达的思想，他说："古之人，得志，泽加于民；不得志，修身见于世。穷则独善其身，达则兼善天下。"(《孟子·尽心章句上》)而欲扩充德性，孟子认为则要长养自己的浩然之气，并能居仁由义，做到"富贵不能淫，贫贱不能移，威武不能屈"(《孟子·滕文公下》)。这三个"不能"可以说是孟子所提倡的"大丈夫"人格的集中体现。"大丈夫"的理想人格，成为中国古代知识分子的一种重要追求。孟子还说"我知言，我善养吾浩然之气"(《孟子·公孙丑章句上》)。他认为，"浩然之气"是君子和"大丈夫"必不可少的特质，是人修养身心、提高自身德性的重要途径，也是人与天地自然相应的体现。孟子提倡的"浩然之气"与"大丈夫"人格修养的精神对后世影响很大。值得一提的是，孟子对于人生的快乐有自己独到的看法，他提出了著名的"君子三乐"："父母俱存，兄弟无故，一乐也；仰不愧于天，俯不怍于人，二乐也；得天下英才而教育之，三乐也"(《孟子·尽心章句上》)。由此足见孟夫子之人生境界。

（三）荀子的主要思想

荀子（公元前313—前238年），名况，时人尊而号为"卿"，赵国猗氏（今山西省运城市临猗县）人，著名的思想家、文学家、政治家，战国时期儒家代表人物之一。他的主要思想收录在《荀子》一书中。荀子生活的时代略晚于孟子，其思想较之孔孟既有承继，也有不同，体现出较为鲜明的个人特色。在政治思想方面，荀子提倡以修身和教化为基础的德治，同时也特别重视政令和刑法的作用。"夫天生蒸民，有所以取之。志意致修，德行致厚，智虑致明，是天子之所以取天下也。政令法，举措时，听断公，上则能顺天子之命，下则能保百姓，是诸侯之所以取国家也。志行修，临官治，上则能顺上，下则能保其职，是士大夫之所以取田邑也……"（《荀子·荣辱》）德治与法治并重的思想，在荀子这里得到了充分体现。较之孔孟，荀子提高了法治和政令的地位，更加强调法治与政令的作用。而在治国的策法中，"道"仍是最根本、最重要的因素，"道存则国存，道亡则国亡"（《荀子·君道》），可见，"道"的存在与否是国家成败的决定因素。在这里，荀子所强调的主要不是天道，而是人道。在伦理思想方面，他进一步明确了贵贱、贤愚、长幼的次序性，"人有三不祥：幼而不肯事长，贱而不肯事贵，不肖而不肯事贤，是人之三不祥也"（《荀子·非相》）。他还重视圣人对于"道"的统管作用，强调圣人对天下国家的重要性，"圣人也者，道之管也。天下之道管是矣，百王之道一是矣；故诗、书、礼、乐之归是矣"（《荀子·儒效》）。在宇宙本体论方面，荀子认为自然天道的运行有其自身的规律，不以人的主观意志为转移，"天行有常，不为尧存，不为桀亡"（《荀子·天论》）。但人应顺应自然与天时，而不应违背之，"应之以治则吉，应之以乱则凶"（《荀子·天论》）。故而，在天人关系上，荀子主张天人和谐，在此基础上人可以因势利导，"从天而颂之，孰与制天命而用之"（《荀子·天论》）。在心性哲学方面，荀子则与孟子截然不同，他提出"性恶论"，他认为人性"生而有好利焉""生而有疾恶焉""生而有耳目之欲，有好声色焉"（《荀子·性恶》），如果"从人之性，顺人之情，必出于争夺，合于犯纷乱理而归于暴"（《荀子·性恶》）。所以荀子认为人性的本质是"恶"，而不是"善"，欲矫恶而扬善，便要"起礼义，制法度，以矫饰人之情性而正之，以扰化人之情性而导之也"（《荀子·性恶》），亦即德化与法治并举并重。

先秦儒家的哲学思想，可谓是慧行天下，德播四海。今天的国人与大学生，有必要认真学习先秦儒家的经典，以长养正气、开启智慧、接受中华文明特有的思维训练，感悟中华文化特有的言说方式、表意方法，提高自身的文化品位，塑造自身的文化品格。

二、原典选读及导读

論語（節選）

學而篇第一

子曰[1]："學而時習之[2]，不亦説[3]乎？有朋自遠方來，不亦樂乎？人不知，而不愠[4]，不亦君子乎？"

有子[5]曰："其為人也孝弟[6]，而好犯上[7]者，鮮矣[8]；不好犯上，而好作亂者，未之有也。君子務本[9]，本立而道生[10]。孝弟也者，其為仁之本與！"

子曰："巧言令色[11]，鮮矣仁[12]！"

曾子曰[13]："吾日三省吾身[14]——為人謀而不忠乎[15]？與朋友交而不信乎[16]？傳不習乎[17]？"

子曰："道千乘之國[18]，敬事而信[19]，節用而愛人[20]，使民以時[21]。"

子曰："弟子入則孝[22]，出則悌[23]，謹而信，汎愛衆[24]，而親仁。行有餘力，則以學文[25]。"

子夏曰[26]："賢賢易色[27]；事父母，能竭其力；事君，能致其身[28]；與朋友交，言而有信。雖曰未學[29]，吾必謂之學矣。"

子曰："君子不重，則不威[30]；學則不固[31]。主忠信。無友不如己者[32]。過，則勿憚改[33]。"

……

有子曰："禮之用，和為貴[34]。先王之道，斯為美[35]；小大由之[36]。有所不行[37]，知和而和，不以禮節之[38]，亦不可行也。"

……

子貢曰："貧而無諂[39]，富而無驕[40]，何如？"子曰："可也；未若貧而樂[41]，富而好禮者也。"

子貢曰："《詩》云：'如切如磋，如琢如磨'[42]，其斯之謂與？"子曰："賜也，始可與言詩已矣，告諸往而知來者[43]。"

（楊伯峻譯注《論語譯注》，中華書局 1980 年版）

【注釋】

[1]子：《論語》中"子曰"的"子"都是指孔子，下同。

[2]時：按時。習：溫習。

[3]説：通"悦"，欣喜。

[4]慍:怨恨,惱怒。

[5]有子:孔子的弟子,姓有,名若,魯國人。

[6]孝弟:孝順父母,敬重兄長。弟:通"悌",敬重兄長。

[7]犯上:冒犯上位的人。

[8]鮮:少。

[9]務本:專心,致力於。本:基礎,根本。

[10]道:指孔子提倡的仁道。

[11]巧言:花言巧語。令色:偽善的面貌。

[12]仁:仁德。

[13]曾子:孔子晚年的弟子,姓曾,名參(shēn),字子與,魯國人。

[14]省(xǐng):反省。三省:指多次檢查。

[15]謀:為別人謀事。忠:盡忠。

[16]信:誠信,守信。

[17]傳(chuán):老師傳授的知識。習:溫習。

[18]道:治理。千乘(shèng)之國:有一千輛兵車的國家,春秋時期常用兵車的數量
來衡量一個國家的強弱。

[19]敬事:對待事情謹慎專一。

[20]節:節約。愛人:愛護人民。

[21]使民以時:役使百姓不違背農時。時:農時。

[22]弟子:年紀幼小的人。入:在家。

[23]出:在外。悌:敬重兄長。

[24]汎:同"泛",廣泛。

[25]學文:這裏指學習《詩》《書》《禮》《樂》《易》《春秋》。

[26]子夏:孔子的弟子,姓卜,名商,字子夏,衛國人。

[27]賢賢:第一個賢是動詞,意為尊重。賢賢即尊重賢者。

[28]致:奉獻。

[29]未學:沒有進入學堂學習。

[30]重:莊重,自持。威,威嚴。

[31]固:堅固,鞏固。

[32]不如己:與自己志氣不同。

[33]憚:畏懼,害怕。

[34]用:作用。和:適合,恰到好處。

[35]先王之道:先王的治國之道。斯為美:可貴之處就在這裏。

[36]小大由之：事無大小都按照這樣的原則來處理。

[37]有所不行：有行不通的地方。

[38]節：節制，約束。

[39]諂：巴結，奉承。

[40]驕：傲慢。

[41]未若：比不上。

[42]如切如磋，如琢如磨：琢磨、探求之意。

[43]往：過去的事。來：未來的事。

【导读】

《论语》记载了孔子及其弟子的言行，共二十篇，大多由曾子或有子及其门人编纂。《论语》成书于战国初期，传至汉代有《鲁论语》二十篇和《齐论语》二十二篇，《鲁论语》和《齐论语》中的章句多有相同。在汉景帝时，传说鲁恭王坏孔子旧宅的墙壁得《古文论语》，不传。西汉末年，安昌侯张禹先学《鲁论语》，后讲《齐论语》，以《鲁论语》的篇目为据，将二者合一，称为《张侯论》。东汉末年，郑玄注《论语》，又混合《张侯论》和《古文论语》，成为现行的《论语》。

《论语》是儒家学派的经典著作之一，集中体现了孔子的政治主张、伦理思想、道德观念及教育原则等。孔子主张德政礼治，认为治理政事必须以教化为首任，以学习为前提，对疑问之事要采取谨慎的态度，当政者要从修养自身做起，形成友爱、孝悌等社会风气。孔子推崇周礼，以"礼"来克制人欲，强调社会的秩序，认为长幼、父子等人伦不可废，国家社会的政治体制不可乱，还认为有学问、有能力的人如果不出仕将自己的能力贡献给国家就不合于义。由此可见，孔子的精神是一种积极的入世精神。

孟子·梁惠王章句上（節選）

齊宣王[1]問曰："齊桓、晉文[2]之事可得聞乎？"

孟子對曰："仲尼之徒，無道桓文之事者，是以後世無傳焉，臣未之聞也。無以[3]，則王乎？"

曰："德何如則可以王矣？"

曰："保[4]民而王，莫之能禦也。"

曰："若寡人者，可以保民乎哉？"

曰："可。"

曰："何由知吾可也？"

曰："臣聞之胡齕[5]曰,王坐於堂上,有牽牛而過堂下者,王見之,曰:'牛何之[6]?'對曰:'將以釁鐘[7]。'王曰:'舍[8]之! 吾不忍其觳觫[9],若無罪而就死地。'對曰:'然則廢釁鐘與?'曰:'何可廢也? 以羊易之!'不識有諸[10]?"

曰："有之。"

曰："是心足以王矣。百姓皆以王為愛[11]也,臣固知王之不忍也。"

王曰："然;誠有百姓者。齊國雖褊[12]小,吾何愛一牛? 即不忍其觳觫,若無罪而就死地,故以羊易之也。"

曰："王無異[13]於百姓之以王為愛也。以小易大,彼惡知之? 王若隱[14]其無罪而就死地,則牛羊何擇焉?"

王笑曰："是誠何心哉? 我非愛其財而易之以羊也。宜乎百姓之謂我愛也。"

曰："無傷也,是乃仁術也,見牛未見羊也。君子之於禽獸也,見其生,不忍見其死;聞其聲,不忍食其肉。是以君子遠庖廚[15]也。"

王說[16]曰:"《詩》云[17]:'他人有心,予忖度[18]之。'夫子之謂也。夫我乃行之,反而求之,不得吾心。夫子言之,於我心有戚戚焉。此心之所以合於王者,何也?"

曰:"有復於王者曰:'吾力足以舉百鈞[19],而不足以舉一羽;明足以察秋毫之末[20],而不見輿薪。'則王許之乎[21]?"

曰:"否。"

"今[22]恩足以及禽獸,而功不至於百姓者,獨何與? 然則一羽之不舉,為不用力焉;輿薪之不見,為不用明焉;百姓之不見保,為不用恩焉。故王之不王,不為也,非不能也。"

曰:"不為者與不能者之形何以異?"

曰:"挾太山以超北海[23],語人曰:'我不能。'是誠不能也。為長者折枝[24],語人曰:'我不能。'是不為也,非不能也。故王之不王,非挾太山以超北海之類也;王之不王,是折枝之類也。

"老吾老,以及人之老;幼吾幼,以及人之幼。天下可運於掌[25]。《詩》云:'刑于寡妻[26],至于兄弟,以御于家[27]邦。'言舉斯心加諸彼而已。故推恩足以保四海,不推恩無以保妻子。古之人所以大過人者,無他焉,善推其所為而已矣。今恩足以及禽獸,而功不至於百姓者,獨何與?

權,然後知輕重;度,然後知長短。物皆然,心為甚。王請度之!

"抑王興甲兵,危士臣,構怨於諸侯,然後快於心與?"

王曰:"否;吾何快於是? 將以求吾所大欲也。"

曰:"王之所大欲可得聞與?"

王笑而不言。

曰:"為肥甘不足於口與? 輕煖不足於體與? 抑[28]為采色[29]不足視於目與? 聲音不足聽於耳與? 便嬖[30]不足使令於前與? 王之諸臣皆足以供之,而王豈為是哉?"

曰:"否;吾不為是也。"

曰:"然則王之所大欲可知已,欲辟[31]土地,朝[32]秦楚,莅[33]中國而撫四夷也。以若所為求若[34]所欲,猶緣木而求魚也。"

王曰:"若是其甚與?"

曰:"殆[35]有[36]甚焉。緣木求魚,雖不得魚,無後災。以若所為求若所欲,盡心力而為之,後必有災。"

曰:"可得聞與?"

曰:"鄒[37]人與楚[38]人戰,則王以為孰勝?"

曰:"楚人勝。"

曰:"然則小固不可以敵大,寡固不可以敵眾,弱固不可以敵強。海內之地方千里者九,齊集有其一。以一服八,何以異於鄒敵楚哉?蓋[39]亦反其本矣。

"今王發政施仁,使天下仕者皆欲立於王之朝,耕者皆欲耕於王之野,商賈皆欲藏於王之市,行旅皆欲出於王之塗,天下之欲疾其君者皆欲赴愬[40]於王。其若是,孰能禦之?"

王曰:"吾惽[41],不能進於是矣。願夫子輔吾志,明以教我。我雖不敏,請嘗試之。"

曰:"無恒產而有恒心者,惟士為能。若[42]民,則[43]無恆產,因無恒心。苟無恒心,放辟邪侈,無不為已。及陷於罪,然後從而刑之,是罔[44]民也。焉有仁人在位罔民而可為也?是故明君制民之產,必使仰足以事父母,俯足以畜妻子,樂歲終身飽,凶年免於死亡;然後驅而之善,故民之從之也輕[45]。

"今也制[46]民之產,仰不足以事父母,俯不足以畜妻子;樂歲終身苦,凶年不免於死亡。此惟救死而恐不贍[47],奚[48]暇治禮義哉?

"王欲行之,則盍[49]反其本矣:五畝之宅,樹之以桑,五十者可以衣帛矣。雞豚狗彘之畜,無失其時,七十者可以食肉矣。百畝之田,勿奪其時,八口之家可以無飢矣。謹庠序之教,申[50]之以孝悌之義,頒白者不負戴於道路矣。老者衣帛食肉,黎民不飢不寒,然而不王者,未之有也。"

(楊伯峻譯注《孟子譯注》,中華書局 1984 年版)

【注釋】

[1]齊宣王:威王之子,名辟疆。據推測,孟子在見到梁襄王之後便離開魏國到了齊國,這時齊宣王即位也不過兩年。

[2]齊桓、晉文:齊桓公名小白,晉文公名重耳,在春秋時期先後稱霸。

[3]以:同"已","無以"猶言"不得已"。

[4]保:安也。

[5]胡齕(hé):齊王的近臣。

[6]之:動詞,往也,適也。

[7]釁(xìn)鐘:王夫之《四書稗疏・孟子》云:"釁,祭名,血祭也。凡落成之祭曰釁。"這是古代一種禮節儀式,當國家的一件新的重要器物移至宗廟開始使用的時候,便要宰殺一件活物來祭它。

[8]舍:同"捨"。

[9]觳觫(hú sù):楊慎《丹鉛宗錄》云:"言牛將就屠而體縮恐懼也。"俞樾《孟子平議》把下句"若"字屬此句讀。楊樹達《古書句讀釋例》以"吾不忍其觳觫若無罪而就死地"十三字作一句讀。皆不可信。

[10]諸:"之乎"的合音。

[11]愛:吝嗇之意。

[12]褊(biǎn):小也。

[13]異:動詞,奇怪,疑怪。

[14]隱:趙岐注:"痛也。"哀痛,可憐。

[15]君子遠庖廚:君子,有時指有德之人,有時指有位(官職)的人,這裏兩者都可解。遠,這裏作動詞,使動用法,使他遙遠的意思。舊讀去聲。

[16]說:同"悅",高興,喜歡。

[17]《詩》云:詩句見於《詩經・小雅・巧言》。

[18]忖度(cǔn duó):推測、揣想。

[19]鈞:三十斤為一鈞。

[20]秋毫之末:有人說鳥尾之細毛,有人說是禾穗之白毛,總之是極細小的東西。

[21]許:聽信。

[22]"今"字前省去"曰"字,便是表示孟子的話是緊接宣王的話的。

[23]挾太山以超白海:太山即泰山,北海即渤海。《墨子・兼愛篇》云:"譬若挈泰山越河濟也。"可見此是當時常用的譬喻。

[24]折枝:古來有三種解釋:甲、折取樹枝,乙、彎腰行禮,丙、按摩瘙癢。譯文取第一義。

[25]天下可運於掌:《列子・湯問》:"大王治國誠能若此,則天下可運與一握。"即此意。

[26]刑于寡妻:以下三句見於《詩經・大雅・思齊》。"刑"同"型",猶言示範。寡妻:嫡妻也。這裏"寡"字和《尚書・康誥》的"寡兄"、《康王之誥》的"寡命"諸"寡"字同義,大也。可參攷俞正燮《癸巳類稿・寡兄解》。

[27]家:指卿大夫之有封建采邑者。

[28]抑:選擇連詞,相當於現代漢語的"還是"。

[29] 采色：同"彩色"。

[30] 便嬖（pián bì）：在王左右親近之有寵倖者。

[31] 辟：同"闢"，開闢擴大。

[32] 朝：使動用法，使其朝覲。

[33] 莅（lì）：臨也。

[34] 若：如此，後來寫作"偌"。

[35] 殆：副詞，不表示肯定。可譯為"可能""大概""幾乎""或者"。

[36] 有：同"又"。

[37] 鄒：國名，就是邾國，公羊又作邾婁，國家極小。今山東鄒縣東南有邾城，當時古邾國之地。

[38] 楚：春秋和戰國時期的大國。

[39] 蓋：同"盍"，"何不"的合音。

[40] 愬：同"訴"。

[41] 惛：同"昏"。

[42] 若：轉折連詞，"至於"之意。

[43] 則：假設連詞，假若。

[44] 罔：同"網"，此處用作動詞，張網羅以捕捉之意，猶言"陷害"。

[45] 輕：輕易，容易。

[46] 制：訂立制度。

[47] 贍（shàn）：足夠。

[48] 奚：何。

[49] 盍："何不"的合音。

[50] 申：趙岐注以"申重"解"申"，是也。《荀子·仲尼篇》云："疾力以申重之。"楊倞注云"申重猶再三也"。此"申"用法正與《禮記·檀弓》"申之以子夏"同。譯文故以"反復開導"表達之。

【导读】

孟子的出生距孔子之死（公元前 479 年）大约百年。关于他的身世的文献记载，流传下来的已很少，《韩诗外传》记载了他母亲"断织"等故事，《列女传》记载了其母"三迁"和"去齐"等故事，可见他得益于母亲的教育不少。相传孟子是鲁国贵族孟孙氏的后裔，幼年丧父，家庭贫困。据《列女传》和赵岐《孟子题辞》说，孟子曾受教于孔子的孙子子思。但据年代推算，似乎不可信。《史记·孟子荀卿列传》记载"受业子思之门人"倒有可能。

无论是否受业于子思,孟子的学说都受到了子思的影响。孟子学成后游说诸侯,推行自己的政治主张,到过梁(魏)国、齐国、宋国、滕国、鲁国,但其主张均没有获得实施的机会。最后他退居讲学,和学生一起"序《诗》《书》,述仲尼之意,作《孟子》七篇"。《孟子》是中国儒家典籍中的一部,记录了孟子的治国思想和政治策略。《孟子》在儒家典籍中占有很重要的地位,南宋孝宗时,朱熹编"四书"收入了《孟子》,正式把《孟子》提到了非常高的地位,从此直至清末,"四书"一直是科举考试的内容,《孟子》更是成为读书人的必读书。

荀子·禮論(節選)

禮起於何也?曰:人生而有欲,欲而不得,則不能無求,求而無度量分界[1],則不能不爭。爭則亂,亂則窮[2]。先王惡其亂也,故制禮義以分之,以養人之欲,給人之求。使欲必不窮乎物,物必不屈[3]於欲,兩者相持而長,是禮之所起也。

故禮者養也,芻豢[4]稻粱,五味調香[5],所以養口也;椒蘭芬苾[6],所以養鼻也;雕琢刻鏤黼黻文章[7],所以養目也;鍾鼓管磬琴瑟竽笙,所以養耳也;疏房檖貇越席牀笫几筵[8],所以養體也。故禮者養也。

君子既得其養,又好其別。曷謂別?曰:貴賤有等,長幼有差,貧富輕重皆有稱者也[9]。故天子大路[10]越席,所以養體也;側載睪芷[11],所以養鼻也;前有錯衡[12],所以養目也;和鸞[13]之聲,步中《武》《象》[14],趨中《韶》《護》[15],所以養耳也;龍旗九斿[16],所以養信[17]也;寢兕,持虎,蛟韅,絲末,彌龍[18],所以養威也;故大路之馬必信至教順然後乘之,所以養安也。孰知夫出死要節之所以養生也!孰知夫出費用之所以養財也!孰知夫恭敬辭讓之所以養安也!孰知夫禮義文理[19]之所以養情也!故人苟生之為見,若者必死;苟利之為見,若者必害;苟怠惰偷懦之為安,若者必危;苟情說[20]之為樂,若者必滅。故人一之於禮義,則兩得之矣;一之於情性,則兩喪之矣。故儒者將使人兩得之者也,墨者將使人兩喪之者也,是儒墨之分也。

(梁啟雄著《荀子簡釋》,中華書局 1983 年版)

【注釋】

[1]度量:定多少之數;分界:定彼此之分。

[2]窮:謂計無所出也。

[3]屈:竭盡。

[4]芻豢(chú huàn):指牛羊豬犬之類的肉類。

[5]香:當作"益",通"和"。

[6]苾:芳香。

[7]黼黻(fǔ fú):繡有各種華麗花紋的服飾。文章,錯雜的色彩花紋。

[8]疏:通,指敞亮;樾(suì):深遠;越席:蒲席;第(zǐ):竹編的床席;几筵:古代人席地而坐,依靠的叫幾,墊席叫筵。

[9]輕重:卑尊;稱:相稱,合宜。

[10]大路:即"大輅",古代天子坐的車。

[11]側:大路的兩旁;載:放置;睪(zé)芷:香草,"睪"通"澤"。

[12]錯:塗飾;衡:車前的橫木。

[13]和鸞:車上的鈴。

[14]武:武王樂;象:武王舞。

[15]韶:舜樂;護:湯樂。

[16]斿(liú):旗上的飄帶。

[17]信:通"伸",又通"神",神氣。

[18]寢兕:臥著的犀牛;持虎:蹲著的虎;蛟韅(xiǎn):鮫魚皮做的馬肚帶,韅,馬肚帶;絲末:絲織的蓋車布;彌龍:金飾的龍首,在車子的衡軛的末端。

[19]禮義文理:禮儀的各種規範和儀式。

[20]說:通"悅"。

【导读】

《荀子》是战国后期儒家学派的重要著作。全书论说方面极广,张觉在他的《荀子译注》中说:"纵观荀子全书,凡哲学、伦理、政治、经济、军事、教育,乃至语言学、文学皆有涉猎,且多精论,足以为先秦一大思想宝库。荀子的思想偏向经验以及人事方面,是从社会脉络方面出发,重视社会秩序,反对神秘主义的思想,重视人为的努力。"

荀子,战国后期赵国人,时人尊称为"荀卿",西汉时因避汉宣帝刘询讳,且"荀"与"孙"二字古音相通,故改称"孙卿"。荀子五十岁时,始游学于齐国,曾在齐国首都临淄(今山东省淄博市)的稷下学宫任祭酒。因遭谗而适楚国,任兰陵(今山东省兰陵县)令,以后失官家居,著书立说,死后葬于兰陵。韩非、李斯均是他的学生。荀子是一位儒学大师,在吸收法家学说的同时发展了儒家思想。他尊王道,也称霸力;崇礼义,又讲法治;在"法先王"的同时,又主张"法后王"。孟子创"性善论",强调养性;荀子主张"性恶论",强调后天的学习。这些都说明他与嫡传的儒学有所不同。

《礼论》篇是荀子著作中最重要的一篇,系统论述了"礼"的起源、内容和作用。荀子的礼学以"性恶论"为基础,他认为"人生而有欲",欲而不得,就会产生争夺和混乱。制定礼义的目的是调节人的欲望,从而避免纷争,保持社会安定。礼的内容,荀子认为有

"养"和"别"两个方面。"养"即"养人之欲，给人之求"，满足人的物质欲望和需求；"别"即"贵贱有等，长幼有差，贫富轻重皆有称者"。荀子认为这两者是相互依存的。文章对礼的内容进行了详细分析，并重点论述了丧祭之礼，然后提出"隆礼"的观点，指出礼是治国的根本，是"人道之极""天下从之者治，不从者乱，从之者安，不从者危，从之者存，不从者亡"，对礼在维护社会安定方面的作用予以高度评价。

（马建智撰）

第三节　先秦道家

一、概述

一般认为老子是道家思想的创立者。到庄子时，道家已发展成为与儒、墨分庭抗礼的学派。西汉初年，道家思想演变为黄老之学，支配着汉朝达六七十年之久。自汉武帝"罢黜百家，独尊儒术"之后，道家思想再也没有成为中国社会的主流思想，但它与儒家思想互补互渗、对立共存，对中国社会生活的各个方面产生了巨大的影响。

据《史记·老子韩非列传》记载，老子姓李，名耳，字聃，楚国苦县（今河南省鹿邑县）厉乡曲仁里人，曾任东周王室管理藏书的官史。据说他看到东周王室衰微，便离开西去，经过函谷关时被关令尹喜挽留，为之著书上下篇五千言，述道德之意，即《老子》（又名《道德经》）。《老子》是道家的重要代表作，反映了老子的思想，其核心范畴是"道"。"道"的概念在中国思想史上很重要。所谓的"道"，在老子看来是人的感官所无法感知，却又真实存在的，它恍恍惚惚，似有似无。虽然人的感觉器官无法感知，但它是世界的本原、万物的根本。它先天地而存在，是万物的宗主，万事万物都由它创生。它遵循着亘古不变的自然法则，驾驭着现实世界。《老子》的中心思想是天道自然无为，人道顺其自然。老子说"人法地，地法天，天法道，道法自然"（《老子·第二十五章》），所谓的"自然"是天然、自然而然的意思，是指事物的一种本然状态。天道化育万物，因任自然，因此人道也要合乎天道自然的性质，遵循事物的发展规律，反对人为的征服和破坏，不能强行妄为，要"辅万物之自然而不敢为"（《老子·第六十四章》）。这种自然无为的思想，并非反对任何作为，而是要求任何作为都要因势利导、顺任物性之自然。这一思想应用到人生观上，则要求人生在世要清虚自守，见素抱朴，少私寡欲，排除一切人为的知识，摒弃一切违反自然本性的道德和欲望，从而达到与"道"同体的境界。

庄子是道家又一个重要的代表人物，如果没有庄子，道家也不能成就其伟大。庄子

（约公元前369—前286年），与梁惠王、齐宣王为同一时期人，战国中期的思想家、哲学家、文学家，与老子并称"老庄"。据《史记》记载，庄子名周，宋国蒙（今河南省商丘市东北）人，曾做过蒙地管理漆园的小吏，过着很清贫的生活。他曾穿着缝了很多补丁的衣服和断了带子的草鞋去见梁惠王，还向河监侯借米充饥。虽然庄子的物质生活很拮据，但他精神上鄙弃功名富贵，拒绝出仕、游戏人间、与世浮沉。庄子著有《庄子》一书，《汉书·艺文志》记载其有五十二篇，惜遭删改。现存三十三篇是晋代郭象编定，分为内篇、外篇、杂篇三部分。一般认为内篇为庄子自己所著，外篇、杂篇为庄子后学所作。庄子之学，"其要本归于老子之言"（《史记·老子韩非列传》）。他继承和发展了老子"道"的宇宙论思想。在庄子看来，"道"是世界万物的本原，"自本自根""生天生地""自古以固存"，既主宰世界，也主宰自己；"道"具有无限性和超时空性，它无始无终而永恒存在，无际无涯而无处不有；人们看不见也摸不着它，却又真实存在（《庄子·大宗师》）。作为万物本原的"道"不仅"生天生地"，而且参与万物的流转变化；它决定宇宙万物的一切，"是万物之所系，而一化之所代"（《庄子·大宗师》）。庄子提出"万物齐一"的相对主义认识论和方法论。他认为世界万物虽性质不同，各有差别，但是站在道的高度来看，事物的性质和存在都是相对的。所谓的美丑贵贱、是非大小、盈虚有无，从道的观点来看其实并无分别，这就是"道通为一"。庄子的这一看法突破了宇宙时空限制，超越了具体个别局限，是一种超二元对立的思维方式。庄子力图从精神上超越现实世界，追求绝对的精神自由，这就是他所谓的"逍遥游"。庄子认为飞行于九万里高空的大鹏、御风而行的列子，需要风的支撑，都是有所待的。只有乘天地之正，驭六气之变，顺万物之性，忘己、忘功、忘名，与自然为一，与道冥合，在无穷的宇宙中超越相对有待，不受任何限制地遨游，才是真正的"逍遥游"。庄子的这一精神追求是"道"的主体性的典型表现，也是"齐物论"必然的逻辑结论。

列子（约公元前450—前375年），又名列御寇，古籍又作列圄寇、列圉寇。列子是战国时期郑国圃田（今河南省郑州市）人，是介于老子与庄子之间道家学派承前启后的重要传承人物。因为《史记》只字未提列子，《庄子·天下篇》《荀子·非十二子》都未论及列子，所以高似孙等人怀疑列子的存在，或以为不过像鸿蒙、列缺一样，乃假托之名。然而列子的存在是不容置疑的，因为《庄子》一书多次提及列子，《吕氏春秋·不二篇》对列子思想做了简明概括："子列子贵虚。"另外，班固《汉书·艺文志》著录《列子》八篇。刘向曾经对《列子》进行整理校缮，编为八篇。今存《列子注》亦八篇，为晋张湛所注。自柳宗元撰《辩列子》以来，学者多以为其为伪书，或出于魏晋人之手。马叙伦在《列子伪书考》里说："盖《列子》晚出而早亡，魏晋以来好事之徒聚敛《管子》《晏子》《论语》《山海经》《墨子》《庄子》《尸佼》《韩非子》《吕氏春秋》《韩诗外传》《淮南》《说苑》《新序》《新论》之言，附益晚说，假为向序以见重。"这是比较符合客观事实的论断。《列子》大旨与《庄子》

相近,而精义弗逮。《列子》继承和发展了老子的道论,认为"道",自身不生不化,却能化生万物,是永恒的存在。在此基础上,他将宇宙生成过程分为四个阶段:"有太易,有太初,有太始,有太素。太易者,未见气也;太初者,气之始也;太始者,形之始也;太素者,质之始也。"(《列子·天瑞篇》)这四个阶段由阴阳统治,浑然一体,不可分离,再变化而为元气形态的"一","一"变为阴阳二气。在发展变化中,"清轻者上为天,浊重者下为地,冲和气者为人;故天地含精,万物化生"(《列子·天瑞篇》)。这与老子的"道生一,一生二,二生三,三生万物"的宇宙生成论是一脉相承的,但更加具体化、条理化,并强调了"气"在宇宙演化过程中的作用。《列子》"贵虚"。"虚"是虚静,指人进入一种心意凝聚专一、物我两忘、不知是非利害、与道冥合的境界。用列子的话来说,这就是"心凝形释,骨肉都融"(《列子·黄帝篇》)的状态。列子发展了庄子生死齐一的思想,认为生死是自然规律,无法抗拒;生命是短暂的,不必去计较生命的长短;但要珍惜生命,追求活着的快乐,尽情适性,从心所欲,直到生命的终结。

二、原典选读及导读

老子(第三章)

不尚賢[1],使民不爭;不貴難得之貨[2],使民不為盜;不見可欲[3],使民心不亂。

是以聖人之治,虛其心[4],實其腹,弱其志[5],強其骨。常使民無知無欲[6]。使夫智者不敢為也[7]。為無為[8],則無不治[9]。

(陳鼓應著《老子注譯及評介》,中華書局 1984 年版)

【注释】

[1]不尚賢:不人為地標榜賢才。尚:崇尚。

[2]貴:以……為貴。貨:財物。

[3]見(xiàn):通"現",顯露,顯示,這裏為炫耀的意思。

[4]虛其心:使他們的心思清靜。

[5]弱其志:使他們意志減弱。

[6]無知無欲:沒有偽詐的心智和欲念。

[7]智者不敢為:自作聰明的人不敢肆意妄行。

[8]為無為:以無為的方式去做,即以順任自然的態度去處理事務。

[9]治:治理好。

【导读】

人们的内心充满了对名利、权势、财富的欲望,为了满足欲望而去偷盗、争夺、杀戮,天下就难以治理好。因此老子认为:不标榜贤才,人们就不会去争名夺利;不看重难得的财物,人们就不会去偷盗;不去显耀可贪之物,人们的内心就不会被惑乱。而要做到这一点,就要让人们身体强健,无知无欲。身体强健,就乐于劳作;无知无欲,就会无所争求。当人们凿井而饮、耕田而食、含哺而熙、鼓腹而游时,天下自然就治理好了,这就是"为无为,则无不治"。

老子(第九章)

持而盈之[1],不如其已[2];揣而锐之[3],不可长保[4]。金玉满堂,莫之能守;富贵而骄,自遗其咎[5]。功遂身退[6],天之道也[7]。

(陈鼓应著《老子注译及评介》,中华书局 1984 年版)

【注释】

[1]持而盈之:持执盈满,含有自满自骄的意思。

[2]已:止。

[3]揣而锐之:捶击使它尖锐,含有显露锋芒的意思。

[4]长保:长久保存。

[5]咎:过失、灾祸。

[6]功遂身退:功遂,指功业成就;身退,指敛藏锋芒。

[7]天之道:指自然规律。

【导读】

本章讲了两点内容。一是"盈",容器过度盈满,必然导致倾泻溢出;武器过分锐利,必然招致挫伤折损,正所谓"日中则移,月满则亏",这是自然之理。老子告诉我们,为人处世不要做过头,因为过犹不及;不要得寸进尺,要适可而止。满堂金玉,本就是难以长久拥有的,更何况富贵而骄?富贵而骄,就会招来祸患,这一点我们要保持自我警惕。二是"功遂身退",一般来说,功成名就并不容易,一旦成功就会居功自傲,从而招来嫌恶,祸咎也就随之而来。这两点内容是有联系的,既然盈满有倾泻之失、锐利有挫折之损、金玉满堂无法守藏、富贵而骄必招灾祸,世间万事都是否极泰来、福祸相依,那么我们应该以什么样的态度面对功成名就呢? 老子告诉我们,那就是功遂身退。所谓的"功遂身退",不是要退处山林,绝灭人事,成为隐士,而是要"为而不恃,功成而弗居",在把事情做好之后不锋芒毕露,不咄咄逼人,不自我膨胀,而是谦虚谨慎,戒骄戒躁,才能远离祸咎,永保平安。

莊子·逍遙遊(節選)

北冥有魚[1],其名為鯤[2]。鯤之大,不知其幾千里也。化而為鳥,其名為鵬[3]。鵬之背,不知其幾千里也;怒而飛[4],其翼若垂天之雲[5]。是鳥也[6],海運則將徙於南冥[7]。南冥者,天池也[8]。

《齊諧》者[9],志怪者也[10]。《諧》之言曰:"鵬之徙於南冥也,水擊三千里[11],搏扶搖而上者九萬里[12],去以六月息者也[13]。"野馬也[14],塵埃也,生物之以息相吹也[15]。天之蒼蒼[16],其正色邪? 其遠而無所至極邪[17]? 其視下也[18],亦若是則已矣[19]。

且夫水之積也不厚[20],則其負大舟也無力。覆杯水於坳堂之上[21],則芥為之舟;置杯焉則膠[22],水淺而舟大也。風之積也不厚,則其負大翼也無力。故九萬里,則風斯在下矣[23],而後乃今培風[24];背負青天而莫之夭閼者[25],而後乃今將圖南[26]。

(郭慶藩輯,王孝魚整理《莊子集釋》,中華書局 1961 年版)

【注釋】

[1]冥(míng):通"溟",指海。北冥,北方大海。

[2]鯤(kūn):本指魚卵。這裏用作大魚名。

[3]鵬:即古"鳳"字,大鳥名。

[4]怒:奮力。

[5]垂:通"陲",邊境。

[6]是鳥:此鳥,指大鵬。

[7]海運:海動。海水湧動,必有大風,大鵬就可以乘風南飛。

[8]天池:天然形成的大池。

[9]《齊諧》:書名,出於齊國,内容詼諧怪誕,故名"齊諧"。

[10]志怪:記載怪異的事情。

[11]水擊:擊水,拍水。

[12]搏(tuán):兼有拍、旋二義。扶搖:盤旋而上的暴風。

[13]去:離開。息:氣息,謂風。一說息,止息,謂飛了六個月才停息。

[14]野馬:指春天山林沼澤中游動的霧氣。

［15］息：氣息。

［16］蒼蒼：深藍色。

［17］邪：同“耶”。其：抑或，或許。

［18］其：指大鵬。

［19］是：這樣，指人視天而言。

［20］且夫：表示要進一步論述，有提起下文的作用。厚：謂深。

［21］坳（ào）堂：堂內低窪處。

［22］膠：粘著。

［23］斯：則，就。

［24］培風：憑藉風力。培：通“憑”。

［25］夭閼（è）：阻礙，阻攔。

［26］圖南：圖謀向南飛去。王夫之《莊子解》：“兩言‘而後乃今’，見其必有待也。”

【导读】

从《逍遥游》通篇来看，“逍遥游”的境界是指像与天地浑然融为一体的至人、神人、圣人那样，顺万物之本性，体大道之自然，游宇宙之无穷。为了阐明何为“逍遥游”，开篇先从一个鲲化为鹏的寓言说起。广漠无垠的北海中一条大鱼，化而为大鹏，它奋力而飞，翅膀有如遮盖天际的大云。大鹏借着六月海运产生的大风，然后图谋飞向南海。作者想告诉我们的是鲲、鹏虽大，如果没有北海之广漠无极，没有六月海运之大风，鲲不可能化为大鹏，大鹏也不可能展翅南飞。鲲化为鹏，鹏展翅南飞，都是有待的，都受到了限制，都不是处于绝对的自由状态。

莊子·秋水（節選）

惠子相梁[1]，莊子往見之。或謂惠子曰[2]：“莊子來，欲代子相。”於是惠子恐，搜於國中三日三夜。

莊子往見之，曰：“南方有鳥，其名為鵷鶵[3]，子知之乎？夫鵷鶵，發於南海而飛於北海，非梧桐不止[4]，非練實不食[5]，非醴泉不飲[6]。於是鴟得腐鼠[7]，鵷鶵過之，仰而視之曰：‘嚇[8]！’今子欲以子之梁國而嚇我邪？”

（郭慶藩輯，王孝魚整理《莊子集釋》，中華書局 1961 年版）

【注释】

    [1]惠子:即惠施,莊子的好友。

    [2]或:有人。

    [3]鵷鶵(yuān chú):傳說中與鸞鳳同類的鳥。

    [4]止:棲息。

    [5]練實:竹實。

    [6]醴(lǐ)泉:甘美如醴的泉水。醴:甜酒。

    [7]鴟(chī):貓頭鷹。腐鼠:臭老鼠。

    [8]嚇(hè):怒聲。

【导读】

    庄子去拜见惠子,惠子以为庄子来夺取自己的相位,于是在国内搜捕三日三夜,这说明惠子很看重相位所代表的权势和地位,也说明在惠子心中,庄子和他一样看重功名利禄。然而庄子以鵷鶵"非梧桐不止,非练实不食,非醴泉不饮",向惠子表明自己志向的高洁。在庄子眼中,惠子就像嗜食腐鼠的猫头鹰,别说梁国的相位,就是整个梁国对他来说也如粪土。李商隐的《安定城楼》诗就曾用这个典故来表明自己的志向:"不知腐鼠成滋味,猜意鵷雏竟未休。"

莊子·至樂(節選)

    莊子妻死,惠子弔之,莊子則方箕踞鼓盆而歌[1]。

    惠子曰:"與人居,長子[2]老身[3],死不哭亦足矣,又鼓盆而歌,不亦甚乎!"

    莊子曰:"不然。是其始死也,我獨何能無概然[4]!察其始而本无生,非徒无生也而本无形[5],非徒无形也而本无氣[6]。雜乎芒芴之間[7],變而有氣,氣變而有形,形變而有生,今又變而之死,是相與為春秋冬夏四時行也。人且偃然寢於巨室,而我噭噭然隨而哭之[8],自以為不通乎命[9],故止也。"

(郭慶藩輯,王孝魚整理《莊子集釋》,中華書局 1961 年版)

【注释】

    [1]箕踞:兩腳伸直叉開而坐,形似簸箕,是一種傲慢的行為。此處表示一種不拘禮
        節的態度。鼓盆:叩擊瓦缶。盆:瓦缶,是一種瓦質樂器。

［2］長子：生養子女。長：使成長。

［3］老身：直到年老體衰。

［4］概：通"慨"，感觸於心。

［5］非徒：不只，不僅。形：形體。

［6］氣：指一種構成形體的元素。

［7］芒芴：恍恍惚惚的樣子。

［8］噭噭(jiào) ：悲哭聲。

［9］命：天命。

【导读】

妻子死了，庄子不但不伤心哭泣，反而箕踞鼓盆而歌，在一般人看来这实在是无情无义。而庄子不那么认为，在他看来，人之生死不过是气之聚散，如同四季更替，出生入死都是顺乎自然变化。妻子已经安然地寝于天地之间，如果自己还号啕痛哭，就是不通乎自然大化的道理。庄子已经勘破生死，做到"上与造物者游，而下与外死生、无终始者为友"(《庄子·天下篇》)。

列子·湯問(節選)

薛譚學謳於秦青[1]，未窮青之技，自謂盡之；遂辭歸。秦青弗止；餞於郊衢[2]，撫節悲歌[3]，聲振林木，響遏行雲[4]。薛譚乃謝求反[5]，終身不敢言歸。

(楊伯峻撰《列子集釋》，中華書局 1979 年版)

【注释】

［1］薛譚學謳於秦青：薛譚、秦青，都是秦國善於歌唱的人。謳：徒歌(無伴奏) 稱
　　為謳。

［2］餞：以酒食送行。衢：四通八達的道路，大路。

［3］撫節：打著節拍。撫：通"拊"，拍擊。節：竹制樂器。

［4］遏：阻止。

［5］謝：道歉。反：通"返"。

【导读】

薛谭像很多人一样，还没学到最高境界就自以为是，以此满足，从而辞别回家。但是

当他看到老师声振林木、响遏行云的高超技艺时,立马向老师认错,继续学习。这则小故事对我们有两点启发:一是学习要谦虚,要持之以恒,不能浅尝辄止;二是作为老师要像秦青那样,凭借自己高超技艺让学生深刻地认识到错误,从而好好学习。当然,薛谭最后终身"不敢言归",也不一定对。如果学生的技艺已经青出于蓝,那就要离开老师,走向更加广阔的天地去施展才华。

(扶平凡撰)

第四节 其他先秦诸子

一、概述

先秦诸子,除了儒道两家,尚有墨家、兵家、法家、杂家诸家。

墨子(约公元前476—前390年),名翟,春秋战国之际著名的思想家、教育家、科学家、军事家,墨家学派的创始人及主要代表人物。后来其弟子收集其语录,完成《墨子》一书传世。《墨子》是研究先秦墨家学派及其创始人墨子思想学说的重要著作,主要记载墨子的言论与活动,还有一部分涉及逻辑学、自然科学的论述。墨子是我国历史上唯一一个农民出身的哲学家,其主要思想有兼爱、非攻、尚贤、尚同、节用、节葬、天志、明鬼、非乐、非命等,以兼爱为核心,以节用、尚贤为支点。墨子在先秦时期创立了以几何学、物理学、光学、静力学、逻辑学等学科为突出成就的一整套科学理论。墨学在当时影响很大,与儒家并称"显学",当时百家争鸣,有"非儒即墨"之称。墨子死后,墨家分为相里氏之墨、相夫氏之墨、邓陵氏之墨三个学派。

孙子(约公元前545—前470年),名武,字长卿,春秋末期齐国乐安(今山东省北部)人,春秋时期著名的军事家、政治家,被后人尊称兵圣或孙子(孙武子)、"兵家至圣",被誉为"百世兵家之师""东方兵学的鼻祖"。孙子曾觐见吴王阖闾,被任为将,率吴军攻破楚国。其著有《孙子兵法》一书,又称《孙武兵法》《吴孙子兵法》《孙子兵书》《孙武兵书》等,是我国现存最早的兵书,也是世界上最早的军事著作,被誉为"兵学圣典"。《孙子兵法》是我国古典军事文化遗产中的璀璨瑰宝、优秀传统文化的重要组成部分,其内容博大精深,思想精邃富赡,逻辑缜密严谨,是古代军事思想精华的集中体现。他认为"兵者,国之大事"(《孙子兵法·计篇》),提出"知己知彼,百战不殆"(《孙子兵法·谋攻篇》),注重了解情况,全面地分析敌我、众寡、强弱、虚实、攻守、进退等矛盾双方,并通过对战争客观规律的认识和掌握以克敌制胜。他还提出"兵无常势,水无常形,能因敌变化而取胜者,谓之神"(《孙子兵法·虚实篇》),强调了战略战术上的"奇正相生"和灵活运用。《孙子兵法》被奉为兵家经典,其成书至今已有约 2500 年,历代都有学者研究。李世民说"观诸兵书,无出孙武"。《孙子兵法》在我国古代军事学术和战争实践中都起到过极其重要的指导作用,如今,更是被翻译成多种语言,走向世界,在世界军事史上也具有重要的地位。

　　韩非(约公元前 280—前 233 年),又称韩非子,战国末期哲学家,法家的集大成者,韩国贵族出身。韩非与李斯一同师事荀子,曾建议韩王变法图强,不见用。韩非著《孤愤》《五蠹》《说难》等十余万言,为秦王嬴政所激赏,被邀出使秦国,至秦后,为李斯、姚贾所忌害入狱,后自杀于狱中。《韩非子》现存五十五篇,约十万言,绝大部分为韩非自己的作品。当时,中国思想界以儒家、墨家为代表,崇尚"法先王"和"复古",韩非的法家学说坚决反对复古,主张因时制宜。韩非攻击主张"仁爱"的儒家学说,主张法治,提出重赏、重罚、重农、重战四个政策。韩非的法治思想是以进化的历史观作为推行法治的理论基础,以建立一个统一的君主集权的封建国家作为奋斗理想和目标,适应了中国一定历史发展阶段的需要,在中国封建中央集权制度的确立过程中起到了一定的理论指导作用。

　　战国扰攘,军事上,秦国以摧枯拉朽之势席卷天下,在意识形态领域也迫切需要一部适应统一大势的著作。于是,秦国丞相吕不韦承接了这个使命。吕不韦召集三千门客编著了《吕氏春秋》。《吕氏春秋》亦称《吕览》,成书于秦始皇统一六国前夕。全书二十六卷,一百六十篇,二十余万字。《吕氏春秋》分为十二纪、八览、六论,注重博采众家学说,以儒、道思想为主,并融合进墨、法、兵、农、纵横、阴阳家等各家思想,为当时秦国统一天下、治理国家提供了思想武器。

二、原典选读及导读

墨子·耕柱篇(節選)

　　巫馬子謂子墨子曰[1]:"我與子異,我不能兼愛。我愛鄉人於越人[2],愛魯人於鄰人,愛我鄉人於魯人,愛我家人於鄉人,愛我親於我家人,愛我身於吾親,以為近我也。擊我則疾[3],擊彼則不疾於我,我何故疾者之不拂,而不疾者之拂[4]?故有我有殺彼以我,無殺我以利[5]。"子墨子曰:"子之義將匿邪?意將以告人乎?"巫馬子曰:"我何故匿我義?吾將以告人。"子墨子曰:"然則一人說子[6],一人欲殺子以利己;十人說子,十人欲殺子以利己;天下說子,天下欲殺子以利己。一人不說子,一人欲殺子,以子為施不祥言者也;十人不說子,十人欲殺子,以子為施不祥言者也;天下不說子,天下欲殺子,以子為施不祥言者也。說子亦欲殺子,不說子亦欲殺子,是所謂經者口也,殺常之身者也[7]。"子墨子曰:"子之言惡利也?若無所利而不言,是蕩口也[8]。"

（孫詒讓撰，孫啟治點校《墨子閒詁》，中華書局 2001 年版）

【注释】

[1]巫馬子:蓋巫馬期之子姓。《史記·仲尼弟子列傳》"巫馬施，字子旗"，《集解》引鄭康成《孔子弟子目錄》云"魯人"，故下云"愛魯人於鄒人"。《孔子家語·七十二弟子解》作"陳人"，非也。

[2]愛鄒人於越人:愛鄒人勝過愛越人。

[3]疾:痛。

[4]拂:除去。巫馬子之意，猶言己身受擊，感覺痛苦，故須除去其痛苦，若他人受擊，其痛苦不及於己，無須除去其痛苦。墨家損己利人，正如巫馬子所謂"疾者之不拂，而不疾者之拂"。

[5]故有我有殺彼以我，無殺我以利:孫詒讓云:"蘇（時學）云:二句當有脫訛，以下文語意攷之，當言'有殺彼以利我，無殺我以利彼也'。'有我'二字疑衍。俞（樾）云:此當作'故我有殺彼以利我，無殺我以利彼'。"

[6]說:同"悅"，以下同。

[7]常:孫詒讓云:"疑當作'子'。"

[8]不言:孫詒讓云:"疑當作'必言'。"蕩口:白費口舌。

【导读】

　　《墨子·耕柱篇》中墨子和巫马子的对话最能体现墨家独有的兼爱理念。巫马子认为爱是有等差、有区别的:"我爱邹人于越人，爱鲁人于邹人，爱我乡人于鲁人，爱我家人于乡人，爱我亲于我家人，爱我身于吾亲，以为近我也。"越是和我关系近的人，我越爱他，这是符合儒家的仁爱理念的。但是巫马子由此引申出"故有我有杀彼以我，无杀我以利"的极端自私思想，这又与杨朱一派的"贵己""为我"思想极为相似。如果人人都信奉"杀彼以利我"的极端思想，那么社会一定会失序，弱肉强食的"丛林法则"大行其道，人类社会何以进入文明时代? 故孟子论曰:"杨子取为我，拔一毛而利天下，不为也;墨子兼爱，摩顶放踵，利天下为之。"（《孟子·尽心章句上》）由此可以看出墨子思想的可贵之处。墨子基于人人自利的战乱时代提出的兼爱理论，在当今社会仍然有一定的积极意义。

孫子兵法·謀攻篇

　　孫子曰:凡用兵之法:全國為上，破國次之[1];全軍為上，破軍次之;全旅為上，破旅次之;全卒為上，破卒次之;全伍為上，破伍次之[2]。是故百戰百勝，非善之善者也[3];不戰而屈人之兵,善之善者也。

故上兵伐謀,其次伐交[4],其次伐兵,其下攻城。攻城之法,為不得已,修櫓轒輼,具器械[5],三月而後成;距闉[6],又三月而後已。將不勝其忿而蟻附之[7],殺士三分之一,而城不拔者[8],此攻之災也。

故善用兵者,屈人之兵而非戰也,拔人之城而非攻也,毀人之國而非久也。必以全爭於天下[9],故兵不頓而利可全[10],此謀攻之法也。

故用兵之法:十則圍之[11],五則攻之,倍則分之[12],敵則能戰之[13],少則能逃之[14],不若則能避之。故小敵之堅,大敵之擒也[15]。

夫將者,國之輔也,輔周則國必強,輔隙則國必弱[16]。

故君之所以患於軍者三:不知軍之不可以進,而謂之進[17];不知軍之不可以退,而謂之退,是謂縻軍[18]。不知三軍之事,而同三軍之政者[19],則軍士惑矣。不知三軍之權,而同三軍之任[20],則軍士疑矣。三軍既惑且疑,則諸侯之難至矣[21],是謂亂軍引勝[22]。

故知勝有五:知可以戰與不可以戰者勝;識眾寡之用者勝[23];上下同欲者勝[24];以虞待不虞者勝[25];將能而君不了御者勝[26]。此五者,知勝之道也。

故曰:知彼知己者,百戰不殆[27];不知彼而知己,一勝一負;不知彼,不知己,每戰必殆。

（孫武撰,曹操等注,楊丙安校理《十一家注孫子校理》,中華書局 1999 年版）

【注釋】

[1]全國為上,破國次之:使敵人舉國完整地降服是上策,用兵擊破那個國家是下策。

[2]軍、旅、卒、伍:古時的軍隊編制。一萬兩千五百人為軍,五百人為旅,一百人為卒,五人為伍。

[3]善之善者:高明中更高明的人。

[4]上兵伐謀:最好的用兵策略是識破敵人的計策。伐交:在外交上戰勝敵人,謂破壞敵人與其他方面的聯合。

[5]櫓:樓櫓,望樓。轒輼:古代一種掩護士卒攻城用的戰車。器械:指攻城用的器械。

[6]距闉:在城外築起高臨敵城的土山。

[7]將不勝其忿而蟻附之:將帥憤怒不堪,而命令士卒像螞蟻那樣爬上敵人的城牆。

[8]拔:攻下。

[9]全:指最完善的策略。

[10]兵不頓而利可全:軍隊不受損失而能獲全勝。

[11]十則圍之:兵力十倍於敵人,就包圍他們。

[12]倍:指兵力為敵軍的一倍。分:設法分散敵人的兵力。

[13]敵:匹敵,力量相當。

[14]逃：退卻,藏匿。

[15]故小敵之堅,大敵之擒也：弱軍自不量力而堅持同強軍作戰,就會被大敵所擒。

[16]周：周密。隙：缺陷。

[17]謂：命令。

[18]縻：牽制、束縛。

[19]同：參與、干涉。政：軍政事務。

[20]權：權謀,機宜。任：任用、指揮。

[21]諸侯之難：各國諸侯的進攻。

[22]亂軍引勝：擾亂自己的軍心,導致敵人勝利。引：導致,招致。

[23]識眾寡之用：根據兵力多少來部署戰爭。

[24]上下同欲：國內軍內上下同心同德。

[25]虞：預料,這裏指有準備。

[26]御：駕馭,這裏是牽制的意思。

[27]殆：危險。

【导读】

曹操《孙子兵法序》说："吾观兵书战策多矣,孙武所著深矣。"唐太宗李世民也说："观诸兵书,无出孙武。"(《李卫公问对》)《孙子兵法》总结了丰富的战争经验,系统地提出了战争的一些规律,《谋攻篇》是其中较有代表性的一篇,阐述了进攻的谋略,包括用兵的原则、战术的选择、指挥的确立和预见胜负的方法,强调"知己知彼,百战不殆"。关于用兵的原则,孙武提出最理想的是"不战而屈人之兵""全国""全军""全旅""全卒""全伍"地迫使敌人屈服投降;用武力击破敌人就要差些。因此,要把"伐谋""伐交"的策略放在优先地位,以力争全胜为出发点来制定方针。孙武主张"伐谋""伐交""伐兵"并举,实质上就是进行政治、外交、军事的立体战术。孙武把"攻城"列为最下,不主张强攻城堡,反对攻坚战,颇有见地。孙武认为关于用兵的战术,要根据敌我不同情况采取不同的打法。孙武主张速决战、歼灭战,以优势的兵力对付敌人,在敌强我弱的情况下,则避敌锋芒,保存实力,掌握主动。关于确保指挥和预见胜负的方法,孙武强调作战指挥的独立性和权威性,不了解战情的君主不能任意干预,他指出在下列五种情况下可以预知胜利:洞悉形势,掌握战机;灵活机动地运用战术;上下一致,同心同德;以有准备之军对付无准备之敌;将帅贤能而君主不加牵制。最后的结论是:"知己知彼,百战不殆。"谋攻归根结底是要"知己知彼"——把谋攻提到主客观相统一、符合实际的唯物主义的可靠基础上。《谋攻篇》所提出的关于决策的理论不仅可用于战争中,还可用于现代商战和各种管理中。

韓非子・說難

　　凡說之難，非吾知之有以說之之難也[1]；又非吾辯之能明吾意之難也[2]；又非吾敢橫佚而能盡之難也[3]。凡說之難：在知所說之心[4]，可以吾說當之[5]。所說出於為名高者也，而說之以厚利[6]，則見下節而遇卑賤，必棄遠矣[7]。所說出於厚利者也，而說之以名高，則見無心而遠事情，必不收矣[8]。所說陰為厚利而顯為名高者也[9]，而說之以名高，則陽收其身而實疏之[10]；說之以厚利，則陰用其言顯棄其身矣。此不可不察也。

　　夫事以密成，語以泄敗。未必其身泄之也，而語及所匿之事，如此者身危[11]。彼顯有所出事，而乃以成他故[12]，說者不徒知所出而已矣，又知其所以為，如此者身危。規異事而當[13]，知者揣之外而得之[14]，事泄於外，必以為己也[15]，如此者身危。周澤未渥也[16]，而語極知[17]，說行而有功則德忘，說不行而有敗則見疑，如此者身危。貴人有過端[18]，而說者明言禮義以挑其惡，如此者身危。貴人或得計而欲自以為功[19]，說者與知焉[20]，如此者身危。彊以其所不能為[21]，止以其所不能已，如此者身危。故與之論大人[22]，則以為間己矣[23]，與之論細人，則以為賣重[24]；論其所愛，則以為藉資[25]；論其所憎，則以為嘗己也[26]；徑省其說，則以為不智而拙之[27]；米鹽博辯，則以為多而交之[28]；略事陳意，則曰怯懦而不盡[29]；慮事廣肆，則曰草野而倨侮[30]。此說之難，不可不知也。

　　凡說之務，在知飾所說之所矜而滅其所恥[31]。彼有私急也，必以公義示而強之[32]。其意有下也，然而不能已，說者因為之飾其美而少其不為也[33]。其心有高也，而實不能及，說者為之舉其過而見其惡而多其不行也[34]。有欲矜以智能，則為之舉異事之同類者，多為之地；使之資說於我，而佯不知也以資其智[35]。欲內相存之言，則必以美名明之，而微見其合於私利也[36]。欲陳危害之事，則顯其毀誹[37]，而微見其合於私患也。譽異人與同行者，規異事與同計者[38]。有與同汙者[39]，則必以大飾其無傷也；有與同敗者，則必以明飾其無失也。彼自多其力，則毋以其難概之也[40]；自勇其斷，則無以其謫怒之[41]；自智其計，則毋以其敗窮之。大意無所拂悟，辭言無所繫縻[42]，然後極騁智辯焉。此道所得親近不疑而得盡辭也[43]。伊尹為宰，百里奚為虜[44]，皆所以干其上也[45]。此二人者，皆聖人也，然猶不能無役身以進[46]，如此其汙也。今以吾言為宰虜，而可以聽用而振世，此非能仕之所恥也[47]。夫曠日彌久，而周澤既渥，深計而不疑，引爭而不罪，則明割利害以致其功，直指是非以飾其身[48]。以此相持，此說之成也。

　　昔者鄭武公欲伐胡[49]，故先以其女妻胡君以娛其意，因問於羣臣："吾欲用兵，誰可伐者？"大夫關其思對曰："胡可伐。"武公怒而戮之，曰："胡，兄弟之國也[50]，子言伐之何也？"胡君聞之，以鄭為親己，遂不備鄭，鄭人襲胡，取之。宋有富人，天雨牆壞，其子曰："不築，必將有盜。"其鄰人之父亦云。暮而果大亡其財。其家甚智其子，而疑鄰人之父。此二人說者皆當矣，厚者為戮，薄者見疑，則非知之難也，處之則難也。故繞朝之言當矣，其為聖人於晉而為戮於秦也[51]，此不可不察。

昔者彌子瑕有寵於衛君[52]。衛國之法，竊駕君車者罪刖[53]。彌子瑕母病，人聞，有夜告彌子，彌子矯駕君車以出[54]。君聞而賢之，曰："孝哉！為母之故，忘其犯刖罪。"異日，與君遊於果園，食桃而甘，不盡，以其半啗君[55]。君曰："愛我哉！忘其口味，以啗寡人。"及彌子色衰愛弛，得罪於君，君曰："是固嘗矯駕吾車，又嘗啗我以餘桃。"故彌子之行未變於初也，而以前之所以見賢而後獲罪者，愛憎之變也。故有愛於主，則智當而加親；有憎於主，則智不當見罪而加疏。故諫說談論之士，不可不察愛憎之主而後說焉。夫龍之為蟲也，柔可狎而騎也[56]；然其喉下有逆鱗徑尺，若人有嬰之者，則必殺人[57]。人主亦有逆鱗，說者能無嬰人主之逆鱗，則幾矣[58]！

（王先慎撰，鐘哲點校《韓非子集解》，中華書局1998年版）

【注釋】

[1]知之：謂說者認識事理。說之：謂遊說人主。

[2]辯：口辯。賈誼《新書·道術》："論物明辯謂之辯。"

[3]橫佚：毫無顧忌貌。"佚"：通"逸"，底本原作"失"，據《史記索隱》改。

[4]所說：謂聽者，主要指人主。

[5]當：合也，應也。

[6]為名高：為了提高名聲。厚利：豐厚的實利。

[7]見：同"現"，被看作。遇：遭到。棄遠：遺棄疏遠。

[8]無心：沒有心計，愚蠢。遠事情：迂闊而不近事物的情理。不收：不採納接受。

[9]陰：內心裏。顯，顯現，表現出。

[10]陽：表面上。其身：指遊說的人。

[11]"未必"三句：未必是說者故意洩露而只是偶然說到君主不想讓人知道的事情，這樣就有殺身的危險。

[12]彼顯二句：所說者表面上出於某種理由辦一件事，然而卻是用來實現另外的目的。

[13]異事：另一件事，卻合于人主之心意。當：恰當。

[14]知：通"智"。

[15]己：自己，指參與規劃或規諫異事的說者。

[16]周澤未渥：交情不深。周：親密；澤：恩惠；渥：深厚。

[17]極知：盡其所知。語極知：說知心話。

[18]過端：錯事。

[19]得計：謀事得宜。

[20]與：參與。

[21]彊:通"強",勉強。

[22]大人:身居要位的重臣。

[23]間己:離間君臣關係。己:指君。

[24]細人:小臣。賣重:《史記》作"鬻權",意謂小臣地位雖低,但有權勢,與人主議論小臣,則易被疑為勾結近習以出賣權勢。

[25]所愛:及下句的"所憎",都是指說者所愛所憎的人。藉資:藉以為助。藉:通"借",《史記》引作"借"。

[26]嘗:試探。

[27]徑省:直截了當。《荀子·性惡》:"少言則徑而省。"

[28]米鹽:喻指瑣碎。交當為"史"之誤,浮誇。《論語·雍也》:"質勝文則野,文勝質則史。"《韓非子·難言》:"捷敏辯給,繁於文采,則見以為史。"

[29]略事陳意:略言其事,粗陳其意。

[30]廣肆:放言無顧忌。草野而倨侮:粗野而傲慢。

[31]飾:文飾。所矜:所喜。滅:掩蓋。

[32]私急:私人急欲也。公義:合乎公共的大義。強之:強化他的決心。

[33]下:卑下,此指所說者視為卑下的事。已:止。少:嫌少,也就是鼓勵他做下去。

[34]高:高尚。此指被所說者視為高尚的事。舉其過:列舉某事的弊端。見其惡:揭露它的劣處。多:讚賞,也就是稱讚他不去做某事。

[35]矜以智能:以才能智力自誇。地:理之所居曰地。資說於我:使人主採取我的說法。

[36]內:通"納",進。相存:可採納保持。該句意為說者想獻納可以共存的意見。微見:暗示,稍微顯示。

[37]毀誹:惡行,可毀可謗的地方。

[38]譽異人與同行者,規異事與同計者:意為稱譽異常之人,要並及所說者與之相同的美行;而規諫異常之事,要並及所說者與之共謀的人。譽、規都是說要給所說者留面子。

[39]同汙者:與人主有相同汙點者。

[40]自多:自矜。概:抑制。概本為平鬥斛之木棍,《管子·樞言》:"釜鼓滿,則人概之。"

[41]自勇其斷:以自斷為勇。謫:通"敵",《史記》引作"敵"。

[42]拂悟:違逆。繫縻:抵觸。

[43]道所:俞樾《諸子平議》以為當作"所道"。道:由也。

[44]伊尹:又名伊摯,商湯之相。宰:廚夫。《墨子·尚賢中》:"伊摯,有莘氏女之私臣,親為庖人,湯得之,舉以為相。"百里奚:春秋虞國人,晉滅虞後,把他作為陪

嫁送給秦國。他逃到楚國,為楚人所執。秦穆公聞其賢,以五張羊皮贖之,授以國政,相秦七年。

[45]干:求。

[46]役身:身執賤役。

[47]能仕:智慧之士。仕:通"士",《史記索隱》引作"士"。

[48]割:分析。直指:言無顧忌。飾:通"飭",正也。

[49]鄭武公:名掘突,周宣公的庶兄。胡:國名,地在今河南郾城。

[50]兄弟之國:有嫁娶關係之國。

[51]繞朝:秦大夫。晉大夫士會出亡至秦,晉人以詐謀誘其歸國,繞朝勸秦伯勿遣,秦伯不聽,士會遂歸晉。行時,繞朝謂士會曰:"子毋謂秦無人,吾謀適不用也。"事見《左傳·文公·文公十年》。然繞朝被戮於秦事,《左傳》《史記》均未載,韓非或另有所據。

[52]彌子瑕:春秋時衛靈公嬖臣。

[53]刖:斷足。

[54]矯:假傳君令。

[55]啗:拿食物給人吃。

[56]柔:通"擾",馴也。

[57]嬰:通"攖",觸犯。

[58]幾:差不多。

【导读】

春秋战国时期,百家争鸣,社会思想领域的宣传战更加激烈。但是在先秦诸子中真正对宣传游说进行严肃思考研究的应该是孟子、荀子和韩非。韩非对宣传游说的研究,不仅是广泛、深刻的,而且是成体系的。《说难》便是其代表作之一。《说难》从分析宣传游说的对象——人主的心理反应入手,而备言宣传游说的危难。但是韩非并没有在危难面前却步,而是以冷峻的心理、犀利的笔触分析游说人主的难处。那么应怎样行之有效地游说人主呢?据《说难》文,其大旨可归为三句话:一是要研究人主对于宣传游说的种种逆反心理,二是要注意仰承人主的爱憎厚薄,三是断不可撄人主的"逆鳞"。文章分两部分,前半部分备言说难,后半部分细言说成。讲说难,第二段的内容和文采尤当注意。"夫事以密成,语以泄败"以下,一连列举了七条"如此者身危",即因游说失当而招致杀身的危险,不禁使人毛骨悚然!"七危"之外,还有"八难"。其中"四难"是来自游说涉及的人事不妥而遇到的,其余"四难"是因方法和辞语不当而遇到的。"七危八难"全用排比句式,条分缕析而切中肯綮。《说难》虽然是为游说人主而作,但今天读来仍然有其积极意义。

吕氏春秋·察今

　　八曰:上胡不法先王之法[1],非不賢也,為其不可得而法。先王之法,經乎上世而來者也,人或益之,人或損之[2],胡可得而法[3]?雖人弗損益,猶若不可得而法[4]。東夏之命[5],古今之法,言異而典殊[6],故古之命多不通乎今之言者[7],今之法多不合乎古之法者。殊俗之民[8],有似於此。其所為欲同,其所為異[9]。口惛之命不愉[10],若舟車衣冠滋味聲色之不同,人以自是,反以相誹[11]。天下之學者多辯,言利辭倒[12],不求其實,務以相毀,以勝為故[13]。先王之法,胡可得而法?雖可得,猶若不可法。凡先王之法,有要於時也,時不與法俱至。法雖今而至,猶若不可法[14]。故擇先王之成法[15],而法其所以為法。先王之所以為法者,何也?先王之所以為法者,人也。而己亦人也,故察己則可以知人,察今則可以知古,古今一也,人與我同耳。有道之士,貴以近知遠,以今知古,以[16]所見,知所不見。故審堂下之陰[17],而知日月之行、陰陽之變;見瓶水之冰,而知天下之寒、魚鱉之藏也;嘗一脟肉,而知一鑊之味、一鼎之調[18]。

　　荊人欲襲宋,使人先表澭水[19]。澭水暴益[20],荊人弗知,循表而夜涉[21],溺死者千有餘人,軍驚而壞都舍[22]。嚮其先表之時可導也[23],今水已變而益多矣,荊人尚猶循表而導之,此其所以敗也。今世之主,法先王之法也,有似於此。其時已與先王之法虧矣[24],而曰"此先王之法也"而法之,以此為治,豈不悲哉!故治國無法則亂,守法而弗變則悖[25],悖亂不可以持國。世易時移,變法宜矣。譬之若良醫,病萬變,藥亦萬變。病變而藥不變,嚮之壽民,今為殤子矣[26]。故凡舉事必循法以動,變法者因時而化,若此論則無過務矣[27]。

　　夫不敢議法者,眾庶也[28];以死守法者,有司也[29];因時變法者,賢主也。是故有天下七十一聖[30],其法皆不同,非務相反也,時勢異也。故曰良劍期乎斷,不期乎鏌鋣[31];良馬期乎千里,不期乎驥驁[32]。夫成功名者,此先王之千里也。楚人有涉江者,其劍自舟中墜於水,遽契其舟曰[33]:"是吾劍之所從墜。"舟止,從其所契者入水求之。舟已行矣而劍不行,求劍若此,不亦惑乎!以故法為其國[34]與此同。時已徙矣[35]而法不徙,以此為治,豈不難哉!有過於江上者,見人方引嬰兒而欲投之江中[36],嬰兒啼,人問其故,曰:"此其父善游。"其父雖善游,其子豈遽善游哉[37]?此任物亦必悖矣[38]。荊國之為政[39],有似於此。

　　　　　　　　(許維遹撰,梁運華整理《呂氏春秋集釋》,中華書局 2009 年版)

【注釋】

　　[1]上:君上。胡:何。法:第一個"法"作動詞用,意為"效法"。

[2]益:增加。損:減少。

[3]胡可:怎麼可以。

[4]猶若:還是。

[5]東夏之命:孫鏘鳴云:"'東夏'與'古今'對文,猶言夷、夏也。東方曰夷,故夷亦可言東。命,名也,亦言也。"一說,東夏,指東方諸夏的國家。

[6]典:法典。殊:不同。

[7]命:名,指語言。

[8]殊俗之民:風俗不同的人民。

[9]其所為欲同,其所為異:人們要求相同,而做法不同。欲:要求。

[10]口惛:猶"口吻"。口惛之命:口頭語言。不愉:疑當作"不諭",指說話語言不通,不能互相曉諭。

[11]人以自是,反以相誹:誹,詆謗。此兩句意思是,人們都自以為是,而否定他人的不同意見。

[12]言利辭倒:言詞鋒利,顛倒事實。

[13]故:事。以勝為故:以勝過別人為事。

[14]"凡先王"五句:要:切要,切合。此五句的意思是,先王所制定的法令,都是切合當時的情況和條件的。時代的客觀情況和條件是不斷發展的,不可能和訂立的成法一起流傳下來。因此先王之法雖然流傳至今,仍然是不可效法的。

[15]擇:通"釋",丟棄。

[16]"以"下原有"益"字,畢沅曰:"《意林》無'益'字。"疑據此刪。

[17]陰:陰影。

[18]胏:通"臠",切下的肉塊。鑊:大鍋。鼎:有三隻腳兩只耳的大鍋。調:調好的滋味。

[19]荊人:楚人。表:標誌。澭水:在今山東省。

[20]暴:突然。益:同"溢",水漲滿。

[21]循表:依著標誌。

[22]而:作"如"解。壞:崩毀。都舍:城舍。此句意謂軍士驚亂如同城舍崩毀一樣。

[23]嚮:同"向",作"以前"解。導:引導。

[24]虧:同"詭",作"異"解。

[25]悖:錯亂。

[26]殤子:未成年就死去的人。

[27]過務:過失之事。

[28]眾庶:眾人。庶也是眾的意思。

[29]"守"下原無"法"字,據畢沅說補。

[30]聖:聖明的君主。七十一聖:泛指古代諸多帝王。相傳孔子嘗登泰山,觀易姓而

38

王可得而數者七十餘人，不得而數者萬數也。

[31] 鏌鋣：古寶劍名，傳為吳王闔閭所有。亦寫作“莫邪”。

[32] 驥騄：古代千里馬名。

[33] 遽：迅速。契：同“鍥”，刻。

[34] “以”下原有“此”字，依王念孫說刪。為：治。

[35] 徙：遷移。

[36] 引：牽、拉著。

[37] 遽：即、就。

[38] 任物：猶任事，處理事情。

[39] 荊國：一說當作“亂國”。

【导读】

治理国家，振兴民族，是依赖过去流传下来的法规、制度和传统，还是从现实出发，针对今天所面临的紧迫问题，制定适应时代潮流的新的法律和规章？这是本篇所要回答的问题。《察今》是《吕氏春秋·慎大览》中的第八篇。“察今”，意思是考察当今的现实情况。文章的主要观点是反对因循守旧、死守“先王之法”，主张根据已经变化的时势，因时变法。这与当时法家的思想主张是一致的，表现了一种朴素的唯物主义历史观。文章运用寓言故事和多种比喻进行说理，寓深奥的道理于通俗化的故事和比喻之中，使抽象事物具体化。文中“循表夜涉”“刻舟求剑”“引婴投江”的寓言故事，从不同侧面论证了文章的观点。文中用“舟车衣冠滋味声色之不同，人以自是”来说明立法的客观性，以“堂下之阴”“瓶水之冰”“尝一脔肉”的比喻来说明“以近知远，以今知古，以所见知所不见”的立论，以“良剑期乎断”“良马期乎千里”来作为立法要看客观效果的比喻。文章不仅读来生动形象，而且道理讲得深入浅出、耐人寻味。另外通读全文，我们可以看出作者在谋篇布局上是极其严谨周密的。全篇在段与段之间、层与层之间、句与句之间、理论与事例之间，连缀缝合，周严缜密，组成了一个有机的整体。“察今”这个命题，对于今天那些惯于墨守成规的人们来说，仍有深刻的现实意义。

（袁洪流撰）

第二章　儒家思想

儒家思想作为中国文化的主流,长久以来具有举足轻重的地位,其内涵丰富多变,凝聚了中华民族的智慧与心性。儒家学说作为一种思想体系,其上制约着整个皇权体制的建立与运行,其下指导着士农工商的日常生活、行为礼节,是一个融家、国、天下为一体的哲学体系,也是古代帝王治国、士大夫修身的最高法典。正如陈寅恪先生所概括的:"夫政治社会一切公私行动莫不与法典相关,而法典为儒家学说具体之实现。故二千年来华夏民族所受儒家学说之影响最深最巨者,实在制度法律公私生活之方面……"

儒家思想从先秦发源之日起即不断变革创新,充分体现了中华民族"日新又日新""天行健,君子以自强不息"的优秀品质。儒学的发展亦经历了由粗到细、由人伦到道体、由人间到宇宙、由致用到本体的一系列精密化、体系化过程。其间,它荟萃、整合了各家学派的精华,成为融阴阳、法、农、道、佛等诸多思想为一体的学说,对中华民族的发展有着深远的影响。

在儒家思想发展史上,先秦、两汉、宋明、清无疑是最具特色亦最有成就的四个阶段,由于先秦时段已有讲述,故本章重点讲述以后各个时期儒家的发展特色、经典著述。

第一节　儒家思想的文化特质

一、概述

儒家思想起源于夏商时代的巫史文化,最初的儒家可以说就是当时的巫师祭司,他们掌握着中华民族最早的文明工具——文字,以及在此基础上形成的占卜、祭祀知识。这种巫师身份的转变始于孔子,孔子最早对原始儒家进行了改造,将早期巫师身份中的非理性、工具化特性改造成为礼乐文化的传承者,突显了儒家理性、道德、自立的一面。

孔子曾在《论语》中提出"君子儒"与"小人儒"的概念,二者的区别实际揭示了儒家由早期巫师到礼乐文化传承者的角色转变。从孔子开始,儒家即以外在的礼乐仪容与内在的道德修养为身份标识,君子是其现实角色,而圣人则是其理想境界。儒生常言的修身、齐家、治国、平天下的人生轨迹,既是理想又是现实,充分代表了中华民族重人事、重当下、重人伦的诸多特性。

从传统意义上来看,儒生就是道德的楷模,儒家思想也是现实社会中为人应遵循的行为准则。自古以来,社会对儒生的行为也是从外在的仪容与内在的品德两方面来进行评定的。作为言行一致、知行合一的道德承担者在整个古代社会中亦起着中流砥柱的作用。对上,他们是帝王治理天下唯一可依恃的对象;对下,他们是维系地缘家族兴旺发达、和谐融洽的基石与保障。没有了儒家的支持,任何一个王朝乃至家族终将分崩离析。

值得区分的是,我们不能将后来帝王专制下的儒家等同于孔孟的原始儒家,那种沦为专制独裁工具的儒家("小人儒""为人学")恰恰是孔子所反对的,已然失去了儒家独立性、批判性的原貌。通过本节对儒家思想的文化特质的描述,我们能感知到儒家思想绝非卑躬屈膝、毫无斗争意志的学说,而是充满了批判、独立等自由色彩的。自然,儒家思想整体来看讲求谦卑、柔顺,追求天人合一,人伦天理,但面对矛盾时,却既讲求原则,又要求通变(即"权"),是一套极其高明的处理人与自然、人与社会、人与自我的矛盾,追求和谐统一的学术思想。我们固然不能因其宣扬的道德标准来赞其伟大,但也不能因历来统治者的扭曲变形而贬损其价值。儒家思想恢宏博大,金泥俱杂,在现代语境中尤其值得我们仔细辨析,认真汲取。这将是没有终点的继承,正如历史与现实的榫接、互融永远在进行中一样。

二、原典选读及导读

禮記·儒行篇(節選)

儒有衣冠中[1],動作慎。其大讓如慢[2],小讓如偽[3]。大則如威,小則如愧。其難進而易退也,粥粥若無能也[4]。其容貌有如此者。

……

儒有可親而不可劫也[5],可近而不可迫也,可殺而不可辱也。其居處不淫[6],其飲食不溽[7],其過失可微辨而不可面數也[8]。其剛毅有如此者。

……

儒有今人與居,古人與稽[9];今世行之,後世以為楷;適弗逢世,上弗援,下弗推[10],讒諂之民,有比党而危之者[11];身可危也,而志不可奪也,雖危,起居竟信其志[12],猶將不忘百姓之病也。其憂思有如此者。

儒有博學而不窮，篤行而不倦[13]，幽居而不淫，上通而不困[14]。禮之以和為貴，忠信之美，優游之法，舉賢而容眾，毀方而瓦合[15]。其寬裕有如此者。

儒有內稱不辟親[16]，外舉不辟怨。程功積事，推賢而進達之，不望其報。君得其志，苟利國家，不求富貴。其舉賢援能有如此者。

……

儒有澡身而浴德，陳言而伏，靜而正之[17]，上弗知也，麤而翹之[18]，又不急為也；不臨深而為高，不加少而為多[19]，世治不輕，世亂不沮[20]；同弗與，異弗非也[21]。其特立獨行有如此者。

儒有上不臣天子，下不事諸侯；慎靜而尚寬，強毅以與人[22]，博學以知服；近文章[23]，砥厲廉隅[24]；雖分國如錙銖[25]，不臣不仕。其規為有如此者。

儒有合志同方[26]，營道同術；並立則樂，相下不厭[27]；久不相見，聞流言不信；其行本方立義，同而進，不同而退。其交友有如此者。

溫良者，仁之本也；敬慎者，仁之地也；寬裕者，仁之作也；孫接者[28]，仁之能也；禮節者，仁之貌也；言談者，仁之文也；歌樂者，仁之和也；分散者，仁之施也。儒皆兼而有之，猶且不敢言仁也。其尊讓有如此者。

（阮元校刻《十三經注疏•禮記正義》，中華書局影印本1980年版）

【注釋】

[1]中：合乎度。
[2]如慢：終不受而如傲慢也。
[3]如偽：固辭而終聽，如偽為之。
[4]粥粥：柔弱的樣子。
[5]劫：劫持。
[6]淫：奢侈。
[7]溽：豐厚。
[8]可微辨而不可面數：對別人的過失委婉示意，不可當面指出。
[9]稽：停留。
[10]上弗援，下弗推：指儒生處於亂世之中，向上，不攀援富貴，向下，不推卸責任。
[11]比党而危之者：指讒巧之人聚集起來打擊儒生。比黨：多指小人相互勾結，互為朋黨。
[12]信：通屈伸之"伸"。
[13]篤：忠厚誠實。

［14］幽居而不淫，上通而不困：雖身居山野之地，不入朝堂，但不做出違背禮義之事；雖身處顯赫地位，但不迷失方向，陷入困境。

［15］毀方而瓦合：去其棱角以便團結。意指當自己的意見與眾人不合時，則放棄自己固執之見，而順應大家的意見。

［16］辟：即"避"。

［17］陳言而伏，靜而正之，上弗知也：指向君主陳述後，順從君主的意見，耐心等待，讓君主在不知不覺中改正而不被察覺。

［18］麤而翹之：指君主有過失，則等待適當機會，舉發其大端而啟發之。麤：疏，微。翹：啟發。

［19］不臨深而為高，不加少而為多：指當儒生得志時，不故意在卑下的人面前炫耀地位，也不會在功績少的人面前顯示功績多。

［20］世治不輕，世亂不沮：在太平盛世，不輕視埋沒自己，在亂世也不沮喪失落。

［21］同弗與，異弗非：不與見解相同的人拉幫結派，也不與見解不同的人疏遠敵視。

［22］強毅以與人：性格剛毅，但不拒人千里。

［23］文章：指服飾符合禮義，文質彬彬。

［24］砥厲廉隅：在氣節上磨礪自己。廉隅：指棱角。

［25］分國如錙銖：對分給的國土，他視之如細微小事。錙：六銖為錙。銖：二十四銖為一兩。

［26］合志同方：指志趣相同者。

［27］相下不厭：不因為地位有高下不同而厭棄。

［28］孫：同"遜"。

【导读】

《儒行篇》详细描述了儒生应具有的品德仪望，其内容大致包含内在特性与外在形象两个方面，即孔子所云"文质彬彬"。君子的形象包含在德的修为上，澡身、浴德、静而有为、动而有止等等均体现出君子特立独行、不为外界所扰、淡泊名利等诸多美德。此外，君子亦是协助君主处理国政的顶梁柱，他在举贤、任官、处政上均可谓王朝官僚体制内的标杆，如同空气净化剂一样时刻澄清着朝堂污浊的空气。尤其值得称道的是其不臣天子、不事诸侯的独立价值观。儒学自汉以后渐渐变成帝王驾驭天下臣民的工具，成为协助其专制统治的奴仆。《礼记》虽出自汉人之手，但离上古尚近，保留着上古时期儒家思想的诸多真实原貌，其中的独立性即是难得的价值属性。

可以看出，这是一篇洋溢着自信、独立色彩的儒生宣言，但在后来已习惯于温柔敦厚的士大夫眼中却有些离经叛道之嫌，如宋人吕大临即批评其"有夸大胜人之气，少雍容深厚之风"。

荀子·儒效篇(節選)

秦昭王問孫卿子曰[1]:"儒無益於人之國?"孫卿子曰:"儒者法先王,隆禮義,謹乎臣子而致貴其上者也。人主用之,則埶在本朝而宜;不用,則退編百姓而愨[2],必為順下矣。雖窮困凍餧[3],必不以邪道為貪;無置錐之地[4]而明於持社稷之大義;嗚呼而莫之能應,然而通乎財萬物[5]、養百姓之經紀[6]。埶在人上則王公之材也,在人下則社稷之臣,國君之寶也。雖隱於窮閻漏屋[7],人莫不貴之,道誠存也。仲尼將為司寇[8],沈猶氏不敢朝飲其羊[9],公慎氏出其妻[10],慎潰氏踰境而徙[11],魯之粥牛馬者不豫賈[12],必蚤正以待之也[13]。居於闕黨[14],闕黨之子弟罔不必分[15],有親者取多[16],孝弟以化之也。儒者在本朝則美政,在下位則美俗,儒之為人下如是矣。"

王曰:"然則其為人上何如?"孫卿曰:"其為人上也廣大矣;志意定乎內,禮節修乎朝,法則度量正乎官,忠信愛利形乎下,行一不義、殺一無罪而得天下,不為也。此君義信乎人矣,通於四海,則天下應之如讙。是何也?則貴名白而天下治也。故近者歌謳而樂之,遠者竭蹶而趨之[17],四海之內若一家,通達之屬莫不從服,夫是之謂人師。《詩》曰:'自西自東,自南自北,無思不服。'此之謂也。夫其為人下也如彼,其為人上也如此,何謂其無益於之國也?"昭王曰:"善。"

(王先謙撰,沈嘯寰、王興賢點校《荀子集解》,中華書局 1988 年版)

【注釋】

[1]孫卿子:即荀子。

[2]埶:通"勢"。退編百姓:指辭去官職,去當百姓。愨:誠實,謹慎。

[3]餧:饑餓。

[4]置錐之地:形容窄小的地方。錐:鑽孔的工具。

[5]財:通"裁",管理。

[6]經紀:綱紀。

[7]閻:裏巷。漏:通"陋"。

[8]司寇:掌管司法的最高長官。

[9]沈猶氏:春秋時期魯國人,羊販子,據說他早上去賣羊時讓羊多喝水,以增加重量好多賣錢。

[10]公慎氏:春秋時期魯國人,據說其妻淫亂,他卻不管。

[11]慎潰氏:史載其人荒淫無度。

[12]粥:通"鬻",賣。豫:通"諕",虛誇,欺騙。賈:即"價"。

[13]蚤:通“早”。

[14]闕黨:在山東曲阜,是孔子授徒之所。

[15]罔:通“網”。不:通“丕”,捕魚的工具。

[16]有親者取多:指有父母的人多取一些。

[17]竭蹶:力竭而倒。

【导读】

在《儒效篇》中,荀子一改孔子所倡导的君子为己之学而非为人之学的理论,大谈儒家在社会中的价值。这种价值就是对儒家功利性的号召,强调儒生对上有安邦定国之效,对下有齐家修身之德,总而言之,即儒家对维护整个王朝的安定有不可取代的作用。

与传统儒学思想重道不重利的观点相反,荀子的功利思想直接开启了后世法家一门,同时奠定了儒学思想作为上层建筑所起的意识形态方面的积极作用。在“春秋无义战”的时代背景下,当时各国国君均重功利,扩疆土,儒家倘若再严守孔子言道不言利的道德论说和孟子空言仁义的理想设计,显然将被时代淘汰。荀子侈言功利的言论无疑更能打动君主,更符合儒家在春秋战国礼崩乐坏的格局下艰难求生存的需要。这种观点后来被概括为修身、齐家、治国、平天下的理论,可以说奠定了后世儒学的整体框架。

漢書卷八十八·儒林傳第五十八(節選)

古之儒者,博學虖六藝之文。六藝者[1],王教之典籍,先聖所以明天道,正人倫,致至治之成法也。周道既衰,壞於幽厲[2],禮樂征伐自諸侯出,陵夷二百餘年而孔子興[3],以聖德遭季世,知言之不用而道不行,乃歎曰:“鳳鳥不至[4],河不出圖[5],吾已矣夫!”“文王既沒,文不在兹乎?”於是應聘諸侯,以答禮行誼。西入周,南至楚,畏匡戹陳[6],奸七十餘君[7]。適齊聞《韶》[8],三月不知肉味[9];自衛反魯,然後樂正,《雅》《頌》各得其所[10]。究觀古今之篇籍,乃稱曰:“大哉,堯之為君也[11]!唯天為大,唯堯則之[12]。巍巍乎其有成功也[13],焕乎其有文章![14]”又曰:“周監於二代,郁郁乎文哉[16]!吾從周。”於是敘《書》則斷《堯典》[17],稱樂則法《韶舞》[18],論《詩》則首《周南》[19]。綴周之禮,因魯《春秋》,舉十二公行事[20],繩之以文武之道[21],成一王法,至獲麟而止[22]。蓋晚而好《易》,讀之韋編三絕[23],而為之傳。皆因近聖之事,以立先王之教,故曰:“述而不作[24],信而好古;”“下學而上達[25],知我者其天乎!”

(班固撰,顏師古注《漢書》,中華書局 1962 年版)

【注释】

[1]六藝:詩、書、易、禮、樂、春秋。

［2］幽厲：周幽王、周厲王。

［3］陵夷：漸漸衰微。

［4］鳳鳥：古代傳說中的一種神鳥，它的出現象徵著聖人將要出世。

［5］河不出圖：傳說在上古伏羲氏時代，黃河中有龍馬背負著八卦圖而出。

［6］畏：拘囚之意。匡：邑名。在今河南省長垣市。陳：指春秋時陳國。陳都於陳（今
　　河南省周口市淮陽區）。

［7］奸（gān）：謁見。

［8］《韶》：虞舜之樂。

［9］三月不知肉味：謂欣賞《韶》入了迷。

［10］《雅》《頌》：《詩經》分《風》《雅》《頌》三部分。此即指《詩經》。

［11］大哉，堯之為君也：見《論語·泰伯》。大：偉大。

［12］則：效法。

［13］巍巍：高貌。

［14］煥：明也。

［15］周監於二代，郁郁乎文哉：見《論語·八佾》。監：借鑒。二代：夏代、商代。

［16］鬱鬱：文采盛貌。

［17］敘《書》則斷《堯典》：言《尚書》始於《堯典）。

［18］《韶舞》：舜時古樂。

［19］論《詩》則首《周南》：言《詩經》首篇為《周南·關雎》。

［20］十二公：春秋時魯國十二個君主。

［21］繩：治正之。

［22］獲麟：《春秋左傳·哀公十四年》云：“西狩獲麟。”孔子曰：吾道窮矣。傳說孔子
　　作《春秋》至此而止。

［23］讀之韋編三絕：謂讀之愛不釋手，故韋（皮繩）再三斷絕。韋編：古代寫書用竹
　　簡，再用皮繩連綴起來，故稱韋編。

［24］述而不作：見《論語·述而》。述：闡述前人學說。作：創作，將古人的智慧心得
　　加以陳述並沒有加入自己的思想。

［25］下學而上達：見《論語·憲問》。言下學人事，而上達天命。

【导读】

《汉书·儒林传》将孔子的经历大书特书，其目的当是借此形象来概括儒家的特质与光荣。孔子身上体现出的诸多优良质量，如好礼、入世、勤学，以及不可为而为之的坚守均成为后人模仿的榜样。孔子的形象特征既代表了儒家，又代表了中华民族坚韧不屈的

品质。与道家、佛家相比，儒家的这种入世思想体现得更为明显，出与入亦成为判定儒、道、佛的根本性标志。

儒家所说的入世体现在两方面：一是得君行道，在政治上有所为；二是失君行志，在学术上有所为。无论是从政还是从学，儒家始终保持着锲而不舍的责任感与自信心，这一点对中华民族性格的塑造尤为重要。

三、延伸思考

作为中国传统文化的代表——儒家思想既是中华历史的表象又是其动力来源，它塑造了中华民族独特的文化习俗与性格特征，成为解开中华文明的一把密钥。

在儒家的熏染下，中华民族形成了与西方迥然不同的民族心性、哲学、人生理念。那么中国儒家文化有何特质？清末民国以来，在西方文明的映照下，学者们对之进行了多面、立体的透视与探索：或曰西方文明是动的，中国儒家文化是静的；西方文明是机械的、物质的，中国儒家文化是精神的、心性的等等，诸多观点不一而足。与西方基督教神学和印度佛学乃至日本神道相比，中国儒家文化独树一帜，有其鲜明的特质，其中的天人合一思想当是其核心。中国儒家文化强调以人道合天道，顺应天地自然规则，强调天、地、人三者的和谐一体化。就人与自然而言，儒家强调人要顺应自然，体察万物生息变化，与自然规律相协一致；同时作为万物的灵长，人更有责任和义务来呵护宇宙生灵，所谓"民胞物与"就是此意，人要维护自然界中的一草一木，对自然有敬畏之心。就人与社会关系而言，儒家强调人伦道德，建立以孝为基础的家国地缘关系。此外，儒家强调个体的身心修养，既不纵欲也不禁欲，而是适度调节自身的欲望，做到理性、节制、中和。总之，儒家心目中的神位是缺失的，取而代之的是"天地君亲师"这一套人间伦理关系。

总体来看，儒家虽追求天人一体，但重心放在了建设和谐的人伦秩序上，人文关怀、伦理指向、道德实践成为其突出特点。在人文信仰缺失、价值观念倾斜的当下，儒家作为宝贵的文化资源，其蕴含的正能量仍值得我们继承、发展。不容讳言，其排斥个体欲望、否定个体独立价值、重血缘轻法理等诸多方面在现代化的背景下仍值得反思与批判。

（苏利海撰）

第二节　先秦儒家思想

一、概述

　　儒家思想是中国封建社会的主导意识形态，引导着中国人的价值取向，影响着中国人的思维方式。其中，先秦时期是儒家思想形成和发展的关键阶段。这个阶段产生了对儒家学说至关重要的思想家、文化经典。

　　周公，姬旦，集夏、商两代思想文化之大成，提出旨在长治久安的"德治"思想，"制礼作乐"，建立典章制度，被尊为儒学奠基人，是孔子最崇敬的古圣之一，孔子说："甚矣吾衰也！久矣吾不复梦见周公。"（《论语·述而》）儒家创始人孔子在新的历史条件下，继承和发展了周公的"明德""保民"和"礼治"等思想，提出了以"仁"为核心，融"仁""德""礼"于一体的政治伦理和治国方略。他十分注重学习的作用，相信每个人都能从学习中获益，在自我修养中成长；主张"因材施教"，向所有的人敞开教育的大门。他认为求学不仅在于获取知识，而且在于塑造人格，在此基础上提出"中庸"作为修身处世的人生境界和理论原则，认为"中也者，天下之大本也"（《中庸》）。孔子去世后，儒家分为八个支派，其中以孟氏之儒和孙氏之儒对后世贡献、影响最大，其代表人物是孟子和荀子。孟子继承并从内在心性方面发展了孔子的思想。他提出"人皆有不忍人之心"（《孟子·公孙丑章句上》）的"性善论"，"不忍人之政"（《孟子·公孙丑章句上》）的仁政论，"尽心，知性，知天"的天道观，"由博返约"的认识论，"养吾浩然正气"（《孟子·公孙丑章句上》）的人格论等，其"内圣"学说被后世儒者视为儒家之正统。荀子被认为是"外王"学说的代表，他综合百家思想，反对孟子的"性善论"，提出"性恶论"，认为"人性本恶，其善伪也"（《荀子·性恶》），人的性、情、欲是人性恶的根源。他继承了《中庸》"为政在人"的思想，主张"礼治"和"法治"并用，由圣人、君主对臣民"化性起伪"，用礼义法度和道德规范去约束与引导人民。

　　从孔子到孟子再到荀子，基本上反映了先秦儒家思想体系产生、形成和发展的历史过程，体现了先秦儒学的基本脉络。后世的儒家思想基本上没有脱离孔子"仁""德""礼"的思想范畴和孟子、荀子分别代表的"内圣""外王"的实现路径。

　　儒家的产生，理所当然以孔子为标志，但先秦儒家思想的产生与上古三代的思想、文化传统有着极其密切的联系。孔子说："志于道，据于德，依于仁，游于艺。"（《论语·述而》）道、德、仁都是儒家哲学的根本观念，艺是指《诗》《书》《礼》《乐》《易》《春秋》。这些经典在孔子之前已基本成型,后世儒家的核心价值观念几乎可以在这些典籍中找到源头或基础。

孔子十分重视"六经"的教化作用。他认为"入其国,其教可知也。其为人也:温柔敦厚,《诗》教也;疏通知远,《书》教也;广博易良,《乐》教也;洁静精微,《易》教也;恭俭庄敬,《礼》教也;属辞比事,《春秋》教也。故《诗》之失,愚;《书》之失,诬;《乐》之失,奢;《易》之失,贼;《礼》之失,烦;《春秋》之失,乱。其为人也:温柔敦厚而不愚,则深于《诗》者也;疏通知远而不诬,则深于《书》者也;广博易良而不奢,则深于《乐》者也;洁静精微而不贼,则深于《易》者也;恭俭庄敬而不烦,则深于《礼》者也;属辞比事而不乱,则深于春秋者也"(《礼记·经解》)。他"述而不作,信而好古",在教授弟子的过程中,"删《诗》《书》,定《礼》《乐》,修《春秋》,序《易传》",通过重新整理"六经",完成了对儒家基本学说的创立。

"六经"是儒家学派的主要知识载体和精神来源,其中,"《诗》以道志,《书》以道事,《礼》以道行,《乐》以道和,《易》以道阴阳,《春秋》以道名分"(《庄子·天下篇》)。它们对儒家学说的形成和发展影响巨大,主要体现在以下三方面。

(1)思想层面

如"天"和"天命"的观念。"天"和"天命"的崇高地位不仅反映在最古老的《诗经》《周易》《尚书》等典籍中,矗立在当时人们的心灵之中,也贯穿在儒家产生前后几千年的历史之中,被儒家视为人间秩序和价值权威的源头观念。又如"德"的思想。从《周易》《尚书》《春秋左传》等典籍可见周人通过对殷周革命的反省而逐步形成的"敬德保民""明德配天"等崇"德"思想,在这些典籍里他们把"德"视为和人相关的最重要的品质,同时视为赢得天之眷顾的依据。这些原儒时代的思想、观念,对孔子"德"的思想和"仁"的思想的形成有直接影响,也是儒家"内圣"学说的发端。除此之外,我们还应注意到《周易》等典籍所表现出的形而上思维方式对先秦儒家思想的影响。

(2)制度层面

"德"落到实际的秩序中,便是所谓的"礼"。据《尚书·周书》《礼记》《春秋左传》等典籍记载,周公等以商朝灭亡和"三监"等武装反叛活动为鉴,"制礼作乐",建立典章制度。"礼"强调的是"别",即所谓"尊尊";"乐"的作用是"和",即所谓"亲亲"。这是一套用于严格区分亲疏、长幼、贵贱、尊卑、上下、男女的宗法制度、等级制度、财产分配原则和伦理道德规范,对加强中央政权的统治、维护周王朝数百年的政权稳定起到了重要作用。这是三代思想文化传统留给孔子的最大遗产,与当时面临的"礼崩乐坏"的社会现实正好形成一种呼应。所以孔子一生非常重视"礼",他将修改损益后的"礼"简单概括为"君君,臣臣,父父,子子",意思是使君王实行君道,使臣子恪守臣纲,使父亲尽到做父亲的责任,使子女履行身为子女的义务,将礼上升到了哲学的范畴,使之成为规范人们日常行为的准则,同时成为中华民族传统文化的特色。礼乐制度是儒家"外王"学说的滥觞。

(3)圣王、圣贤谱系

"六经"中大量记载了上古三代圣王贤臣的丰功伟绩。在儒家的圣王谱系中,尧、舜、禹是一个整体,尧的功绩在天文、舜的成就在人伦、禹的事功在地理,他们分别奠定了天、人、地的基本秩序,充当着秩序创立者的角色。他们之间授德尚贤的禅让方式,包含着儒家对政治和权力基础的重要理解,也包含着理想政治世界的影子。商汤和周文王、周武王之间通过征伐而非禅让得到政权,表现了尊仁保民和恢复秩序的思想。此外,皋陶是"德政"的提倡者,周公是制礼作乐的典范,伊尹是承担的楷模,伯夷是不同流合污的典型,柳下惠是与人相处的模范。微子、箕子、比干、叔齐、管仲、子产等贤臣仁人也经常被后世儒者提起。他们的事迹散见于《周易》《尚书》《春秋》《诗经》等典籍中。这些传统文化中的圣王、圣贤的形象极大地丰富了儒家的生活世界和生命选择,成为儒家思想现实性的重要证明和政治理想。

总之,先秦儒家在"六经"等先秦典籍的思想渊薮中,经过孔子的创立、孟子和荀子等的继承发展,以它博大精深的内涵和强大的生命力,成为先秦时期独树一帜的学术流派。后世儒者正是在此基础上批判、吸收、继承、创新,将儒家思想一步步发展、完善,并与其他学说相反相成,形成了博大精深的思想理论体系,成为中华民族精神的主体内容,影响着中国两千多年的发展。

二、原典选读及导读

(《孔子》《孟子》《荀子》在第一章已有选录,本节不再赘述。)

周易兼義上經·乾傳第一

乾[1]:元亨利貞。

初九[2]:潛龍勿用[3]。

九二:見龍在田[4],利見大人[5]。

九三:君子終日乾乾[6],夕惕若厲[7],无咎[8]。

九四:或躍在淵[9],无咎。

九五:飛龍在天[10],利見大人。

上九:亢龍有悔[11]。

用九[12]:見羣龍無首,吉。

《彖》曰[13]:大哉乾元,萬物資始,乃統天[14]。雲行雨施,品物流形[15]。大明始終[16],六位時成[17],時乘六龍以御天[18]。乾道變化[19],各正性命[20],保合大和[[21],乃利貞。首出庶物[22],萬國咸寧[23]。

《象》曰[24]:天行健[25],君子以自強不息[26]。"潛龍勿用",陽在下也。"見龍在田",德施普也。"終日乾乾",反復道也[27]?"或躍在淵",進無咎也。"飛龍在天",大人造也[28]。"亢龍有悔",盈不可久也。"用九",天德不可為首也。

《文言》曰[29]:"元"者,善之長也[30]。"亨"者,嘉之會也[31]。"利"者,義之和也[32]。"貞"者,事之幹也[33]。君子體仁[34],足以長人[35];嘉會足以合禮;利物足以和義;貞固足以幹事。君子行此四德者,故曰:"乾:元亨利貞。"

初九曰"潛龍勿用",何謂也[36]? 子曰[37]:"龍德而隱者也。不易乎世,不成乎名;遯世无悶[38],不見是而无悶[39];樂則行之,憂則違之[40];確乎其不可拔[41],潛龍也。"

九二曰"見龍在田,利見大人",何謂也? 子曰:"龍德而正中者也。庸言之信[42],庸行之謹,閑邪存其誠[43],善世而不伐[44],德博而化[45]。《易》曰:'見龍在田,利見大人。'君德也。"

九三曰"君子終日乾乾,夕惕若厲,无咎",何謂也? 子曰:"君子進德脩業。忠信,所以進德也。脩辭立其誠[46],所以居業也[47]。知至至之[48],可與幾也[49]。知終終之,可與存義也。是故,居上位而不驕,在下位而不憂。故乾乾因其時而惕[50],雖危而无咎矣。"

九四曰"或躍在淵,无咎",何謂也? 子曰:"上下无常,非為邪也。進退无恒,非離羣也。君子進德脩業,欲及時也,故无咎。"

九五曰"飛龍在天,利見大人",何謂也? 子曰:"同聲相應,同氣相求;水流濕,火就燥;雲從龍,風從虎。聖人作而萬物覩,本乎天者親上,本乎地者親下[51],則各從其類也。"

上九曰"亢龍有悔",何謂也? 子曰:"貴而无位,高而无民,賢人在下而无輔,是以動而有悔也[52]。"

"潛龍勿用",下也[53]。"見龍在田",時舍也[54]。"終日乾乾",行事也。"或躍在淵",自試也[55]。"飛龍在天",上治也[56]。"亢龍有悔",窮之災也[57]。乾元"用九",天下治也。

"潛龍勿用"[58],陽氣潛藏。"見龍在田",天下文明[59]。"終日乾乾",與時偕行。"或躍在淵",乾道乃革[60]。"飛龍在天",乃位乎天德。"亢龍有悔",與時偕極。乾元"用九",乃見天則。

乾"元"者,始而亨者也[61]。"利貞"者,性情也。乾始能以美利利天下,不言所利大矣哉!大哉乾乎? 剛健中正[62],純粹精也[63]。六爻發揮[64],旁通情也[65]。"時乘六龍",以御天也。"雲行雨施",天下平也[66]。

君子以成德為行,日可見之行也[67]。"潛"之為言也,隱而未見,行而未成,是以君子"弗用"也[68]。

君子學以聚之[69]，問以辯之[70]，寬以居之[71]，仁以行之。《易》曰："見龍在田,利見大人。"君德也。

九三,重剛而不中[72],上不在天,下不在田。故乾乾因其時而惕,雖危无咎矣。

九四,重剛而不中,上不在天,下不在田,中不在人,故"或"之[73]。"或"之者,疑之也,故"无咎"。

夫"大人"者,與天地合其德[74],與日月合其明,與四時合其序,與鬼神合其吉凶。先天而天弗違,後天而奉天時。天且弗違,而況於人乎? 況於鬼神乎?

"亢"之為言也,知進而不知退,知存而不知亡,知得而不知喪。其唯聖人乎! 知進退存亡而不失其正者,其唯聖人乎!

(阮元校刻《十三經注疏・周易正義》,中華書局影印本 1980 年版)

【注釋】

[1]乾:健也,卦名。天指稱事物的形體,乾則說明天的功能和性格。"元亨利貞"是卦辭。元:大也,始也。亨:亨通,就是滋長、發榮。利:成熟、收穫。貞:成也,正而固也,歸藏於正而穩固。

[2]初九:爻題。以下九二、九三、九四、九五、上九均是爻題。一卦六爻,由下向上數去,分別為初、二、三、四、五、上。陽爻以"九"標明,陰爻以"六"標明。乾卦最下一爻為陽爻,故題為"初九"。

[3]潛龍勿用:爻辭,以下各爻類此,不再說明。潛:藏匿。用:有所行動。

[4]見:同"現",出現。

[5]大人:古代對王公貴族的通稱,這裏也指聖明有德有能的大人物。

[6]乾乾:勤勉努力。

[7]惕:警惕。厲:危險。

[8]咎:災禍。

[9]或躍在淵:指或進或退。

[10]飛龍:指龍星。

[11]亢:極高。

[12]用九:意為"通九"。通有共通和通變兩層含義。六十四卦各六爻,共三百八十四爻,各有爻辭。乾、坤兩卦分別增加"用九""用六"各一條,使爻題和爻辭增至三百八十六條,在爻辭中佔有特殊地位。

[13]《象》:指《象傳》,《易傳》的一種,相傳為孔子所作。"象"是裁定和判斷的意思。以下"大哉乾元……"是象辭,是對各卦卦辭所作的闡釋,一般直接置於卦辭之後;在乾卦裏則置於整個經文之後,仍是對卦所下的斷語。

[14]大哉乾元,萬物資始,乃統天:這是對卦辭"元"的解說。統:統屬。

[15]雲行雨施,品物流形:對卦辭"亨"的解說。

[16]大明:太陽。始終:日出日落,晝夜之終始。

[17]六位:晝夜四季,一說是上下四方。時:於是。

[18]時:屆時。六龍:出自上古神話,指義和駕駛的每天拖著太陽淩空越過的六龍車。一說指乾卦爻辭裏講的"潛、見、惕、躍、飛、亢"六龍。御天:運行於天空。或解釋為符合天道法則。

[19]乾道:即天道。

[20]正:得其正。性命:天所賦為命,如生命和壽命;物所受為性,萬物各具之屬性。

[21]保:保持。合:結合。大和:陰陽二氣在各種條件下的最佳調諧。

[22]首:首先。出:生成。庶物:萬物。

[23]咸:皆。寧:安寧。

[24]《象》:指《象傳》,《易傳》的一種。象辭與爻辭各有所側重。《象傳》是對各卦卦辭與爻辭進行闡述的。解說卦辭的叫"大象",解說爻辭的叫"小象"。

[25]天行:天道,或天的運動。

[26]以:因此,因而。

[27]道:這裏的道指合乎正道。

[28]造:作為。

[29]《文言》:也是《易傳》的一種。它只對乾、坤兩卦的卦辭、爻辭作解說,且著力從社會倫理、人品修養的角度來闡發,表明了儒家學者力圖把《易》推廣運用於人事的趨向。文言一說是文王之言,一說是文飾之言,也有解為"依文而言其理"的。

[30]善:大善,指天地初开,天以阳光、雨露和空气来滋生万物。長:首也。

[31]嘉:美好的东西。會:彙集。

[32]義:规则。

[33]幹:樹木的主幹。

[34]體:身體力行,實踐。

[35]長:滋养。

[36]初九曰"潛龍勿用",何謂也:從此句起,以提問的方式引入對乾卦各爻爻辭的闡釋。

[37]子曰:托孔子之言闡明《易》理。學者多認為《文言傳》不一定是孔子所作,但從其思想傾向看,可能是儒家弟子所作。

[38]遯世:隱居避世。悶:憂悶。

[39]見:此處表被動。是:此處表肯定,是非的是。

[40]違:避離。

[41]確:堅而高的樣子。拔:移。

[42]庸:常,正常。之:是。

[43]閑:避,防。誠:誠實。

[44]伐:矜誇,自居其功。

[45]博:大而廣。

[46]修:修飾。

[47]居:積累,藏積。

[48]至:指事物發展、進行到某種地步。

[49]幾:幾微,事物出現之前的某種先兆。

[50]因其時:順應時間、環境或其他條件。

[51]本:根本所在,紮根之處。

[52]動:冒進盲動。

[53]乾龍勿用,下也:從此句起,對乾卦六爻爻辭作第二輪解釋。

[54]舍:本義為房舍,這裏作動詞用,意為居、處。

[55]自試:自己驗證。

[56]上治:上居尊位而治理在下之民。

[57]窮:超越極限。

[58]潛龍勿用,陽氣潛藏:從此句起,對乾卦爻辭作第三輪解釋。

[59]文明:文采顯明。

[60]革:更新,變化。

[61]乾“元”者,始而亨者也:從此句起,對前面的《象傳》所釋乾之“四德”再作解說。

[62]剛健中正:乾卦的四種品質。剛:指六爻皆陽。健:無始無終,運轉不息。中:陽爻居二、五位。正:陽爻居一、三、五陽位。

[63]純:無雜色。粹:無疵點。精:純粹之極。

[64]揮:動。

[65]旁:廣,多方面。

[66]平:指陰陽相濟而得其祥和平安。

[67]君子以成德為行,日可見之行也:從這以下,再次對乾卦各爻辭進行論述和發揮。

[68]弗用:即勿用。

[69]聚:積聚,或言具備。

［70］辩：一本作"辨"，辨明是非。

［71］居：居心，存心。

［72］重：重叠。

［73］或：爻辞用"或"字表示可上可下。

［74］德：指化育万物之德。

【导读】

《周易》自汉代以来一直被列为群经之首。作为中华民族最古老的精神文化遗存，它周详悉备，用符号描绘了一个抽象的世界总体框架，提供了一个无所不包的思维模式，对我国思想文化、民族心理性格产生过深远而广泛的影响。现在所称《周易》，通常涵盖经、传两部分。《周易古经》包括六十四卦的卦形、卦名和卦辞，以及三百八十六爻的爻题和爻辞。《周易大传》是现存最早的解说《周易古经》的著作，后来也取得了经典的地位。它由《彖传》《象传》《文言传》《系辞传》《序卦传》《说卦传》《杂卦传》七种组成。

乾卦在《周易》全书中具有开宗明义和立纲定向的性质，其经部文辞极简而内涵极丰。以乾卦为首卦，体现了作《易》者的天道思维，这种思维贯穿了整个六十四卦。它的卦辞介绍了天（宇宙）化育万物的性质——元亨利贞，这种方式普遍运用于后面各卦。六爻爻辞则以龙的动止为象喻，阐述事物由潜隐到显现，由滋生到繁荣、苗壮，又由盛而衰，跌向低谷再回升这样一个周而复始、循环无穷、具有典范性的过程。《彖》《象》《文言》诸传反反复复就上述内容加以解释阐发，其意义不仅在于说明大自然生生不息的德性和体用本身，更在于把天德引到社会伦理和人的修养行为上来，引导人领悟和效法大自然的运行规律，安和乐利，勿"过"勿"不及"。而所谓圣人可与天地合德、日月合明、四时合序，不过是一种理想，为人们树立"人皆可以为尧舜"的崇高目标而已，强调立身行事合于中正之道、合乎"元亨利贞"四德，其出发点是阴阳时有起伏，吉凶相互转化，盛衰不断循环。因此不论君王和普通人都应懂得"满招损，谦受益"的道理，从而坚定信念，胜不骄败不馁，"自强不息"。不论是潜伏期的隐忍待机，还是发展期的"日乾夕惕"，或极盛期为迎接物极必反而戒慎警惕，都体现了"自强不息"的精神，只不过要讲求策略、顺应变化以不同形态表现出来而已。这是先儒解说乾卦给人们的主要昭示。《周易》六十四卦以乾坤冠首，在乾坤两卦中尤重乾卦，正是因为它体现了作为人类行为至高无上的典范的天德。

尚書正義卷二·堯典第一（節選）

曰若稽古帝堯[1]，曰放勳[2]，欽明文思安安[3]，允恭克讓[4]。光被四表[5]，格于上下[6]。

克明俊德[7]，以親九族[8]；九族既睦，平章百姓[9]；百姓昭明，協和萬邦；黎民於變時雍[10]。

乃命羲和[11]，欽若昊天[12]，厤象日月星辰[13]，敬授人時[14]。分命羲仲，宅嵎夷[15]，曰暘谷[16]。寅賓出日[17]，平秩東作[18]。日中[19]、星鳥[20]，以殷仲春[21]；厥民析[22]，鳥獸孳尾[23]。申命羲叔，宅南交[24]。平秩南訛[25]，敬致[26]。日永[27]、星火[28]，以正仲夏。厥民因[29]，鳥獸希革[30]。分命和仲，宅西，曰昧谷[31]。寅餞納日[32]，平秩西成[33]。宵中[34]、星虛[35]，以殷仲秋。厥民夷[36]，鳥獸毛毨[37]。申命和叔，宅朔方[38]，曰幽都[39]，平在朔易[40]。日短[41]、星昴[42]，以正仲冬。厥民隩[43]，鳥獸氄毛[44]。帝曰："咨！汝羲暨和。期三百有六旬有六日[45]，以閏月定四時成歲[46]。允釐百工[47]，庶績咸熙[48]。"

（阮元校刻《十三經注疏·尚書正義》，中華書局影印本1980年版）

【注釋】

[1]曰若稽古：史官追述往事的開頭用語。曰若：句首發語詞，無實際意義。稽：考察。古：這裏指古時傳說。堯：原始社會後期的一個部落聯盟首領，在後代儒家文獻中逐漸被神話為德業最高的聖王。

[2]放（fǎng）勳：堯的名號。

[3]欽明文思安安：對堯各種美德、風度的讚美。欽：恭敬。安安：晏晏，寬容、溫和的樣子。

[4]允恭克讓：誠實恭謹，善能讓賢。

[5]被：覆蓋。四表：四方極遠的地方。

[6]格：到達。

[7]克明俊德：指堯能發揚昭明其大德。俊：才超千人曰俊，此處引申為大。

[8]九族：許多氏族。九：虛數，約舉其多。

[9]平章百姓：辨別、彰明各個氏族的首領。平：辨別。章：使明顯。百姓：此指百官族姓。

[10]黎民：庶民、百姓。於：隨著。時雍：是以風俗大和。時：通"是"。

[11]羲和：羲氏與和氏，相傳是世代掌管天地四時的官重黎氏的後代。

[12]欽：恭敬。若：順從。昊：廣大。

[13]厤：推算歲時。象：觀察天象。

[14]敬授人時：把觀測日月星辰總結出來的天象節令知識傳授給百姓，以利於民時。

[15]宅：居住。嵎（yú）夷：古有九夷，在東方。此指東方極遠之地。

[16]暘（yáng）谷：傳說中日出的地方。

[17]寅：通"夤"，恭敬。賓：迎接。

[18]平秩：辨別測定。作：興起，開始。

［19］日中：指春分。春分這天晝夜時間相等，因此叫日中。

［20］星鳥：星名，指南方朱雀七宿。朱雀是鳥名，所以是星鳥。

［21］殷：確定。仲：每個季度三個月中的第二個月。

［22］厥：其。析：分散開來。

［23］孳（zī）尾：生育繁殖。

［24］南交：指南方極遠之地。交：地名，或指交趾。

［25］訛：運轉，運行。

［26］致：到來。

［27］日永：指夏至。夏至這天白天最長，因此叫日永。

［28］星火：指火星。夏至這天黃昏，火星出現南方。

［29］因：老弱因丁壯在田而紛紛出門相助。

［30］希革：鳥獸皮毛稀疏。希：稀疏。

［31］昧谷：傳說中日落之地。

［32］餞納日：商代有"入日"祭禮，今文經"納"即作"入"。餞：送。

［33］西成：農事活動，因秋天莊稼豐收，故用"成"。

［34］宵中：指秋分。秋分這天晝夜時間相等，因此叫宵中。

［35］星虛：星名，指虛星，為北方玄武七宿之一。

［36］夷：平。

［37］毛毨（xiǎn）：毛羽重生、齊整美麗的樣子。

［38］朔方：指北方最遠之地。

［39］幽都：幽州，這裏指極北之地。

［40］在：似當作"秩"。朔易：即北易，與上文"東作"等一樣，皆指農事活動。

［41］日短：指冬至。冬至這天白天最短，所以叫日短。

［42］星昴（mǎo）：星名，指昴星，為西方白虎七宿之一。

［43］隩：當作"奧"，室內。

［44］氄（rǒng）：鳥獸細軟的毛。

［45］期（jī）三百有六旬有六日：一年三百六十六日。

［46］以閏月定四時成歲：陰曆一年十二個月，大月三十天，小月二十九天，共計三百五十四天，比一年的實際天數少十一天又四分之一天。三年累計超過了一個月，所以安排閏月來補足，使四時不錯亂。

［47］允釐百工：切實地整頓百官。允：信，確實。釐：同"厘"治，整飭。百工：百官。

［48］庶績咸熙：政事都辦理得很好。庶：眾。績：功，指政事。咸：都。熙：興盛。

【导读】

《尚书》历来被儒家奉为"六经"之一，是研究夏、商、周三代前后政治发展进程的重要经典，记载了先民对自然、社会的各类认识成果。其首篇《尧典》，内容涉及尧时的政治体制、政治思想及社会制度等多方面的内容，其所记叙的禅让帝位、公开议定百官及用东西南北四方与春夏秋冬四时相配等，为研究我国原始社会后期的政治制度和古代思想、习惯提供了重要的资料。

尧，相传是我国原始社会后期著名的部落联盟首领，名叫放勋，属于陶唐氏，所以又称为唐尧。"典"，《说文解字》解释为"大册"，是"五帝之书"。作为儒家肯定的第一个圣王，尧在儒者的心目中占据着特殊的地位。记载尧事迹的主要文献就是《尧典》。因为这是一篇追溯性的文字，所以开篇就是"曰若稽古帝尧"，尧在后世的形象几乎全由此篇奠定。我们由此知道了帝尧选贤禅让、任德使能、教化天下的德政故事，并因此推崇敬仰尧。同时，《尧典》开了为统治者树碑立传的先河，使中国历史的"史鉴"意识代代相传，发扬光大。

根据《尧典》的叙述，尧最大的功绩应该是钦若昊天，历象日月星辰，敬授人时。开篇是对尧之德的赞美，后面才是具体的事迹，即尧命令羲和"钦若昊天"，确立了"期三百有六旬有六日，以闰月定四时成岁"的天文秩序，为后世所遵循。在《史记·天官书》中，羲和被称为"昔之传天数者"，他们就是帝尧的天官，负责观察天象，制定历法，并在此基础上指导人事。细节是否真实并不重要，重要的是这样一些信息：中国远在氏族部落时代就已有了划分春夏秋冬四时和周年的历法，通过对天体运行变化和地上物候变化的仔细观察来确定时令。这件事对人类文明进步具有巨大的价值和意义，标志着人们有了比较深刻的时间迁移感，同时也有了初步的空间方位感。在生存的层面上，时间和空间的确立有助于人们迁徙定居，从事农业、商业贸易等物质生产活动，也有利于人们的生活，如春种秋收、夏避洪水酷热、冬避严寒冰雪。在意义的层面上，时空感使人能确认自身在天地万物间的位置，体验人在天地间存在的意义和价值。尧帝制定历法，对自然现象的仔细观察和对自然变化规律的准确把握是其立足点。这个立足点带来的结果是对自然的重视、崇敬和顺从，把人的存在纳入自然的轨道，使人的生产、生活、思维合乎自然法则，因此具有意义的生活便是顺应自然的生活。

天事在古代社会极具重要性，此时的天并不像后世一样仅仅具有自然的意义，它是这个世界的主宰，是世界和人间秩序的提供者。我们的民族崇尚自然的传统，大概就始于尧的时代。从《尧典》"寅宾出日""寅饯纳日"的说法中，读者完全能够感受到人们对日和天的敬畏。崇尚自然的意识集中体现在"敬天"的观念上。"天"是万物的主宰，它既是神灵意志的体现，又是自然法则的体现；作为自然的一部分的人，必须敬重上天，服从上天。帝王是上天派到人间的代表，他以上天赋予的绝对权力来统治人间，因此被称为"天子"。冒犯天子，就是冒犯天神、自然法则。个人真要冒犯天子起来造反，也要打着"替天行道"的旗号。把"天"、自然、神灵同权力、特权和专制结合起来，也算是我们的民族传统之一，即把自然涂上权力意志的色彩，敬重、顺从自然，也就是敬重、顺从权力。个人存在的意义和价值便在敬天、顺应自然、服从权力中消解了。这也是儒家要把《尚书》作为经典的原因之一。从这个意义上来说，《论语·泰伯》"大哉尧之为君也，巍巍乎，唯天为大，唯尧则之"的说法就不能完全从溢美之词的角度来理解，帝尧确实是敬天则天的典型。

春秋左傳卷三十九·襄公二十九年·季劄觀樂（節選）

吳公子札來聘[1]。……請觀於周樂[2]。使工爲之歌《周南》《召南》[3]，曰："美哉！始基之矣[4]，猶未也，然勤而不怨矣[5]。"爲之歌《邶》《鄘》《衛》[6]，曰："美哉，淵乎！憂而不困者也。吾聞衛康叔、武公之德如是[7]，是其《衛風》乎？"爲之歌《王》[8]，曰："美哉！思而不懼，其周之東乎！"爲之歌《鄭》[9]，曰："美哉！其細已甚[10]，民弗堪也。是其先亡乎？"爲之歌《齊》[11]，曰："美哉，泱泱乎[12]！大風也哉！表東海者，其大公乎[13]？國未可量也。"爲之歌《豳》[14]，曰："美哉，蕩乎[15]！樂而不淫，其周公之東乎[16]？"爲之歌《秦》[17]，曰："此之謂夏聲[18]。夫能夏則大，大之至也，其周之舊乎！"爲之歌《魏》[19]，曰："美哉，渢渢乎[20]！大而婉，險而易行[21]，以德輔此，則明主也！"爲之歌《唐》[22]，曰："深思哉！其有陶唐氏之遺民乎[23]？不然，何憂之遠也？非令德之後[24]，誰能若是？"爲之歌《陳》[25]，曰："國無主，其能久乎！"自《鄶》以下[26]，無譏焉[27]！

爲之歌《小雅》[28]，曰："美哉！思而不貳，怨而不言，其周德之衰乎？猶有先王之遺民焉[29]！"爲之歌《大雅》[30]，曰："廣哉！熙熙乎[31]！曲而有直體，其文王之德乎？"爲之歌《頌》[32]，曰："至矣哉！直而不倨[33]，曲而不屈[34]；邇而不偪[35]，遠而不攜[36]；遷而不淫，復而不厭；哀而不愁，樂而不荒[37]；用而不匱[38]，廣而不宣；施而不費，取而不貪；處而不底[39]，行而不流。五聲和[40]，八風平[41]；節有度[42]，守有序[43]。盛德之所同也！"

見舞《象箾》《南籥》者[44]，曰："美哉，猶有憾！"見舞《大武》者[45]，曰："美哉，周之盛也，其若此乎？"見舞《韶濩》者[46]，曰："聖人之弘也，而猶有慙德[47]，聖人之難也！"見舞《大夏》者[48]，曰："美哉！勤而不德[49]。非禹，其誰能脩之[50]！"見舞《韶箾》者[51]，曰："德至矣哉！大矣，如天之無不幬也[52]，如地之無不載也！雖甚盛德，其蔑以加於此矣[53]。觀止矣！若有他樂，吾不敢請已！"

（阮元校刻《十三經注疏·春秋左傳正義》，中華書局影印本1980年版）

【注釋】

[1] 吳公子札:即季札,吳王壽夢的小兒子。

[2] 周樂:周王室的音樂舞蹈。

[3] 《周南》《召南》:《詩經》十五國風開頭的兩種。以下提到的都是國風中各國的
    詩歌。

[4] 始基之:開始奠定了基礎。

[5] 勤:勞,勤勞。怨:怨恨。

[6] 《邶》《鄘》《衛》:指《詩經》中的《邶風》《鄘風》《衛風》。邶:周代諸侯國,在今河
    南省湯陰縣南。鄘:周代諸侯國,在今河南省新鄉市南。衛:周代諸侯國,在今河
    省南淇縣。

[7] 康叔:周公的弟弟,衛國的開國君主。武公:康叔的九世孫。

[8] 《王》:即《詩經·王風》,周平王東遷洛邑後的樂歌。

[9] 《鄭》:《詩經·鄭風》。鄭:周代諸侯國,在今河南省新鄭市一帶。

[10] 細:瑣碎。這裏用音樂象徵政令。

[11] 《齊》:《詩經·齊風》。

[12] 泱泱:宏大的樣子。

[13] 表東海:為東海諸侯國做表率。大公:太公,指齊國開國國君呂尚,即姜太公。

[14] 《豳》:《詩經·豳風》。豳:西周舊國,在今陝西省彬縣東北。

[15] 蕩:博大的樣子。

[16] 周公之東:指周公東征。

[17] 《秦》:《詩經·秦風》。秦:秦國,在今陝西、甘肅一帶。

[18] 夏聲:正聲,雅聲。夏:西周王畿一帶。

[19] 《魏》:《詩經·魏風》。魏:諸侯國名,在今山西省芮縣北。

[20] 渢渢:輕飄浮動的樣子。

[21] 險:不平,這裏指樂曲的變化。

[22] 《唐》:《詩經·唐風》。唐:在今山西省太原市。晉國開國國君叔虞初封于唐。

[23] 陶唐氏:指帝堯。晉國是陶唐氏舊地。

[24] 令德之後:美德者的後代,指陶唐氏的後代。

[25] 《陳》:《詩經·陳風》。陳:國都宛丘,在今河南省淮陽。

[26] 《鄶》:《詩經·鄶風》。鄶:在今河南省鄭州市南,被鄭國消滅。

[27] 譏:批評。

[28]《小雅》:指《詩經·小雅》中的詩歌。

[29]先王:指周代文、武、成、康等王。

[30]《大雅》:指《詩經·大雅》中的詩歌。

[31]熙熙:和美融洽的樣子。

[32]《頌》:指《詩經》中的《周頌》《魯頌》和《商頌》。

[33]倨:倨傲,不遜。

[34]曲:婉順。屈:屈撓。

[35]邇:親近。偪:逼,逼促。

[36]攜:游離。

[37]荒:過度。

[38]匱:窮困。

[39]處:安守。底:停滯。

[40]五聲:指宮、商、角、微、羽。和:和諧。

[41]八風:指金、石、絲、竹、翰、土、革、本做成的八類樂器。

[42]節:節拍。度:尺度。

[43]守有序:樂器演奏有一定次序。

[44]《象箾》:舞名,武舞。《南籥》:舞名,文舞。

[45]《大武》:周武王的樂舞。

[46]《韶濩》:商湯的樂舞。

[47]憾德:遺憾,缺憾。

[48]《大夏》:夏禹的樂舞。

[49]不德:不自誇有功。

[50]脩:作。

[51]《韶箾》:虞舜的樂舞。

[52]幬:覆蓋。

[53]蔑:無,沒有。

【导读】

　　《左传》是儒家经典之一,与《公羊传》《穀梁传》合称"《春秋》三传"。《左传》记载"季札观乐"之事,内容丰富,涉及对上古诗乐文化尤其是《诗经》成书问题的认识,历来备受关注。

　　《季札观乐》是《左传》中一篇特别的文章,它包含了许多文学批评的因素。季札虽然是对周乐发表评论,其实就是评论《诗经》,因为当时《诗经》是入乐的。马瑞辰说:"诗三百篇,未有不可入乐者。"虽然脱离了音乐的诗或许少了感发作用,而周乐中的舞已不能再现,但季札评论周乐的文字主体还能在《诗经》中看到"诗教""乐教"的痕迹。

中国的文学一开始就很重视同政教的关系。春秋时期,政治、外交场合公卿大夫"赋诗言志"颇为盛行,赋诗者借用现成诗句断章取义,暗示自己的情志。公卿大夫交谈,也常引用某些诗句。《论语·阳货》中"子曰:小子何莫学夫诗?诗可以兴,可以观,可以群,可以怨。迩之事父,远之事君;多识于鸟兽草木之名。"文学作品有感染力量,能"感发意志",这就是兴。读者从文学作品中可以"考见得失""观风俗之盛衰",这就是观。群是指"群居相切磋",互相启发,互相砥砺。怨是指"怨刺上政",以促使政治改善。

从季札对周乐的评论看,他已经把音乐、文学和政治教化结合起来了。他认为政治的治乱会对音乐、文学产生影响,也就是说可以通过音乐、文学去"考见得失""观风俗之盛衰"。因为政治的治乱会影响人,而人的思想感情又会反映到音乐、文学中,所以季札能从《周南》《召南》中听出"勤而不怨",从《邶》《鄘》《卫》中听出"忧而不困"。音乐、文学对政治也有反作用:可以"群居相切磋",互相启发;可以"怨刺上政",促使政治改善。当然不好的音乐、文学也会加速政治的败坏,所以孔子要"放郑声",季札也从《郑》中听出"其细也甚,民弗堪也",认为"是其先亡乎?"但必须指出,郑声并不是真的所谓亡国之音,而是靡靡之音助长了荒淫享乐的社会风气,从而使政治败坏,以致亡国。

孔子论诗,强调"温柔敦厚"的诗教。他说:"《诗三百》,一言以蔽之,曰:思无邪。"(《论语·为政》)又说:"《关雎》乐而不淫,哀而不伤。"(《论语·八佾》)季札论诗论乐,与孔子非常接近,注重文学的中和之美。他称《周南》《召南》"勤而不怨",《邶》《鄘》《卫》"忧而不困",《豳》"乐而不淫",《魏》"大而婉,险而易行",《小雅》"思而不贰,怨而不言",《大雅》"曲而有直体"。更突出的表现是他对《颂》的评论:"直而不倨,曲而不屈;迩而不逼,远而不携;迁而不淫,复而不厌;哀而不愁,乐而不荒;用而不匮,广而不宣;施而不费,取而不贪;处而不底,行而不流",竟用了十四个词来形容。他发出的感叹是"至矣哉",因为"五声和,八风平;节有度,守有序",所以是"盛德之所同"。可见季札对中和美的推崇确实到了极致。而中和美,正是儒家中庸思想在美学上的表现。《大武》是周武王的舞蹈,季札在赞美中有讽刺,即孔子所谓:"尽美矣,未尽善也。"《韶箾》是舜的舞蹈,季札的赞美也无以复加,即孔子所谓:"尽美矣,又尽善也。"读此文时,将二者细加比较,在体会妙处的同时,可以感受到儒家对中庸境界的追求。

三、延伸思考

1.上古三代文化传统对儒家思想和道家思想的影响有何异同?为什么?

2."六经"对先秦儒家思想的形成有何影响? 这些影响体现在哪里?

3.先秦时期,儒家、道家思想与墨家、法家、名家、阴阳家、兵家等学派思想有何异同?

(李彬源撰)

第三节　两汉经学思想

一、概述

两汉时期国力强盛,经学昌明,儒学发展达到新的高度。代秦而起的汉朝在吸收了秦政大一统措施的同时,在思想上"罢黜百家,独尊儒术",为王朝的稳定发展寻求理论根基。与政治紧密相关的儒学亦呈现出综合性、致用性、体系化的特点,其中突出者就是今文、古文经学的发达,董仲舒的"天人感应"论,其次则是东汉的谶纬之学。

两汉经学分为今文经学与古文经学,分别以董仲舒和郑玄为代表。所谓今文经学是指西汉时期在京城的太学里通行的以今文(当时流行的隶书)写成的五经(《易》《春秋》《书》《诗》《礼》),在朝的五经博士即采用今文经作为官方钦定的教材。东汉初,民间又出现了以古文(先秦篆文)书写的经书,此之谓古文经,这些经书没有被朝廷采用,仅在民间私人传授。今文经学派与古文经学派为争得道统至尊的地位,展开了长久的争论,这些争论不仅涉及文字的讹误、典籍的真伪,还涉及注经、释经的方法,最重要的是由此连带产生了不同的儒家思想体系和治世观念。这样,原本纯学术的今古文经学之争渐渐演变为政治乃至权势之争。总体来看,今文经学在方法上多讲义理,以《春秋公羊传》为经典,尊孔子为素王,视孔子为一政治家;古文经学在方法上则重训诂考据,以《周礼》和《春秋左传》为主,视孔子为一学者型儒生。

西汉的董仲舒为今文经学派的代表,其思想以先秦孔孟思想为主,糅合了阴阳家的"五德终始"说,建立了一套以"天人感应"为根基、以"三纲五常"为核心的儒学体系。董仲舒的《天人三策》中说:"《春秋》大一统者,天地之常经。古今之通谊也。"这种大一统思想正契合了汉武帝专制思想的需要,故受到了重视和发展。伴随大一统思想的推行,"罢黜百家"亦成为必然,这种思想对维护中央集权、抵御外来侵略、促进汉朝的发展均有积极意义。

东汉的古今经学则深化了儒学的方法论,建立了一套严密的考证、校勘古籍的方法,保存、整理了大量先秦时期的古籍,并通过学派内一整套严谨的方法体系,对古籍进行一一疏注,为后人的正确解读提供了方便。如对《诗经》《春秋》《三礼》的整理等,出现了一批优秀的汉学家,如许慎、马融、服虔、卢植、郑玄等,他们为经典的保存、流传做出了巨大的贡献。

此外,汉代的儒学史上还盛行过谶纬之学。这些谶纬之学多以符命、预言的形式出现,已沦落为当时统治阶层争权夺利的工具。他们通过臆造虚假的图符来蛊惑人心,以掩饰其谋权的野心。如王莽为了篡权,即事先仿造了大量的谶语谣言;又如汉光武帝刘秀起兵之时,亦借助了"图谶于天下"(《后汉书·光武帝纪》)的手段。这种虚伪、庸俗的谶纬之学显然是儒学发展史上的一个变异。

二、原典选读及导读

孝经(節選)

开宗明义章

仲尼尻[1],曾子侍。子曰:先王有至德要道[2],以順天下,民用和睦,上下無怨。女[3]知之乎?

曾子避席曰:參[4]不敏,何足以知之? 子曰:夫孝,德之本也,教之所由生也。複坐,吾語女。身體發膚,受之父母,不敢毀傷,孝之始也;立身行道,揚名於後世,以顯父母,孝之終也。夫孝,始於事親,中於事君,終於立身。《大雅》云:"無念爾祖,聿修厥德。"[5]

三才章

曾子曰:甚哉[6]! 孝之大也。子曰:夫孝,天之經也,地之義也,民之行也。天地之經,而民是則之[7]。則天之明,因地之利,以順天下,是以其教不肅而成,其政不嚴而治。先王見教之可以化民也,是故先之以博愛,而民莫遺其親;陳之以德義,而民興行;先之以敬讓,而民不爭;道之以禮樂,而民和睦;示之以好惡,而民知禁。《詩》云:"赫赫師尹,民具爾瞻。"[8]

(皮錫瑞撰,吳仰汀點校《孝經鄭注疏》,中華書局 2016 年版)

【注釋】

[1]尻:古同"居",閑坐。

[2]先王:指上古時以堯、舜、禹、周文王為代表的賢良君主。至德:美德,特指君主執政治天下的大德。要道:當行之道,即治國的策略。

[3]女:同"汝",你,下同。

[4]參:即曾子。

[5]《大雅》云："無念爾祖,聿修厥德":指《詩經·大雅·文王》一詩。爾祖:指周朝的祖先。聿:發語詞。厥:其,代詞。

[6]甚哉:讚美之辭。

[7]則:效法。

[8]《詩》云："赫赫師尹,民具爾瞻":出自《詩經·小雅·節南山》,赫赫指顯盛樣。師:大師,是周朝三公之一。具:即"俱",皆。瞻:望。

【导读】

《孝经》成书于秦汉之际,相传是孔子所做,但一直被学者质疑。全书共十八章,以"孝"为中心,论述了儒家伦理观念中的核心要素——孝的来源,肯定了其在治国、治家方面的重要作用。中国儒家文化是建立在血缘基础之上的,其外在的表现形式即孝,历代统治阶级之所以提倡孝道,是因为传统的伦理道德就是建立在孝的基础之上的。在古人看来,如果没有对父母的孝,就不会有对君主的忠,更不用说对朋友的信了,也就是说,超越孝伦理的忠伦理是根本不可能存在的。因此,孝是王朝统治者所倡导的人伦大道之首要者,其目的正如清人简朝亮所评,"《孝经》者,导善而救乱之书也"。

《开宗明义章》强调"孝,德之本也",而自古以来圣人贤君均是以德治理天下的,故作为德的根基——孝自然成为历来统治者乐于提倡的道德品质,通过倡导孝道来达到"顺天下,民用和睦,上下无怨"的统治效果。至于普通百姓,孝亦是其人生的价值终点,"扬名于后世,以显父母",可以说"孝"贯穿了古代文人、士大夫的一生,"事亲""事君""立身"无一不关涉孝。《三才章》更将孝提高到"天之经也,地之义也"的高度,为其寻到价值依托的标杆。

禮記正義卷二十一·禮運第九(節選)

昔者仲尼與於蜡賓[1]。事畢,出遊於觀之上[2],喟然而嘆。仲尼之嘆,蓋嘆魯也。言偃在側,曰:"君子何嘆?"孔子曰:"大道之行也,與三代之英[3],丘未之逮也[4],而有志焉。大道之行也,天下為公,選賢與能,講信脩睦。故人不獨親其親,不獨子其子,使老有所終,壯有所用,幼有所長,矜寡孤獨廢疾者[5],皆有所養。男有分,女有歸,貨惡其棄於地也,不必藏於己;力惡其不出於身也,不必為己。是故謀閉而不興[6],盜竊亂賊而不作,故外戶而不閉,是謂大同。今大道既隱,天下為家,各親其親,各子其子,貨力為己,大人世及以為禮,城郭溝池以為固[7],禮義以為紀,以正君臣,以篤父子[8],以睦兄弟,以和夫婦,以設制度,以立田里,以賢勇知,以功為己,故謀用是作,而兵由此起。禹、湯、文、武、成王、周公,由此其選也。此六君子者,未有不謹於禮者也,以著其義,以考其信,著有過,刑仁講讓[9],示民有常。如有不由此者,在執者去[10],眾以為殃,是謂小康。"

言偃復問曰[11]:"如此乎禮之急也。"孔子曰:"夫禮,先王以承天之道,以治人之情,故失之者死,得之者生。《詩》曰:'相鼠有體,人而無禮;人而無禮,胡不遄死。'[12]是故夫禮,必本於天,殽於地[13],列於鬼神,達於喪、祭、射、御、冠、昏、朝、聘[14]。故聖人以禮示之,故天下國家可得而正也。"

(阮元校刻《十三經注疏·禮記正義》,中華書局影印本 1980 年版)

【注釋】

[1]蜡:古代君主年終舉行的祭祀。

[2]觀:宗廟外兩旁的樓。

[3]三代:夏、商、朝三朝。英:英明、賢良的君主。

[4]逮:趕上。

[5]矜:即"鰥",老而無妻的人。孤:幼年喪父。獨:老而無子的人。廢疾:殘疾人。

[6]謀閉:陰謀詭計帶到閉塞。興:興起。

[7]郭:古代內城為城,外城為郭。溝池:護城河。

[8]篤:通"埶",純厚埶。

[9]刑:作為典型加以學習。講:提倡。用是:因此。

[10]埶:同"勢",權勢,執政者。去:斥退。

[11]言偃:孔子的學生,即子遊。

[12]相鼠有體,人而無禮;人而無禮,胡不遄死:出自《詩經·鄘風·相鼠》。

[13]殽:即效。

[14]冠:古時男子二十成人時,為其加冠、命字的成人禮。昏:即婚姻禮。朝:臣子見君主所行之禮。聘:諸侯之間相互問候、拜訪所行之禮。

【导读】

《礼记》是秦汉之际由儒家学者编写的一本典籍,西汉著名学者戴圣对其进行了校注,该书主要记载了西周时期的一些礼仪、制度,并与《周礼》《仪礼》合称"三礼"。

《礼运》一章最动人之处是孔子为后人描绘了一个美好的乌托邦社会,这个社会突显了公平、公正、福利的现代性特征,体现了古代人对美好世界的设想。这个社会的建立基础是礼仪。孔子认为只有上下和睦,君臣、父子、夫妇遵守各自的身份规矩,这个大同世界才会到来。是否仅靠礼仪即可达到这种类似共产主义的社会?显然不够,没有高度发达的物质基础,这样的社会也只能是原始共产主义的复写。但是发达的物质经济水平是否就可以带我们进入大同社会? 显然也不行,西方发达的物质经济水平却掩盖不了人文的贫乏、精神信仰的缺失及社会的动乱。如此看来,孔子所言的礼法在未来仍是需要的,适合现代社会的礼法,能为我们提供道德信仰的凝聚力。

春秋繁露

為人者天第四十一

為生不能為人,為人者,天也。人之人本於天,天亦人之曾祖父也。此人之所以乃上類天也。人之形體,化天數而成;人之血氣,化天志而仁;人之德行,化天理而義;人之好惡,化天之暖清;人之喜怒,化天之寒暑;人之受命,化天之四時;人生有喜怒哀樂之答,春秋冬夏之類也。喜,春之答也;怒,秋之答也;樂,夏之答也;哀,冬之答也。天之副在乎人,人之情性有由天者矣。故曰受,由天之號也。為人主也,道莫明省身之天,如天出之也。使其出也,答天之出四時,而必忠其受也,則堯舜之治無以加。是可生可殺,而不可使為亂。故曰:“非道不行,非法不言。”此之謂也。

四時之副第五十五

天之道,春暖以生,夏暑以養,秋清以殺,冬寒以藏。暖暑清寒,異氣而同功,皆天之所以成歲也。聖人副天之所行以為政[1],故以慶副暖而當春,以賞副暑而當夏,以罰副清而當秋,以刑副寒而當冬。慶賞罰刑,異事而同功,皆王者之所以成德也。慶賞罰刑,與春夏秋冬,以類相應也,如合符。故曰:“王者配天,謂其道。”天有四時,王有四政,四政若四時,通類也,天人所同有也。慶為春,賞為夏,罰為秋,刑為冬。慶賞罰刑之不可不具也,如春夏秋冬不可不備也。慶賞罰刑,當其處不可不發,若暖暑清寒,當其時不可不出也。慶賞罰刑各有正處,如春夏秋冬各有時也。四政者不可以相干也,猶四時不可相干也。四政者不可以易處也,猶四時不可易處也。故慶賞罰刑有不行於其正處者,《春秋》譏也[2]。

(曾振宇、傅永聚注《春秋繁露新注》,商務印書館 2010 年版)

【注釋】

[1]副:同“符”。

[2]《春秋》譏:指孔子修《春秋》時,講求微言大義,在字裏行間流露出對當時統治階層不符合禮制的行為的不滿與批評。

【导读】

董仲舒的哲学基础在于其独特的“天人感应”论。他认为天是有意志、有赏罚、有绝对权威的神，这个天神不仅主宰着天，更主宰着人间，是宇宙万物的创世主，是上天和人间的最高主宰，即使君主也要听从天命，所谓"天子受命于天，天下受命于天子，一国则受命于君。君命顺，则民有顺命；君命违，则民有逆命"。天子受命于天帝，代表天的意志，主宰人世，统治百姓，这种君权神授思想成为历代王朝信奉的准则。董仲舒的思想不仅是为君主提供统治理据，也是在试图约束君权的至高无上性，既然君受天命，则君亦非无上权威，他也要听从天的意志和命令，不能独裁与专横，否则滥施淫威的结果必然招致天的惩罚，引发山崩、灾荒、日月蚀等一些非正常的自然现象。如果是仁爱之君，上苍亦会降下麒麟、凤凰、灵芝、甘露之类的祥瑞之兆予以褒奖。

伴随着这种"天人感应"思想，董仲舒又发展出"三统三正"的历史循环论和"三纲五常"的伦理学。他认为人类社会和自然宇宙都遵循"阴阳五行"的运行模式，五行相生、相胜，成为永恒的结构和秩序，人类社会和王朝的更替亦是循此理而演变的。其所说的"三统三正"即指朝代循着黑、白、赤三种颜色相应地易服制，采用夏历中的寅、丑、子三月中的一个月为一年的开始，标志着新王朝的正统性。例如，他认为夏朝是黑统，以寅月（农历正月）为正月；商朝是白统，以丑月（农历十二月）为正月；周朝是赤统，以子月（农历十一月）为正月。汉朝又恢复到黑统，以寅月为正月。同时他又认为"天下之尊卑，随阳而序位……贵者居阳之所盛，贱者居阴之所衰"（《春秋繁露•天辨在人》），"君臣父子夫妇之义，皆取阴阳之道。君为阳，臣为阴；父为阳，子为阴；夫为阳，妻为阴"（《春秋繁露•基义》），明确提出君为臣纲、父为子纲、夫为妻纲的"三纲"思想。此外其"五常"说亦是从阴阳家中的五行理论推理出来的。

董仲舒的儒家思想大大地维护了汉武帝的集权统治，为当时社会政治和经济稳定做出了一定的贡献。从长远看，他提出的"天人感应，君权神授"几乎影响了整个封建社会，历朝历代都贯彻这一思想，直到辛亥革命结束帝制。

在董仲舒的思想中，天无疑是居于核心地位的，它是王朝施政的依据，是百姓生活的准则，天与人一样具有喜怒哀乐之情，人们是怎么知道的呢？天的情感就表现在春之生（喜）、夏之养（乐）、秋之收（怒）、冬之藏（哀）。天的情感与人的情感是相通的。天是仁爱的，于是人主就应效天而行，对民施仁政，天则喜之；否则天将降灾以惩之。

三、延伸思考

汉代儒学有两大特质，一是在学术方法上强调师承家法，二是在理论上喜言阴阳五行，其代表即董仲舒的"天人感应"论。这两个特质对后世儒学均有深刻的影响。就方法而言，汉学在儒学史上是与宋学并立的两个不同阶段，在后儒，尤其是清儒眼中，由于汉儒距上古最近，家法严密，保有儒家最本真的面貌，故其学说观点尤为重要，且其考证训诂的方法具有无可驳斥的科学性,无形中更增添了汉学的权威性。在理论上,汉儒提出的天人之说,直接影响了宋明理学的天道人心之学。在实际操作层面,天人之说成为传统儒家在政治权利失衡的体制下,唯一可以制约皇权的利器,在中国政治史上具有重要的地位。

汉代是儒家思想正式上升为统治思想的时期。汉初的叔孙通为汉高祖制定朝仪制度、宗庙祭祀制度来维护皇家威严、至上权威。贾谊在《新书》中强调以礼治国,汉朝建立之后需要儒家来维系其统治的趋势已然形成。到了董仲舒,"天人感应"论出现,"独尊儒术"的格局正式形成。无论后来的统治者如何阳儒阴法、如何三教并立,儒家的核心权威地位始终无法动摇。这是汉代儒学在儒学史上最突显的特质。其间功过是非自可讨论,但儒家的这种工具理性至此已然成形。

(苏利海撰)

第四节　魏晋隋唐时期的儒学思想

一、概述

东汉政权在黄巾起义的打击后已然崩溃,中国历史进入了自春秋战国之后的第二个分裂期——魏晋南北朝时期。这个时期封建社会的内部结构发生了新的演化,社会长期处于分裂状态:社会各阶层的矛盾、统治阶级内部的矛盾及民族矛盾尖锐复杂,战乱频仍,政权更迭迅速。经过三百多年的时间,社会关系得以重新调整,隋唐政权相继而起,国家又获统一,进入了一个空前兴盛发达的阶段。国家的统一为思想文化的发展、繁荣提供了基础和推动力,政治的统一需要主流的思想文化来引领意识形态领域,在建构主流思想文化的过程中,儒家经学获得了足够的重视与较大的发展。

儒家学说从魏晋南北朝到隋唐,经历了一次较大的转变,其显著特点正如清代经学家皮锡瑞在《经学历史》中所指出的,经学也从分立时代进入了统一时代,儒学的这种演变,是在政治统一的前提下进行的,是在前代经学资料积累和社会思潮发展的基础上展开的。

自汉武帝"罢黜百家,独尊儒术"开始,儒学成为汉代的政治思想和整个时代思想文化的核心部分。儒学官方正统地位的确立却使学术空气日渐凝固,儒学本身的发展也逐渐停滞,今文经学宣扬的"天人感应"、阴阳灾异等迷信色彩浓厚,本身就是对儒学理性精神的违背。两汉经学研究中的琐碎倾向,使儒生沉溺于注经、解经,思想的创造性逐渐消亡。

魏晋南北朝时期，儒学的独尊地位虽受到了挑战，但其中华文化正统的身份未曾丢失。为寻求新的发展之路，思想家们对儒、道、佛三家思想进行了分析研究，考察各家特点，探索如何突破经学僵化的家法，以期走上融通发展之路。但由于国家处于分裂状态，政权更迭频繁，各政权、各时期统治者的认识及政策缺乏延续性，故儒学的发展完善受到了明显限制。

隋唐之际，国家重归统一，为儒学的发展提供了良好的政治环境。到唐太宗时，经学再次被确认为全国统一的官方指导思想，从政体的完善、人才的选拔、教化的推行，到国策的制定，都以儒学思想作为共同的理论依据。唐代儒学的统一不同于汉代儒学的统一，因汉唐文化发展程度的不同，所形成的文化格局亦有区别。汉代思想是先秦百家思想的汇集与综合，主要表现为儒家与道家相互对立又相互补充的态势，隋唐则是儒、佛、道三教并行，三者于碰撞中有趋同倾向，合流的态势较为明显，这对儒学的发展提出了新的要求，即在保持特色的同时，吸取佛、道二家思想，创立一种新的儒学体系。

北朝末至唐初，出现了三位主张融合佛、道思想的儒学家。一位是颜之推，他认为儒、佛"内外两教，本为一体，渐积为异，深浅不同"（《颜氏家训·归心》），颜氏将儒学的五常与佛教的五戒相比附，以儒学证佛学的合理性，借以援佛入儒。另一位是王通，他将颜氏融合三教的思路概括为"三教可一"。第三位是孔颖达，孔氏奉敕编纂《五经正义》，以儒为主，兼取佛、道思想。《五经正义》包括《周易正义》十四卷、《尚书正义》二十卷、《毛诗正义》四十卷、《礼记正义》七十卷、《春秋左传正义》三十六卷。其中《周易》用魏王弼、晋韩康伯注；《尚书》为梅赜本，汉孔安国传；《诗经》用汉毛亨传、郑玄笺；《礼记》用郑玄注；《左传》用晋杜预注。各经大多依据自古以来，特别是两汉魏晋至隋的多家注释整理删定而成，"事必以仲尼为宗"，试图"去其华而取其实，欲使信而有征"。贞观十六年（公元642年），该书编成后经马嘉运校定，长孙无忌、于志宁等增损，于永徽四年（公元653年）颁行。凡士人应明经科，均须诵习儒经，义理全据《五经正义》所说，否则就被视为异端邪说。《五经正义》中含有哲学思想的著作是《周易正义》和《礼记正义》。前书宣扬"先道而后形"思想，后书突出儒家重礼的观念，提倡尊卑贵贱的等级差别，影响颇大。汉末以来，社会长期动荡，儒家典籍散佚，文理乖错，且师说多门，章句杂乱，为适应科举取士和维护全国政治统一的需要，《五经正义》应时而出，结束了儒学内部宗派的纷争，是古代经学发展史上不可忽视的重要环节。

至唐中叶，随着佛学中国化进程的推进，儒、佛思想体系碰撞交流加深，儒学发展呈现出了新的特点，形成了以韩愈、柳宗元为开创者的新体系。韩愈儒学思想的核心集中在解决外在的名教礼法如何与个体自觉性相协调的问题上，韩愈提出了治心论与道统论。韩愈的治心论把佛学对人的主体、人的意识的研究移植过来，重新阐释了孟子思想中的"性善""尽心"与"知性",韩愈的治心论与佛、道观点有相同之处,但不同的是韩愈在主张治心的同时,还主张治世,注重"修齐治平"的系统性、完整性。韩愈的道统论明显有受佛教祖统说影响的痕迹,韩愈勾勒出了一个从尧、舜到孔、孟的"道统"谱系,并以当代道统继承者自居,其《原道》中有言曰:"尧以是传之舜,舜以是传之禹,禹以是传之汤,汤以是传之文、武、周公,文、武、周公传之孔子,孔子传之孟轲,轲之死不得其传焉。"治心论高扬自我意识,道统论重视信仰主义。韩愈的思路是首先培养主体对儒学名教的神圣信仰,使主体具备遵循并维护这种思想体系的自觉意识,如此信仰的力量将会使主体在遵循、维护这种思想体系的过程中获得精神的超越、解脱。韩愈的思路在其门徒李翱那里得到了传承与发扬,李翱著《复性书》,提出了"性善情恶"的思想。李翱认为"人之性皆善",凡圣无别。而凡圣的存在是因为凡人的本性受到情的迷惑,善性被遮蔽,所谓"情既昏,性斯匿矣"。若能加强道德修养,消除情欲干扰,恢复本来之性,则可超凡入圣,此之谓"复性"。柳宗元在复性儒学的总体目标上与韩愈一致,但在具体方式上与韩愈又有区别。韩愈高扬辟佛大旗,却暗中借鉴佛学。柳宗元则认为佛教"不与孔子道异",明确提出了"统合儒释"的主张。柳宗元认为佛教的教义有利于调节社会矛盾,又不违背儒家伦理道德,佛教学说又暗合《周易》《论语》中的某些思想。

唐代儒学经过与佛、道两家的长期交流和渗透,汲取了佛、道两家的心性理论,使内在的心性修养与外在的建功立业相结合,既可立朝处事又不废心性修养,既讲天道又重人道,由此构成了唐代儒学的特色。

二、原典选读及导读

颜氏家训·归心(節選)

颜之推

原夫四塵五廕[1],剖析形有;六舟[2]三駕[3],運載羣生:萬行歸空,千門入善,辯才智惠,豈徒七經[4]、百氏之博哉? 明非堯、舜、周、孔所及也。内外兩教,本為一體,漸積為異,深淺不同。内典[5]初門,設五種禁;外典[6]仁義禮智信,皆與之符。仁者,不殺之禁也;義者,不盜之禁也;禮者,不邪之禁也;智者,不酒之禁也;信者,不妄之禁也。至如敗狩軍旅,燕享[7]刑罰,因民之性,不可卒除,就為之節,使不淫[8]濫爾。歸周、孔而背釋宗[9],何其迷也?

俗之謗者,大抵有五:其一,以世界外事及神化無方為迂誕也,其二,以吉凶禍福或未報應為欺誑也,其三,以僧尼行業多不精純為姦慝也,其四,以糜費金寶減耗課役為損國也,其五,以縱有因緣[10]如報善惡,安能辛苦今日之甲,利益後世之乙乎? 為異人也。今並釋之於下云:

释一曰：夫遥大之物，宁可度量？今人所知，莫若天地。天为积气，地为积块，日为阳精，月为阴精，星为万物之精，儒家所安也。星有坠落，乃为石矣；精若是石，不得有光，性又质重，何所繫属？一星之径，大者百里，一宿首尾，相去数万；百里之物，数万相连，阔狭从斜，常不盈缩。又星与日月，形色同尔，但以大小为其等差；然而日月又当石也？石既牢密，乌兔[11]焉容？石在气中，岂能独运？日月星辰，若皆是气，气体轻浮，当与天合，往来环转，不得错违，其间迟疾，理宜一等；何故日月五星[12]二十八宿，各有度数，移动不均？宁当气坠，忽变为石？地既淳浊，法应沈厚，鑿土得泉，乃浮水上；积水之下，复有何物？江河百谷，从何处生？东流到海，何为不溢？归塘[13]尾闾，漏何所到？沃焦[14]之石，何气所然[15]？潮汐去还，谁所节度？天汉[16]悬指，那不散落？水性就下，何故上腾？天地初开，便有星宿；九州[17]未划，列国未分，翦疆区野，若为理次[18]？封建已来，谁所制割？国有增减，星无进退，灾祥祸福，就中不差；乾象[19]之大，列星之夥，何为分野，止繫中国？昴[20]为旄头，匈奴之次；西湖、东越，彫题、交阯，独弃之乎？以此而求，迄无了者，岂得以人事寻常，抑必宇宙外也？

凡人之信，唯耳与目；耳目之外，咸致疑焉。儒家说天，自有数义：或浑或盖，乍宣乍安。斗极[21]所周，管维[22]所属，若所亲见，不容不同；若所测量，宁足依据？何故信凡人之臆说，迷大圣之妙旨，而欲必无恒沙世界、微尘[23]数劫也？而邹衍亦有九州之谈。山中人不信有鱼大如木，海上人不信有木大如鱼；汉武不信弦胶，魏文不信火布[24]；胡人见锦，不信有虫食树吐丝所成；昔在江南，不信有千人氈帐，及来河北，不信有二万斛船：皆实验也。

世有祝师[25]及诸幻术，犹能履火蹈刃，种瓜移井，倏忽之间，十变五化。人力所为，尚能如此；何况神通感应，不可思量，千里宝幢，百由旬[26]座，化成净土，踊出妙塔乎？

释二曰："夫信谤之徵，有如影响[27]；耳闻目见，其事已多，或乃精诚不深，业缘[28]未感，时儻差闲，终当获报耳。善恶之行，祸福所归。九流[29]百氏，皆同此论，岂独释典为虚妄乎？项橐[30]、颜回之短折，伯夷、原宪之冻馁[31]，盗跖、庄蹻[32]之福寿，齐景、桓魋[33]之富强，若引之先业[34]，冀以后生，更为通耳。如以行善而偶钟祸报，为恶而儻值福徵，便生怨尤，即为欺诡；则亦尧、舜之云虚，周、孔之不实也，又欲安所依信而立身乎？

释三曰：开闢已来[35]，不善人多而善人少，何由悉责其精絜乎？见有名僧高行，弃而不说；若睹凡僧流俗，便生非毁。且学者之不勤，岂教者之为过？俗僧之学经律[36]，何异士人之学《诗》《礼》？以《诗》《礼》之教，格朝廷之人，略无全行者；以经律之禁，格出家之辈，而独责无犯哉？且阙行之臣，犹求禄位；毁禁之侣，何惭供养[37]乎？其於戒行[38]，自当有犯。一披法服，已堕僧数，岁中所计，斋讲诵持，比诸白衣[39]，犹不啻山海也。

释四曰：内教多途，出家自是其一法耳。若能诚孝在心，仁惠为本，须达[40]、流水[41]，不必剃落鬚髮；岂令罄井田而起塔庙，穷编户以为僧尼也？皆由为政不能节之，遂使非法之寺，妨民稼穑，无业之僧，空国赋算，非大觉[42]之本旨也。抑又论之：求道者，身计也；惜费者，国谋也。身计国谋，不可两遂。诚臣徇主而弃亲，孝子安家而忘国，各有行也。儒有不屈王侯高尚其事，隐有让王辞相避世山林；安可计其赋役，以为罪人？若能偕化黔首[43]，悉入道场，如妙

72

樂[44]之世，襄佉[45]之國，則有自然稻米，無盡寶藏，要求田蠶之利乎？

    釋五曰：形體雖死，精神猶存。人生在世，望於後身[46]似不相屬；及其歿後，則與前身似猶老少朝夕耳。世有魂神，示現夢想，或降童妾，或感妻孥，求索飲食，徵須福祐，亦為不少矣。今人貧賤疾苦，莫不怨尤前世不修功業；以此而論，安可不為之作地[47]乎？大有子孫，自是天地間一蒼生耳，何預身事？而乃愛護，遺其基址，況於己之神爽[48]，頓欲棄之哉？凡夫蒙蔽，不見未來，故言彼生與今非一體耳；若有天眼[49]，鑒其念念[50]隨滅，生生[51]不斷，豈可不怖畏邪？又君子處世，貴能克己復禮，濟時益物。治家者欲一家之慶，治國者欲一國之良，僕妾臣民，與身竟何親也，而為勤苦修德乎？亦是堯、舜、周、孔虛失愉樂耳。一人修道，濟度幾許蒼生？免脫幾身罪累？幸熟思之！汝曹若觀俗計，樹立門戶，不棄妻子，未能出家；但當兼修戒行，留心誦讀，以為來世[52]津梁。人生難得，無虛過也。

（王利器撰《顏氏家訓集解（增補本）》，中華書局 1993 年版）

【注釋】

[1]四塵五陰：佛教語。四塵是指色、香、味、觸；五陰是指色、受、想、行、識。

[2]六舟：佛教語。即“六度”，又叫“六到彼岸”，指使人由生死的此岸渡到涅槃的彼岸的六種法門：佈施、持戒、忍辱、精進、精慮（禪定）、智慧（般若）。

[3]三駕：佛教以羊車喻聲聞乘，鹿車喻緣覺乘，牛車喻菩薩乘，總稱“三駕”。

[4]七經：七部儒家經典，具體指《詩》《書》《禮》《易》《樂》《春秋》《論語》。

[5]內典：佛教徒稱佛經為內典。

[6]外典：佛教徒稱佛經以外的典籍為外典。

[7]燕享：同“宴饗”，帝王設宴招待群臣。

[8]淫：過分。

[9]釋宗：佛教。因佛教的創始人為釋迦牟尼，故稱。

[10]因緣：佛教語。梵語尼陀那。意指產生結果的直接原因及促成這種結果的條件。

[11]烏兔：古代神話傳說日中有烏，月中有兔。

[12]五星：指金、木、水、火、土五大行星。

[13]歸塘：即歸墟，傳說為海中無底之穀。

[14]沃焦：古代傳說中東海南部的大石山。

[15]然：通“燃”。

[16]天漢：即銀河。

[17]九州：傳說中的我國中原上古行政區劃。即為冀、兗、青、徐、揚、荊、豫、梁、雍。

[18]躔次：日月星辰運行的軌跡。

[19]乾象:天象。

[20]昴:星名,二十八宿之一。

[21]斗:北斗七星。極:北極星。

[22]管維:門樞。

[23]微塵:極細的物質。

[24]火布:火烷之布。

[25]祝:祭祀時司告鬼神之人。

[26]由旬:古印度度量單位。

[27]影響:影子與回聲。

[28]業緣:佛教指善業生善果、惡業生惡果的因緣。謂一切眾生的境遇、生死都由前
　　　世業緣所決定。

[29]九流:戰國時的九個學術流派。即儒家、道家、陰陽家、法家、名家、墨家、縱橫
　　　家、雜家、農家。又有小說家一派,合為十家。

[30]項橐(tuó):春秋時期魯國的一位神童,雖然只有七歲,孔夫子依然把他當做老
　　　師一般請教,後世尊項橐為聖公。

[31]凍餒:過分的寒冷與饑餓。

[32]莊蹻:戰國人。楚莊王的後代。

[33]桓魋:即向魋。春秋時宋大夫。

[34]業:即梵語"羯磨"。佛教謂在六道中生死輪回,是由業決定的。業包括行動、語
　　　言、思想意識三個方面,分別指身業、口業、意業。

[35]開闢已來:相傳盤古開天闢地,指有天地以來。

[36]經律:佛教徒稱記述佛的言論的書叫經,記述戒律的書叫律。

[37]供養:因佛教徒不事生產,靠人提供食物,所以稱為"供養"。

[38]戒行:佛教指恪守戒律的操行。

[39]白衣:因佛教徒穿黑衣,所以稱世俗之人為"白衣"。

[40]須達:為舍衛國給孤獨長者的本名,是祇園精舍的施主。

[41]流水:《金光明經》載流水長者見涸池中有十千魚,遂將二十大象,載皮囊,盛河
　　　水置池中,又為稱祝寶勝佛名。後十年,魚同日升忉利天。此舉流水長者救魚
　　　事,以為仁惠之證。

[42]大覺:佛教語,指佛的覺悟。

[43]黔首:老百姓。

[44]妙樂:古代西印度國名。

[45]穰佉:即眠眝。印度古代神話中國王名,即轉輪王。

［46］後身：佛教認為人死要轉生，故有前身、後身之說。

［47］為之作地：為他後身留有餘地。

［48］神爽：神魂，心神。

［49］天眼：佛教所說五眼之一。即天趣之眼，能透視六道、遠近、上下、前後、内外及未來等。

［50］念念：指極短的時間。

［51］生生：佛教指輪回。

［52］來世：佛教謂人死後會重新投生，故稱轉生之事為“來世”。

【导读】

　　颜之推，原籍琅邪临沂（今山东省临沂市），世居建康（今江苏省南京市），生于士族官僚家庭，其家世代研讨《周官》《左氏春秋》。他早传家业，又习老庄之学，因“虚谈非其所好，还习《礼》《传》”，生活上“好饮酒，多任纵，不修边幅”。颜之推十九岁就被任为梁国左常侍，后辗转至北齐，官至黄门侍郎。北齐为北周所灭，颜之推被北周征为御史上士。隋代北周后，颜之推又于隋文帝开皇年间被召为学士，不久以疾终。其自叙“予一生而三化，备芥苦而蓼辛”，叹息“三为亡国之人”。其传世著作有《颜氏家训》《还冤志》等。《颜氏家训》共二十篇，是颜之推为了用儒家思想教训子孙，以保持自己家庭的传统与地位，而写出的一部系统完整的家庭教育教科书。《颜氏家训》是其一生关于士大夫立身、治家、处事、为学的经验总结，在古代家庭教育发展史上有重要的影响，有“家教规范”之美誉。

　　近佛之士大夫一般对佛儒关系有两种态度，一者持“均圣”说，如沈约《均圣论》便持此说，又如孙绰，其《喻道论》曰：“周、孔即佛，佛即周、孔。”沈、孙二人认为佛圣于周、孔者，即认为佛在儒上，佛典在五经上，如颜之推所言：“岂徒七经、百氏之博哉？明非尧、舜、周、孔所及也。”《颜氏家训》各章基本都使用儒家说教，而《归心》篇则完全反之。在《归心》篇中，颜之推以和其他各篇几乎完全不同的方式评述儒家经典，将周孔之教称为浅说，并详细批驳儒家的天学理论。在《归心》篇中，颜之推针对先秦儒学“治心”说对“心”的内涵外延解释不明确，用佛教的五戒比附儒家的五常，以此指明“归心”的方向与具体方式，在融通儒佛方面进行了大胆的尝试。

中說·問易篇（節選）

王通

　　魏徵曰：“聖人有憂乎？”子曰：“天下皆憂，吾獨得不憂乎？”問疑，子曰：“天下皆疑，吾獨得不疑乎?"徵退,子謂董常曰:"樂天知命,吾何憂?窮理盡性,吾何疑?"常曰:"非告徵也,子亦二言乎?"子曰:"徵所問者迹也,吾告汝者心也。心迹之判久矣,吾獨得不二言乎?"常曰:"心迹固殊乎?"子曰:"自汝觀之則殊也,而適造者不知其殊也,各云當而已矣。則夫二未違一也。"李播[1]聞而歎曰:"大哉乎一也!天下皆歸焉,而不覺也。"

程元問叔恬曰:"《續書》之有志有詔,何謂也?"叔恬以告文中子。子曰:"志以成道,言以宣志。詔其見王者之志乎?其恤人也周,其致用也悉。一言而天下應,一令而不可易。非仁智博達,則天明命,其孰能詔天下乎?"叔恬曰:"敢問策何謂也?"子曰:"其言也典,其致也博,惻而不私,勞而不倦,其惟策乎?"子曰:"《續書》之有命邃[2]矣:其有君臣經略,當其地乎?其有成敗于其間,天下懸之,不得已而臨之乎?進退消息,不失其幾乎?道甚大,物不廢,高逝獨往,中權[3]契化,自作天命乎?"

……

文中子曰:"議,其盡天下之心乎?昔黃帝有合宮之聽[4],堯有衢室之問[5],舜有總章之訪[6],皆議之謂也。大哉乎!并天下之謀,兼天下之智,而理得矣,我何為哉?恭己南面而已。"

子曰:"人心惟危,道心惟微,言道之難進也。故君子思過而預防之,所以有誡也。切而不指,勤而不怨,曲而不諂,直而有禮,其惟誡乎?"

……

程元曰:"三教何如?"子曰:"政惡多門[7]久矣。"曰:"廢之何如?"子曰:"非爾所及也。真君、建德[8]之事,適足推波助瀾,縱風止燎爾。"

子讀《洪範讜議》[9]曰:"三教於是乎可一矣。"程元、魏徵進曰:"何謂也?"子曰:"使民不倦。"

賈瓊習《書》,至郅惲之事[10],問於子曰:"敢問事、命、志、制之別[11]。"子曰:"制、命,吾著其道焉,志、事,吾著其節焉。"賈瓊以告叔恬。叔恬曰:"《書》其無遺乎?《書》曰:'惟精惟一,允執厥中。'其道之謂乎?《詩》曰:'采葑采菲,無以下體。'其節之謂乎?"子聞之曰:"凝其知《書》矣。"

子曰:"事之於命也,猶志之有制乎?非仁義發中,不能濟也。"

子曰:"達制、命之道,其知王公之所為乎?其得變化之心乎?達志、事之道,其知君臣之所難乎?其得仁義之幾乎?"

子曰:"處貧賤而不懾[12],可以富貴矣;僮僕稱其恩,可以從政矣;交遊稱其信,可以立功矣。"

……

薛收曰:"何為命也?"子曰:"稽之於天,合之於人,謂其有定於此而應於彼。吉凶曲折,無所逃乎?非君子,孰能知而畏之乎?非聖人,孰能至之哉?"薛收曰:"古人作《元命》,其能至乎?"子曰:"至矣。"

……

　　子讚《易》，至《序卦》，曰："大哉，時之相生也！達者可與幾[13]矣。"至《雜卦》，曰："旁行而不流[14]，守者可與存義矣。"

　　子曰："名實相生，利用相成，是非相明，去就相安也。"

　　（阮逸注《中說》，《文淵閣四庫全書》影印本子部第 696 冊，臺灣商務印書館 1986 年版）

【注釋】

[1]李播：阮逸注曰："李播亦門人，未見傳。"呂才《王無功文集·序》云："君性好學，博聞強記，與李播、陳永、呂才為莫逆之交。"《舊唐書卷一九二·王績傳》云："王績……少與李播、呂才為莫逆之交。"《新唐書卷一九六·王績傳》亦曰："王績……與李播、呂才善。"

[2]邃：深遠，精深。《新唐書·韋夏卿傳》："少邃於學。"

[3]中權：朝廷的中樞，或是地域的中心。

[4]合宮：相傳為黃帝的明堂。漢張衡《東京賦》："必以肆奢為賢，則是黃帝合宮，有虞總期，固不如夏癸之瑤台，殷辛之瓊室也。"

[5]衢室：《管子·桓公問》："堯有衢室之問者，下聽於人也。"原指築室於衢，以聽民言。後泛指帝王聽政之所。

[6]總章：明堂之西向三室，以諸禮皆於此舉行而稱。《呂氏春秋·孟秋紀》："天子居總章左个。"

[7]政惡多門：指儒、佛、道三教長期互相攻訐、互相鬥爭，不利於統治。

[8]真君、建德之事：太平真君是北魏太武帝拓跋燾的年號（公元 440—451 年）。建德是北周武帝宇文邕的年號（公元 572—578 年）。二帝以行政手段毀滅佛教，但他們一死，下一個皇帝又變本加厲地推崇佛教。

[9]《洪範讞議》：即《皇極讞議》。為五通之祖安康獻公王一所作。

[10]郅惲之事：《後漢書卷二十九·申屠剛鮑永郅惲列傳》："（郅惲）上書王莽曰：'……神器有命，不可虛獲，上天垂戒，欲悟陛下，令就臣位，轉禍為福。'……（王莽）使黃門近臣脅惲，令自告狂病恍惚，不覺所言。惲乃瞑目臠曰：'所陳皆天文聖意，非狂人所能造。'"

[11]事、命、志、制之別：阮逸注：命者謂事應天命者也，志者謂志蘊於心也，制者謂志行於禮義者也。

[12]懾：震懾、使屈服。《淮南子·氾論訓》："威動天地，聲懾四海。"

[13]幾：事務，多見於"萬幾"，指政事。《尚書·皋陶謨》："一日二日萬幾。"

[14]旁行不流：《易經·繫辭上傳》："旁行而不流，樂天知命，故不憂。"旁行：普遍的

意思。不流:不過不違。

【导读】

王通处于儒、佛、道三教争衡碰撞的思想动荡时期,传统儒学教育的正统地位受到严重威胁,儒家思想本身也出现了陈旧和僵化的现象。为了振兴和发展儒学,王通认为一味地排斥佛、道并非良策,而应探索一条融汇三教的合理途径。为此,他明确提出了"三教可一"的主张,以积极的态度吸收佛、道思想及方法之长,探索儒学改造和发展的新途径。《问易篇》正是王通这一思想的体现。他在回顾了儒、佛、道兴衰和古代学术发展的历史之后,认为三教可以在相互吸收、取长补短的基础上朝着"使民不倦"的目标努力,共同为加强对民众的思想引导出力。在此,王通并没有明确提出援佛、道入儒的思想,只是在这三者之间寻求可利用的共同点,为当权者提供治世良方。当然王通的立足点还是振兴儒学,认为佛、道的某些内容应该适应儒学的传统。《问易篇》中王通关于士大夫精神修养的一些论述,则指出了"诚""仁"的重要性,如"切而不指,勤而不怨,曲而不谄,直而有礼,其惟诚乎?"又如"非仁义发中,不能济也"。其对于主体内在修养方式的探索,开宋代理学治心养性论的先声。

原道

韓愈

博愛之謂仁,行而宜之之謂義[1];由是而之焉之謂道[2],足乎己,無待於外之謂德。仁與義,為定名;道與德,為虛位;故道有君子小人,而德有凶有吉。老子之小仁義,非毀之也,其見者小也。坐井而觀天,曰天小者,非天小也;彼以煦煦為仁[3],孑孑為義[4],其小之也則宜。其所謂道,道其所道,非吾所謂道也;其所謂德,德其所德,非吾所謂德也。凡吾所謂道德云者,合仁與義言之也,天下之公言也;老子之所謂道德云者,去仁與義言之也,一人之私言也。周道衰,孔子沒,火於秦,黃老於漢[5],佛于晉、魏、梁、隋之間,其言道德仁義者,不入於楊,則歸於墨[6];不入於老,則歸於佛。入於彼,必出於此。入者主之,出者奴之;入者附之,出者汙之[7]。噫!後之人其欲聞仁義道德之說,孰從而聽之?老者曰:"孔子,吾師之弟子也。"佛者曰:"孔子,吾師之弟子也。"為孔子者,習聞其說,樂其誕而自小也[8],亦曰"吾師亦嘗師之"云爾[9]。不惟舉之於其口,而又筆之於其書。噫!後之人雖欲聞仁義道德之說,其孰從而求之?甚矣,人之好怪也!不求其端,不訊其末,惟怪之欲聞。

古之為民者四[10],今之為民者六[11]。古之教者處其一,今之教者處其三。農之家一,而食粟之家六。工之家一,而用器之家六。賈之家一,而資焉之家六[12]。奈之何民不窮且盜也?古之時,人之害多矣。有聖人者立,然後教之以相生相養之道。為之君,為之師。驅其蟲蛇禽獸而處之中土。寒，然後為之衣，饑，然後為之食；木處而顛，土處而病也，然後為之宮室[13]。為之工，以贍其器用；為之賈，以通其有無；為之醫藥，以濟其夭死；為之葬埋祭祀，以長其恩愛；為之禮，以次其先後；為之樂，以宣其湮鬱[14]；為之政，以率其怠倦；為之刑，以鋤其強梗[15]。相欺也，為之符璽、斗斛、權衡以信之[16]；相奪也，為之城郭、甲兵以守之。害至而為之備，患生而為之防。今其言曰："聖人不死，大盜不止；剖斗折衡，而民不爭。"[17]嗚呼！其亦不思而已矣！如古之無聖人，人之類滅久矣。何也？無羽毛鱗介以居寒熱也，無爪牙以爭食也。是故：君者，出令者也；臣者，行君之令而致之民者也；民者，出粟米麻絲，作器皿、通貨財，以事其上者也。君不出令，則失其所以為君；臣不行君之令而致之民，則失其所以為臣；民不出粟米麻絲，作器皿、通貨財，以事其上，則誅。今其法曰[18]：必棄而君臣，去而父子[19]，禁而相生相養之道，以求其所謂清淨寂滅者[20]。嗚呼！其亦幸而出於三代之後，不見黜于禹、湯、文、武、周公、孔子也[21]；其亦不幸而不出於三代之前，不見正於禹、湯、文、武、周公、孔子也。

帝之與王，其號名雖殊，其所以為聖一也。夏葛而冬裘，渴飲而饑食，其事雖殊，其所以為智一也。今其言曰[22]："曷不為太古之無事？"是亦責冬之裘者曰："曷不為葛之之易也？"責饑之食者曰："曷不為飲之之易也？"傳曰[23]："古之欲明明德於天下者，先治其國；欲治其國者，先齊其家；欲齊其家者，先修其身；欲修其身者，先正其心；欲正其心者，先誠其意。"然則，古之所謂正心而誠意者，將以有為也。今也欲治其心，而外天下國家，滅其天常[24]；子焉而不父其父，臣焉而不君其君，民焉而不事其事。孔子之作《春秋》也，諸侯用夷禮，則夷之[25]；進於中國，則中國之[26]。經曰："夷狄之有君，不如諸夏之亡。"[27]《詩》曰："戎狄是膺，荊舒是懲。"[28]今也，舉夷狄之法，而加之先王之教之上，幾何其不胥而為夷也[29]！

夫所謂先王之教者，何也？博愛之謂仁；行而宜之之謂義；由是而之焉之謂道；足乎己，無待於外之謂德。其文《詩》《書》《易》《春秋》，其法禮樂刑政，其民士農工賈，其位君臣、父子、師友、賓主、昆弟、夫婦，其服麻、絲，其居宮室，其食粟米、果蔬、魚肉。其為道易明，而其為教易行也。是故以之為己，則順而祥；以之為人，則愛而公；以之為心，則和而平；以之為天下國家，無所處而不當。是故生則得其情，死則盡其常，效焉而天神假[30]，廟焉而人鬼饗[31]。曰："斯道也，何道也？"曰："斯吾所謂道也，非向所謂老與佛之道也。堯以是傳之舜，舜以是傳之禹，禹以是傳之湯，湯以是傳之文、武、周公，文、武、周公傳之孔子，孔子傳之孟軻[32]，軻之死，不得其傳焉。荀與揚也[33]，擇焉而不精，語焉而不詳；由周公而上，上而為君，故其事行。由周公而下，下而為臣，故其說長。

然則，如之何而可也？"曰："不塞不流，不止不行。人其人，火其書，廬其居[34]，明先王之道以道之，鰥寡孤獨廢疾者有養也[35]。其亦庶乎其可也[36]！"

（韓愈著，馬其昶校注，馬茂元整理《韓昌黎文集校注》，上海古籍出版社1998年版）

【注釋】

[1]宜:合宜。《禮記·中庸》:"義者,宜也。"

[2]之:往。

[3]煦煦:和藹的樣子,這裏指小恩小惠。

[4]孑孑:瑣屑細小的樣子。

[5]黃老:漢初道家學派,把傳說中的黃帝與老子共同尊為道家始祖。

[6]楊:楊朱,戰國時期哲學家,主張"輕物重生""為我"。墨:墨翟,戰國初期的思想家,主張"兼愛""薄葬"。《孟子·滕文公下》:"天下之言,不歸楊則歸墨。"

[7]汙:污蔑,詆毀。

[8]誕:荒誕。自小:自己輕視自己。

[9]云爾:語氣助詞,相當於"等等"。關於孔子曾向老子請教,《史記·老莊申韓列傳》及《孔子家語·觀周》都有記載。

[10]四:指士、農、工、商四類。

[11]六:指士、農、工、商,加上和尚、道士。

[12]資:依靠。焉:代詞,指做生意。

[13]宮室:泛指房屋。

[14]宣:宣洩。湮鬱:湮或作"壹",鬱悶。

[15]強梗:強暴之徒。

[16]符:古代一種憑證,以竹、木、玉、銅等製成,刻有文字,雙方各執一半,合以驗真偽。璽:玉制的印章。斗斛:量器。權衡:秤錘及秤桿。

[17]以上幾句語出《莊子·胠篋篇》。《老子》也說:"絕聖棄智,民利百倍;絕仁棄義,民復孝慈;絕巧棄利,盜賊無有。"

[18]其:指佛家。

[19]而:爾,你。下同。

[20]清淨寂滅:佛家以離開一切惡行煩擾為清淨。《俱舍論》卷十六:"諸身語意三種妙行,名身語意三種清淨,暫永遠離一切惡行煩惱垢,故名為清淨。"寂滅:梵語"涅槃"的意譯,指本體寂靜,離一切諸相(現實世界)。《無量壽經》:"超出世間,深樂寂滅。"

[21]三代:指夏、商、周三朝。黜貶斥。

[22]其:指道家。

[23]傳:解釋儒家經典的書稱"傳"。這裏的引文出自《禮記·大學》。

［24］天常：天性。

［25］夷：中國古代漢族對其他民族的通稱。

［26］進：同化。

［27］經：指儒家經典。此二句出自《論語·八佾》。

［28］這裏的引文出自《詩經·魯頌·閟宮》。戎狄：古代西北方的少數民族。膺：攻
　　　伐。荊舒：古代指東南方的少數民族。

［29］幾何：差不多。胥：淪落。

［30］郊：郊祀，祭天。假：通“格”，到。

［31］廟：祭祖。

［32］文：周文王姬昌。武：周武王姬發。周公：姬旦。孟軻：孟子，孔子再傳弟子，被
　　　後來的儒家稱為“亞聖”。

［33］荀：荀子，名況，又稱荀卿、孫卿。戰國末年思想家、教育家。揚：揚雄，字子雲，
　　　西漢末年文學家、思想家。

［34］廬：這裏作動詞。其居：指佛寺、道觀。

［35］鰥：老而無妻。獨：老而無子。

［36］庶乎：差不多、大概。

【导读】

　　《原道》是韩愈复古崇儒、攘斥佛老的代表作。文中观点鲜明，有破有立，引证今古，从历史发展、社会生活等方面，层层剖析，驳斥佛老之非，论述儒学之是，归结到恢复古道、尊崇儒学的宗旨，是唐代古文的杰作。陈寅恪先生在《论韩愈》一文中说：“综括言之，唐代之史可分前后两期，前期结束南北朝相承之旧局面，后期开启赵宋以降之新局面。关于政治、社会、经济者如此，关于文化学术者亦莫不如此。退之者，唐代文化学术史上承前启后、转旧为新关捩点之人物也。”这段话精辟地概括了唐代历史文化的基本趋向，指出了韩愈在唐宋时期儒学更新运动中的重要地位。韩愈毕生致力于弘扬、改造儒学，《原道》一文是其儒学思想的纲领。

　　在《原道》中，韩愈开宗明义地提出了他对儒道的理解：“博爱之谓仁，行而宜之之谓义；由是而之焉之谓道，足乎己，无待于外之谓德。仁与义，为定名；道与德，为虚位。”以此为据，他批评了道家舍仁义而空谈道德的“道德”观。他回顾了先秦以来杨墨、佛老等思想侵害儒道，使仁义道德之说趋于混乱的历史，对儒道衰坏、佛老横行的现实深表忧虑。文章以上古以来社会历史的发展为证，表彰了圣人及其开创的儒道在历史发展中的巨大功绩，论证了儒家社会伦理学说的历史合理性，并以儒家正心诚意、修身齐家、治国

平天下的人生理想为比照,批评了佛老二家置天下国家于不顾的心性修养论的自私和悖理,揭示了它们对社会生产生活和纲常伦理的破坏作用,提出了"人其人,火其书,庐其居,明先王之道以道之,鳏寡孤独废疾者有养也"的具体措施。

但韩愈排佛的着眼点亦无外乎有损儒学正统、不利财政税收、灭绝道德人伦、混淆夷夏之辨等方面。其具体的排佛手段则基本停留在事功层面上,亦不过是去佛、毁佛和灭佛,即"人其人、火其书、庐其居"之类的强制手段,而并未站在对佛教思想理论充分理解的基础上,进行深度的批判,也并未反省儒学之不足。这些言论并不能够威胁到佛教在义理思辨、信仰等方面对社会产生持续的影响。

三、延伸思考

魏晋隋唐儒学上承汉代经学,下启宋明理学,既保持了汉代注疏的某些治学特色,又开启了对儒学作形而上理论思辨与逻辑提升的探索。前者表现为孔颖达《五经正义》的编纂,后者表现在融通儒、佛、道三家方面,隋唐儒学的特色正在于后者。魏晋隋唐儒学不同于汉代儒学的一大任务即是学习借鉴佛学以构建起自我完整的形而上思想体系,但魏晋隋唐儒学对佛学的学习借鉴还停留在借用佛教逻辑思辨方法等较为初步的阶段,未能达到宋代儒学"修其本以胜之"的层面,颜之推以儒家五常与佛教五戒相比附即是如此,韩愈《原道》仿照禅宗祖统勾勒儒学道统的谱系亦是如此。

（左志南撰）

第五节　宋明理学思想

一、概述

儒学发展到宋明时期,达其顶峰,形成影响深远的新儒学——理学。狭义的理学特指以程朱为代表的理学;广义的理学则除程朱理学,还包括以陆九渊、王守仁为代表的心学。宋明理学以孔孟之说为主体,同时融合了佛、道思想元素,大大地超越了宋以前儒学以"天人感应"为内核、以注疏训诂为方法的单一化格局,建立起了以性、理、心、气、命、道等为支撑点的宇宙论、本体论,推动了儒家形而上学化、哲学化的进程。

宋初理学以"宋初三先生"（胡瑗、孙复、石介）为代表,开一代风气。其中,胡瑗倡导"明体达用"之说,强调道德性命。孙复则重"春秋大义",重视伦理纲常。石介以儒学正统自居,将道统与政统相结合,强调儒家一教的权威性。正是在"三先生"的引导下,宋儒大家纷纷涌现,以道统自居,以风节相励,形成了以关、洛、闽学为主体的理学流派,他们多谈性、道、命、气等精微细密的概念,使儒学更加体系化,推动了其形而上学进程。这些理学家的主要观点如下。

周敦颐以太极说为基础,将儒家道德学说建构在宇宙论的基础之上。他认为宇宙的原初为太极,其后分出阴阳二气,二气凝聚成五行,五行演化生万物。事物的发展就在一动一静中交替流转。周敦颐首次将儒家学说抬升到宇宙论的层次,从而有力地应对了当时佛教在形而上学方面对儒学的挑战。在此宇宙论的基础上,周敦颐以"诚"来贯通人道与天道,从宇宙论过渡到道德论。他认为诚即人性中之太极,强调通过诚来达到人性之善,塑造完美的人伦道德,进而应和了其宇宙观。周敦颐通过论述人与宇宙的合一性,将先秦以来的儒家人性之说提升到宇宙本体的地位,从而确定儒家的核心思想与天道的一致性。

邵雍是"先天之学"的代表,他以周易之学为基础,通过八卦的变化及六十四卦的生成顺序,提炼出所谓的"心法"与"理数"。心法是其整个易学体系的核心,所谓"心为太极""道为太极"是两个重要的命题。太极演生万物,同样,圣人亦是以"天地之心"观世间"万心",从而达到"以心代天意"的境界。圣人如何观世间万心,即通过易,以及易中的"理数",来把握宇宙的运行规律。

张载的哲学体系建立在"气"的本体之上,其学倡礼教、重躬行,其学术涉及学、政、礼、乐、兵、刑。张载留下传诵万载的"横渠四句"——"为天地立心,为生民立命,为往圣继绝学,为万世开太平",正是其为学之道的体现。张氏之学以"气"为宇宙本体,认为"太虚无形,气之本体"。由太虚之气至万物,世间万物皆是阴阳二气在其中升降、浮沉、动静等相互作用产生而来的。张载的宇宙观充满了强烈的唯物论和可知论。由气的本体论,张载又推出人性亦是禀阴阳二气产生的,不过人之性在随"天地之性"变化的同时,又具有个体独特的"气质之性"。"天地之性"是至纯至善的,而"气质之性"则具有清浊、厚薄、刚柔二重性,也具有善恶二重性。为人之道即时刻反省自己,"变化气质",经过后天的学习和不懈的道德修养,纯化"气质之性",让自己回归"天地之性",最终达到至善至纯的境界。

二程(程颐、程颢)学说的核心是"理",又可称为"道",是其宇宙论和价值论的本体。二程的"理"内涵复杂,既指"天道"——宇宙万物生长运行之道理,"凡物皆有理",又指"人道"——人类社会的道德准则与规范,"礼即是理""父子君臣,天下之定理"。无论是自然之理,还是人伦之理,均来自天地间至高至上的"理",即在二者之上还有最高存在之理,万物之理不过是它的具体体现,即"理一而分殊","道一也,岂人道自是人道,天道自是天道"。天地万物的产生及其运转均是天理的体现,都是遵循天理的。为人之道,即顺天理而行事,"尽性至命,必本于孝悌"。所以,二程天理观的最终目的仍是为儒家的伦理道德张目,为仁义礼智信寻到价值的本原和形而上学的根基。他们的理论将天理作为最高范畴,贯通天人,统摄宇宙人间,形成了严密、抽象的哲学体系。以理为基础,二程先后探讨了"性""命""情""道心""人心"等诸多概念,以及为达天理所具备的"主敬""格物"的方法论。

以上诸派的思想观念到了朱熹手中,得到了集成与统一。朱熹在二程理学的基础上,融合了周敦颐、邵雍、张载等学派的思想,同时吸取了佛、道的某些思想元素,从而建立了一个集大成的理学体系。例如,他吸取张载的气学,认为"理非别为一物,即存乎是气之中"(《朱子语类》卷一),改造了周敦颐的太极说,认为"太极理也,动静气也。气行则理亦行"。总体而言,朱熹的学说以理为核心,广泛而深入地探讨了各个学派的理学命题。朱熹也因此成为一个了不起的集大成的思想家。例如,天理与人欲之分,他一面肯定人的欲望的合理性,"人欲便也是天理里面做出来。虽是人欲,人欲中自有天理""饮食者,天理也,要求美味,人欲也",也强调"存天理,灭人欲",要求泯灭那些潜伏的欲望,这些欲望是人性的泯灭,是对人性的扼杀,所以要抑制与消除,但对人合理的生存之欲,如饮食男女,朱熹是正面肯定的。围绕着理,朱熹还着重阐述区分了性与情、人心与道心的差异。性与道心是理的体现,是人性善的本质;情与人心是理的背离,是对性的污染,需要提防与消除。朱熹提出了如何净化人性、直达天理的途径,一是主敬,二是致知。主敬是指人要时刻保持敬畏之心,省察自我,端庄严肃,防止身心散漫、放肆怠惰。致知,即格物穷理,属于认知方面,强调通过对具体事物之理的考察,扩充自己的道德修养,所谓"今日格一物,明日格一物""上而无极、太极,下而至于一草、一木、一昆虫之微,亦各有理。一书不读,则阙了一书道理;一事不穷,则阙了一事道理;一物不格,则阙了一物道理。须著逐一件与他理会过"(《朱子语类》卷十五)。可以说,围绕着理,朱熹建立了一个融知识论、道德论、宇宙论为一体的严密深邃的理学体系。

以陆九渊为代表的心学是宋理学中的另一分支。虽然陆与程朱一样同倡理学,但二者在方法、途径上差异甚大。其中,程朱理学的"理"被陆九渊以"心"取代。陆九渊首倡"心即理",强调为人之道即立此本心,为学之道亦是为求此本心。心成了先验的、超越时空局限的道德法则,与理的偏重客观性相比,心更强调主观性及人的自觉能动性。这里的理与心不是对立关系,而是具有同一性的,所谓"心,一心也;理,一理也"(《与曾宅之》)。陆氏拈出心的目的,主要是在领悟、把握天理的方法论上突破程朱的束缚,与程朱强调格物的功夫不同,陆九渊认为人追求道德理性的动力不是来自外来强制,而是自身的主动与自觉。他批判程朱的格物之道不但不能立本,而且离道甚远,让人迷失本心。他主张人的本心是天生具有的,不依附于权威和经典,只要通过道德实践即可"发明"。在读书与本心之间,陆氏强调先寻本心,本心未觅,读再多书也枉然。圣人之道就在每个人的本心之内。只要心有了道德标准，那么无须借助圣人经典亦可成圣。为了寻此本心，陆氏强调个体的道德实践，为此他尤其重视"义利之辨"，强调读书、为人之道就是看你的行为动机与道德良知。总体看来，陆九渊与朱熹的区别并非要不要读书、要不要寻此本心，而是孰为第一、孰为第二的秩序问题，亦即"尊德性""主敬"与"道问学""致知"之间，何者优先，是心为首要还是学为首要？但无论求学还是求心，二者的最终目的——"同植纲常，同扶名教"，又是殊途同归的。

宋代理学除理学与心学两大派外，尚有以陈亮为首的重事功的永嘉学派及以吕祖谦为代表的婺学。

明代儒学则以阳明心学为特色。王阳明继承并进一步阐发了陆九渊"心即理"的命题，强调"至善是心之本体"（《传习录》），在坚持心为本体的基础上，克服了陆氏学说中"心"与"理"犹存两端的不足。他以"知行合一"将心、理融为一体，使陆氏心学体系更显完善自足。心与理通过"行"，即道德实践跨越了隔绝，使二者成为并存、并显的统一体。后期，"致良知"的提出代表其心学思想的成熟，此命题将前期的本体与功夫融为一体，强调在日用之间时刻反省自己，道德意识与实践更紧密地衔接在一起。

二、原典选读及导读

太極圖說

周敦頤

無極而太極[1]。太極動而生陽，動極而靜，靜而生陰。靜極復動。一動一靜，互為其根；分陰分陽，兩儀立焉[2]。陽變陰合，而生水、火、木、金、土。五氣順布[3]，四時行焉[4]。五行，一陰陽也；陰陽，一太極也；太極，本無極也。

五行之生也，各一其性。無極之真，二五之精，妙合而凝。"乾道成男，坤道成女"，二氣交感，化生萬物。萬物生生，而變化無窮焉。

唯人也，得其秀而最靈。形既生矣，神發知矣，五性感動，而善惡分[5]，萬事出矣。聖人定之以中正仁義而主靜，立人極焉。

故聖人"與天地合其德，日月合其明，四時合其序，鬼神合其吉凶"。君子修之吉，小人悖之凶。故曰："立天之道，曰陰與陽；立地之道，曰柔與剛；立人之道，曰仁與義。"又曰："原始反終，故知死生之說。"大哉《易》也，斯其至矣！

（周敦頤著，陳克明點校《周敦頤集》，中華書局 2009 年版）

【注釋】

[1]無極而太極：在周敦頤的"無極太極"說中，"無極"是指宇宙入"有"以前的一種

存在狀態,而"太極"則是指宇宙入"有"但尚未分化的存在狀態。

[2]兩儀:指天地。

[3]五氣:指五行之氣。

[4]四時:指春夏秋冬四季。

[5]五性:指人性中的剛、柔、善、惡、中五種氣質。

【导读】

《太极图说》是周敦颐对《太极图》的解释,是周敦颐哲学思想的纲领性表述。本文分为两部分,前一部分讲宇宙的化生,后一部分讲伦理道德与人生。从前一部分来看,太极由于不同的动、静变化而产生阴、阳,阴阳的相互变合产生水、火、木、金、土五行,五行在时间上的顺序分布构成了四时,而阴阳五行的精华凝聚则产生万物和人类。由于太极动静的周而复始和阴阳二气的往复变化,宇宙万物也就生生不息。《太极图说》把"无极"或"太极"作为宇宙的本原,阐述了太极化生的思想,体现的是道家的宇宙生成论。从后一部分来看,人独得天地灵秀之气而生,有别于万物其他种类。人有了形体,就有了认知活动和情感活动,就会有善恶,而有善恶就有伦理道德的问题,有了如何做人,即"立人极"的问题。"立"是确立,"立"的内容是"极",即"中正仁义而主静",也就是客观的"中正仁义"和主观的"主静"相结合,主体才能"立人极"。《太极图说》的核心论旨就在于从作为本原或本体的"太极",如何通过阴阳动静变化而推出人世的伦理与道德。这便是周敦颐对儒家伦理道德的形而上学论证。

《太极图说》在融合儒、佛、道三家思想上做了许多努力,如在宇宙化生问题上对道家理论的吸收,主静立人极说将儒家的"寡欲"说、道家的"无欲"说和佛教的去污染整合为一体,最终趋向天人合一。但同时也暴露了周敦颐哲学在融合三教思想过程中所包含的内在矛盾,即作为本体的无极与太极之间的矛盾。因为无论在哪一种意义上解释"五行,一阴阳也;阴阳,一太极也",太极都已具有本体之义,但周敦颐又强调"太极,本无极也",把无极规定为宇宙的最后存在,使无极和太极在本体地位和作用上产生了矛盾。这一矛盾在朱熹的"理本论"中得到了化解。朱熹认为,"无极"是形容太极(理)的无形,即形而上的本体性质,"太极"则是强调无极的客观真实存在,即无极不是虚无而是实理,"无极而太极",即无形而有理。朱熹的解释一方面回避了其他学者对周敦颐思想来自道家的指责,另一方面由于简化了多余的无极,因此太极(即天理)终得以被确立为宇宙的本体。

周敦颐在此构筑了他理想中的宇宙天地运行之道、形成之源,即所谓的"无极—太极—阴阳—五行—天地万物",他吸收易学与道家的基干知识体系,强调天地由无极产生,为其"主静无欲"的观念打下了哲学基础。

太和篇（節選）

張載

太虛無形[1]，氣之本體[2]；其聚其散，變化之客形爾[3]。至靜無感，性之淵源；有識有知，物交之客感爾[4]。客感客形與無感無形，唯盡性者一之。

天地之氣，雖聚散、攻取百塗[5]，然其為理也順而不妄。氣之為物，散入無形，適得吾體；聚為有象，不失吾常。太虛不能無氣，氣不能不聚而為萬物，萬物不能不散而為太虛。循是出入，是皆不得已而然也。然則聖人盡道其間，兼體而不累者，存神其至矣。彼語寂滅者，往而不返[6]；徇生執有者，物而不化[7]；二者雖有間矣，以言乎失道則均焉。

聚亦吾體，散亦吾體，知死之不亡者，可與言性矣。

（王夫之著，章錫琛校點《張子正蒙注》，古籍出版社 1956 年版）

【注釋】

[1]太虛：指萬物未形成前，混沌無形之貌，亦指萬物起源之始。

[2]本體：本來之態。

[3]客形：變化不定、聚散無常之狀。

[4]客感：指人與外物的初步接觸，它是人的認知的來源。

[5]攻取：排斥與吸引。

[6]語寂滅者：指佛教宣揚的萬物為空，追求寂滅無欲的境界。往而不返：指佛教徒信仰的西方極樂的涅槃之處。

[7]徇生執有者：指道教，其強調萬物生死、有無的相對之說。物而不化：指道教宣揚的與萬物融為一體、無知無識的境界。

乾稱篇第十七（節選）

乾稱父，坤稱母；予茲藐焉，乃混然中處。故天地之塞，吾其體；天地之帥，吾其性。民吾同胞，物吾與也[1]。大君者，吾父母宗子[2]；其大臣，宗子之家相也[3]。尊高年，所以長其長；慈孤弱，所以幼吾幼。聖其合德，賢其秀也。凡天下疲癃殘疾、惸獨鰥寡[4]，皆吾兄弟之顛連而無告者也。于時保之，子之翼也；樂且不憂，純乎孝者也。違曰悖德，害仁曰賊；濟惡者不才，其踐形，唯肖者也。知化則善述其事，窮神則善繼其志。不愧屋漏為無忝[5]，存心養性為匪懈。惡旨酒，崇伯子之顧養[6]；育英才，穎封人之錫類[7]。不弛勞而底豫，舜其功也[8]；無所逃而待烹，申生其恭也[8]。體其受而歸全者，參乎[10]！勇於從而順令者，伯奇也[11]。富貴福澤,將厚吾之生也;貧賤憂戚,庸玉女於成也[12]。存,吾順事,沒,吾寧也。

（張載著《張載集》,中華書局1978年版）

【注釋】

[1]民吾同胞,物吾與也:意為世間萬物、人類均是在天地間孕育而生的,對萬物與他人均要像同胞手足那樣愛護。

[2]大君者,吾父母宗子:意為天子是我乾坤父母的嫡長子。大君:即"太君",指天子。父母:指乾坤、天地。宗子:古代的嫡長子。

[3]家相:家宰,古代貴族家中的管家。

[4]疲癃殘疾、惸獨鰥寡:疲癃指衰老龍鍾的人。殘疾:病殘者。惸獨:指孤苦伶仃的人。鰥寡:老而無妻和老而無夫的人。

[5]屋漏:古人房屋中的西北處,為一室中最暗處。無忝:無愧。

[6]旨酒:美酒。出自《孟子·離婁下》:"禹惡旨酒而好善言。"崇伯子:夏禹之父鯀封于崇,史稱崇伯,崇伯子即其子夏禹。顧養:顧念父母養育之恩。

[7]穎封人:指穎考叔,春秋時期鄭國人,以事母至孝著稱。錫類:永錫爾類,指永遠賜福給後人。

[8]不弛勞:勤苦不鬆懈。底豫:致使其快樂。舜其功也:這是舜所做的功勞。史書記載舜對其父瞽瞍至孝。

[9]無所逃而待烹,申生其恭也:指晉國太子申生,被人誣告試圖毒死其父獻公,申子沒有向父辯白,即刻自殺。

[10]體其受而歸全者,參乎:參:即曾子,為孔子學生,以孝著稱。其臨死說:"身體髮膚,受之父母,不敢毀傷。"

[11]勇於從而順令者,伯奇也:勇於從而順令:指勇於順從父母的旨意而不反抗。伯奇:古時孝子,父聽信讒言將其放逐,他順從了父親的意願,而不反抗。

[12]庸:用。玉女於成:愛護而讓其有所成就。

【导读】

张载在此阐述了一种博爱思想,视天下万物为一体,但这种爱的源泉是理,将天理体验到日常生活实践中,就是一种大爱思想,关爱万物。对父母之爱仍居这种博爱的首要地位,这是中国儒家的仁爱与西方的博爱的一种重要区别。

答横渠張子厚先生^[1]書(節選)

程顥

所謂定者,動亦定,靜亦定,無將迎,無内外。苟以外物為外,牽己而從之,是以己性為有内外也。且以性為隨物於外,則當其在外時,何者為在内?是有意於絶外誘,而不知性之無内外也。既以内外為二本,則又烏可遽語定哉?

夫天地之常,以其心普萬物而無心;聖人之常,以其情順萬事而無情。故君子之學,莫若廓然而大公,物來而順應。《易》曰:"貞吉悔亡。憧憧往來,朋從爾思。"^[2]苟規規於外誘之除^[3],將見滅於東而生於西也。非惟日之不足,顧其端無窮^[4],不可得而除也。

人之情各有所蔽,故不能適道,大率患在於自私而用智。自私則不能以有為為應迹,用智則不能以明覺為自然。今以惡外物之心,而求照無物之地,是反鑒而索照也。《易》曰:"艮其背,不獲其身;行其庭,不見其人。"^[5]孟氏亦曰:"所惡於智者,為其鑿也。"^[6]與其非外而是内,不若内外之兩忘也。兩忘則澄然無事矣。無事則定,定則明,明則尚何應物之為累哉?

聖人之喜,以物之當喜;聖人之怒,以物之當怒。是聖人之喜怒,不繫於心而繫於物也。是則聖人豈不應於物哉?烏得以從外者為非,而更求在内者為是也?今以自私用智之喜怒,而視聖人喜怒之正為何如哉?夫人之情,易發而難制者,惟怒為甚。第能於怒時遽忘其怒,而觀理之是非,亦可見外誘之不足惡,而於道亦思過半矣。

(程顥、程頤著,王孝魚點校《二程集》,中華書局 1981 年版)

【注釋】

[1]橫渠張子厚先生:指张载。

[2]《易》曰:"貞吉悔亡。憧憧往來,朋從爾思。"引自《周易·咸卦》"九四爻辭"。
　　憧憧:心意不定。

[3]規規:淺陋拘泥。

[4]顧:且。端:頭緒。

[5]《易》曰:"艮其背,不獲其身;行其庭,不見其人。"引自《周易·艮卦》"卦辭"。

[6]鑿:穿鑿,牽強不通。

【导读】

程顥、程頤,世称"二程",俱受学于理学创始人周敦颐。二程的学说在某些方面有所不同,但基本内容并无二致,皆以"理"或"道"作为全部学说的基础,认为"理"是先于万物的"天理","万物皆只是一个天理""万事皆出于理""有理则有气"。他们认为现行社会秩序为天理所定,遵循它便合天理,否则便是逆天理,提出了事物"有对"的朴素辩证法思想。他们还强调人性本善,"性即理也",由于各人气禀不同,因而人性有善有恶。

《答横渠张子厚先生书》主要讲述如何获得内心的宁静,主张学圣人喜怒不系于外物,而唯求心之静,此心之静的缘由则是顺天理而行人道,不受外物之欲所累。

人性是儒家学者讨论的一个重要问题。先秦时期孟子主张人性善,荀子认为人性恶。唐代韩愈有性三品论,到了北宋张载始有"天地之性"和"气质之性"的说法。张载的人性论解决了善恶的不同来源,并进一步确立了人性善的根本性和价值性。二程的人性论也受到张载的影响。"善固性也,然恶亦不可不谓之性也",程颢曾认为性有善恶,他的依据是《周易·系辞上》"一阴一阳之谓道,继之者善也,成之者性也",他认为"继之者善"为一阴一阳之天道,这是人性的本源,但还并不是性,性为人出生以后的事,正是在这种意义上,程颢才肯定"生之谓性"和"性即气,气即性"。所以,程颢认为"性",在现实性上只能是"气禀之性"。"气禀之性"有善有恶,但生性之善恶并不是决然对立的两种异质存在,善仍然是根本性的,恶是善受到污染的状态。如水有清浊,但清是根本性的,浊是清受到了污染,人性本善也有类似情形,所以需要"澄治"修养之功,以复其本源和本然之善。"性无不善,而有不善者才也。""性出于天,才出于气……才则有善与不善,性则无不善。"程颐把人性的本源和本然之善称为"理",把现实的人的贤愚归于气禀清浊的影响,"才禀于气,气有清浊。禀其清者为贤,禀其浊者为愚。"程颐认为孟子道性善是论"极本穷源之性",即《中庸》所说"天命之谓性",而告子"生之谓性"是说受生以后的性,"生之谓性"固然也是性,但不是最根本的性,最根本的性是纯善之天理流行。程颐的"性即理"说,实际上就是认为性在根源和本然上是纯善之天理,但他同时也强调气禀之才对现实人性的影响,他说:"论性不论气,不备;论气不论性,不明",认为"性"和"气"结合起来才是既"备"又"明"的现实人性。

后来朱熹在二程学说的基础上,对这个问题进行了更为清晰的阐发,他认为纯粹的"天理之性"是不存在的,存在的只有"气质之性","气质之性"就是天理与气质的混合物,没有独立于"气质之性"的所谓"天理之性","论天地之性,则专指理言;论气质之性,则以理与气杂而言之"。朱熹对提出天命、气质之说的张载和二程评价甚高,认为气质之说"起于张、程。某以为极有功于圣门,有补于后学,读之使人深有感于张、程。前此未曾有人说到此"(《朱子语类》卷四)。对于之前儒家关于人性论的观点,朱熹认为孟子只讲先天性善,正是不备;而荀子只讲后天性恶,正是不明。他们在人性论上执着于一端的片面观点,无法解决道德必要性与可能性之间的矛盾。二程和朱熹主张天命与气质的二分,目的在于解决自孔孟以来长期困扰人们的道德的根源问题。在二程看来,孟子所讲的"性善"与告子所讲的"生之谓性",可以互相补充。孟子讲人性善,是讲"穷本极源之性",告子所讲则是"受生之后"的后天之性。孟子当时也并未完全否定告子之说,因为告子的观点正像孔子所说的"性相近,习相远"一样,都是从气禀上说的,二者应当互相补充,缺一不可。只立足于先天之性讲性善,理论上的不完备之处在于不好说明后天之恶如何得来,因而无法证明道德之必要;只从后天之性讲性有善恶,理论上不明之处在于难以说明人心如何会向善,因而无法说明道德之可能,也不明白道德的终极目的何在。所谓"极"有功于圣门、有补于后学之处,人性二分说合理地解决了人性先天、后天的不同状况在理论解释上的困难,从而合理地解决了道德必要性与可能性的问题。

近思錄

卷二為學(節選)

横渠曰:為天地立心,為生民立道,為去聖繼絕學,為萬世開太平。

卷三致知(節選)

伊川曰:學者當以《論語》《孟子》為本。《論語》《孟子》既治,則《六經》可不治而明矣。讀書者當觀聖人所以作經之意,與聖人所以用心,與聖人所以至聖人,而吾之所以未至者,所以未得者,句句而求之,晝誦而味之,中夜而思之。平其心,易其氣,闕其疑,則聖人之意見矣。

卷四存養(節選)

伊川曰:靜後見萬物,自然皆有春意。

卷七出處(節選)

横渠曰:天下事,大患只是畏人非笑。不養車馬,食麤衣惡,居貧賤,皆恐人非笑。不知當生則生,當死則死。今日萬鐘,明日棄之。今日富貴,明日饑餓,亦不恤。惟義所在。

（朱熹編《近思錄》,王雲五主編《叢書集成初編》,商務印書館1935年版)

【导读】

《近思录》是依朱、吕二人的理学思想体系编排的,从宇宙生成的世界本体到孔颜乐处的圣人气象,循着格物穷理,存养而意诚,正心而迁善,修身而复礼,齐家而正伦理,以至治国平天下及古圣王的礼法制度,然后批异端而明圣贤道统。

《近思录》以口语化的形式对深奥晦涩的理学概念、命题进行了通俗的演讲,可以说是了解北宋五子(周敦颐、邵雍、张载、程颢和程颐)和朱、吕一派思想渊源、特征的简捷有效的途径。在书中,朱熹对学生的谆谆劝导之语,体现了其一代大师的道德修养与入世情怀。这本书中既有深奥的学理探讨,也有通俗的人际交往、品格修养的宣导。如他引述的明道(程颢)所言的写字之法,一个"敬"字不仅道出了写好字的奥秘,也道出了为人处世的妙方。又如对读书方法的理解,所谓"读《论语》,旧时未读,是这个人。及读了,后来又只是这个人,便是不曾读也"。他强调读书为了致用,决不能为读书而读书,学习的目的是脱胎换骨,变换自身修养、气质,一句话,读书是为了将书本中的知识融入自己的生命体验当中,扩充自己的胸襟修养。所以,陆九渊批评朱熹将读书作为第一要务,忘记了良知,显然是偏颇了。书中还引述了理学家张载的四句话:"为天地立心,为生民立道,为去圣继绝学,为万世开太平。"此语虽被后人讥讽为好大不实之语,但现在我们读了仍不禁敬佩古人胸怀天下的浩然正气。

答黃子耕(節選)

格物只是就一物上窮盡一物之理,致知便只是窮得物理盡後我之知識亦無不盡處,若推此知識而致之也。此其文義只是如此,才認得定,便請依此用功,但能格物,則知自至,不是別一事也。

(朱傑人、嚴佐之、劉永翔主編《朱子全書》第22冊《晦庵先生朱文公文集》,上海古籍出版社、安徽教育出版社2002年版)

大學章句(節選)

所謂致知在格物者,言欲致吾之知,在即物而窮其理也。蓋人心之靈莫不有知,而天下之物莫不有理,惟於理有未窮,故其知有不盡也。是以《大學》始教,必使學者即凡天下之物,莫不因其已知之理而益窮之,以求至乎其極。至於用力之久,而一旦豁然貫通焉,則眾物之表裏精粗無不到,而吾心之會體大用無不明矣。此謂物格,此謂知之至也。

(朱熹撰,徐德銘校點《四書章句集注》,上海古籍出版社、安徽教育出版社2001年版)

語類卷九(節選)

知行常相須,如目無足不行,足無目不見。論先後,知為先;論輕重,行為重。

致知、力行,用功不可偏。偏過一邊,則一邊受病。如程子云:"涵養須用敬,進學則在致知。"分明自作兩腳說,但只要分先後輕重。論先後,當以致知為先;論輕重,當以力行為重。

（朱熹《朱子語類》,《文淵閣四庫全書》影印本子部第 700 册,臺灣商務印書館 1986 年版）

【导读】

格物致知论可以说是朱熹思想中最有影响的部分之一。宋明理学家对宇宙与人做哲学观照时,他们的焦点是人的伦理与道德性存在,他们的认识论其实是道德的认识论,朱熹的"格物致知"也是获取对道德天理认识的手段。其目标是到达"豁然贯通"的"合内外之理"的境界,获得关于儒家伦理绝对性的认识,从而把道德认识主体引向道德实践的自愿自觉。朱熹的格物说有三个要点:"即物",即要接触事物;"穷理",即研究事物的内在规律和道理;"极至",即要穷究事物的道理。因此,朱熹的格物就是穷理的意思,他强调要在具体事物上研究事物的道理,同时要把具体事物的道理彻底搞明白,并能够融会贯通。但是人又不能止步于具体的器物,必须在根本上实现超越,从对于有限事物的认识中达到对于无限天理的领悟。而这又特别体现在伦理观方面,要求从待人接物等具体活动中体悟其中蕴含的"所当然之则"和"所以然之理"。格物是致知的基础,致知则是格物的目的和深化。"致",有推致和穷尽两重意义,"知"既指作为认识主体的人的能力,又指作为格物穷理的结果,人的知识的扩展。朱熹强调致知必在格物,没有格物,主体自身无法扩充知识。从认识论来说,格物要求的是认识的深度,致知则讲的是认识的广度。对程朱而言,由于"知"最终又归结为内在于人心的天赋必然,即道德天理,故"致知乃本心之知"。人之不知只是被物欲所蒙蔽,格物的任务不是从外物获得知识,而是打通物欲对本心的蒙蔽,实现本心之理与外物之理的相互映照而无处不明。这一过程标志着格物致知认识活动的最后完成。

與曾宅之[1]（節選）

蓋心,一心也,理,一理也,至當歸一,精義無二,此心此理,實不容有二。故夫子曰:"吾道一以貫之。"孟子曰:"夫道一而已矣。"又曰:"道二,仁與不仁而已矣。"如是則為仁,反是則為不仁。仁即此心也,此理也。求則得之,得此理也;先知者,知此理也;先覺者,覺此理也;愛其親者,此理也……可羞之事則羞之,可惡之事則惡之者,此理也;是知其為是,非知其為非,此理也;宜辭而辭,宜遜而遜者,此理也;敬此理也,義亦此理也;內此理也,外亦此理也。故曰:"直方大,不習無不利。"孟子曰:"所不慮而知者,其良知也;所不學而能者,其良能也。"此天之所與我者,我固有之,非由外鑠我也。故曰:"萬物皆備於我矣,反身而誠,樂莫大焉。"此吾之本心也,所謂安宅、正路者,此也;所謂廣居、正位、大道者,此也。

語錄上(節選)

或問先生何不著書? 對曰:"《六經》註我,我註《六經》。"

朱元晦曾作書與學者云:"陸子靜專以尊德性誨人,故游其門者多踐履之士,然於道問學處欠了。某教人豈不是道問學處多了些子? 故游某之門者踐履多不及之。"觀此,則是元晦欲去兩短,合兩長。然吾以為不可,既不知尊德性,焉有所謂道問學?

吾之學問與諸處無異者,只是在我全無杜撰,雖千言萬語,只是覺得他底在我不曾添一些。近有議吾者云:"除了'先立乎其大者'一句,全無伎倆。"吾聞之曰:"誠然。"

今之論學者只務添人底,自家只是減他底,此所以不同。

宇宙不曾限隔人,人自限隔宇宙。

千古聖賢若同堂合席,必無盡合之理。然此心此理,萬世一揆也。

(陸九淵著,鐘哲點校《陸九淵集》,中華書局 1980 年版)

【注釋】

[1]曾宅之:曾祖道,字宅之,朱熹的弟子。

【导读】

陆九渊在《与曾宅之》中强调心即理,提倡为道简易,摒弃烦琐求学之道,强调心主宰万物,求道即求心,理在心中,而不在外。

陆九渊的《语录》,语言斩钉截铁,风发震动,带有禅风的睿利,读之让人慨然立志,体现了其高风亮节与伟岸人格。例如,其强调在学习之前,"先立乎其大者",这个"大"就是有本心之意。学习之前要先懂得为人之道,为何而学,学习的目的和动机要明确,即要"堂堂地做个人"! 可以说陆九渊的为学之道完全脱离了功利之途,只是一个人道德修养的个体需求。在这种强烈的道德修养下,陆九渊将个人的世界无限放大,直至与宇宙融为一体,达到了"吾心即宇宙,宇宙即吾心"的神秘境界,将传统的道德修养提到了一个更加高深、广大的境地。

傳習錄(節選)

愛問:"'知止而後有定',朱子以為'事事物物皆有定理',似與先生之說相戾。"先生曰:

"於事事物物上求至善,却是義外也。至善是心之本體,只是'明明德'到'至精至一'處便是。然亦未嘗離却事物,本注所謂'盡夫天理之極,而無一毫人欲之私'者得之。"

愛問:"至善只求諸心,恐於天下事理有不能盡。"先生曰:"心即理也。天下又有心外之事,心外之理乎?"愛曰:"如事父之孝,事君之忠,交友之信,治民之仁,其間有許多理在,恐亦不可不察。"先生嘆曰:"此說之蔽久矣,豈一語所能悟?今姑就所問者言之:且如事父,不成去父上求個孝的理?事君,不成去君上求個忠的理?交友治民,不成去友上、民上求個信與仁的理?都只在此心。心即理也。此心無私欲之蔽,即是天理,不須外面添一分。以此純乎天理之心,發之事父便是孝,發之事君便是忠,發之交友治民便是信與仁。只在此心去人欲、存天理上用功便是。"

愛曰:"如今人儘有知得父當孝、兄當弟者,却不能孝、不能弟,便是知與行分明是兩件。"先生曰:"此已被私欲隔斷,不是知行的本體了。未有知而不行者。知而不行,只是未知。聖賢教人知行,正是要復那本體……某嘗說知是行的主意,行是知的功夫;知是行之始,行是知之成。若會得時,只說一個知,已自有行在,只說一個行,已自有知在。古人所以既說一個知又說一個行者,只為世間有一種人,懵懵懂懂的任意去做,全不解思惟省察,也只是個冥行妄作,所以必說個知,方纔行得是。又有一種人,茫茫蕩蕩懸空去思索,全不肯著實躬行,也只是個揣摸影響,所以必說一個行,方纔知得真。此是古人不得已補偏救弊的說話,若見得這個意是地,即一言而足,今人却就將知行分作兩件去做,以為必先知了然後能行。我如今且去講習討論做知的工夫,待知得真了方去做行的工夫,故遂終身不行,亦遂終身不知。

答顧東橋書(節選)

夫物理不外於吾心,外吾心而求物理,無物理矣;遺物理而求吾心,吾心又何物邪?心之體,性也,性即理也。故有孝親之心,即有孝之理,無孝親之心,卻無孝之理矣。有忠君之心,即有忠之理,無忠君之心,即無忠之理矣。理豈外於吾心邪?晦庵謂"人之所以為學者,心與理而已。心雖主乎一身,而實管乎天下之理,理雖散在萬事,而實不外乎一人之心。"是其一分一合之間,而未免已啟學者心理為二之弊。此後世所以有"專求本心,遂遺物理"之患,正由不知心即理耳。夫外心以求物理,是以有闇而不達之處,此告子"義外"之說,孟子所以謂之不知義也。心一而已,以其全體惻怛而言謂之仁,以其得宜而言謂之義,以其條理而言謂之理;不可外心以求仁,不可外心以求義,獨可外心以求理乎?外心以求理,此知行之所以二也。求理於吾心,此聖門知行合一之教,吾子又何疑乎?

(王守仁撰《王陽明全集》,上海古籍出版社 2011 年版)

【导读】

成圣之道有求理、求心的区别。王阳明认为以孝而言,这份道德情感不是依托在父亲身上,而是在子的内心。假如你内心有真诚的孝心,那么这份理随处即发,不必苦苦读书就能寻到,假若一味在外部寻求这份孝,反而是南辕北辙。换言之,心即理,心不需要依托理这个躯壳,只要每个人反求自己的内心,时刻在日常生活中体验、践履这份心(这里的心不是我们常说的附属于身体器官的物质的心,而是代表道德良知的社会化的心),就自然活在理中,这是第一义的。显然,这就与程朱所言的通过外在的物才能寻理是完全不同的两种道德实践方法。在《答顾东桥书》中,王阳明再次强调朱熹格物致知之说只能造成"心理为二之弊",唯有心不外求,方可求得理、求得圣贤之道。

三、延伸思考

宋明理学无疑是整个儒学发展史上的高峰期。该时期的心性之说成为主流,体现了儒学理论在逻辑性、思辨性上均达到了最高水平。心性之说影响深远,直至当代以牟宗三为代表的新儒学在儒学三期说中,仍将宋明理学定为最辉煌之期。可见宋明理学在后人心目中分量之重!

受佛、道思想的影响,宋明理学的突出特点即是对道的形而上的思考与阐释,与孔孟对道只是停留在简单阐述道的表现形式——仁与礼上相比,宋明理学将道的内涵扩展到宇宙本体的地位,从而将儒学范畴提升到深刻的哲理层面。如果说此前儒家的道仅仅停留在形而下的层面,那么宋明理学的道则大大提升到了形而上的层面。无疑,这是古人在思想层面的一次飞跃。

与思想层面的提升相比,宋明理学在实践层面的影响更为深远。有宋以来,士大夫更注重伦理道德观,仁、义、忠、孝更为盛行,理成为天则,更是人伦秩序的最高法典。与宋以前的儒家相比,儒家的责任感增强了,学术林立,观点纷呈,成为继春秋百家争鸣之后,中国文化史上又一学术发达的高峰期。伴随着学术思想的传播,士大夫的独立性也得到强化,更注重天下家国意识,积极入世思想也加强了,得君行道、帝王师的观念盛行,宋明两朝可以说是中国历史上士大夫最为光辉的时期。

(苏利海、喻守国撰)

第六节　清代实学思想

一、概述

清代儒学继宋明理学之后进入实学阶段。清初,以顾炎武、黄宗羲、王夫之为代表的思想家经历明朝覆亡,痛定思痛,成为反思型儒学大师。其中,明代学术的空疏不实之弊成为大家引以为戒的主要原因,为此,清初学者高举"经世致用"的大旗,以有用之实学取代明代"明心见性"之心学。乾隆时期,随着文化专制的加深,文字狱屡屡大兴,文人们为了避祸,同时也为了打破宋明理学后义理上停滞不前的僵局,纷纷借助训诂考据之学,通过对汉学的继承,以朴学之实证精神来寻求圣贤之道。汉学的主阵是以戴震为主的皖派和以惠栋为主的吴派,他们以实事求是为标志,将汉学推向了高峰。到了晚清,随着清朝衰败之征的出现,乾嘉朴学之烦琐与支离之弊为学人所厌,再加上内忧外患的刺激,今文经学大兴,以龚自珍为代表的今文经学派冲破乾嘉诸老考据学的束缚,再次强调学有所用,以经世致用之法寻求变法之道,此风气一直延续至康有为,成为晚清儒学史上新的景观。

清初儒学的主导方向是反思明代理学的衍变(陆王派和程朱派),转向笃实的道德实践,以重建儒学的正统。他们的研究对象是以"经世"为目的的社会与制度,同时注重古经的实证研究,开启了后来的朴学之风。以顾炎武为代表的明末清初思想家,总结明亡原因的同时,亦对传统儒家文化进行了重新思考,其研究范围包括田制、赋税、漕运、兵制、边务、科举、吏治、水利等诸多方面,摆脱了宋明理学过于专注心性、命理的理论研究,而将研究转向实学。如黄宗羲在《明儒学案》《明夷待访录》中提出的"矫良知之弊,以实践为主"的思想,对王学、朱学均有不同程度的修正,转而强调经世致用的主张。顾炎武在《日知录》《天下郡国利病书》中痛批心学空谈误国,强调"明道救世"。此外,王夫之提出"知行合一""正其谊以谋其利,明其道而计其功",强调理论的实践有效性。傅山所倡"思以济世""学必实用",以及颜李学派强调身体力行的思想均成为该时期的代表思想。清代中期之后,乾嘉考据之学成为主流,在整理古籍,继承传统儒家文化方面做出了卓越成就。但考据之学欠缺哲学思辨性,思想力度薄弱,难有杰出的思想家出现,戴震是其中少有的将考证与思辨融为一体的杰出学者,其著作对程朱理学有深刻的批判。随着晚清动荡格局的出现,抛弃前期的烦琐考证,而代之以重实用的今文经学盛行,龚自珍、魏源为这一时期的代表。

二、原典选读及导读

原君

　　有生之初，人各自私也，人各自利也；天下有公利而莫或興之，有公害而莫或除之。有人者出，不以一己之利為利，而使天下受其利；不以一己之害為害，而使天下釋其害。此其人之勤勞，必千萬於天下之人。夫以千萬倍之勤勞，而己又不享其利，必非天下之人情所欲居也。故古之人君，量而不欲入者，許由、務光是也[1]；入而又去之者，堯、舜是也；初不欲入而不得去者，禹是也。豈古之人有所異哉？好逸惡勞，亦猶夫人之情也。

　　後之為人君者不然，以為天下利害之權皆出於我，我以天下之利盡歸於己，以天下之害盡歸於人，亦無不可。使天下之人不敢自私，不敢自利，以我之大私為天下之大公。始而慚焉，久而安焉，視天下為莫大之產業，傳之子孫，受享無窮。漢高帝所謂“某業所就，孰與仲多”者[2]，其逐利之情，不覺溢之於辭矣。此無他，古者以天下為主，君為客，凡君之所畢世而經營者，為天下也。今也以君為主，天下為客，凡天下之無地而得安寧者，為君也。是以其未得之也，屠毒天下之肝腦，離散天下之子女，以博我一人之產業，曾不慘然，曰：“我固為子孫創業也。”其既得之也，敲剝天下之骨髓，離散天下之子女，以奉我一人之淫樂，視為當然。曰：“此我產業之花息也。”然則為天下之大害者，君而已矣！向使無君，人各得自私也，人各得自利也。嗚呼！豈設君之道固如是乎？

　　古者，天下之人愛戴其君，比之如父，擬之如天，誠不為過也。今也天下之人怨惡其君，視之如寇讎，名之為獨夫，固其所也。而小儒規規焉以君臣之義無所逃於天地之間，至桀、紂之暴，猶謂湯、武不當誅之，而妄傳伯夷、叔齊無稽之事[3]，使兆人萬姓崩潰之血肉，曾不異夫腐鼠。豈天地之大，于兆人萬姓之中，獨私其一人一姓乎！是故，武王，聖人也；孟子之言，聖人之言也。後世之君，欲以如父如天之空名，禁人之窺伺者，皆不便於其言，至廢孟子而不立[4]，非導源於小儒乎？

　　雖然，使後之為君者，果能保此產業，傳之無窮，亦無怪乎其私之也。既以產業視之，人之欲得產業，誰不如我？攝緘縢，固扃鐍[5]，一人之智力，不能勝天下欲得之者之眾。遠者數世，近者及身，其血肉之崩潰，在其子孫矣。昔人願世世無生帝王家[6]，而毅宗之語公主，亦曰：“若何為生我家！”[7]痛哉斯言！回思創業時，其欲得天下之心，有不廢然摧沮者乎[8]？是故明乎為君之職分，則唐、虞之世[8]，人人能讓，許由、務光非絕塵也；不明乎為君之職分，則市井之間，人人可欲，許由、務光所以曠後世而不聞也。然君之職分難明，以俄頃淫樂，不易無窮之悲，雖愚者亦明之矣！

（黃宗羲著，段志強譯注《明夷待訪錄》，中華書局 2011 年版）

【注釋】

[1]許由、務光：傳說中的高士。唐堯讓天下於許由，許由認為是對自己的侮辱，就隱居箕山中。商湯讓天下於務光，務光負石投水而死。

[2]漢高：《史記·高祖本紀》載漢高祖劉邦登帝位後，曾對其父說："始大人常以臣無賴，不能治產業，不如仲（其兄劉仲）力，今某之業所就，孰與仲多？"

[3]伯夷、叔齊事：《史記·伯夷列傳》載他倆反對武王伐紂，天下歸周之後，又恥食周粟，餓死於首陽山。

[4]廢孟子不立：《孟子·盡心章句下》中有"民為貴，社稷次之，君為輕"的話，明太祖朱元璋見而下詔廢除祭祀孟子。

[5]攝緘縢，固扃鐍：語出《莊子·外篇·胠篋》："將為胠篋探囊發匱之盜而為守備，則必攝緘縢，固扃鐍，此世俗之所謂知也。"攝：緊收。緘：結。縢：繩子。扃鐍（jiōngjué）：門窗、箱子之鎖鑰。

[6]昔人願世世無生帝王家：《南史·齊書·王敬則傳》載南朝宋順帝劉准被逼出宮，曾發願："願後身世世勿複生天王家！"

[7]"毅宗之語公主"句：毅宗：明崇禎帝，南明初諡思宗，後改毅宗，李自成軍攻入北京後，他歎息公主不該生在帝王家，以劍砍長平公主，斷左臂，然後自縊。

[8]廢然：灰心貌。摧沮：沮喪。

[9]唐、虞之世：堯、舜時代。唐：堯之國號。虞：舜之國號。

【导读】

《明夷待访录》成书于1663年，"明夷"是《周易》中的一卦，其爻辞有曰："明夷于飞，垂其翼，君子于行，三日不食。有攸往，主人有言。"所谓"明夷"指贤人处在患难地位。"待访"，等待后代明君来采访采纳。《明夷待访录》是黄宗羲对明亡教训的总结，对传统封建文化的全面反思，具有批判性与哲理性。

《原君》是《明夷待访录》的首篇。黄宗羲在开篇就阐述了人类设立君主的本来目的，他说设立君主的本来目的是"使天下受其利""使天下释其害"，也就是说，对于君主，他的义务是首要的，君主只是天下的公仆而已。然而，后来的君主却"以为天下利害之权皆出于我，我以天下之利尽归于己，以天下之害尽归于人"，并且更"使天下之人不敢自私，不敢自利，以我之大私为天下之大公""视天下为莫大之产业，传之子孙，受享无穷"。于是原本是代天管理民众、为民众服务的人变成了专制独裁者，黄宗羲在此深刻地阐述了君主"家天下"的私欲本源，从而根本否定了帝王世代相承统治天下的合理性。黄宗羲进一步指出天下之所以不太平,人民之所以苦难不已,皆是君主"家天下"的结果:"天下之大害者,君而已矣",旗帜鲜明地把君主专制归结为一切罪恶之根本、民生灾害之本源。

从本篇内容可以看出,黄宗羲的批判锋芒来自他对历史的明鉴,尤其是明朝君主专制加强,士林正气消减,无人敢议朝政,造成明末游学不实之风。对此,黄宗羲将明亡的教训一一写出,目的在于反思批判的同时,期待后来者能传承、振兴三代以来的中华正统文化。

日知錄卷十三(節選)

有亡國,有亡天下。亡國與亡天下奚辨?曰:易姓改號,謂之亡國;仁義充塞,而至於率獸食人,人將相食,謂之亡天下。魏、晉人之清談,何以亡天下?是孟子所謂楊、墨之言[1],至於使天下無父無君而入於禽獸者也。昔者嵇紹之父康被殺于晉文王[2],至武帝革命之時[3],而山濤薦之入仕[4]。紹時屏居私門,欲辭不就。濤謂之曰:"為君思之久矣,天地四時,猶有消息,而況於人乎?"一時傳誦,以為名言,而不知其敗義傷教,至於率天下而無父者也。夫紹之于晉,非其君也,忘其父而事其非君,當其未死三十餘年之間,為無父之人亦已久矣,而蕩陰之死[5],何足以贖其罪乎?且其入仕之初,豈知必有乘輿敗績之事而可樹其忠名以蓋於晚也?自正始以來[6],而大義之不明,偏於天下[7],如山濤者既為邪說之魁,遂使嵇紹之賢,且犯天下之不韙而不顧。夫邪正之說,不容兩立,使謂紹為忠,則必謂王裒為不忠而後可也[8]。何怪其相率臣於劉聰、石勒[8],觀其故主青衣[10]行酒而不以動其心者乎?是故知保天下然後知保國。保國者,其君其臣"肉食者[11]謀之";保天下者,匹夫之賤與有責焉耳矣。

(顧炎武著,黃汝成集釋,欒保群、呂宗力校點《日知錄集釋》,上海古籍出版社2013年版)

【注釋】

[1]楊、墨:指春秋時兩大思想家。楊指楊朱,傾向於道家學說,強調重生、貴我。墨指墨子,墨家學派創始人,主張兼愛、非攻等。

[2]嵇紹之父康被殺于晉文王:指嵇紹的父親嵇康被當時的司馬昭所殺。

[3]武帝:指司馬炎。革命:指朝代更替,君主易姓,這裏指司馬炎廢魏稱帝。

[4]山濤:竹林七賢之一,為嵇康好友。

[5]蕩陰之死:西晉八王之亂時,嵇紹為救晉懷帝,以身擋劍,被殺而死。

[6]正始:魏朝君主曹芳時的年號。

[7]偏:通"遍"。

[8]王裒:西晉時人,京城兵亂,眷戀父母之墓而不忍離開,遂遇害。

[9]劉聰:十六國時期前趙的君主,曾率兵滅了西晉,並殺害了晉懷帝及晉湣帝。石

勒:十六國時期後趙建立者。

[10]青衣:黑色衣服,古時身份卑賤的人,如差役、婢僕所穿。《晉書》記載,劉聰俘虜晉孝懷帝后,命其身穿青衣在宴會上斟酒。

[11]肉食者:指當朝權貴。出自《左传·莊公十年》。

【导读】

《日知录》是明末清初著名学者、大思想家顾炎武的代表作品,对后世影响甚大。该书是顾炎武"稽古有得,随时札记,久而类次成书"的,是其在漂泊、流亡的路上时刻不忘救世、淑世的集中体现。该书以明道、致用为宗旨,囊括了作者学术方法、政治理念的精华,遍布经世、警世的内涵。

在本篇中,顾炎武提出了一个尖锐的问题:何为亡国? 何为亡天下? 文中的国是指为一朝一姓服务的王朝,而天下则是指为万世服务的文化体系。顾炎武指出判断一个王朝合法性的依据在于它是否是天下的代言人、是否是整个中华文化的继任者。同时,一个士大夫所应忠诚的不应是简单的一个王朝、一个君主,而是天下,是整个中华文化,这个文化的核心根底即儒家的仁义礼智。一个王朝灭亡了,但儒家体制不能亡,这也是维系整个中华文化的根基。顾炎武以正始时期山涛举荐稽绍之事为例,认为稽绍不应在一个杀父废君的悖逆王朝为官,因为这是一个不忠、不孝、不义的王朝。顾炎武认为,正因为西晋时期人心不古、无忠孝廉耻之心导致其成为一个短命王朝。显然,顾炎武在此既是反思、吸取明亡的教训,又是在批判清朝是一个不顾礼义廉耻的不仁之朝,自然也无资格成为中华文化的继任者,反清色彩十分深厚。

理(節選)

問:宋以來之言理也,其說為"不出於理則出於欲,不出於欲則出於理",故辨乎理欲之界,以為君子小人於此焉分。今以情之不爽失[1]為理,是理者存乎欲者也,然則無欲亦非歟?

曰:孟子言"養心莫善於寡欲",明乎欲不可無也,寡之而已。人之生也,莫病於無以遂其生[2]。欲遂其生,亦遂人之生,仁也[3];欲遂其生,至於戕人之生而不顧者[4],不仁也。不仁,實始於欲遂其生之心;使其無此欲,必無不仁矣。然使其無此欲,則於天下之人,生道窮促,亦將漠然視之。己不必遂其生,而遂人之生,無是情也。然則謂"不出於正則出於邪,不出於邪則由於正",可也;謂"不出於理則出於欲,不出於欲則出於理",不可也。欲,其物;理,其則也。……聖人治天下,體民之情,遂民之欲,而王道備。人知老、莊、釋氏異於聖人,聞其無欲之說,猶未之信也;於宋儒,則信以為同於聖人;理欲之分,人人能言之。故今之治人者,視古賢聖體民之情,遂民之欲,多出於鄙細隱曲[5],不措諸意,不足為怪;而及其責以理也,不難舉曠世之高節，著於義而罪之。尊者以理責卑，長者以理責幼，貴者以理責賤，雖失，謂之順；卑者、幼者、賤者以理爭之，雖得，謂之逆。於是下之人不能以天下之同情、天下所同欲達之於上；上以理責其下，而在下之罪，人人不勝指數。人死於法，猶有憐之者；死於理，其誰憐之！嗚呼，雜乎老釋之言以為言，其禍甚於申韓[6]如是也！……

問：《樂記》言滅天理而窮人欲，其言有似於以理欲為邪正之別，何也？

曰："性，譬則水也；欲，譬則水之流也；節而不過，則為依乎天理，為相生養之道，譬則水由地中行也；窮人欲而至於有悖逆詐偽之心，有淫佚作亂之事，譬則洪水橫流，汎濫於中國也。聖人教之反躬，以己之加於人，設人如是加於己，而思躬受之之情，譬則禹之行水，行其所無事，非惡汎濫而塞其流也。惡汎濫而塞其流，其立說之工者且直絕其源，是遏欲無欲之喻也。"口之於味也，目之於色也，耳之於聲也，鼻之於臭也[7]，四肢之於安佚也"，此後儒視為人欲之私者，而孟子曰"性也"，繼之曰"有命焉"。命者，限制之名，如命之東則不得而西，言性之欲之不可無節也。節而不過，則依乎天理；非以天理為正，人欲為邪也。天理者，節其欲而不窮人欲也。是故欲不可窮，非不可有；有而節之，使無過情，無不及情，可謂之非天理乎！

(戴震著，何文光整理《孟子字義疏證》，中華書局1961年版)

【注釋】

[1]爽失：差失。

[2]遂其生：養育其生，滿足其生存所需。

[3]欲遂其生，亦遂人之生，仁也：既知道滿足自己的生存欲望，又想到滿足他人的生存所需，這就是仁。

[4]戕：傷害，損害。

[5]鄙細：指身份卑微的下層百姓。隱曲：百姓的日常所需，生存欲望。

[6]申韓：指戰國時期的法家代表人物申不害、韓非子，他們被儒家視為異端霸道，有違儒家所說的王者仁道。

[7]臭：通"嗅"。

【导读】

戴震《孟子字义疏证》一书以考证训诂为手段，阐发"理""天道""性""仁义礼智""诚"等哲学范畴，故名曰"字义疏证"。他在书中着重批驳程朱理学"存天理，灭人欲"的理念，并指责程朱理学"以理杀人"的无情事实。在清代崇尚宋理学的背景下，其眼光、胆识均可谓超出同辈，故其书一出，即招致一些道学家的攻击，即使汉学家内部对此书亦不置可否，认为非戴氏所应做。

作为清代朴学的大师，戴震又是了不起的理学大师，他的关键性思想即对宋儒理欲的批判。宋以来,朱熹的理学思想日益成为统治者压抑人性、束缚人思想的利器,尤其是元、明、清以来,帝王、理学家鼓吹的"存天理,灭人欲"口号,更是极大地摧折了中华民族活跃的灵性与革新的勇气,造成了九州大地万马齐喑的压抑沉闷格局。戴震能有勇气批判尘嚣甚上的理学,无疑吹响了近现代文化变革的号角,《孟子字义疏证》的价值可见一斑。

戴震在本文中将欲比作水,意即人的欲望是中性的,其存在亦是合理的,生存之欲是人之所需,只有那些超越人的生存所需、追求奢侈淫靡之欲才是非正常的欲望,才是要加以遏止的。戴震坚决反对宋儒将理与欲一分为二的理论,认为理欲相通,圣人是维护人日常正常的欲望的,而绝非以高悬的名教气节来扼杀人性中朴实、正常所需。其指出的"尊者以理责卑,长者以理责幼,贵者以理责贱,虽失,谓之顺;卑者、幼者、贱者以理争之,虽得,谓之逆"现象,正是传统专制社会下一种扭曲的人性场景,上对下、贵对贱、长对幼均有至高无上的权威,且以理杀人,正可谓"人死于法,犹有怜之者;死于理,其谁怜之"。"五四"运动以来,申张平等、自由,反封建礼制压迫的呼声在此得到最早的预演。

现代文化超越传统文化的标志即对个体价值的认可和张扬,而个体价值的一大内容,即个人生存、发展欲望尤须获得全面保障,这是现代社会诸多体制建立的根基。然而个体欲望的膨胀又必然带来社会整体伦理价值观念的苍白无力,乃至达到物欲横流的程度,这亦是现代社会具有的通病。戴震所言的人欲不可禁、不可纵,分清理性与非理性等诸多观点仍值得当下步入现代困境的我们反思与警醒。

三、延伸思考

王国维曾提出"清学三阶段论",即"国初之学大,乾嘉之学精,道咸以降之学新"。其中最能代表清代儒学成就的当是朴学。朴学的开启者为顾炎武,其《日知录》《音韵五学》《天下郡国利病书》等著述皆考之有据,言之凿凿,一挽明末学术束书不观、游学无根之弊。只是顾氏考证之学本意是为拯救中华文化,抗击清朝暴政,是真正的有为、有用之学,经世致用是其本源。乾嘉诸儒虽习其方法,精于校勘、训诂,但在致用方面显然有违顾氏初衷。这种学术转向的原因是多方面的,既有外在政治高压因素,又有学术内部演进之力。但有一点是无法否认的,即乾嘉诸儒以"实事求是"为标的,忍苦寒、耐寂寞,抛掷毕生之精力投身于对传统文化的收集、整理之宏业中,为后人搜罗、保存了一座完整的文献宝库,为我们继承、发扬传统文化奠定了坚实的基础。不可否认,清代朴学其长处在考据,其短处在义理。论思想的深度、学术方法的多元、视野的开阔,以及著述的思辨性与批判性,这些均是乾嘉诸儒的不足。虽然这种不足在乾隆时的大儒戴震手中已有所弥补,但可以说只是昙花一现。这种义理上的欠缺直至晚清政治危机的到来,龚自珍、魏源等一批具有高远眼光、犀利笔墨、卓越胆识的学者,才在压抑的思想层面拼出一片天地,透出几许新鲜气息。

从学术统系来看,清儒上承汉学,扶持程朱理学,反思明代心学,具有集成性、综合性的特质。整体而言,清儒既有汉学的功底又有理学的素养,文化水平是超过前人的。但清儒显然缺乏一种超越性,过于迷信汉学等古学,拘泥于考证一途,视理学为无须说、不必说、不该说之物,这种专而狭的学术意识显然有些细弱,忽略了学术需在批判、反思中方能推进、革新的事实。

该如何评价清儒在思想史上的地位、价值? 作为传统专制王朝下的最后一道学术风景线,清儒的光辉亦带有几分无奈与悲凉。在清政府高压的统治策略下,清儒的学术研究不得不倾向于正统化、礼教化、保守化,这也造成了其思想底蕴的苍白与学术格局的狭窄。虽然如此,我们仍然要敬畏他们对传统文化坚守不渝的精神,虽然革新不足,但正是他们的坚守和护卫,我们才不致流失更多的典籍,我们才能摸清几千年传统文化典籍的家底。至于思想力度的缺失、传统价值的再评估诸多问题则是我们后继者应尽的薪火之责。

(苏利海撰)

第三章　佛教思想

佛教是外来宗教,自传入中国便开始进行中国化,并从教义思想、律仪制度、僧团建设、寺庙建筑等诸多方面适应、融合、发展。佛教对中国文化产生了很大的影响,在中国历史上留下了灿烂辉煌的佛教文化遗产。佛教思想精深博大,是中国传统文化思想的主要支柱之一。

第一节　佛教思想精义

一、概述

佛为梵文 Buddha 的发音,全称"佛陀",或"佛陀耶",亦作"浮屠",意译为"觉者",即对宇宙人生有彻底觉悟的人。此处的"觉"有三种意思:自觉、觉他(使众生觉悟)、觉行圆满。

2500 年前,印度迦毗罗卫国王子悉达多通过修行而大彻大悟,被人称为佛陀,即觉悟者。此后他一心转向传教活动,历时 45 年传教说法。他所创立的宗教就叫"佛教",是世界三大宗教之一。广义地说,佛教是一种宗教,包括它的经典、仪式、教团组织、习惯等等;狭义地说,它是指佛陀的教法、言教,也就是通常所说的佛法。

佛陀及其弟子对人的本质和人的解脱这一问题的关心促使了佛教思想的产生与发展。佛教的学说基本是围绕这一主题展开的。

佛教初创时期,也就是学术界所说的"原始佛教"时期,佛教的基本思想为"四谛"说。"四谛"相传是佛陀悟道的核心,也是佛陀传教的根本思想,日后也同样是佛教各个宗派共同承认的基础教义。"谛"是印度哲学通用的概念,意思是"真理"。"四谛"也称为"四圣谛",就是"四条真理",即苦、集、灭、道。这四条真理又分为两部分:苦、集二谛说明人生的本质及其形成的原因;灭、道二谛指明人生解脱的归宿和解脱的道路。

苦谛旨在说明佛教认为社会人生的本质是"苦"。佛教认为世间的一切感受皆苦,这一点是佛教的出发点。佛教中"苦"的种类很多,有四苦、八苦、十一苦等等,其中以"八苦"为代表性说法。

集谛旨在说明苦的原因,大体可以概括为"五阴聚合"说、"十二因缘"说及"业报轮回"说。"五阴聚合"说中佛教认为宇宙间一切事物由"色、受、想、行、识"五阴聚合而成。"十二因缘"说用十二个概念构成一个前后相续的因果链条,以"缘起"解释人生本质及其流转过程。"业报轮回"说是早期佛教的核心,以"十二因缘"为哲学基础,划分为三世两重因果,即过去一生的行为决定今世一生的状况,今世一生的行为决定来世一生的状况,就是所谓因果报应。

灭谛就是佛教修行达到的一个没有苦、解脱生死轮回的境界,就是佛教出世间的理想"涅槃"。涅槃是熄灭一切烦恼、超越时空与生死、与现实世界对立的一种境界,也就是人生解脱的归宿。

道谛就是通向涅槃的全部修习方法和途径,是指人生解脱的道路。早期佛教规定的解脱之道被总结为"八正道",从身、口、意三方面规定了佛教徒的日常思想行为,可简单归纳为戒、定、慧"三学",亦可扩展为"三十七菩提分"。

在佛教发展的历史中,部派的出现是一件重要的事情,对部派的划分有多种,有二十种部派之说,亦有十八种部派之说,这些说法均表明了部派之多。之所以各自成派,是因为各部派对佛教的教义及戒律的理解出现了分歧。这些分歧最终形成佛教上座系与大众系。这两系在佛教思想上的主要分歧表现在四个方面:对"法""我与无我""心性净染""佛菩萨与阿罗汉"的争论。

在对"法"的争论方面,上座系各派偏重说"有",大众系各派侧重说"空"。在"我与无我"之争上,各派曲折地肯定了承担世间轮回和出世间修道的主体的存在。在"心性净染"问题上:上座系各派认为心有"杂染"与"离染"二重性,修道的过程就是去掉杂染心,转成清净心;大众系各派主张心性本净,但为客尘所染,故而通过修道使本净心性显现,得以解脱。在"佛菩萨与阿罗汉"的争论方面:上座系各派倾向将佛陀看作历史人物,故而佛只有一个或几个,常人修行的最高果位是阿罗汉;大众系各派则普遍神化佛陀,推崇菩萨行。

佛教在发展过程中逐渐外传,约公元前1世纪进入我国新疆地区,而其进入内地则有"永平求法说",即东汉明帝永平十年(公元67年),明帝夜梦金人,遣使求法,佛教界普遍以此作为佛教传入中国之始。

汉末三国时期,佛教思想在中国有较系统的介绍,内容仍以原始佛教"四谛"说、"十二因缘"说、"五阴聚合"说为主。在此基础上,随着大乘经籍的传入,大乘般若思想开始发展,一直持续到南北朝,历经四百多年,并与当时的玄学相互助长,风靡一时。

所谓"般若",意译为"智慧",但并不是指一般人的智慧,而是一种可以引导成佛的特殊智慧,其全称为"般若波罗蜜多",意译为"智慧",即通过般若这种智慧达到佛的境界。大乘佛教讲"六波罗蜜",即布施、持戒、忍辱、精进、禅定、般若六种解脱方法,其中般若的智慧是核心。

般若的内容之一以"缘起论"为基础,形成的中心思想可以归结为"假有性空","假有"即设施假相,"性空"是说任何事物现象"无自性",即没有固定的本质属性。般若的内容之二是"本无论","本无"后来译为"真如""实相",在般若学中都表示"性空"。般若的内容之三是"方便胜智",泛指以般若波罗蜜的立场、观点、方法去观察和处理一切世俗问题,去适应、随顺一切世俗关系,以便传播佛教教义,掌握佛教智慧。

在玄学风气的影响下,佛教般若学内部学派出现分化,出现了"六家七宗",即本无宗、本无异宗、即色宗、识含宗、幻化宗、心无宗、缘会宗,其中最有影响的是本无宗、心无宗和即色宗。"六家七宗"探讨的问题和魏晋玄学基本相同,即如何处理本体和现象的关系。本无宗尊崇本体而轻视现象,心无宗尊崇现象而轻视本体,即色宗试图综合本无宗和心无宗的观点,避免它们的偏向,这三派和魏晋玄学中贵无、崇有、独化三派大体相对应。

随着朝代更迭和大规模的佛典翻译,南北朝时期形成了多种佛教学派,其中影响较大者有三论学、涅槃学、毗昙学、成实学、地论学、摄论学、律学、禅学。

三论是指《中论》《百论》《十二门论》,是大乘中观学派的基本著作。三论学用"二谛""中道"统摄全部佛教,将真俗二谛统一于"真谛"一面,在讨论"性有性无"时侧重"性无"一方。涅槃学是为研习《涅槃经》所产生的学说,主要是分析《涅槃》的佛性思想,代表人物道生认为一阐提人皆得成佛,慧观力主渐悟,认为真如必须经过定慧修习才能渐知,道朗强调涅槃与法性为一。毗昙学则是根据有部诸论的义旨,特别是依法胜《阿毗昙心论》及法救《杂阿毗昙心论》的纲领,以"四谛"组织一切法义,并阐明我空法有及法由缘生而有自性义。成实学以鸠摩罗什所译《成实论》为主,否定"心性本净"之说,强调"心性"是后天形成的。地论学以研习《十地经论》为主,分为南北二道。北地论师把世界最高本体归结为具有杂染性质的"阿赖耶识",所谓众生皆有佛性,是指众生经过后天熏习,最后必当成佛。南地论师把世界最高本体归结为"清净阿赖耶识",去除污染蔽障,使本有的清净心性得以显现,即可成佛。摄论学以《摄大乘论》为基本学习对象,探究"心"的性质和"心生万有"的机制,以及人的认识过程和据此修持成佛的道路,特别是八识说提出了"阿赖耶识"作为世界的本体和认识的本原,确立了"唯识无尘"的宇宙观。律学主张对佛教戒律的研习弘扬,戒律本身是约束佛教徒行为和规范僧团生活的纪律,对戒律的研习弘扬有助于佛教的发展。当时的戒律分为小乘戒律与大乘菩萨戒。"禅"作为宗教内容指的是古印度宗教哲学中的一种特定的实践活动,其梵文为"dhyāna",音译为"禅那",意译为"思维修""静虑"等。其原为婆罗门教瑜伽中的一支,释迦牟尼创立佛教之后,就把印度传统的禅法引入佛教,后世佛教徒将禅视为重要的法门,也看作佛教徒必须修习的内容之一。当时较重要的禅法有"四禅六事""五门禅法",力图用"禅"统摄佛教的一切修为。

隋唐时期,佛教发展鼎盛,继承南北朝的佛教学派建立起了独具特点的大型宗派,主要有八宗,包括天台宗、三论宗、华严宗、唯识宗、禅宗、律宗、净土宗、密宗。天台宗因其创始人智颛大师居天台山而得名,此宗以止观为修持方法,以"一念三千"为中心思想,即众生每起一念皆具足三千如是的实相境界,一心即三千,三千即一心。三论宗主张诸法性空的中道实相论,此理论认为世间、出世间万有诸法,都是众多因缘和合而生、众多因素和条件结合的产物,这叫缘起;离开众多因素的条件就没有事物是独立不变的实体,这叫无自性,也就是性空。华严宗以《华严经》为最高经典,并以此发展出法界缘起、十玄门、四法界、六相圆融的学说,发挥事事无碍的理论。唯识宗主张"万法唯识",即宇宙间的一切均为"识"所变现。在佛教"眼、耳、鼻、舌、身、意"六识之外增设了"末那识""阿赖耶识",展开为"八识"。阿赖耶识被看作根本识,前七识均依第八识阿赖耶识才得以转起。禅宗是中国佛教八大宗派中最重要的一个宗派,也是中国佛教诸宗派中影响最大、传播范围最广、流传时间最长的一个。禅宗因主张修习禅定而得名,它的宗旨是以参究的方法,彻见心性的本源。其要义可以概括为教外别传、不立文字、直指人心、顿悟成佛。律宗因着重研习及传持戒律而得名。净土宗是以"往生西方极乐净土"为目的的宗派,以称念佛名为主要修行方法,希望借弥陀本愿的他力,往生西方极乐净土,所以又称为念佛宗,是影响中国佛教民间信仰最为深远的宗派之一。密宗以佛陀的心印传承为理论根据,以佛法的中观见为究竟证见,以身、口、意三密相应为修行法则,以胜义菩提心为究竟发心,以上师灌顶、师徒口耳相传为传承方式,以密乘十四戒律为根本戒律。

宋代之后,佛教发展以禅宗为主。从思想上看,文字禅的兴起、临济宗的看话禅和曹洞宗的默照禅的出现体现了两宋禅宗的主要变化。文字禅是两宋禅宗僧人对祖师语录、公案参究和学习而获得觉悟的一种重要参禅方式。看话禅又称话头禅,它是后期禅宗"公案"运用的一种独特方式,通过参究公案中禅师"活句"答语而获得证悟的禅法。默照禅提倡摄心静坐,潜神内观,内息诸缘,"灵然独照,照中还妙"的禅观法门。两宋之后,佛教思想缺乏创新活力,整个佛教也逐渐走向衰落。

二、原典选读及导读

金剛般若波羅蜜經（節選）

姚秦　天竺三藏鳩摩羅什譯

第一品　法會因由分

如是我聞[1]：一時，佛在舍衛國祇樹給孤獨園，與大比丘眾千二百五十人俱。爾時，世尊食時，著衣持鉢，入舍衛大城乞食。於其城中，次第乞已，還至本處。飯食訖，收衣鉢，洗足已，敷座而坐[2]。

第二品　善現啟請分

時，長老須菩提在大眾中即從座起，偏袒右肩，右膝著地，合掌恭敬而白佛言："希有！世尊[3]！如來善護念諸菩薩[4]，善付囑諸菩薩。世尊！善男子、善女人，發阿耨多羅三藐三菩提心[5]，云何應住？云何降伏其心？"佛言："善哉，善哉！須菩提！如汝所說：'如來善護念諸菩薩，善付囑諸菩薩。'汝今諦聽[6]！當為汝說。善男子、善女人，發阿耨多羅三藐三菩提心，應如是住，如是降伏其心。""唯然，世尊！願樂欲聞。"

第三品　大乘正宗分

佛告須菩提："諸菩薩摩訶薩應如是降伏其心[7]！所有一切眾生之類：若卵生、若胎生、若濕生、若化生；若有色、若無色，若有想、若無想、若非有想非無想，我皆令入無餘涅槃而滅度之[8]。如是滅度無量無數無邊眾生，實無眾生得滅度者。何以故？須菩提！若菩薩有我相、人相、眾生相、壽者相，即非菩薩。"

第四品　妙行無住分

"復次，須菩提！菩薩於法，應無所住，行於布施，所謂不住色布施，不住聲香味觸法布施。須菩提！菩薩應如是布施，不住於相。何以故？若菩薩不住相布施，其福德不可思量。""須菩提！於意云何？東方虛空可思量不？""不也，世尊！""須菩提！南西北方四維上下虛空可思量不？""不也，世尊！""須菩提！菩薩無住相布施，福德亦復如是不可思量。須菩提！菩薩但應如所教住。"

第五品　如理實見分

"須菩提！於意云何？可以身相見如來不？""不也，世尊！不可以身相得見如來。何以故？如來所說身相，即非身相。"佛告須菩提："凡所有相，皆是虛妄。若見諸相非相，則見如來。"

（大正新修大藏經刊行會編《大正新修大藏經》，大正一切經刊行會 1969 年版）

【注释】

[1]如是:佛經經文内容如此。我聞:阿難自稱聞之於佛。以此表明所說經典是親承佛說。

[2]敷座而坐:萬緣放下,心無所著,名為真坐。

[3]世尊:佛陀的尊稱。

[4]菩薩:菩提薩埵的略稱,意譯為"覺有情""道眾生""道心眾生"。

[5]阿耨多羅三藐三菩提:佛智名,意思為真正平等覺知一切真理的無上智慧。

[6]諦聽:仔細地聽。

[7]摩訶薩:摩訶薩埵的簡稱,意思是大菩薩。

[8]無餘涅槃:涅槃分兩種,有餘涅槃和無餘涅槃。有餘涅槃指造成生死的因的惑業已盡,但余有漏依身的苦果;無餘涅槃,是進一步滅依身之苦果而無所余。

【导读】

《金刚般若波罗蜜多经》(以下简称《金刚经》)是六百卷《大般若波罗蜜多经》的精华。般若学是大乘佛教理论的基础,认为世界万法缘起性空,是由缘而生的假有,没有固定不变的自性,修行者只有把握性空之理,才能证悟佛智。经名"金刚般若",象征般若智慧如同金刚,锐利无当,能够摧毁一切。《金刚经》在中国影响颇大,仅唐初就有八百家注释之说,由于其直指人心、见性成佛的般若智慧,禅宗对之特别推崇,并以之印心。

修行的根本在修心。《金刚经》围绕着"云何应住,云何降伏其心"展开,使人认识到精神流浪的可悲,从而灭尽妄心,归家稳坐。

般若是无所得、无所知的空灵之智。《金刚经》旋立旋破,使人无有少法可得,大休大歇,重视清净心、本来心。在破除诸相时,金刚般若的最大特色是常用"××者,即非××,是名××"的三段论句法。第一句举出诸法,指世人不明佛理而执妄为真。第二句"即非"否定前者的真实性,但这种否定易生起断灭虚无,因此第三句用"是名"对第一句所列举者作出假有判断,对"即非"再加否定,达到更高一层的否定之否定。

金刚般若的特点在于扫除。首先是扫除一切:于人不取四相,于境不住六尘,乃至于一切外相,皆在扫除之列。其次是"扫"字亦扫:扫除诸相后,学人往往沉空滞寂,故经文又指出,要断除非法相,发菩提心。最后是无得无证:佛法是愈病良药,但执药则成病,故经文指出度生而无众生可度,布施而不住布施相,说法而无法可说,得法而无法可得。《金刚经》本身内容由两大层面组成:一是缘起层面,二是性空层面。在缘起层面,《金刚经》开示说法,布施,度众生,持经,引人生信。在性空层面,以般若为武器,否定一切。在此层面又分两种境界：初悟是扫除诸相，不住六尘，不住三十二相，是否定；彻悟是度生而无生可度，说法而无法可说，得法而无法可得，是否定之否定。金刚般若的智慧主要体现在性空层面上，特别是以性空彻悟层面为极致。

三、延伸思考

大藏经为佛教经典的总集，简称藏经，又称一切经。按照本书编写体例，须选择原典并加以导读，但大藏经是佛教典籍丛书，包括经、律、论三藏，字数数以亿计，孰选孰不选，殊非易事，故而此处略去大藏经选读，仅对大藏经的基本知识进行说明。

大藏经，是将一切佛教典籍汇编而成的总集，起初叫作"一切经"，因其内容十分广泛，故称"大藏经"，又称"藏经"。其内容主要由经、律、论三部分组成，又称为"三藏经"，分别称为经藏、律藏和论藏。"经"是佛教为指导弟子修行所说的理论；"律"是佛教为佛教徒制定的日常生活所应遵守的规则；"论"是佛教弟子为阐明经的理论的著述。此外大藏经还包括印度、中国等其他有关佛教史、佛教理论研究的专著。现存的大藏经，按文字的不同可分为巴利语、藏文、汉文三大体系。

巴利语系大藏经是南传上座部所传佛教典籍的丛书，其编次为律、经、论和藏外四大部分。律藏分为分别部、犍度、附篇；经藏分为长部、中部、相应部、增支部和小部；论藏包括《法聚论》《分别论》《界论》《双论》《发趣论》《人施设论》《论事》；藏外分为注疏和其他两类。

藏文大藏经是藏传佛教典籍丛书，分为甘珠尔、丹珠尔和松绷三大类。甘珠尔又名佛部，也称正藏，收入律、经和密咒三个部分，相当于汉文大藏经中的经和律；丹珠尔又名祖部，也称续藏，收入赞颂、经释和咒释三个部分；松绷即杂藏，收入藏、蒙佛教徒的有关著述。

汉文大藏经为大、小乘佛教典籍兼收的丛书。各个时代编纂的大藏经，形式和内容各有不同。除房山石经外，宋代以前的基本上都是卷轴装帧的书写本。北宋开宝年间，第一部木版雕印的大藏经问世后，历经元、明、清至民国，共出版过木刻和排印本大藏经约20种。佛教由中国东传至朝鲜和日本后，高丽和日本王朝均依汉文大藏经进行抄写刻印或排印，其中日本佛教界自13世纪末叶迄20世纪20年代的七百多年间，曾依据汉文本的各版大藏经，编纂、雕造、复刻或排印过七种版本的汉文大藏经。

《中华大藏经》，简称《中华藏》，由中华大藏经编辑局编辑，中华书局出版。此藏经包括汉、藏等多种文字，为有史以来经籍数量最多的大藏经。《中华藏》的汉文部分由三编组成。第一编为历代大藏经所收集的编有千字文编号的典籍，也就是历代的正藏，共约两千部、一万卷。此编以海内稀世珍本金代《赵城藏》为影印底本，补足它本而成。第二编是历代汉文大藏经中所收的没有千字文编号的典籍,也就是通常所说的续藏,亦有约两千部、一万卷。《中华藏》的正、续两编总数可达约四千二百种、二万三千卷,将分装二百二十册。第三编为新编入藏,收入历代大藏经中未收的藏外逸典和近代新出现的佛教著译。

《大正新修大藏经》,简称《大正藏》,日本大正十三年(1924年)由高楠顺次郎和渡边海旭发起,1934年印行。此藏经分为三个部分:正藏五十五册,续藏三十册,别卷十五册,共一百册,收入佛籍三千四百九十三部、一万三千五百二十卷。此藏经是目前使用最广泛的汉文大藏经,为佛教研究工作提供了很大的方便,但需要注意的是,《大正藏》校勘工作粗放,排印错字、错句颇多。

(杨锋兵撰)

第二节　禅　宗

一、概述

禅宗,是中国佛教八大宗派之一。所谓"禅"是梵文音译"禅那"的简称,也可以译为"静虑"和"思维修",是一种修行方式。禅宗就是在生活中静静地过滤情埃意垢,修正错误的思维,抛弃恶念,探究心性本源,以期"见性成佛"的佛教大乘宗教。印度禅在南北朝时期由菩提达摩传入中国,故又称达摩宗。历经一百多年的弘传,禅宗在唐代六祖惠能时期达到鼎盛,中、晚唐之后成为汉传佛教的主流与象征。禅宗作为中国文化与外来印度佛教文化相结合的产物,是中国化了的佛教。

(一)禅的诞生

《五灯会元》记载,(2500年前)释迦牟尼在灵山大会上,拈起梵王所献的优钵罗花示众,众人不理解其中的意义,默然不语。只有佛祖十大弟子中的迦叶尊者心领神会,破颜微笑。释迦牟尼说:"我有正法眼藏,涅盘妙心,实相无相,微妙法门,不立文字,教外别传,付咐摩诃迦叶。"此说虽无史实根据,然强调"以心传心""不立文字""教外别传"却是后来禅宗的鲜明主张,就是不依赖佛经,不拘泥文字语言,师徒心心相印,理解契合,传法授受,靠自身感悟来体会佛理。现在,拈花微笑一般都用来比喻彻悟禅理。印度禅从释迦牟尼传衣钵给摩诃迦叶之后,灯火不断,共传二十八代。

112

（二）禅入中土

印度禅第二十七代传人般若多罗将衣钵传给达摩（即被称为"东土初祖"的第二十八代菩提达摩）。他嘱咐道，东方国土有大气象，他灭度后六十年可以去东土传法弘禅。在般若多罗的感化下，达摩历经艰险，在梁武帝普通年间（公元520—527年）航海抵达中国，谒梁武帝，但是双方不契合。达摩遂游历嵩、洛教授弟子，并于嵩山少林寺选择一个洞穴修习"面壁静观"之禅，在山洞中一坐就是九年。这期间有很多参禅者在洞外恳求做他的门人，都没有被达摩接受。其中一名执着的参禅者在洞门外的积雪中候立至天亮，又自断左臂以示求法决心。达摩见其虔诚坚定，赐名"慧可"并面授心法，最终成为达摩禅的衣钵继承者。隋唐时期，达摩禅逐渐勃兴，代代相传，由二祖慧可传三祖僧璨，三祖僧璨传四祖道信，四祖道信传五祖弘忍。

（三）南顿北渐

《六祖坛经》记载，禅宗五祖弘忍选立法嗣，让门人作偈（佛经中的唱词）。上座弟子神秀作了一偈："身是菩提树，心如明镜台，时时勤拂拭，莫使惹尘埃。"弘忍见了很是赞赏，保留这篇偈语，让门人念诵修持，从中获得启示。但他认为神秀作的这篇偈子，并没有见到佛性。惠能听说这则偈语，认为"美则美矣，了则未了"，也作了一偈："菩提本无树，明镜亦非台。佛性常清净，何处有尘埃！"弘忍认为惠能悟得本性，遂传嗣惠能。

上面两段偈语说明神秀与惠能思想的区别：神秀追求的"清净本性"需要通过渐修（"时时勤拂拭"）而获取；而惠能追求的佛性则是不着眼于佛经文字，靠精神的顿悟把握佛理。这使得以神秀为创始人的北宗禅与以惠能为创始人的南宗禅的宗教思想有了根本的分歧，在禅宗史上被称为"南能北秀""南顿北渐"。

（四）南北对立

五祖弘忍入灭后，门下禅师将禅法遍弘大江南北，而神秀一支在京师腹地，影响极大。公元700年，武则天下诏请神秀禅师入京城洛阳担任国师。唐中宗更是下诏推神秀为"两京（西京长安和东京洛阳）法主，三帝（武则天、唐中宗、唐睿宗）门师"，可见其地位之高。这样，神秀的北宗禅在"安史之乱"前达到了鼎盛时期。而那时禅宗传嗣人、南宗禅创始人惠能还未闻名。

为了在北方北宗禅地区弘传南宗禅宗旨、确立六祖惠能的嫡传地位，惠能弟子神会开始对北宗禅发起挑战，南北禅争夺正统地位由此愈演愈烈。唐天宝十四年（公元755年），"安史之乱"爆发，由于军费紧缺，朝廷诏请神会禅师主持开坛度僧（度人为僧），收取银钱以供军饷，对统一两京起到了重大作用。神会因功被召入内道场（设于宫中之佛事修行场所）。其间，神会迎惠能传法袈裟入内供养，以名正统。南宗禅、惠能及神会本人的声望大大提升。此后，南宗禅日渐扩大势力，代替了北宗禅的统治地位。

（五）五家七宗

南宗禅在中、晚唐达到鼎盛，成为汉传佛教的主流，并逐渐分化成南岳怀让禅师一系的临济宗、沩仰宗，青原行思禅师一系的曹洞宗、云门宗和法眼宗。初祖达摩偈语"吾本来兹土，传法救迷情，一花开五叶，结果自然成"也得以印证（"一花"，就是六祖惠能的南宗禅顿教禅法这一枝花；"五叶"指临济宗、沩仰宗、曹洞宗、云门宗和法眼宗五家）。临济宗在宋朝时又衍生出黄龙派和杨岐派，会同前面的五宗，被称为"五家七宗"。五家门庭虽然设施不同，在接引、传授的方式上各有特点，但皆直接继承惠能南宗禅顿悟而来，而"事理圆融"就是五家禅门共通的宗旨。

（六）历史影响

元、明、清几朝，禅宗逐渐衰颓，清末民初之际，有鉴于佛教的衰微，虚云大师起而中兴禅宗，为近代禅宗中兴之祖。禅宗是我国佛教史上最有生命力的一派，迄今为止仍然代表着我国佛教的主流。它的最大贡献是完成了佛教文化与我国本土文化的很好结合，把佛法向全国推广传播开来，已成为我国哲学、历史、艺术中不可磨灭的印记，成为中华文明重要的组成部分之一。其足迹也远及日本、韩国、朝鲜、越南，20世纪以来又广泛传播到欧美国家，如美国曾出现"基督教禅"运动，现在，坐禅的风气遍及世界各地，形成了一股禅学热。

禅法的本质是静虑。禅宗认为人人都有静虑的本能，运用这种本能，就能洞察人生命的本性，把握外在事物和内心世界的本质，实现解放心灵、超越一切的自由。因此，禅宗否定佛教经典、佛祖权威、无视戒律、不循旧规的思想，追求自然、高雅、平静的生活，在"一朝风月"中体味"万古长空"。这受到中国文人士大夫的高度青睐，成为他们的思想、生活所追求的境界。特别是唐代以后，禅宗大兴，以禅入诗、以禅明诗蔚然成风，如王维就是以禅入诗的典型代表，此后又形成了两宋以禅喻诗的诗论，如严羽以禅喻诗。禅宗文化在我国哲学思想及文化艺术思想上有着重要的影响，使我国人民的思维和智慧得到了升华与提高。

二、原典选读及导读

壇經(節選)

(三)弘忍和尚問惠能曰[1]:"汝何方人?來此山禮拜吾,汝今向吾邊復求何物?"惠能答曰:"弟子是嶺南人,新州百姓[2],今故遠來禮拜和尚。不求餘物,唯求作佛。"大師遂責惠能曰:"汝是嶺南人,又是獦獠[3],若為堪作佛!"惠能答曰:"人即有南北,佛性即無南北;獦獠身與和尚不同,佛性有何差別!"大師欲更共語[4],見左右在傍邊,大師更不言。遂發遣惠能令隨衆作務[5]。時有一行者[6],遂遣惠能于碓房[7],踏碓八箇餘月。

【注釋】

[1]弘忍:俗姓周,蘄州黄梅(今湖北省黄梅縣)人,禪宗第五代祖師。惠能:即六祖惠能,也作慧能,下同。

[2]新州:今廣東省新興縣東。

[3]獦獠(gé liáo):"獠"為古代西南少數民族泛稱,此處"獦獠"疑為對崇狗的西南少數民族的貶稱。

[4]語:周紹良《敦煌寫本壇經原本》(文物出版社1997年版,以下簡稱《原本》)作"議"。

[5]作務:服役,勞作。

[6]行者:尚未剃髮的出家者,一般充當方丈的侍者,在寺院服雜役。

[7]碓房:舂米作坊。房:《原本》作"坊"。

(四)五祖忽於一日喚門人盡來,門人集訖[1],五祖曰:"吾向汝說,世人生死事大,汝等門人,終日供養,祇求福田[2],不求出離生死苦海[3]。汝等自性若迷[4],福門何可救汝[5]。汝總且歸房自看[6],有智惠[7]者,自取本姓般若之知[8],各作一偈呈吾[9],吾看汝偈,若悟大意者,付汝衣法[10],稟為六代[11],火急急[12]!"

【注釋】

[1]訖:《原本》作"記",訂正為"已"字。

[2]祇:同"只"。福田:佛教認為行善修德,供養佈施,能受福報,猶如農人耕田,能有收穫。

[3]苦海:指塵世間的煩惱與苦難。

[4]若迷:《原本》無"若"字。

［5］福門：同"福田"。

［6］汝：《原本》作"汝汝"，第二個"汝"字訂正為"等"字。

［7］惠：同"慧"。

［8］般若（bō rě）：梵語"智慧"一詞的音譯。知：同"智"。

［9］偈（jì）：梵語"偈陀"（Gāthā）的簡稱，譯為頌，即佛經中的唱誦詞，通常為四句
一偈。

［10］衣法："衣"指出家人的袈裟，"法"指佛法。

［11］稟：賦予，給予。六代：梁武帝時，達摩來華，為中國禪宗初祖，其後達摩傳慧可，
慧可傳僧璨，僧璨傳道信，道信傳弘忍，弘忍傳惠能，共六代。

［12］火急急：《原本》作"火急作"。

（六）上座神秀思惟[1]：諸人不呈心偈，緣我為教授師，我若不呈心偈，五祖如何見得我心
中見解深淺[2]。我將心偈上五祖呈意，求法即善，覓祖不善，却同凡心奪其聖位[3]。若不呈心
偈，終不得法。良久思惟，甚難，甚難。夜至三更，不令人見，遂向南廊下中間壁上題作呈心
偈，欲求於法[4]。若五祖見偈，言此偈語，若訪覓我，我宿業障重[5]，不合得法，聖意難測。我
心自息。秀上座三更於南廊下中間壁上秉燭題作偈，人盡不知。偈曰：

身是菩提樹，心如明鏡臺，時時勤拂拭，莫使有塵埃。[6]

【注釋】

［1］上座：即首座弟子。神秀：為禪宗五祖弘忍的弟子，北宗禪的開創者，俗姓李，東
京尉氏（今河南省尉氏縣）人，《宋高僧傳》卷八有傳。

［2］見得：《原本》作"得見"。

［3］聖位：六代祖師位。

［4］于：《原本》作"衣"。

［5］"若五祖見偈"以下四句，言語含混，殊不可解。《原本》作"若五祖見偈，言此偈
語，若訪覓我，我見和尚，即云是秀作；五祖偈言不堪，自是我迷，宿業障重"，敘述
清楚明白。業障：妨礙修行正果的罪業。

［6］菩提樹：原產印度，相傳釋迦摩尼坐此樹下成道。"菩提"是梵文 Bodhi 的音譯，
意譯"覺""智""知""道"。佛教用來指大徹大悟的境界，又指覺悟的智慧和途
徑。明鏡臺：原指梳妝檯，此處為佛性的代稱。神秀這首偈表明其主張修行成佛
的思想。

（七）神秀上座，題此偈畢，歸臥房[1]，並無人見。五祖平旦[2]，遂喚盧供奉來南廊下[3]，畫

《楞伽》變相[4]。五祖忽見此偈,請記[5],乃謂供奉曰:"弘忍與供奉錢三十千,深勞遠來,不畫變相了。《金剛經》[6]云:'凡所有相,皆是虛妄。'不如留此偈,令迷人誦。依此修行,不墮三惡道[7]。依法修行人,有大利益。"

大師遂喚門人盡來,焚香偈前,令衆人見[8],皆生敬心。"汝等盡誦此偈者,方得見性[9];依此修行,即不墮落[10]。"門人盡誦,皆生敬心,喚言善哉!

五祖遂喚秀上座於堂內,問:"是汝作偈否?若是汝作,應得我法。"秀上座言:"罪過!實是秀作[11]。不敢求祖,願和尚慈悲,看弟子有小智惠[12]、識大意否?"五祖曰:"汝作此偈,見即未到,祇到門前[13],尚未得入。凡夫依此偈修行,即不墮落;作此見解,若覓無上菩提[14],即未可得。須入得門,見自本性。汝且去,一兩日來思惟,更作一偈來呈吾,若入得門,見自本性,當付汝衣法。"秀上座去數日,作不得。

【注釋】

[1]歸臥房:《原本》作"歸卻臥房"。

[2]平旦:清晨。

[3]盧供奉:"盧"指畫工盧珍,"供奉"指以某種技藝侍奉神佛的職官。

[4]《楞伽》:《楞伽經》,全名《楞伽阿跋多羅寶經》,是大乘佛法中論述唯識思想的重要經典。《楞伽》變相:把《楞伽經》上的故事繪成圖畫。《原本》無"相"字。

[5]記:應作"訖"。

[6]《金剛經》:佛教經典,全稱《金剛般若波羅蜜經》。大約成書于公元前1世紀,最早由後秦鳩摩羅什于弘始四年(公元402年)譯出,后相繼出現多種譯本。該書認為世間萬物虛妄不實,只有破除對一切事物的執念才能獲得真正的解脫。此書與《壇經》思想有著極深的淵源關係,對中國文化影響深遠。

[7]三惡道:佛教謂六道輪回中作惡業者受生的三個去處,即地獄道、餓鬼道、畜生道。

[8]令:《原本》作"人"。

[9]見性:悟徹清淨的佛性。

[10]墮落:這裏指墮入"三惡道"。

[11]秀:《原本》作"神秀"。

[12]惠:同"慧"。

[13]祇:同"只"。

[14]無上菩提:"菩提"是大徹大悟、明心見性,"無上菩提"是至高無上的覺悟。

(八)有一童[1],於碓房邊過[2],唱誦此偈,惠能一聞,知未見性,即識大意。能問童子:

"適來誦者,是何言偈?"童子答能曰:"儞不知大師言,生死事大,欲傳於法,令門人等各作一偈來呈看,悟大意,即付衣法,稟為六代祖。有一上座名神秀,忽於南廊下書《無相偈》一首,五祖令諸門人盡誦。悟此偈者,即見自性;依此修行,即得出離[3]。"惠能答曰:"我在此踏碓八箇餘月,未至堂前,望上人引惠能至南廊下,見此偈禮拜,亦願誦取,結來生緣,願生佛地[4]。"童子引能,至南廊下,能即禮拜此偈,為不識字,請一人讀,惠能聞已,即識大意。惠能亦作一偈,又請得一解書人,於西間壁上題着,呈自本心[5]。不識本心,學法無益,識心見性,即悟大意。

惠能偈曰:

菩提本無樹,明鏡亦無台,佛性常清淨,何處有塵埃!

又偈曰:

心是菩提樹,身為明鏡台,明鏡本清淨,何處染塵埃![6]

院內徒眾,見能作此偈盡怪。惠能却入碓房。五祖忽見惠能偈,即善知識大意[7]。恐眾人知,五祖乃謂眾人曰:"此亦未得了[8]。"

【注釋】

[1]童:原本作"童子"。

[2]房:原本作"坊"。

[3]出離:不再執著過去執著的事物。

[4]佛地:超脫生死,滅絕煩惱的境界。

[5]本心:佛性。

[6]惠能這兩首偈反對修行成佛,主張頓悟成佛,與神秀的偈形成鮮明對比,表明了禪宗頓教與漸教的區別。

[7]這兩句《原本》作"五祖忽來廊下,見惠能偈,即知識大意。"

[8]了:了悟。

【导读】

《坛经》,亦称《六祖大师法宝坛经》,是研究禅宗思想渊源的重要经典。

唐朝初期,禅法开始被公开地、普遍地传授,使得禅宗兴盛起来。这种公开的传授,在当时称之为"开法""开禅"或"开源"。六祖惠能常于韶州大梵寺讲经说法,后被其弟子法海汇编成书,因是在施法坛上的开法记录而得名《坛经》。现存的坛经分为两部分:一是大梵寺说法部分,这是《坛经》的主体部分;二是惠能平时与弟子的问答、临终嘱咐及其身后情形。其中心思想是"见性成佛",即所说"唯传见性法,出世破邪宗"。性,指众生本来都具有成佛的可能性。即"菩提自性,本来清净,但用此心,直了成佛"及"人虽有南北,佛性无南北"。惠能主张顿悟成佛,认为"不悟,即是佛是众生,一念若悟,即众生是佛""一切万法,尽在自身中,何不从于自心顿现真如本性?"

《坛经》的主要版本:(1)敦煌本:为近代敦煌所发现的写本,约成书于公元780—800年。(2)至元本:至元二十八年(1291年)宗宝改编本。(3)古本:从古人的记述中,知道《坛经》有古本(或称"曹溪古本")存在。有说法认为此版本为僧人契嵩所改编。(4)惠昕本:编定时间为宋太祖乾德五年(967年)五月。惠昕本于政和六年(1116年)再刊,传入日本,被称为"大乘寺本"。绍兴二十三年(1153年)刊本,传入日本,被称为"兴圣寺本"。现存的版本中以敦煌本为最古。

三、延伸思考

1.禅宗经历了一千多年的漫长发展,已经深深融入我国人民的思想和生活中,尤其是随着现代生活节奏的加快,人们的精神压力和生存竞争越来越大,怎么才能很好地自我调节,获得人生的超越,获得心灵的和谐与幸福? 禅宗思想对我们有什么借鉴意义?

2.禅宗思想对中国古代文人、士大夫影响深远,被称为"诗佛"的王维更是与禅有着密不可分的关系。请阅读下面几首王维的诗歌,理解其中的禅意。

竹里馆

独坐幽篁里,弹琴复长啸。

深林人不知,明月来相照。

鸟鸣涧

人闲桂花落,夜静春山空。

月出惊山鸟,时鸣春涧中。

终南别业

中岁颇好道,晚家南山陲。

兴来每独往,胜事空自知。

行到水穷处,坐看云起时。

偶然值林叟,谈笑无还期。

3."大抵禅道惟在妙悟,诗道亦在妙悟,且孟襄阳(孟浩然)学力下韩退之(韩愈)远甚,而其诗独出退之之上者,一味妙悟而已。惟悟乃为当行,乃为本色。"上面一段话为选自严羽《沧浪诗话·诗辨》,结合禅宗思想与平时所学的诗歌知识,理解"以禅喻诗"诗论的含义。

(马建智撰)

119

第三节　佛教与士大夫

一、概述

佛教自汉代传入我国,其主旨、方法、典籍在传播过程中,脱旧胎,换新颜,最终在中国开花结果,形成了迥然不同于原始印度佛教的新型佛教文化。这个转变不但完成了对佛教生命力的传承、拓新,同时更刺激了中国本土文化的脱胎换骨,儒、道、佛三家并立的独特景观充分体现了中国文化的博大、包容与鲜活。

在佛教传入、融入中国本土文化的过程中,不同教派、教义纷纷涌现,各占风流。大致而言,唐之前,以小乘佛教为主体,中唐以后,大乘佛教逐渐占据主流,其中"一花五叶"格局的形成更使佛教达到鼎盛。与佛教在中国的发展成熟一致,吸纳佛教若干元素的中国传统文化亦呈现出精密化、体系化、形而上学化等新气象。中肯地说,没有佛教的融入,中国传统文化要单一、沉闷许多。佛教中生死、轮回、涅槃、空色等诸多观念的引入,大大地滋育了中国人的灵性,对时间、空间、人性、永恒等问题的探讨亦进入中国文化的顶端,这种价值直至当下仍是一笔宝贵的财富。

佛教的传入在中国文化史上是一件大事,其对中国文化的影响亦是多面和深远的,此种影响我们可通过中国士大夫文化空间的转变来直接体悟。随着对佛教教义的深入接纳,士大夫的人文视野不断拓展,思想境界也得到提升,中国文化中的一些传统命题,如天人、性命、情理的分辨越发精微细密,磅礴高深,达到一个质的飞跃。同样,佛教进入中国后,其原初的寂灭无欲、天人分离的面貌被中国化后,变得生气活泼,充满了世俗情味。虽然,佛教由印度发源,但在中国扎根结果,成熟勃发,最终成为惠泽世人的世界性大宗教。

佛教对士大夫的影响可分为无形的和有形的两方面。无形的方面,就知识结构、思想境界、价值观而言,佛教不仅改变了传统士大夫的知识构成,更直接深化或更改了其时空观、世界观、人生观;有形的方面,即外显出来的一系列文化活动,其中尤以思想学说、文艺创造为主。无可置疑的是,自从佛家被士大夫阶层或隐或显或深或浅地接受后,中国士大夫文化亦呈现出了崭新的面貌。就学术而言,这促成了宋明儒学的发达,开启了儒学新纪元;就文学而言,这开拓了意境,扩充了题材,提升了形而上的玄思妙境,在典故、手法、意境上均呈现出崭新面貌。

下面我们简要论述一下佛教在儒学与传统士大夫文学层面的具体影响。

　　佛教对儒学的影响颇深。汉末以来，士大夫即耽于佛学，并将其与玄学融合，为佛教的中国化奠定了基础。到了唐代，以排佛著称的韩愈及其门人李翱在其思想层面早已受佛学影响，韩愈的《原性》及李翱的《复性书》均显露出受佛学影响的迹象。至宋明理学，佛学与儒学的融合达到了高峰。宋儒喜言性与天道，其体系下的无极、太极、理、气、性等概念，乃至"静""敬"等修道手段无一不受到禅宗"还得本心""自性清净"及"顿悟"等功夫方法的影响。虽然宋儒不断批判佛教出世思想、毁弃人伦道德等诸多缺陷，但大多是入室操戈，引佛援儒。到了陆九渊、王阳明的心学，这种儒、佛互融的格局更为明显。佛教的引入对中国士大夫的思想境界来说，无异于开了一个天窗，在将传统儒家务实、伦理的一面强化的同时，亦将其天人格局大大拓展，儒家文化愈显深邃、博大。

　　士大夫阶层中与佛结缘的人士更是不可胜数，早在六朝时期的谢灵运即深耽佛学，陶渊明亦与名僧慧远交情颇深。隋唐以来，士大夫与佛教结缘更深，举例而言，如唐初号称"燕许大手笔"的张说，曾问法于神秀禅师；白居易更是精于佛学，其在《在家出家》一诗云"中宵入定跏趺坐，女唤妻呼多不应"，完全是一在家居士的形象了。此外，如王维耽于佛学，名字即取自《维摩诘经》（该经叙述毗耶离城居士维摩诘十分富有，深通大乘佛法，通过与文殊师利等人共论佛法，阐扬大乘般若性空的思想，是禅宗史上一份宝贵的文献资料），其诗蝉蜕于佛理，号称诗佛。即使如杜甫这样奉儒家为典范的诗圣，亦写出"身许双峰寺，门求七祖禅"（《秋日夔府咏怀奉寄郑监李宾客一百韵》）的向佛诗句。宋朝时期，士大夫更是多亲近禅林，如苏轼、黄庭坚等皆与佛教有着或深或浅的缘分，成为后来文苑津津乐道的典故。

　　佛教作为一异域资源，其焕发出的新鲜感深刻地打动了士大夫阶层。在阅读佛典、与高僧交流以至深入禅定的实践体验中，士大夫与佛教越来越亲密，于是作为其生活的一部分，自然有意无意间地将佛教的影响渗之于诗文中。这种影响涉及诗人构思、写作、修饰的完整过程，就文本而言则涉及典故的运用、意境的营造等，就文学批评而言则涉及禅悟、性灵等一系列术语概念。

　　就典故的运用而言，如柳宗元《与浩初上人同看山寄京华亲故》一诗，云："海畔尖山似剑铓，秋来处处割愁肠。若为化得身千亿，散上（一作作）峰头望故乡。"（《全唐诗》卷351）诗中"身化千亿"之典即出自佛教。禅宗六祖惠能曾教导世人，修习佛教不必外求，所谓"于自色身，归依千百亿化身佛"，意即"何名千百亿化身？不思量，性即空寂；思量即是自化。思量恶法，化为地狱；思量善法，化为天堂。毒害化为畜生，慈悲化为菩萨，知惠（智慧）化为上界，愚痴化为下方。自性变化甚多，迷人自不知见。一念善，知惠即生，一灯能除千年暗，一知惠能灭万年愚"（敦煌本《坛经》）。柳宗元与惠能大致同时，从诗中亦可看出"若为化得身千亿"和"自性化身""我即百千"的思想，如出一辙。可见，受此佛典影响,柳宗元的整首诗意境深远、真挚感人的同时更有玄思妙想的境界。又如宋人黄庭坚:"凌云一笑见桃花,三十年来始到家。从此春风春雨后,乱随流水到天涯。"(《题王居士所藏王友画桃杏花二首》)诗中的"凌云桃花"一典即出自禅师灵云初在沩山,因见桃花悟道,留下一偈云:"三十年来寻剑客,几回落叶又抽枝。自从一见桃花后,直至如今更不疑。"黄庭坚在此借灵云禅师悟道一典,感悟生命,体察人生,语带沧桑同时又有几分旷达乐观。与禅师的偈语相比,黄庭坚的诗则情韵悠长、意境优美,不妨可看作文人由禅悟道后,对人世间一切有情之物的生机与活力的赞美。

就意境的营造而言,魏晋以来山水诗的大量出现则与佛学相关。山水诗鼻祖谢灵运就是一个信佛的士大夫,其《佛影铭》中"云往拂山,风来过松",《山居赋》中"月隐山而成阴,木鸣柯以起风"即是一个在山林中静修的佛徒形象,而在其山水诗中更是大量体现了其佛学修为的影响。其山水诗中静谧的境界及优美的意境均与其透过体空、悟而来,否则诸如"明月照积雪,朔风劲且哀""林壑敛暝色,云霞收夕霏""白云抱幽石,绿篠媚清涟"诸多美句从何而来?王维善于将佛禅中不可言说的境界以诗文传达出。《旧唐书·王维传》载其"晚年长斋""以禅诵为事",其山水诗貌似写风景,实则是佛境的一种体悟。以《辛夷坞》为例,"木末芙蓉花,山中发红萼。涧户寂无人,纷纷开且落。"此中寂寞之静绝非人世间的那种精神上的无力与困乏,而是充满了生机与活力,只有禅修之人,才能了悟寂灭之后内心的无限丰富与自由。所以这首诗倘若仅仅从山中之景致来理解,可谓得皮忘骨,甚至买椟还珠了。

就文学批评而言,如唐代司空图即将诗与禅相联系,提出"韵外之致""味外之旨"的诗学体系。宋人严羽诗禅相通,其论"禅道惟在妙悟,诗道亦在妙悟"更是一语道破天机。此外,如明代的"性灵"说、"童心"说等亦带有佛教的影子。

此外,佛教对中国传统文学中的变文、寓言、小说等文体均有深远的影响,因其在士大夫文化生活中不占主流,故略而不言。

二、原典选读及导读

復性書上（節選）

　　人之所以為聖人者性也,人之所以惑其性者情也。喜怒哀懼愛惡欲,七者皆情之所為也。情既昏,性斯匿矣。非性之過也,七者循環而交來,故性不能充也。水之渾也,其流不清,火之煙也,其光不明,非水火清明之過,沙不渾,流斯清矣,煙不鬱,光斯明矣。情不作,性斯充矣,性與情不相無也。

　　雖然,無性則情無所生矣。是情由性而生,情不自情,因性而情,性不自性,由情以明。性者天之命也,聖人得之而不惑者也;情者性之動也,百姓溺之而不能知其本者也。聖人者豈其無情耶? 聖人者,寂然不動,不往而到,不言而神,不耀而光,制作參乎天地,變化合乎陰陽,雖有情也,未嘗有情也。然則百姓者,豈其無性耶? 百姓之性與聖人之性弗差也,雖然,情之所昏,交相攻伐,未始有窮,故雖終身而不自覩其性焉。火之潛於山石林木之中,非不火也;江河淮濟之未流而潛於山,非不泉也。石不敲,木不磨,則不能燒其山林而燥萬物;泉之源弗疏,則不能為江為河,為淮為濟,東匯大壑,浩浩蕩蕩,為弗測之深。情之動靜弗息,則不能復其性而燭天地,為不極之明。

故聖人者,人之先覺者也。覺則明,否則惑,惑則昏,明與昏謂之不同。明與昏性本無有,則同與不同二皆離矣。夫明者所以對昏,昏既滅,則明亦不立矣。是故誠者,聖人性之也,寂然不動,廣大清明,照乎天地,感而遂通天下之故,行止語默,無不處於極也。復其性者賢人,循之而不已者也,不已則能歸其源矣。……

聖人知人之性皆善,可以循之不息而至於聖也,故制禮以節之,作樂以和之。安於和樂,樂之本也;動而中禮,禮之本也。故在車則聞鸞和之聲,行步則聞佩玉之音,無故不廢琴瑟,視聽言行,循禮法而動,所以教人忘嗜欲而歸性命之道也。道者至誠而不息者也,至誠而不息則虛,虛而不息則明,明而不息則照天地而無遺,非他也,此盡性命之道也。哀哉! 人皆可以及乎此,莫之止而不為也,不亦惑耶?

(李翱《復性書》,《欽定全唐文》卷六百三十七,臺灣大通書局 1979 年版)

【导读】

李翱的《复性书》以"性善论"为基础,解决人何以有恶及如何通过道德修养去除恶的问题。李翱所谓的"复性"指恢复为昏惑之情所障蔽的明净善性。文章虽谈性与情,但大体仍是孔孟"性善论"的延伸,尤其强调礼乐对人性完美塑造上所起的至关重要的作用,仍是正宗的孔孟心法。但李翱的文章又有超越孔孟之处,这种超越即其在性的基础上,重视情的异己存在。这种性、情二分法明显比简单的人性本善的传统儒家理论要高明许多,更符合人性的复杂性。孔孟的人性本善论过于简单,漠视或忽略了人性恶的存在,这种理想化的人性设计越到后来越难服人心,尤其是在佛教传入中国后,其对人性、佛性的细密辨析极大地吸引了士大夫们的注意,于是在"儒门淡薄,收拾不住"的被动局面下,儒家要反驳,要生存,必然要在心、性、命上与佛家相抗衡,也不得不正视人性的复杂性,对人性的开拓性认知在宋儒的努力下发展成熟,而开启先河者即是李翱。

李翱的这篇文章既然有超越前人之处,这种超越的基石来自何处? 或者说是什么思想源泉让李翱可以突破前人束缚,而向前迈了一小步? 这里的源泉即佛学。此中奥秘前人论及很多,例如,叶梦得认为:"李翱《复性书》,即佛氏所常言,而一以吾儒之说文之。……此道岂有二? 以儒言之则为儒,以佛言之则为佛。……吾谓唐人善学佛而能不失其为儒者，无如翱。"朱熹也认为李翱的道理"也只是从佛中来"。可见李翱的整个理论体系明显是受佛家影响而来的。

李翱关于人性与情的关系正是源自佛家中所言的佛性与人性的区别与关联。李翱认为人性本是善的，其后来有恶是缘于后天情的干扰。正如一条河流本是清澈见底的，后来却变污浊了，这主要是由于后来一些不好的东西流进去，污染了它。这种观念即受当时佛学观念的启发。唐代天台宗僧人湛然主张"染体即净"，并用水作比喻："浊水清水，波湿无殊。清浊虽即由缘。而浊成本有。浊虽本有而全体是清。以二波理通举体是用。"（唐湛然《十不二门》）十卷本的《楞枷经》中将佛性与人性截然分为二法，各自代表着净心与染心。可以看出，这些佛教观念中佛性与人性正好巧妙对应上了李翱所认为的性与情的对立。李翱所说的性情和禅师们所说的性情，含义虽然不尽相同，但所用比喻和思维方法却有共同之处。

此外，李翱所言净化人性污浊的方法虽说是孔孟常言的以礼乐制度来规范、约束人性的扩张，这种方法与佛门所言，识透色中之空，通过修行，以渐悟或顿悟二法门终得解脱涅槃的方法相一致。如南宗禅创始人惠能所说："迷人于境上有念，念上便起邪见，一切尘劳妄想，从此而生。""自性常清净，日月常明，只为云覆盖，上明下暗，不能了见日月星辰。"（敦煌本《坛经》）解脱之道则是直见本性，了彻法、色、人、我的空幻，直至达到无我、无法的境界。

通过以上的比较和分析，我们可以看出，李翱是唐代士大夫中系统地吸收佛教思想来改造儒家思想并建立新儒学的人。一个时代有一个时代的认识水平。儒学和佛教长期并存，各自从不同的角度认识社会，既有对立的地方，又有统一的地方，既互相斗争，又互为吸收。以章句训诂之学为主要内涵的儒学，在唐代已经走进了死胡同，它本身必须更新成分，改弦更张，才会有生命力。佛教给儒学注入了新鲜血液。儒学吸收佛教后，变章句训诂之学为性命义理之学，转变为理学。时代提供了这样的契机。不管李翱是出于自觉还是不自觉，自己承认还是不承认，作为一个历史人物，他完成了从儒佛对抗到儒佛合流这一根本性的转化。他是一个承前启后的人物，是宋代理学的先驱者。

题沈君琴

蘇 軾

若言琴上有琴中，放在匣中何不鳴？

若言聲在指頭上，何不於君指上聽。

（王文誥輯注，孔凡禮點校《蘇軾詩集》，中華書局1982年版）

【导读】

有学者认为此诗引自《楞严经》"虽有妙音,若无妙指,终不能发"一语。佛经中借指与音的关系意在说明"缘起性空"。"缘起"即诸法由因缘而起,就是一切事物或现象,都依赖相对的互存关系和条件而生,所谓"若此有则彼有,若此生则彼生;若此无则彼无,若此灭则彼灭"。也就是说,世间万象均是在同时或者异时的互相依存关系中存在的。"缘起性空"是宇宙万有的真实现状,"空"并非空无一物,而是佛家对诸法实相的描述。

苏轼深悟佛学,其诗当是其对佛理的一种妙悟。只是佛经中强调万物相辅相成,无一实体,只有看透实相背后的空无方能解脱的道理,到了苏轼笔下,则另开新境。他将其中的佛理延伸至世间万物相对存在、万物各有联系的深刻哲理境界,从宗教跳到哲学,这也是苏轼出入佛界、洒脱自如的一个体现。

在苏轼的诗文中,像这样富有禅趣、禅理的作品为数不少,例如:《和子由渑池怀旧》中"人生到处知何似? 应似飞鸿踏雪泥。泥上偶然留指爪,鸿飞那复计东西";《正月二十日,与潘、郭二生出郊寻春,忽记去年是日同至女王城作诗,乃和前韵》中"人似秋鸿来有信,事如春梦了无痕";《题西林壁》中"不识庐山真面目,只缘身在此山中"等。不过与更多禅师的禅诗相比,苏轼关于禅理的诗有两个特点:一是富于形象性,不是空洞地说理;二是富有生活情趣。也就是说苏轼的禅诗大多是从生活中受到启发,感悟到禅趣,而不是整天闭关面壁,从修行中悟得禅理。故其诗极具灵动性,让读者在享受美的同时,更不乏领悟到禅的某些妙旨。这正是苏轼的高明之处。

沧浪诗话

夫詩有別材,非關書也;詩有別趣,非關理也。然非多讀書、多窮理,則不能極其至,所謂不涉理路、不落言筌者,上也。詩者,吟詠情性也。盛唐諸人惟在興趣,羚羊掛角[1],無跡可求。故其妙處,透徹玲瓏,不可湊泊,如空中之音,相中之色,水中之月[2],鏡中之象,言有盡而意無窮。近代諸公,乃作奇特解會,遂以文字為詩,以才學為詩,以議論為詩。夫豈不工,終非古人之詩也。蓋於一唱三歎之音,有所歉焉。且其作多務使事,不問興致;用字必有來歷,押韻必有出處,讀之反覆終篇,不知着到何在。其末流甚者,叫噪怒張,殊乖忠厚之風,殆以罵詈為詩。詩而至此,可謂一厄也。

（嚴羽著,郭紹虞校釋《滄浪詩話校釋》,人民文學出版社 1961 年版）

【注释】

[1]羚羊掛角:《景德傳燈錄》卷十六載義存禪師示眾語謂:"我若東道西道,汝則尋

言逐句；我若羚羊掛角，汝向什麽處捫摸？"

[2]水中之月：唐玄覺禪師在《永嘉證道歌》中說："一性圓通一切性，一法遍含一切法。一月普現一切水，一切水月一月攝。"月印萬川思想出自華嚴宗，其宣揚一即一切，一切即一的思想相似。強調萬物皆沾有佛性，本質上是同一的。

【导读】

在宋人诗文中，多喜言"悟"。悟本是禅门密语，与诗本不相关，为何文人却大谈特谈诗中之悟？这多缘于佛门子弟在修行中，通过悟来达到了彻生死、身归涅槃的境界。这种坐禅入定的冥思状态、内心的平和澄清及精神的自由无羁，恰好是文人渴望的一种诗歌写作状态。这样"悟"被士大夫阶层普遍接受，并引以为秘典，研习揣摩，以期达到创作的最佳状态。苏轼"欲令诗语妙，无厌空且静。静故了群动，空故纳万境"（《送参寥师》）已深刻揭示了禅宗对诗人心境乃至诗中意境的烘托、熏染之力。宋代出现了大量以学诗为主题的诗歌，其内涵大多是以禅悟诗，例如，吴可"学诗浑似学参禅，头上安头不足传。跳出少陵窠臼外，丈夫志气本冲天"（《学诗》）可以看出宋人在诗歌境界上勇于创新，其动力和启示皆与禅宗追求自我内在佛性的自信与眼界分不开。总之，这种诗与禅的关系正如元代诗人元好问所云："诗为禅客添花锦，禅是诗家切玉刀。"（《答俊书记学诗》）

"妙悟"一语虽非严羽首提，但作为一种诗歌概念，无疑是严羽首次将其体系化。"妙悟"一词的由来与思路均受禅宗影响。证据是除了《沧浪诗话》中大量禅门秘语的出现，其整体思路亦沿袭佛教思想，例如，其中的"空中之音，相中之色，水中之月，镜中之象"等用语均是佛门印证佛法无边，普照万物，禅师亦要勘破色相，直逼法空本真的境界，而严羽用来解释诗歌只可意会不可言传的境界。严羽亦不讳言，"大抵禅道惟在妙悟，诗道亦在妙悟"，此语可说是其整个诗学体系的大纲。"妙悟"成为融创造与批评于一体的诗学理论，充分体现了诗歌作为一种特殊的文化活动，它的审美范式和思维方式具有直觉的和非逻辑性的特性，不同于小说、散文等其他文体，唯有"妙悟"才最接近诗之本质的艺术思维方法，代表了诗歌蕴藉含蓄、言有尽而意无穷的审美特点。

与"妙悟"相对立的诗歌标准，即学力，在此严羽严厉地批评了宋人作诗专以文字、才学、议论为长的特点，贬之为佛教中的"声闻"与"辟支果"，皆是二流、三流之物，认为宋诗这种散文化、学理化的思维方式与创作方式均有违诗歌之道。唯有以"妙悟"之法作诗，以直观感受为特质，捕捉人与对象心灵交汇的瞬间灵感，方能写出妙趣横生的诗歌。这里的"妙悟"大致等同于现代常言的形象思维，应该说把握住了诗歌的本质，成为传统诗歌体系中具有重要影响的批评术语。

三、延伸思考

自唐以后,少有士大夫不读佛经,亦很少有士大夫不受佛教影响。只是受传统儒家影响,为达到醇儒的境界,辟佛成为历来士大夫阶层必备的一项任务,在佛教盛的情况行下,儒门淡薄,自是实情。对佛教的排斥可以唐代韩愈与宋代理学为代表,前者只是一种简单粗暴的打压,所谓人其人、火其庐,即是其代表方法。宋儒的排佛则更注重在理论上论辩,可以说达到了以理服佛的目的。然而无论是暴力还是理性,这些排佛的手段虽在一定程度上扼制了佛教的传播,但无论是士大夫阶层还是百姓,对佛的信奉仍历代不衰。那么佛教中哪些因素深深吸引了这些士大夫? 一是佛教理论的严密、新颖冲破了传统儒家思维的单一,尤其是禅宗打破权威、不迷信书本的思想,对传统儒家宣扬的述而不作、恪守经典的习气不能不说是一大解放。二是佛经中关于生死轮回的论述也击中了传统儒家口不言死生祸福的简单逃避,试想人世间充满了生死苦乐,尤其是当灾难不可避免地到来时,依靠简单的逃避显然是不行的。佛经中的苦、集、灭、道"四谛"说,正好填补了中华文化在这方面的空缺;在佛家戒、定、慧三学中,其中的慧即人生苦海的解脱之道,在某种程度上增添了人们在面对生死灾变时的勇气与智慧。正如诗人王维所言"一生几许伤心事,不向空门何处销"(《叹白发》)。

佛教的智慧亦即面对人世苦难的智慧,这种智慧被士大夫阶层所汲取、吸收、融合,转化成中国式的生死观、命运观、解脱观。这种精神上的丰富无疑是对中国本土文化的推进。

因为佛教毕竟是一种宗教,它与一向强调积极入世的儒家观念相冲突,所以统治阶层虽认可佛教与儒、道并存,但治国方略仍以儒为主,在士大夫阶层中,儒更是主心骨,佛只是一种补充。在历史上,不乏看到王维、白居易、苏轼等这类人物,他们仕途顺畅时,积极入世,以儒家正统观念指导言行,一旦仕途波折困苦时,就不得不托身于佛教这个庇护伞,以化解世间苦难。中华文化史上的奇特现象便由此产生,似儒非儒,似佛非佛,儒、佛兼修成为士大夫阶层的常态。这种奇特的宗教观应该是中国特有的,折射出了中华民族特有的文化心理。

总体来看,佛教对中国人的影响大致可分为两个层次,一是下层百姓,二是上层士大夫阶层。前者对佛教的义理不感兴趣,更注重其中的生死解脱、祈福消灾,偏重现实功利性;后者则更注重佛教中的教义,其中的思辨性、超脱性在心性义理上更能打动士大夫层。而后者无疑既是传统文化的继承者又是推动者和创新者,其素养的改变直接决定了中华文化的特质转变。

佛教对中国士大夫阶层无疑是个福音,是在现实空间重新开辟的新园地,这是一块富足而宁静的精神家园,足以让在外面饱受折磨的士大夫阶层,在齐家、治国、平天下的梦想破灭后,有一个灵魂安憩之所。自从有了这个家园,士大夫阶层对人性的领悟加深了,对文学艺术的造诣空灵了,这个精神家园至今仍是世外桃源,成为后来者向往和追求的地方。

我们欣赏王维的诗,诗中有画的妙趣,有净土之音的回响;我们喜欢苏轼的前后《赤壁赋》,里面有飞鸿踏雪和人世空幻的某种领悟;我们在咀嚼宋儒谆谆教导的理、欲、敬、静、良知等诸多道德修养时,亦勿忘记禅宗直指人心、人人皆有佛性的指引之力。总之,士大夫文化空间的丰富深邃,亦是传统文化的奥妙迷人之处,而这一切皆与佛教的普及、推广相关。

从另一个层面来看,中国传统文化也在改造着佛教,中华民族特有的文化特质,如重生活实践、重感性领悟、重伦理道德、现实与超脱为一体等方面亦将佛教变成了一个中国式的佛教。它不再是死寂无欲的,西方净土也不是遥不可及的,而变得与人间相连,人与佛之间只隔了一层"悟"的薄纱,净土也是人间,佛即众生,这些新型佛教思想大大地丰富了原始佛教文化,为其后来在全世界的传播奠定了人性化的基础。从这方面来看,佛教的传播亦是中华文化的传播,其中蕴含的精神财富值得我们细细品味,认真汲取,开拓深化。

(苏利海撰)

第四章　道家思想

　　道家思想是中国传统文化的重要组成部分,素来有儒道互补、儒释道三教并列之说。在古代,三家思想各有偏重,古人总结为儒家治世、道家治身、佛家治心,可见其重要性。道家以老子之道为核心思想,在历史上体现为一个多层次的、不断发展深化的文化体系,出现过老学、庄学、黄老学、玄学等不同的学派,对中国土生土长的宗教道教的形成和发展也产生了深远的影响。道家放眼自然,关注个体,以其独特的世界观、价值观和思维方式,在古人的现实和精神生活中发挥着重要作用,至今仍不失其生命力。

第一节　道家学说

一、概述

　　道家尽管学派纷呈,但有一个核心观念,就是"道"。"道"是道家哲学的最高范畴,来源于老子,为所有道家学派所尊崇,道家学说的其他内容都是围绕着"道"展开的。道是什么呢? 道家认为,道是世界万物的本源和法则,道自本自根、自然无为、无形无相、遍在万物、运动不息,普遍适用于自然和人类社会。

　　道家之道具有极大的包容性和普遍性。道家尊崇天道,认为天道自然无为。道生万物,自然的生命力来源于道,自然因道而生生不息,而道功成不居,并不支配万物,主宰万物。道的法则是无为,任由万物顺乎其本性自然而然地存在发展、运动变化。道家将宇宙看成一个彼此联系的大生命系统,具有无穷的生命力,能创造出无穷无尽的事物,而事物之间又存在千丝万缕的联系,彼此相因相成、相克相化,由于遵循着自然无为的法则,因而保持着和谐和勃勃生机。在道论的基础上,道家提出人道,认为人道与天道一样,应该顺其自然。道的特点是顺乎万物之自然,遵从事物自己的发展规律,反对人为的干扰和破坏,这就是无为。人道也需无为,但并非完全无所作为,而是要因势利导,因民随俗,使其自然化育，自然发展，最后达到无为而无不为。因此，人道的无为实际上是一种合乎自然的有为。总之，道通为一，无论天道还是人道，都需遵循自然之道。道家站在超越性的道的高度，将自然界和人类社会囊括在自己的视域之中，强调贵因随势、顺乎自然，这一思想在后世被广泛地运用于人们立身行事和政治活动中。

道家的理论奠基于老子，老子精妙玄奥的思想为历代道家学者的创造发挥提供了极大的理论思维空间。历史上，道家出现了不同的流派，具有时代特色，丰富和发展了道家学说，共同构筑了博大精深的道家思想体系。道家学说在历史上经历了漫长的发展演变过程，主要体现为以下几个阶段。

第一个阶段是原始道家阶段。道家学说创立于老子，老子标举"道"，指出道生万物，道是万物的本源。道也是事物发展的规律，"道法自然"，道就是自然无为、顺应万物之本然。老子说"反者道之动"，其思想充满辩证法的智慧。道还是人们生活的准则，"上善若水"，水具有道性，人们在生活中应像水一样柔弱却又强大。他主张天道自然无为、人道顺其自然。其思想，从道的高度，以自然的视野，从有看到无，从现在看到未来，从宇宙论延伸到人生论，由人生论扩展到政治论，以宏观性、超越性、思辨性为后世道家所本。

第二个阶段是先秦杨朱、彭蒙、田骈、慎到等人的思想言行。杨朱发挥《老子》中贵身防患的思想，形成道家学说中"为我"一派。杨朱认为人的生命最为重要，其他都是身外之物，与生命的重要性相比不值一提，主张重生轻物，爱惜身体，防止物欲对身体的伤害。彭蒙、田骈、慎到活跃于齐国的稷下学宫，他们糅合法、道，将自然之道与社会之道结合起来，发展了老子思想中的社会政治学说，提出道生法，因道全法，实现了由道家向法家的转化。后来申不害、商鞅的政治之术皆本于老学，至韩非达到法家与道家的高度结合。

第三个阶段是庄子及其学派的学说。庄子对老子的思想进行了全面继承和创造性的发挥。作为重要的道家思想家之一，人们往往老庄并提，而二人思想同中有异，老子之道更多的是客观色彩，庄子之道更多的是主观意义。二人都极富人格魅力，老子是智者，庄子是艺术家。《庄子》共三十三篇，其中内篇更能体现庄子的思想。他提出"齐物论"，从道的立场看问题，万物都是有限和可以超越的，因此万物齐一，是非、荣辱、得失皆可忘掉。庄子追求的"逍遥游"，不是鲲鹏的变化无端，也不是列子的御风而行，而是绝对不依赖外在条件的无待的逍遥，因而这种绝对的逍遥其实是精神的自由无碍。于是，庄子提出"心斋""坐忘"的体道方式，忘掉身体、智慧、机心，达到无己、无功、无名，从而与道合一。庄子的哲学是追求自由的心灵哲学，其启示的是艺术人生，《庄子》之文，汪洋恣肆，仪态万方，是哲理与艺术的结晶。

第四阶段是战国末年到汉初的黄老之学。黄帝是中华民族的始祖，是治世的明君，在秦汉时期的人们看来，老子的自然无为之道只有与黄帝的治世之道结合起来，才能救世，实现社会理想。汉代的黄老之学融合儒家、法家、阴阳家等思想，着重发挥了《老子》

中关于政治和养生的方面。黄老之学崇尚清静无为,政治上主张与民休息,促成了汉初的文景之治,在安定社会、恢复经济方面发挥了重要作用。《淮南子》是汉代道家学说之集大成,系统地发展了黄老之学,对自然、社会、生命、政治、军事、艺术等领域都有精深的见解。

第五阶段是汉末道教。它由黄老之学宗教化为黄老崇拜,并与神仙长生信仰、民间巫术相结合,最后孕育而成民间道教。具体内容见本章第二节。

第六阶段是魏晋玄学。玄学的名称来自《老子》,其学说继承道家自然无为的思想,以《周易》《老子》《庄子》为经典,是儒道合流的产物,代表思想有何晏、王弼的贵无论,阮籍、嵇康的自然观,向秀、郭象的独化论等。王弼的《老子注》,是历代注释《老子》的经典之作,他崇本抑末,"以无为本",将老子具有宇宙论色彩的道,发展为更为精深的本体论,反映了古代哲学的新发展。阮籍、嵇康提出"越名教而任自然",以老庄之学反对礼教对自然人性的束缚,将道家崇尚个体超越自由的精神发挥到极致。郭象提出独化论,认为万物自生独化,物各自造而无所待。他还提出"物各有性",而"性各有分",认为万物虽然千差万别,但只要实现了各自的性分,不管是燕雀还是大鹏都逍遥。他的"内圣外王"思想,调和出世与入世,认为只要顺其自然,率性而动,身在庙堂之上,心也无异于山林之中,名教即自然。魏晋玄学是中国古代抽象思维空前发展的成果,也是企图用道家思想来调整失衡的社会关系和知识分子内心世界的产物,在古代文化史、思想史上具有重要意义。

第七阶段是隋唐之后的持续发展阶段。隋唐以后,道家再没出现过大的学术流派和社会思潮,但依然保持着很强的生命力,历代注释《老子》《庄子》的作品层出不穷。道家学说在宋明理学、心学、佛学的建构中发挥了特有的作用。道家借助道教这一旁支获得持续发展,道家思想在道教重玄学、内丹学、全真道中焕发出新的活力。

除了表现为历史上的学术流派,道家思想已融入传统文化中,发挥着深远的影响,体现为一种独具特色的道家精神、道家气象,主要内涵如下。

其一,道家崇尚自然、追求返璞归真。道家崇尚自然,要求人们顺应自然之道,返璞归真。道家喜爱自然,《老子》《庄子》都充满了对大自然的赞颂,对和谐、纯朴、壮阔的自然之美和自然万物勃勃生机的由衷向往。他们要求人们学习大自然的纯朴和谐,让一切事物都回复到其原初的自然状态,让事物显示其本来的面目,让人们返璞归真,保持质朴的天性。

其二,道家富于辩证的睿智。在古代,儒道互补、相济,儒家重有为,道家尚无为,儒家看到有,道家关注无。道家具有独特的智慧,能透过事物的表象直探其底蕴。一般人通常容易看到事物的正面,即主动、显露的部分和刚强的威力,道家却要人们看重事物的负面,即被动、深藏的部分及曲折的过程和柔弱的作用,关注事物的转化和运动,认为物极必反,主张贵柔尚静,以柔弱胜刚强。

其三,道家追求自由超越、个性独立。中国传统文化历来重人伦轻自然、重群体轻个体,强调个人的义务和道德人格,不重视个人的自由和独立意识。道家从"道法自然"的原则出发,推崇人的自然人性和社会的自然状态,批判外物对人的异化和限制,虽有消极无为之弊,但肯定主体意识,肯定人对自由平等的追求,具有人道主义的精神内涵。

其四,道家具有愤世、醒世的批判精神。道家具有愤世嫉俗的鲜明特色,常以在野的立场,对不合理的社会政治、伦理道德提出尖锐的批判,具有乱世哲学、隐士哲学的特点。老子主张"绝圣弃知(智)""绝仁弃义",推崇"无为而治"的自然社会。庄子指出"窃钩者诛,窃国者诸侯""圣人不死,大盗不止",尖锐地揭穿了统治者及其道德说教的虚伪无耻。老庄的这种批判思想,对后世产生了深刻的影响,后世的各种社会批判思想和学说大多与此有关。嵇康、阮籍的"非汤武而薄周礼",鲍敬言的"无君论",李贽、黄宗羲、戴震等人对传统社会的尖锐抨击,无不与道家思想中强烈的批判精神血脉相承。

道家思想博大精深,经过几千年的传承、繁衍已融入中华传统文化的各个领域,对传统文化的形成和发展产生了重大的影响。道家对古代政治经济、科学技术、文学艺术等的发展,产生了持久而深远的影响,道家思想又内化于中国人的思维方式、行为方式、价值观念、心理结构和人格类型中,成为人们超越现实、安顿心灵的精神家园。

二、原典选读及导读

淮南子·人間訓(節選)

清淨恬愉[1],人之性也;儀表規矩,事之制也[2]。知人之性,其自養不勃[3];知事之制,其舉錯不惑[4]。發一端,散無竟,周八極[5],總一筦[6],謂之心。見本而知末,觀指而睹歸[7],執一而應萬,握要而治詳[8],謂之術。居知所為,行知所之,事知所秉[9],動知所由,謂之道。道者,置之前而不錯[10],錯之後而不軒[11],內之尋常而不塞[12],布之天下而不窕[13]。是故使人高賢稱譽己者,心之力也;使人卑下誹謗己者,心之罪也。夫言出於口者不可止於人,行發於邇者不可禁於遠[14]。事者,難成而易敗也;名者,難立而易廢也。千里之隄,以螻蟻之穴漏;百尋之屋[15],以突隙之煙焚[16]。堯戒曰:"戰戰慄慄,日慎一日。人莫躓於山[17],而躓於垤[18]。"是故人皆輕小害易微事以多悔。患至而後憂之,是猶病者已惓而索良醫也[19],雖有扁鵲、俞跗[20]之巧,猶不能生也。夫禍之來也,人自生之;福之來也,人自成之。禍與福同門,利與害為鄰,非神聖人,莫之能分。凡人之舉事,莫不先以其知規慮揣度[21],而後敢以定謀。其或利或害,此愚智之所以異也。曉自然以為智知存亡之樞機[22],禍福之門戶,舉而用之,陷溺於難者,不可勝計也。使知所為是者事必可行[23],則天下無不達之塗矣。是故知慮者,禍福之門戶也;動靜者,利害之樞機也。百事之變化,國家之治亂,待而後成,是故不溺於難者成,是故不可不慎也。

(何寧撰《淮南子集釋》,中華書局 1998 年版)

【注釋】

[1]恬愉:安適愉快。

[2]制:原則、法度。

[3]勃:通"悖",違背、荒謬。

[4]錯:通"措",措施、舉動。

[5]八極:八方。

[6]筦:同"管",事物的關鍵、中樞。

[7]指:指向、趨向。

[8]要:要領。詳:繁亂。

[9]所秉:所持的依據,遵守的原則。

[10]蟄:低。

[11]軒:本意為車子前高後低,這裏引申為"高"翹起的意思。

[12]內:通"納"。塞:擁擠。

[13]窕:空隙。

[14]邇:近處。

[15]尋:古代長度單位,八尺為一尋。

[16]突:煙囪。

[17]躓:躓也,撞倒。

[18]蛭:即垤,小土堆。

[19]惓:病危。

[20]俞跗:上古時的名醫,相傳擅長外科手術,是黃帝的臣子。

[21]知:智慧。揣:商量權衡。

[22]樞機:關鍵。

[23]使:假如。是:正確。

【导读】

《淮南子》又名《淮南鸿烈》《刘安子》,由西汉淮南王刘安及其门客集体编写而成。古代书目著录《淮南子》有内篇二十一篇,外篇三十三篇,内篇论道,外篇杂说,今存内篇二十一篇。《淮南子》以道家思想为主，糅合儒、法、阴阳等家，古代一般被列为杂家。实际上，该书以道家思想为指导、吸收诸子百家学说融会贯通而成，是战国至汉初黄老之学理论体系的代表作。

道家的辩证思维，是中国古代思想的精华之一，《淮南子》对此进行了全面继承，并有所发展。这段话出自《淮南子·人间训》，主要谈论祸福、利害、得失、成败等的关系，认为它们相反相成，常常互相转化。文章从主观和客观两个方面分析了祸福产生的原因，指出主观原因起决定作用，认为人应该对天命和人事有正确的认识态度并客观地对待，也讲了用心、术、道这三种东西避开灾祸、招来福运的方法。文章指出，人的心具有一种能力，可以抓住事物的要点和规律，由此而知彼。由于心的这种能力，所以就具备见本而知末的术，就可以应付千变万化的情况，这种知识就是道。掌握了道，就可以防微杜渐，防患于未然，避免灾祸的发生，由此可以看出，《淮南子》对事物对立面的转化，采取了比较积极的态度。

老子道德經注（二十五章）

有物混成，先天地生，

混然不可得而知，而萬物由之以成，故曰"混成"也。不知其誰之子，故先天地生。

寂兮寥兮，獨立而不改，

寂寥[1]，無形體也。無物（之匹）〔匹之〕[2]，故曰"獨立"也。返化[3]終始，不失其常，故曰"不改"也。

周[4]行而不殆[5]，可以為天下母。

周行無所不至而（免）〔不危〕殆，能生全大形[6]也，故可以為天下母也。

吾不知其名，

名以定形。混成無形，不可得而定，故曰"不知其名"也。

字之曰道，

夫名以定形，字以稱可。言道取於無物而不由也，是混成之中，可言之稱最大也。

強為之名曰大。

吾所以字之曰道者，取其可言之稱最大也。責其字定之所由，則繫於大。（大）〔夫〕有繫則必有分，有分則失其極[7]矣，故曰"強為之名曰大"。

大曰逝[8]，

逝，行也。不守一大體而已，周行無所不至，故曰"逝"也。

逝曰遠，遠曰反。

遠，極也。周〔行〕無所不窮極，不偏[9]於一逝，故曰"遠"也。不隨於所適[10]，其體獨立，故曰"反"也。

故道大,天大,地大,王亦大。

天地之性人為貴,而王是人之主也,雖不職大,亦復為大。與三[11]匹,故曰"王亦大"也。

域中[12]有四大,

四大,道、天、地、王也。凡物有稱有名,則非其極也。言道則有所由,有所由,然後謂之為道,然則(是道)〔道是〕稱中之大也。不若無稱之大也。無稱不可得而名,〔故〕曰域也。道、天、地、王皆在乎無稱之內,故曰"域中有四大者"也。

而王居其一焉。

處人主之大也。

人法地,地法天,天法道,道法自然[13]。

法,謂法則也。人不違地,乃得全安,法地也。地不違天,乃得全載,法天也。天不違道,乃得全覆,法道也。道不違自然,乃得其性,〔法自然也〕。法自然者,在方而法方,在圓而法圓,於自然無所違也。自然者,無稱之言,窮極之辭也。用智不及無知,而形魄[14]不及精象[15],精象不及無形,有儀[16]不及無儀,故轉相法也。道(順)〔法〕自然,天故資焉。天法於道,地故則焉。地法於天,人故象焉。〔王〕所以為主;其(一)〔主〕之者(主)〔一〕也。

（王弼著,樓宇烈校釋《王弼集校釋》,中華書局 1980 年版）

【注釋】

[1]寂:靜而無聲。寥:動而無形。

[2]無物匹之:無物可以與"無"匹敵,"無"即是道。

[3]返:回歸。化:變化。

[4]周:周遍,普遍。

[5]殆:通"怠"。不殆:不停息。

[6]大形:沒有形象,超越具體形象,亦即道。

[7]極:渾然一體不可分割之道。

[8]逝:道的運行,周流不止。

[9]偏:局限。道的運行和顯現不會局限在某個地方,而是周行無礙,無所窮極。

[10]適:到,停留。不隨於所適:道是混然之本體,不會隨它所生之物而變為具體的有限之物。

[11]三:三才,指道、天、地。

[12]域中:空間之中,宇宙之中。

[13]自然:自然而然,自己如此。

[14]形魄:形而下的具體可見的器物。

[15]精象:物體尚只有微小的端兆。

[16]儀:容,狀貌。有儀:各種有具體形狀的物體。

【导读】

王弼,魏晋玄学的主要代表人物之一。他综合儒道,借用、吸收老庄思想,建立了体系完备、抽象思辨的玄学。王弼思想的核心是"以无为本",主要有两方面的含义:一是,他提出"有生于无",显示出很强的抽象思辨色彩,具有宇宙论和本体论的意义;二是,他认为"以无为本"的思想可以作用于人生和社会,无论治理国家还是个人安身立命,都应自然无为。其哲学本体论和认识论中所提出的新观点、新见解对以后中国古代哲学史、思想史的发展具有深远的影响。

王弼的《老子道德经注》在古代众多关于《老子》的注本中是流行最广、影响最大的,它深入系统地阐发了老子的思想。在第二十五章中,他首先阐释了老子之道的特点。道浑朴寂寥,圆满自足,相对于具体事物的杂多,道无限而完满;道绝对永存,周流不息,循环往复,生生不息;道在时间上先于万物而存在,道为天下母,万物由道而生。由于道无可名状,无法限定,所以只有勉强用"大"来形容。另外,王弼对老子"道法自然"的思想做了透辟的阐释。老子之"自然"玄妙难测,王弼一言以蔽之,认为"道法自然"就是"道不违自然",道以自然为归依,道的运行和作用是顺任自然的。王弼认为"法自然者,在方而法方,在圆而法圆",牢牢地抓住了老子顺自然和因物之性的观念,使散见于《老子》一书中纯任自然、任万物自由发展的精神得以彰显。

莊子注·大宗師第六(節選)

孔子曰:"彼,遊方之外者也;而丘,遊方之內者也。外內不相及,而丘使女往弔之,丘則陋矣。彼方且與造物者為人,而遊乎天地之一氣。彼以生為附贅縣疣,以死為決潰癰,夫若然者,又惡知死生先後之所在!假於異物,託於同體;忘其肝膽,遺其耳目;反覆終始,不知端倪;芒然彷徨乎塵垢之外,逍遙乎無為之業。彼又惡能憒憒然為世俗之禮,以觀眾人之耳目哉!"

【注】夫理有至極,外內相冥[1],未有極遊外之致而不冥於內者也,未有能冥於內而不遊於外者也。故聖人常遊外以(宏)〔冥〕內,無心以順有,故雖終日(揮)〔見〕形而神氣無變,俯仰萬機而淡然自若。夫見形而不及神者,天下之常累也。是故覩其與羣物並行,則莫能謂之遺物而離人矣;覩其體化而應務,則莫能謂之坐忘[2]而自得矣。豈直謂聖人不然哉?乃必謂至理之無此。是故莊子將明流統之所宗以釋天下之可悟,若直就稱仲尼之如此,或者將據所見以排之,故超聖人之內跡,而寄方外[3]於數子。宜忘其所寄以尋述作之大意,則夫遊外(宏)〔冥〕內之道坦然自明,而《莊子》之書,故是涉俗蓋世之談矣。夫弔[4]者,方內[5]之近事也,施

之於方外則陋矣。皆冥之，故無二也。若疣之自縣[6]，贅[7]之自附，此氣之時聚，非所樂也。若疽[8]之自決，癰[9]之自潰，此氣之自散，非所惜也。死生代謝，未始有極，與之俱往，則無往不可，故不知勝負之所在也。假，因也。今死生聚散，變化無方，皆異物也。無異而不假，故所假雖異而共成一體也。任之於理而冥往也。五藏猶忘，何物足識哉！未始有識，故能放任於變化之塗，玄同於反覆之波，而不知終始之所極也。所謂無為之業，非拱默[10]而已；所謂塵垢之外，非伏於山林也。其所以觀示於眾人者，皆其塵垢耳，非方外之冥物也。

（郭慶藩撰，王孝魚點校《莊子集釋》，中華書局 1961 年版）

【注释】

[1]冥：暗合。

[2]坐忘：《莊子·大宗師》：“墮肢體，黜聰明，離形去知，同於大通，此謂坐忘。”坐忘是一種體道的精神狀態，忘掉肢體，拋棄聰明，把有限的形體與意識都忘掉，與大道渾同相通為一體。

[3]方：區域。方外：世俗之外。得道之人齊同生死，不為俗世所約束，所以有心於寰宇之外。

[4]弔：弔喪。

[5]方內：世俗。

[6]疣：肉瘤。縣：通“懸”，懸掛。

[7]贅：贅肉。

[8]疽：膿瘡。

[9]癰：膿腫。

[10]拱默：拱手而默然無語。

【导读】

　　郭象，西晋时期玄学家，其《庄子注》是中国古代关于《庄子》的标准注解，历来备受关注。他在注解《庄子》的同时，提出了自己的思想，著名的有独化论，即有关玄学本体论的问题，另外还提出玄冥观念，讨论有关心灵境界的问题。其思想调和了儒道，有很大的创见性，代表着魏晋玄学发展中的一个重要阶段。

　　郭象的《庄子注》既继承了庄子的思想又进行了新的发挥，他调和了儒道，让出世与入世、名教与自然和谐统一于圣人身上。在《庄子·大宗师》的注释里，郭象提出“外内相冥”的思想，他认为“游外”与“游内”，即处理俗事与体道的精神修养从根本上说是一致的。圣人能够将二者统一起来，“常游外以弘内”，所以“终日挥形而神气无变，俯仰万机

137

而淡然自若"。一方面,圣人并不抛弃尘世,能够与人群同处,处理政事;另一方面,圣人在精神上有很高的修养,"无心以顺有",只要"无心",俗事就不会对精神产生困扰,只要"顺有",顺应万物本性并随之变化,就不会为俗事所累,在精神上达到"坐忘而自得"的境界。因此,圣人能够超越现实而又光大人事。关于道家的理想人格,庄子说:"至人无己,神人无功,圣人无名",得道之人忘掉现实的功利名声,超越现实,与道合一。而郭象通过"外内相冥""无心顺有"的思想将"方内"与"方外"融合起来,他说:"所谓无为之业,非拱默而已;所谓尘垢之外,非伏于山林也。"圣人应物不累于物,从事着具体的现实事物,精神超然物外,虽在庙堂之上,而心无异于山林之中,这就是著名的"内圣外王"思想。

三、延伸思考

英国科学技术史专家李约瑟在《中国的科学与文明》中说:"中国人的特性中,很多最吸引人的地方,都来自道家的传统。中国如果没有道家,就像大树没有根一样。"我国著名的史学家吕思勉在《先秦学术概论》中写道:"道家之学,实为诸家之纲领。诸家皆于明一节之用,道家则总揽其全,诸家皆其用,而道家则其体。"基于对道家的共识,当代道家学者陈鼓应对中国传统文化持道家主干说,由此可见道家对中国文化的深刻影响。文化是根,联系着过去与未来。古代的道家思想在现代又会有怎样的作为? 其突破以人为中心的自然宇宙观,对陷于工具理性而对自然任意宰割的现代人,是否会带来一些警醒? 对追求物质享受迷而不知返的人,是否会让他们产生一丝清静和解脱? 道家的自然无为,是天道,也是人道,它是否也能成为现代人的立身行事之道?

(谭敏撰)

第二节　道家与道教

一、概述

道家和道教都以"道"为思想信仰的核心,道教以"道"名教,可见与道家的密切关系。东汉末年,张陵在蜀中鹤鸣山以老子为教祖,以《老子》一书为经典,创立五斗米道,开始了漫长的道教发展史。后世无论什么道派,推行什么炼养方法,都以"道"为最高信仰,这个道就来源于老子之道。

道家与道教具有内在精神上的一致性,道家使道教获得了对终极真理"道"的关切,使它具有了形而上的哲学基础。道教经典《清静经》说："大道无形,生育大地;大道无情,运行日月;大道无名,长养万物。"道教认为"道"是宇宙万物的本原和主宰,无所不在,无所不包,万物都是从"道"演化而来的。道教吸收道家清静无为思想为其炼养术的基础,不仅讲修命,也讲修性。修性指的是它升华生命、追求天人合一精神境界的一面。道教内丹道既是一种长生成仙的修命术,又是一种追求精神升华的修养心性的学说。全真道提出"三教圆融、识心见性、独全其真"的宗旨,以心性清静体悟造化为修炼之本,在精神境界上实现了向先秦道家的回归。道家在魏晋玄学以后再没出现过大的学术派别和思潮,道家思想主要依托历代道教学者进行传承。

但是,道教又不同于道家,它们一个是宗教,一个是思想学说。它们的生死观不同:道家对死亡持自然主义的态度,生不足喜,死亦不足悲,生死顺其自然;道教却追求长生不死,通过各种途径抗拒死亡的必然。它们的神灵观不同:道家持无神论思想,认为天道自然无为,万物自本自根,合乎自然地存在发展;道教是多神教,崇拜的神灵不计其数,连老子也被称作太上老君,成为道的化身。它们的存在方式不同:道家是一种学术思想、学术流派,主要以社会意识的形式存在;道教是宗教实体,具有一般宗教的构成要素,不仅有教理教义,还有戒律、仪式、教徒、宗教团体,拥有物质力量。道家与道教相同点很多,相异点也很突出,在历史的发展过程中,存在着复杂的关系,但是,道教作为一个具有丰富文化内涵的宗教,道家思想始终是其中一个重要的维度。

道教是中国土生土长的宗教,扎根于中华文化的土壤,不仅吸收道家思想,也吸纳原始巫术、鬼神信仰、神话传说、民间风俗、各种方技术数,杂取百家九流,在长生成仙的核心目标下长期发展而成。正如刘勰在《灭惑论》中所说,道教"上标老子,次述神仙,下袭张陵",道教是一个多层次、杂而多端的宗教文化体系。

神仙信仰是道教最有代表性和最具民族特色的宗教思想。神仙信仰并非道教创造的,它源于中华民族独特的文化土壤。神仙思想源远流长,可以追溯到战国时期,一出自荆楚文化,一出自燕齐文化。《庄子》中关于神人、至人、真人、圣人的文字,是对神仙的生动描述。好生恶死,人之天性,更是中国人民族心理的反映,道教将此思想全面吸收,并发扬光大,神仙信仰是贯穿整个道教发展过程的一条主线。与一般宗教关注死后问题不同,道教追求现实生命的超越,相信即身成仙,神仙就是其最高信仰道的具体体现。道教建构了体系庞大的神仙体系,除了先天真圣,更多的是凡人通过各种途径而名列仙班的,神仙不仅长生不死,而且逍遥自由,神通广大,是对自然和社会束缚的超越。道教不仅相信神仙不死,还相信神仙可学,高扬"我命在我不在天"的精神,探索了很多长生之术,有服食、辟谷、导引、守一、内观、外丹、内丹、道德成仙、积善成仙等,不一而足。

斋醮科仪、符箓法术也是道教的重要组成部分,它们来源于远古的民间巫术活动。一般而言,人在面临难以解决的困厄时,总是倾向于祈求超自然的神灵帮助自己解脱困境,因此,在科学技术不发达的古代,道教的法术活动有着广泛的社会基础。东汉时,张陵用符水治病,用斋醮仪式等活动为人们消灾免难、祈求平安,赢得了大量的信众。后来,道教的宗教仪式和活动从民间走到社会上层,统治者希求通过道教的礼仪活动使自己长生,为国家祈福。宋以后,道教渐趋民间化,符箓斋醮也大都转入民间,融入老百姓的日常生活中。

道教发展到现在,已经走过了漫长的一千八百余年的历史,其宗教思想、宗教仪式活动等也经历着变迁。道教产生于东汉末年,当时出现了两个道教组织,一个是太平道,一个是五斗米道。太平道随着黄巾起义的失败而衰亡,一般认为张陵创教为道教的开端,因为入道者需出米五斗,故称五斗米道。早期道教具有社会下层民众互助互济的民间教团的性质。后来,张陵之孙张鲁据守汉中多年,曹魏时被迁移分化至北方,其教团被称作天师道,于是道教得以在社会上层传播,影响日益扩大。

魏晋南北朝时期道教发展为成熟的宗教,在道理教义、斋醮科仪、养生方术等方面获得了极大的发展。著名高道葛洪著有《抱朴子内篇》,系统地论述了战国以来的神仙思想和方术,开创了以修炼外丹为主,以追求个人长生成仙为宗旨的神仙道教一派。南北朝时,寇谦之在北魏建立北天师道,整顿道教戒律。陆修静建立南天师道,完善道教斋醮科仪制度。当时道书大量出现,形成《上清》《灵宝》《三皇》三大经系,出现了《黄庭经》《阴符经》等重要道书。道教发展为全国性的大教,与儒、佛成三足鼎立之势。

隋唐五代时期,道教发展进入高峰时期。李唐皇室以老子为宗祖,借道教巩固皇权,大力推崇道教,修庙祭拜老子,尊《老子》为《道德真经》,《庄子》为《南华真经》,《列子》为《冲虚真经》,《文子》为《通玄真经》,入道者遍及社会各阶层。唐代道教修炼先以外丹为主,随着外丹不得长生反致速死的弊端的显露,外丹由盛转衰,清修与内丹学继之而起。成玄英提出重玄之道,王玄览援佛入道,司马承祯著《坐忘论》,阐发道家思想,追求精神解脱。隋唐时期,钟吕金丹道出现,运用外丹的方法和术语进行内丹修炼,以身体为鼎炉,以精、气、神为大药,以意念为火候,在体内炼成金丹,开始了后来漫长的内丹发展史。唐末五代时期,外丹术开始走向衰落,内丹术逐渐兴起并日益发达,这对以后全真道的兴起和发展产生了深刻的影响。

宋代,道教的社会影响依然很大,在道教理论上也有新发展。北宋道士张伯端的《悟真篇》提出性命双修、先命后性的原则。南宋与金元之际,王喆创立全真道,称北宗,以张伯端所传道教为南宗。全真道在丘处机时达到鼎盛,他创立的全真龙门派后来成为全真道主要流派。在南方,符箓各派合为正一道,以张天师为教祖,世代相传,活动中心在江西龙虎山。从此,道教正式形成了北有全真、南有正一两大派别的格局。明代时,明成祖朱棣自诩为真武大帝的化身,对隐仙张三丰及其武当派大力扶持。从清代开始,道教走向衰落,但转入民间获得持续的发展。现在,道教依然有其影响力,在我国还拥有不少信众。

　　道教有着深厚的历史文化底蕴,对此,鲁迅先生曾深刻地指出:中国根柢全在道教。的确,道教与传统文化有着不可分割的血肉联系,在各方面都产生了重要的影响。在学术思想上,唐代道教重玄学富于理论思辨色彩;道教内丹心性论,是中国古代心性哲学的重要组成部分;历史上道教与儒家、佛教在思想上互相吸收融摄,促进了中国学术思想的发展。在文学艺术上,道教对古代文学艺术的思维、手法、题材、主题内容等方面产生了深刻的影响,魏晋的游仙诗、志怪小说、唐传奇、宋词、元明散曲和神仙道话剧、明清的神魔小说,无不与道教存在密切的联系,道教赋予文学艺术独特的神奇浪漫又自然飘逸的美。在科学技术上,道教的影响也不容忽视,其在医学上的成就特别突出,历代道士在继承传统医学的同时,结合自己的实践,形成了道教医学流派。道教对古代化学也有重要贡献,道士在炼制丹药的过程中,积累了丰富的化学知识,我国四大发明之一的火药,就是道士们在炼丹时发明的。道教在物理学、天文学、地理学等方面也有建树。另外,道教在政治经济、军事谋略,尤其是国民性格、伦理道德、思维方式、民风民俗、民间信仰等方面都产生了深远的影响。

二、原典选读及导读

太平經·大聖上章訣第一百八十(節選)

　　當白日昇天[1]之人,求生有籍[2],著文北極天君內簿[3],有數通[4]。無有心志之人,何因緣得著錄有姓名乎?彊學之人學之,得天腹心者,可竟天年。殊能思盡力有功效者,轉死籍[5]之文,復得小生,何時當得駕乘精氣,為天行事乎?是為可知得書感心,泣出自責,言我同十月之子[6]施行,獨不得上心意而在死伍之中,是行何一不得上意,是我之過也。天地上中和皆當從天恩生,而反多不信,是罪之重也,何可望乎?天上諸神聞知言此人自責自悔,不避晝夜,積有歲數,其人可原,白之天君。天君言,人能自責悔過者,令有生錄籍之神[7]移在壽曹[8],百二十[9]使有續世[10]者,相貧者[11]令有子孫,得富貴少命[12]子孫單所以然者,富貴之人有子孫,家強自畜[13],不畏天地,輕以傷人以滅世,以財自壅[14],殺傷無數。故天不與其子孫,為惡不息,安得與善而壽乎,此為知不乎?大神遣小神下令,各受其命,長短之事從出,無所疑也。

(王明編《太平經合校》,中華書局 1997 年版)

【注釋】

　　[1]白日昇天:根據道教教義,通過各種修仙之術,人可以超越凡胎肉身,即身成仙。

　　[2]籍:簿籍,天庭根據人在塵世的所作所為而決定成仙的花名冊。

[3]内簿:天君掌管的神仙名册,藏于金屋之中。

[4]數通:好幾道,指正、副本。

[5]死籍:鬼簿,地府掌管的世人的死亡名册。

[6]十月之子:由母親懷胎十月而生的普通人。

[7]有生錄籍之神:掌管未來神仙名冊的神。

[8]壽曹:長壽之曹,天庭設立的掌管世人壽命的機構。

[9]百二十:一百二十歲。

[10]續世:子嗣後代。

[11]相貧者:生來骨相面相屬於窮命的人。

[12]富貴少命:暴富而命短的奸人。

[13]蓄:聚斂財物。

[14]壅:堆積不施捨。

【导读】

《太平经》是早期道教的重要经典,成书于汉代。《太平经》内容驳杂,卷帙浩繁,以达到天下太平为主旨,阐述治世的道理、伦理的准则,以及长生成仙、通神占验之术,宣扬灾异祥瑞、善恶报应观念,虽多巫觋之语,但也自成体系,反映了早期民间道教反对政治黑暗、主张自食其力、周穷救急的思想。

《太平经》认为,人的生死操纵在神的手里,神根据人的道德表现来决定人应该登记在什么类型的生死簿上。对于命中注定成仙的人,他们的长生簿籍掌握在天君手里,那些无心修道的人是不可能名列仙籍的。对于另一类命中不应成仙,却努力修习仙道的人,他们可以尽天年。如果进一步加强道德修养,他们的姓名就可以从死籍中转出从而延续生命。作过恶的人,如果日夜忏悔,改过自新,神灵知道后就会原谅他的过失,并禀报天君,天君就会将其姓名从死籍移到"寿曹",使其长寿、多子多福。为富不仁的人,天君会使其断绝香火并短命。《太平经》将长生成仙与道德修养联系了起来,把生命永恒作为道德修养的最高目的,并制定了一系列道德修养措施来确保最终目标的实现。道教把世俗伦理规范改造为宗教戒律,并从生命崇拜的角度把外在的、他律的道德律令内化为个体达到长生目标的内在需要,这是一种独具道教特色的生命伦理观。

周易參同契 · 大易總序章第一

乾坤者[1],易之門戶[2],眾卦之父母。坎離匡郭[3],運轂正軸[4]。牝牡四卦[5],以為橐籥[6]。覆冒陰陽之道[7]，猶工馭者[8]，准繩墨，執銜轡，正規矩，隨軌轍，處中以制外，數在律曆紀[9]。

月節有五六[10]，經緯奉日使[11]，兼併為六十，剛柔有表裏[12]。朔旦蒙直事[13]，至暮蒙當受。晝夜各一卦，用之依次序。既未至晦爽[14]，終則複更始[15]。日辰為期度[16]，動靜有早晚。春夏據內體，從子到辰巳。秋冬當外用，自午訖戌亥[17]。賞罰應春秋[18]，昏明順寒暑。爻辭有仁義[19]，隨時發喜怒[20]。如是應四時，五行得其理[21]。

（魏伯陽著，彭曉等注《周易參同契匯刊》，中州古籍出版社 1990 年版）

【注釋】

[1]乾坤：《周易·繫辭》：“乾坤，其易之門邪？”《說卦》：“乾，天也，故稱乎父。坤，地也，故稱乎母。”古人用乾坤指天地、陰陽、父母、剛柔等相對的概念。

[2]易：又稱易數，是物質世界的抽象概括。古人用它研究自然、人體和社會。

[3]匡：滿。郭：城郭、輪廓。

[4]轂：車輪的中心部，外實而持輻，內空以受軸。軸：車軸。

[5]牝：雌。牡：雄。四卦：乾坤坎離。乾父坎男為牡，坤母離女為牝。

[6]橐籥：風箱。

[7]覆冒：覆蓋，此處意為描述。

[8]工：擅於。馭：駕車。

[9]數：數量，數學模型。易數將物質世界劃為三個部分，即氣、數、理。律：月。曆：日。紀：綱紀。

[10]月節：一月的節奏。五六：古代曆法，五日為一候，六候為一月。

[11]經：縱向運動。緯：橫向運動。奉：奉行。使：使命。

[12]剛：陽爻。柔：陰爻。剛柔也亦可做晝夜解。

[13]朔：初一。旦：黎明。直：值班、執勤。

[14]未：暗，隱藏。爽：明，清亮。

[15]更始：重新開始。

[16]辰：時辰。

[17]內體：生長。外用：收藏。戌亥：農曆根據二十四節氣設月。冬至日為子月初一。夏至日為午月初一。每兩個節氣為一月。子醜寅三個月為春，卯辰巳三個月為夏，午未申三個月為秋，酉戌亥三個月為冬。

[18]賞：獎賞。罰：懲罰。應：順應。春夏時節植物發芽、生長、壯大，故稱賞。秋冬季節植物落葉、枯黃，故稱罰。

[19]爻辭：易數中解釋卦爻與卦象涵義的辭句。仁：愛助。義：懲殺。《周易·繫

辭》："立天之道,曰陰曰陽;立地之道,曰柔曰剛;立人之道,曰仁曰義。"

[20]隨:按照,順著。時:時間,四時。

[21]五行:金木水火土,古代哲學中的一種結構模式,常用於表示各系統間相生相剋的關係,廣泛地應用于自然和社會各領域。

【导读】

《周易参同契》被誉为"丹经之祖",东汉魏伯阳著,简称《参同契》,是道教早期经典。全书托易象而论炼丹,参同周易、黄老、炉火三家之理而汇归于一,以乾坤为鼎器,以阴阳为堤防,以水火为化机,以五行为辅助,以玄精为丹基,从而阐明炼丹的原理和方法,是道教内外丹兼修的论著。

《大易总序章》是《参同契》易数思想的纲要。文中指出,乾坤是易数的基本模式,其他模式都是在此基础上衍变而来的。坎离是易数的动态模式。乾坤坎离这四个模式可以分为雌雄两类,代表人体小天地具有像风箱一样的形状和动态。文中又用驾车来比喻修炼阴阳的道理,马有衔辔,路有轨辙,都必须遵循。对炼丹来说,规则就是四季的变化,所以炼丹的模式,可以借用历法模式。日月交替,春秋代序,《周易》用不同的卦序,表示自然的阴阳动静变化规律,而炼丹与自然遵循着同样的法则。炼丹的方法,可用春种秋收的模式,修炼的感受,如同夏暑冬寒,表现为不同的特点和规律。爻辞是说明卦爻的含义的,指示何时阳生当仁、阴生当义。修炼中的喜怒体验,也应该根据爻辞依时而发。如果这样做,顺应四时变化,那么,五行自然变化,大丹就会炼成。《参同契》将宇宙论运用于炼丹术,认为人体小天地与宇宙大天地在本质规律上是相通的,将外在的宇宙变化规律看成内在的人体精气运行变化法则和炼丹炉中药物合成过程的法则,这一纲领性思想对后世道教内外丹修炼都产生了深刻的影响。

老子想爾注(節選)

載營[1]魄抱一[2],能無離,

魄,白[3]也,故精白,與元[4]同色。身為精車,精落故當載營之。神成氣來,載營人身,欲全此功無離一。一者,道也。今在人身何許? 守之云何? 一不在人身也,諸附身者悉世間常偽伎,非真道也;一在天地外,入在天地間,但往來人身中耳,都皮裏悉是,非獨一處。

一散形為氣,聚形為太上老君[5],常治昆崙[6],或言虛無,或言自然,或言無名,皆同一耳。今佈道誡,教人守誡[7]不違,即為守一矣;不行其誡,即為失一也。世間常偽伎指五藏[8]以名一,瞑目思想,欲從求福,非也;去生遂遠矣[9]。

專氣致柔能嬰兒,

嬰兒無為,故合道,但不知自製;知[10]稍生,故致老。謂欲為柔致氣,法兒小時。

滌除[11]玄覽能無疵,

人身像天地。覽,廣也;疵,惡也。非道所熹[12]。當滌除一身,行必令無惡也。

愛國治民而無[13]知,

人君欲愛民令壽考,治國令太平,當精心鑿[14]道意,教民皆令知道貞[15],無令知偽道耶知也。

明白四達而無為,

上士[16]心通,自多[17]所知,知惡而棄,知善能行,勿敢為惡事也。

天地開闔而为雌,

男女陰陽孔[18]也。男當法地似女,前章已說矣。

生之畜之。生而不有,為而不恃,長而不宰,是謂玄德。

玄,天也;常法道行如此,欲令人法也。

（饒宗頤著《老子想爾注校證》,上海古籍出版社 1991 年版）

【注釋】

[1]載:語首助詞。營:魂魄。

[2]一:即道。《老子》中常用一來指稱道,如第三十九章:"昔之得一者,天得一以清,地得一以寧,神得一以靈,谷得一以盈,万物得一以生,侯王得一以為天下正。"

[3]白:古人認為魄為人陰神,魂為人陽神。魄屬陰,故可訓為白色。

[4]元:元氣。

[5]太上老君:即老子的神格化,道教三清之一,道教尊奉的至上神。

[6]治:治所。昆崙:昆崙山,古書中傳說昆崙山是天帝的下都,也是西王母瑤池所在地。

[7]守誡:奉行道教戒規戒律,守誡就是守一、守道。

[8]五藏:五臟。

[9]生:長生之道。遂:於是。

[10]知:通"智"。

[11]滌除:除去雜念欲望,保持清淨無為的精神狀態。

[12]熹:熾熱、光明。

[13]無:通"勿",不要。偽道耶知:即偽道邪知,邪僻的知識和道理。

[14]鑿:開通,鮮明。

[15]貞:通"真"。道貞:道的真正精神。

[16]上士:得道之人。

[17]多:增长,增加。

[18]孔:开阔。

【导读】

《老子想尔注》是早期的道教经典,一般认为是五斗米道创始人张陵所作。五斗米道尊老子为教主,以老子五千文为道民所习之典,《老子想尔注》即当时讲习《老子》的注本,该书对老子思想进行了宗教发挥,使"道"成为道教的根本信仰,太上老君成为道教的至尊神灵。

道是老子哲学的中心范畴,是宇宙万物的本原和存在根据,规定着事物的本质,《老子想尔注》继承了老子的思想,认为道者天下万事之本,自然,道也,对道的阐释保留了部分自然的属性,但更多的是对道进行宗教化的改造。《老子想尔注》将老子之道与道教信仰的神仙学说融为一体,神化了哲理的道。

《老子想尔注》用一来指称道,"一者,道也",道是一,一即是道,这来源于《老子》,老子就用"一"来指称道,强调道的绝对唯一性。不同的是,《老子想尔注》又用"一"来指称神,"一散形为气,聚形为太上老君",认为无论是自然的气,还是道教至尊神灵,都是"一"的不同形态,当"一"由无形转化为有形时,便化为太上老君,成为道教的神。"一"被人格化、神化了,具有意志,神通广大,并常治昆仑。这样,老子之道与老子都被神化、宗教化了。《老子想尔注》还主张通过守诫来守一,以确保对道和太上老君的信仰。诫是外在的宗教律令,是宗教必备的要素之一,通过约束教徒的道德和行为,来确保信仰的绝对与纯粹,并把道具体化为治国治民、修身养性、去恶向善等日常行为规则。《老子想尔注》是历史上第一部从宗教立场用宗教思想注解《老子》的著作,在早期道教史上具有重要意义。

三、延伸思考

道教这一活的宗教文化形态,具有很大的学术研究价值。从20世纪80年代以来,学术界对道教进行了大规模的研究,在道教与科技、伦理道德、养生、文学艺术、民俗学、哲学等方面进行了深入的专门研究,取得了丰硕的成果,让我们得以重新审视这一古老的宗教。道教不仅有学术价值,在生活中也对人们有所助益。20世纪90年代,中国道教界提出了"生活道教"的理念,凸现道教重视现实、关注社会生活的传统,目的是将道教精神圆融于生活,运用道教智慧解决生活中存在的困惑,进一步推动道教更好地适应当今社会。这些成果打开了人们的视野,也给我们未来的研究和思考很多有益的启示。

(谭敏撰)

第三节 道家文化与养生

一、概述

养生又称摄生,最早见于《庄子·内篇·养生主》。所谓养,即保养、调养、补养的意思;所谓生,就是生命、生存、生长的意思。总之,养生就是根据生命的发展规律,达到保养生命、健康精神、增进智慧、延年益寿的目的。历史上,道家和道教都非常重视养生,在思想理论上和具体方法上,积累了大量富有成效的养生经验,养生本来就是道家文化的重要部分,在中国传统养生学中也占有极为重要的地位。

道家学说对中医养生学的形成发展具有重要的影响。道家重生恶死,重视养生,而养生的关键在"道"。道家所主张的"道",是指天地万物的本质及其自然循环的规律,《老子》曰:"人法地,地法天,天法道,道法自然",所以,人的生命活动应符合自然规律,道与生相守,生与道相保,得道可以长生,失道只能短寿,这是道家养生的根本观点。历史上,道家发展出了丰富的养生思想,主要有如下几点。

其一,重视生命之基——精气神。道家重视精气神,将其视为养生的三宝,是生命和智慧的根源。气是构成万物的要素,决定事物的成与毁。《庄子·外篇·知北游》曰:"人之生,气之聚也;聚则为生,散则为死。"精的充足与否是健康长寿的关键,神是精气相合的体现、生命活动的外在表象。精足、气充、神旺才能使生命的根本得到巩固,因此对精气神应特别爱惜,老子强调用"啬"来保持精气神,也就是节俭,只有用之不勤,才能绵绵若存。

其二,清静无为。清静,指的是心神宁静;无为,指的是不轻举妄动,具体而言,就是老子所说的"少私寡欲",《老子》第四十四章中提出"名与身孰亲?身与货孰多"的问题,认为知足不辱,知止不殆,可以长久。清静无为的原则要求人们不要过度追求物质享受,反对人为的自益其生。这种清静无为以养神长寿的思想,一直为历代养生家所重视,衍生为养生学中的养精神、调情志等方法。

其三,柔弱为贵。老子提出"柔弱胜刚强"的辩证思想,对于养生也有积极意义。在实际生活中,新生的东西虽是柔弱的,却富有生命力;事物强大了,就会走向衰老。《老子》第七十六章中指出："人之生也柔弱，其死也坚强。草木之生也柔脆，其死也枯槁。故坚强者死之徒，柔弱者生之徒。"如果经常处在柔弱的地位，就可以避免过早地衰老。《老子》中多次提到"婴儿""赤子"，就是希望人们保持孩童时代的自然天真、质朴无邪和无穷生命力。

其四，形神兼养。养生主张以静养神，以动养形。庄子倡导去物欲、致虚静以养神，《庄子》中提到的"心斋""坐忘"，就是要求人排除一切思虑，使心志纯一，精神上处于与道合一的状态。道家也不否认养形的作用。《老子》被称为气功养生的宏观著作，其贵柔、守慈的思想指导了气功养生学的发展。《庄子》集先秦气功养生之大成，《庄子·外篇·刻意》中"吹呴呼吸，吐故纳新，熊经鸟申，为寿而已矣。此道引之士、养形之人，彭祖寿考者之所好也"，形成了以导引吐纳为主要方法、动静结合的养生体系。

关于传统的养生思想和方法，不能不提及道教。道教以长生成仙为核心信仰，追求"形神俱妙，与道合真"，因此非常重视养生。俗话说十个道人九个医，历史上出现了很多精通医术的高道，如董奉、葛洪、鲍姑、陶弘景、孙思邈等，探索了很多养生的方法。随着道教的发展，道教养生学、养生术也不断发展成熟，成为中华养生学中的重要部分。

在漫长的发展过程中，道教积累了丰富的养生思想。元气论是道教养生思想的基础。元气论是中国古代哲学、医学、养生学及其他自然科学的理论基础，道教全面继承和发展了这一理论，并在此基础上形成了自己的养生思想和方法。元气是人的生命之本，道教养生以炼养元气为根本，发展出了导引行气、服食药饵、房中补导等养生术，通过炼气养气，使人体元气充实、精神旺健，最终达到健康长生的目的。

天人合一也是重要的道教养生思想。道教认为，人体的内环境系统与外界的自然环境系统是相通的，人与自然遵循着共同的生成变化规律。道教养生非常注重按照季节和时辰的变化进行炼养，在服食养生、日常摄养卫生中更是如此。道教还认为人体与宇宙的结构是相同的，宇宙是一个大人体，人体是一个小宇宙，人的身体器官构造与宇宙结构相应，通过阴阳五行八卦等符号体系，将天人结构组合在同一结构体系中。这一思路很好地体现在道教内、外丹的修炼中。魏伯阳的《周易参同契》将黄老清静思想和自身内、外丹修炼结合起来，将人体与自然纳入同一结构体系之中，取法天地日月变化、阴阳消长的规律来进行养生修炼，使人体精气在意念作用下上下运行，从而达到促进人的生命系统改善的目的。

基于这些养生思想，道教形成了几种有代表性的养生类型，如清静养生、运动养生、性命双修、众术合修。养生的具体方法非常多样，常见的方法如下所述。

精神养生，注重精神淡泊，以清静为精神修炼的核心内容和最高原则。具体方法有"十二少"，即"少思、少念、少欲、少事、少语、少笑、少愁、少乐、少喜、少怒、少好、少恶"，反对"十二多"，即"多思、多念、多喜、多笑、多事、多语、多欲、多好、多愁、多怒、多乐、多恶"。

　　吐纳养生,就是气功。气功的要点:一是静心,若能排除思虑,忘掉物我,可以养神而致长寿;二是以意引气,让气遍行全身,通达经络,包括通任督、通小周天、通大周天等各种方法,达到养气养神、经脉流畅的功效。

　　导引养生,又称练形养生,指以形体动作为主导方法的养生,这种方法也要求有呼吸动作的配合,如五禽戏、八段锦、易筋经、太极拳及推拿等。

　　食饵养生,即调节食物的质量、数量、进食规律,避免摄入有害食物,也包括饵药养生,其内容有食养、食疗、食节、饮食禁忌及药养等。

　　环境养生,因为环境对人的生活有直接的影响,所以养生对水土气候、地形地貌、森林植被等均有选择,主张在高爽、幽静、向阳、背风、水清、林秀之处居住修养,故道教养生多选择名山大川、幽雅清静之处。

　　四季养生,四季有不同的阴阳变化,道教认为天地人是一个整体,人与天地是相应的,所以,人要知道阴阳气化的规律,适时地进行调节,才能更好地养生。

　　脏腑养生,道教吸收中医养生学精髓,形成了以脏腑为基础、以气血精神为核心的养生理论和方法。

　　丹功养生,外丹采用铅汞等矿物烧炼以求得金丹,服食金丹使易衰朽的身体发生变化。内丹以人体为鼎炉,以精气为药物,以神为动能,经过烧炼,聚精气神于体内为丹,达到长生的目的。

二、原典选读及导读

黄帝內經·四氣調神大論篇第二(節選)

　　春三月,此謂發陳[1]。天地俱生,萬物以榮。夜臥早起,廣步於庭,被髮緩形[2],以使志生;生而勿殺,予而勿奪,賞而勿罰,此春氣之應,養生之道也。逆之則傷肝,夏為寒變[3],奉長[4]者少。

　　夏三月,此謂蕃秀[5]。天地氣交[6],萬物華實,夜臥早起,無厭於日,使志無怒,使華英成秀[7],使氣得泄,若所愛在外,此夏氣之應,養長之道也。逆之則傷心,秋為痎瘧[8],奉收者少,冬至重病。

　　秋三月,此謂容平[9]。天氣以急,地氣以明。早臥早起,與雞俱興,使志安寧,以緩秋刑[10];收斂神氣,使秋氣平,無外其志,使肺氣清,此秋氣之應,養收之道也。逆之則傷肺,冬為飧泄[11],奉藏者少。

　　冬三月,此謂閉藏。水冰地坼[12],無擾乎陽。早臥晚起,必待日光,使志若伏若匿,若有私意,若已有得,去寒就溫,無泄[13]皮膚,使氣亟奪[14],此冬氣之應,養藏之道也。逆之則傷腎,春為痿厥[15],奉生者少。……

　　夫四時陰陽者,萬物之根本也。所以聖人春夏養陽,秋冬養陰,以從其根,故與萬物沉浮於生長之門。逆其根,則伐[16]其本,壞其真矣。故陰陽四時者,萬物之終始也,死生之本也。逆之則災害生,從之則苛疾[17]不起,是謂得道。道者,聖人行之,愚者佩[18]之。從陰陽則生,逆之則死,從之則治,逆之則亂。反順為逆,是謂內格[19]。

　　是故聖人不治已病治未病,不治已亂治未亂,此之謂也。夫病已成而後藥之,亂已成而後治之,譬猶渴而穿井,鬥而鑄錐[20],不亦晚乎!

（謝華編著《黃帝內經》,中醫古籍出版社 2008 年版）

【注释】

　　[1]發陳:推陳出新。

　　[2]被發:披著頭髮。緩形:鬆開衣帶,舒展身體。

　　[3]夏為寒變:夏天易發生寒性病。

　　[4]奉:供給。奉長:意為春天是夏長的基礎。

　　[5]蕃:繁茂,茂盛。秀:秀麗。

　　[6]氣交:天地之氣相交。

　　[7]使華英成秀:使人精神旺盛飽滿。

　　[8]痎瘧:瘧疾的總稱。

　　[9]容平:收穫豐厚。

　　[10]秋刑:秋氣肅殺,樹葉凋零,有如受刑。

　　[11]飧泄:排泄沒有消化的食物。

　　[12]坼:裂開。

　　[13]泄:出汗。

　　[14]亟:屢次。奪:消耗傷害。

　　[15]痿厥:手足軟弱發涼。

　　[16]伐:傷害。

　　[17]苛疾:重病。

　　[18]佩:違背。

　　[19]內格:機體與自然環境相抗拒、不協調。

　　[20]錐:泛指兵器。

【导读】

　　《黄帝内经》分《灵枢》《素问》两部分,是道家经典之一。相传《黄帝内经》起源于轩辕黄帝,代代口耳相传,后又经医家增补发展创作,于春秋战国时期(关于成书年代有周朝、秦朝、汉朝多种观点)集结成书,主张不治已病,而治未病,同时提出养生、摄生、益寿、延年的理论和方法,是中国汉族传统医学四大经典著作之一。《黄帝内经》基本精神及主要内容包括整体观念、阴阳五行、藏象经络、病因病机、诊法治则、预防养生和运气学说等等。

本篇文字出自《黄帝内经》的《四气调神大论篇》,体现了《黄帝内经》的整体观念,即强调人体与自然界是一个整体。这个观念的理论支柱之一就是道家的自然天道观与人体的有机和谐统一。老子认为天、地、人都要以自然为法则。《黄帝内经》中全面论述了天道自然与人体及疾病的关系,涉及四季、气候、阴阳、五方等诸多方面。本篇文字论述了养生防病与四季的关系,认为人体与自然界的四季变化之间具有极其紧密的整体关系,人的活动如果适应春生、夏长、秋收、冬藏的规律,就能够有一个健康的机体,如果不适应,就会出现疾病。这个观念为传统中医学所吸收。

抱樸子內篇 · 極言(節選)

不得其術者,古人方之於冰盃之盛湯,羽苞[1]之蓄火也。且又才所不逮,而困思之,傷也;力所不勝,而強舉之,傷也;悲哀憔悴,傷也;喜樂過差,傷也;汲汲所欲,傷也;久談言笑,傷也;寢息失時,傷也;挽弓引弩,傷也;沈醉[2]嘔吐,傷也;飽食即臥,傷也;跳走喘乏,傷也;歡呼哭泣,傷也;陰陽不交,傷也;積傷至盡則早亡,早亡非道也。是以養生之方,唾[3]不及遠,行不疾步,耳不極聽,目不久視,坐不至久,臥不及疲,先寒而衣,先熱而解,不欲極饑而食,食不過飽,不欲極渴而飲,飲不過多。凡食過則結積聚,飲過則成痰癖。不欲甚勞甚逸[4],不欲起晚,不欲汗流,不欲多睡,不欲奔車走馬,不欲極目遠望,不欲多啖[5]生冷,不欲飲酒當風,不欲數數[6]沐浴,不欲廣志遠願,不欲規造異巧[7]。冬不欲極溫,夏不欲窮涼,不露臥星下,不眠中見肩,大寒大熱,大風大霧,皆不欲冒[8]之。五味入口,不欲偏多,故酸多傷脾,苦多傷肺,辛多傷肝,鹹多則傷心,甘多則傷腎,此五行自然之理也。凡言傷者,亦不便覺[9]也,謂久則壽損耳。是以善攝生[10]者,臥起有四時之早晚,興居有至和之常制[11];調利筋骨,有偃仰[12]之方;杜疾閑邪[13],有吞吐之術;流行榮衛[14],有補瀉之法;節宣[15]勞逸,有與奪之要[16]。忍怒以全陰氣,抑喜以養陽氣。然後先將服草木以救虧缺,後服金丹以定無窮,長生之理,盡於此矣。若有欲決意任懷,自謂達識知命,不泥異端,極情肆力,不營久生者,聞此言也,雖風之過耳,電之經目,不足諭[17]也。雖身枯於流連[18]之中,氣絕於紈綺之間,而甘心焉,亦安可告之以養生之事哉?不惟不納[19],乃謂妖訛也。而望彼信之,所謂以明鑒給矇瞽[20],以絲竹娛聾夫也。

(王明著《抱樸子內篇校釋(增訂本)》,中華書局 1985 年版)

【注释】

[1]苞:通"包"。羽苞:羽毛做成包。

[2]沈醉:大醉。

[3]唾:吐唾沫。

[4]逸:安逸。

[5]啖:吃。

[6]數數:頻繁。

[7]規:計畫。異巧:奇巧之物。

[8]冒:冒犯,沖犯。

[9]覺:覺察。

[10]攝生:保養身體,養生。

[11]興:起。興居:起居。制:習慣,規律。

[12]偃仰:安居,晏安貌。

[13]杜疾閑邪:杜絕疾病排遣邪氣。

[14]榮衛:也叫營衛,中醫指人體的營養作用、血氣迴圈,也泛指氣血。

[15]節宣:節制宣洩。

[16]要:要領。

[17]諭:明白。

[18]流連:耽溺于遊樂而忘歸。

[19]納:採納。

[20]鑒:鏡子。矇瞽:瞎子。

【导读】

东晋著名道教学者葛洪所著的《抱朴子内篇》,是对战国至东晋时期神仙思想和炼丹养生方术所做的系统总结,为魏晋神仙道教奠定了理论基础。书中,葛洪详细介绍了各种长生之道,大体可分为内养与外修两个方面,内养主要是行气保精,外修主要是服用丹药,此外,还提出长生应以积善立功、忠孝为本的思想。

葛洪精通医术,擅长养生,在论著中,他提出了预防为主、以不伤为本的养生思想。日常生活虽是小事,对于养生却有不可忽略的作用,养生要注重日常生活细节,否则,小的伤害日积月累,会对身体造成巨大的损害,甚至危及生命。他在文中指出了对身体有伤害的十三种行为,如思虑过度、忧愁过度、喜乐过度、饮食过度、运动过度等。这十三种行为中的任何一种,如果长期不加以注意,伤之太久,都会影响寿命。针对人们容易忽略的不良生活习惯,他提出三十条养生方法,都与日常行、住、坐、卧、饮食起居有关。这些措施看起来很烦琐,实际上都是日常生活中应该注意的问题,只要身体力行,习以为常,就能养成良好的生活习惯,达到延年益寿的目的。

三、延伸思考

关注个体,爱惜生命,是道家养生思想给予我们的启示。每个人的生命只有一次,无论贫富贵贱,生命对于每个人都是公平的,因此弥足珍贵。道家养生思想告诉我们,对于可贵而短暂的生命,不能消极对待,不能虚耗浪费,应该积极有为地行动起来,让身体更健康,让生命更长久。道家养生思想和方法已成为中华传统医学养生思想的重要部分,现在依然为大家所认可和广泛实行。同时,道家养生思想不仅关注肉体层面,对精神层面也极为关注,少私寡欲,恬然安适,保持超然物外的心境,让生命不仅是一个生老病死的现实过程,也是一次愉快的精神漫游。养生贵在身心共养,身心贵在和谐健康。

(谭敏撰)

第五章　礼仪风俗

第一节　礼仪制度

一、概述

中国自古以来被称为礼仪之邦。礼仪在中国社会的政治文化生活中占据着重要地位,荀子在《荀子·礼论》中称礼为"天地者,生之本也;先祖者,类之本也;君师者,治之本也"。在中国古代社会,礼仪是处理人与神、人与鬼、人与人三大关系的重要准则和依托。

自伏羲以来,五礼始彰;尧舜之时,五礼咸备。礼仪的起源可以追溯到久远的过去。郭沫若说:"大概礼之起源于祀神,故其字后来从示,其后扩展而为对人,更其后扩展而为吉、凶、军、宾、嘉的各种仪制。"(《十批判书·孔墨的批判》)到尧舜时,已经有了成文的礼仪制度,史称"五礼"。作为人类祖先的圣贤唐尧、虞舜、夏禹等,都是遵循礼仪的典范。传说尧年轻时敬重老人,同辈之间也是礼让三先。他每次打猎回家,猎物都要平分给众人,自己拿最少的一份,有时甚至把自己那一份再分送给体弱的老者。他的德行受到众人的称颂,于是被推选为部落首领。虞舜也是被历代尊崇的讲究礼仪孝道的楷模。《二十四孝图说》中的《大舜耕田》就是讲他躬耕历山,任劳任怨,供养父亲、继母和同父异母之弟从无怠慢的故事。

尧舜时期制定的礼仪经过夏、商、周三代千余年的总结、推广,日趋完善。周文王、武王、成王三个君主"兴正礼乐"。周公还在朝廷设置礼官,专门掌管天下礼仪,把我国古代礼仪制度推向了较为完备的阶段。春秋时期的孔子把"礼"推向了一个至高无上的地位。他要求所有的人都要"克己复礼",教育弟子们"非礼勿视""非礼勿听""非礼勿食"。总之,为了"礼"的需要,可以舍弃一切。为了宣扬古代礼制,他甚至不远千里,从鲁国到西岐向老子(李聃)学礼。

到了汉武帝时期，"罢黜百家，独尊儒术"治国方略的确立，礼仪作为社会道德、行为标准、精神支柱，被提升到了前所未有的高度。汉以来的历朝历代都在朝廷设置掌管天下礼仪的官僚机构，如汉代的大鸿胪、尚书礼曹，魏晋时的祠部（北魏又称仪曹），隋唐以后的礼部（清末改为典礼院）等。

由于礼学家们各宗不同的学术派别，长期以来形成了对古代文献的不同阐释，加之历代统治者各自不同的政治需要，他们制定的礼仪制度常常存在前后矛盾的情况。按清代学者秦蕙田《五礼通考》的编排，古代之礼大体分可分为四大部分。

一是吉礼。吉礼是五礼之冠，主要是对天神、地祇、人鬼的祭祀典礼。《礼记·祭统》说："礼有五经，莫重于祭。"按照《周礼·春官·大宗伯》的说法，吉礼用以"事邦国之鬼神示（祇）"，是祝福祈祥之礼。吉礼的主要内容有祭天神、祭地祇、祭人鬼。

二是嘉礼。嘉礼是和合人际关系，沟通、联络感情的礼仪。《周礼》说，嘉礼是用以"亲万民"的，主要内容有饮食之礼，婚、冠之礼，宾射之礼，飨燕之礼，脤（shèn，社稷祭肉）膰（fán，宗庙祭肉）之礼，贺庆之礼。在等级制度下，无论什么礼仪，都随地位的尊卑贵贱而有仪节繁简多寡的不同，不可能对"万民"一视同仁。

三是宾礼。宾礼是接待宾客之礼。《周礼·春官·大宗伯》说："以宾礼亲邦国。"这是讲天子与诸侯国及诸侯国之间的往来交际之礼。宾礼包括春见曰朝、夏见曰宗、秋见曰觐、冬见曰遇、时见曰会、殷见曰同、时聘曰问、殷眺曰视。"时见"是有事而会，"殷见"是众诸侯同聚，"时聘"是有事而派遣使者存问看望，"殷眺"是多国使者同时聘问。后代则将皇帝遣使藩邦，外来使者朝贡、觐见及相见之礼等都归入宾礼。

四是军礼。军礼是师旅操演、征伐之礼。《周礼·春官·大宗伯》说："以军礼同邦国。"这是讲对于那些桀骜不驯的诸侯要用军礼使其服从和同。《周礼》所说的军礼包括以下内容：大师之礼，用众也；大均之礼，恤众也；大田之礼，简众也；大役之礼，任众也；大封之礼，合众也。"大师之礼"，指军队的征伐行动；"大均之礼"，指均土地，征赋税；"大田之礼"，指定期狩猎；"大役之礼"，指营造、修建土木工程等；"大封之礼"，指勘定封疆，树立界标。后代礼书又有将射礼、軷祭道路、日月有食、伐鼓相救等作为军礼内容的。

礼仪在中国古代社会中起着准法律的作用，研究礼仪的著作很多。汉代把《周礼》《仪礼》列入五经，是读书人的必修课。西汉人戴圣在研究前人礼书著作基础上，编纂《礼记》一书，也被列为十三经。而后，历代礼学研究者再在这些礼书的基础上进一步研究，先后出现了《周礼注疏》《仪礼注疏》《礼记正义》《礼说》《礼记集解》《礼记集说》《礼书通故》《礼书纲目》等数以千卷的礼学著作，成为中国历史文化中一门重要学科，对人类文明进步起着特有的作用。由儒家学者整理成书的礼学专著"三礼"——《周礼》《仪礼》《礼记》，记录、保存了许多周代的礼仪。今天，要研究探讨古代贵族的礼制，"三礼"仍然是非常重要的文献，它们在中国文化史上有着重要的价值和影响。

二、原典选读及导读

周禮·地官司徒第二(節選)

鄉大夫之職,各掌其鄉之政教禁令。

正月之吉[1],受教法[2]於司徒,退而頒之於其鄉吏[3],使各以教其所治,以考其德行,察其道藝。

以歲時登其夫家之眾寡,辨其可任者。國中自七尺[4]以及六十,野自六尺[5]以及六十有五,皆征之[6]。其舍者,國中貴者、賢者、能者、服公事者、老者、疾者,皆舍,以歲時入其書。

三年則大比,考其德行、道藝,而興[7]賢者、能者。鄉老[8]及鄉大夫帥其吏興其眾寡,以禮禮賓之[9]。厥明,鄉老及鄉大夫群吏獻賢能之書於王,王再拜受之[10],登於天府[11],內史貳之。退而以鄉射之禮五物詢眾庶[12]:一曰和,二曰容,三曰主皮[13],四曰和容[14],五曰興舞[15]。此謂使民興賢,出使長之;使民興能,入使治之。

歲終,則令六[16]鄉之吏皆會政致事。正歲,令群吏考法於司徒,以退,各憲之於其所治之[17]。

國大詢[18]於眾庶,則各帥其鄉之眾寡而致於朝[19]。國有大故[20],則令民各守其閭,以待政令。以旌節輔令,則達之[21]。

(楊天宇撰《周禮譯注》,上海古籍出版社 2004 年版)

【注釋】

[1]正月之吉:謂周曆正月初一。

[2]教法:賈公彥《疏》曰:"謂若《大司徒職》十二教以下。"

[3]鄉吏:謂州長、党正、族長、閭胥、比長。

[4]七尺:賈公彥《疏》曰:"謂年二十。"

[5]六尺:賈公彥《疏》曰:"謂年十五。"

[6]征之:鄭司農曰:"征之者,給公上事也。"

[7]興:舉也。

[8]鄉老:即《儀禮·士冠禮》之"鄉先生",彼鄭玄《注》曰:"鄉先生,鄉中老人,為卿大夫致仕者。"指退休在鄉的卿大夫。

[9]以禮禮賓之:鄭玄《注》曰:"以鄉飲酒之禮,禮而賓之。"案鄉飲酒禮,是由鄉大夫主持的一種鄉飲酒禮,其目的在於賓賢,即把鄉中選出的賢者當作賓客來禮敬,以示尚賢,然後進獻於諸侯國或天子。關於鄉禮酒禮,可以參看《儀禮·鄉飲酒

禮》。

[10]王再拜受之:據鄭玄《注》,這表示王十分重視得賢人,故再拜而受。

[11]登於天府:登,上也。案天府,官名,詳其職文。孫詒讓曰:"王致其書於天府言
　　'登'者,亦重得賢。"

[12]以鄉射之禮五物詢眾庶:這是通過舉行鄉射禮,從五個方面觀察射箭比賽者,並
　　徵詢眾人的意見,看看是否還有賢能者,即鄭司農所謂"射,所以觀士也"。關於
　　鄉射禮,詳見《儀禮·鄉射禮》。

[13]主皮:謂重在射中靶心。據孫詒讓說,"主皮"之說,起於大射。大射張皮侯,皮
　　侯的侯中側邊飾以皮,而侯中的正中心又以一塊正方的獸皮為鵠,即靶心。因
　　此後來以射中為主皮。現在舉行的鄉射禮,所張的是獸侯,即在侯中側邊飾獸
　　皮而不以皮為鵠,然亦沿用"主皮"為射中之名。

[14]四曰和容:《論語·八佾》"射不主皮"下何晏《集解》引馬融曰:"四曰和頌,合
　　《雅》《頌》。"《雅》《頌》指代音樂。案鄉射禮配有音樂,參射者的動作容體都當
　　符合音樂的節奏。

[15]興舞:王引之曰:"興者,作也,起也。"興舞,即作舞,起舞。

[16]六:王引之认为,疑是"其"字之誤。

[17]所治之:阮元校說,"之"字是衍文。

[18]大詢:據鄭玄《注》,國家有危難,或需要遷都,或當另立新君,遇有這一類大事,
　　就需要大詢眾庶。

[19]朝:孫詒讓曰:"此朝謂外朝,在皋門內、庫門外者。"

[20]大故:賈公彥《疏》曰:"謂災變、寇戎之等。"

[21]以旌節輔令,則達之:旌節,即符節。據鄭玄《注》,雖奉命往某地,如果不持旌節
　　以為信,則禁之不得通行。故需"以旌節輔令"。

【导读】

　　《周礼》亦称《周官》或《周官经》,儒家经典之一,乃记述西周政治制度之书,传说为
周公所作,实则出于战国时期。全书有六篇:《天官冢宰》《地官司徒》《春官宗伯》《夏官
司马》《秋官司寇》《冬官司空》(早佚,汉时补以《考工记》)。六官分别为天、地、春、夏、
秋、冬,显然是为了合天地四时之数。天官掌邦治,地官掌邦教,春官掌邦礼,夏官掌邦
政,秋官掌邦禁,冬官掌邦务。六官之下又各有属官,是谓百官。其中,天官乃王之辅弼,
为六官之首,百官之长。如此层级分明,职能完备,显然带有某种儒家理想色彩,历代建
置六部皆循《周礼》,《周礼》亦因此往往成为后世托古改制的思想武器。

　　《周礼·地官司徒》所属的乡大夫，实则是古代政权建构中的地方长官。其主要职责是掌管地方的政教禁令，兵役劳役征发，推荐贤能，年终对乡吏的考核。紧急情况时负责地方危机状况的掌控应对：国家遇大事要征询意见，则率其乡人至外朝；遇急变，则令民各守其闾，以待政令。春秋时各国皆设此类官职，齐国称为"乡良人"，见《国语·齐语》；宋国称为"乡正"，见《左传·襄公九年》。应该说这种层级明确、分层管理、层层负责的方法在当今也有着重要的意义。研究《周礼》的著作很多，注本有东汉郑玄《周礼注》、唐贾公彦《周礼注疏》、清孙诒让《周礼正义》等，通行本有阮元校刻《十三经注疏》中华书局影印本。

儀禮·士相見禮第三（節選）

　　凡言非對也，妥而後傳言[1]。與君言，言使臣；與大人[2]言，言事君；與老者言，言使弟子；與幼者言，言孝弟於父兄[3]；與眾言，言忠信慈祥；與居官者言，言忠信。凡與大人言，始視面，中視抱[4]，卒視面。毋改[5]，眾皆若是[6]。若父則遊目[7]，毋上於面，毋下於帶。若不言，立則視足，坐則視膝。

　　凡侍坐於君子[8]，君子欠伸[9]，問日之早晏[10]，以食具告[11]。改居[12]，則請退可也。夜侍坐，問夜、膳葷[13]，請退可也。

（楊天宇撰《儀禮譯注》，上海古籍出版社2004年版）

【注釋】

[1]妥：安坐。傳言：猶出言。

[2]大人：指公卿大夫。

[3]孝弟於父兄：即"孝於父、弟於兄"，兒子孝敬父母，弟弟順從哥哥。弟：通"悌"。

[4]中視抱：中：中間，謂言畢而待大人做出反應的時間。抱：懷抱處。

[5]毋改：謂言畢而聽者尚未作出反應時，言者應當始終端正儀態以待，而不變動失態。

[6]眾：通"終"，自始自終。

[7]遊目：即旁遊其目，謂目光不專注於其父，還應觀察父的周圍與父的起居有關的一切，以知父體安否。

[8]君子：指卿大夫及國中賢者。

[9]欠伸：打哈欠，伸懶腰。

[10]問日之早晏：晏即晚。即問現在什麼時候了。

[11]以食具告：具：俱、備。即告從者所食已遍。

［12］改居:變換坐的地方。從"欠伸"到"改居",都是疲倦的表現。

［13］問夜:問什麼時候了。膳葷:謂食用葷辛之物。葷指蔥、薑、蒜之類葷辛之物。
這些都是有倦意欲休息的表示。

【导读】

《仪礼》原名《礼》,系记载古代礼制的著作,今本通行十七篇。汉人以其所讲为士所必习的礼节,称为《士礼》;相对《礼记》而言,又叫《礼经》;晋人认为其所讲的并非礼的意义,而是具体的礼节形式,故称之为《仪礼》,与《礼记》《周礼》合称"三礼"。历朝礼典的制定,大多以《仪礼》为重要依据,对后世社会生活影响至深。

《仪礼》主要记载古代贵族(包括国君、诸侯、卿、大夫、士)从成人、结婚到丧葬的各种礼节,以及其交往、燕飨、朝聘、乡射、大射等各种政治和社会活动中的礼仪规范。按儒家的说法,人类之初,为了满足自己的欲望,人和人就要生出争斗。于是圣人制定礼来维持社会秩序,教人节制,教人平和,教人追念本源、感怀恩德,教人互敬互爱。这分别是制度之礼、宗教之礼、风俗之礼。可见,礼是社会文明和进步的标志。中华民族被称为礼仪之邦,礼仪文化是中华文化的核心内容之一。

《士相见礼》记述士君子相交的礼节仪式。本篇首先对士与士初次相见的介绍、礼物、应对、复见诸仪节做了详细说明,然后依次述及士见大夫、大夫相见、士大夫见君诸礼仪。所以,此篇所述,实际上并不限于"士"相见之礼。关于篇名,清张尔岐说,士见大夫以下诸仪"皆自士相见推之,故以士相见名篇"(《仪礼郑注句读·士相见礼第三》)。《士相见礼》十分强调人际交往的伦理道德意义,节选文字主要是讲进言和侍坐之法。"与君言,言使臣;与大人言,言事君;与老者言,言使弟子;与幼者言,言孝弟于父兄;与众言,言忠信慈祥;与居官者言,言忠信。"交往物件不同,言各有宜,但都应以厚德劝善为宗旨。据《史记》载:"孔子为儿嬉戏,常陈俎豆,设礼容。"圣人儿时的游戏都是制礼作乐,可见礼在古人心目中的地位。其实在今天,礼仍旧非常重要。我们常说人要讲文明礼貌,一个人的言行举止是否合"礼",就是他的精神文明水平和个人修养高低的标志。所以,了解古代礼仪制度,对弘扬中华民族传统美德,意义十分深远。

《仪礼》版本甚多,有东汉郑玄《仪礼注》、唐贾公彦《仪礼注疏》、清胡培翚《仪礼正义》等。

禮記·曲禮上第一(節選)

夫禮者,所以定親疏、決嫌疑[1]、別同異、明是非也。禮,不妄說[2]人,不辭費[3]。禮,不逾節[4],不侵侮,不好狎。修身,踐言,謂之善行。行修,言道,禮之質也。禮聞取於人,不聞取人；禮聞來學，不聞往教[5]。

　　道德仁義，非禮不成；教訓正俗，非禮不備；分爭辯訟，非禮不決；君臣、上下[6]、父子、兄弟，非禮不定；宦學[7]事師，非禮不親；班朝治軍，莅官行法，非禮威嚴不行；禱祠祭祀，供給鬼神[8]，非禮不誠不莊。是以君子恭敬、撙節、退讓以明禮[9]。鸚鵡能言，不離飛鳥；猩猩能言，不離禽獸。今人而無禮，雖能言，不亦禽獸之心乎？夫唯禽獸無禮，故父子聚麀[10]。是故聖人作，為禮以教人，使人以有禮，知自別於禽獸。

　　……

　　人生十年曰幼，學。[11]二十曰弱，冠。[12]三十曰壯，有室[13]。四十曰強[14]，而仕。五十曰艾[15]，服官政。六十曰耆，指使。七十曰老，而傳。八十、九十曰耄，七年曰悼[16]，悼與耄雖有罪，不加刑焉。[17]百年曰期[18]頤。

（楊天宇撰《禮記譯注》，上海古籍出版社 2004 年版）

【注釋】

[1] 嫌疑：孫希旦云："彼此相淆謂之嫌，是非相似謂之疑。"

[2] 說："悅"的本字，這裏是使動用法。

[3] 辭費：《釋文》云："言而不行為辭費。"

[4] 禮，不逾節：孔穎達云："禮者，所以辨尊卑，別等級，使上不逼下，下不僭上，故云禮不逾越節度也。"

[5] "禮聞來學"二句：孔穎達曰："凡學之法，當就其師處北面伏膺，不可以屈師親來就己。"這是師道尊嚴的表現。據《漢書·孫寶傳》，孫寶以明經為郡吏，御史大夫張忠召寶為屬官，欲令寶授其子經，遭到孫寶拒絕："前日君男欲學文，而移寶自近。禮有來學，義無往教。"這表明西漢時確有人依此二句行事。

[6] 上下：孔穎達云："上，謂公卿大夫。下：謂士也。"

[7] 宦學：孔穎達云："宦，謂學仕宦之事。學，謂習學六藝。"六藝：禮、樂、射、禦、書、數。詳見《周禮·地官·保氏》。

[8] 鬼神：這裏指禱祠祭祀的物件，包括一切天神地祇人鬼。

[9] 恭敬、撙節、退讓：何胤曰："在貌為恭，在心為敬。"孫希旦云："有所抑而不敢肆，謂之撙；有所制而不敢過，謂之節。"孔穎達云："應進而卻曰退，應受而辭曰讓。"

[10] 聚：共也。麀：母鹿。

[11] 人生十年曰幼，學：《內則》曰："十年出就外傅，居宿於外，學書計。"

[12] 二十曰弱，冠：古代貴族青年男子，到了二十歲要舉行隆重的加冠典禮，作為成年的標誌。至於為什麼叫弱，孔穎達說："體猶未壯，故曰弱。"

[13] 三十曰壯，有室：孔穎達曰："三十而立，血氣已定，故曰壯。"室：妻的代稱。

[14] 強：孔穎達曰："強有二義：一則四十不惑，是智慮強；二則氣力強。"

[15]艾:孔穎達曰:"年至五十,氣力已衰,頭髮蒼白如艾。"

[16]悼:憐愛。孔穎達曰:"未有識慮,甚可憐愛。"

[17]悼與耄雖有罪,不加刑焉:按《周禮·秋官司寇》有三赦之法,對於幼弱及老耄之人,雖有罪,不加刑。鄭玄《注》云:"若今律令,年未滿八歲、八十以上,非手殺人,他皆不坐。"說明漢代尚有此法。

[18]期:方愨云:"人生以百年為期,故百年以期名之。"

【导读】

《礼记》是战国至秦汉时期儒家学者解释说明经书《仪礼》的文章选集,是一部儒家思想的资料汇编,又叫《小戴礼记》,与《周礼》《仪礼》合称"三礼"。《礼记》的作者不止一人,写作时间也有先有后,其中多数篇章可能是孔子的 72 名高徒及其学生们的作品,还兼收先秦的其他典籍。《礼记》的内容主要是记载和论述先秦的礼制、礼仪,解释仪礼,记录孔子和弟子等的问答,记述修身做人的准则。实际上,这部九万字左右的著作内容广博,门类杂多,涉及政治、法律、道德、哲学、历史、祭祀、文艺、日常生活、历法等诸多方面,几乎包罗万象,集中体现了先秦儒家的政治、哲学和伦理思想,是研究先秦社会的重要资料。

本文节选自《礼记·曲礼上》。郑玄《礼记目录》云:"名曰'曲礼'者,以其篇记五礼之事。祭祀之说,吉礼也;丧荒、去国之说,凶礼也;致贡、朝会之说,宾礼也;兵车、旌鸿之说,军礼也;事长、敬老、执贽、纳女之说,嘉礼也。"综观《礼记·曲礼》全篇,包括了郑玄所说的"五礼"各个方面,细微末节十分周全,日常生活的举手投足、进退应对、饮食出行等礼仪一应俱有。选文主要阐述了礼的本质及重要性,对人生每一个阶段所应担负的职责进行了明确的规定,反映了古代学者对礼的极端重视与推崇。

家禮·通禮(節選)

凡為家長,必謹守禮法,以禦群弟子及家眾[1]。分之以職,授之以事,而責其成功。制財用之節,量入以為出,稱家之有無以給。上下之衣食,及吉凶之費,皆有品節[2],而莫不均一[3]。裁省冗費,禁止奢華,常須稍存贏餘[4],以備不虞[5]。

凡諸卑幼,事無大小,毋得專行[6],必諮稟於家長[7]。

……

凡子事父母[8],父母所愛,亦當愛之;所敬,亦當敬之。至於犬馬盡然[9],何況於人乎?

凡子事父母,樂其心[10],不違其志,樂其耳目,安其寢處,以其飲食忠養之。幼事長,賤事貴,皆仿此。

凡子婦未敬未孝,不可遽有憎疾[11],姑教之;若不可教,然後怒之;若不可怒,然後笞之[12];屢笞而終不改,子放婦出[13],然亦不明言其犯禮也。子甚宜其妻[14],父母不悅,出;子不宜其妻,父母曰是善事我,子行夫婦之禮焉,沒身不衰[15]。

(王燕均、王光照校點《家禮》,《朱子全書》第7冊,上海古籍出版社、安徽教育出版社2002年版)

【注釋】

[1]禦:使馬也。這裏是管理、統率。

[2]品節:謂等級。

[3]均一:公允如一,均勻無別。

[4]贏餘:收支相抵後有餘的財物。

[5]以備不虞:虞:猜度,預料。以防備預料不到的事。戰國吳起《吳子·圖國》:"古之明王,必謹君臣之禮,飾上下之儀,安集吏民,順俗而教,簡募良材,以備不虞。"

[6]專行:獨斷獨行。

[7]諮稟:請示、稟報。《後漢書·皇后紀上·明德馬皇后》:"內外諮稟,事同成人。"

[8]凡:所有的,一切的。事:侍奉。

[9]至於犬馬盡然:至於,連詞。表示提出另一話題,用在下文開頭,為現代漢語所沿用。

[10]樂其心:樂:喜悅,愉快。這裏的意思是使父母的內心感到高興快樂。

[11]遽:疾,快速,一下子。憎疾:亦作"憎嫉",厭惡妒忌。《後漢書·劉玄傳》:"今公卿大位莫非戎陳,尚書顯官皆出庸伍……臣非有憎疾以求進也,但為陛下惜此舉厝。"《隋書·郎茂傳》:"元預兄弟本相憎疾,又坐得罪,彌益其忿,非化民之意也。"宋陸遊《南唐書·孫忌傳》:"〔忌〕坐定,辭辯鋒起。人多憎嫉之。"

[12]笞:用鞭、杖、竹板抽打。古代五刑之一,用竹板或荊條抽打人的背部或者臀部。

[13]子放婦出:出:遺棄,棄逐。古代社會丈夫遺棄妻子有七種藉口:一,無子;二,淫泆;三,不事姑舅;四、口舌;五、盜竊;六、嫉妒;七、惡疾。有七種之一,即可遺棄。

[14]子甚宜其妻:朱熹《詩集傳》說:"宜,和順之意。"這裏指夫妻之家和睦恩愛,感情融洽。

[15]沒身不衰:沒身:終身。《老子》:"沒身不殆。"《漢書·息夫躬傳》:"今單於以疾病不任奉朝賀,遣使自陳,不失臣子之禮。臣祿自保沒身不見匈奴為邊竟憂也。"隋王通《中說·問易》:"劉炫問《易》,子曰:聖人于《易》,沒身而已,況吾儕乎?"不衰:不止。《史記·孔子世家》:"孔子講誦弦歌不衰。"意思是,即使夫妻感情不融洽,只要妻子善事父母,父母滿意,丈夫必須與妻子終身盡夫妻之禮。

【导读】

《家礼》,《宋史·艺文志》载为朱熹所撰。朱熹《家礼》主记"冠""婚""丧""祭"诸礼,大抵自《仪礼》《礼记》节录诠释,按类系事,事下为论辩,多引古事证之,进而为律例,以申法度,警示后人。《家礼》体例完备,内容详赡,对研究家礼有一定参考价值。《家礼》书成之后,经三山杨氏、上饶周氏之考订,流布于世,书中错误不少,因题作朱熹,学者驳正者少。《家礼》版本有:汲古阁有宋刊本、孝慈堂目有宋板本、东湖丛记有宋刊纂图集注本、洪氏刊宋本、望三益斋刊本、日本须原屋茂兵卫等刊本、元刊本纂图集注、御尔台氏刊本、康熙辛巳(1701 年)汪氏刊本、明邱文庄刊本、邓钟岳仿宋刊本(《四库全书》著录本)。

《家礼》卷一之《通礼》,是古人日常生活必须遵守的规则规范。本篇节录文字反映了中国古代父母子媳、尊卑长幼、夫妻之间必须遵从的道德行为规范,那就是所有的现实行为必须绝对服从父母的意愿和意志。文人,必须谨守礼法,以礼法行事,不偏不倚;为人子女,必须一切以父母的喜怒哀乐情感意志为转移,夫妻之间的感情也必须以对父母言听计从的孝为旨归,体现了中国古代"百善孝为先"的思想和封建家长制的作风。

三、延伸思考

礼在我国古代社会中是维系社会统治秩序的基石。古代礼与法相结合,共为一体。礼包容了法,为法的灵魂;法是礼的后盾,是法的表现。法、礼之间相互补充,互为表里,成为维系社会稳定的两件法宝。孔子就认为"礼乐不兴,则刑罚不中",把兴礼乐当作执法的前提。同时,人们对礼的遵循实践,讲究知行合一,推己及人,礼对人们行为的自我约束和社会约束体现得十分明显。当前,随着物质文明的进步,人们面临价值缺失、信仰空虚、行为失范、道德滑坡等严重心理困境,重新梳理古代礼仪文化,就能实现现代文明与古代文明之间的良性互动对接。国无德不兴,人无德不立,中国古代历来讲格物致知、诚意正心、修身齐家、治国平天下的礼法价值观。从某种角度看,格物致知、诚意正心、修身是个人层面的要求,齐家是社会层面的要求,治国平天下是国家层面的要求,创造性地发掘阐释这些思想,对于建立健全现代人的价值观具有深远的启迪意义。

(谭敏撰)

第二节　饮食服饰

一、概述

安身之本，必资于食，民以食为天，这是人类千年不变的古训。常言道衣食住行，饮食服饰始终是人们最基本的生存生活需要，是从事其他活动的前提和基础。正所谓食色性也，饮食男女，人之大欲存焉。

民间谚语所说"开门七件事，柴米油盐酱醋茶"，说明饮食在人们日常生活中的重要地位，在长期的历史过程中，中华先贤在饮食文化方面创造了辉煌的成就，成为中华文化的重要组成部分。其中既有丰富的生产生活实践经验的总结，属于物质文化层面，也有社会生活精神层面的升华。作为富有创造能力、思维能力和七情六欲的人类，由最初的茹毛饮血到玉盘珍馐，由短褐麻布到绫罗绸缎，由满足基本生活物资需求到制礼作乐，建立法律与道德约束机制，提高了人们的精神文化素质与修养，促进了社会富裕，也极大地推动了物质文明与精神文明的进步。

早在远古时期，中华大地上已经出现多处用火的遗址，可见烧烤烹饪的滥觞，多地发现的陶器、房舍、农作物文化遗存物等也证明我国的农耕种植和家畜养殖业在八千多年前就已经出现。《吕氏春秋》《战国策》等先秦文献都有关于大禹之时仪狄造酒的记载，另外比较著名的还有殷商时期杜康或少康造酒之说，医书《素问》甚至还有黄帝和岐伯关于制酒的对话，将造酒的时间更为提前。《淮南子·说林训》的说法较为可信，"清醠之美，始于耒耜"，认为造酒差不多是和农业一起产生的，洪光住《中国食品科技史稿》认为造酒应该起源于新石器时代或龙山文化时代。无论如何，至迟在商代，酿酒工艺已经相当成熟，各种形状的青铜酒器即印证了高度繁荣的酒文化，统治集团的酗酒成风也在很大程度上成为其最后灭亡的原因。周朝建立后吸取殷鉴，全面制定周礼，设置"酒正"之官，掌酒之政令。中国最早的历史文献汇编《尚书》就保存了周公关于酒德等系列管理训示，可谓最早有关精神文化方面的思考和总结。中国也是世界茶叶的故乡，西南巴蜀地区为茶的原产地，由药物、菜蔬到饮品，其功效不断被人们认识。秦汉时期，茶树已经由野生转为人工种植，通过贸易流行于全国。中唐时，陆羽写成我国和世界第一部茶叶专著《茶经》，对中国和世界茶文化做出了杰出贡献，影响深远。中国有关饮食文化的著述十分丰富，从《诗经》开始，就注重饮食与相关农业生产和医药卫生实践经验及民俗传统和文化修养的总结，《黄帝内经》中就有《五味》《五味论》等篇章涉及饮食养生的内容，

《神农本草经》将药物与食物按照有无毒性程度分类,北魏贾思勰《齐民要术》是中国保存最为完整的综合性农学著作,比较详尽地介绍了作物生产和食材加工烹饪的方法。唐代药王孙思邈的《千金要方》在食疗、养生、养老方面做出了巨大贡献。在漫长的历史长河中,由于各地气候、土壤和自然条件的差异,物产品种直接影响了人们饮食结构、烹饪方法和口味,形成了东西南北不同地域和不同民族风俗习惯等丰富多彩的饮食文化。烹调方面还有众多菜系,最有影响和代表性的也为社会所公认的有鲁、川、粤、闽、苏、浙、湘、徽等菜系,即人们常说的中国"八大菜系"。其中如秦末汉初就粗具规模,历经唐宋明清发展的川菜,现今已名气传遍海内外,川菜馆遍布世界,中华饮食文化内涵丰富、博大精深,成为一种精美艺术带给人们物质与精神的全方位享受,在世界饮食文化中可谓独领风骚。

与饮食一样,中华服饰文化也经历了由低级到高级的发展过程、由基本生存实用上升到兼顾审美需求的阶段。从出土文物考察发现,服饰的源头,可以上溯到旧石器时代晚期。北京周口店山顶洞人(距今1.9万年左右)遗址中,发现骨针和钻孔的石、骨、贝等装饰品,证实当时已能利用兽骨、兽皮等材料缝制简单的衣服用以御寒保暖。同时为了在捕猎、生产、战争等活动中威慑、伪装及防卫等,皮甲、胫衣、兽头帽之类的部件式衣物也开始出现。在距今约1万年的新石器时代,发明了纺织技术,人工织造布帛材料对服装形式的变化和功能的改善产生了重大影响,逐渐形成衣冠鞋帽与饰物搭配的服饰习惯。《周易·系辞下》有所谓"黄帝尧舜垂衣裳而天下治"的记载,显出不同身份人物的服装差异,也是服饰制度的雏形。到了夏商时期,随着等级制度的强化,与之相适应的服饰制度也进一步确立,并作为统治阶级所制定"礼"的基本内容。周朝时,明确规定"非其人不得服其服",形成了一整套冠服制度,设"司服""内司服"官职,掌管王室服饰。《尚书·虞书·益稷》载十二章纹,包括《周礼》《仪礼》以及《礼记》等儒家三礼经典都对周代的冠服制度有较为详细的总结记录,对中国人服饰观念的形成产生了重要影响。秦汉之后,中国舆服制度更加统一,服饰的等级区别也更加严格,相关法律规定也很明确。从《后汉书》开始,有了专门的《舆服志》,主要记载皇室成员和朝廷文武百官参加各类朝觐、巡行、郊祀、外交等重大礼仪活动及日常家居等车骑服饰,此后历代大多正史都有《舆服志》,撰述内容愈加丰富,一般士庶、妇人、乐工、僧道的冠服也多有涉及。历经多次历史变迁与多民族文化的融合与交汇,中华服饰文化又有新的发展。南北朝时期,北方少数民族入主中原,胡服受到许多汉族士人喜爱而流行,北魏孝文帝改制,率"群臣皆服汉魏衣冠",如此相互吸收,良性互动。服饰材料、色彩、款式、工艺不断推陈出新,显示出中华服饰强大的文化优势,反映出泱泱中华文化一体多元、斑斓多彩的鲜明特点,激励我们去深入了解和挖掘积淀深厚的文化资源。

二、原典选读及导读

禮記·冠義第四十三

凡人之所以為人者,禮義也。禮義之始,在於正容體、齊顏色、順辭令[1]。容體正、顏色齊、辭令順,而後禮義備[2]。以正君臣、親父子、和長幼。君臣正、父子親、長幼和,而後禮義立。故冠而後服備[3],服備而後容體正、顏色齊、辭令順。故曰,冠者,禮之始也。是故古者聖王重冠。

古者冠禮,筮日筮賓[4],所以敬冠事[5]。敬冠事所以重禮。重禮所以為國本[6]也。

故冠於阼[7],以著代也[8]。醮於客位[9],三加彌尊[10],加有成[11]也。已冠而字之[12],成人之道[13]也。見於母[14],母拜之;見於兄弟,兄弟拜之;成人而與為禮也[15]。玄冠玄端[16],奠摯[17]於君,遂[18]以摯見於鄉大夫、鄉先生,以成人見[19]也。

成人之者[20],將責成人禮[21]焉也。責成人禮焉者,將責為人子、為人弟、為人臣、為人少者之禮行焉。將責四者之行於人,其禮可不重與[22]?

故孝弟[23]忠順之行立,而後可以為人[24];可以為人,而後可以治人也。故聖王重禮。故曰,冠者禮之始也,嘉事[25]之重者也。是故古者重冠,重冠故行之於廟。行之於廟者,所以尊重事[26]。尊重事,而不敢擅重事。不敢擅重事,所以自卑[27]而尊先祖也。

(阮元校刻《十三經注疏·禮記正義》,中華書局影印本 1980 年版)

【注釋】

[1]正容體:端正儀容身體。齊顏色:使表情態度端莊。順辭令:使言辭政令暢通。

[2]備:完備。

[3]冠(guàn):舉行冠禮。服:禮服。

[4]筮(shì)日筮賓:用蓍(shī)草算卦的方式確定舉行冠禮的日期和所請的主賓。

[5]所以:用來。敬冠事:顯示出對冠禮之事的恭敬之意。

[6]國本:立國之本。

[7]冠於阼:在東面的臺階上行冠禮。阼:東面的臺階,主人迎接賓客的地方。

[8]以:用來。著代:突出表示兒子將要替代父親成為家長。著:突出、強調。代:替代。

[9]醮(jiào):用酒祭祀神靈的禮儀。客位:臺階西面。

[10]三加:三次加冠之禮。彌尊:越來越尊貴。

[11]加有成:勉勵冠者有更大的成就。

[12]已冠:舉行加冠禮之後。字之:為冠者起字。

[13]成人之道:以成人之道對待冠者。

[14]見於母:到母親那裏去拜見。

[15]成人而與為禮:已經是成人,因而與他按禮相見。

[16]玄冠(guān)玄端:禮冠、禮服的一種。玄:一种顏色,黑中略帶有一點紅色。

[17]奠摯(diàn zhì):置放見面禮物。奠:放置。摯:見面時的禮物。

[18]遂:接著。以:用,拿著。

[19]以成人見:按照成人的禮儀相見。

[20]成人之者:使之成為成年人的目的。

[21]責成人禮:根據成人之禮去擔當自己的責任。

[22]可不重與:能不重視嗎? 與:同"歟"。

[23]弟(tì):同"悌",謙遜退讓之禮。

[24]為人:做一個區別於禽獸而知禮儀的人。

[25]嘉事:指嘉禮。禮分為五類,即吉禮、凶禮、軍禮、賓禮、嘉禮。冠禮屬於嘉禮的一種。

[26]所以尊重事:用來表示對重大事情的尊重。

[27]自卑:把自己的好惡、利益放在第二位。

【导读】

《礼记》亦称《小戴礼记》或《小戴记》,儒家经典之一,乃秦汉以前各种礼仪论著之选集,相当于《仪礼》的"易传",据说为西汉戴圣所编纂。戴圣,字次君,生平不详,为礼学博士,曾任九江太守。《礼记》有《曲礼》《檀弓》《王制》《月令》《礼运》《学记》《经解》《中庸》《大学》等四十九篇,大率为孔子弟子及其再传、三传弟子所记,内容庞杂,包括社会、政治、伦理、哲学、宗教等各个方面,上至王室之制,下至民间之俗,无不涉及,是研究我国古代社会文化情况、典章制度和儒家思想的重要参考资料。注本有东汉郑玄《礼记注》、唐孔颖达《礼记正义》等。通行本有阮元校刻《十三经注疏》中华书局影印本。

其中,《冠义》一篇主要是说明冠礼与礼义的关系,强调人能够区别于动物而成为人的原因在于礼义。而礼义的开端,首先要从自身仪容举止端正、神情态度端庄、言辞政令顺畅开始,然后才能使君臣、父子、长幼的关系恰如其分,端正、亲近、和谐,从而确立礼义。其中有外部形式和真诚内心统一的关系,必须有内在真诚礼义之心,才会免于虚伪,而外部的礼仪和礼貌,可以帮助礼义得以显现。所以到了成人的年龄加以冠礼,使之开始走向礼义,走向成熟,可见冠礼的重要性。

尚書·周書·酒誥[1]第十二(節選)

王若曰:明大命于妹邦[2]。乃穆[3]考文王,肇國在西土[4]。厥誥毖庶邦、庶士越少正、御事。[5]朝夕曰:祀兹[6]酒。惟天降命,肇[7]我民,惟元祀[8]。天降威[9],我民用大亂喪德[10],亦罔非酒惟[11]行;越小大邦用喪,亦罔非酒惟辜[12]。

文王誥教小子,有正有事[13]:無彝酒[14];越庶國[15]。飲惟祀,德將[16]無醉。惟曰:我民迪小子,惟土物愛[17],厥心臧[18]。聰聽祖考之彝訓[19],越[20]小大德。小子惟一[21]。

妹土嗣爾股肱純[22],其藝[23]黍稷,奔走事[24]厥考厥長。肇[25]牽車牛,遠服賈[26],用孝養厥父母。厥父母慶[27],自洗腆致用酒[28]。

庶士有正、越庶伯君子[29],其爾典[30]聽朕教。爾大克羞耇惟[31]君,爾乃飲食醉飽。丕惟曰:爾克永觀省[32],作稽[33]中德,爾尚克羞饋祀[34]。爾乃自介用逸[35],兹乃允惟王正事[36]之臣。兹亦惟天若元德[37],永不忘[38]在王家。

(阮元校刻《十三經注疏·尚書正義》,中華書局影印本 1980 年版)

【注釋】

[1]《酒誥》是周公命令康叔在衛國宣佈戒酒的告誡之辭。殷商貴族嗜好喝酒,王公大臣酗酒成風,荒於政事。周公擔心這種惡習會造成大亂,所以讓康叔在衛國宣佈戒酒令,不許酗酒,規定了禁酒的法令。

[2]明:宣佈。妹邦:指殷商故土。

[3]穆:尊稱,意思是尊敬的。

[4]肇:開始,創建。西土:指周朝。

[5]厥:其,指文王。誥毖:教訓,告誡。庶邦:指各諸侯國君。庶士:各位官員。少正:副長官。御事:辦事的官員。越,和。

[6]兹:則,就。

[7]肇:勸勉。

[8]惟:只有。元:大。

[9]威:懲罰。

[10]用:因。大亂:造反。

[11]惟:為。

[12]辜:罪過。

[13]小子:指文王的後代子孫。有正:指大臣。有事:指小臣。

[14]無:不要。彝:經常。

［15］越:和。庶國:指在諸侯國任職的文王子孫。

［16］將:扶助。德將:以德相助,用道德來要求自己。

［17］迪:開導,教育。小子:指臣民的子孫。土物:莊稼,農作物。愛:愛惜。

［18］臧:善。

［19］聰:聽覺敏銳。祖考:指文王。彝訓:遺訓。

［20］越:發揚。

［21］小子:指殷民。惟一:同樣。

［22］嗣:用。股肱(gōng):腳手。純:專一,專心。

［23］藝:種植。

［24］事:奉養,侍奉。

［25］肇:勉力。

［26］服:從事。賈:貿易。

［27］慶:高興。

［28］洗:潔,指準備。腆:豐盛的膳食。致:得到。

［29］庶士、有正、庶伯、君子:統稱官員。

［30］其:希望。典:經常。

［31］克:能夠。羞:進獻。惟:與。

［32］丕:語氣詞,沒有意義。省:反省。

［33］作:舉動,行動。稽:符合。

［34］饋祀:國君舉行的祭祀。

［35］乃:如果。介:限制。用逸:指飲酒作樂。

［36］允:長期。惟:是。正事:政事。

［37］若:善,讚美。元德:大德。

［38］忘:被忘記。

【导读】

　　《尚书》是我国第一部上古历史文献和古代事迹的汇编。它不仅是研究夏、商、周时期的重要史料,也是研究我国政治、文化和意识形态发展起源的重要文献。其中的《酒诰》就是我国第一篇完整的酒政文献,其详细阐释了西周初期统治者对酒与政治关系的认识,作为历代酒政的范本,对西周以降三千多年的酒文化产生了极为深远的影响。

　　西周成王元年(公元前1042年),即周灭商的第四年,商纣王之子武庚联合管叔、蔡叔,并纠集殷商遗民起兵造反,企图复辟商朝统治,史称"三监之乱"。周公旦亲率大军东征,平息了叛乱。周公旦总结历史经验教训,重新确定殷商遗民的管理方式,以成王之名让康叔迁徙至殷商故地,建立卫国,统治殷商遗民。周公旦还专门颁布了《康诰》《酒诰》和《梓材》三大著名政治文诰。这些文诰后来都被收入《尚书》,被当作经典的政治文献资料,成为后世政治制度的摹本。

周公旦颁布《酒诰》的目的,主要是防微杜渐,吸取教训,防止周王朝的统治者沾染酗酒等恶劣习俗而重蹈覆辙,同时也为商朝灭亡原因进行政治定性。周朝统治者认为殷商灭亡的原因有很多,酗酒乱德是重要的一条。《酒诰》的内容分为四部分:第一部分开宗明义,认为西周取得政权的重要原因就是禁止喝酒;第二部分教导和警戒殷商遗民改掉陋习,指出滥饮是亡国之道;第三部分告诫康叔谨记湎酒误国的历史教训;第四部分教导康叔要加强管理,使官员饮酒有序。这里节选第一部分。

後漢書卷四十‧輿服志第三十‧輿服下（節選）

上古穴居而野處[1],衣毛而冒皮[2],未有制度。後世聖人易之以絲麻[3],觀翬翟之文[4],榮華之色[5],乃染帛以效之,始作五采[6],成以為服。見鳥獸有冠角頷胡之制[7],遂作冠冕纓蕤[8],以為首飾[9]。凡十二章[10]。故《易》曰[11]:"庖犧氏之王天下也[12],仰觀象於天[13],俯觀法於地[14],觀鳥獸之文,與地之宜[15],近取諸身,遠取諸物,於是始作八卦[16],以通神明之德[17],以類萬物之情[18]。"黃帝堯舜垂衣裳而天下治[19],蓋取諸乾巛[20]。乾巛有文,故上衣玄[21],下裳黃。日月星辰,山龍華蟲[22],作繢宗彝[23],藻火粉米[24],黼黻絺繡[25],以五采章施于五色作服[26]。天子備章[27],公自山以下[28],侯伯自華蟲以下,子男自藻火以下,卿大夫自粉米以下。至周而變之,以三辰為旂旗[29]。王祭上帝[30],則大裘而冕[31];公侯卿大夫之服用九章以下[32]。秦以戰國即天子位[33],滅去禮學[34],郊祀之服皆以袀玄[35]。漢承秦故[36],至世祖踐阼[37],都于土中[38],始修三雍[39],正兆七郊[40]。顯宗遂就大業[41],初服旒冕[42],衣裳文章[43],赤舃絢屨[44],以祠天地[45],養三老五更於三雍[46],于時致治平矣。

（上海古籍出版社、上海書店編《二十五史》第 2 冊《後漢書》,上海古籍出版社 1986 年版）

【注釋】

[1] 穴居:營窟而居。穿土而居其中。野處:棲息野外。二者均是上古時期人們學會構建房屋之前的居住方式。

[2] 衣:穿。冒:覆蓋;戴。

[3] 絲麻:絲與麻。

[4] 翬翟（huī dí）:泛指雉科鳥類。翬:五彩山雞。翟:長尾山雞。

[5] 榮華:草木的花。草木茂盛、開花。

[6]五采:指青、黃、赤、白、黑五色,古代以此五色為正色。

[7]頰胡:頰須與頷下垂肉,亦專指頰須。頰:同"髯"。

[8]冠:帽子的總稱。冕:古代帝王、諸侯、卿大夫所載的禮帽。纓:系冠的帶子。蕤
　　(ruí):通"緌",指纓緌等下垂的飾件。

[9]首飾:頭上裝飾品。

[10]十二章:古代天子之服繪繡的十二種圖像。衣繪日、月、星辰、山、龍、華蟲,稱上
　　六章;裳繡宗彝、藻、火、粉米、黼、黻,稱下六章。

[11]《易》:《周易》,亦稱《易經》,儒家經典之一。相傳系周人所作,故名,有"經"
　　"傳"兩大部分。該引文見《周易·系辭下傳》。

[12]庖犧氏:即"伏羲"。古代傳說中的三皇之一。王(wàng):統治;稱王。

[13]觀象:觀測天象。

[14]觀法:觀察法度。

[15]宜:指地形與地物的合理情態。

[16]八卦:《周易》中八種具有象徵意義的基本圖形,每個圖形用三個分別代表陽的
　　"—"(陽爻)和代表陰的"--"(陰爻)組成。名稱是:乾、坤、震、巽、坎、離、艮、
　　兌。相傳是伏羲所作。《易傳》作者認為八卦主要象徵天、地、雷、風、水、火、山、
　　澤八種自然現象,並認為"乾""坤"兩卦在八卦中占特別重要的地位,是自然界
　　和人類社會一切現象的根源。八卦中,乾與坤、震與巽、坎與離、艮與兌是四個
　　矛盾對立的形態。傳說周文王將八卦互相組合,又得六十四卦,用來象徵自然
　　現象和社會現象的發展變化。八卦本是反映古代人們對現實世界的認識,具有
　　樸素的辯證法因素,自被用為葍筮的符號,逐漸帶上神秘的色彩。

[17]神明:天地間一切神靈的總稱。

[18]類:相似;像。

[19]黃帝:傳說中中原各族的共同祖先。堯:傳說中古帝陶唐氏之號。舜:五帝之
　　一,傳說中我國父系氏族社會後期部落聯盟的賢明首領。垂衣裳:謂定衣服之
　　制,示天下以禮。後用以稱頌帝王無為而治。衣裳:古時衣指上衣,裳指下裙。
　　男女皆服。

[20]乾巛:"乾坤",指天地。巛:古"川"字,借指地。

[21]玄:黑色。

[22]山龍:指古代袞服或旌旗上的山、龍圖案。華蟲:雉的別稱。劉昭注引鄭玄曰:
　　"華蟲,五色之蟲。《周禮·繢人職》曰'鳥獸蛇雜四時五色之位以章之',謂
　　是也。"

[23]繢:同"繪",繪畫。宗彝:宗廟祭祀所用的酒器。因宗彝常以虎、蜼二獸為圖飾,

故此處借指天子祭服上所繡虎、蜼的圖像。蜼：一種長尾猿。

[24] 藻火：水藻及火焰形圖紋。粉米：白色米形花紋。劉昭注引孔安國曰："藻，水草有文者。火為火字，粉若粟冰，米若聚米。"

[25] 黼黻：白黑相間的斧形花紋和黑青相間的亞形花紋。絺（zhǐ）繡：刺繡。絺：通"黹"。劉昭注引孔安國曰："黼若斧形。黻為兩己相背。葛之精者曰絺。五色備曰繡。"杜預注《左傳》曰："白與黑謂之黼，黑與青謂之黻。"

[26] 五采：此指五種顏料。章，亦作"彰"。顯明。作服，作尊卑之服。劉昭注引孔安國曰："以五采明施於五色，作尊卑之服。"

[27] 備章：用所有十二章。劉昭注引鄭玄《周禮》注曰："此古天子冕服十二章。"

[28] 公：爵位名。古代爵位分五等：公、侯、伯、子、男。山以下：指十二章中的山章以下。

[29] 三辰：日、月、星。

[30] 上帝：天帝。

[31] 大裘：黑羔裘。天子祭天禮服。劉昭注引鄭觸曰："大裘，羔裘。服以祀天，示質也。"

[32] 九章以下：指十二章中"山"以下。

[33] 戰國：謂統治一方、互相交戰的國家。

[34] 禮學：禮經；禮書之學。

[35] 郊祀：古代於郊外祭祀天地，南郊祭天，北郊祭地。郊謂大祀，祀為群祀。袀（jūn）玄：黑色（服裝）。

[36] 秦故：秦代時的祭祀制度。

[37] 世祖：光武帝劉秀（公元前 5—公元 57 年）的廟號。東漢王朝的建立者。公元 25—57 年在位。踐阼：走上阼階主位。古代廟寢堂前兩階，主階在東，稱阼階。阼階上為主位。故踐阼指登基、即位。

[38] 土中：四方的中心地區，謂都於洛陽。

[39] 三雍：亦稱"三雍宮"。漢時對辟雍、明堂、靈台的總稱，為天子舉行祭祀的地方。

[40] 兆：古代設於四郊的祭壇。七郊：統稱古代在郊外祀五帝（東方青帝、南方赤帝、西方白帝、非方黑帝、中央黃帝）及天地的祭祀。

[41] 顯宗：明帝劉莊（公元 28—75 年），東漢第二代皇帝，公元 57—75 年在位。大業：大功業、大事業，亦指帝業。

[42] 旒：亦作"斿""瑬"。冕冠前後懸垂的玉串。玉串的數量、因等級而有別。

[43] 文章：指錯雜的色彩和花紋。

[44] 赤舄（xì）：古代天子、諸侯所穿的以木為複底的赤色的鞋。絢屨：有絢飾的鞋。

絇:飾於鞋頭,有孔,可穿系鞋帶。屨:單底鞋。

[45]祠:祭祀。

[46]三老五更:古代設三老五更之位,天子以父兄之禮養之。三老五更各一人,選自
已退職的高級官員中德行高者,皆以二千石祿養終其身。

【导读】

《后汉书·輿服志》分上、下二篇,叙述上古至东汉的车马輿服制度。《輿服上》凡二十二目,《輿服下》凡三十二目,目名皆列于正文之前。輿服虽然是细微之事,但关系到国家的体制。所以古代制定车服制度,以明尊卑。后世有开国数载,而輿服仍不能划一,即使勉强划一,又或庞杂不经,无以尊观视而昭将来,故自晋司马彪创为此志,《晋书》《旧唐书》皆沿之,遂为中国古代正史增一要目,赞语云:"敬敬报情,尊尊下欲。埶夸华文,匪豪丽缛。"由此正见輿服所关者重,出于天理人情之自然,非徒为观美,故不得以寻常服物簿记视之也。

《后汉书》本无《輿服志》,南朝梁刘昭为《后汉书》作注时,把晋人司马彪所著《续汉书》八志补入范晔《后汉书》一并作注。即今见《后汉书·輿服志》,原文乃取自司马彪《续汉书·輿服志》,这是历史上流传下来最早也是唯一记载东汉輿服典制的官方文献。司马彪做志取材于多家,其史料来源于蔡邕撰写的《独断》和《东观汉记·车服志》,董巴《大汉輿服志》,以及东汉时期的其他档案、文献。史料的真实性和可靠程度很高,这也决定了《后汉书·輿服志》有着珍贵的史料价值和极高的校勘学价值。《后汉书·輿服志》首创輿服体例,结构严谨,脉络分明,其编纂特点对后世《輿服志》影响深远。它是现今人们研究中国古代礼治文化,研究东汉车制、服饰制度乃至东汉历史都无法绕开的珍贵史料。

这里选第一段,从古代服饰产生的过程,说明色彩图案与天地自然的密切联系,并通过不同等级享用不同的华章的礼制言明服饰对于治理天下的作用。

茶經一茶之源

茶者,南方之嘉木也。一尺、二尺逎至數十尺。其巴山峽川有兩人合抱者,伐而掇之[1]。其樹如瓜蘆,葉如梔子,花如白薔薇,實如栟櫚[2],蒂如丁香,根如胡桃。[瓜蘆木,出廣州,似茶,至苦澀。栟櫚,蒲葵之屬,其子似茶。胡桃與茶,根皆下孕,兆至瓦礫,苗木上抽。[3]]

其字,或從草,或從木,或草木并。[從草,當作"茶",其字出《開元文字音義》[4]。從木,當作"搽",其字出《本草》。草木并,作"茶",其字出《爾雅》。]

其名,一曰茶,二曰檟,三曰蔎,四曰茗,五曰荈。[5][周公云:檟,"苦茶。"楊執戟云[6]:"蜀西南人謂茶曰蔎。"郭弘農[7]云:"早取為茶,晚取為茗,或一曰荈耳。"]

其地,上者生爛石,中者生礫壤,下者生黃土。凡藝[8]而不實,植而罕茂。法如種瓜,三歲可採。野者上,園者次。陽崖陰林:紫者上,綠者次;笋者上,牙者次;葉卷上,葉舒次[9]。陰山坡谷者,不堪採掇,性凝滯,結瘕疾[10]。

茶之為用,味至寒,為飲最宜精行儉德之人,若熱渴、凝悶、腦疼、目澀、四支煩、百節不舒,聊四五啜,與醍醐、甘露抗衡也[11]。採不時,造不精,雜以卉莽[12],飲之成疾。茶為累也,亦猶人參。上者生上黨[13],中者生百濟、新羅[14],下者生高麗[15]。有生澤州、易州、幽州、檀州者[16],為藥無效,況非此者!設服薺苨使六疾不瘳[17]。知人參為累,則茶累盡矣。

(陸羽《茶經》,《文淵閣四庫全書》影印本子部第844冊,臺灣商務印書館1986年版)

【注釋】

[1]伐而掇之:伐,砍下枝條。《詩經·周南》:伐其條枚。掇:拾揀。

[2]栟(bīng)櫚:棕樹。《說文》:"栟櫚,棕也"。

[3]下孕:在地下滋生發育。兆:裂開,指核桃與茶樹生長時根將土地撐裂,方始出土成長。

[4]《開元文字音義》:字書名。唐開元二十三年(公元735年)編輯,早佚。

[5]檟:讀音 jiǎ。蔎:讀音 shè,本為香草名。《玉篇》:"蔎,香草也"。荈:讀音 chuǎn。

[6]楊執戟:即楊雄,西漢成都人,著有《方言》等書。

[7]郭弘農:即郭璞,晉時人,注釋過《方言》《爾雅》等字書。

[8]藝:指種植技術。

[9]葉卷上,葉舒次:葉片成卷狀者品質好,舒展平直者品質差。

[10]凝滯:凝結不散。瘕:腹中腫塊。《正字通》:"腹中腫塊,堅者曰症,有物形曰瘕"。

[11]醍醐、甘露:皆為古人心中最美妙的飲品。醍醐:酥酪上凝聚的油,味甘美。甘露:即露水,古人說它是"天之津液"。

[12]卉莽:野草。

[13]上黨:唐時郡名,治所在今山西長治市長子、潞城一帶。

[14]百濟、新羅:唐時位於朝鮮半島上的兩個小國,百濟在半島西南部,新羅在半島東南部。

[15]高麗:唐時周邊小國之一,即今朝鮮。

[16]澤州、易州、幽州、檀州:皆為唐時州名。治所分別在今山西晉城、河北易縣、北

京市區北、北京市密云区一帶。

[17] 薺苨(nǐ)：一種形似人參的野果。六疾不瘳(chōu)：六疾：指人遇陰、陽、風、雨、晦、明得的多種疾病。

【导读】

《茶经》为中国唐代茶圣陆羽所著，是中国乃至世界现存最早、最完整、最全面介绍茶的专著，被誉为"茶叶百科全书"。

陆羽，名疾，字鸿渐、季疵，号桑苎翁、竟陵子，唐代复州竟陵（今湖北省天门市）人。幼年托身佛寺，自幼好学用功，学问渊博，诗文亦佳，且为人清高，淡泊功名，一度被招拜为太子太学、太常寺太祝而不就。公元 760 年为避安史之乱，陆羽隐居浙江苕溪（今湖州）。

《茶经》是陆羽在各大茶区观察了茶叶的生长规律、茶农对茶叶的加工，进一步分析了茶叶的品质优劣，并学习了民间烹茶的良好方法的基础上总结出的一套规律。此外陆羽还留心民间茶具和茶器的制作，且制作出自己独特的一套茶具。陆羽用自己的一生研究茶事，他的脚步遍及全国各大茶区。

此书是一部关于茶叶生产的历史、源流、现状、生产技术、饮茶技艺及茶道原理的综合性论著，是一部划时代的茶学专著。全书分上、中、下三卷，共十个部分。其主要内容为：卷上，一之源、二之具、三之造；卷中，四之器；卷下，五之煮、六之饮、七之事、八之出、九之略、十之图。现存宋本有左圭《百川学海》本，文中已有完备注文。

三、延伸思考

"仓廪实而知礼节，衣食足而知荣辱。"这充分说明物质文化与精神文化相辅相成的辩证关系。一方面，强调物质基础是生存的首要条件，对意识形态起着决定作用，另一方面，作为区别于动物的人类又不能仅仅停留于物质层面、停留于动物本能，必然产生精神文化和审美道德等主观需求，这在内涵丰富、博大精深的中华饮食服饰文化中也得到了充分的体现。看似基本的、世俗的物质需求，却往往同时蕴含着高雅的精神享受和约束，这也可以给我们认识中华文化的基本特点以深刻的启示。

（徐希平撰）

第三节　婚姻风俗

一、概述

　　婚姻风俗是在构建婚姻关系的过程中体现出来的风尚和习俗,是一个国家和一个民族的文化传统中不可或缺的重要组成部分。它包括婚姻形态、婚姻缔结形式、婚姻礼仪程序、结婚典礼仪式等多个层面的主体内容,与社会形态、经济结构、家庭观念、宗教信仰、婚姻制度等社会构成要素密切关联,并折射出丰富多彩的文化内涵。

　　婚姻风俗是文化积淀的产物。一方面它具有相对独立性和稳定性的特征。婚姻风俗一旦约定俗成,往往长期承传,并保留着一些古老的习俗,"入乡问俗"成为尊重一个国家和一个民族的文化传统的有效手段。另一方面,它又具有历史性和演变性的特征。婚姻风俗作为一种反映一定婚姻意识的婚姻行为,离不开特定历史条件下的婚姻思想观念的影响,并随着社会的发展和文化的变迁而不断发生变化。

　　中国婚姻风俗具有复杂多样的特点。因受传统文化、地域文化、民族文化以及宗教文化等因素的影响,中国婚姻风俗注重礼仪形式,地域色彩浓厚,民族特色鲜明,并附着一定的宗教色彩。同时,伴随着时代的发展和社会的进步,中国婚姻风俗也经历着新旧交替、中西融合的变迁,情趣愈加时尚,格调愈加文明。当然,无论怎样复杂和多变,中国婚姻风俗都带有浓厚的中华文化绵延悠长的意蕴,反映出人们趋利避害、求吉纳福的心理和愿望,表达了人们希望婚姻美满、爱情甜蜜的美好愿望。

　　中国婚姻风俗是多民族婚姻风俗的统一。汉族的婚姻风俗历史悠久,礼节繁缛,政治色彩浓厚,门第观念强烈,孕育出了独特的文化内涵。各少数民族的婚姻风俗丰富多彩,千姿百态,有些婚姻行为和礼仪形式不同于汉族的婚姻风俗,包含着鲜明的民族特点和乡土气息。然而,由于政治的影响、人口的迁徙和民族的融合,汉族和各少数民族的婚姻风俗也存在互相吸纳和包容的情形,它们之间相互渗透、互相影响和互相作用,彼此成为集"多元"于"一体"的文化生态。因而,对中国婚姻风俗单向度、单层次和单要素的研究,都不足以揭示其全貌和实质。

　　婚姻形态体现了人类文明的程度。人类社会的婚姻形态,一开始并非现代社会实行的一夫一妻制,而是随着人类文明的不断发展,经历了一个复杂多变的历史演变过程。在这个过程中,呈现出几个关键的历史层次,反映出不同时代的婚姻特征,形成了千差万别的婚姻风俗。纵观人类文明史,人类婚姻形态大致经历了五个阶段:原始群落的乱婚、血缘群婚、族外婚、对偶婚和一夫一妻制。原始群落的乱婚,是人类社会最早存在的一种婚姻形态。它是早期人类原始群落生活中实行的杂乱的两性配偶关系，没有固定的配偶形式，也不能构成家庭。血缘群婚，是人类早期的一种婚姻形态，即在血缘家族中，同胞的兄弟和姊妹之间可以发生两性关系，并在此基础上逐步扩展而形成同辈血缘婚。相比原始群落的乱婚，它显然是前进了一步的婚俗制。族外婚，也称族外群婚，是从血缘群婚发展而来的一种较进步的婚姻形态，盛行于母系氏族时期。族外婚即排除同胞的兄弟和姊妹之间，甚至包括旁系的兄弟和姊妹之间的性关系，转而实行与不同血缘群落之间的男女发生性关系的一种婚姻形态。族外婚不仅有利于人类的健康繁衍，而且有利于不同群落之间发生联系，推动了生产力的发展。对偶婚，即一对一的婚姻形态。学术界一般认为它产生于新石器时代，并逐步为一夫一妻制的单偶婚所代替。这个过程非常漫长，大致经历"走访婚""望门居""从妇居""从夫居"等形式。从对偶婚发展而来的便是延续至今的一夫一妻的单偶婚，它又称专偶婚，是由一男一女相互结合形成的比较牢固的婚姻形态。当然，任何婚俗制都不可能一刀切，它意味着新的婚姻形态并非一朝一夕就完全代替了旧的婚姻形态，如对偶婚代替血缘婚之后，血缘婚的遗风也会较长时间存在。同时，每一种婚姻形态中，也存在不同的变化方式，如中国商、周时期奴隶主贵族尽管实行一夫一妻制，但又与当时实行的媵嫁制度相联系，从而构成一夫一妻多妾的婚姻形态。

　　婚姻缔结意味着人种的繁衍和生息。婚姻缔结形式多种多样，反映着不同时代、不同地域的社会伦理道德观念和风俗习惯，折射出深刻的文化意义。就其性质和类别而言，主要有以下缔结方式：抢夺婚、买卖婚、交换婚、入赘婚、童养婚、指腹婚、偷窃婚、表亲婚、典妻婚、走婚、明媒正娶婚、平等自愿。中国古代通常采取的婚姻缔结形式是明媒正娶婚，讲究门当户对，渗透着宗法礼仪制度要求的思想观念，夫妻关系很难做到真正的平等。现当代人采取的平等自愿婚，是以男女双方的感情、爱好、性格、事业、生活方式等因素互相适应为基础建立起来的婚姻缔结形式，以追求婚姻美满幸福为目的，以符合文明社会的法律规范为准绳，突出强调男女之间的平等家庭地位。随着人类社会文明程度的进一步发展，婚姻缔结形式将越来越符合人的本质力量的要求，把男女之间纯洁的爱情当作缔结婚姻的首要内容。

　　婚姻礼仪程序反映出人们对缔结婚姻关系的重视程度。中国古代曾制定了一整套烦琐的婚姻礼仪，如结婚前要下"三书"，即聘书、礼书和迎亲书，而且普遍推行"六礼"制度，即周朝制定的纳采、问名、纳吉、纳征、请期、迎亲六种礼仪模式。纳采，即说媒，相亲。问名，即请八字帖，男女互通"生辰八字"。纳吉，即预卜婚事凶吉，纳取吉利之礼。纳征，即签订婚约，也称定盟。请期，即商定婚礼日期。迎亲，即新郎迎娶新娘。只有严格按照"六礼"的要求去行事，婚姻关系才算合乎规范、正式合法，才能得到社会的认可。"六礼"婚俗历经传承、革新和演化，直至近现代依然推行。尽管过程有所简化，但基本形式至今仍在广大的汉族文化圈沿袭，成为人们缔结婚姻关系的重要礼俗程序。

　　结婚典礼仪式是缔结婚姻关系的核心内容。中国古代社会很重视婚姻仪式，没有举行仪式的婚姻不被承认是合法的。汉族地区传统的结婚典礼仪式是：新郎迎娶新娘到男方堂屋之后，进行传统的"三拜"仪式——一拜天地，二拜双亲，夫妻相拜，然后"引进洞房"。拜堂后便是婚宴。此后还有风趣的闹洞房活动。婚后三天，实施开箱礼，新娘回门省亲。至此，中国传统的结婚典礼仪式才算结束。而各少数民族也非常重视结婚典礼的过程。在选定良辰吉日之后，都要大张旗鼓地庆祝新人的结合，形成了多姿多彩的婚礼习俗。有的民族用轿抬、马拉、船运、人背等方式迎娶新娘；有的民族则是新娘走路去婆家；有的民族以欢乐的歌舞庆贺婚礼；有的民族则以阵阵哭声告别娘家亲人；有的民族的婚礼庄严肃穆；有的民族的婚礼则诙谐戏谑。大多数少数民族的婚礼都有"拜天地，入洞房"的仪式，但有的少数民族的婚礼则不拜天地，不入洞房，从而呈现出五彩缤纷的奇风趣俗，折射出不同的婚俗文化意蕴。

二、原典选读及导读

儀禮卷第二·士昏禮[1]第二（節選）

　　昏禮。下達[2]納采，用雁[3]。主人筵于戶西[4]，西上右几[5]。使者玄端至[6]。擯者出請事[7]，入告。主人如賓服迎于門外[8]，再拜[9]。賓不答拜[10]。揖入。至于廟門[11]，揖入。三揖[12]，至于階，三讓。主人以賓升西面[13]。賓升西階，當阿[14]，東面致命[15]。主人阼階上北面再拜[16]。授于楹間南面[17]。賓降，出。主人降，授老鴈[18]。

　　擯者出請。賓執雁，請問名[19]。主人許。賓入授[20]，如初禮[21]。

　　擯者出請，賓告事畢[22]。入告，出請醴賓[22]。賓禮辭許[23]。主人徹几改筵[24]，東上[25]，側尊甒醴于房中[26]。主人迎賓于廟門外，揖讓如初升[27]。主人北面再拜。賓西階上北面答拜。主人拂几授校[28]，拜送。賓以几辟[29]，北面設于坐左之西階上答拜[30]。贊者酌醴[31]，加角柶面葉[32]，出于房。主人受醴，面枋筵前西北面[33]。賓拜受醴，復位。主人阼階上拜送。贊者薦脯醢[34]。賓即筵坐，左執觶[35]，祭脯醢，以柶祭醴三[36]，西堦上北面，坐啐醴，建柶興[37]。坐奠觶[38]，遂拜。主人答拜。賓即筵奠于薦左[39]，降筵北面，坐取脯[40]。主人辭[41]。賓降，授人脯[42]，出。主人送于門外，再拜。

　　納吉[43]用鴈，如納采禮。

　　納徵[44]，玄纁束帛、儷皮[45]，如納吉禮。

　　請期[46]用鴈。主人辭，賓許告期。如納徵禮。

　　期[47]，初昏，陳三鼎于寢門外，東方[48]北面北上[49]。其實特豚合升[50]，去蹄[51]。舉肺脊二[52]，祭肺二[53]，魚十有四，腊一，肵[54]髀不升[55]。皆飪[56]。設扃鼏[57]。設洗于阼階東南[58]。饌于房中[59]，醯醬二豆[60]，菹醢四豆[61]，兼巾之[62]。黍稷四敦[63]，皆蓋。大羹湆在爨[64]，尊于室中北墉下[65]，有禁[66]。玄酒在西[67]。綌幂加勺[68]，皆南枋。尊于房戶之東，無玄酒。篚在南[69]，實四爵合卺[70]。

主人爵弁[71]，纁裳緇袘[72]。從者畢玄端[73]。乘墨車[74]。從車二乘[75]。執燭前馬[76]。婦車亦如之[77]，有裧[78]。至于門外[79]。主人筵于戶西，西上，右几。

女次純衣纁袡[80]，立于房中南面。姆纚笄宵衣在其右[81]。女從者畢袗玄[82]，纚笄被顈黼[83]，在其后。主人玄端迎于門外，西面再拜。賓東面答拜。主人揖入，賓執鴈從。至于廟門，揖入。三揖，至于階。三讓，主人升西面。賓升北面奠鴈，再拜稽首[84]，降出。婦從降自西階。主人不降送[85]。壻御婦車授綏[86]，姆辭不受[87]。婦乘以几[88]。姆加景[89]。乃驅[90]，御者代。壻乘其車，先俟于門外[91]。

（阮元校刻《十三經注疏·儀禮注疏》，中華書局影印本 1980 年版）

【注釋】

[1]士：先秦時期貴族的最低等級，位次於大夫。昏：日暮，即後來的"婚"，因婚禮在黃昏時舉行。禮：儀式，表示敬意和隆重。

[2]下達：男家向女家傳話提親。

[3]納采：男家使女家納其采擇。納：接受。采：采擇，選取。用鴈：用鴈作為面禮。

[4]主人：女家主人，一般為女之父。筵：筵席。戶西：祢（ní）廟的室門之西，尊貴之位。戶：單扇的門。

[5]西上：使席的首端朝西。右几：几在席的右邊。几：席地而坐時可供倚靠的長方形器具。

[6]使者：男家的媒人。玄：黑色。端：多在祭祀場合穿的周代禮服。

[7]擯者：迎接賓客的人。擯（bìn）：同"儐"。請：問。

[8]賓：男家的使者。門：大門。

[9]再拜：施行拜禮兩次，表示恭敬。

[10]賓不答拜：賓不回禮。

[11]至于廟門：到達廟門前。

[12]三揖：行三次拱手禮。

[13]以：與。一說"及"。

[14]阿：房屋的正梁。

[15]致命：傳達言詞、使命；這裏是致辭。

[16]阼階：主人迎接賓客的臺階，在大堂前東面，又稱東階。

[17]授于楹間：在東西兩楹（堂前立柱）之間，賓將鴈授予主人。

[18]老：群吏的尊者；卿大夫的家臣。

[19]問名：問女之姓名。

[20]授：授鴈，賓客將鴈授予主人。

［21］如初禮：如同納彩之禮。

［22］醴：一宿釀成的甜酒，這裏用作動詞。

［23］賓禮辭許：賓先推辭，而後同意。辭：推辭；辭謝。許：應允，認可。

［24］徹：撤去。改：更易。

［25］東上：使席的首端朝東。

［26］側：通"特"，單獨。尊：置酒。甒（wǔ）：一種盛酒的瓦器。

［27］升：升階。

［28］校：几的腳。授校：把几的腳授給賓。

［29］以：用。辟：通"避"，避讓。

［30］坐：席，席位。左：席面朝南，東為左。之：往；到……去。

［31］贊者：輔助行禮的人。

［32］角柶：形狀像匙的一種禮器，用角製成。面：前。葉：角柶的大端，形狀如葉，用來舀取醴。

［33］枋：通"柄"。筵前：賓席的南邊。

［34］薦：進獻。脯：乾肉。醢（hǎi）：肉醬。

［35］觶（zhì）：一種酒器，形狀多樣，用陶、木、獸角或青銅等製成。

［36］以柶祭醴三：用柶從觶中取醴，注地祭先人，共三次。

［37］坐啐醴，建柶興：賓坐下嘗醴，把柶豎立著放入觶中，而后起身。啐（cuì）：嘗，小飲。建：豎立。興：起身。

［38］奠：置放。

［39］薦：祭品。

［40］取：拿。拿走主人所賜乾肉，回去報告主人。

［41］辭：謙辭。

［42］人：賓的隨從。

［43］納吉：男家主人將其使者所問到的女名，在祢廟中占卜，得到吉兆后，又派使者往女家告吉。

［44］納徵：男家派出使者到女家送聘禮。征：成，征聘。

［45］纁：淺赤色。束：量詞，布、帛長度，以二丈為一端，二端為一兩，五兩（十端，即20丈）為一束。儷皮：兩張鹿皮。儷：成對。

［46］請期：詢問婚期。

［47］期：娶妻之日。

［48］鼎：烹煮用器，圓腹三腳兩耳，多為青銅製品。寢：夫的居室，在祢廟的西邊。

［49］北上：北邊為上位。

［50］實：容器內的物品。特豚：一隻小豬。特：一，單獨。升：供祭祀的牲體。合升：

殺牲時剖成兩半(稱為胖),煮后相合而升入鼎里。

[51]去蹄:去除蹄子不用,因為污穢。

[52]舉肺:食用的肺。別稱離肺,因切割時留一點連著肺中央。

[53]祭肺:祭祀用的肺。

[54]腊(xī):乾肉。肫(chún):通"純",完整的乾肉。

[55]髀(bì):牲體後腿骨最上端部分。

[56]飪:熟。

[57]扃(jiōng):鼎上貫穿兩耳的橫杠,抬鼎時用。鼏(mì):鼎上的覆蓋物。

[58]洗:盥洗用的器皿。"士"的洗為鐵製。

[59]饌(zhuàn):擺放食物。

[60]醯(xī)醬:以醋和醬。醯:醋。豆:形似高足盤的盛食物用具,多為陶制。

[61]菹(zū):腌菜。

[62]兼巾之:用一條巾遮住。兼:併。

[63]黍(shǔ):黍子。稷(jì):粟,小米。敦(duì):青銅制食器。

[64]大羹湆在爨:在灶上煮羹汁。湆(qì):羹汁。爨(cuàn):灶。

[65]堉:墙。

[66]禁:祭祀時盛放酒樽的禮器,形似方的案。

[67]玄酒:祭祀時當酒用的清水,色黑。

[68]綌(xì):粗葛布。冪:覆蓋。

[69]篚(fěi):筐類竹器。

[70]實:盛。爵:青銅制酒器,有兩柱三足。合卺(jǐn):將一瓠剖分為兩瓢而成的酒器,不用時合二為一。

[71]主人爵弁:主人頭上戴爵弁。主人:婿,婿為婦的主人。爵弁:一種文冠。爵:通"雀",因為弁的顏色像雀頭一樣赤而微黑。弁:一種用皮革做成的帽子。

[72]裧(yì):裳的下緣。古人上衣下裳。

[73]從者:隨從,士的僕隸。畢:都,全部。

[74]墨車:漆黑色的車,大夫乘用的車。士乘墨車,表示禮盛。

[75]從車:隨從者乘用的車。

[76]執燭前馬:徒役持火炬在馬的前面照路。燭:火炬。

[77]婦車:夫家為新娘準備的車。婦:已嫁的女子。

[78]裧(chān):車帷。

[79]至于門外:到達女家大門外。

[80]女次純衣纁袡:待嫁女編結好髮飾,穿著鑲纁邊的絲衣。次:婦女分次第長短地編結頭髮,作為裝飾。純衣:絲衣,純即絲。袡(rán):衣邊。

[81]姆:女師,傳授婦道的女人。纚(xǐ):冠織,用於束髮的布帛。笄(jī):簪子,用於別住挽起來的頭髮。宵:通"綃",生絲。宵衣即是黑色絲衣。

[82]女從者畢袗玄:待嫁女的隨從都穿黑色衣裳。袗(zhěn):衣純色。

[83]被穎黼:披著繡有黑白花紋的單罩衫。被:披在身上。穎(jiǒng):通"褧"(jiǒng),用麻布或輕紗制的單衣,防塵用。黼(fǔ):禮服上所繡黑白相間的花紋。

[84]稽首:叩頭到地的跪拜禮。稽:停留。

[85]主人不降送:女之父不下堂相送其女。

[86]婿御婦車,授綏:婿駕新娘的車,把車繩交給她。婿:古作"壻",女婿。綏:車上的繩子,登車時可拉。

[87]姆辭不受:女師帶新娘推辭,不接受。

[88]婦乘以几:新娘踩著几凳上車。乘:登,升。

[89]姆加景:女師為新娘披上出門用的防塵罩衣。

[90]乃驅:於是駕車。

[91]先:婿乘自己的車先走。俟(sì):等待。

【导读】

《仪礼・士昏礼》记述士娶妻成婚的礼节仪式。《士昏礼》疏引郑玄《三礼目录》说:"士娶妻之礼,以昏为期,因而名焉。"意指男子在昏时亲迎新妇。以昏为名,故称作婚礼。今所谓结婚,即本于此。这篇选文主要列举了士婚礼的六项内容,即"六礼"。第一,纳彩,即男家派遣媒人向女家提亲,女家同意后,男家备好礼物到女家求婚所实施的礼仪。第二,问名,即男家使人问女子之名,归来占卜其吉凶。第三,纳吉,即男家占卜得吉兆,备礼物告知于女家,婚姻可行。第四,纳征,即男家在纳吉之后,送聘礼于女家约定婚姻。第五,请期,即男家占卜得迎娶吉日,备礼物告知于女家,以征得同意。第六,亲迎,即时至婚期,女婿亲自至女家迎娶新妇以成婚礼。"六礼"虽然烦琐复杂,但程序严谨有序,颇为正式,反映出古代礼仪文化的庄严性和神圣性。

禮記・昏義第四十四

昏禮者,將合二姓之好,上以事宗廟[1],而下以繼後世也。故君子重之。是以昏禮[2],納采、問名、納吉、納徵、請期[3],皆主人筵几於廟[4],而拜迎於門外,入,揖讓而升,聽命於廟[5],所以敬慎重正昏禮也[6]。

父親醮子而命之迎[7],男先於女也。子承命以迎。主人筵几於廟,而拜迎于門外。壻執雁入[8]，揖讓升堂，再拜奠雁[9]，蓋親受之於父母也[10]。降出[11]，御婦車[12]，而壻授綏，御輪三周[13]。先俟于門外。婦至，壻揖婦以入，共牢而食[14]，合卺而酳[15]，所以合體[16]，同尊卑，以親之也。

敬慎重正，而後親之，禮之大體，而所以成男女之別，而立夫婦之義也。男女有別，而后夫婦有義；夫婦有義，而后父子有親；父子有親，而后君臣有正。故曰：昏禮者禮之本也。

夫禮始於冠[17]，本於昏，重於喪祭，尊於朝聘，和於射鄉[18]，此禮之大體也。

夙興[19]，婦沐浴[20]以俟見；質明[21]，贊見婦於舅姑[22]，婦執笲、棗、栗、段脩以見[23]，贊醴婦[24]，婦祭脯[25]醢，祭醴，成婦禮也。舅姑入室，婦以特豚饋，明婦順也。厥明[26]，舅姑共饗婦[27]，以一獻之禮，奠酬[28]。舅姑先降自西階，婦降自阼階，以著代也[29]。

成婦禮，明婦順，又申[30]之以著代，所以重責婦順焉也[31]。婦順者，順於舅姑，和於室人[32]；而后當於夫[33]，以成絲麻布帛之事，以審守委積蓋藏[34]。是故婦順備，而后內和理；內和理，而后家可長久也，故聖王重之。

是以古者，婦人先嫁三月[35]，祖廟未毀[36]，教于公宮，祖廟既毀，教于宗室。教以婦德、婦言、婦容、婦功。[37]教成祭之[38]，牲用魚，芼之以蘋藻[39]，所以成婦順也。

古者天子后立六宮、三夫人、九嬪、二十七世婦、八十一御妻，以聽天下之內治[40]，以明章婦順[41]，故天下內和而家理。天子立六官、三公、九卿、二十七大夫、八十一元士，以聽天下之外治，以明章天下之男教，故外和而國治。故曰：天子聽男教，后聽女順；天子理陽道，后治陰德；天子聽外治，后聽內職。教順成俗，外內和順，國家理治，此之謂盛德。

是故男教不脩，陽事不得[42]，適見於天[43]，日為之食；婦順不脩，陰事不得，適見於天，月為之食。是故日食則天子素服[44]，而脩六官之職[45]，蕩天下之陽事[46]；月食則后素服[47]，而脩六宮之職，蕩天下之陰事。故天子之與后，猶日之與月、陰之與陽，相須而后成者也[48]。天子脩男教，父道也；后脩女順，母道也。故曰：天子之與后，猶父之與母也。故為天王服斬衰[49]，服父之義也；為后服資衰[50]，服母之義也。

（阮元校刻《十三經注疏·禮記正義》，中華書局影印本 1980 年版）

【注釋】

[1]宗廟：祭祀同族祖先的廟。

[2]是以：因此。

[3]納采、問名、納吉、納徵、請期：參見《儀禮·士昏禮》相關注釋。

[4]主人：女家主人，一般指女之父。

[5]聽命於廟：在祢廟里聽受男家使者所傳男家主人的話。

[6]敬慎重正：恭敬、謹慎、尊重、規範。

[7]父親醮子：父親親自為兒子行醮禮。

[8]執：握，持，拿著。

［9］奠:放置。

［10］蓋:因為。

［11］降出:下西階,出門。

［12］御:駕駛。

［13］御輪三周:夫駕著車讓輪子轉三圈。

［14］牢:祭祀和宴亨所用的牲畜。

［15］酳(yìn):小飲酒。

［16］合體:合二位一體。

［17］冠:男子二十歲舉行的加冠禮,表示已成人。

［18］射鄉:古時在鄉的下一級州舉行的射箭比賽之禮。

［19］夙:清早。興:起床。

［20］沐:洗頭髮。浴:洗全身。

［21］質明:天明。

［22］贊:即輔助行禮的人。見:介紹,推薦。

［23］笲(fán):盛乾果等食品用的竹器。段脩:捶搗並加薑桂而製成的乾肉。

［24］贊醴婦:贊者代舅姑向婦行醴禮。

［25］脯:乾肉。

［26］厥明:第二天。

［27］饗(xiǎng):用酒食招待人。

［28］獻:主人向賓客敬酒。奠:放置。酬:婆婆給新娘敬的酒。

［29］著:明,顯露。代:接替。

［30］申:重復。

［31］重:厚重。焉也:句尾語氣詞,表示肯定。

［32］室人:丈夫的姊妹。

［33］當:適合。

［34］審:詳細,確實。守:管理。委(wěi)積:積聚在倉廩裏的物資。蓋藏:需要遮蓋或儲藏的果蔬肉乾等。

［35］先嫁:出嫁之前。

［36］祖廟:參見《儀禮·士昏禮》。

［37］容:儀容。功:事功,指家事。

［38］祭之:祭其所出之祖。

［39］芼(mào):菜,這裏用作動詞,指用菜拌和。蘋:大萍。

［40］聽:管理,處理。

［41］章:顯露,表彰。

184

［42］得：適合，適當。

［43］適：通“讁”（zhé），懲罰，譴責。

［44］素：白而沒有染色的。

［45］修：治理，整治，研究。

［46］蕩：洗滌，清除。

［47］後：君王的正妻。

［48］須：需要。

［49］服：穿戴。斬衰（cuī）：一種毛邊的喪服，用生麻布製成，服期三年。斬：剪裁布料。衰：通“縗”（cuī），喪服。

［50］資衰：即齊衰，一種縫邊齊整的喪服，用熟麻布製成，服期三年、一年、三月各不等。資：通“齊”，喪服緝下邊。

【导读】

《礼记·昏义》主要讲述男女结婚的礼俗、体制和深刻的政治意义。儒家学说对婚礼非常重视，把婚礼看作整个礼制的基础，正如《礼记·中庸》中说：“君子之道，造端乎夫妇。”《礼记·昏义》的主要内容包括：第一，婚礼的要点和重要意义。第二，成婚之后，新妇顺从公婆的意思。第三，妇德的形成与实施教育的关系。第四，推而广之，阐发王室婚姻及伦理道德的要旨。

正因为结婚如此重要，所以《礼记·昏义》认为婚姻是成孝敬、厚人伦、美教化、移风俗的重要载体，遂为儒家传统的政治婚姻观奠定基础，故儒家非常注重婚礼的程序和进程的庄严性，并赋予婚姻一定的政治意义，正如陈鹏在《中国婚姻史稿》中所说：“婚姻基于天地阴阳自然之性，为人伦之本，家始于是，国始于是，社会之一切制度，莫不始于是，是为中国古代婚姻观念之又一特点。”

清稗類鈔·婚姻類（節選）

文明結婚

親迎之禮[1]，晚近不用者多，光、宣之交[2]，盛行文明結婚，倡於都會商埠，內地亦漸行之。禮堂所備證書，［有新郎、新婦、證婚人、介紹人、主婚人姓名。］由證婚人宣讀，介紹人、［即媒妁。］證婚人、男女賓代表皆有頌詞，亦有由主婚人宣讀訓詞來賓唱文明結婚歌者。

文明婚禮，實有三長。一，以父母之命，媒妁之言，而取男女之同意，以監督自由。其辦理次序，先由男子陳志願於父母[3]，得父母允准，即延介紹人請願於女子之父母，得其父母允准，再由介紹人約期訂邀男女會晤，男女同意，婚約始定。二，定婚後，男女立約，先以求學自立為誓言。三,婚禮務求節儉,以挽回奢侈習俗,而免經濟生活之障礙。結婚之日,當由男女父母各給以金戒指一事,禮服一襲。

婚禮未經制定,所習行者如下[4]:

一、奏樂。二、司儀人入席[5],面北立[6]。[以下皆由司儀人宣唱。]三、男賓入席,面北立。四、女賓入席,面北立。五、男族主婚人入席,面南立。六、女族主婚人入席,面南立。七、男族全體入席,面西立。八、女族全體入席,面東立。九、證婚人入席,面南立。十、介紹人入席,面南立。十一、糾儀人入席,面北立。十二、男女儐相引新郎新婦入席,面北立。十三、男儐相入席,面北立。十四、女儐相入席,面北立。十五、奏樂。十六、證婚人讀證書。十七、證婚人用印。十八、介紹人用印。十九、新郎新婦用印。二十、證婚人為新郎新婦交換飾物。二十一、新郎新婦行結婚禮,東西相向立,雙鞠躬。二十二、奏樂。二十三、主婚人致訓辭。二十四、證婚人致箴辭。二十五、新郎新婦謝證婚人,三鞠躬。二十六、新郎新婦謝介紹人,三鞠躬。二十七、男女賓代表致頌辭,贈花,雙鞠躬。二十八、奏樂。二十九、新郎新婦致謝辭,雙鞠躬。三十、女賓代表唱文明結婚歌。三十一、證婚人介紹人退。三十二、男賓退。三十三、女賓退。三十四、新歐新婦行謁見男女主婚人及男女族全體禮。三十五、奏樂。三十六、男女主婚人及各尊長面南立,三鞠躬。三十七、男女平輩面西立,男女晚輩面東立,雙鞠躬。三十八、男族女族全體行相見禮,東西相向立,雙鞠躬。三十九、男女儐相引新郎新婦退。四十、男女兩家主婚人及男族女族全體退。四十一、糾儀人司儀人退。四十二、茶點。四十三、筵宴[7]。

滿蒙漢通婚

滿洲、蒙古之男女類皆自相配偶,間或娶漢族之女為婦[8],若以女嫁漢族者,則絕無僅有。其於漢軍,則亦有婚媾,不外視之也。

順治戊子二月,世祖諭禮部:"方今天下一家,滿、漢官民皆朕赤子,欲其各相親睦,莫如締結婚姻。自後滿、漢官民有欲連姻者,聽之。其滿洲官民娶漢人之女實係為妻者,方准其娶。"

康熙時,聖祖妃嬪有年佳氏、王佳氏、陳佳氏,仁宗生母孝儀后為魏佳氏[9],皆漢人而投旗者,故稱為某佳氏。"佳"為"家"之叶音[10]也。

光緒季年,德宗[11]曾降旨,令滿、漢通婚。

（徐珂編撰《清稗類鈔》第五冊,中華書局1984年版）

【注釋】

[1]親迎之禮:指舊時盛行的六禮婚姻禮節。

[2]光、宣之交:光緒、宣統之際。

[3]陳志願:表達結婚的願望。

[4]習行者:通行的結婚儀式。

［5］司儀：舉行婚禮時主持儀式的人。入席：進入婚禮現場。

［6］面北立：面對北向站立。下文又有面對南、西、東各方向站立。

［7］筵宴：婚禮宴席。

［8］間或：偶然；有時候。

［9］仁宗：指嘉慶皇帝。

［10］叶音：諧音。

［11］德宗：指光緒皇帝。

【导读】

《清稗类钞》是清末民初人徐珂编撰的一部记载清代掌故轶闻的汇编。全书共九十二类，条目繁多，举凡军国大事、典章制度、政治经济、社会文化、风俗人情、名胜古迹、臣工宿儒、称谓方言等内容无所不有。此书是研究清代政治历史、社会文化和风土人情的必备参阅之作。

上文所选的两节内容出自《清稗类钞·婚姻类》，小节标题分别是"文明结婚"和"满蒙汉通婚"。"文明结婚"，是清末民初兴起的一种婚俗新风潮，从中可以看出婚姻礼俗的变化情况。关于"文明结婚"，鲍宗豪在《婚俗文化：中国婚俗的轨迹》一书中曾解释说："以前，婚姻盛行六礼，除此之外，因各地风俗习惯不同，还有名目繁多的习俗，如催妆与铺房、拜天地、行合卺礼、坐帐、闹洞房，等等。因为它繁缛、愚昧，没有个性自由、婚姻自主的一面，所以遭到了资产阶级革命派，尤其是热心西方文明的青年学生的反对。一部分青年知识分子带头树立新风，操办具有资本主义色彩的新式婚礼，时称为'文明结婚'。"清末民初婚俗的这些变化，颇有积极的历史意义。它的演变，一方面有新的内容，另一方面也有旧的传统，因此，"文明结婚"的推行，既是中西文化碰撞的结果，也是长期历史积淀形成的传统婚俗的继续。而"满蒙汉通婚"的实施，也颇具民族大融合的意味。它一方面打破了不同民族之间不通婚的壁垒，为不同民族的男女缔结婚姻关系创造了条件，另一方面也促进了不同民族文化的交流和融合，有益于形成良好的民族关系，不失为一项稳定统治政权的策略，具有积极的政治意义。

三、延伸思考

分析婚姻风俗的构成要素和发展脉络，可以帮助我们探究其承载的丰富的文化蕴含。我们主要立足人与社会的关系加以思考。

从社会文化学的角度看，婚姻风俗中蕴含着政治、法律、道德、宗教、礼仪等方面的文化因素，具有广泛的包容性。婚姻风俗中"合二姓之好"的婚姻目的、门当户对的等级思想、男尊女卑的宗法观念、不同民族之间的"和亲"、不同政治集团的联姻,显然都具有政治色彩。从原始的婚姻禁忌到国家制定的婚姻法典,从成文的规章制度到不成文的婚姻约束,婚俗自然具有不可侵犯的法律效应。缔结婚姻要听从"父母之命、媒妁之言",要合乎"六礼"的规范,女子要自觉遵守"三从四德"的要求,这些规范和要求便具有婚姻道德的意味。姻缘天定的思想,十二属相相犯、相合的推算,占卜算卦以定婚期、择年择月择日以迎新人的行为,祭拜庙堂的习俗等,这些婚俗内容中都包含着深层次的宗教观念和浓厚的宗教色彩。而我们通过多姿多彩的婚礼形式,不同时期、不同民族的婚礼程序,又可以感受到中华民族传统礼仪文化的博大精深和源远流长。这些社会文化学方面多层次、多视域的婚俗现象,既有积极的力量,又有消极的成分,可谓弥足珍贵的文化遗产,需要我们细细品味、认真分辨。

从人类学的角度看,婚姻风俗与两性关系的缔结密切关联,寄寓着人种繁衍、生命延续的诉求,又具有生物遗传学的意义。从"同姓不蕃"的观念到婚礼的撒帐仪式,从饮合卺酒成婚的喜庆到盛行各种各样的求子习俗,表达了古人祝祷生育、多子多福的思想。正如进化学派的理论所言,传递基因、繁衍后代是生物的基本特征之一,也是人类自然属性的一种显现。同时,婚姻风俗与人的性别、性格、态度、兴趣和情感等深层次的心理结构密切关联,并由此显示出独特的文化心理。因此,婚姻风俗的生物学意义、心理学意义是不可忽视的。

婚姻风俗的社会文化学属性和人自身的人类学属性决定了它的文化符码既悠久又弥新,既稳固又神奇,它将不断适应社会发展的要求,不断适应人自身繁衍壮大的要求,不断满足人们对美好生活的向往,而走向人性逐步完善的未来。

（孙纪文撰）

第四节　地域民俗

一、概述

地域民俗是民俗文化的组成部分,具体是指在特定区域内的民众中形成的传承性的民俗景象和生活文化。地域民俗是诸多因素合力的结果,尤其与地理环境、风土人情、人文思想、民族信仰等构成要素密切相关。

地域民俗的主要特征有以下五点:

一是地域性。中华民族的地域民俗丰富多彩,形式多样,区域分明,所谓"百里不同风,千里不同俗"。地域性主要是由汉民族的民俗带来的,汉族人口众多,居住地域广阔,在不同的自然地理条件和人文环境的综合作用下,形成了具有鲜明地域特色的民俗风情。

二是独特性。由于地理历史的差别、行政区域的不同、族群分布的不均、方言使用的差异等相异性因素的存在,加之不同文化类型的作用,因此我国的地域民俗异彩纷呈,各尽其妙,且各种民俗互为映衬、互相渗透,特色鲜明。

三是民族性。我国是一个多民族国家,以汉族为主体的各民族"大杂居,小聚居"和"普遍散居"互相穿插、交错分布,是我国各个民族地理分布的基本格局,由此使不同民族具有不同的地域民俗。各民族地域民俗与各地不同的自然风光交汇,形成一道道迷人的文化风景线。

四是神秘性。我国汉族生活的边远地区和一些少数民族生活的地区,依然保留着原始民俗,一些民俗还表现出一种神秘的色彩。其主要表现在信仰、崇拜、祭祀、祈禳、禁忌、占卜、巫术等方面,尤其是图腾崇拜和生殖崇拜更是地域民俗神秘性的直接反映。对于一些神秘的民俗现象,我们要客观研究,科学分析,以做出合乎目的性和规律性的解释。

五是互融性。在长期的历史进程中,不同的地域民俗互相接纳、互相融合。汉族文化圈里的不同民俗类型之间是互融的,同时,汉族与各少数民族的民俗文化、各少数民族之间的民俗文化也是互融的,由此形成中华民族多元一体的民俗文化传统。

把握地域民俗的主要特征,有利于区分各种类型的民俗文化形态。叶春生主编的《区域民俗学》曾把主要的地域民俗分为 16 种类型:关东民俗、燕赵民俗、齐鲁民俗、中原民俗、三晋民俗、草原民俗、三秦民俗、三陇民俗、西域民俗、青藏高原民俗、吴越民俗、荆楚民俗、巴蜀民俗、滇黔民俗、岭南民俗、闽台民俗。此外,有些地域的民俗属于融合型,如安徽境内的民俗多融入齐鲁民俗、吴越民俗和荆楚民俗之中,江西境内的民俗多融入闽台民俗和荆楚民俗之中。这些民俗类型多源发生、多元并存、多维发展,从而形成我国复合型、互融型的地域民俗风貌,充分反映出中华文化历史悠久、博大精深的特点。仅从年节与信仰民俗这个视角来看,地域民俗中就包含着深厚的文化底蕴。

一方面,中华民族有许多共同庆祝的节日,如春节、元宵节、清明节、端午节、中秋节等,反映出人心所向、海内归一的民族精神。尤其是春节和元宵节之际,中华大地民俗醇厚,到处洋溢着温馨、赤诚、喜庆的氛围。一年之中最重要的节日莫过于春节,春节里的民俗活动以祭祀祖神、祭奠祖先、除旧布新、迎禧接福、祈求丰年为主要内容,表达了人们对新年的美好祝愿和对美好生活的期待。许多地方过年从腊月初八就开始了,这一天要煮腊八粥。腊月二十三是祭灶的日子,要供奉灶神。除夕之夜要举行祭祖仪式,还要吃"更岁"饺子。正月初一至初五人们互相拜年。正月十五元宵节,要吃元宵、闹花灯,表达人们祈求团圆、日子红火的美好心愿。

另一方面,各地的年节与信仰民俗又各有风情、各有特色,显示出中华文化多元发展、互相依存的态势。如"东北三省"的关东民俗中,有正月十五雪打灯、八月十五云遮月之说,白天耍狮子、跑旱船、扭秧歌、踩高跷,晚上则猜灯谜、舞龙灯。值得关注的还有关东庙会。旧时的关东庙会以四月为最多,有时数以万计的人参加,形成人山人海的热闹场面。庙会的主要内容有:庙里的和尚、道士做"法事""道场";善男信女上香朝拜、许愿求福;进行文艺和商贸活动。其他少数民族除了这些传统节日,还有自己独特的节日。如鄂温克族有敖包会、那达慕、米阔鲁等。赫哲族有鹿神节和乌日贡等节日。朝鲜族有上巳节、燃灯节等节日。在这些节日里,各族群众或举行宗教祭祀活动,或举行歌舞竞技活动,表达人们的精神诉求。在信仰民俗方面,过去的东北地区,诸多少数民族都信仰萨满教。萨满的主要职能是为人跳神治病,支持本氏族的大型祭奠,为族人举行祈福、占卜等仪式。河北、北京与天津地区的燕赵民俗也有自己的特点。春节期间到处有耍龙灯、舞狮子、踩高跷、扭秧歌等活动,昼夜灯火通明,烟花耀眼。五月初五端午节,南方地区讲究举行"龙舟竞赛",北京地区则讲究"熙游避灾"。此外,民间还盛行各种各样的庙会,如北京的妙峰山庙会、天津的天后宫庙会、河北井陉雪花山庙会等盛大而隆重。随着社会的发展和进步,这些庙会逐渐由以往的娱神向当今的商贸和娱乐转变。而以蒙古族为主体的草原民俗具有游牧文化的特色。就节日与信仰民俗而言,蒙古族的那达慕大会、马奶节、祭敖包最为著名。那达慕大会是蒙古族历史悠久的传统节日,在蒙古族人民生活中占有重要地位。那达慕,蒙语的意思是娱乐或游戏。那达慕大会上有惊险的赛马、摔跤,有令人赞赏的射箭,有争强斗胜的棋艺,有引人入胜的歌舞。马奶节以喝马奶酒为主要内容,故名马奶节。在马奶节期间,人们会举行赛马活动,请民间歌手演唱祝词,彼此祝福,除准备足够的马奶酒,还以"手扒肉"款待宾客,气氛热烈。祭敖包是一项重要的祭祀活动。每到这天,牧民们便成群结队地前往敖包祭祀。他们在敖包上安放佛像,竖立经幡,并将牛肉、羊肉、奶食品等一起供奉在敖包前。然后,喇嘛们焚香燃灯,诵经念咒,乞求神灵保佑,群众则从左向右围着敖包转三圈,希望迎来牧业丰收年。再如以藏族为主体的青藏高原民俗也颇有民族和宗教特色。就节日与信仰习俗而言,藏族的藏历年是藏区最主要的节日之一,在藏历年期间,男女盛装互相拜年,预祝新的一年好运气。在广场或空旷的草地上,大家围成圈儿跳锅庄舞、弦子舞,在六弦琴、铙、锣等乐器的伴奏下,手拉手、人挨人地踏地为节,欢歌而和,孩子们则燃放鞭炮,沉浸在欢乐、喜庆、祥和的节日气氛之中。在城乡,人们演唱藏戏、跳锅庄和弦子舞。在牧区,牧民们点燃篝火,通宵达旦地尽情歌舞。民间还进行角力、投掷、拔河、赛马、射箭等活动。此外,藏历四月十五日的萨噶达瓦节、七月的雪顿节也是藏族人民的重要节日。四月十五日相传为释迦牟尼成佛和文成公主到藏的日子,民间有各种纪念活动。雪顿藏语意为"酸奶宴",又叫吃酸奶子的节日,后来演变成以演藏戏为主,所以又称"藏戏节"。此外还有藏历八月的丰收节,藏语称"望果",意为巡游田地。为庆祝丰收,当地藏民除尽情歌舞,还举行赛歌、赛马、赛牛、射箭、抱石和摔跤等活动。藏历十月十五日,是仙女节,每年这一天,都会举行各种降神活动,尤其是妇女们更为积极,认为这是她们的节日。藏历十月二十五日是燃灯日,纪念宗喀巴成道,西藏各地寺院和俗家的屋顶上点燃了无数的油灯,以示纪念。藏历十二月二十九日是驱鬼节,各寺院举行跳神活动,以布达拉宫最为盛大,驱鬼消灾,以祈求来年丰顺。而四川、重庆地区的巴蜀节日民俗则具有浓郁的乡土气息。如四川地区每年农历正月有成都灯会,二月有成都花会,清明有都江堰放水节,四月有康定跑马转山会,五月有乐山龙灯会,六月有凉山火把节等;重庆地区则有悬酒幌、赶庙会、坐花轿、放风筝等民俗。各地节日民俗文化丰富多彩,洋溢着醇厚的巴蜀风情。此外,齐鲁民俗中的泰山庙会;中原民俗中的乡村说书会;三晋民俗中的一系列俗神信仰;三秦民俗中的地方庙会和丈人节;三陇民俗中的伏羲庙会、西王母庙会、花儿会;西域民俗中的古尔邦节、开斋节等年节活动;吴越民俗中的梅花会、民间神灵信仰;荆楚民俗中的端午节习俗;滇黔民俗中的图腾崇拜;岭南民俗中的花木会、民间诞会;闽台民俗中的妈祖信仰;等等。这些节日与信仰民俗都别具风貌。这些纷繁多样的民俗是我们弥足珍贵的文化遗产。

地域民俗是中华民族思想文化的种种展示,或者说,地域民俗中折射出丰富的文化蕴含。仅仅从真善美的角度看,地域民俗中就包含着历史发展的印记、人伦思想的光芒、审美指向的要求等文化信息,所以,地域民俗是中华民族精神永存的一种活化石,它必将一代一代承传下去并发扬光大。

二、原典选读及导读

漢書卷二十八下·地理志第八下(節選)

　　齊地,虛、危之分墅也[1]。東有甾川、東萊、琅邪、高密、膠東,南有泰山、城陽,北有千乘,清河以南,勃海之高樂、高城、重合、陽信,西有濟南、平原,皆齊分也[2]。

　　少昊之世有爽鳩氏,虞、夏時有季崱,湯時有逢公柏陵,殷末有薄姑氏,皆為諸侯,國此地。至周成王時,薄姑氏與四國共作亂,成王滅之,以封師尚父,是為太公[3]。《詩風》齊國是也。臨甾名營丘,故《齊詩》曰:"子之營兮,遭我虖嶩之間兮。"[4]又曰:"竢我於著乎而。"[5]此亦其舒緩之體也。吳札聞《齊》之歌,曰:"泱泱乎,大風也哉!其太公乎?國未可量也。"[6]

　　古有分土,亡分民[7]。太公以齊地負海舄鹵,少五穀而人民寡,乃勸以女工之業,通魚鹽之利,而人物輻湊。後十四世,桓公用管仲,設輕重以富國[8],合諸侯成伯功[9],身在陪臣而取三歸[10]。故其俗彌侈,織作冰紈綺繡純麗之物[11],號為冠帶衣履天下。

　　初太公治齊,修道術,尊賢智,賞有功,故至今其土多好經術,矜功名,舒緩闊達而足智。其失夸奢朋黨,言與行繆,虛詐不情[12],急之則離散,緩之則放縱。始桓公兄襄公淫亂,姑姊妹不嫁,於是令國中民家長女不得嫁,名曰"巫兒",為家主祠,嫁者不利其家,民至今以為俗。痛乎,道民之道[13],可不慎哉!

昔太公始封,周公問"何以治齊?"太公曰:"舉賢而上功。"周公曰:"後世必有簒殺之臣。"
其後二十九世為彊臣田和所滅,而和自立為齊侯。初,和之先陳公子完有罪來奔齊[14],齊桓
公以為大夫,更稱田氏。九世至和而簒齊,至孫威王稱王,五世為秦所滅。

臨菑,海、岱之間一都會也,其中具五民云[15]。

魯地,奎、婁之分墅也[16]。東至東海,南有泗水,至淮,得臨淮之下相、睢陵、僮、取慮,皆
魯分也。

周興,以少昊之虛曲阜封周公子伯禽為魯侯,以為周公主[17]。其民有聖人之教化,故孔
子曰"齊一變至於魯,魯一變至於道",言近正也[18]。瀕洙泗之水,其民涉度,幼者扶老而代其
任[19]。俗既益薄,長老不自安,與幼少相讓,故曰:"魯道衰,洙泗之間齗齗如也。"[20]孔子閔王
道將廢,乃修六經,以述唐虞三代之道,弟子受業而通者七十有七人。是以其民好學,上禮
義[21],重廉恥。周公始封,太公問"何以治魯?"周公曰:"尊尊而親親。"太公曰:"後世寖弱
矣。"[22]故魯自文公以後,祿去公室,政在大夫,季氏逐昭公,陵夷微弱,三十四世而為楚所滅。
然本大國,故自為分墅。

今去聖久遠,周公遺化銷微,孔氏庠序衰壞。地狹民眾,頗有桑麻之業,亡林澤之饒。俗
儉嗇愛財,趨商賈,好訾毀[23],多巧偽,喪祭之禮文備實寡,然其好學猶愈於它俗[24]。

漢興以來,魯東海多至卿相。東平、須昌、壽良,皆在濟東,屬魯,非宋地也,當考[25]。

(班固撰、顏師古注《漢書》,中華書局 1962 年版)

【注釋】

[1]虛:二十八宿之一。危:二十八宿之一。

[2]齊分:齊國的分部。

[3]太公:姜尚,姜太公。顏師古曰:"武王封太公於齊,初未得爽鳩之地,成王以益
　　之也。"

[4]此句出自《詩經·齊風·營》詩之辭,《毛詩》作《還》,《齊詩》作《營》。之:往。
　　遭:相逢。嶩:山名。

[5]此句出自《詩經·齊風·著》詩之辭。著:地名,即濟南郡著縣也。乎而:語助詞。

[6]泱泱:弘大之意。

[7]分土:分封疆域。亡分民:謂民相互往來。

[8]輕重:古代關於調節商品、貨幣流通和控制物價的理論,參見《管子·輕重篇》。

[9]伯功:霸功。

[10]取三歸:娶三姓女子。顏師古曰:"三歸,三姓之女。"

[11]冰:布帛之細,其色澤如冰。紈:素也。

[12]不情:摸不清情況。

［13］道民之道：即導民之道。

［14］陳公子完：指陳厲公之子公子完。奔齊：逃跑到齊國。

［15］五民：指士、農、商、工、賈。

［16］奎：二十八宿之一。婁：二十八宿之一。

［17］周公主：主周公之祭祀。

［18］言近正也：意思是魯庶幾至道，齊人不如魯人也。

［19］任：負戴。

［20］蔪蔪：分辨之意。

［21］上禮義：崇尚禮義。

［22］寙弱：漸漸衰弱。

［23］訾：以言相毀。

［24］愈：勝過。

［25］考：考究。

【导读】

《汉书·地理志》是东汉史学家班固所作的以疆域政区为主体的地理学著作，为《汉书》"十志"之一。它主要叙述西汉的地理概况，举凡民户、人口、郡县、地名、官职、治所、特产、山川湖泽、关塞要隘、名胜古迹、道里交通等等历史地理方面的重要内容都有所涉及，是研究西汉文化史的经典文献。早在西汉时期，司马迁就在《史记·货殖列传》等篇章中叙写了各地历史地理方面的内容，他按照经济状况和风俗特点划分出不同的地域板块，对各个地域的范围、历史、地理、民生、风俗、交通、交往及经济发展等地理学构成要素，进行了比较清晰的归纳和总结。班固吸收了司马迁在历史地理研究方面的成果，并且参阅其他相关文献，加之其对西汉历史和地理研究颇有心得，融会贯通终成《汉书·地理志》这篇研究古代历史地理的杰作。此文的写作目的不仅在于拓展历史地理学研究的范围，而且意在说明地理和政治的关系，提示为政者应注重考察各地的地理和民情，以有益于教化和治理。

在《汉书·地理志》中，不乏为后人津津乐道的有关地域风俗方面的内容。如称楚地有江汉川泽山林之饶，"饮食还给，不忧冻饿"，"信鬼神，重淫祀"，又称"吴、粤之君皆好勇"，"故其民至今好用剑，轻死易发"，而吴、粤与楚接壤比邻，且"数相并兼，故民俗略同"。这些记载对于后人解读楚、吴、粤三地的民俗状况是大有裨益的。

这里选录的是关于齐、鲁两地地理分界、历史演变及文化风俗方面的内容。这些内容廓清了齐、鲁文化圈的来龙去脉，至今依然具有一定的文化史参考价值。其地域民俗方面的要义有:齐地广阔,人民富足,有大国之风,有舒缓之气,但其俗弥侈,竞相夸耀。在姜太公的影响下,"修道术,尊贤智,赏有功",故民间多"好经术,矜功名,舒缓阔达而足智"者,而其失在于"夸奢朋党,言与行谬,虚诈不情,急之则离散,缓之则放纵"。鲁地亦大国,有周公、孔子的思想存在。其民有圣人教化之功,故勤奋好学,崇尚礼义,注重廉耻,但地狭民众,有桑麻之业,无林泽之饶,民俗俭啬爱财,趋商贾,好訾毁,多巧伪,丧祭之礼文备实寡,然而好学之风尤为鲜明。班固的这些记载尽管是汉代人视野下的产物,也带有一定的历史局限性,然而沉潜其中的文化意蕴至今依然耐人寻味。

風俗通義祀典第八(節選)

　　《禮》:"天子祭天地山川,歲徧[1]。"《春秋國語》:"凡禘郊宗祖報,此五者,國之典禮;加之以社稷山川之神,皆有功烈於民者也;及前哲令德之人,所以為質者也;及天之三辰,所昭仰也;地之五行,所生殖也;九州名山川澤,所出財用也;非是族也[2],不在祀典。"禮矣。《論語》:"非其鬼而祭之,諂也。"[3]又曰:"淫祀無福。"[4]是以泰山不享季氏之旅,而《易》美西鄰之禴祭[5],蓋重祀而不貴牲[6],敬實而去求華也。自高祖受命,郊祀祈望,世有所增,武帝尤敬鬼神,于時盛矣。至平帝時,天地六宗已下,及諸小神,凡千七百所。今营夷寓泯[7],宰器闕亡[8],蓋物盛則衰,自然之道,天其或者,欲反本也,故記敘神物曰《祀典》也。

(應劭撰,王利器校注《風俗通義校注》,中華書局 2010 年版)

【注释】

[1]歲徧:《禮記》疏云:"歲徧者,謂五方之帝,迎氣、雩祀、明堂及郊,雖有重者,諸神揔徧,故云歲徧。"

[2]非是族:不在這些範圍。

[3]諂:諂媚。

[4]淫祀:過多的祀典。

[5]西鄰:指周文王。禴祭:謂禴煮新菜以祭,言祭祀之道,莫盛脩德,故商紂王之牛牲,不如周文王之蘋藻。

[6]牲:祀典用的牛、羊、豬等。

[7]营夷寓泯:祀典場所消亡。

[8]宰器:祀典器物。

【导读】

　　《风俗通义》是东汉学者应劭撰写的一部主要记载中国早期风俗习尚的著作,现存十卷。其立言之宗旨，如王利器先生在《风俗通义校注》叙例中所言："取在辩风正俗，观微察隐，于时流风轨，乡贤行谊，皆著为月旦，树之风声，于隐恶扬善之中，寓责备求全之义；故其考文议礼，率左右采获，期于至当，而不暖姝于一先生之言，至于人伦臧否之际，所以厚民风而正国俗者，尤兢兢焉。"因而，《风俗通义》为后人知晓中国早期的风俗提供了参阅资料。本篇所选的一节，乃取自《风俗通义祀典第八》中的一段引言，叙写"祀典"风俗的礼制、实质及变迁。

《左传》曾云："国之大事，在祀与戎。"祭祀祖先和神灵，在中国古代尤为重要。"国家元气，全在风俗，风俗之本，实系纪纲。"祀典是关系国家兴衰的一项重要礼仪制度，也是古时大一统之君移风易俗，通于天下，关乎气运的一项重要举措。然而，祀典要合乎礼制，自有相应的祭祀对象和礼仪内容，绝非淫祀所为。并且，祀典重祀而不重牲，崇实而不求华。本篇选文对汉高祖以来的淫祀制度暗含讽刺，颇有微词，反映出应劭推究原委、反本求实的祭祀观。

地域民俗与宗教信仰有着密切的联系。由这段选文可知，早在汉代时期，中国的民俗中就包括信仰民俗的内容，且盛行多神制，甚至连不知名的小神也成为人们崇拜的对象。因而，时至今日，不同地域的民间信仰复杂而多变，还留存着上古遗风。

東京夢華錄卷之五（節選）

民　俗

凡百所賣飲食之人，裝鮮淨盤合器皿[1]，車檐動使，奇巧可愛，食味和羹，不敢草略。其賣藥賣卦，皆具冠帶。至於乞丐者，亦有規格。稍似懶怠，衆所不容。其士農工商，諸行百戶，衣裝各有本色，不敢越外[2]。謂如香鋪裹香人，即頂帽披背；質庫掌事，即着皂衫角帶，不頂帽之類。街市行人，便認得是何色目[3]。加之人情高誼，若見外方之人[4]，為都人凌欺，衆必救護之。或見軍鋪收領到鬭爭公事，橫身勸救，有陪酒食檐［案：檐應作擔］，官方救之者，亦無憚也。或有從外新來鄰左居住，則相借借［案：借即猎］動使，獻遺湯茶，指引買賣之類。更有提茶瓶之人[5]，每日鄰里，互相支茶，相問動靜。凡百吉凶之家，人皆盈門。其正酒店戶，見脚店三兩次打酒，便敢借與三五百兩銀器。以至貧下人家，就店呼酒，亦用銀器供送。有連夜飲者，次日取之。諸妓館只就店呼酒而已[6]，銀器供送，亦復如是。其閣略大量，天下無之也。以其人煙浩穰，添十數萬衆不加多，減之不覺少。所謂花陣酒池，香山藥海。別有幽坊小巷，燕館歌樓，舉之萬數，不欲繁碎。

（孟元老撰，鄧之誠注《東京夢華錄注》，中華書局 1982 年版）

【注釋】

[1]盤合：盤盒。

[2]越外:超出规格。

[3]色目:面目。

[4]外方之人:外地人。

[5]提茶瓶之人:充茶酒人。

[6]妓馆:歌妓歌舞之地。

【导读】

《东京梦华录》是宋代孟元老所写的笔记体著作,是一本追述宋徽宗时期北宋开封府城市风貌的见闻录,主要描绘了东京汴梁(即开封府)上至王公贵族下至庶民百姓的日常生活情景。全书凡十卷,大凡城郭街巷、酒楼店铺、瓦肆勾栏、明堂府衙、宫殿林苑、节庆民俗、皇家礼制等内容,莫不涉及。这些文献可以使人略知东京汴梁曾经的兴盛和繁华,同时也寄托了作者无限的感伤之情,正如作者序中所言:"节物风流,人情和美,但成怅恨。"

本篇选文是有关民俗方面的文献资料,小标题即为《民俗》。此节主要叙述了都城开封府的民俗状貌,繁盛之景跃然纸上。所述内容融饮食风俗、服饰装扮、人情冷暖、待人礼节、茶坊酒肆、教池游苑于一体,于是,都城民众的开放姿态,风俗人物的阔达豪放,风土人情的亲切自然,花天酒地的奢华淫靡,种种图景一一映入后人眼帘。我们从中可知晓北宋兴盛时期的宏大气象,陡然增添时空易转的历史沧桑感。

民俗是文化与生活相融的双重载体。《东京梦华录》中的民俗可折射出北宋俗文化所具有的自适化、狂欢化、场面化等文化品格,也可联想到北宋兴盛时期众生所具有的讲求规矩、乐观豪放、和气仗义却不乏奢侈心理的生活态度。因此,本篇选文所述虽不以文饰见长,蕴含的深意却是悠长的。

夢粱錄卷十八(節選)

民　俗

杭城風俗,凡百貨賣飲食之人,多是裝飾車蓋擔兒,盤盒器皿新潔精巧,以炫耀人耳目,蓋效學汴京氣象,及因高宗南渡後,常宣喚買市,所以不敢苟簡,食味亦不敢草率也。且如士農工商諸行百戶衣巾裝著,皆有等差。香鋪人頂帽披背子。質庫掌事,裹巾著皂衫角帶。街市買賣人,各有服色頭巾,各可辨認是何名目人[1]。自淳祐年來,衣冠更易,有一等晚年後生,不體舊規[2],裹奇巾異服,三五成群,鬥美夸麗,殊令人厭見[3],非復舊時淳樸矣。但杭城人皆篤高誼[4],若見外方人為人所欺,衆必為之救解。或有新搬移來居止之人,則鄰人爭借動事,遺獻湯茶,指引買賣之類,則見睦鄰之義,又率錢物,安排酒食,以為之賀,謂之"暖房"。朔望茶水往來,至于吉凶等事,不特慶吊之禮不廢,甚者出力與之扶持[5],亦睦鄰之道,不可不知。

（吴自牧著《夢粱錄》,浙江人民出版社 1980 年版）

【注释】

[1]何名目人:哪一行業人。

[2]舊規:原有的規矩。

[3]殊:特別。

[4]篤:忠實。

[5]扶持:幫助。

【导读】

《梦粱录》是南宋吴自牧撰写的一部笔记体著作。今通行本为二十卷。作者用唐人小说中的寓言"黄粱梦"作为书名,抒发怀旧之思,所以自序中说:"缅怀往事,殆犹梦也,名曰《梦粱录》。"

本书叙述了南宋时期都城临安(杭州)的状貌特征,举凡山川景物、节序风俗、地理物产、市肆教坊、宫殿庙宇、名人方士,无不详载。浙江人民出版社 1980 年出版的《梦粱录》"说明"中曾言:"此书材料来源于淳祐、咸淳《临安志》和作者的耳闻目睹,可以补《宋史》之不足,与周密所著的《武林旧事》并称。"当然,本书形式上则是更多地秉承了孟元老《东京梦华录》的写法,比如这里所选录的《梦粱录》中有关"民俗"的写法就与《东京梦华录》中"民俗"的写法如出一辙。

写法有所依托,内容自然也有傍依。其主要内容包括:百姓衣冠服饰的规格和要求;杭州人的高迈情谊;"暖房"习俗的温暖;街坊邻里的互助;等等。通过此等内容的叙述,我们可略知南宋都城杭州的民俗依然保持着衣冠整洁、乐善好施的传统,同时也反映出一些后辈晚生竞相夸饰的流俗习气,并与淳朴之风的要求渐行渐远了。故而南宋杭州的民俗面貌与北宋开封的民俗面貌有同有异,诚为时空转换、盛衰变易的背景下芸芸众生思想信仰、生活态度的真实写照。

当然,杭州的承平景象究竟不如东京汴梁的繁华景象之宏大。两地民俗的人情世故是相通的,但与北宋都城民俗的阔达相比,南宋都城的民俗中似乎缺少了一些豪气和自信。

三、延伸思考

　　地域民俗是中华民族文化遗产的重要组成部分,然而,随着时光的流逝和人们生活方式的改变,许多民俗形式渐渐淡出我们的视野。其中缺失的是什么? 缺失的主要是地域民俗的精神旨趣。在那些逐渐被我们抛弃的民俗文化中,有往昔岁月中留存的生活影像、生活场景、生活流程。有的生活影像,如刊印"年画""飞贴"等,已经淡出历史舞台;有的生活场景,如祭灶王、跳钟馗等,已经几乎绝迹;有的生活流程,如节庆之际街坊邻居面对面地迎送揖拜等,已经不为人所遵循。可以说,这些充满乡间气息和生活情趣的地域民俗与当今高度商业化的现代生活之间产生了阻隔。那么,我们不要忘记的就是多做一些疏通和促进工作:疏通过去与现代的对接渠道,促进民间与都市的互动交融。我们要在回味与传承中挖掘地域民俗生活影像的文化意蕴,营造生活场景的祥和气象,体悟生活流程的和谐因子,因为在这些民俗活动中传递着中国人由古至今绵绵不绝的生活理念、精神诉求和价值取向。

　　质言之,地域民俗的精神旨趣主要表现在:对真、善、美的执着追求;对人间情怀的投入关切;对宗教信仰的赤诚衷心;对琐碎生活的超越整合;等等。地域民俗充分展示了寻常百姓既温柔敦厚又质朴豪放的气质,折射出中国人民热爱生活、雅俗共赏、情深意长的审美情趣,体现了中华文化兼容并蓄、博大精深的特点。

　　陈勤建在《中国民俗学》中认为:"民俗是民族思想文化的源头。"正因为地域民俗与传统文化精神息息相关,所以我们要运用民俗科学的知识清理中国各个区域各个民族的民俗文化遗产,努力做到弘扬传统文化与丰富现代生活相结合。落实的契合点有二:一是问俗,即探究地域民俗的来龙去脉,发掘它的文化底蕴,把握它发生、发展的特点和规律,以辩证的态度对它进行扬弃,汲其精华,去其糟粕,为精神文明建设做贡献;二是用俗,即传播优良的地域民俗文化,使之服务于社会,兴办民俗文化产业,从而协调民俗与民生的关系,促进社会的繁荣稳定与和谐发展。

(孙纪文撰)

中 编

第六章　汉语与汉字

语言文字与民族文化是密不可分的,罗常培在《中国人与中国文》中说:"语言文字是一个民族的文化结晶。这个民族过去的文化靠着它来流传,未来的文化也仗着它来推进。"汉语是目前世界上使用时间最长且使用人数最多的语言之一,在表情达意的准确性和丰富性方面具有独特的魅力。汉字是记录汉语的书写符号,是世界上最古老的文字之一,从产生到现在一直使用从未间断,其自身象形和表意的特点备受关注。汉语与汉字记载和传承了中华民族五千多年的历史文明,既是民族文化的重要载体,也是中华民族辉煌文化的重要标志。

第一节　汉　语

一、概述

语言是人类最重要的交际工具,人们凭借语言保存和传递人类的文明成果。语言也是民族的重要特征之一。汉语作为中华文化的重要组成部分,对中国和世界文化的发展做出了不可磨灭的贡献。汉语不但是世界上最古老的语言之一,而且是目前世界上使用人口最多的语言,是联合国规定的六种正式语言之一(汉语、英语、法语、西班牙语、俄语、阿拉伯语)。

汉语研究的历史非常久远。先秦时期很多思想家如老子、孔子、墨子、庄子、公孙龙子、荀子、韩非子等都对语言文字的问题进行过探讨,不过大都侧重于哲学上的讨论,其中最有代表性的就是荀子的《正名篇》。他在先秦诸子名实问题讨论的基础上揭示了语言的社会本质。但这些都是较为零散的阐述,直到中国第一部古代语言学专著《尔雅》产生后,语言学才成为一门独立的学科。此后,出现了许多系统的语言学研究专著,如许慎的《说文解字》、刘熙的《释名》、扬雄的《方言》等。

汉语包含口头语和书面语两部分。因为口头语无法超越时空的局限,所以古人的口头语已经无从听到,而现在所说的古代汉语都是用文字记录下来的古代书面语。古代汉语在历史发展过程中,形成了两个系统:一是文言,即以先秦口语为基础而形成的上古汉语书面语,如《诗》《书》《礼》《春秋》《老子》《论语》《荀子》等所使用的语言,以及后来历代作者的仿古作品中使用的语言;二是古白话,也就是自魏晋以来逐渐形成的以北方话为基础加工而成的古代书面语,如刘义庆的《世说新语》,唐代的变文、禅宗语录等。宋代话本的出现标志着古白话的正式形成。这些古白话是现代汉语产生的基础和源头。

现代汉语书面语一般指现代标准汉语,主要为汉民族使用的共同语,汉民族共同语是在漫长的历史发展过程中逐渐形成的。春秋时期,这种共同语被称为"雅言",《论语·述而》中说:"子所雅言,《诗》、《书》、执礼,皆雅言也。"可以看出,此处的雅言就是当时通用的书面语。从汉代起,这种书面语被称为"通语",也就是各地共通的语言。元代以来,汉民族共同语的形式开始形成,称为"官话"。五四时期提倡白话文运动,促进了汉民族共同语的发展,这一时期的汉民族共同语被称为"国语",新中国成立以后称为"普通话"。1955年中国文字改革委员会和教育部联合召开的第一次文字改革会议确定了普通话的定义,即"以北京语音为标准音,以北方话为基础方言,以典范的现代白话文著作为语法规范",并一致同意在全国大力推广普通话。

语言随着社会的变化而发展。汉语在几千年的发展过程中产生了很多方言。语言学家根据汉语分支的不同特点,将现代汉语方言划分为七大方言区:官话方言、吴方言、湘方言、赣方言、客家方言、粤语、闽方言。官话方言旧称北方方言,以北京话为代表,是现代汉民族共同语的基础方言。吴方言,以上海话为代表。湘方言,以长沙话为代表。赣方言,以南昌话为代表。客家方言,以广东梅县话为代表。粤语,以广州话为代表,主要分布在广东、广西的部分地区,一些海外华人也在使用。闽方言,主要分布在福建、海南、广东东部、台湾等地。方言是汉民族共同语的地域变体,保存了大量的传统习俗,是地域文化最真实、最鲜活、最生动的历史载体,是中华文化不可分割的重要组成部分,因此在推广普通话的同时,要处理好普通话同方言的关系,要继承和弘扬方言。

根据语言间的亲属关系,世界上的语言可以分成若干语系。汉语属于汉藏语系,是汉藏语系中的典型代表。经过长期发展,汉语形成了自己的特点。语音方面,汉语的音节可以分为声母、韵母、声调三个部分。元音占优势,没有复辅音,每个音节都有一个声调。词汇方面,先秦两汉时期单音词占绝对优势,发展到现代,汉语词汇以复音词为主,汉语的基本词汇有很大的稳定性。同时随着社会的发展,产生了大量新词,也有部分词语随着旧事物的消亡而消亡。语法方面,汉语缺乏严格意义的形态变化,语序是汉语表达语法意义的重要手段之一。虚词也是汉语表达语法意义的重要手段。另外,汉语里还有比较系统的语气词和丰富的量词。

　　汉语作为一种古老的语言,曾对周边国家的语言文字产生过重要影响,在日语、韩语、越南语中都保留有大量的汉语借词及汉语书写体系文字。如今,随着我国经济的发展和综合国力的不断增强,中国与世界各国的联系也越来越紧密,汉语也受到世界各国人民的普遍关注,在很多国家兴起了"汉语热"。汉语的国际化已经成为历史发展的必然趋势。

　　语言是社会发展的产物。戴昭铭在《文化语言学导论》中说:"分析和研究语言就是分析和研究语言作为文化符号的功能,分析和研究特定的语言结构和独特的表达思想功能,分析和研究语言中所体现的特定民族的文化哲学、文化思维、文化心理和文化史实。"汉语在中华文化的基础上形成、发展和延续,记载和传播了悠久的中华文化,是中华民族智慧的结晶,也是中华民族及全人类的宝贵财富。

二、原典选读及导读

爾雅序

　　夫《爾雅》者,所以通詁訓之指歸[1],敘詩人之興[2]詠,總絕代之離詞[3],辯同實而殊號者也。誠九流之津涉[4],六藝之鈐鍵[5],學覽者之潭奧,摛翰[6]者之華苑也。若乃可以博物不惑,多識於鳥獸草木之名者,莫近於《爾雅》。

　　《爾雅》者,蓋興於中古,隆於漢氏。豹鼠[7]既辯,其業亦顯。

　　英儒贍聞之士,洪筆麗藻之客,靡不欽玩耽味,為之義訓。璞不揆檮昧[8],少而習焉,沈研鑽極,二九載矣。雖註者十餘,然猶未詳備,並多紛謬,有所漏略。是以復綴集異聞,會粹舊說,考方國之語,采謠俗之志,錯綜樊、孫,博關羣言,剟其瑕礫,搴其蕭稂[9],事有隱滯,援據徵之。其所易了,闕[10]而不論,別為音圖,用祛[11]未寤。輒復擁篲清道。企望塵躅者,以將來君子為亦有涉乎此也。

　　(中華書局編輯部編《漢魏古注十三經(附四書章句集注)》下《爾雅》,中華書局影印本1998年版)

【注释】

　　[1]指歸:意旨歸向。

　　[2]興:詩歌的一種表現手法,以他事引起此事叫起興,簡稱興。

　　[3]離詞:意義或字形相距較遠或不同的字詞。

　　[4]津涉:濟渡的地方、渡口,比喻求學的門徑。

　　[5]鈐鍵:本來指鎖和鑰匙,此處指關鍵。

［6］摛(chī):鋪陳,詳細地敘述。翰:毛筆和詩文書畫、文辭文采。

［7］豹鼠:身上有豹紋的老鼠,即鼮鼠。

［8］檮昧:自謙之詞,糊塗不明白、愚昧。

［9］搴(qiān):拔取。蕭:野草。稂:一種危害禾苗的雜草。

［10］闋:当为"闕"。

［11］祛(qū):同"祛",除去。

爾雅

釋詁第一(節選)

初、哉、首、基、肇、祖、元、胎、俶、落、權輿,始也[1]。……如、適、之、嫁、徂、逝、往也[2]。……崩、薨、無祿、卒、殂落、殪[3],死也。

釋言第二(節選)

殷、齊,中也。……還、復,返也。宣、徇[4],徧也。馹、遽[5],傳也。蒙、荒,奄也。告、謁[6],請也。

釋訓第三(節選)

晏晏、溫溫[7],柔也。……惴惴、憢憢[8],懼也。……赫赫、躍躍[9],迅也。……如切如磋,道學也。如琢如磨[10],自修也。……美女為媛,美士為彥[11]。……暴虎,徒搏也。馮河,徒涉也[12]。

釋親第四(節選)

父為考,母為妣[13]。父之考為王[14]父,父之妣為王母。王父之考為曾祖王父[15],王父之妣為曾祖王母。……婦稱夫之父曰舅,稱夫之母曰姑。姑舅在,則曰君舅、君姑;没,則曰先舅、先姑。

釋宮第五(節選)

宮謂之室,室謂之宮[16]。牖戶之間謂之扆[17],其內謂之家。東西牆謂之序[18]。……室中謂之時,堂上,謂之行,堂下,謂之步,門外,謂之趨,中庭,謂之走,大路,謂之奔[19]。

釋器第六(節選)

木豆,謂之豆[20],竹豆,謂之籩[21],瓦豆,謂之登[22]。……骨謂之切,象謂之磋,玉謂之琢,石謂之磨。

(中華書局編輯部編《漢魏古注十三經(附四書章句集注)》下《爾雅》,中華書局影印本1998年版)

【注釋】

[1]初:《說文》:"從衣從刀,裁衣之始也。"哉:古文作"才"。《說文》:"才,草木之初也。"肇:作"肁"。《說文》:"肁,始開也。"俶:動作之始也。權輿:草木始生。始:本義為開始。

[2]適、嫁、徂、逝:都是方言俗語。《方言》:"嫁、逝、徂、適,往也。自家而出謂之嫁,猶女而出為嫁也。逝:秦晉語也。徂:齊語也。適:宋魯語也。往,凡語也。"

[3]崩:指帝王之死。薨:諸侯之死。無祿:古代士死的委稱。徂落:死亡。"徂"通"殂"。殪:死亡。

[4]宣、徇:周遍。

[5]駟、遽:傳車驛馬之名。

[6]告、謁:郭璞注:"皆求請也。"

[7]晏晏:柔順溫和的樣子。溫溫:柔和的樣子。

[8]惴惴:恐懼的樣子。憢憢:害怕的樣子。

[9]赫赫:顯赫盛大的樣子。躍躍:跳躍的樣子。

[10]如切如磋:出自《詩經·衛風·淇奧》。切:刻制骨器。磋:雕刻象牙。琢:雕刻玉器。磨:磨制石器。

[11]媛:《說文》:"媛,美女也。"彥:才德出眾之人。

[12]暴虎:空手打老虎。馮河:徒步渡河。

[13]考:對已故父親的稱謂。妣:對已故母親的稱謂。

[14]王:古代對祖父母的稱謂。

[15]曾:指隔兩代的親屬。曾祖王父:曾祖父。

[16]室、宮:先秦同義詞,都指房屋。

[17]牖:窗户。扆:古代宮殿內門和窗之間的地方。

[18]序:正堂的東西牆。

［19］時、行、步、趨、走、奔:邢昺疏:"此皆人行步趨走之外,因以名云。室中名時,時
　　然後動。堂上曰行,謂平行也。堂下曰步。門外曰趨。中庭曰走。走,疾趨也。
　　大路曰奔。奔,大步也。"

［20］豆:古代盛事物的器皿,形如高腳盤。

［21］簋:一種腹大口小的竹編盛器。

［22］登:古代盛放熟食的瓦制器皿。

【导读】

《尔雅》是中国最早的一部解释词义的专著,是中国古代最早的词典,也是儒家的重
要经典之一。"尔"或作"迩",是"近"的意思,"雅"是"正"的意思,"尔雅"的意思是接
近、符合雅言,即以雅正之言解释古语词、方言词,使之近于规范。《尔雅》最早著录于《汉
书·艺文志》,但未载作者姓名。关于它的作者,历来说法不一。有人认为是孔子门人所
作,有人认为是周公所作,也有人认为是战国末年儒生所作。一般认为《尔雅》非一人一
时之作,经过代代相传,各有增益。

《尔雅》共收录词语4300多个,这些条目按类别分为《释诂》《释言》《释训》《释亲》
《释宫》《释器》《释乐》《释天》《释地》《释丘》《释山》《释水》《释草》《释木》《释虫》《释
鱼》《释鸟》《释兽》《释畜》共十九篇。前三篇对普通语词作了语文上的解释,后十六篇解
释的为名物词语,具有百科知识的性质。

《尔雅》是中国训诂学的开山之作。它的问世,标志着中国古代训诂学的建立。《尔
雅》把古代字义与词义相同、相近的搜集在一起,用当时的常用词来加以解释,这在保存
古义、记录词义的发展方面,为我们提供了极为宝贵的资源。在它的启示和影响下,后人
陆续编出了《小尔雅》《广雅》《通雅》等"雅学"系列书籍,对后世影响很大,还对《方言》
《说文解字》《释名》产生过重要的影响,一同成为中国古代语言学的四大重要著作,为后
来的文字学、词汇学、音韵学、训诂学做了开路工作。《尔雅》首创的按意义分类编排的体
例和多种释词方法,对后代词书、类书的发展产生了很大的影响。研究《尔雅》的著作很
多,现存的最早、最完整的注本是晋代郭璞的《尔雅注》。清人研究《尔雅》最著名的是邵
晋涵的《尔雅正义》和郝懿行的《尔雅义疏》。

荀子·正名篇第二十二(節選)

　　故王者之制名,名定而實辨,道行而志通[1],則慎率民而一焉。故析辭擅作名以亂正名,
使民疑惑,人多辨訟[2],則謂之大姦,其罪猶為符節、度量之罪也[3]。故其民莫敢託為奇辭以

亂正名。故其民愨[4]，愨則易使，易使則公[5]。其民莫敢託為奇辭以亂正名，故壹於道法而謹於循令矣。如是，則其迹長矣[6]。迹長功成，治之極也，是謹於守名約之功也。

今聖王沒，名守慢，奇辭起，名實亂，是非之形不明，則雖守法之吏、誦數之儒[7]，亦皆亂也。若有王者起，必將有循於舊名，有作於新名。然則所為有名，與所緣以同異[8]，與制名之樞要，不可不察也。

異形離心交喻[9]，異物名實玄紐[10]，貴賤不明，同異不別，如是則志必有不喻之患，而事必有困廢之禍。故知者為之分別，制名以指實，上以明貴賤，下以辨同異。貴賤明，同異別，如是則志無不喻之患，事無困廢之禍，此所為有名也。

然則何緣而以同異？曰：緣天官[11]。凡同類、同情者，其天官之意物也同，故比方之疑似而通[12]，是所以共其約名以相期也[13]。形體、色、理以目異，聲音清濁、調竽奇聲以耳異[14]，甘、苦、鹹、淡、辛、酸、奇味以口異，香、臭、芬、鬱、腥、臊、洒、酸、奇臭以鼻異[15]，疾、養、凔、熱、滑、鈹、輕、重以形體異[16]，說、故、喜、怒、哀、樂、愛、惡、欲以心異[17]。心有徵知[18]。徵知則緣耳而知聲可也，緣目而知形可也，然而徵知必將待天官之當簿其類然後可也[19]。五官簿之而不知，心徵之而無說，則人莫不然謂之不知，此所緣而以同異也。

然後隨而命之：同則同之，異則異之，單足以喻則單，單不足以喻則兼[20]，單與兼無所相避則共[21]，雖共，不為害矣。知異實者之異名也，故使異實者莫不異名也，不可亂也，猶使異實者莫不同名也。故萬物雖眾，有時而欲徧舉之，故謂之物。物也者，大共名也。推而共之，共則有共[22]，至於無共然後止。有時而欲徧舉之[23]，故謂之鳥獸。鳥獸也者，大別名也。推而別之，別則有別，至於無別然後止。名無固宜，約之以命。約定俗成謂之宜，異於約則謂之不宜。名無固實，約之以命實，約定俗成謂之實名。名有固善，徑易而不拂，謂之善名。物有同狀而異所者[24]，有異狀而同所者[25]，可別也。狀同而為異所者，雖可合，謂之二實。狀變而實無別而為異者，謂之化。有化而無別，謂之一實。此事之所以稽實定數也，此制名之樞要也。後王之成名，不可不察也。

（王先謙撰，沈嘯寰、王星賢點校《荀子集解》，中華書局 1988 年版）

【注釋】

[1] 道：制名之道。

[2] 辨：通"辯"。訟：爭辯。

[3] 符節：古代出入門關時的憑證，用竹片做成，上書文字，剖而為二，雙方各存一半，驗證時兩片合起來完全相符，才可通行。度：量長短的標準器具。量：量多少的標準器具。度量：泛指度、量、衡等標準器械。

[4] 愨：樸實。

[5] 公：通"功"。

[6]迹:蹤迹,行蹤。迹長:行蹤長,指所走的政治道路很長,即在位時間長久。

[7]數:指禮制。

[8]緣:依照,根據。

[9]形:形體,指人。離:背離。

[10]玄:通“眩”,迷亂。紐:結。

[11]天官:天生的感官,指耳、目、鼻、口、身。

[12]比方:比擬,指對事物進行描摹。疑:通“擬”,模擬。

[13]約名:概括的名稱。期:會合,交際。

[14]聲音:古代樂音分為宫、商、角、徵、羽五音,單發的某一音叫“聲”,相配合而發出的幾個音叫“音”。竽:古代的一種吹奏樂器,由排列的竹管製成。

[15]鬱:鳥身上一種腐臭的氣味。腥:豬身上的臊臭氣味。臊:狗身上的腥臭氣味。灑:通“螻”,馬身上類似螻蛄一樣的臊臭氣味。酸:牛身上類似爛木頭一樣的臊臭氣味。奇臭:奇異的氣味。

[16]養:通“癢”。滄:寒冷。鈹:通“澀”,不滑爽。

[17]說:通“悦”。故:通“苦”。

[18]有:猶“能”。徵:驗,驗證。

[19]當:抵,觸及。簿:通“薄”“迫”,迫近。類:同類的事物。其類:指各自能感覺的那一類事物。

[20]單:單名,指單音詞。兼:復名,指復音詞或片語。

[21]共:指共用。如“馬”與“白馬”“千里馬”共同使用“馬”這一名稱。

[22]共則有共:共用的名稱之中又有共用的名稱。

[23]徧:當作“偏”。

[24]同狀而異所:形狀相同但實體是不同的。

[25]異狀而同所:形狀不同但實體是相同的。

【导读】

荀子战国末期赵国人,著名思想家、文学家、政治家,儒家代表人物之一。语言学在当时还不是一门独立的学科,但在荀子的著述中已经有重要的语言学观点,尤其是《正名篇》集中体现了他对语言的认识和理解。杨倞给《荀子》作注时说:“是时公孙龙、惠施之徒,乱名改作,以是为非,故作《正名篇》。”荀子阐述了语言的约定性与强制性、语言的继承性与发展性、语言的作用、语言的系统性等诸多问题。这些理论的阐述在语言学上具有重要的作用和价值,推动了中国古代语言研究的发展。

荀子在《正名篇》中揭示了语言的本质,阐述了对语言社会性的认识,对名与实的关系做了深入探讨,揭示了语言符号的任意性。其著名论点是"名无固宜,约之以命。约定俗成谓之宜,异于约则谓之不宜。名无固实,约之以命实,约定俗成谓之实名"。在荀子看来,"名"与"实"的结合是"约定俗成"的,约定俗成就是合理的,否则就是不合理的。同时荀子还指出,名称与事物之间的关系在社会约定俗成之后就具有一定的强制性,个人不能随意更改,即所谓合于约为"宜","异于约则谓之不宜"。这种任意性和强制性正是语言符号的两个重要特征。另外在命名时,相同事物取同一名称,不同的事物则用不同的原则来制定名称。荀子对汉语的语言单位进行了初步的划分,将汉语的语言单位分为名、辞、说三级,同时又把名分为单名和复名两类。荀子的语言观还表现在语言与思维的关系、语言发展与社会交际的关系等方面。《荀子·正名篇》中的许多观点已涉及语言的本质等诸多问题,对语言和语言学的思考与认识比较深刻,对中国古代语言学的发展做出了巨大贡献,也为现代语言学的建立奠定了坚实的基础。

三、延伸思考

方言是特定地域的文化符号,承载着深厚的民族文化和历史记忆,而推广普通话则是增进地方文化交流的重要途径,已被提升到国家法律层面的高度。方言与普通话怎样才能和谐共存,一直以来都是备受关注的话题。其实推广普通话并不是为了消灭方言。正如胡裕树先生所说:"广义的现代汉民族共同语包括普通话与方言,二者在汉民族的语言生活中分别扮演着各自独特而重要的角色。"普通话和方言在功能上各有所长,推广普通话必然会对方言产生一定影响,所以需要进行正确的引导,让普通话和方言和谐共存、繁荣发展。

(丁庆刚撰)

第二节　汉　字

一、概述

人类有了语言后又经历了漫长的有声无字时期,后来随着社会交际范围的扩大,越来越迫切地需要一种记录口头语言的载体,于是人类在图画、记事符号的基础上发明了文字。文字扩大了语言的功能,突破了语言在时空上的局限性。汉字是世界上最古老的文字之一,是汉民族智慧的结晶。汉字承载着中国文化,是中国对人类文明的巨大贡献。著名文字学家安子介先生认为"汉字是中国的第五大发明"。汉字不仅历史悠久,而且有着顽强的生命力。

关于汉字产生的年代目前还不能确定,但从山东大汶口出土的陶器及西安半坡遗址出土的文物来看,汉字可能至少有六千年的历史。关于汉字的起源有多种说法,如结绳记事说、八卦说、仓颉造字说、契刻说、图画说等。《周易·系辞下》中记载"上古结绳而治,后世圣人易之以书契,百官以治,万民以察"。结绳记事有助于回忆,但对事情的记录不完整、不具体,且不易保存。汉字起源于八卦的说法,主要是依据《周易·系辞下》中提出的"古者庖牺氏之王天下也,仰则观象于天,俯则观法于地,观鸟兽之文与地之宜,近取诸身,远取诸物,于是始作八卦,以通神明之德,以类万物之情"。关于仓颉造字的传说最早见于《吕氏春秋·审分览·君守》,"奚仲作车,仓颉作书,后稷作稼,皋陶作刑,昆吾作陶,夏鲧作城,此六人者,所作当矣"。仓颉是黄帝的史官,据说他从天上日月、地上鸟兽足印中得到启发,创制了汉字。《淮南子·本经训》中说"昔者仓颉作书而天雨粟,鬼夜哭"。还有人认为汉字起源于契刻,在物体上刻画记号、缺口计数或记事,这是先民们常用的记事方法,时间稍晚于结绳。另外也有人认为汉字起源于图画。宋人郑樵《通志·六书略》中说"书与画同出",认为汉字脱胎于图画,今人沈兼士、唐兰等都持此说。其实汉字并非一人所创,单纯地说汉字起源于结绳、契刻或是图画,都是不全面的。汉字应该是先民集体智慧的结晶,而结绳、契刻、图画产生的符号经过反复使用,加之先民记事方法的进步,最终孕育出了文字。

迄今为止发现的最早的、成系统的文字是殷商时期的甲骨文。后来随着书写工具的变化、国家政策及人们审美追求的改变等,汉字发生了一系列变化。汉字形体演变可大致划分为五个阶段:甲骨文、金文、小篆、隶书(包括草隶即章草)、楷书(包括行书与今草)。小篆及之前的字体统称为古文字,之后的字体称为今文字。

甲骨文主要是指刻在龟甲和兽骨上的文字。由于甲骨主要出土于殷商王朝的国都(现在的河南省安阳市小屯村),所以又叫殷墟文字。甲骨文大都是对商王朝占卜的记录,因此又称卜辞。甲骨文是用刀刻画在龟甲、兽骨上的,字体线条粗细、大小不一,直笔较多,保留着很强的图画性。甲骨文字形不太规范,异体字比较多。金文是铸刻在青铜器上的文字,又称钟鼎文。西周是金文的全盛时期。西周金文比甲骨文成熟,方便书写的符号增多,意义相通的形旁混用现象较少,形声字大量增加,异字同形、合文、反书等现象减少。金文线条肥厚粗壮、浑圆丰润,字形庄重美观,大小趋于一致,排列较整齐。篆书有大小篆之分,大篆既是先秦所有文字的统称,又专指战国时期秦国的文字。秦始皇统一中国之后实行"书同文"政策,规定小篆为标准字体。小篆以大篆为基础,更加抽象化、线条化,偏旁位置基本固定,异体字减少,形声字大量增加,线条匀称,书写形式整齐,字体大小基本相同。小篆的推广对文字起到了一定的规范作用,促进了民族团结统一。隶书是汉字发展史上的一次重大变革,标志着汉字发展进入今文字时代。隶书最初只是一种辅佐字体,到西汉时期取代小篆成为通行字体。隶书书写比小篆方便,但形义关系被破坏,象形描绘部分符号化,部分偏旁、部首被简化、合并,笔画变圆转为平直折,字形方扁。楷书产生于汉末、魏晋,盛行于隋唐,一直沿用至今。楷书结构紧凑,笔画横平竖直,形体端庄,清晰易认,便于书写,成为后代通行的规范字体,当今社会仍广泛使用。楷书产生后,方块汉字基本定型。另外还有草书和行书。草书由隶书连笔快书而成。由于书写速度快,笔画相连,字形简化,不易辨认,所以只作为书法艺术保留下来。行书介于楷书和草书之间,兼两者优长,成为使用至今的字体。

汉字属于表意文字,它的形、义有着密切联系。先秦时期,人们对汉字形义构造就有了朦胧的认识。《左传》中有"止戈为武""皿虫为蛊"的说法,《韩非子·五蠹》中说"自环者谓之私,背私谓之公"。这些对汉字形义构造的零星分析,启发了"六书"理论的产生。"六书"一词最早见于《周礼·地官·保氏》,但书中没有说明"六书"的具体内容。东汉许慎在《说文解字·叙》中对"六书"进行了阐释:"一曰指事。指事者,视而可识,察而可见,上下是也。二曰象形。象形者,画成其物,随体诘诎,日月是也。三曰形声。形声者,以事为名,取譬相成,江河是也。四曰会意。会意者,比类合谊,以见指挥,武信是也。五曰转注。转注者,建类一首,同意相受,考老是也。六曰假借。假借者,本无其字,依声托事,令长是也。"

象形是将事物的特征、形状线条化的一种造字法。如"日、月、山、水、火、耳、目、车、马"等。象形文字是在图画的基础上发展起来的,是中国汉字的基础,但这种造字法也有很大的局限性。指事是在象形符号上加抽象符号或直接以抽象符号构成汉字。如在"刀"上加一点,表示"刃";在"木"下加一横表示"本"。会意是组合两个以上已有的字成一个新字,表示一种新的意义。如"日""月"组合为"明","人""木"组合为"休"。形声是用一个形旁加一个声旁组合为字。如"河、湖",左边部分表示水之形状,右边部分表示该字读音。形声这一种造字法使得汉字音、意指向明确,更适合记录汉语,能产性很高。"六书"中的象形、指事、会意、形声为造字法,转注、假借实为用字法。

汉字是世界上最古老的文字之一,由我们祖先独立创制并一直广泛使用,从未中断过,生命力非常旺盛。汉字属于表意文字,用象征性符号记录词或词素,不直接或不单纯表示语音,字形与意义关系密切。发展至今,无论汉字声韵调如何变化,其结构方式在本质上都是一致的,加之储存的信息量大,每个汉字形体演变及其意义都反映了我们祖先对自然界和社会生活的认识,所以汉字对中国文化的发展、传承起了重要作用。

二、原典选读及导读

說文解字·叙

　　古者庖犧氏之王天下也[1]，仰則觀象於天，俯則觀法於地，視鳥獸之文與地之宜[2]，近取諸身，遠取諸物；於是始作易八卦，以垂憲象[3]。及神農氏，結繩為治，而統其事。庶業其繁[4]，飾偽萌生。黃帝之史官倉頡，見鳥獸蹏迒之迹[5]，知分理之可相別異也，初造書契。百工以乂[6]，萬品以察，蓋取諸夬[7]。"夬，揚于王庭"，言文者，宣教明化於王者朝廷，"君子所以施禄及下，居德則忌"也。

　　倉頡之初作書，蓋依類象形，故謂之文。其後形聲相益，即謂之字。字者，言孳乳而浸多也[8]。著於竹帛謂之書。書者，如也[9]。以迄五帝三王之世，改易殊體，封于泰山者七十有二代，靡有同焉。

　　周禮：八歲入小學，保氏教國子[10]，先以六書。一曰指事。指事者，視而可識，察而可見，"上、下"是也。二曰象形。象形者，畫成其物，隨體詰詘[11]，"日、月"是也。三曰形聲。形聲者，以事為名，取譬相成，"江、河"是也。四曰會意。會意者，比類合誼，以見指撝[12]，"武、信"是也。五曰轉注。轉注者，建類一首，同意相受，"考、老"是也。六曰假借。假借者，本無其字，依聲託事，"令、長"是也。

　　及宣王太史籀，箸大篆十五篇[13]，與古文或異[14]。至孔子書六經，左丘明述春秋傳，皆以古文，厥意可得而說。

　　其後諸侯力政[15]，不統於王。惡禮樂之害己，而皆去其典籍。分為七國，田疇異晦，車涂異軌，律令異法，衣冠異制，言語異聲，文字異形。秦始皇帝初兼天下，丞相李斯乃奏同之，罷其不與秦文合者。斯作《倉頡篇》，中車府令趙高作《爰歷篇》，太史令胡母敬作《博學篇》[16]，皆取史籀大篆，或頗省改[17]，所謂小篆者也。

　　是時，秦燒滅經書，滌除舊典。大發隸卒，興役戍。官獄職務繁，初有隸書，以趣約易，而古文由此絕矣。自爾秦書有八體：一曰大篆，二曰小篆，三曰刻符[18]，四曰蟲書[19]，五曰摹印[20]，六曰署書[21]，七曰殳書[22]，八曰隸書。漢興有艸書。

　　尉律：學僮十七已上始試。諷籀書九千字，乃得為吏。又以八體試之。郡移太史并課。最者以為尚書史。書或不正，輒舉劾之。今雖有尉律，不課，小學不修，莫達其說久矣。

　　孝宣時，召通倉頡讀者，張敞從受之。涼州刺史杜業，沛人爰禮，講學大夫秦近，亦能言之。孝平時，徵禮等百餘人，令說文字未央廷中，以禮為小學元士。黃門侍郎楊雄，采以作《訓纂篇》。凡《倉頡》已下十四篇[23]，凡五千三百四十字，羣書所載，略存之矣。

　　及亡新居攝[24]，使大司空甄豐等校文書之部。自以為應制作，頗改定古文。時有六書：一曰古文，孔子壁中書也。二曰奇字，即古文而異者也。三曰篆書，即小篆。秦始皇帝使下杜人程邈所作也。四曰佐書，即秦隸書。五曰繆篆[25]，所以摹印也。六曰鳥蟲書，所以書幡信也。壁中書者,魯恭王壞孔子宅,而得《禮記》《尚書》《春秋》《論語》《孝經》。又北平侯張倉獻《春秋左氏傳》。郡國亦往往於山川得鼎彝[26],其銘即前代之古文[27],皆自相似。雖叵復見遠流[28],其詳可得略說也。

而世人大共非訾[29],以為好奇者也,故詭更正文[30],鄉壁虛造不可知之書,變亂常行[31],以耀於世。諸生競說字,解經誼,稱秦之隸書為倉頡時書,云:"父子相傳,何得改易!"乃猥曰[32]:"馬頭人為長,人持十為斗[33],虫者,屈中也。"廷尉說律至以字斷法:"苛人受錢[34],苛之字止句也。"若此者甚眾,皆不合孔氏古文,謬於史籍。俗儒啚夫,翫其所習,蔽所希聞。不見通學,未嘗覩字例之條。怪舊埶而善野言[35],以其所知為祕妙,究洞聖人之微恉。又見《倉頡篇》中"幼子承詔",因號:"古帝之所作也,其辭有神僊之術焉。"其迷誤不諭,豈不悖哉!

《書》曰:"予欲觀古人之象[36]。"言必遵修舊文而不穿鑿。孔子曰:"吾猶及史之闕文,今亡也夫。"蓋非其不知而不問。人用己私,是非無正,巧說衰辭,使天下學者疑。

蓋文字者,經藝之本,王政之始。前人所以垂後,後人所以識古。故曰:"本立而道生。"知天下之至嘖而不可亂也[37]。今敘篆文,合以古籀。博采通人,至于小大。信而有證,稽譔其說[38]。將以理羣類,解謬誤,曉學者,達神恉。分別部居,不相雜廁[39]。萬物咸覩,靡不兼載。厥誼不昭,爰明以諭。其偁易孟氏、書孔氏、詩毛氏、禮周官、春秋左氏、論語、孝經,皆古文也。其於所不知,蓋闕[40]如也。

(許慎撰《說文解字》,中華書局影印本 1963 年版)

【注釋】

[1]庖犧氏:一作伏羲、包犧、伏戲,傳說指古代帝王。

[2]文:文理。宜:指地形地貌。

[3]垂:顯示。憲象:事物的基本規律。

[4]其:通"綦",及。

[5]蹏:同"蹄"。迒(háng):野獸的足跡。

[6]乂(yì):治理。

[7]夬(guài):《周易》六十四卦之一。

[8]孳乳:滋生增益。浸:逐漸。

[9]如:象徵。

[10]保氏:官名,古代掌管貴族子弟教育的官員。國子:公卿大夫等貴族子弟。

[11]詰詘(jié qū):彎曲。

[12]誼:通"義"。撝(huī):通"揮"。

[13]大篆:即籀文,西周晚期文字。

[14]古文:戰國時東方六國的文字。

[15]力政:用武力征伐。政:通"征"。

[16]中車府令:秦官名,古代執掌乘輿之官。太史令:官名,掌管天文曆算等。

[17]頗:略微。

[18]刻符:刻在符節上的字體。

[19]蟲書:加有鳥蟲形筆劃的字體。

[20]摹印:用於璽印的字體。

[21]署書:用作題署的字體。

[22]殳書:刻在兵器上的字體。

[23]十四篇:指《倉頡篇》《博學篇》《爰曆篇》《凡將篇》《急就篇》《元尚篇》《訓纂篇》七部字書,每書各分上下篇,故稱十四篇。

[24]亡新:指王莽。“新”是王莽的國號,“亡”指王莽被劉秀滅亡。

[25]繆篆:指秦代八體中的“摹印”。顏師古曰:“繆篆謂其文屈曲纏繞,所以摹印章也。”

[26]鼎彝:泛指青銅器。鼎:炊具。彝:酒器。

[27]銘:鑄在青銅上的銘文用字。

[28]叵:不可。

[29]非:非議。訾:誹謗。

[30]詭:改變。

[31]常行:通行之書,此處指隸書。

[32]猥:苟且、任意。

[33]馬頭人:“馬”字上加“人”字。人持十:“人”字旁加“十”字。

[34]苛人受錢:指有治人之責者而受人錢財。

[35]野言:不合規矩的說法。

[36]予欲觀古人之象:語出《尚書·益稷》:“予欲觀古人之象,日月星辰山龍華蟲之會,宗彝藻火粉米繡,以五采彰施於五色,作服。”象:物象,指古代文物、制度。

[37]嘖(zé):深遠。

[38]稽:稽考,考證。譔:詮釋。

[39]分別部居:分別為五百四十部,每部建立一首。廁:放置。

[40]闕:通“缺”,謂缺而不言,以待能者。

【导读】

《说文解字》简称《说文》,由东汉著名的经学家、文字学家许慎所著,是我国第一部以六书理论系统分析字形、解释字义的字典。许慎著《说文》的目的是“理群类,解谬误,晓学者,达神旨”。全书收正字九千三百五十三个,重文一千一百六十三个。全书分为十四卷,连叙目共十五卷。许慎根据汉字的结构首创部首编排法,全书分五百四十部。五百四十个部首起始于"一",终结于"亥",依照"共理相贯""据形系联"的原则编排。《说文》的正字以小篆为主,间注异体。重文(即异体字)包括古文、籀文、篆文、或体、秦石刻、今文奇字、俗字等。说解的体例是先列小篆字头,然后解说字义,最后说明形体构造,依据字形来推求字的本义。如"初,始也。从刀,从衣,裁衣之始也"。书中对"六书"的定义进行阐述,并对全书九千多个汉字结构做具体分析,使汉字六书理论得以正式确立。

《说文》是文字学上的首创之书,具有划时代的意义。它的产生标志着我国文字学的创立。它创立的部首分类法,所阐释的"六书"理论,以及对字形结构的解说,对文字学研究做出了巨大的贡献,将汉字的研究推向了一个新的阶段。《说文》所创立的部首编排法,对后世汉语字典的编撰影响很大,直到今天仍然是一种重要的字典编检方法。《说文》保留许多字词的古义、本义,为研究汉语词汇提供了珍贵的资料,也为阅读古书提供了参考,在词汇学与训诂学研究上具有重要的价值。许冲在《上〈说文解字〉表》中说:"六艺群书之诂,皆训其意,而天地、鬼神、山川、草木、鸟兽、昆虫、杂物、奇怪、王制、礼仪、世间人事,莫不毕载。"《说文》不仅是一部文字学的巨著,而且是一部文化学百科全书,对于探讨古代的历史、文化及古文字等都具有重要的作用。

漢書卷三十·藝文志第十(節選)

《易》曰:"上古結繩以治,後世聖人易之以書契[1],百官以治,萬民以察,蓋取諸《夬》。""夬,揚於王庭",言其宣揚於王者朝廷,其用最大也。古者八歲入小學,故《周官》保氏掌養國子,教之六書,謂象形、象事、象意、象聲、轉注、假借,造字之本也。漢興,蕭何草律[2],亦著其法,曰:"太史試學童,能諷書九千字以上,乃得為史。又以六體試之,課最者以為尚書御史史書令史。吏民上書,字或不正,輒舉劾。"六體者,古文、奇字[3]、篆書、隸書、繆篆、蟲書,皆所以通知古今文字,摹印章,書幡信也[4]。古制,書必同文,不知則闕,問諸故老,至於衰世,是非無正,人用其私。故孔子曰:"吾猶及史之闕文也,今亡矣夫!"蓋傷其寖不正。《史籀篇》者,周時史官教學童書也,與孔氏壁中古文異體。《蒼頡》七章者,秦丞相李斯所作也;《爰曆》六章者,車府令趙高所作也;《博學》七章者,太史令胡母敬所作也:文字多取《史籀篇》,而篆體復頗異,所謂秦篆者也[5]。是時始造隸書矣,起於官獄多事,苟趨省易,施之於徒隸也。漢興,閭里書師合《蒼頡》《爰曆》《博學》三篇[6],斷六十字以為一章,凡五十五章,并為《蒼頡篇》。武帝時司馬相如作《凡將篇》,無復字。元帝時黃門令史游作《急就篇》,成帝時將作大匠李長作《元尚篇》,皆《蒼頡》中正字也[7]。《凡將》則頗有出矣。至元始中,徵天下通小學者以百數,各令記字於庭中。揚雄取其有用者以作《訓纂篇》,順續《蒼頡》,又易《蒼頡》中重複之字,凡八十九章。臣復續揚雄作十三章[8],凡一百二章,無復字,六藝羣書所載略備矣。《蒼頡》多古字,俗師失其讀,宣帝時徵齊人能正讀者,張敞從受之,傳至外孫之子杜林,為作訓故[9],并列焉。

（班固撰，顏師古注《漢書》，中華書局 1962 年版）

【注释】

[1] 書契：指文字。《尚書·序》說："書者，文字。契者，刻木而書其側，故曰書契也。"

[2] 草律：創制法律。

[3] 奇字：根據戰國時通行于六國的文字改變而成。

[4] 幡信：古代以幡傳遞資訊，故稱幡信。

[5] 秦篆：即小篆。

[6] 閭里：鄉里。賈公彥曰："在六鄉則二十五家為閭，在六遂則二十五家為里。

[7] 正字：即本字，以區別於假借字、別字、俗字。

[8] 臣：指班固。

[9] 訓：《杜林倉頡訓纂》。故：《杜林倉頡故》。《漢書·藝文志》有著錄。

【导读】

《汉书·艺文志》是《汉书》十志之一，也是我国现存最早的目录学文献。班固以刘歆的《七略》为蓝本改编而成，"今删其要，以备篇籍"。所谓"艺"是指《诗》《书》《礼》《乐》《易》《春秋》六者；所谓"文"指文学百家之说，其内容分六艺、诸子、诗赋、兵书、数术、方技六略，共收书三十八种，每种之后有小序，每部分之后有总序，对学术思想的源流和演变都进行了叙述。《汉书·艺文志》所收小学类文献凡十家十二种四十五篇，基本上包括了当时所有的文字学、训诂学、音韵学书籍，今天大多数已经亡佚了。梁启超说："欲考先秦学术渊源、流别及古代书籍存佚、真伪，必以此志为基本。后世书目之编制方法及分类，皆根据或损益此志。"

三、延伸思考

汉字属于表意文字，字形和意义之间有着密切的联系。20 世纪 50 年代，中国大陆实行汉字改革，简化汉字成为记录汉语和文化的载体。繁体汉字除了在特定场合，其记录和传播汉语言文化的功能都被简体字取代了。自汉字简化以来，汉字的繁简之争就没有中断过。随着电子中文信息技术的发展和"汉字文化圈"交流的增多，汉字的繁简之争引起了社会的广泛关注。从汉字形体演变来看，简化和繁化的趋势都存在，但简化的趋势更明显。舒啸先生在《台湾人看繁简之争》中说："繁体字的美丽，是历史的美丽；简体字的快捷，是时代的速度。若就国际全局来看，中文的竞争力亦显见上升趋势。无论简体还是繁体，都象征着中华文化的吸引力。"

（丁庆刚、王籽郦撰）

第三节　汉语言文字与文化

一、概述

中华传统文化博大精深，是我们祖先为后代留下的宝贵财富。汉语言文字是中华民族智慧的结晶，既是文化的重要组成部分，又是文化的载体，记录着丰富的文化信息，为文化的传承、传播发挥了巨大作用。汉语言文字与文化是一种相互影响、相互制约的独特关系。

汉语和汉字是中华文化的重要组成部分，其产生、发展都同文化有密切关系。语言是人类区别于其他动物的最显著特征，是人类独有的一种能力。当人类社会发展到某一阶段，语言渐渐产生，之后便随着人类社会的发展而不断发展。语言使人类从野蛮状态、原始状态进入文明状态。人类用语言创造了文化，语言是文化形成和发展的前提。从这一意义上来讲，汉语的出现意味着汉民族文化的诞生。

汉字作为一种书写符号，它是对汉语的记录，是同汉语完全相适应的文字体系。汉字是人类历史上最古老的三种表意文字之一，已有数千年的历史，无论是汉字的起源，还是汉字的形体构造、意义及其演变都有一定的文化内涵。汉字的产生，是中华文化史上的一个重大里程碑。汉字出现后，汉民族祖先才有书面历史记录，此后的历史时期才属于"有史时期"。汉字突破了汉语在时空上的局限，使异代、异地之间的交流成为可能，促进了广泛的、多种类多层次的文化交流，使汉民族创造出的灿烂文化得以长久保存。汉字本身也有深刻的文化性。先民在造字时，将其与自身所认识的自然现象、社会现象联系在一起。随着时代的发展，汉字不断积淀不同时代的文化内容。

汉语和汉字可以传达人们头脑中的观念，汉字能记录、保存信息，它们强大的载体功能使中华民族几千年的历史演变和政治、经济、科技等发展情况得以记述、传承、传播。中华民族几千年的文明史从未中断过，可以说主要归功于汉语和汉字。我国浩如烟海的古代文化典籍就是对其最好的证明。清代乾隆年间编纂的《四库全书》，是我国古代规模最大的一部丛书，它是记载中华传统文化最丰富、最完备的集大成之作。该书收录古籍3503种，共79337卷，分装36000多册，分为经、史、子、集四部，共四十四类。我国几乎所有的学科都能够从中找到源头和生存发展所汲取的营养。

中华文化对汉语言文字的影响隐含在汉语言文字系统之中，反映了汉民族的思维特点、心理状态、道德标准、生活方式、风俗习惯等等。中华文化对汉语的语音、词汇、语法及语用都产生了深远的影响。汉民族是一个重和谐、均衡的民族，这一点也表现在汉语语音上，如语音的声韵、开合、阴阳、平仄、舒促、高低，以及由此引发的双声、叠韵、对偶等，都遵循了这样的法则。中华文化对汉语词汇的影响非常明显。汉民族讲究尊卑分明、贵贱有序，反映在构词方式上往往是尊者、位高者在前，卑者、位低者在后，如"国家""君臣""干群""夫妇""兄弟"等。因为中华传统文化重意合、重领悟，不重形式，所以汉语不依靠形态变化来表示语法意义和语法关系，其表达方式简洁灵活，如"看医生""救火"，看似不合理，但语义明晰。汉民族讲究含蓄委婉，儒家文化崇尚仁爱，所以人们在交流中往往会尽量避免使用可能引起对方不快的语词，采用迂回曲折的语言形式，把话说得婉转曲折。

中华文化对汉字的形体演变、数量等都产生了重要影响。汉字形体经历了甲骨文、金文、篆书、隶书、楷书等一系列的演变，这同书写载体与书写工具的变化有很大关系。殷商时期的甲骨文是用刀刻画在龟甲兽骨上的，线条瘦硬、棱角分明，多直笔和方笔，字大小不一。到西周，青铜冶炼技术发达，人们在陶范上铸造铭文，将铭文范嵌入主体内范中，再随青铜器一起浇铸出来，所以金文整齐方正，笔画肥大、丰满圆浑、字形敦厚。后来人们用毛笔在竹木简、绢帛、纸上进行书写，字的形体、风格也都各不相同。

随着社会文化的丰富，人类认识水平的提高和新事物的不断涌现，汉字总数不断增加。东汉许慎的《说文解字》收字九千多，南朝《玉篇》收字两万多，明朝的《字汇》收字三万多，清朝《康熙字典》收字四万七千多，1995 年出版的由冷玉龙、韦一心主编的《中华字海》收字八万五千多，是迄今世界上收录汉字最多的字典。

汉语和汉字作为汉族文化的主要载体，随着汉族居民的增多、迁徙，不断与其他民族接触，其承载的汉族文化也向四周传播。不仅汉民族长时间大范围地使用汉语和汉字，而且周边少数民族甚至一些相邻国家也使用过，有的甚至至今仍在使用。随着汉语和汉字在周边地区的传播，其所承载的文化内涵也不断扩散。

汉语在少数民族地区的传播过程，其他民族运用汉语、被汉语同化的过程，也是汉民族思想文化传播的过程。历史上北朝的鲜卑语、唐代的西夏语、辽代的契丹语及近代的满族语等，都曾被汉语所同化。今天，汉语基本上已成为民族间相互交流的语言。汉字在向周边少数民族传播的过程中由于其表意文字的特点能够超越方言和古今语音变化大的局限，使各方言区的人顺利交流、后代能理解前人的著述，这对促进民族文化的形成和中华民族文化的交流、发展起到了重要作用。我国古代有些民族在创制本民族的文字之前，往往使用汉字作为交际工具，如古代的匈奴、鲜卑族。许多少数民族在汉字影响下创制了本民族文字,如契丹大字、西夏文、女真文、方块壮字和方块瑶字。这对汉族文化的传播、中华文化的统一都起到了重要作用。

汉语和汉字在向周边少数民族传播的同时,也在向相邻国家传播,成为向境外传播中国文化的重要载体。西汉时期,汉字正式传入越南、朝鲜;东汉时期,汉字传入日本。在汉字传入这些国家后很长一段时期,汉字都是他们记录语言的工具。汉字在越南作为正式文字使用了一千多年时间,在朝鲜作为正式文字使用了一千五百多年时间。周边国家在使用汉字的同时,本国语言也受到汉语的影响。越南语、朝鲜语、日本语中都有大量的汉语借词。这些国家由于长期借用汉字和汉语,其思想观念、风俗习惯、文学艺术等也都不同程度地受到了中国的影响。由于借用汉字有诸多不便,后来越南、朝鲜、日本均仿照汉字创造出了自己国家的文字。越南创造的喃字从结构方式到构字部件都以汉字为依托,本身也假借了大量汉字。朝鲜创制了音位文字谚文,字母近似汉字的笔画,每个音节拼成一个方块。19 世纪后期,汉字谚文混合体成为正式文字,汉字写词根,谚文写词尾。现在朝鲜语中仍存在大量汉语借词,约占朝鲜语词汇的百分之六十。公元 9 世纪,日本以汉字为基础创造出假名,分为片假名和平假名两种。片假名取自汉字楷书的某一部分,平假名有直接使用完整的汉字草书形成的,也有截取汉字草书某一部分而成的。现在日本的文字中还夹杂着很多汉字。

汉语和汉字对东亚很多国家与地区都产生过重要影响,它们记载着、传播着中华文化。随着全球学习汉语和汉字、研究汉文化热潮的掀起,中华文化的影响范围将会越来越大。

二、原典选读及导读

殷墟書契(節選)

八　雨雷

【説明】

本篇甲骨文著錄於羅振玉《殷墟書契後編》下一·一二版。以卜人 ᨬ 斷之,本篇當為前期武丁時期卜辭。本篇卜辭雖然略殘,但基本内容却保存了下來,是古代雷雨現象的記錄。

【注釋】

[1] 癸巳:癸巳。干支紀日,卽癸巳日。

[2] 卜:灼龜見兆。

[3] ᨬ:讀若中。一釋古。武丁時期卜人名。

[4] 貞:貞。卜問。貞字以下辭殘。以卜辭通例例之,貞下當有時間詞如今日之類。

[5] 雨:雨。用為動詞,猶言下雨。

[6] 雷:雷。甲骨文雷作 ⵢ 、 ⵢⵢ ⵢ 諸形。……ᑊ 為電之初文。……◊◊ ‖ ⵙ 諸形當為雷聲之虚擬。商代金文雷字作 ⵙ ⵙ ⵙ 諸形,周代金文始作 ⵙ,《說文》篆文作 雷,古文作 ⵙ ⵙ。楷書作 靁,省變作雷,與 ⵙ ⵙ 省變作星集同致。于省吾曰,電者雷之形,靁者電之聲。此處當用為動詞,騾梱一個動賓短語的意義,猶言打雷。本篇之"雨雷"猶言雷雨交加。

[7] 十月:十月。甲骨文十月多為合文,作 ꀧ 或 ꀧ。合文指兩個以上的字合寫在一個字的格式内。釋讀時仍分別讀原字。前期卜辭十月作 ꀧ,十一月作 ꀧ,十二月作 ꀧ,置閏則在十二月之後加一月成十三月,作 ꀧ。後期卜辭十一月則為十月又一,作 ꀧ ꀧ 一;十二月為十月又二,作 ꀧ ꀧ =。此處之十月為署辭,註明占卜的時間。

[8] 才:才(在)。甲骨文才作 ꀧ,金文填實作 ꀧ,篆書始離析作才。《說文》:"才,艸木之初也。從丨上貫一,將生枝葉。一,地也。"甲骨文 ꀧ 中之 ꀧ 正象草木初生;穿一而上作 ꀧ,正象破土而出。卜辭每假才為在,後世於才旁加義素土,始成表存現的專字 在(在)。《說文》:"在,存也。"以辭例推之,在字下當有一地名,同在字構成動賓形式,表處所。此處之地名已殘泐。"在某地"為署辭,註明占卜的地點。

【今譯】

癸巳占卜,ᨬ 問道:……會下雨打雷嗎? 時間是在十月,在(某地)。

十三　令衆黍

【説明】

　　本篇甲骨文最早著錄於羅振玉《殷墟書契前編》四卷三〇頁二版。本篇文辭為該版左上三行。以書體例之,本篇當為前期武丁時期卜辭。本篇記載了殷代衆人從事農業生產的情況。

【注釋】

[1]　：貞,卜問。

[2]　(　)。讀若唯。語氣助詞,表強調語氣。

[3]　：小臣。甲骨文　為小臣之合文。甲骨文臣多作　　諸形。郭沫若曰,臣象一豎目之形,人首俯則目豎,所以《說文》說它象屈服之形。按,監(鑑)字甲骨文作　,　為古代之鑑盆,用以盛水,　象人俯首,視鑑盆中之水,以鑑鑑影。人俯首作　,呈豎目形,可證郭說之不誤。此處之小臣為官名,指管理衆人的下級官吏。

[4]　：令(命)。此處令當訓驅使。

[5]　：衆。甲骨文衆或作　　。　為三人側視形,三表多數;口或中加一短橫作　。一為指事符號,造字之初當指古代統治者限制奴隸或國人活動的範圍。本篇衆或作衆人,即衆庶。

[6]　：黍。甲骨文黍字異構較多,作　　　　　諸形。《說文》:"黍,禾屬而黏者也。"又引孔子曰:"黍可為酒。"按　象黍之形,即黍子,俗稱黏穀子。旁加

☀,示黍之功用可以为酒。此處黍用為動詞,騩桰一個動賓短語的意義,猶言黍黍,卽種植黏穀。

[7]一《:一月。署辭。注明種植黍子的時間。

【今譯】

卜問:唯小臣驅使眾庶去種植黏穀吧?時間是在一月。

二十八　征土方

【説明】

本篇甲骨文最早著錄於羅振玉《殷墟書契後編》上三一頁六版。現收入《甲骨文合集》六四〇九版。以卜人䎿斷之,本篇當為前期武丁時期卜辭。本篇記述了卜問時王率師征伐土方國的軍事行動。

【注釋】

[1]口⿰:丁酉。干支紀日,卽丁酉日。

[2]丫:卜。灼龜見兆。

[3]䎿:䎿。武丁時期卜人名。

[4]⿱:貞。卜問。

[5]A⿱:今載。猶言今年。

[6]太:王。此處指時王武丁。

[7]⿰:収(廾)。《說文》:"収,竦立也。从屮从又。"段玉裁注曰,竦其兩手以有所奉也。徐灝段注箋云,収共古今字,共拱亦古今字。按,収字當以合手會合聚意。詹鄞鑫曰:収當讀為拱,《廣雅·釋詁》四:"共,同也。"《豳風·七月》:"二之日其

同"，同謂聚會眾人田獵習武。拱人者，猶言合眾也，聚眾而攻之也。此說可參。

[8] 𣥂：人。象人側視形。此處人指士眾。

[9] 𠂤：五千。指士兵的數量。人五千，猶今之言五千人。

[10] 𧾚：正（征）。甲骨文正（征）作 𧾚 𧾜，或墨書作 𧾜。從 𣥂（止）口（丁）聲，與旦作 𣆺 從 日（日）口（丁）聲同致。金文正（征）作 𧾜，所從之口填實作 ●，篆書正作 𧾛，所從之 口 ● 譌變作 一，將丁聲譌誤爲指事符號。甲骨文 𧾚 前期多用為征伐之征，後期亦可用為正月之正。𧾚 還可以用作足年之足。此處用作征伐之征。

[11] 𠂤𢀫：土方。殷代方國名，在殷都之北。

[12] 𢓊：受。卜辭受兼有受授二意。此處指上帝祖先神授予。

[13] 𣥂：又（有）。存現動詞，表存在。

[14] 𢀖：又（佑）。甲骨文 𢀖 金文作 𢀫，象右手四指併攏側視形，左右之右初文。卜辭 𢀖 用法廣泛，可用作左右之右，可用作福佑之佑，可用作祭名祐，亦可用於十進位整數之後。此處之 𢀖 用為福佑字。卜辭"受有佑"亦可直言"受佑"。

[15] 𡭔：三月。署辭，註明此次占卜的時間。

【今譯】

丁酉日占卜，𣥂問道：今載時王聚合五千軍隊征伐土方國，上帝祖先神賜給福佑吧？占卜的時間是在三月。

（李圃選注《甲骨文選注》，上海古籍出版社 1989 年版）

【导读】

甲骨文是商代及周初契刻在龟甲兽骨上的文字，是我国迄今为止发现的最早的成体系的文字。由于甲骨文主要记录的是商周时期王室占卜之事，所以又被称为"甲骨卜辞""契文"。甲骨文是汉字发展的关键形态，上承原始刻绘符号，下启青铜铭文，记载了商代从盘庚迁殷到商纣王灭亡的史实，是中华民族传统文化的重要组成部分和载体。

甲骨文发现于 19 世纪末。晚清光绪二十五年（1899 年）金石学家王懿荣发现一味叫"龙骨"的中药上有一种类似文字的图案，经过长时间的研究，他确信这是殷商时期一种比较完善的文字。后来，人们在"龙骨"出土的地方——河南安阳小屯村挖掘出大批有字"龙骨"。因为这些"龙骨"主要是龟甲和兽骨，所以上面的文字被命名为"甲骨文"，而王懿荣则成为发现和收藏甲骨文的第一人。

甲骨文的发现是我国历史上的一件大事。甲骨文与敦煌南北朝至唐宋时期纸质写本文书、西域汉晋简牍、清内阁大库明清档案被誉为中国近代学术史上的四大发现,其发现引起了学术界的广泛关注。许多学者纷纷投身甲骨文的研究,并促使一门崭新的学科——甲骨学出现。对甲骨文研究卓有成就的有"甲骨四堂"罗振玉、王国维、郭沫若、董作宾,还有唐兰、陈梦家、容庚、于省吾、胡厚宣等。如今甲骨学已成为一门蔚为壮观的世界性学科,中外研究者众多,研究成果丰硕。

从甲骨文被发现到现在,共出土了十五万片左右有字甲骨。这些甲骨上的单字约有四千六百个,已释读出的约有一千七百字。其中单篇文章最长的为一百多字。大量有字甲骨的出土和甲骨学的形成、发展,推动了我国考古学、历史学、语言学、文字学等学科的发展,使人们对商周时期社会面貌有了更深刻的认识。

甲骨文反映了商周时期社会生活的各个方面,如国家制度、社会结构、祭祀、军事、农业、交通、语言文字等,显示了华夏民族祖先的智慧。甲骨文中有大量关于商代天文历法的内容,其中对日食、月食和星象的记载,是世界上最早的相关文字记录。从甲骨文可以了解到商代农业发展水平。那时种植的农作物有黍、麦、稻、粟等,种植者已经掌握了一整套农作物的栽培、管理技术。商人已经开始进行气象预测,有组织地治理河流,已对人类疾病有了初步的分科。

文字是一个国家文化的重要标志,从甲骨文具有严密的规律和从由甲骨文肇源的中国汉字具有连续性、使用时间长的特点来看,中国传统文化至少有五千年的悠久历史。而甲骨文理所当然是中国传统文化的源头,是中国传统文化的重要组成部分。以甲骨文等为代表的中国传统文化源远流长、博大精深,在世界古代文明中占据了重要地位。

《三代吉金文存》(節選)

12.作册大鼎

作冊大鼎，1929 年出土於河南洛陽馬坡，共 4 件。同出者還有**矢**令方彝等。現藏美國諾福克赫美地基金會。內壁有銘文 8 行 41 字。此選其第二器。（《三代吉金文存》4.20.2）

【釋文】

公來𤔲（鑄）武王、成王異（翼）鼎[1]。隹（唯）四月既生霸己丑[2]，公賞乍（作）冊大白馬[3]。大揚皇天尹大保**宔**[4]，用乍（作）且（祖）丁寶**障彝**。**雋**冊冊[5]。

【注釋】

[1]公來：唐蘭說公是召公的來。郭沫若說"公朿"連讀作人名，并說即召公奭。異，郭沫若讀為禩，為祀字異體；于省吾、唐蘭讀為翼，說是附耳方鼎。于省吾曰："《史記·楚世家》的'居三代之傳器，吞三翮六翼'……商和西周時代有花紋的多種彝器，外部往往有幾道突出的高棱，好像鳥的羽翼，故典籍稱之為翼。圓鼎外部有的三翼，有的六翼，方鼎多作六翼。也有作四翼或八翼者……總之作冊大方鼎之稱異鼎，指鼎之有翼者言之，甲骨文之新異鼎，指新鑄有翼的鼎言之。這是由於得到實物而知之。"一說異讀為**匚**，《玉篇》："大鼎也。"

[2]四月之"四"鼎二作三，但鼎一、三、四皆作"四"。既生霸，月相術語，霸經籍作魄，月始生光也。《尚書·顧命》："惟四月哉生魄。"《說文》："霸，月始生霸然也，承大月二日，承小月三日。從月，**䨣**聲。"既生霸的含義目前沒有定說。王國維提倡四分月相說，謂八日、九日至十四、十五日為既生霸。劉歆以來的"定點說"者或說既生霸為十五日；或說初三或初四，或說初八、初九日。近年又有學者提出"點段說""二分說"，謂初一至十五日為既生霸。筆者個人傾向於既生霸為初三至十五日，為月始生光至望這一段時間。

[3]作冊大：唐蘭說大為丁之孫輩，而**矢**令方尊之**矢**令為丁之子，**矢**令為大之叔父輩，而方彝為昭王時器，時代較晚，可見**矢**令地位高於大，其年事亦應很高。

[4]皇：《說文》："大也。"銘中為稱美之辭。大尹，唐蘭說是大君，亦即太保召公君奭。**宔**字不識，在西周金文中常作休美的休字用。

[5]**雋**冊冊：**雋**為族氏，冊冊即冊，**矢**令方尊作一冊。大及**矢**令家族世為作冊，故鑄族氏職官於器末。

（王輝著《商周金文》，文物出版社 2006 年版）

【导读】

金文是铸刻在青铜器上的文字，又称青铜器铭文、钟鼎文、钟鼎款识。由于青铜是铜、锡的合金,所以铸刻在青铜器上的文字称金文或吉金文。商周青铜器的礼器以鼎为代表,乐器以钟为代表,一般以刻在钟、鼎上的文字字数为多。

金文使用了一千二百多年。大约从商代中期开始,青铜器上开始出现文字,字数很少,多为氏族名、被祭祀的祖先名、器物制作人的名字。商代后期,开始出现较长的记事铭文。到西周,青铜冶炼技术相当发达,金文字数增多,记录内容更加广泛。春秋时期,重要青铜器多为诸侯国所制,金文多继承西周晚期风格,而后逐渐形成各自的特点。秦始皇统一六国后,诏令书同文,流行文字为小篆,金文渐衰。据容庚《金文编》记载,金文约有三千七百字,其中可以识别的有两千四百字左右。

金文是研究先秦历史的珍贵资料,从汉代开始就受到学者重视。它不仅是研究商周文字的素材,也是了解上古文明的第一手资料。金文内容丰富,记载了商周时期的政治、法律制度、天文历法、历史地理、家族形态、宗教、民族关系、商业贸易等等。例如通过金文,我们可以发现,商周王室贵族非常重视祭祀。他们祭祀祖先,将祖先的美德、辉煌业绩都铸刻在青铜器上,以维持自己尊贵的地位,维护统治特权。郭沫若《两周金文辞大系图录考释》收录的一百六十七篇西周铭文中,关于作器记事以奉祀祖先的就有八十五篇,可见祭祀在当时社会占有非常重要的地位。

金文所记述的内容朴素、真实,基本出于当事者或当事者委托之人,对一些重大历史事件的时间、地点和人物均有记载,一般都保存着事件的本来面目,没有经过后人删改、润色、编选,所以是了解当时社会情况的直接依据,是研究先秦历史的可信材料。

馬氏文通後序（節選）

荀卿子曰:"人之所以異於禽獸者,以其能羣也[1]。"夫曰羣者,豈惟羣其形乎哉! 亦曰羣其意[2]耳。而所以羣今人之意者則有話,所以羣古今人之意者則惟字。傳[3]曰:"形聲相益之謂字。"夫字形之衡從、曲直、邪正、上下、內外、左右,字聲之抑揚、開塞、合散、出入、高下、清濁,其變幻莫可端倪[4]。微特同此圓頂方趾散處於五大洲者,其字之祖梵、祖伽盧、祖倉頡,而為左行、為右行、為下行之各不相似而不能羣;即同所祖,而世與世相禪,則字形之由圓而方,由繁而簡,字聲之由舌而齒、而唇,而遞相變,羣之勢亦幾於窮且盡矣[5]。然而言語不達者,極九譯而辭意相通矣,形聲或異者,通訓詁而經義孔昭矣[6]。蓋所見為不同者,惟此已形已聲之字,皆人為之也[7]。而亙古今,塞宇宙,其種之或黃、或白、或紫、或黑之鈞是人也,天皆賦之以此心之所以能意,此意之所以能達之理[8]。則常探討畫革旁行諸國語言之源流,若希臘、若辣丁之文詞而屬比之,見其字別種而句司字,所以聲其心而形其意者,皆有一定不易之律[9],而因以律吾經籍子史諸書,其大綱蓋無不同[10]。於是因所同以同夫所不同者,是則此編之所以成也[11]。

（馬建忠著《馬氏文通》，商務印書館 1983 年版）

【注释】

[1]"人之所以"句：作者概括荀子思想的話，非《荀子》原文。羣：指形成羣體。

[2]羣其意：交流、溝通他們的思想感情。

[3]傳：指許慎的《說文解字》。《說文解字·敘》云："形聲相益，即謂之字。"

[4]衡縱：指字形的橫畫豎畫。端倪：頭緒。

[5]微特：不只。圓頂方趾：指人類。又作"圓顱方趾"。祖梵、祖伽盧、祖倉頡：傳說中的三個造字者。梵造梵文，橫書右行。伽（一作佉）盧造伽盧文，橫書左行。倉頡造漢字，直書下行。

[6]九譯：舊指輾轉翻譯外國或外民族的語言文字以通曉意思。孔昭：通曉。

[7]已形已聲：已改變了字形，已變化了語音。為：造成，使。

[8]亙：連接。塞：充滿。種：指人種。鈞：通"均"。天皆句：大意是天（自然界）賦予人類心（大腦）能思想、思想能表達於外的本領。

[9]畫革旁行諸國：指使用橫行文字的國家和民族。過去有的少數民族和西方一些國家用羊皮作書寫材料，叫畫革。畫：謂革皮之不柔者。希臘：指希臘語；辣丁：Latin 的音譯，即拉丁語，均屬印歐語系。屬比：綴輯起來加以比較。見：發現。字別句：詞分別詞類，句子制約著詞。所以句：憑藉什麼能用語音表達思想，能用文字傳遞信息。聲、形，都用作動詞。不易之律：固有的語法規律。

[10]大綱：指主要的語法規則。

[11]"於是"句：因此用共同的語法規則來探討、說明不同的語言現象，意即用印歐語的語法規則解釋漢語。

【导读】

《马氏文通》是清代马建忠所著的一部汉语语法著作。它是我国第一部比较科学系统的语法学著作，它的问世标志着我国汉语语法学研究这一门新学科的诞生。梁启超先生说："最近则马眉叔（马建忠字眉叔）著《文通》……创前古未有之业。中国之有文典，自马氏始。"

《马氏文通》问世前，我国一直没有专门的汉语语法学著作。关于语法方面的记录，都散见于其他著作之中。马建忠精通多种西方国家语言，长期从事语言翻译工作，加之有深厚的中国传统语文研究功底，出于探索救国道路，让国人掌握更多知识以改变中国贫穷落后面貌的想法，他模仿西方语法"葛朗玛"，用十多年时间写成了三十多万字的《马氏文通》。

《马氏文通》共十卷,包括四个部分。第一部分为界说,对二十三个语法术语下了定义;第二部分为实字,即实词,共分为五类:名字(即名词)、代字(即代词)、动字(即动词)、静字(即形容词)、状字(即副词);第三部分为虚字,即虚词,共分为四类:介字(即介词)、连字(即连词)、助字(即语气词)、叹字(即感叹词);第四部分为句读,句即句子,读大致相当于分句。该书成功地构建了中国古代汉语语法系统,建立了汉语的词类及词类划分体系,并为每一类词定下了名称。

《马氏文通》出版后,曾一度受到冷落。20 世纪 20 年代末 30 年代初,语法学界才真正对其进行学术研究和评论,但也主要是指责该书以文言文为研究对象,对西方语法学机械模仿。改革开放以来,随着西方文化的涌入,人们视野逐渐开阔,对《马氏文通》的研究才进入一个新的阶段。

《马氏文通》广泛引用经书、先秦诸子著作中的古汉语句子作为例句,客观上促进了各家思想的传播、融合,弘扬了中国传统文化;它对西方语法的模仿,构建了中西文化交流的桥梁,提供了中西文化结合的范例;它促进了汉语语言学研究的系统化、科学化。

三、延伸思考

汉字文化圈又称为"儒家文化圈",其形成是一个复杂而漫长的历史过程。随着我国综合国力的增强和世界"汉语热"的兴起,汉字对汉字文化圈和一些非汉字文化圈国家的影响将会越来越大。同时,外部文化圈传播的外来文化,也能丰富汉语的表达形式,扩展汉语表达的空间。日本学者西嶋定生认为汉字文化圈的构成要素如下:以汉字为传意媒介,以儒家思想为思想理论基础,以律令制为法政体制,以大乘佛教为宗教信仰等,具有共同的价值标准。汉字文化圈最明显的特征就是使用汉字或曾经使用过汉字并承袭了汉字文化传统。

(王籽郦撰)

第七章　诗与骚

　　自古"诗""骚"并称，"诗"指的是我国最早的诗歌总集《诗经》，古时也称作《诗三百》，"骚"本来是专指屈原的代表作《离骚》，后来因为《离骚》的巨大成就和影响，一般就以其作为楚辞的代称。《诗经》和楚辞分别形成于不同的时代和地域，是中国古典诗歌的两座高峰，前者所具有的浓郁的现实生活气息和后者所洋溢的瑰奇浪漫的精神，展现出不同类型的美，为后世开辟了两条特色分明的诗歌道路，形成历史悠久的创作传统。这种传统，一般称作"诗骚"传统，又因"风诗"为《诗经》之精华，所以也称为"风骚"传统。

第一节　《诗经》

一、概述

　　《诗经》是我国最早的一部诗歌总集。其书自西周初期始，经过不断的创作、积累、储存、流传，至春秋中叶定型成书，历时五百多年。全书收诗三百〇五篇，另有六篇有目无辞，而绝大部分作者已不可考知。

　　全书分为《风》《雅》《颂》三部分。《风》即《国风》，共一百六十篇，为十五个方国和地区的诗歌，用今天的眼光看来，就是地方风土歌谣。《国风》具体包括《周南》十一篇、《召南》十四篇、《邶风》十九篇、《鄘风》十篇、《卫风》十篇、《王风》十篇、《郑风》二十一篇、《齐风》十一篇、《魏风》七篇、《唐风》十二篇、《秦风》十篇、《陈风》十篇、《桧风》四篇、《曹风》四篇、《豳风》七篇，其产生地域主要在黄河流域，对应现在的陕西、山西、河南、河北、山东和湖北北部。《雅》包括《大雅》和《小雅》，"大"和"小"的区分，大概和它们的音乐特征有关。《大雅》三十一篇，皆为西周时期的作品，有的出自史官、太师（即乐官）之手，有的是公卿列士的献诗，从内容上看，主要是朝会乐歌。《小雅》七十四篇，为西周后期的作品，除了朝会之乐，还包括当时贵族社会的各种典礼和宴会之乐。《颂》包括《周颂》《鲁颂》和《商颂》。《周颂》三十一篇，为周王室的宗庙祭祀乐歌，主要应出自史官或太师之手，它们歌颂先王的功业，美化开国者的完美品格，膜拜上天的仁德和权威，祈求国运长久和五谷丰登。《鲁颂》四篇，是春秋时期鲁国的宗庙祭祀乐歌，可以确考为鲁僖公时所制作。《商颂》五篇，则是宋国的宗庙祭祀乐歌。

　　《诗经》的成书应该与古代的采诗制度有关。据《礼记·王制》记载："天子五年一巡守。岁二月，东巡守……命太师陈诗，以观民风。"这是说的太师陈诗。另据《汉书·食货志》："孟春之月，群居者将散，行人振木铎徇于路，以采诗，献之太师，比其音律，以闻于天子。故曰：王者不窥牖户而知天下。"又《汉书·艺文志》记载："《书》曰：'诗言志，歌咏言。'故哀乐之心感，而歌咏之声发。诵其言谓之诗，咏其声谓之歌。故古有采诗之官，王者所以观风俗，知得失，自考正也。"这是说的王官采诗。又《春秋公羊传注疏》卷一六"宣公十五年"何休注语："男女有所怨恨，相从而歌，饥者歌其食，劳者歌其事。男年六十，女年五十，无子者，官衣食之，使之民间求诗。乡移于邑，邑移于国，国以闻于天子，故王者不出牖户尽知天下所苦，不下堂而知四方。"这是说的各国献诗。考虑到《诗经》中的作品来自不同的地域，而押韵大致整齐的特点，其成书过程应当先是通过太师陈诗、王官采诗和各国献诗等渠道搜集整理，然后再统一编辑校订和配制音律。

　　也有这样的说法，说孔子曾对《诗经》进行过删定。《史记·孔子世家》记载："古者《诗》三千余篇，及至孔子，去其重，取可施于礼义，上采契、后稷，中述殷、周之盛，至幽、厉之缺。……礼乐自此可得而述，以备王道，成六艺。"这一说法在传统的诗经学中曾有巨大影响，到唐代，人们开始质疑这一说法，孔颖达最先在其《毛诗正义》中说："书传所引之诗，见在者多，亡逸者少，则孔子所录，不容十分去九。马迁言古诗三千余篇，未可信也。"清代朱彝尊在《曝书亭集》中也说："孔子删诗之说，倡自司马子长。历代儒生，莫敢异议。惟朱子谓：'经孔子重新整理，未见得删与不删。'又谓：'孔子不曾删去，只是刊定而已。'水心叶氏亦谓：'《诗》不因孔子而删。'诚千古卓见也。窃以《诗》者，掌之王朝，班之侯服，小学大学之所讽诵，冬夏之所教，莫之有异，故盟会、聘问、燕享，列国之大夫赋诗见志，不尽操其土风。使孔子以一人之见，取而删之，王朝列国之臣，其孰信而从之者？"关于这个问题，前后争论了八百多年，是诗经学的重大学案之一。

　　不管孔子是否删定过《诗经》，他对《诗经》都是高度重视的，在具体的教学实践中，孔子大力推行诗教。《论语》一书中，孔子说诗的语录共有十六条。如《论语·阳货篇》曰："小子何莫学夫诗？诗，可以兴，可以观，可以群，可以怨。迩之事父，远之事君；多识于鸟兽草木之名。"诗具有兴发感动的神奇力量，能够观察风俗民情和考见政治得失，能够使人们互相交流和沟通，也能够讽喻和批评社会现实。《论语·子路篇》云："诵诗三百，授之以政，不达；使于四方，不能专对；虽多，亦奚以为？"强调的是学诗的经世致用和触类旁通。又如《礼记·经解》引孔子的话说："入其国，其教可知也；其为人也，温柔敦厚,诗教也。"温柔敦厚,是对思想品格修养的基本要求,乐而不淫,哀而不伤,怨而不怒,一切都合乎中庸之道。

经秦始皇焚书坑儒以后,到汉代初年,官方准许私人传授古学,当时传授《诗经》的有鲁国的申培、齐国的辕固生、燕国的韩婴、赵国的毛亨(大毛公)及毛苌(小毛公),一共四家,简称鲁诗、齐诗、韩诗、毛诗。前二者取国名,后二者取姓氏;前三家称为"今文经",毛诗则是古文经。一般认为,汉代今古文的划分有三个标准:一是经书的来源,二是传授的方式,三是师承关系。今文原是孔子之后诸生的言传口授,后来著于竹帛,其字体多采用隶书,故称今文。今文传于官府,注重发挥,师承关系明确。古文为民间所藏,传于地方郡国,其字体皆为籀书,所以称为古文。在传授过程中,古文经师谨守经文,就经解经,师承关系不明。东汉以后,今文经学逐渐衰亡,而作为古文经的毛诗得以独传并立为官学,我们现在流传的《诗经》就是毛诗。

二、原典选读及导读

毛詩序（節選）

是以一國[1]之事,繫一人之本,謂之風。言天下之事,形四方之風,謂之雅[2]。雅者正也,言王政之所由廢興也。政有小大,故有小雅焉,有大雅焉。頌[3]者,美盛德之形容,以其成功告於神明者也。是謂四始,詩之至[4]也。

（阮元校刻《十三經注疏・毛詩正義》,中華書局影印本 1980 年版）

【注释】

[1]一國:指地方諸侯之國,與下文言雅之"天下"有別。《正義》:"詩人覽一國之意以為己心,故一國之事繫此一人使言之也。"

[2]《正義》:"詩人總天下之心,四方風俗,以為己意,而詠歌王政,故作詩道說天下之事,發見四方之風,所言者乃是天子之政,施齊正於天下,故謂之雅,以其廣故也。"

[3]頌:祭祀時讚美君王功德的詩樂。

[4]詩之至:詩之義理盡於此。

漢廣（周南）[1]

南有喬木,不可休息。漢有游女[2],不可求思[3]。漢之廣矣,不可泳思;江之永矣,不可方[4]思。

　　翘翘錯薪[5]，言刈其楚[6]。之子于歸，言秣其馬。漢之廣矣，不可泳思；江之永矣，不可方思。

　　翘翘錯薪，言刈其蔞。之子于歸，言秣其駒。漢之廣矣，不可泳思；江之永矣，不可方思。

（阮元校刻《十三經注疏·毛詩正義》，中華書局影印本 1980 年版）

【注釋】

[1]《毛序》：“《漢廣》，德廣所及也。文王之道被于南國，美化行乎江漢之域，無思犯禮，求而不可得也。”此外，舊有詠漢水女神、刺不能求賢諸說。今人多以爲是民間情歌。

[2]游女：姿態婀娜之女。《說文解字》：“游，旌旗之流也。”

[3]求思：求也。思，語助詞。下同。

[4]方：並竹、木爲筏以渡水。

[5]翘翘：衆多貌。錯薪：雜亂之柴草。錯：雜也。

[6]言：語助詞。楚：木名，荆屬。

采薇（小雅）[1]

　　采薇采薇，薇亦作止[2]。曰歸曰歸，歲亦莫[3]止。靡[4]室靡家，玁狁[5]之故。不遑啓居[6]，玁狁之故。

　　采薇采薇，薇亦柔止。曰歸曰歸，心亦憂止。憂心烈烈[7]，載飢載渴。我戍未定[8]，靡使歸聘[9]。

　　采薇采薇，薇亦剛[10]止。曰歸曰歸，歲亦陽[11]止。王事靡盬[12]，不遑啓處。憂心孔疚[13]，我行不來[14]。

　　彼爾[15]維何？維常之華[16]。彼路斯[17]何？君子[19]之車。戎車[19]旣駕，四牡業業[20]。豈敢定居？一月三捷[21]。

　　駕彼四牡，四牡騤騤[22]。君子所依[23]，小人所腓[24]。四牡翼翼[25]，象弭魚服[26]。豈不日戒？玁狁孔棘[27]。

　　昔我往矣，楊柳依依。今我來思，雨雪霏霏。行道遲遲，載渴載飢。我心傷悲，莫知我哀。

（阮元校刻《十三經注疏·毛詩正義》，中華书局影印本 1980 年版）

【注釋】

[1]《毛序》：“《采薇》，遣戍役也。”薇：野豌豆苗，可食。

[2]作:初生。止:語助詞。下同。

[3]莫:同"暮"。

[4]靡:通"無"。

[5]玁狁:我國古代北方的一個民族,或以爲即匈奴之先人。

[6]遑:閒暇也。啓居:安居。啓:跪也,周人跪坐。

[7]烈烈:猶言憂心如焚。

[8]定:止也。

[9]聘:問候。

[10]剛:堅硬。

[11]陽:天暖。俗稱農曆十月爲"小陽春"。

[12]盬:休止。

[13]疚:病痛。

[14]來:猶歸也。

[15]爾:通"薾",花盛貌。

[16]常:木名,即常棣。華:同"花"。

[17]路:通"輅",車之高大者。斯:語助詞,猶"維"。

[18]君子:將帥。

[19]戎車:兵車。

[20]牡:駕車之雄馬。業業:高大貌。

[21]捷:通"接",接戰。

[22]骙骙:強壯貌。

[23]依:乘也。

[24]腓:隱蔽。

[25]翼翼:行列整齊貌。

[26]象弭:以象牙製成之弭(弓兩端受弦處)。魚服:魚皮製成之服(箭袋)。

[27]棘:通"急"。

【导读】

《诗经》中的绝大部分作品产生于西周初至春秋中叶,其创作时间前后跨五百多年,其作者则包括了当时社会不同身份和地位的各色人等,题材内容也就极为丰富多样,涉及政治、战争、行役、祭祀、爱情、婚姻、狩猎、农事、宴饮、歌舞、民俗等诸方面,广泛地反映了当时社会的政治、历史、语言、文学、民俗的方方面面。这些作品体现了一个古老民族的乡土眷恋与宗族伦理情怀,具有浓郁的现实主义意味。

《诗经》的精华在《国风》,《国风》中又以情爱诗最为突出。这类诗不仅数量多,而且写得极为精彩,多角度地反映了男女恋爱中的各种情境和心理,或歌唱男女相爱之情,或赞扬意中人的风采容貌,或描述幽会的情景,或表达女子微妙的恋爱心理,从中可以真切地感受到那一时代爱情的大胆执着和热烈奔放。如《野有蔓草》:"野有蔓草,零露溥兮。有美一人,清扬婉兮。邂逅相遇,适我愿兮。"晨露晶莹剔透,眼神顾盼流转,一对有情人在路途中不期而遇,内心充满着无限的喜悦和欢快。《溱洧》:"溱与洧,方涣涣兮。士与女,方秉蕳兮。女曰观乎?士曰既且。且往观乎?洧之外,洵訏且乐。维士与女,伊其相谑,赠之以勺药。"三月上巳是民间的游春节日,在春水涣涣的溱洧岸边,一对青年男女欢快地游玩,互诉衷肠,赠物定情。《静女》:"静女其姝,俟我于城隅。爱而不见,搔首踟蹰。"相约在城角相会,先到的女子躲了起来,男子不见情人,抓耳挠腮不知所措,男女幽会的情景颇具幽默情趣。《子衿》:"青青子衿,悠悠我心。纵我不往,子宁不嗣音?青青子佩,悠悠我思。纵我不往,子宁不来?挑兮达兮,在城阙兮。一日不见,如三月兮。"描写女子在城楼上等待情人,情人久久不至,令她焦急万分,度日如年,将热恋中的情态表现得非常生动。

《诗经》里还有相当多反映王道兴衰、政教得失的政治诗,或是歌颂周天子受福于天,万民来归,优游享乐,万寿无疆,或是对君昏佞臣、政治黑暗、社会不公的揭露和讽刺。从数量上来看,后者相对更多,它主要出现于战乱频仍、世风颓败的末世,古人习惯于称这类诗为"变风""变雅",或名之为"怨刺诗",诗中多有对当时繁重的徭役给人民带来的巨大苦难的控诉,或是对礼仪崩溃的忧伤和对无礼无耻者的嘲讽,或是抒发生活的愤懑和人生的悲伤。《大雅》中的《民劳》《桑柔》《瞻卬》,《小雅》中的《节南山》《正月》《十月之交》,《国风》中的《相鼠》《黍离》《伐檀》《硕鼠》等,皆此之类。如《黍离》诗云:"彼黍离离,彼稷之苗。行迈靡靡,中心摇摇。知我者谓我心忧,不知我者谓我何求。悠悠苍天,此何人哉?"这是诗人行役故都,伤周室之颠覆,忧伤彷徨不忍离去,乃成此忧国伤乱的千古绝唱。《相鼠》:"相鼠有皮,人而无仪。人而无仪,不死何为?"礼仪是统治者制定的行为规范,但是他们又常常破坏这种规范,于是诗人对其道德沦丧、无仪无礼的行为发出了尖锐的批评和诅咒。

《诗经》中还有大量的农事诗。《国风》里这类作品所表现的内容最为丰富,如《芣苢》诗云:"采采芣苢,薄言采之。采采芣苢,薄言有之。"这是女子群体采集车前草时所唱的歌曲。《十亩之间》:"十亩之间兮,桑者闲闲兮,行与子还兮。十亩之外兮,桑者泄泄兮,行与子逝兮。"这是采桑的女子劳动后呼唤伙伴同归时的歌。这些作品直接记录和描写农事活动,反复咏唱,情韵悠长,展现出一幅幅动人的劳动风俗画面。《七月》一诗,则是最为古老的农事诗,它叙述农夫一年四季的劳动生活,记载了当时的农业知识和生产经验,表现了人们热爱自然、依恋土地、勤劳朴实的性格和淳朴的民风,是一幅展现古代农桑生产和民间社会习俗的生动画卷。

君臣朝会,家庭团聚,故旧相逢,皆会有宴饮活动,也会奏乐歌诗。《诗经》里有不少反映这方面内容的宴饮诗。《鹿鸣》:"呦呦鹿鸣,食野之苹。我有嘉宾,鼓瑟吹笙。吹笙鼓簧,承筐是将。人之好我,示我周行。"这是国君宴飨臣子时所奏的乐歌,君王赐之以酒食和币帛,以求群臣的报国之心。《常棣》:"脊令在原,兄弟急难。每有良朋,况也永叹。"这是兄弟之间一起宴饮时的乐歌,称颂手足之间患难与共、休戚相关的亲情,劝谕人们要珍视这种情感。《伐木》:"伐木丁丁,鸟鸣嘤嘤。出自幽谷,迁于乔木。嘤其鸣矣,求其友声。"这是宴飨亲友故旧的乐歌,歌颂真诚的友谊,劝告人们要恪守友道、和睦友爱。

祭神颂神是古代社会普遍的信仰和活动。《诗经》里保留了很多具有鲜明民族特点的祭祀诗。《周颂》里的《清庙》《维天之命》等诗,在颂天的同时,也歌颂文王的懿德,并且强调敬德对保国延祚的重要性。《周颂》里的《臣工》《噫嘻》《丰年》《良耜》,以及小雅中的《信南山》《大田》等诗,记载的是祭方社、祈甘雨、庆丰收的内容,再现了诸多农事祭祀活动的场景,流露出非常虔诚的宗教感情。另外,《诗经》中有五篇著名的古老诗篇《生民》《公刘》《绵》《皇矣》《大明》,通常被视为我国最早的"史诗",记述了从周民族的始祖后稷到周王朝的创立者武王灭商的历史。

《诗经》的艺术表现手法主要"赋""比""兴"。此三者与风、雅、颂一样,最初本来都是乐歌的名称,合称为"六诗"或"六义"。从唐代开始,赋、比、兴被认为是《诗经》的艺术手法。对此三者的阐释,历代歧说颇多,而以南宋朱熹的解释最为精审:"赋者,敷也,敷陈其事而直言之者也。比者,以彼物比此物也。兴者,先言他物以引起所咏之词也。"今人一般理解如下:赋就是直接的叙事,直接的描写刻画,直接的表白心志;比则是比喻;兴是起兴,一般用于诗作的开端,起着引出所咏之词的作用。在理论上,《诗经》的艺术表现手法可以列此三端,而在实际应用中,这三者往往是交相互用、不可分割的。

三、延伸思考

著名诗人闻一多在其《文学的历史动向》一文中这样评述《诗经》的伟大意义:"《三百篇》的时代,确乎是一个伟大的时代,我们的文化大体上是从这一刚开端的时期就定型了。文化定型了,文学也定型了,从此以后两千年间,诗——抒情诗,始终是我国文学的正统的类型……赋、词、曲,是诗的支流,一部分散文,如赠序、碑志等,是诗的副产品,而小说和戏剧又往往以各自不同的方式夹杂些诗。诗,不但支配了整个文学领域,还影响了造型艺术,它同化了绘画,又装饰了建筑(如楹联、春帖等)和许多工艺美术品。"约而言之,整个光辉夺目的中国诗史是从《诗经》开始的;同时,《诗经》又是中华文化的元典,具有文艺学、语言学、历史学、民俗学等多方面的重要价值。

(张仲裁撰)

第二节 楚 辞

一、概述

楚辞,一般认为是战国时期以屈原为代表的楚国诗人创作的一种诗歌。作为《诗经》以后的新诗体,楚辞在楚国地方民歌的基础上,打破了四言诗的格调,文句可长可短,句中或句尾多用语气词"兮"字,大多为低回往复的长篇咏叹,篇幅宏大,无法歌唱,只能以一种特殊的声调来诵读,是一种"不歌而诵"抒情文体。

"楚辞"之名,西汉初即有之。据《史记·酷吏列传》记载,朱买臣以善"楚辞"为汉武帝所宠信;不过这时的"楚辞"应是泛指楚地的诗歌。到汉成帝时,刘向编定屈原、宋玉及汉代淮南小山、东方朔、王褒等人辞赋共十六篇,以其"皆书楚语、作楚声、纪楚地、名楚物"之故,定名《楚辞》,《楚辞》乃成为一部诗歌总集的名称。后世则将这种风格的作品命名为"骚体"或"楚辞体"。

既以"楚"名之,自然表明了这一诗体所具有的鲜明地域风格。楚地所属的江汉流域,物产丰富,得天独厚。自春秋以来,楚国在长期相对独立的发展过程中,逐渐成为一个封建大国,并形成了独具特色的楚国地方文化。在宗教、语言、艺术、民俗等诸方面,荆楚文化具有与中原文化相区别的一些显著特点。楚地较多地保存了原始的宗教与艺术,膜拜神灵,巫风盛行,民神杂糅,并由此派生出大量的巫舞与原始宗教诗歌;楚地没有中原地区那样严格的礼法束缚,巫文化的氛围又激发了楚人的想象力,同时使之偏重抒情,因而楚人就表现得热烈、奔放,充满浪漫主义激情。这一切为楚辞的产生提供了文化背景,并使楚辞具有浓郁的浪漫主义风格。

屈原是楚辞的代表诗人。屈原(约公元前 340—前 278 年),名平,字原。他的祖先是传说中的远古五帝之一——颛顼高阳氏。高阳氏的子孙中有一支受封于楚,楚武王熊通的儿子熊瑕受封"屈"地,其后代就以"屈"为姓,由此观之,屈原乃是地位显赫的楚国贵族。据其《离骚》自述,屈原的出生日期非常特殊——寅年寅月寅日,而他父亲则对他寄托了美好的希望,取名"正则",成年后又取字"灵均"。贵族家世使得屈原从小受到良好教育,他聪明好学,博闻强识,明于治乱,娴于辞令。楚怀王时期,屈原担任过左徒、三闾大夫等显要职位，他主张彰明法度，举贤授能，东联齐国，西抗强秦，因贵族子兰（楚怀王幼弟）、郑袖（楚怀王宠姬）谗害去职，流放汉北。楚顷襄王时期，屈原又被放逐于江南，公元前 278 年，秦将白起攻破郢都，楚国败亡，屈原在悲愤绝望中自沉汨罗江而死。在诗歌史上，屈原不仅是楚辞的灵魂人物，而且更为重要的是，自他开始，中国诗歌从集体歌唱过渡到个人独立创作的新时代。

　　屈原之后，宋玉是紧随其后而享有盛名美誉的楚辞作家。宋玉，战国时鄢都（湖北宜城）人，出身低微，喜好辞赋创作，早年曾师事屈原，与唐勒、景差等人同辈。宋玉主要生活在楚顷襄王时期，约卒于公元前 262 年。今天可见的署名宋玉的作品有十多篇，而就其可靠性和重要性而言，有楚辞作品《九辩》和赋体作品《风赋》《高唐赋》《神女赋》《登徒子好色赋》等。

二、原典选读及导读

山鬼[1]（九歌）

　　若有人兮山之阿[2]，被薜荔兮帶女羅[3]。既含睇兮又宜笑[4]，子慕予兮善窈窕[5]。乘赤豹兮從文狸[6]，辛夷車兮結桂旗[7]。被石蘭[8]兮帶杜衡，折芳馨兮遺所思。余處幽篁[9]兮終不見天，路險難兮獨後來。表[10]獨立兮山之上，雲容容[11]兮而在下。杳冥冥兮羌晝晦[12]，東風飄兮神靈雨[13]。留靈脩兮憺[14]忘歸，歲既晏兮孰華予[15]！采三秀[16]兮於山間，石磊磊兮葛蔓蔓[17]。怨公子兮悵忘歸，君思我兮不得閒[18]。山中人兮芳杜若[19]，飲石泉兮蔭松柏[20]，君思我兮然疑[21]作。靁填填[22]兮雨冥冥，猨啾啾兮又[23]夜鳴。風颯颯兮木蕭蕭，思公子兮徒離憂[24]。

　　　　（洪興祖撰，白化文、許德楠、李如鸞、方進點校《楚辭補注》，中華書局 1983 年版）

【注釋】

　[1]山鬼：山神。可能因其不是正神，故稱爲鬼。郭沫若《屈原賦今譯》認爲“於山”即巫山，此山鬼即巫山神女。

　[2]阿：曲隅。

　[3]被：通“披”。帶女羅：以女羅爲帶。女羅：即女蘿，蔓生植物。

　[4]含睇：含情微視。宜笑：口齒好而笑得好看。

　[5]子：山鬼所愛慕者。予：山鬼自稱。窈窕：美好的樣子。

　[6]赤豹：赤毛而黑文之豹。從：使隨行。文狸：其毛黃黑相雜之狸。

[7]辛夷車：以辛夷爲車。辛夷：香木名。結桂旗：結桂枝爲旗。

[8]石蘭：香草名。

[9]幽篁：竹林深處。

[10]表：祭神時所立之木表。

[11]容容：雲氣浮動的樣子。

[12]杳冥冥：昏暗的樣子。羌：竟也。晝晦：白晝如晦。

[13]神靈雨：神靈降雨。

[14]留靈脩：爲靈脩而留。靈脩：指山鬼所思慕者。憺：安也。

[15]晏：晚也。孰華予：誰使我永葆青春。

[16]三秀：靈芝草，相傳其一年開三次花，故稱三秀。

[17]磊磊：亂石堆積貌。蔓蔓：葛藤連延貌。

[18]君思我兮不得閒：此爲山鬼推想諒解之詞。

[19]山中人：山鬼自稱。杜若：香草名。

[20]石泉：山泉。蔭松柏：以松柏爲蔭庇。

[21]然疑：將信將疑。

[22]填填：雷聲。

[23]猨：同"猿"。啾啾：猴鳴聲。又：通"狖"，猿類。

[24]徒：空也。離憂：陷於憂愁之中。離：通"罹"。

天問[1]（節選）

　　曰：遂古[2]之初，誰傳道[3]之？上下未形，何由考之？冥昭瞢闇[4]，誰能極[5]之？馮翼惟象[6]，何以識之？明明闇闇，惟時何爲[7]？陰陽三合[8]，何本何化[9]？圜則九重[10]，孰營度之？惟茲何功[11]？孰初作之？斡維[12]焉繫？天極焉加[13]？八柱何當[14]？東南何虧[15]？九天[16]之際，安放安屬？隅隈[17]多有，誰知其數？天何所沓[18]？十二[19]焉分？日月安屬？列星安陳？出自湯谷[20]，次於蒙汜[21]。自明及晦，所行幾里？夜光何德[22]，死則又育[23]？厥利維何，而顧菟在腹[24]？女歧[25]無合，夫焉取九子？伯強[26]何處？惠氣[27]安在？何闔而晦？何開而明？角宿[28]未旦，曜靈[29]安藏？

（洪興祖撰，白化文、許德楠、李如鸞、方進點校《楚辭補注》，中華書局1983年版）

【注釋】

[1]王逸《楚辭章句·天問》："屈原放逐，憂心愁悴。彷徨山澤，經歷陵陸。嗟號昊

237

旻,仰天歎息。見楚有先王之廟及公卿祠堂,圖畫天地山川神靈,琦瑋譎詭,及古賢聖怪物行事。周流罷倦,休息其下,仰見圖畫,因書其壁,呵而問之,以渫憤懣,舒瀉愁思。楚人哀惜屈原,因共論述,故其文義不次序云爾。"詩人在作品中提出一百七十多個問題,涉及天地萬物、神人史話、政治哲學、倫理道德等等,表現出強烈的探索精神。

[2] 遂古:遠古。遂:通"邃",遠也。

[3] 傳道:傳說。

[4] 冥昭:晝夜。瞢闇:不分明貌。

[5] 極:窮究。

[6] 馮翼:元氣盛滿貌。象:無實形可睹但可想象者。

[7] 惟時何爲:日夜爲何交替。時:通"是"。

[8] 三合:參錯相合。三:通"參"。

[9] 本:本源。化:變化。

[10] 圜:天體。九重:九層。

[11] 茲:此也。功:通"工",工程。

[12] 斡:北斗七星之柄。斡之本義爲車軸。古人以爲天體如車輪旋轉,斗爲輪,柄爲軸。維:星名。

[13] 天極:天之中央。加:猶架也。

[14] 八柱:神話傳說中撐天之八根支柱。當:植也。

[15] 虧:缺損,指東南地勢低窪。

[16] 九天:天之中央及八方。

[17] 隅隈:角落與彎曲處。

[18] 沓:相合。此處天地相合。

[19] 十二:十二辰。十二辰本是古代天文學家爲觀測歲星(木星)而設立,歲星十二歲一周天,一歲一辰,所以有十二辰。後來十二辰與天體脫離,成爲黃道周天之十二等分。

[20] 湯谷:神話中之日出處。

[21] 次:止息。蒙汜:神話中之日入處。

[22] 夜光:月亮之別名。德:通"得"。

[23] 育:生長。對於月亮之圓缺,古有"月有生死"之說。

[24] "厥利維何"二句:王逸:"言月中有菟,何所貪利,居月之腹,而顧望乎?"

[25] 女岐:本尾星名,又名九子星,後衍變出九子母之神話。

［26］伯強：箕星，風神。

［27］惠氣：惠風，風之和順者。

［28］角宿：星座名，二十八宿之一，有星兩顆。古代傳說，角宿兩星之間爲天門，日月

　　　　五星均經過此處。

［29］曜靈：太陽。

登徒子好色賦[1]

　　大夫登徒子侍於楚王，短[2]宋玉曰：“玉爲人體貌閑麗[3]，口多微辭[4]，又性好色。願王勿
與出入後宮。”

　　王以登徒子之言問宋玉。玉曰：“體貌閑麗，所受於天也；口多微辭，所學於師也；至於好
色，臣無有也。”

　　王曰：“子不好色，亦有說乎？有說則止，無說則退。”

　　玉曰：“天下之佳人，莫若楚國；楚國之麗者，莫若臣里；臣里之美者，莫若臣東家之子。東
家之子，增之一分則太長，減之一分則太短；著粉則太白，施朱則太赤。眉如翠羽[5]，肌如白
雪，腰如束素[6]，齒如含貝[7]。嫣然一笑，惑陽城[8]，迷下蔡。然此女登牆窺臣三年，至今未許
也。登徒子則不然，其妻蓬頭攣耳[9]，齞唇歷齒[10]，旁行踽僂[11]，又疥且痔。登徒子悅之，使
有五子。王孰察[12]之，誰爲好色者矣。”

　　是時秦章華大夫[13]在側，因進而稱曰：“今夫宋玉盛稱鄰之女，以爲美色，愚亂之邪；臣自
以爲守德，謂不如彼矣。且夫南楚窮巷之妾，焉足爲大王言乎？若臣之陋目[14]所曾睹者，未
敢云也。”

　　王曰：“試爲寡人說之。”

　　大夫曰：“唯唯。臣少曾遠遊，周覽九土[15]，足歷五都[16]，出咸陽[17]，熙邯鄲[18]，從容鄭、
衛、溱、洧[19]之間。是時，向春之末[20]，迎夏之陽[21]，鶬鶊喈喈[22]，羣女出桑。此郊之姝[23]，
華色含光[24]，體美容冶，不待飾裝。臣觀其麗者，因稱詩[25]曰：‘遵大路兮攬子袪[26]。’贈以芳
華辭甚妙。於是處子怳若有望而不來[27]，忽若有來而不見。意密體疏[28]，俯仰異觀[29]；含喜
微笑，竊視流眄[30]。復稱詩[31]曰：‘寤春風兮發鮮榮[32]，絜齋俟[33]兮惠音聲，贈我如此兮不如
無生。’因遷延[34]而辭避。蓋徒以微辭相感動。精神相依憑；目欲其顏，心願其義，揚詩守禮，
終不過差[35]，故足稱[36]也。”

　　於是楚王稱善。宋玉遂不退。

（蕭統編，李善注《文選》卷一九，中華書局 1977 年版）

【注釋】

[1] 本文以宋玉面對美女窺牆三年而不爲所動、章華大夫與美女相愛而始終守禮,諷勸楚王應專心國事而不爲美色所亂。登徒:復姓,未知是否真有其人,可能僅爲文學上的虛構角色。

[2] 短:說壞話。

[3] 體貌閑麗:體態文雅,容貌美麗。

[4] 微辭:婉轉巧妙之言辭。

[5] 翠羽:翠鳥之羽毛。

[6] 素:白色生絹。

[7] 貝:海螺一類動物,色白。

[8] 陽城:楚國縣名,爲楚國貴族子弟之封地。下文"下蔡"同。

[9] 攣耳:耳朵彎曲。

[10] 齞唇:牙齒露在唇外。歷齒:牙齒稀疏。

[11] 旁行:走路歪歪斜斜。踽僂:駝背。

[12] 孰察:仔細考察。孰:通"熟"。

[13] 秦章華大夫:章華爲楚地,此章華人在秦國爲大夫,當時因出使楚國而在楚王身邊。

[14] 陋目:目光短淺;自謙之辭。

[15] 九土:九州。

[16] 五都:五方都會。

[17] 咸陽:戰國時秦都,在今陝西省。

[18] 熙:通"嬉",遊戲。邯鄲:戰國時趙國都城,在今河北省。

[19] 從容:逗留。鄭、衛:春秋時國名,在今河南省。溱、洧:水名,在今河南省。

[20] 向春之末:暮春。

[21] 迎夏之陽:初夏。

[22] 鶬鶊:鳥名,即黃鶯。喈喈:黃鶯鳴叫聲。

[23] 姝:美女。

[24] 含光:皮膚光潔。

[25] 稱詩:誦詩。

[26] 遵大路兮攬子袪:語出《詩經·鄭風·遵大路》。袪:衣袖。

[27]有望而不來：有接近之意而沒有走近。

[28]意密體疏：心意接近而形跡疏遠。

[29]俯仰異觀：無論低頭還是擡頭都表現了不同的神態。

[30]竊視流眄：轉動眼睛偷看。

[31]復稱詩：女子亦吟詩回答。

[32]寤：蘇醒。鮮榮：花木繁榮。

[33]絜齋：整潔莊重。俟：待。

[34]遷延：拖延。

[35]"揚詩守禮"二句：發揚詩教，遵守禮義，始終沒有越軌行爲。

[36]稱：稱道。

【导读】

作为楚辞的开创者和代表作家，屈原以自己悲剧的人生，抒写出传诸后世流传不朽的优秀诗篇。金开诚《屈原集校注》所注屈原辞共有二十五篇，是根据王逸《楚辞章句》所标明的屈原作品而定的，其中真伪争议较大的是《远游》《居》《渔父》数篇。另有《招魂》一篇，作者何人及招魂的对象为谁，历来众说纷纭，或曰宋玉招屈原之魂，或曰屈原招楚怀王之魂。

《离骚》是屈原最重要的作品，也是我国诗史上卓绝古今的长篇政治抒情诗，千百年来影响着一代又一代的读者，散发着长久不灭的魅力。关于诗题"离骚"的命意，王逸《楚辞章句·离骚经》："《离骚经》者，屈原之所作也。……离，别也。骚，愁也。经，径也。言己放逐离别，中心愁思，犹依道径，以风谏君也。故上述唐、虞、三后之制，下序桀、纣、羿、浇之败。冀君觉悟，反于正道而还己也。"班固《离骚赞序》："离，犹遭也。骚，忧也。明己遭忧作辞也。"除此之外，还有十余种不同的意见，不能定于一说。

司马迁在《史记·屈原贾生列传》中说："屈平正道直行，竭忠尽智，以事其君，谗人间之，可谓穷矣。信而见疑，忠而被谤，能无怨乎？屈平之作《离骚》，盖自怨生也。"这是关于《离骚》的写作缘起的解释，这首规模宏伟的长诗，正是屈原以满腔爱国热情写成的一首忧伤怨愤之歌，贯穿于长诗的情感主线是一股荡气回肠的忠怨之情。

全诗的结构可以分为两部分。从开篇到"岂余心之可惩"，为前半部分，侧重于现实的描述，主人公自叙祖系、志向、从政经历，主要写自己矢志报国、高洁自守所遇到的矛盾和不公正待遇，揭示出贵族制度崩溃前夕的腐败与无耻，充分表现了主人公与楚国黑暗现实的强烈冲突，具有浓郁的现实主义精神。从"女嬃之婵媛兮"至篇末，为后半部分，则侧重于想象的驰骋，主要写诗人遭谗被疏以后，继续求索的精神和内心的矛盾冲突，以及最后的抉择。主人公上叩帝阍，广求神女，遨游神界，表现出在幻想世界中寻求解脱的企盼，具有浓郁的浪漫主义精神。钱锺书先生在《管锥篇》里说："弃置而复依恋，无不可忍而又不忍，欲去还留，难留而亦不易去。即身离故都而去矣，一息尚存，此心安放？"这种迷惘而伤感的追求，永远困扰人类的心灵：理想是可望而不可即的，然而它又让人无限痴迷。

《离骚》是一篇具有强烈浪漫精神的作品。它吸取了古代神话的积极浪漫主义精神，并将其发展到了一个新的高度。作者运用一系列比兴手法，充分利用神话题材，通过丰富的想象，把事实的叙述、慷慨的抒怀和幻想的描写交织在一起，文采绚烂，比喻丰富，形成了宏伟的结构和抒情力量。同时，它在诗歌形式和语言上也有很大的创造，诗人吸收当时蓬勃发展的新体散文的笔法，打破四言诗的形式，诗句加长，结构扩大，又采用大量的方言口语入诗，这些都对后世文学影响很大。

《九歌》是屈原吸取楚地民间神话故事，并利用民间祭歌形式写成的一组风格清新优美的抒情诗。王逸《楚辞章句》说："昔楚国南郢之邑，沅、湘之间，其俗信鬼而好祠。其祠，必作歌乐鼓舞以乐诸神。屈原放逐，窜伏其域，怀忧苦毒，愁思沸郁。出见俗人祭祀之礼，歌舞之乐，其词鄙陋。因为作《九歌》之曲，上陈事神之敬，下见己之冤结，托之以风谏。故其文意不同，章句杂错，而广异意焉。"《九歌》共包括十一篇作品：《东皇太一》《云中君》《湘君》《湘夫人》《大司命》《少司命》《东君》《河伯》《山鬼》《国殇》《礼魂》，其末章为全诗之"乱辞"。从思想内容上看，或写人们对天神的热烈礼赞，或写神与神、人与神的相互恋爱，诗人将虚幻浪漫的意象与幽渺深情的抒怀融为一体，主题鲜明而凄迷，意蕴惊心而难穷。《国殇》一诗，则以激越的感情和壮烈的战斗场面的描写，歌颂卫国将士的英雄气概。

《九章》则是一组具有强烈写实倾向的组诗。王逸《楚辞章句》："屈原放于江南之野，思君念国，忧心罔极，故复作《九章》。章者，著也，明也。言己所陈忠信之道，甚著明也。卒不见纳，委命自沈。楚人惜而哀之，世论其词，以相传焉。"其具体篇目为：《惜诵》《涉江》《哀郢》《抽思》《怀沙》《思美人》《惜往日》《橘颂》《悲回风》。除《橘颂》一篇为屈原早年的作品外，其他各篇均为屈原两次被逐时所作，多为纪实之辞，真实地记述了屈原流放期间的生活经历和思想情感。这些诗篇语言生动形象，情味绵邈修长，时而激情澎湃，时而凄苦低吟，时而缠绵悱恻，具有极强的艺术魅力。

《天问》是一首规模宏大而体制奇特的长诗。王逸《楚辞章句·天问》："屈原放逐，忧心愁悴。彷徨山泽，经历陵陆。嗟号昊旻，仰天叹息。见楚有先王之庙及公卿祠堂，图画天地山川神灵，琦玮谲诡，及古贤圣怪物行事。周流罢倦，休息其下，仰见图画，因书其壁,呵而问之,以渫愤懑,舒泻愁思。"诗人在作品中提出一百七十多个问题,从远古之初的宇宙洪荒写起,涉及天地万物、神人史话、政治哲学、伦理道德等等,表现出强烈的探索精神,古人推许其为"千古万古至奇之作",同时它也被认为是楚辞中最难解的一篇作品。其在体制上明显继承了《诗经》的四言传统,疑问代词的灵活运用则表现出对于传统的突破。

宋玉的作品中,最重要的是《九辩》一篇。王逸《楚辞章句》:"《九辩》者,楚大夫宋玉之所作也。辩者,变也,谓陈道德以变说君也。九者,阳之数,道之纲纪也。……宋玉者,屈原弟子也。闵惜其师,忠而放逐,故作《九辩》以述其志。"鲁迅《汉文学史纲要》:"《九辩》本古辞,玉取其名,创为新制,虽驰神逞想,不如《离骚》,而凄怨之情,实为独绝。"在中国文学史上,这篇作品最重大的意义在于它确立了古代文人悲秋的主题。

除《九辩》外,宋玉还以"赋"闻名。《风赋》一篇,其雄辩恣肆与取譬讽喻有战国策士遗风,描写也相当精妙。《神女赋》以巫山神女的传说为题材,写得细腻入微,情意婉转,塑造出一位超尘绝世的神女形象。《登徒子好色赋》则近于游戏之作,其流传后世,影响甚大。

三、延伸思考

《楚辞》是与《诗经》并列的中国文学元典之一。作为代表诗人的屈原,他的文学成就是空前的,司马迁在《史记·屈原贾生列传》里高度赞扬了屈子的文学贡献,称其可与日月争辉。屈原在其代表作《离骚》中表现出的思想与情感,除炽热的爱国激情,我们还应该充分认识和理解屈原上叩天阍、下求佚女的苦苦求索,这种求索实质上是对理想的执着和痴迷,一往无前,九死不悔,它是一种巨大的意志力量,从根本上体现了人的精神世界的伟大和生命价值的崇高。因此,对历朝历代的文人来说,汨罗江上的万古悲风,不但没有吹灭他们的希望之火,没有冷却他们心头涌动的激情,反而使他们亲身感受了伟大诗人精神生活的悲壮历程,从而在度越自己的悲剧人生时,就能表现出积极向上、自强不息的姿态和面貌,在亲历悲剧和品尝悲剧的过程中,就能成就优秀的文学创作。

(张仲裁撰)

第三节　诗骚精神与古代诗歌

一、概述

　　大致说来,在屈原之后,中国古代诗歌呈现出二水分流的形态。一是沿着《诗经》一脉,重在反映现实,表达作者心志,运用写实手法;一是受楚辞影响,重在展示主观,抒发诗人激情,驰骋浪漫想象。此即传统诗论中所说的"言志"和"缘情"。

　　先言"诗"。《诗经》极大地影响了中国古典诗歌的基本走向和创作精神。其一,它以民间诗的"饥者歌其食,劳者歌其事"和文人讽谕诗的悯时伤政、忧国忧民的创作精神,以描写具体生活、抒发切身感受的现实主义创作方法,奠定了现实主义诗歌创作的优良传统——风雅的精神。在诗歌史上,直承风雅传统的是汉乐府,"感于哀乐,缘事而发"的两汉乐府民歌,关注现实和民生,与《诗经》的精神一脉相承。建安文学咏叹世积乱离、风衰俗怨的社会现象,梗概多气,志深笔长,这也是风雅精神的表现。诗圣杜甫遭逢乱世,将民间疾苦化作笔底波澜,写出了堪称一代诗史的雄篇,使风雅的传统达到了一个新的高度。白居易倡导新乐府运动,"文章合为时而著,歌诗合为事而作",从理论和实践两个方面发扬了风雅精神,风雅精神乃成为不可动摇的诗坛圭臬。其二,《诗经》创作中运用的比兴表现手法,对后世也产生了深远影响。比兴作为重要的创作和批评的艺术原则,不同于一般的艺术手法,它包括两个方面,一是指借助外物以言情,二是指以善言善,以恶言恶,强调寄托于外物之情的纯和正。它直接影响的是屈原的《离骚》,《离骚》之文,依《诗》取兴,善鸟、香草以配忠贞,恶禽、臭物以比谗佞,灵修、美人以媲君王,虬龙、鸾凤以托君子,这明显继承了《诗经》的比兴传统。自此,比兴作为中国古典诗歌创作根本大法的地位得以确定。《诗经》正是以其风雅精神和比兴传统,给后世的诗歌示以典则,它要求在创作中去追求一种从内容到形式、从思想到艺术完美结合的境界,在文艺欣赏和批评中,则既看重内容的纯正典雅、形象的鲜活生动,又强调含蓄蕴藉、韵味无穷的艺术特点。

　　楚辞的创作,既受到《诗经》的影响,又与其交相辉映,具有独特而鲜明的艺术面貌,从而形成了另一种伟大的诗歌传统。楚辞之前,中国诗歌基本上属于群众性口头创作的民歌作品,自屈原出现,中国文学史上才真正出现了伟大诗人的名字,出现了集中反映诗人全部思想感情、人格和个性的诗篇,也才真正确立了"士"文学的传统。屈原身上所表现出来的炽热似火的爱国主义激情和深固难徙、九死不悔的坚贞品格,以及对理想至死不渝的坚守,熏陶和沾溉了一代代文人。后世绝大部分优秀的文人,都与屈原有着某种共同之处——内心正直、身怀奇才而又不为世所用,或仕途不显,或人生坎坷,他们从屈原那里获得异代知音的天涯沦落的同悲感,将骚体创作凝聚成为一种文化力量,形成了中华民族几千年来士人心里永远挥之不去的屈骚精神。

不仅如此,屈原的出现,还给中国诗歌带来了迥异于《诗经》温柔深厚特点的"骚"的精神。《文心雕龙·辨骚》云:"至于托云龙,说迂怪,丰隆求宓妃,鸩鸟媒娥女,诡异之辞也;康回倾地,夷羿彈日,木夫九首,土伯三目,谲怪之谈也;依彭咸之遗则,从子胥以自适,狷狭之志也;士女杂坐,乱而不分,指以为乐,娱酒不废,沉湎日夜,举以为欢,荒淫之意也:摘此四事,异乎经典者也。"此所谓异乎经典的四个方面表现,就是充满激情和幻想的积极浪漫主义的文学精神。屈原善于采用丰富的神话素材,通过自由的幻想,构成奇特的情节和境界,创造性地发展了源自《诗经》的比兴手法,为其注入虚构和想象的因素,形成了和《诗经》面貌完全不同的另一种传统。汉代贾谊等人的骚体诗、骚体赋,直接继承了屈骚精神。曹植的《白马篇》《洛神赋》诸篇,王粲的《登楼赋》《槐赋》等,具有突出的浪漫主义倾向,故刘熙载说"曹子建、王仲宣之诗出于《骚》"。阮籍的《咏怀诗》组诗,多借神话游仙进行象征和隐喻,是屈骚比兴手法的运用。到唐代,李白、李贺等人的诗歌创作,或排山倒海,龙吟虎啸,神奇莫测,或荒诞迷离,艳丽凄清,奇崛幽峭,更是鲜明地表现了对"骚"的传统的继承和发展。从题材上讲,朱自清在其《诗言志辨》中说:"《楚辞》的'引类譬谕'实际上形成了后世'比'的意念。后世的比体诗可以说有四大类。咏史,游仙,艳情,咏物。咏史之作以古比今,左思是创始人……游仙之作以仙比俗,郭璞是创始人……艳情之作以男女比主臣,所谓遇不遇之感。中唐如张籍《节妇吟》,王建《新嫁娘》,朱庆馀《近试上张水部》,都是众口传诵的。而晚唐李商隐"无题"诸篇,更为煊赫,只可惜喻义不尽可明罢了。咏物之作以物比人,起于六朝。如鲍照《赠傅都曹别》述惜别之怀,全篇以雁为比。又韩愈《鸣雁》述贫苦之情,全篇也以雁为比。这四体的源头都在王注《楚辞》里。"从这里不难看出,楚辞"骚"的传统对古典诗歌的影响是何等深广。

"风"和"骚",是我国文学史上对诗歌创作提出的两大最高标准。前者多以民歌风格和现实主义手法为后人所效法,后者则以大胆的想象和幻想、绚丽的文采和夸张的手法泽被一代代诗人,双峰并峙,烛照千秋,极大地丰富了中国文学的艺术表现力。在文学史上,大凡略著诗名者,往往都受到了这两种传统的交叉影响,往往既有浪漫主义的诗歌,又有写实的作品,即使在同一篇作品中,也时时可见两种传统的相互影响。《诗经》和楚辞,作为我国诗歌的两大源头,具有同样强劲而持久的生命力,它们是中国文学中的常青树,历经几千年的时光洗礼,仍展露出姹紫嫣红一片春色,欣欣向荣,美丽无边。

二、原典选读及导读

楚辭章句序(節選)

　　夫《離騷》之文,依託五經以立義焉。……自終沒以來,名儒博達之士,著造詞賦,莫不擬則其儀表[1],祖式其模範,取其要眇,竊其華藻。所謂金相玉質,百世無匹,名垂罔極[2],永不刊滅[3]者矣。

　　　　　　　(洪興祖撰,白化文、許德楠、李如鸞、方進點校《楚辭補注》,中華書局1983年版)

【注释】

　　[1]擬則:效法。儀表:形式。
　　[2]罔極:無盡。
　　[3]刊滅:磨滅。

【导读】

　　东汉王逸的《楚辞章句》,是现存完整的《楚辞》注本中最早的一本,也是研究《楚辞》的起点。这段序文表现了王逸对《离骚》的极端推崇,所谓"依托五经以立义焉"这种说法,实质上是对班固依托经义贬低屈原的反驳。后来刘勰在《文心雕龙》里认为屈原"虽取熔经意,亦自铸伟辞",对王逸的观点有所修正。

文心雕龍·辨騷(節選)

　　故其敘情怨,則鬱伊[1]而易感;述離居,則愴怏[2]而難懷;論山水,則循聲[3]而得貌;言節候,則披文[4]而見時。是以枚賈追風以入麗,馬揚沿波而得奇[5]。其衣被[6]詞人,非一代也。故才高者菀其鴻裁[7],中巧者獵[8]其艷詞,吟諷者衘[9]其山川,童蒙者拾其香草。若能憑軾以倚雅頌[10],懸轡[11]以馭楚篇,酌奇而不失其貞[12],玩華而不墜其實,則顧盼可以驅辭力[13],欬唾可以窮文致[14],亦不復乞靈於長卿[15],假寵於子淵[16]矣。

　　　　　　　(刘勰著,范文澜注《文心雕龍注》,人民文學出版社1958年版)

【注释】

　　[1]鬱伊:抑鬱。

［2］憯怏:悲愁。

［3］循聲:順著聲律。

［4］披文:披閱文辭。這幾句謂屈原辭賦善於抒情寫景。

［5］枚賈、馬揚:漢代辭賦家枚乘、賈誼、司馬相如、揚雄。

［6］衣被:使受益。

［7］菀其鴻裁:博采它的宏偉體制。

［8］中巧:心巧。獵:獵取。

［9］銜:吸取。

［10］憑軾:靠在車前橫木上,表示尊敬。倚雅頌:準照雅頌的思想内容。

［11］懸彎:在馬頭上加上彎頭,指有控制。

［12］貞:正,與奇相對。

［13］辭力:辭章骨力。

［14］文致:文章的情致。這兩句的意思是可以很容易地寫出有骨力、有情致的作品。

［15］乞靈:求教。長卿:司馬相如的字。

［16］假寵:借光。子淵:王褒的字。

【导读】

《辨骚》是《文心雕龙》的第五篇。刘勰在这里所说的"酌奇而不失其贞,玩华而不坠其实",实为楚辞创作的基本特点,即奇与正的统一、华与实的统一,类似于今天所说的现实主义和浪漫主义相结合。从刘勰的论述中可以悟出,继承传统和锐意创新,是一个硬币的两面,既不能抛弃经典一味求新求异,也不能死守经典而拒绝创新。

詩集傳序(節選)

或有問於予曰:詩何為而作也?

予應之曰:"人生而靜,天之性也;感於物而動,性之欲也。夫既有欲矣,則不能無思;既有思矣,則不能無言;既有言矣,則言之所不能盡而發於咨嗟詠歎之餘者,必有自然之音響節族(音奏),而不能已[1]焉。此詩之所以作也。"……

曰:"然則其學之也當奈何?"

曰:"本之二南以求其端,參之列國[2]以盡其變,正之於雅以大其規,和之於頌以要其止,此學詩之大旨也。於是乎章句[3]以綱之,訓詁[4]以紀之,諷詠以昌之,涵濡以體之。察之情性隱微之間,審之言行樞機[5]之始,則修身及家,平均天下之道,其亦不待他求而得之於此矣。"

(朱熹集注《詩集傳》,中華書局 1958 年版)

【注释】

[1]已:抑制,壓抑。

[2]列國:指除《周南》《召南》之外的其他各國的風詩。

[3]章句:研究分析文章的章節句讀。

[4]訓詁:解釋文義。

[5]樞機:關鍵。

【导读】

朱熹《诗集传》,《宋史·艺文志》著录为二十卷,今本八卷。朱熹解诗,往往就诗篇本身探索诗旨,释义简洁,明白易晓,每篇述其主旨,每章释其大意,常多新解。《诗集传序》是朱熹长期研究和解读《诗经》的理论成果。选段主要论述了两点:其一,"诗何为而作"? 朱熹从性、欲到思、言、音一路讲来,很容易让人联想到《毛诗序》的论述:"诗者志之所之也,在心为志,发言为诗。情动于中,而形于言,言之不足,故嗟叹之,嗟叹之不足故永歌之,永歌之不足,不知手之舞之足之蹈之也。"其二,是关于怎样学诗。朱熹一方面严格依循《诗》本身的特点提出要求——"本之二南""参之列国""正之于雅""和之于颂";另一方面,也从"章句""训诂""讽咏""涵濡"等方面提出了解释的方法。

(张仲裁撰)

第四节　诗骚传统与文学批评

一、概述

围绕《诗经》与《离骚》所确立的经典传统,不仅影响着文人与文学作品的源流变化,也对中国古代的文学理论发展产生了深远的影响。西汉以来,先后产生了《诗》的经典化与屈原《楚辞》的经典化潮流。以《毛诗序》为代表的诗教理论成为影响中国文化史与文学史脉动的经典理论源头,而以贾谊、司马迁、扬雄、王弼等对屈原《离骚》的追溯、分析、笺注为源流,《离骚》也成为中国古代"士不遇"主题下文学创作论、文人身份认同等重要问题的源头所在。

这种风气在历史中沉潜滋长,或有汇聚。东汉王逸《楚辞章句》已经以汉代经学家注解儒家典籍的方式注释《楚辞》,在每篇文章前作序阐释文章的主题与写作意图,将屈原的作品意蕴、人格精神与艺术风格都纳入儒家的思想与审美框架,《离骚》与楚辞也在这个意义上经学化了。在《离骚经序》中,他说离骚"依《诗》取兴,引类譬谕。故善鸟香草,以配忠贞;恶禽臭物,以比谗佞;灵修美人,以媲于君;宓妃佚女,以譬贤臣;虬龙鸾凤,以托君子;飘风云霓,以为小人",将屈原的创作与诗经的"比兴"阐释传统结合,构建起一套"香草美人"的楚辞经典阐释话语。

汉魏以降,经学日益衰颓,但基于《诗经》与《离骚》所建立的经典文学阐释系统却与文学发展的潮流结合焕发出新采,诗骚传统成为文学批评话语发展的基础。譬如,西晋挚虞《文章流别论》就以诗教理论为引领,称"文章者,所以宣上下之象,明人伦之叙,穷理尽性,以究万物之宜者也。王泽流而诗作,成功臻而颂兴,德勋立而铭著,嘉美终而诔集。"他论赋,也传承扬雄的观点,认为"赋莫深于《离骚》",而屈原之赋有"古诗之义",诗与骚体异而本同,似出于一源。这种话语体系与模式在魏晋南北朝文学理论的兴盛背景下,成为如陆机、刘勰、钟嵘、萧统等人继承经典、创制理论的核心基础。由此,诗骚传统成为中国文学批评理论构建、形成与体系化过程中的经典源头与理论基石。

二、原典选读及导读

詩品序(節選)

夫四言,文約意廣,取效《風》、《騷》,便可多得。每苦文煩而意少,故世罕習焉。五言居文詞之要,是眾作之有滋味者也,故云會[1]於流俗。豈不以指事造形,窮情寫物,最為詳切[2]者邪!

故詩有六義焉:一曰興,二曰比,三曰賦。文已盡而意有餘,興也;因物喻志,比也;直書其事,寓言寫物,賦也;弘斯三義,酌而用之,幹之以風力[3],潤之以丹彩,使詠之者無極,聞之者動心,是詩之至也。

若專用比興,則患在意深,意深則詞躓[4]。若但用賦體,則患在意浮,意浮則文散。嬉成流移,文無止泊,有蕪漫之累矣。

(鐘嶸著,曹旭集注《詩品集注》(增訂本),上海古籍出版社 2011 年版)

【注釋】

[1]會:合之意,合於流俗。

[2]詳切:描摹詳細,指事貼切。

[3]風力:即風骨,指詩歌精神層面的美。詩六義,風冠其首。此句中風力與丹彩相

對分指文意與文辭。

[4]詞躓:詞意艱深晦澀。

【导读】

《诗品》是南朝梁钟嵘所著的诗歌批评著作,《隋书·经籍志》称其又名《诗评》,共三卷。钟嵘追溯诗骚传统,以其作为诗歌文学演化的经典源头与历史坐标,对自西汉迄于齐梁时代的一百二十二位诗人考镜源流,将其与《国风》《小雅》《楚辞》的关系定为坐标,以"九品论人"的方法分上、中、下三品进行品评。其中,上品十一人,中品三十九人,下品七十二人。《诗品序》是六朝诗歌批评理论的集大成,在中国古代文学批评史中具有重要地位,影响深远。钟嵘在《诗品序》中基于诗骚传统对诗歌的创作、历史演化、社会功能、批评标准等提出系列纲领性的理论。譬如,在诗经"六义"说基础上提出"诗有三义"说,重新界定赋比兴及三者在诗歌创作中的关系;以陆机和刘勰"以味论诗"为背景提出"滋味说",标举"五言居文词之要,是众作之有滋味者也",批评东晋以来玄言诗重理而导致"淡乎寡味"的风气,强调作者应对"三义"斟酌用之,继而以"风力"为主干、"丹彩"为润饰物,创造性地树立了文学写作的范式,对齐梁诗歌回归审美与抒情的发展脉络产生了重要影响,也对后世皎然《诗式》、严羽《沧浪诗话》、谢榛《四溟诗话》、叶燮《原诗》等文学批评著作产生了深远影响。

文選序(節選)

……蓋踵其事而增華,變其本而加厲;物既有之,文亦宜然。隨時變改,難可詳悉。

嘗試論之曰:《詩序》[1]云:"詩有六義焉:一曰風,二曰賦,三曰比,四曰興,五曰雅,六曰頌。"至於今之作者,異乎古昔,古詩之體,今則全取賦名[2]。荀宋[3]表之於前,賈馬[4]繼之於末。自茲以降,源流寔繁。述邑居則有"憑虛"、"亡是"[5]之作。戒畋遊則有《長楊》《羽獵》之制。[6]若其紀一事,詠一物,風雲草木之興,魚蟲禽獸之流,推而廣之,不可勝載矣!又楚人屈原,含忠履潔,君匪[7]從流,臣進逆耳,深思遠慮,遂放湘南。耿介之意既傷,壹鬱[8]之懷靡愬。臨淵有懷沙之志[9],吟澤有憔悴之容[10]。騷人[11]之文,自茲而作。

詩者,蓋志之所之也,情動於中而形於言。《關雎》《麟趾》[12],正始之道著;桑間濮上[13],亡國之音表。故《風》《雅》之道,粲然可觀。

(蕭統編,李善注《文選》,上海古籍出版社1986年版)

【注釋】

[1]詩序:指漢代齊、魯、韓、毛四家中的《毛詩序》,作者無定論,一說為東漢衛宏。

《詩序》是中國古代文學與文化理論中具有開創意義的文章,後世的詩教觀、風
雅論等多以此為源頭。

[2]古詩之體,今則全取賦名:賦本為詩"六義"之一,是一種表現手法,現在則成為獨
立於詩的賦體。

[3]荀宋:指荀況、宋玉。荀子作品中的五篇賦是賦體文學的開端,宋玉也是賦體文
學的開創者之一,其《高唐賦》《神女賦》《登徒子好色賦》等作品在文學史上影響
深遠。

[4]賈馬:指賈誼和司馬相如。賈誼的《吊屈原賦》是中國文學史上的名篇,司馬相如
則是西漢賦體文學的集大成者。

[5]"憑虛"、"亡是"之作:東漢張衡《西京賦》與西漢司馬相如《上林賦》中以虛構人
物"憑虛公子""亡是公"引導賦中對話。

[6]畋:畋獵,即田獵,指儀式化的狩獵活動。《長楊》《羽獵》:西漢文人揚雄所作的
《長楊賦》和《羽獵賦》。

[7]匪:通"非",並不是。

[8]壹鬱:抑鬱的樣子。

[9]懷沙:屈原有《九章.懷沙》,相傳為其投江前所作。懷沙之志指以死明節,以死
明志。

[10]吟澤有憔悴之容:出自屈原《楚辭·漁父》:"屈原既放,游于江潭,行吟澤畔,顏
色憔悴,形容枯槁。"

[11]騷人:屈原曾作《離騷》,此為中國文學經典的源頭,後世"騷人"往往指代文人
或詩人。

[12]《關雎》《麟趾》:兩者都是《詩經·國風·周南》中的篇名。《關雎》為周南首
篇,《麟趾》為末篇。周南在《詩序》中具有重要意義,是經學家眼中"正始之道,
五代之基",是王道教化風俗的起點。

[13]桑間:春秋時衛國地名,在濮水之上。桑間濮上:《漢書·地理志》載:"衛地有
桑間濮上之阻,男女亦亟聚會,聲色生焉。"此地為男女聚會、私奔野合的場所。
《禮記·樂記》載:"桑間濮上之音,亡國之音也。"

【导读】

《文选》是中国存世的第一部诗文总集,由梁昭明太子萧统组织编纂,"略其芜秽",
收录自先秦到萧梁共七百多篇文章与诗歌,分三十八类,涉及一百二十多位作者。《文选
序》集中反映了萧统的文学观念、文体观念与文学史观念。他认为文学是以经典为源头

进化发展的,会随着时代的发展而"踵事增华",不断演化。文学以诗经之"六义"为源头,后世的各类文体都由此发展而来。以赋体为例,原本是六义之一,经过荀子与宋玉创制赋体,又历经贾谊、司马相如、扬雄等文人的创作开拓,其体制日益成熟、题材也日趋广泛。骚体由屈原创制,此后也成为文学传统之一。萧统自幼习《论语》,遍读五经,因此《文选》的分类编纂以儒家思想为指引,反映了梁代中期以儒学为纲目的文学复古思潮之精神。他认为《诗经》确立了文学发展的坐标,在此基础上"风雅之道"演化发展,文学不断由朴素典雅走向辞采精美,文体也不断应时而生,"众制锋起"。萧统确立了文与非文的边界,以"事出于沉思,义归乎翰藻"的标准对作品的社会审美与艺术审美价值提出明确的要求,他强调好文章应"综辑辞采""错比文华",强调质与文的统一,继承和发展了汉魏以来曹丕、曹植、陆机等人的文学理论,《文选序》也成为中国文学批评史上承前启后的重要文献。《文选》问世后对中国文学与文化史产生了重要而深远的影响。隋朝初期的科举考试已以《文选》为教材,唐宋以后,《文选》成为文士学文、写文、科考的必读书。唐代围绕《文选》兴注释风潮,"选学"由此兴起,《文选》也成为学者研析古典文献的必读书。从某种意义上说,《文选》形塑了中国文学的经典面貌。

修竹篇并序(節選)

東方公足下:文章道弊[1]五百年矣。漢、魏風骨[2],晉、宋莫[3]傳,然而文獻有可徵[4]者。僕嘗暇時觀齊、梁[5]間詩,彩麗競繁,而興寄[6]都絕。每以永歎,思古人常恐逶迤頹靡,風雅不作,以耿耿[7]也。一昨於解三處見明公[8]《詠孤桐篇》,骨氣端翔,音情頓挫,光英朗練,有金石聲[9],遂用洗心飾視[10],發揮幽鬱。不圖正始之音[11],復覩於茲,可使建安作者[12]相視而笑。

(陳子昂撰,徐鵬校點《陳子昂集》(修订本),上海古籍出版社 2013 年版)

【注釋】

[1]道弊:道統衰敗疲敝。

[2]漢、魏風骨:即建安風骨,指漢獻帝建安年間以曹操、曹植、曹丕與建安七子創作為代表的文學風格,由劉勰首倡其概念。

[3]晉、宋:西晉、劉宋。

[4]徵:證明,考索。

[5]齊、梁:南朝第二個朝代和第三個朝代。齊梁時代圍繞蕭子良、蕭統、蕭衍、蕭綱等王族,以及沈約、謝朓、王融、范雲、江淹、任昉、劉孝綽、庾肩吾、徐陵等形成文學集團,他們相互唱和,以應制與宮體詩為特色,流於形式、注重詞藻。陳子昂在此文中批判的就是這種文學風氣。

［6］興寄：比興寄託。源自《毛詩序》。

［7］耿耿：心中掛念，因之煩躁不安。

［8］解三：人名，解為姓，三為排行，具體人物不詳。明公：對有名位之人的敬稱，此處指東方虯。

［9］金石聲：比喻作品有分量，如金石擲地有聲，可傳後世。典出《世說新語·文學》："孫興公作《天臺賦》，成，以示範榮期云：'卿試擲地，要作金石聲。'"

［10］飾視：擦亮眼睛。飾：拭。

［11］正始：魏齊王曹芳年號。正始之音：指以阮籍、嵇康為代表的文士作品。

［12］建安：漢獻帝年號。建安作者：指"三曹"與"七子"為代表的建安時代文人。

【导读】

这篇文章是唐代诗人陈子昂所作，通过对朋友东方虯《咏孤桐篇》诗进行评论，总结西晋以来文学风气的嬗变，标具"风骨"，对六朝靡丽的文学风格进行批评。此文是陈子昂作为唐代诗文改革核心人物的理论纲领，韩愈认为"国朝盛文章，子昂始高蹈"。他以诗教风雅为正统，注重文学之"兴寄"，旗帜鲜明地批判晋宋以来诗歌囿于文采华丽、气格纤弱之弊端，直指初唐朝野效仿齐梁、宫体盛行的偏狭文学风气。这篇序文与陈子昂《感遇》组诗等作品一并成为扭转六朝至初唐"大雅不作"之颓靡文风的重要文本，《新唐书·陈子昂传》称其"始变风雅"。在短序中，陈子昂主张继承《诗经》、建安风骨、正始之音等经典传统，以"兴寄"指引回归文学的"正道"，给诗文发展变革指明方向，因此唐代诗人卢藏用强调"道丧五百年而得陈君"。"兴寄"之外，他也提出"骨气端翔，音情顿挫，光英朗练"等文学审美标准，为唐诗摆脱六朝余习廓清道路，为唐诗建立昂扬奋发气度树立模范。诗圣杜甫盛赞子昂"公生扬马后，名与日月悬"。

（王猛撰）

第八章　唐诗宋词

　　唐宋时期是中国古代文化与文学的全盛时期,唐宋诗歌为中国古代诗歌的两大范式,它们既独树一帜,又互相补充,对后世的诗歌创作产生了深远的影响。宋词为后人的文学创作提供了诗文以外新的文学范式,在中国古代词史上,其地位无与伦比。唐诗、宋诗、宋词在古代朝鲜、日本、越南等国家及地区广为流布,促进了中外文化的交流。

第一节　唐　诗

一、概述

　　唐代是中国古代诗歌史上的黄金时代,唐代文学的繁荣即是以诗歌的极高成就为其突出标志的。据《全唐诗》《全唐诗外编》《全唐诗补编》等书所录诗歌统计,现存唐诗数量超过五万五千首,残句超过三千条,诗人超过三千七百位。

　　从总体来看,唐诗具有以下特点:题材丰富,各体兼备,风格多样,名作迭现,流派众多。

　　唐诗的繁荣有多方面的原因:诗歌自身的发展趋势,是促进唐诗发展的重要原因。国家统一、政局相对稳定、经济繁荣,为诗歌创作提供了良好的条件。政治制度开明,儒佛道三教并存,思想观念多元,有利于诗歌的创作。科举考试以诗赋取士,统治者提倡诗赋,重视诗歌创作,对诗歌的繁荣起到了促进作用。音乐、书法、绘画、雕塑等各种艺术的发展及持续不断的中外文化交流活动,对唐诗的繁荣也起到了推动作用。此外,唐诗的繁荣还与这一时期诗歌应用范围极广、诗歌功用得到极大发挥及各阶层读者雅好诗歌的风尚有关。

　　唐诗的发展可分为初唐、盛唐、中唐、晚唐四个时期。其中,盛唐是唐诗发展的顶峰。初唐是唐诗的酝酿、准备阶段,重要诗人有上官仪、沈佺期、宋之问、陈子昂及被誉为

"初唐四杰"的王勃、杨炯、卢照邻、骆宾王等人。上官仪之诗绮错婉媚,被当时士大夫所效仿,其六对、八对之说对律诗的定型有促进作用。沈佺期、宋之问之诗缘情绮靡,对近体诗格律形式的完善做出了重要的贡献。陈子昂强调诗歌要有"风雅""兴寄",积极倡导恢复"汉魏风骨",其主张具有文学革新的意义。"四杰"突破了宫体、上官体的狭窄范围,拓宽了诗歌题材,为诗坛吹进了刚健清新的气息。

盛唐是唐诗发展的鼎盛阶段,重要诗人有李白、杜甫、王维、孟浩然、高适、岑参、王昌龄等人。其中,李白、杜甫双峰并峙,雄视千古,为这一时期最杰出的代表。李白继屈原之后,将古代积极浪漫主义推向高峰。杜甫诗风老成稳健,倾向于现实主义。他的诗歌反映了安史之乱前后的社会现实,被后人誉为"诗史"。以王维、孟浩然为代表的田园山水诗人和以高适、岑参为代表的边塞诗人也取得了突出的创作成就。就诗体而言,李白的歌行体、李白与王昌龄的七绝及杜甫的七律在艺术方面都达到了炉火纯青的地步。

中唐是盛唐的延续,钱起、卢纶等"大历十才子"以精雕细琢、工于五律著称,此后,诗歌伴随政治上的中兴发生了变化,形成了新的高潮,重要诗人有元稹、白居易、韩愈、孟郊、李贺、刘禹锡、柳宗元、贾岛等人。元稹、白居易的诗歌借鉴了乐府的表现手法,重视对社会现实生活的表现,语言平易近人、通俗晓畅,形成了元白诗派重写实、尚通俗的特点。以韩愈、孟郊、李贺等人为代表的韩孟诗派,其诗歌创作虽内容和风格大相径庭,但都表现出求奇、求新的审美倾向,构思奇特,多用奇字、拗句,风格雄奇冷峭。刘禹锡的诗歌雄浑俊爽,柳宗元的诗歌清冷峭拔,于众诗人中脱颖而出。元稹、白居易酬唱相和的元白体及刘禹锡模仿与改造民歌体的竹枝词、杨柳枝词等,均丰富了唐诗的内容。以贾岛、姚合为代表的苦吟诗人,采用苦思冥想的方法进行创作,内容大都不出个人生活范围,诗歌清新奇丽,工于格律,重炼字,其诗风对晚唐、五代及两宋诗坛产生了较大的影响。

晚唐是唐诗发展日渐衰退的阶段,但在艺术上仍取得了较高的成就,重要诗人有杜牧、李商隐、温庭筠、皮日休、聂夷中、杜荀鹤等人。杜牧主张"文以意为主",提倡经世致用,其诗歌清俊劲健、慷慨纵横,是整体较为纤弱的晚唐诗坛中风格最为明快的。李商隐以"无题"为主的抒情诗,寄托遥深,意境朦胧,丰富了诗歌的意境和内涵,成就颇高。温庭筠诗多闺阁楼台、酬唱宴游之作,华美绮丽,深婉缠绵。此外,皮日休、聂夷中、杜荀鹤等人继承杜甫、白居易和新乐府运动的精神,反映了多方面的社会生活,取得了一定的艺术成就。在诗体上,杜牧的七绝、李商隐的七言律绝,为其他诗人提供了范例,被后人所推崇。

总而言之,诗在唐代迎来了大发展、大繁荣,是唐代文学的突出代表,呈现出了新的文学面貌,影响深远。唐代发展成熟的律诗,成为后世诗人写作的范式;李白、杜甫、韩愈等诗人,深刻地影响了一代又一代中国文人;唐诗更远播海外,对古代朝鲜、日本、越南等国家和地区的文学发展做出了重大的贡献。

二、原典选读及导读

静夜思[1]

李　白[2]

牀[3]前看月光，疑是地上霜[4]。舉頭望山月，低頭思故鄉。

（王琦注《李太白全集》，中華書局 1977 年版）

【注释】

[1]靜夜思：李白自製新樂府。宋代郭茂倩所著《樂府詩集》將此詩收入"新樂府辭"中。

[2]李白：公元 701—762 年，字太白，號青蓮居士。祖籍隴西成紀（今甘肅天水市附近），幼時隨父遷居綿州昌隆（今四川省江油市）。他是繼屈原之後最傑出的浪漫主義詩人，有"詩仙"之稱。詩與杜甫齊名，世稱"李杜"。有《李太白全集》傳世。

[3]牀：井欄。古人用木條圍住井口，製井欄，以防止有人不慎跌入井中，因其形狀呈四角或八角，像古代的牀，故又稱"銀牀"。

[4]疑是地上霜：化用南朝梁簡文帝蕭綱《玄圃納涼》詩句"夜月似秋霜"。疑：好像。

【导读】

《静夜思》是中国文学史上不可多得的佳作，千百年来在中国、日本等国广为流传。诗人离开故土远游他乡，深夜无眠，万籁俱静，只有一轮明月高挂空中，不免愁从中来，思乡之感倍增。全诗前两句写景，描绘了月色如霜的清冷景象。后两句通过对动作神态的刻画，抬头望月，低头思乡，表达了游子对故乡深深的眷恋。语言清新朴素，质朴感人。

蜀道難[1]

李　白

噫吁戲[2]，危[3]乎高哉！蜀道之難，難於上青天。蠶叢及魚鳧[4]，開國何茫然[5]。爾來四萬八千歲[6]，不與秦塞通人烟[7]。西當太白有鳥道[8]，可以橫絕峨眉[9]巔。地崩山摧壯士死[10]，然後天梯石棧[11]相鉤連。上有六龍回日之高標[12]，下有衝波逆折[13]之回川。黃鶴[14]

之飛尚不得過，猿猱[15]欲度愁攀援。青泥何盤盤[16]，百步九折縈巖巒[17]。捫參歷井仰脅息[18]，以手撫膺[19]坐長嘆。問君西遊何時還，畏途巉巖[20]不可攀。但見悲鳥號古木，雄飛雌從繞林間。又聞子規[21]啼夜月，愁空山。蜀道之難，難於上青天，使人聽此凋朱顏[22]。連峰去天不盈尺[23]，枯松倒挂倚絕壁。飛湍瀑流爭喧豗[24]，砯崖轉石萬壑雷[25]。其險也若此，嗟爾遠道之人胡為乎來哉！劍閣崢嶸而崔嵬[26]，一夫當關[27]，萬夫莫開。所守或匪親[28]，化為狼與豺。朝避猛虎，夕避長蛇，磨牙吮血，殺人如麻。錦城[29]雖云樂，不如早還家。蜀道之難，難於上青天，側身西望長咨嗟[30]。

（王琦注《李太白全集》，中華書局 1977 年版）

【注釋】

[1]蜀道難：樂府舊題，《樂府詩集》：“王僧虔《技錄》，相和歌瑟調三十八曲，內有《蜀道難行》。”多言蜀道艱險难行。

[2]噫吁嚱：語氣詞，表驚異，為蜀地方言。

[3]危：高。

[4]蠶叢、魚鳧：傳說中古蜀國國王。

[5]開國何茫然：指古蜀國開國歷史久遠，事蹟茫然難考。

[6]爾來：自從那時以来。四萬八千歲：形容年代久远。

[7]秦塞：指秦地，今陝西一带。通人烟：指秦與蜀相互交通，互有往來。

[8]太白：山名，在今陝西眉縣一帶，關中諸多山峰，莫高於此。鳥道：飛鳥的徑道，指太白山連山高峻，絕少低缺處，只有鳥能飛過，人跡難至。

[9]峨眉：山名，在今四川省峨眉市。因山兩峰對峙，宛如娥眉，故名。

[10]地崩山摧壯士死：相傳秦惠王知蜀王好色，故嫁五女於蜀王。蜀王派遣五丁迎接，至梓潼時，見一大蛇入洞穴中，五人拽蛇尾，山崩，壓五丁及五女，而山被分為五嶺。

[11]天梯：高峻的山路。石棧：在山間鑿崖架木而成的通路。

[12]六龍：相傳羲和每日駕著六條龍拉的車，載著太陽在空中運行。回日：指羲和至蜀山而回，極言蜀山之高峻。高標：指蜀山之最高且為一方之標識處。

[13]逆折：水流旋回的樣子。

[14]黃鶴：黃鵠，善於高飛翱翔。

[15]猿猱：猴屬動物，長臂，善於攀援。

[16]青泥：即青泥嶺，在今甘肅省徽縣。其山險峻，上多云雨，行人每逢泥淖，故名青泥嶺。盤盤：盤旋曲折的樣子。

257

[17]縈:環繞。巖巒:山峰。

[18]捫:摸。參:星宿名,為蜀之分野。歷:经过。井:星宿名,為秦之分野。脅息:屏住呼吸。

[19]膺:胸。

[20]巉巖:山石高峻的樣子。

[21]子規:即杜鵑,相傳為古蜀國國王杜宇所化,蜀地最多,春暮即鳴,徹夜不休,其聲音若言不如歸去,凄切悲涼。

[22]凋朱顏:容顏失色。

[23]去:距離。盈:滿。

[24]飛湍:飛奔的激流。瀑流:瀑布。喧豗:鬨鬧聲。

[25]砯崖:水流擊打岩石所發出的的聲音。轉:翻動。萬壑雷:千山萬壑中發出雷鳴般的響聲。

[26]劍閣:在今四川劍閣北,有大劍山、小劍山與之相連。崢嶸、崔嵬:山勢高聳的樣子。

[27]當關:把守關口。

[28]所守:指把守關口的人。或匪親:如果不是可靠的人。張載《劍閣銘》:"一夫荷戟,萬夫趑趄。形勝之地,非親勿居。""一夫"四句化用其語。

[29]錦城:即錦官城,今四川省成都市之別名。

[30]咨嗟:嘆息。

【导读】

《蜀道难》是李白积极浪漫主义的代表作之一。诗人在借鉴张载《剑阁铭》、左思《蜀都赋》等作品的基础上,用丰富的想象、大胆的夸张,描写了由秦入蜀之道高奇险峻的壮丽景观。全诗前半部分极力描写蜀道的雄奇险难,后半部分则寄寓了作者对蜀中军阀可能凭借天险割据一方的担忧。诗句参差错落,变化自如,风格雄奇奔放。

登金陵鳳凰臺[1]

李 白

鳳凰臺上鳳凰游,鳳去臺空江自流。吳宮花草埋幽徑[2],晉代衣冠[3]成古丘。三山半落[4]青天外,一水中分白鷺洲[5]。總為浮雲[6]能蔽日,長安不見使人愁。

(王琦注《李太白全集》,中華書局 1977 年版)

【注釋】

[1]金陵:今江蘇省南京市。鳳凰臺:在今南京市城西南鳳凰山。相傳南朝劉宋元嘉
　　十六年(公元439年),有五色鳳凰翔集於山上,眾鳥群附,故名此山為鳳凰山,又
　　築臺於此,謂之鳳凰臺。

[2]吳宮:三國時期孫權建都金陵時所築造的宮殿。幽徑:幽深偏僻的小路。

[3]衣冠:官服。這裏指代名門望族。

[4]三山:在今南京西南長江邊上,因三峰排列,南北相連,故名之為三山。半落:形
　　容三山被雲霧遮蔽,隱約可見的樣子。

[5]一水:指秦淮河。白鷺洲:在今南京市西南江中,洲上多聚集白鷺,故名白鷺洲。

[6]浮雲:喻奸佞小人。奸佞圍繞在皇帝周圍,使賢臣得不到重用,就像浮雲遮蔽了
　　太陽一樣。

【导读】

　　《登金陵鳳凰台》为李白诗作中为数不多的七言律诗之一,是诗人登凤凰台拟崔颢
《登黄鹤楼》所作。虽为拟作,格律气势却难分伯仲,故刘克庄《后村诗话》曰:"今观二
诗,真敌手棋也。"作者凭吊古迹,描写了凤凰台的传说、历史和景色,又寓情于景、借景抒
情,以浮云喻奸佞小人,表达了奸邪蔽明、怀才不遇的忧愤,怀古中具有强烈的伤时之感。
古今题咏凤凰台之作繁多,然大都湮没无闻,李白之诗既出,遂成绝唱。

望嶽

杜　甫[1]

　　岱宗夫如何[2],齊魯青未了[3]。造化鐘神秀[4],陰陽割昏曉[5]。盪胸生曾雲[6],決眥入歸
鳥[7]。會當凌絕頂[8],一覽眾山小[9]。

(杜甫著,仇兆鰲注《杜詩詳注》,中華書局1979年版)

【注釋】

[1]杜甫(公元712—770年):字子美,號少陵野老,世稱杜少陵。祖籍襄陽(今湖北
　　省襄陽市),出生於河南鞏縣(今河南省鞏義市)。曾擔任左拾遺、檢校工部員外
　　郎,世稱杜拾遺、杜工部。與李白並稱"李杜",有"詩聖"之稱。仇兆鰲《杜詩詳

注》是杜甫詩文集中比較翔實的注本。

[2]岱宗:指泰山。泰山乃五嶽之首,為諸山所宗,故稱岱宗。夫:句首發語詞,無實義。

[3]齊魯:古代國名。齊國在泰山之北,魯國在泰山之南。未了:未盡。此句謂泰山綿延齊魯兩國,給人青山無盡之感。

[4]造化:大自然。鐘:聚集。神秀:指泰山的神奇秀麗。

[5]陰陽:山南為陽,山北為陰。割:分割。此句謂泰山之高大,遮雲蔽日,使山南山北如白天黑夜。

[6]盪胸:心胸搖盪。此句為倒裝句,謂山間雲氣搖盪,層層疊疊,胸懷亦隨之飄蕩開闊。

[7]決眥:謂睜大眼睛,極目遠視。

[8]會當:定當。淩:登臨。絕頂:最高峰。

[9]一覽衆山小:用《孟子》"登泰山而小天下"之意。

【导读】

此诗为开元二十四年（公元736年）杜甫初游齐、赵时所作。首联一问一答,写远望泰山之高大。仇兆鳌《杜诗详注》引卢地滩语:"试思他人千万语,有加于'齐鲁青未了'者乎。"颔联写近望泰山,巍峨雄壮,是大自然的杰作,高耸入云,分割山之南北判若白天黑夜。颈联写身在山中,层云环绕而致心胸荡漾,极目远眺,视野开阔。尾联是虚笔,想象站在泰山顶上俯瞰之景象,气象万千,足见诗人之心胸开阔,壮志昂扬。仇兆鳌《杜诗详注》称:"气骨峥嵘,体势雄浑,能直驾齐梁以上。"

月夜

杜 甫

今夜鄜州[1]月,閨中[2]只獨看。遙憐小兒女,未解憶長安。[3]香霧雲鬟[4]濕,清輝[5]玉臂寒。何時倚虛幌[6],雙照淚痕乾?

（杜甫著,仇兆鳌注《杜詩詳注》,中華書局1979年版）

【注释】

[1]鄜州:今陝西省富縣。

[2]閨中:指妻子。

[3]"遙憐"二句:指兒女年幼無知,還不懂思念遠在長安的父親,也不懂母親月夜懷
人的傷感。

[4]香霧:指鬢髮散發出的香氣。雲鬢:指像雲一樣蓬鬆的髮髻。

[5]清輝:月光。

[6]虛幌:透明的帷帳。

【导读】

此诗作于至德元年(公元756年)。安史之乱爆发,杜甫举家避难于鄜州。肃宗在灵
武即位的消息传来,杜甫只身奔赴行在,途中被叛军所俘,押往长安。这首诗即是被俘后
所作。仇兆鳌《杜诗详注》称:"公对月而怀室人也。前说今夜月,为独看写意。末说来时
月,以双照慰心。"《杜臆》称:"公本思家,偏想家人思己,已进一层。至念及儿女不能思,
又进一层。"此诗表达了诗人深切的思家之情,情意婉转,感人至深。

贈衛八處士[1]

杜 甫

人生不相見,動如參與商[2]。今夕復何夕,共此燈燭光。少壯能幾時,鬢髮各已蒼[3]。訪
舊半為鬼,驚呼熱中腸[4]。焉知二十載,重上君子[5]堂。昔別君未婚,男[6]女忽成行。怡然敬
父執[7],問我來何方。問答未及已[8],驅兒羅酒漿[9]。夜雨剪春韭,新炊間黃粱[10]。主[11]稱
會面難,一舉累十觴[12]。十觴亦不醉,感子故意[13]長。明日隔山岳[14],世事兩茫茫[15]。

(杜甫著,仇兆鰲注《杜詩詳注》,中華書局1979年版)

【注释】

[1]衛八處士:杜甫青年時期的朋友。處士:隱而不仕者。

[2]參與商:參星和商星。參星在西,商星在東,此出彼沒,永不相見。

[3]蒼:灰白色。

[4]熱中腸:指内心難受如火焚燒。

[5]君子:指衛八處士。

[6]男:一作兒。

[7]父執:父輩的朋友。

［8］未及已：一作及未已。

［9］驅兒：一作兒女。羅：羅列，擺設。酒漿：指酒菜。

［10］新炊：新煮的飯。間：摻雜。黃粱：黃米。

［11］主：指衛八處士。

［12］累十觴：連飲十杯。觴：酒杯。

［13］故意：故人的情意。

［14］山岳：指華山。

［15］世事兩茫茫：指時局和個人的命運都難以預料。

【导读】

此诗为杜甫五言古诗的代表作之一，大约作于乾元二年（公元 759 年），记叙了杜甫由洛阳回华州途中与知交卫八处士相逢之事。诗人以白描的手法描写了这次重逢，表达了诗人和朋友深厚的情意。开篇写人生的别易会难，如参商二星，别时正值青春年少，再相逢已是年华老去，旧友多离世，世事难预料。与好友刚重逢对饮，又将面临离别，感叹聚散无常。《杜诗镜铨》引张上若语：“全诗无句不关人情之至，情景逼真，兼及顿挫之妙。”

蜀相[1]

杜　甫

丞相祠堂何處尋[2]？錦官城外柏森森[3]。映階碧草自春色[4]，隔葉黃鸝空好音[5]。三顧頻繁[6]天下計，兩朝開濟[7]老臣心。出師[8]未捷身先死，長使英雄淚滿襟。

（杜甫著，仇兆鰲注《杜詩詳注》，中華書局 1979 年版）

【注释】

［1］蜀相：指諸葛亮。建安二十六年（公元 221 年），劉備在蜀即帝位，冊封諸葛亮為丞相。

［2］丞相祠堂：即武侯祠。

［3］柏森森：指柏樹生長繁盛貌。武侯祠前有一顆柏樹，相传為諸葛亮手植。

［4］自春色：獨自生長，自呈春色。

［5］空好音：空作好音。此句與上句皆表現祠堂的冷清寥落。

[6]三顧:諸葛亮《出師表》云:"三顧臣於草廬之中。"頻繁:指多次造訪。

[7]兩朝:指劉備、劉禪兩朝。開濟:開創、匡扶救助。

[8]出師:指伐魏。此句指建興十二年(公元234年),諸葛亮出師伐魏,在五丈原與魏軍相持百餘日,病死軍中。

【导读】

　　这首诗是杜甫于唐肃宗上元元年(公元760年)春游武侯祠时所作,首联自问自答,点出祠堂所在。额联写在祠堂所见寥落凄清之状。颈联由景入情,联想到刘备三顾茅庐、诸葛亮尽心辅佐之事。尾联表达了对诸葛亮壮志难酬的哀叹。仇兆鳌《杜诗详注》语:"天下计,见匡时雄略。老臣心,见报国苦衷。有此二句之沉挚悲壮,结作痛心酸鼻语,方有精神。"

登高[1]

杜　甫

　　風急天高猿嘯哀[2],渚清沙白鳥飛迴[3]。無邊落木蕭蕭[4]下,不盡長江滾滾來。萬里悲秋常作客[5],百年[6]多病獨登臺。艱難苦恨繁霜鬢[7],潦倒[8]新亭濁酒杯。

(杜甫著,仇兆鳌注《杜詩詳注》,中華書局1979年版)

【注释】

[1]登高:古人逢重陽節有登高飲酒之習俗。

[2]猿嘯哀:長江巫峽一帶,常有猿嘯。酈道元《水經注》:"每至晴初霜旦,林寒澗肅,常有高猿長嘯,屬引淒異,空穀傳響,哀轉久絕。故漁者歌曰:'巴東三峽巫峽長,猿鳴三聲淚沾裳!'"

[3]渚:水中的小塊陸地。迴:鳥低飛迴旋貌。

[4]蕭蕭:風吹葉落之聲。《九歌·湘夫人》:"嫋嫋兮秋風,洞庭波兮木葉下。"

[5]萬里:指夔州離家鄉十分遙遠。悲秋:宋玉《九辯》:"悲哉!秋之為氣也,蕭瑟兮草木搖落而變衰。"自古文人有悲秋之傳統。作客:羈旅他鄉。

[6]百年:一生。

[7]苦恨:極恨。繁霜鬢:白髮日益增多。

[8]潦倒:頹喪,失意。

【导读】

　　此诗为大历二年（公元 767 年）杜甫在夔州所作。前四句写重阳登高之所见所闻，满目肃杀悲凉。后四句由悲秋联想到自己艰难的一生、潦倒的现状。诗人登高赋诗，内有百转千回之蕴意。罗大经《鹤林玉露》云："万里，地之远也；悲秋，时之惨凄也；作客，羁旅也；常作客，久旅也；百年，暮齿也；多病，衰疾也；台，高回处也；独登台，无亲朋也。十四字之间，含有八意，而对偶又极精确。"胡应麟《诗薮》云："风急天高一章五十六字，如海底珊瑚，瘦劲难名，沉深莫测，而精光万丈，力量万钧。通章法、句法、字法，前无昔人，后无来学……此诗自当为古今七言律第一。"

三、延伸思考

　　唐代是一个诗的时代，士人普遍学诗作诗，各阶层读者也雅好诗歌。长沙铜官窑瓷器题诗即唐诗繁荣的实物见证。长沙铜官窑窑址自 1956 年被发现以来，已出土大量的瓷器，其中一百余件瓷器上题有诗歌。这些诗歌多为流行于市井里巷的歌谣，反映了游子旅人、都市商贾、歌楼妓馆等多方面的生活，如："春水春池满，春时春草生。春人饮春酒，春鸟弄春声。""一别行千里，来时未有期。月中三十日，无夜不相思。""君生我未生，我生君已老。君恨我生迟，我恨君生早。""男儿大丈夫，何用本乡居。明月家家有，黄金何处无。"这些诗歌几乎涵盖了唐人生活中的各个层面，语言朴实无华、通俗易懂。

　　长沙铜官窑瓷器题诗反映了唐诗在商品流通领域的传播情形，它从一个侧面证实了诗歌是一种被唐代社会各阶层所喜爱的文化。

（房锐撰）

第二节　宋　词

一、概述

　　宋代是词发展、繁盛的时代。词是有宋一代文学的突出代表，其题材内容、意象意境、形式技巧等，在这一时期都达到了巅峰，并且出现了大量的新创词调，流派纷呈，一时间蔚为大观。据《全宋词》《全宋词补辑》等书所录词作进行统计，现存宋词数量超过两万首,诗人超过一千四百位。

两宋时期,经济的发展,商业、手工业的繁荣,为宋词的兴盛提供了客观的物质基础。城市的繁荣,市民阶层的不断扩大,促进了宋词的进一步发展。从文学自身来看,前期花间词、南唐词的创作为宋词的发展奠定了基础,且唐代对词的开发尚处起步阶段,为宋词的发展提供了广阔的领域,加之宋诗不善言情,士人便将情移入词中,促进了宋词的发展和繁荣。

宋词的发展大体可以分为六个时期,即北宋初期、北宋中期、北宋后期、南宋初期、南宋中期及南宋后期。

北宋初期,是宋词发展的过渡时期。词经过晚唐五代的发展,已经从艺妓倡优演唱的歌曲逐渐转变为相对独立的文学样式,在题材和风格上,大体有了一定的格局。北宋初期,作词的大多数是诗人,词依旧被视为"艳科""小道",故词数量较少,且与诗歌风格相近。重要词人有王禹偁等人。王禹偁的词作明白晓畅、简雅古淡,为宋词的发展积累了经验。

北宋中期,是宋词发展的变革时期,重要词人有晏殊、晏几道、张先、欧阳修、柳永、苏轼等人。晏殊、晏几道、张先、欧阳修等人所作之词,虽然内容和风格各不相同,但大体上仍具有相似的特征:长于小令,词作多描写男女恋情、羁旅愁思,内容较为单一,语言柔美细腻、婉转精巧。柳永采用了许多新曲调,大力创作慢词,扩大了词的容量,改变了词坛以小令为主的格局。在内容方面,柳永对妓女生活、繁华都市、羁旅送别、人生失意等方面进行描写,丰富了词的题材。柳词融叙事、抒情、说理、写景于一体,善于利用口语、俚语,语言清丽,明白直率。苏轼对词的发展变革做出了巨大的贡献,其词除描写男女恋情,又描写了山水田园、人生志趣、理想抱负、怀古伤今等内容,拓宽了词的视野和内容,开创了柔美细密以外豪放、旷达的艺术风格。苏词在语言上以诗为词,善于化用典故和前人诗句入词。

北宋后期,是宋词发展的持续时期,重要词人有黄庭坚、晁补之、秦观、贺铸、周邦彦等人。黄庭坚早年习柳永,词中保留了学柳的痕迹,后学苏轼,受苏轼影响较大,其词意境清幽开朗,风格旷达。晁补之受苏轼影响最深,多于词中抒发个人志向感慨,境界开阔,但语言技巧较为粗糙,成就有限。秦观作词回归词家正宗,最为本色当行,多描写男女恋情、离合悲欢,又将个人身世寄托其中,感情真挚动人,意境缠绵清冷,语言清丽,善于化用典故,是"苏门四学士"中最为出色的词人。贺铸词既有男女间的柔情缠绵,也有英雄的豪迈劲健。周邦彦词内容大体不出前人范围,但重视对词的艺术和技巧的探索,注重音韵与词的配合,讲究章法,律严字工,影响颇大,为世人所效仿。

南宋初期,是宋词发展的南渡期,重要词人有朱敦儒、李清照、张元干、张孝祥等人。朱敦儒前期多描写放浪形骸的个人生活,后期转而表现社会,记录了词人南渡的行程和感受,诗词功能初步合一,给辛派词人以直接的启迪。李清照主张"词别是一家",善于从日常生活起居的描写中展现内心世界,南渡后多抒发国破家亡、流离失所的悲愤和对故园的思念,沉郁悲凉而颇有大丈夫气概。张元干南渡后创作了大量鼓吹抗战、批判朝廷卖国求和的词作,慷慨悲愤,开辛派爱国词之先河。张孝祥词风豪放,其感怀国事、吟咏人生的爱国词较为突出。

南宋中期,是宋词发展的繁荣时期,重要词人有辛弃疾、陆游、陈亮、刘过等人。辛弃疾词"无意不可入,无事不可言",进一步拓宽了词的题材范围,其词风格多样,以豪放雄浑见长,亦有柔软婉媚之作,以文入词,善于用典,最终使词真正达到与诗并驾齐驱的地位。陆游词题材广泛,现实性强,以豪迈旷达为主,也不失纤细婉约。陈亮和刘过是辛弃疾有力的支持者,他们创作了大量的爱国词,豪迈雄浑,在内容和风格上与辛词相近。

南宋后期,是宋词发展的回落时期,重要词人有姜夔、吴文英、王沂孙、张炎等人。姜夔长于自度曲,作词力求典雅,又移诗法入词,对词进行了雅化,创造出一种清空疏宕的审美风格,为后世所推崇。吴文英词回归到了传统题材,多酬唱咏物之作,注重音律的和美与章法结构的跌宕跳跃,语言密丽,偶有晦涩之嫌。王沂孙、张炎在发展词的语言技巧方面也有较为突出的成就。

总而言之,在中国古代词史上,宋词的地位无与伦比。词在宋代达到了巅峰。宋词题材丰富,风格多样,为后人的文学创作提供了诗歌以外新的文学范式。柳永、苏轼、李清照、辛弃疾等著名词人,对后世影响尤为深远,成为世人争相模仿和学习的对象。宋词的向外传播,也促进了中外文化的进一步交流。

二、原典选读及导读

雨霖鈴[1]

柳 永

寒蟬淒切[2]。對長亭晚,驟雨[3]初歇。都門帳飲無緒[4],留戀處[5]、蘭舟[6]催發。執手相看淚眼,竟無語凝噎[7]。念去去[8]、千里煙波,暮靄沈沈楚天[9]闊。

多情自古傷離別。更那堪、冷落清秋節。今宵[10]酒醒何處,楊柳岸、曉風殘月。此去經年[11],應是良辰、好景虛設。便縱[12]有、千種風情[13],更與何人說。

(柳永著,薛瑞生校注《樂章集校注》(增訂本),中華書局 2012 年版)

【注释】

[1]雨霖鈴:"霖"一作"淋"。唐教坊曲名,後用為詞牌名。相傳唐玄宗幸蜀,初入峽

谷,淫雨霏霏,忽於棧道中聞鈴聲,感傷而悼念楊貴妃,故作此曲。

[2]淒切:淒清急切。

[3]驟雨:突然而至的陣雨。

[4]都門:京城城門。都:指汴京,今河南開封。帳飲:在京城城門外設帳飲酒踐行。無緒:沒有情緒,沒有心思。

[5]留戀處:一作"方留戀處"。處:時,時候。

[6]蘭舟:即蘭木舟,船的美稱。相傳魯班曾在七裏洲中刻木蘭樹為舟,這裏也代指船工。

[7]凝噎:一作"凝咽",哽咽,想說而說不出。

[8]去去:重復言之,去了又去,表路途之遠。

[9]暮靄:傍晚的雲霧。沈沈:一作"沉沉",形容暮靄深沉的樣子。楚天:楚地的天空。古時長江中下游一帶屬楚國,故稱此一帶天空為楚天,這裏泛指江南。

[10]今宵:今夜。

[11]經年:經過一年或許多年。經:經過。

[12]縱:即使。

[13]風情:濃情蜜意,男女流露出來的愛戀之情。

【导读】

这首词是柳词婉约词的代表作。上片细腻刻画了与恋人话别时的场景,抒发了浓烈的离情别绪。下片着重摹写想象中别后的凄楚情状,将恋人惜别时的那份难舍之情表现得缠绵悱恻,凄婉动人。这首词语言通俗自然,写景抒情纯用白描,场景刻画如在眼前,为抒写别情的千古名篇。

鵲踏枝[1]

晏　殊[2]

檻菊愁煙蘭泣露[3]。羅幕輕寒[4],燕子雙飛去。明月不諳離恨苦[5],斜光到曉穿朱戶[6]。昨夜西風凋碧樹[7]。獨上高樓,望盡天涯路。欲寄彩箋兼尺素[8]。山長水闊知何處。

（晏殊、晏幾道著,張草紉箋注《二晏詞箋注》,上海古籍出版社 2008 年版）

【注释】

[1]鵲踏枝:詞牌名。晏殊改今名"蝶戀花",取自梁簡文帝樂府"翻階蛺蝶戀花情"。

常用以描寫纏綿悱惻卻又難以抒發的情思。

[2]晏殊:公元991—1055年,字同叔,撫州臨川(今江西省撫州市)人。仁宗時官至同中書門下平章事兼樞密使,封臨淄公,諡號元獻,世稱晏元獻,有《珠玉詞》傳世。

[3]檻:欄杆。菊愁煙:菊花籠罩著一層朦朧的輕煙,像是含愁一般。蘭泣露:蘭花上沾染了點點露珠,像在哭泣。

[4]羅幕:絲羅的門簾。

[5]諳:熟悉,瞭解。恨:一作"別"。

[6]朱戶:朱紅色的大門,指富貴人家。

[7]凋:凋零,凋落。碧樹:綠樹。

[8]彩箋:彩色箋紙,供寫信或題詞之用。這裏指書信。兼:一作"無"。尺素:書信。舊時古人寫信常用素絹,因其通常長約一尺,故又稱尺素。

【导读】

这首词为深秋时节伤离怀人之作,是宋词的名篇之一。上片描写了室内、室外的景物,运用寓情于景的手法,在景物描写中倾注主人公的感情,点出离恨之苦。下片写高楼独望,表现出主人公望眼欲穿的神态和难以遏制的思念之情。这首词情致细腻深婉,意味悠长隽永,构思奇特新颖,语言流转精美。

踏莎行[1]

歐陽修[2]

候館[3]梅殘,溪橋柳細。草薰[4]風暖搖征轡[5]。離愁漸遠漸無窮,迢迢[6]不斷如春水。寸寸柔腸[7],盈盈粉淚[8]。樓高莫近危欄[9]倚。平蕪[10]盡處是春山,行人更在春山外。

(歐陽修著,胡可先、徐邁校注《歐陽修詞校注》,上海古籍出版社2015年版)

【注釋】

[1]踏莎(suō)行:詞牌名,又名"柳長春""喜朝天"等。唐代不見此詞牌名,相傳為北宋寇准所作。

[2]歐陽修:1007—1072年,字永叔,號醉翁,晚年又號六一居士,廬陵(今江西省吉安市)人,官至樞密副使、參知政事,諡文忠,世稱歐陽文忠公,有《歐陽文忠公集》《六一詞》傳世。

[3]候館:可供眺望的小樓。

[4]草薰:草散發的清香。

[5]搖征轡(pèi):指騎馬遠行。轡:韁繩。

[6]迢迢:遙遠的樣子,這裏指離愁綿遠不斷。

[7]寸寸柔腸:柔腸寸斷,形容愁苦到極點,悲痛到極點。

[8]盈盈:淚水充溢眼眶之狀。粉淚:指女子的眼淚。淚水流到臉上,與粉妝和在一起。

[9]危欄:高欄。危:高。

[10]平蕪:平坦茂密的草地。蕪:草地。

【导读】

这首词抒写了早春南方行旅途中的羁旅情怀。上片写行人客旅的所见所感,展示了游子剪不断的离愁。下片写行人设想闺中人相忆念的情景,情意深长,含蓄深沉。全词笔调细腻委婉,寓情于景,具有不朽的艺术魅力。

江城子 乙卯正月二十日夜記夢[1]

蘇 軾[2]

十年[3]生死兩茫茫。不思量[4]。自難忘。千里[5]孤墳、無處話淒涼。縱使相逢應不識,塵滿面,鬢如霜[6]。

夜來幽夢[7]忽還鄉。小軒窗[8],正梳妝。相顧[9]無言、惟有淚千行。料得年年斷腸處[10],明月夜,短松岡[11]。

(鄒同慶,王宗堂著《蘇軾詞編年校注》,中華書局 2002 年版)

【注釋】

[1]江城子:詞牌名,又名"村意遠""江神子""水晶簾",始見於《花間集》韋莊詞。乙卯:宋神宗熙寧八年(1075 年)。

[2]蘇軾:1037—1101 年,字子瞻,號東坡,眉州眉山(今四川省眉山市)人,官至中書舍人、翰林學士,著有《東坡七集》《東坡樂府》等。

[3]十年:蘇軾妻子王弗死於宋英宗治平二年(1065 年),至熙寧八年(1075 年),已十年。

[4]思量:思念。

[5]千里:王弗葬於四川眉山,蘇軾任職密州(今山東省諸城市),兩地相隔遙遠,故稱"千里"。

[6]塵滿面,鬢如霜:滿臉塵埃,鬢髮如霜一般花白。這裏作者感傷十年來仕途勞苦,生活飽經滄桑。

[7]幽夢:夢境隱約。

[8]小軒窗:小室窗前。

[9]顧:看。

[10]料得:料想,預測。斷腸處:一作"腸斷處"。

[11]短松岡:長滿矮小松樹的山崗。這裏指蘇軾亡妻王弗的歸葬之地。

【导读】

这是苏轼知密州时写下的悼亡词,寄托了他对元配夫人王弗深切的哀思。上片实写词人对亡妻深沉的思念,下片虚写梦境,抒发了作者对亡妻诚挚的深情。全词虚实结合,感情真挚,采用白描手法,语言平实质朴,字字从肺腑而出,蕴藏无限深情。

定風波[1]

蘇 軾

三月七日[2],沙湖[3]道中遇雨。雨具先去,同行皆狼狽,余獨不覺。已而[4]遂晴,故作此詞。

莫聽穿林打葉聲[5]。何妨吟嘯[6]且徐行。竹杖芒鞋[7]輕勝馬。誰怕？一蓑煙雨任平生[8]。

料峭[9]春風吹酒醒。微冷。山頭斜照却相迎。回首向來蕭瀟[10]處。歸去。也無風雨也無晴。

(鄒同慶,王宗堂著《蘇軾詞編年校注》,中華書局 2002 年版)

【注釋】

[1]定風波:詞牌名,又名"卷春空""醉瓊枝"。

[2]三月七日:即宋神宗元豐五年(1082 年)三月七日,當時作者正被貶黜黃州(今湖北黃岡)。

[3]沙湖:在今湖北黃岡東南三十裏,又名螺絲店。

[4]已而:不久,表時間短暫。

[5]穿林打葉聲:指雨點敲打在林間樹葉上的聲音。

[6]吟嘯:高聲吟詠、長嘯。

[7]芒鞋:草鞋。

[8]一蓑煙雨任平生:披著蓑衣在風雨裏過一輩子也處之泰然。蓑:蓑衣,用草或棕毛製成的雨披。

[9]料峭:略帶寒意。

[10]向來:先前,方才。灑:一作"瑟"。

【导读】

作者通过描写野外途中偶遇风雨这一平常小事,表现其超凡脱俗的人生态度与旷达超脱的胸襟。上片着眼于雨中,下片着眼于雨后,篇幅虽短,但意境深邃,内蕴丰富,展现出作者的精神追求及其不怕坎坷困苦、笑对风云的洒脱情怀。

鵲橋仙[1]

秦　觀[2]

纖雲弄巧[3],飛星傳恨[4],銀漢迢迢[5]暗度。金風玉露一相逢[6],便勝卻、人間無數。柔情似水[7],佳期如夢,忍顧鵲橋[8]歸路。兩情若是久長時,又豈在、朝朝暮暮[9]?

(秦觀著,徐培均校注《淮海居士長短句》,上海古籍出版社 1985 年版)

【注釋】

[1]鵲橋仙:詞牌名,又名"鵲橋仙令""廣寒秋"等,多題詠七夕牛郎織女於鵲橋相會之事。

[2]秦觀:1049—1100 年,字少遊,一字太虛,號淮海居士,別號邗溝居士,學者稱淮海先生。揚州高郵(今屬江蘇省高郵市)人,曾任秘書省正字、國史院編修官等職,"蘇門四學士"之一,有《淮海集》《淮海居士長短句》傳世。

[3]纖雲弄巧:輕雲變幻多端,構成巧妙而迷人的花樣。纖雲:又稱"巧雲",這裏暗指七夕。

[4]飛星傳恨:流星劃過天際,好像是牛郎織女在傳遞離愁別恨。飛星:流星。

[5]銀漢:銀河,天河。傳說每年七夕之時,喜鵲便於銀河搭鵲橋,牛郎織女由此得以於橋上相見。迢迢:形容距離遙遠的樣子。

[6]金風:秋風。玉露:秋露。此句化用李商隱《辛未七夕》:"由來碧落銀河畔,可要

金風玉露時。"此句亦暗指牛郎織女相會。

[7]柔情似水:溫柔多情,像水般涓涓流動、綿綿不絕。

[8]忍:怎忍,不忍。鵲橋:傳說每年的七夕,喜鵲搭成長橋,讓牛郎、織女渡過銀河相會。

[9]朝朝暮暮:朝夕相守。

【导读】

这是一曲歌颂长久爱情的赞歌。上片写牛郎织女相会,下片写他们的离别。全词哀乐交织,有喜有忧,作者将描写与议论结合,引导人们从更深层次去理解牛郎与织女的故事,讴歌了他们美好的爱情。末二句使词的思想境界升华到一个崭新的高度,成为词中警句。

蘇幕遮[1]

周邦彦[2]

燎沉香[3],消溽暑[4]。鳥雀呼晴[5],侵曉[6]窺檐語。葉上初陽乾宿雨[7],水面清圓[8],一一風荷舉[9]。

故鄉遙,何日去。家住吳門[10],久作長安旅[11]。五月漁郎[12]相憶否,小楫[13]輕舟,夢入芙蓉浦[14]。

(周邦彦著,羅忼烈箋注《清真集箋注》,上海古籍出版社 2008 年版)

【注釋】

[1]蘇幕遮:詞牌名,又名"鬢雲松令""雲霧斂"等,名稱出自西域胡語。

[2]周邦彦:1056—1121 年,字美成,號清真居士,錢塘(今浙江省杭州市)人,曾任太學正、廬州教授、知溧水縣等,為北宋婉約詞的集大成者,今存《片玉集》。

[3]燎沉香:點燃沉香。燎:焚燒,燒。沉香:香料名,又名沉水、水沉。

[4]溽暑:盛夏濕潤悶熱的氣候。溽:濕潤悶熱。

[5]鳥雀呼晴:據傳古時蜀地有鳥,名鳲鳩,雄鳥鳴叫天則晴,雌鳥鳴叫天則陰。

[6]侵曉:拂曉,臨近天明之時。侵:接近。

[7]宿雨:昨夜的雨水。

[8]清圓:清潤圓正,指荷葉。

[9]一一風荷舉:片片荷葉挺出水面,在晨風中顫動。舉:擎起、舉起。

[10]吳門：古地名，指蘇州一帶。

[11]長安：今陝西西安。這裏借指北宋京城汴京。旅：客居，旅居。

[12]漁郎：指江南水鄉少年。

[13]楫：船槳。

[14]芙蓉浦：開滿荷花的池塘。芙蓉：荷花的別名。浦：池塘。

【导读】

这是一首描写思乡之情的词，千百年来深受人们推崇。原因在于作者思乡，却不说自己如何思乡，反而问"五月渔郎相忆否"，此句将思乡之情表达得含蓄温婉却又淋漓尽致。词尾以"小楫轻舟，梦入芙蓉浦"结尾，梦幻缥缈，轻灵别致。此外，词中的语言如出水芙蓉一般自然天成，却又蕴意曲折、风情万种。

聲聲慢[1]

李清照[2]

尋尋覓覓，冷冷清清，悽悽慘慘戚戚。乍暖還寒[3]時候，最難將息[4]。三盃兩盞淡酒，怎敵[5]他、晚來風急。雁過也，正傷心，却是舊時相識。

滿地黃花堆積，憔悴損，如今有誰忺[6]摘。守著窗兒，獨自怎生[7]得黑。梧桐更兼細雨，到黃昏、點點滴滴。這次第[8]、怎一個、愁字了得[9]！

（李清照著，王仲聞校注《李清照集校注》，人民文學出版社 1979 年版）

【注释】

[1]聲聲慢：詞牌名，又名"勝勝慢""鳳示凰""寒松歎"等，首見於北宋晁補之詞。

[2]李清照：1084—1155 年，號易安居士，濟南章丘（今山東省章丘市）人，後人輯有《漱玉集》《漱玉詞》，今有《李清照集》輯本。

[3]乍暖還寒：驟然暖和，又驟然寒冷，冷熱不定，形容深秋氣候變化多端。乍：忽然，驟然。

[4]將息：休養調理身體。

[5]敵：對付，抵擋，抵禦。

[6]忺：可以，能。

[7]怎生：怎樣，怎能。

[8]次第：光景，情形。

273

[9]了得:概括得了。

【导读】

这是一首悲秋词,词中蕴含了作者国破家亡之痛、孀居之悲、沦落之苦。全词语调凄惨苍凉、悲怆孤寂,情感深沉细腻,绵密感人。此词在结构上打破了上下片的局限,一气呵成,浑然一体。开头连用十四个叠字,形象地描绘出作者内心的孤寂苦痛。下片"点点滴滴"呼应前文,表现了作者孤寂凄惨的景况。全词语言通俗却字字血泪,于日常生活的描写中寄寓了深切的哀痛。

醜奴兒·書博山道中壁[1]

辛棄疾[2]

少年不識[3]愁滋味,愛上層樓[4]。愛上層樓,為賦新詞強[5]說愁。

而今識盡[6]愁滋味,欲說還休[7]。欲說還休,却道天涼好個秋!

（鄧廣銘箋注《稼軒詞編年箋注》,上海古籍出版社1978年版）

【注释】

[1]醜奴兒:詞牌名,又名"採桑子""醜奴兒令""羅敷媚""羅敷媚歌"。博山:在今江西省廣豐縣,其形如廬山香爐峰。辛棄疾閒居上饒時,常過博山。

[2]辛棄疾:1140—1207年,原字坦夫,改字幼安,別號稼軒,山東曆城(今山東省济南市)人,著有《稼軒詞》。

[3]不識:不知,不理解。

[4]層樓:高樓。

[5]強:硬要。

[6]識盡:歷盡,深深理解。

[7]欲說還休:想說什麼,卻還是作罷。

【导读】

这首词是辛弃疾被弹劾去职、闲居带湖时所作。这首词通篇言愁,上片描绘少年涉世未深,喜登高望远,不识愁为何物,却故作姿态,为文造情。下片一转,写出历经沧桑后却无法倾诉的抑郁,通过"少年"时与"而今"的对比,表达了作者壮志难酬、悲愤无奈的痛苦之情。全词匠心独运,巧用今昔对比与叠句,言浅意深,韵味悠远。

破陣子·為陳同甫賦壯詞以寄之[1]

辛棄疾

醉裏挑燈[2]看劍,夢回吹角[3]連營。八百里分麾下炙[4],五十絃翻塞外聲[5]。沙場秋點兵[6]。

馬作的盧飛快[7],弓如霹靂[8]弦驚。了却君王天下事[9],贏得生前身後[10]名。可憐[11]白髮生!

(鄧廣銘箋注《稼軒詞編年箋注》,上海古籍出版社 1978 年版)

【注釋】

[1]破陣子:詞牌名,又名"十拍子"。唐時教坊曲名,出自《破陣樂》,後用為詞牌。陳同甫:名亮(1143—1194 年),字同甫,號龍川,婺州永康(今浙江省永康市)人。其詞作風格豪放雄壯,著有《龍川文集》《龍川詞》。

[2]挑燈:挑撥燈芯,使燈光更明亮。

[3]夢回:夢中回到。角:古時軍中吹的號角。

[4]八百里分麾下炙:指用酒食犒勞軍隊。八百里:牛名。一說八百里指範圍廣大,軍營連綿。麾下:部下。麾:古代指揮軍隊的大旗。炙:指烤熟的肉,這裏指烤肉吃。

[5]五十絃:瑟,此處泛指樂器。翻:演奏,彈奏。塞外聲:表現邊塞生活的雄壯悲涼的軍歌。

[6]沙場:戰場。秋:古代點兵用武,多在秋天。點兵:檢閱軍隊。

[7]馬作的盧飛快:戰馬全都如同的盧一般飛快奔馳。作:像。的盧:古代烈馬名,此處泛指戰馬。

[8]霹靂:雷聲,此處指弓弦之聲。

[9]了却:了結,完成。君王天下事:指收復中原,統一國家。

[10]贏得:博得,獲得。身後:死後。

[11]可憐:可惜。

【导读】

作者通过追忆早年抗金军队的豪壮阵容及自己驰骋沙场的生涯,表达了渴望抗击外敌、收复失地,却壮志难酬、英雄迟暮的悲愤心情。全词塑造了一位有心杀敌却报国无门的将军形象。这首词在结构上打破了固有的上下片格局，前九句为一层，末一句为另一层，前九句慷慨激昂，豪气干云，末一句从回忆往昔的壮怀激烈跌落至残酷的现实中，突出了极度失望之情。

點絳唇·丁未冬過吳松作[1]

姜　夔[2]

燕雁[3]無心，太湖西畔隨雲去。數峯清苦，商略[4]黃昏雨。

第四橋[5]邊，擬共天隨[6]住。今何許[7]，憑闌懷古，殘柳參差[8]舞。

（姜夔著，夏承燾箋校《姜白石詞編年箋校》，上海古籍出版社 1981 年版）

【注釋】

[1]點絳唇：詞牌名。此調因江淹《詠美人春遊》"白雪凝瓊貌，明珠點絳唇"句而得名。丁未：即宋孝宗淳熙十四年（1187 年）。吳松：吳淞江，又稱蘇州河，經吳江、蘇州、昆山等地流入黃浦江。一說為今蘇州市吳江區。

[2]姜夔：約 1155—1221 年，字堯章，自號白石道人，鄱陽（今江西省鄱陽縣）人。終生未仕，卒於杭州。其詞清空醇雅，有《白石道人詩集》《白石道人歌曲》等。

[3]燕雁：指北方飛來的鴻雁。燕：今河北北部及遼寧一帶。

[4]商略：商量。

[5]第四橋：即蘇州城外甘泉橋。

[6]天隨：晚唐詩人陸龜蒙自號天隨子，取《莊子·外篇·在宥》"神動而天隨"之意。陸龜蒙曾在吳江甫裏鎮隱居，時人稱其為江湖散人，姜夔常以陸龜蒙自比。

[7]何許：何處，什麼地方。

[8]參差：長短不齊。

【导读】

这首词通篇写景，上片写词人途经吴松所见之景。"燕雁"之漂泊暗含着自己也如它一般四处漂泊，东奔西走，但是无所羁绊，潇洒自在，如同仙人。下片因地怀古，既抒发了自己对陆龟蒙的仰慕之情，又道出了自己"凭阑怀古"的无限沧桑之感。全词虽仅四十一字，却深刻细腻地传达出姜夔"过吴松"时的心情，意境空灵，引人遐思。

虞美人·聽雨[1]

蔣　捷[2]

少年聽雨歌樓上。紅燭昏羅帳。壯年聽雨客舟中。江闊雲低、斷雁[3]叫西風。
而今聽雨僧廬[4]下。鬢已星星[5]也。悲歡離合總無情。一任[6]階前、點滴到天明。

（蔣捷撰，楊景龍校注《蔣捷詞校注》，中華書局 2010 年版）

【注釋】

[1]虞美人：詞牌名，又名"玉壺水""一江春水"等。

[2]蔣捷：生卒年不詳，字勝欲，號竹山，陽羨（今江蘇省宜興市）人，宋亡，其深懷亡國之痛，隱居不仕，人稱"竹山先生"，長於詞，與周密、王沂孫、張炎並稱"宋末四大家"，有《竹山詞》存世。

[3]斷雁：即孤雁。

[4]僧廬：僧舍，僧房。

[5]星星：華髮點點如星。

[6]一任：聽任，任憑。唐溫庭筠《更漏子》："梧桐樹，三更雨，不道離情正苦。一葉葉，一聲聲，空階滴到明。"

【导读】

这是蒋捷晚年的作品。这首词是其忧患一生的真实写照，上片感叹已逝的岁月，下片叹息目前的境况。这首词以"听雨"为线索，通过时空转换的手法截取了三幅极具典型意义的画面，即少年听雨歌楼、壮年听雨客舟、晚年听雨僧庐，而这三幅图画中，少年与壮年听雨都是为了衬托晚年听雨时的凄清与伤感，显示了作者绝佳的时空转换与文字凝练能力，内涵丰富，寓意深刻。

三、延伸思考

苏轼是使宋词成为宋代代表性文体的关键人物，他为词的发展开拓了全新的领域，促成词的内容和风格的多样化，使宋词呈现出崭新的面貌。刘辰翁认为："词至东坡，倾荡磊落，如诗，如文，如天地奇观。"（《辛稼轩词序》）元好问认为："乐府以来，东坡为第一，以后便到辛稼轩。"（《遗山自题乐府引》）北宋灭亡后，苏词为蔡松年、吴激、元好问等金代名家所推崇。其中,元好问继承苏轼、辛弃疾清雄豪放的词风,其爱国词内容广泛,风格雄浑壮阔,成就较高。苏词还为张元干、张孝祥、陆游、辛弃疾、陈亮等南宋词人所激赏,这些词人以词风慷慨激昂、多悲壮之气著称。直到明清时期,苏词的影响仍然很大。

(房锐撰)

第三节 唐诗宋词与海外中国文学

一、概述

唐宋两朝以经济繁荣、文化昌盛著称于世。唐朝时,长安成为中外经济文化交流的中心,有七十多个国家与唐朝保持着政治交往和经济文化交流。两宋时,文化发展水平也处于世界领先地位。唐诗、宋诗及宋词作为中国文化的代表,在古代朝鲜、日本、越南等国家及地区广为流布。

唐王朝是当时世界上最强大、最先进的帝国,其声威远在秦汉之上。唐王朝物质富庶,文化繁荣昌盛,对周边民族和国家产生了强烈的吸引力。在长安留学的外国留学生中,以新罗、日本的为最多。《新唐书·东夷列传》曾提及朝臣仲满(汉名晁衡)、橘逸势、浮屠空海等留学中国的日本文人。其中,晁衡在中国居住了五十四年,官至秘书监、安南都护,最后埋骨长安。不少留学生学成归国后,积极传播中国文化,对本国的文化建设与汉文学的发展起到了重要作用。新罗诗人崔致远曾荣登宾贡进士之首,《新唐书·艺文志》著录其《四六》一卷、《桂苑笔耕集》二十卷。崔致远被誉为朝鲜汉文学的开山鼻祖,其人、其诗对本国的文风及文化建设等亦有重要的影响。

追慕唐宋文化,将记载中华文明的汉文典籍带回本国,成为不少异域文人的一项重要使命。中日文化交流史上,形成了一条向东的书籍之路。中国流向日本的典籍种类繁多,经史子集无所不包。唐朝时,日本派出的遣唐使、留学生和学问僧带回了大批汉籍。如吉备真备两次访华,在中国大量搜集各类典籍,编著了《将来目录》这部专门的目录。宋朝时,不少文化典籍也以各种途径被大量引进日本。

作为中国文化的瑰宝,唐诗宋词对古代朝鲜、日本、越南等国家的文化与文学产生了巨大的影响。日本人的诗歌创作受到唐宋诗风的深刻影响,禅宗僧侣热衷于汉文学,尤其是汉诗创作,崇尚中晚唐及宋代诗歌。《怀风藻》编于 8 世纪中叶,是日本最古老的汉诗集,书中收录六十余人的一百二十首汉诗(现存一百一十六首),这些诗作受到六朝及唐初骈俪文风的影响。9 世纪末叶,日本先后编成《凌云集》《文华秀丽集》《经国集》三部汉诗集,这些诗集内容丰富,艺术表现力有所提高。高僧空海的汉诗集《性灵集》风雅典丽,艺术成就较高。他撰写的《文镜秘府论》是日本第一部论述汉诗创作方法的著作,为当时日本人学习汉诗的津梁。此后,近体律诗在日本流行,长篇七言诗和乐府长短句也在日本诗作中出现。李白、杜甫、白居易等人的作品在日本流传很广。尤其是白居易,其人格风范及其诗文在日本文化史上产生了广泛而又持久的影响,白氏文集甚至取代《文选》,成为日本人心目中中国文学的典范。五山以来,江湖诗人周弼所编中晚唐诗选本《三体诗》在日本广为流传。钟惺、谭元春所编《唐诗归》为江户末期文人的必读书。江户时代,市川宽斋学白居易、陆游,所著《全唐诗逸》在诗歌研究上具有较高的学术价值。在山本北山的倡导下,宋诗在日本得以广泛传播,冠以北山序文的和刻本《陆放翁诗钞》《范石湖诗钞》《杨诚斋诗钞》等相继出现。

唐宋诗风对高丽、朝鲜诗坛均产生过重大的影响。《十抄诗》是高丽朝前期编纂的一部唐、五代诗歌选集,书中收录刘禹锡、白居易、张籍、章孝标、雍陶、温庭筠等二十六位唐、五代诗人及崔致远、朴仁范、崔承祐、崔匡裕四位新罗入唐诗人的七言律诗,每人十首,共计三百首。其注本《夹注名贤十抄诗》约初刊于1300年,经校定后于1452年重刊(参见释子山夹注、查屏球整理《夹注名贤十抄诗》,上海古籍出版社,2005年版,第2-3页)。在以诗赋取士的高丽、朝鲜两朝,《十抄诗》及其注本的传写、刊印,当对研习汉诗者文学修养的提高、对汉文学的繁荣兴盛起到了一定的作用。《十抄诗》专录中唐至五代时期的七言律诗,在诗歌选本史上具有较高的研究价值。

李白、杜甫、白居易等唐诗大家在朝鲜半岛文人心目中占据着崇高的地位,李奎报、李齐贤、李仁老、徐居正等人的诗歌创作无不受到他们的影响。如李奎报《晚望》云:“李杜嘲啾后,乾坤寂寞中。江山自闲暇,片月挂长空。”诗中表达了对李白、杜甫的仰慕之情。李齐贤在《洞仙歌·杜子美草堂》中生动地回忆了杜甫的一生,从中可以感受他对杜甫的敬仰之情。李仁老《破闲集》称:“诗人皆推杜子美为独步,岂唯立语精硬,括尽天地菁华而已。虽在一饭,未尝忘君。毅然忠义之节,根于中而发于外,句句无非稷契口中流出,读之足以使懦夫有立志,玲珑其声,其质玉乎,盖是也。”徐居正是李朝前期汉文学创作的杰出代表,其《东人诗话》为朝鲜诗话的奠基之作,其在《东人诗话》中把杜甫视为“诗圣”。他认为:“洞庭湖和巴陵,为天下之壮观,诗人文人谈诗中,杜甫之诗,首屈一指。”朝鲜丁若镛有“杜甫还生”之誉,他的《波池吏》《龙山吏》《海南吏》《石隅别》《沙坪别》《荷潭别》等作品,深受杜甫“三吏”“三别”的影响。李植《纂注杜诗泽风堂批解》为朝鲜文人批解、注释杜诗的第一部个人著述。申纬对此书推崇备至,其《东人论诗绝句》云:“天下几人学杜甫,家家尸祝最东方。时从《批解》窥斑得,先数功臣李泽堂。”

高丽中期,诗人金富轼、金富辙兄弟之得名,与他们仰慕苏轼、苏辙有关。崔滋《补闲集》载,李奎报诗学苏轼,“其豪迈之气,富赡之体,直与东坡吻合”。李仁老深受苏轼、黄庭坚的影响，崔滋《补闲集》载："李学士眉叟曰：'杜门读苏黄两集，然后语遒然，韵铿然，得作诗三昧。'"徐居正《东人诗话》称："高丽文人，专尚东坡，每及第榜出，则人曰：'三十三东坡出矣'。"

高丽后期，一些诗人追慕白居易"九老会"的风流韵事，建斋聚会，诗酒自娱。如崔诜建双明斋，与其弟崔诜等人组建"耆老会"。庾资谅等人也组建了"耆老会"，李瑱组建"后耆会"，蔡洪哲等人组建"耆英会"等。他们模仿白居易的"九老会"故事，在聚会人数上，一般以"九"人为准。李朝中期，白光勋、崔庆昌、李达主张学习唐诗，被称为"三唐诗人"。推崇唐诗的诗人还有被称为"四大家"的申钦、李廷龟、张维和李植。

唐诗在越南的流传主要有两种表现形式：一是以传统的诗文别集、总集传播；二是以杂抄本的形式在下层民众中广为流传。而越南文人的诗文中时常可以见到对唐代著名诗人的推崇之语和模仿唱和之作（参见刘玉珺《越南汉喃古籍的文献学研究》第六章，中华书局，2007 年版）。越南著名词人阮绵审擅长作词，有《鼓枻词》一卷传世。其词风格在姜夔、张炎之间，写艳情不伤软媚，语言清丽。

不少在中国本土已经失传的书籍，在日本、韩国等国家陆续被发现，并得以重新传回中国。如辛文房所编《唐才子传》在中国本土一度失传，仅在日本流传。于济德编、蔡正孙增订《唐宋千家联珠诗格》选录唐宋诗人七言绝句一千余首，分为三百余格，并加以评释。此书于大德四年（1300 年）刊行，后在中国本土亡佚。幸运的是，日本、韩国有此书的多种翻刻本流传。此书保存了近四百首《全宋诗》未收的佚作，不少宋代诗人亦不见于《全宋诗》的记载。高丽时期编辑的唐诗选集《十抄诗》收录的诗作中，有一百〇二首为佚诗。这些保存至今的珍贵文献，有助于我们较为完整地认识唐宋文学的总体成就。

在中国古典诗歌的英译本中，以庞德的译诗集《华夏集》（Cathay，又名《神州集》）最具影响。1914 年，庞德从美国汉学家费诺罗萨的中文笔记中，选取十九首诗，编译成册。1915 年，《华夏集》正式出版。

《华夏集》包括《诗经・小雅》中的《采薇》、古乐府《陌上桑》和《青青河畔草》、陶渊明《停云》、郭璞《游仙诗》、卢照邻《长安古意》、王维《送元二使安西》、李白《江上吟》《长干行》《侍从宜春苑奉诏赋龙池柳色初青听新莺百啭歌》《天津三月时》《玉阶怨》《胡关饶风沙》《忆旧游谯郡元参军》《黄鹤楼送孟浩然之广陵》《送友人》《送友人入蜀》《登金陵凤凰台》《代马不思越》十九首。就《华夏集》所选十九首诗的题材来看，它们大多表现的是愁思离苦。

《华夏集》的译文简练流畅，遣词造句富于现代气息。在这本诗集中，庞德并不强调译诗的字面意义的忠实，而是强调整个文本意义的忠实，重视诗的节奏、意象的忠实（吴其尧《庞德与中国文化——兼论外国文学在中国文化现代化中的作用》，上海外语教育出版社，2006 年版，第 113 页）。这些译诗将意象凸显得十分鲜明，把中国古典诗歌简洁明了、含义隽永的特点引入诗歌创作,使诗歌具有新鲜感、活泼感。尽管这些译诗中有不少误译、漏译之处,却使英语读者感到惊奇和新鲜。

二、原典选读及导读

文鏡秘府論[1]

天卷·序

夫大仙利物[2],名教[3]為基;君子濟時[4],文章是本也。故能空中塵中[5],開本有之字[6];龜上龍上[7],演自然[8]之文。至如觀時變於三曜[9],察化成於九州[10]。金玉笙簧[11],爛其文而撫黔首[12];郁乎焕乎[13],燦其章以馭蒼生。然則一為名始[14],文則教源,以名教為宗,則文章為紀綱[15]之要也。世間出世,誰能遺此乎? 故經說阿毗跋致[16]菩薩,必須先解文章。孔宣[17]有言:"小子何莫學夫《詩》,《詩》可以興,可以觀,邇之事父,遠之事君。""人而不為《周南》、《邵南》,其猶正牆面而立也。"是知文章之義,大哉遠哉!

文以五音[18]不奪、五彩[19]得所立,章因事理俱明、文義不昧樹號,因文詮名,唱名[20]得義。名義已顯,以覺未悟。三教[21]於是鑣,五乘[22]於是並轍,於焉釋經[23]妙而難入,李篇玄而寡和[24],桑籍[25]近而爭唱。游、夏[26]得聞之日,屈、宋[27]作賦之時,兩漢醉宗[28],三國文伯[29],體韻心傳,音律口授。沈侯、劉善[30]之後,王、皎、崔、元[31]之前,盛談四聲[32],爭吐病犯,黃卷[33]溢篋,緗帙[34]滿車。貧而樂道[35]者,望絕訪寫;童而好學[36]者,取決無由。

貧道[37]幼就表舅,頗學藻麗[38],長入西秦[39],粗聽餘論[40]。雖然,志篤禪默,不屑此事。爰有一多後生[41],扣閑寂於文囿[42],撞詞華乎詩圃[43]。音響難默,披卷函杖[44],即閱諸家格式等,勘彼同異,卷軸[45]雖多,要樞[46]則少,名異義同,繁穢尤甚。余癖難療,即事刀筆[47],削其重複,存其單號,總有一十五種類,謂《聲譜》、《調聲》、《八種韻》、《四聲論》、《十七勢》、《十四例》、《六義》、《十體》、《八階》、《六志》、《二十九種對》、《文三十種病累》、《十種疾》、《論文意》、《論對屬》等是也。配卷軸於六合[48],懸不朽於兩曜[49],名曰《文鏡秘府論》。庶緇素[50]好事之人、山野文會[51]之士,不尋千里,蛇珠[52]自得,不煩旁搜[53],彫龍[54]可期。

（遍照金剛撰,盧盛江校考《文鏡秘府論彙校彙考》,中華書局 2006 年版）

【注釋】

[1]文鏡:指以文為鏡,反映詩文創作的方法和規律以資借鑒。秘府:秘藏典籍的府庫。

[2]大仙:指佛。利物:利益萬物。

[3]名教:名聲與教化。

[4]濟時:救時,濟世。

[5]空中塵中:《理趣經》卷一:"若欲空中現文字見三世事,當書阿字持誦一洛義,即見三世事。"空海《聲字實相義》:"如來說法,必藉文字,文字所在,六塵其體。文字之起,本之六塵。謂六塵者:一色塵,二聲塵,三香塵,四味塵,五觸塵,六法塵,此六塵各有文字。"

[6]本有之字:《釋大衍論》:"三身本有。"

[7]龜上龍上:鄭玄《禮記疏》:"伏羲氏有天下,龍馬負圖出於河,遂法之畫八卦,又龜書洛出之也。"

[8]自然:佛教術語。亦稱自爾、法爾。呂巖《呂子易説》:"古龍馬圖出河,其陰陽奇偶錯綜分列,皆本乎天地自然之文,伏羲則而象之,繹成爲圖,其於八卦之義自相吻合。"

[9]時變:四時的变化。三曜:指日、月、星。

[10]化成:化育成就。九州:天下。

[11]金玉:指管樂器发出的聲音。笙:管乐器名。簧:笙中的簧片。

[12]黔首:指百姓。

[13]郁乎:指文采卓越的樣子。煥乎:指光采明亮的樣子。

[14]然則一为名始:一生万物,为名教之始。

[15]紀綱:綱領,法度。

[16]阿毗跋致:梵語,意為不退住。

[17]孔宣:孔子,唐代追贈孔子为"文宣王"。

[18]五音:宮、商、角、徵、羽。

[19]五彩:青、黃、赤、白、黑。

[20]唱名:佛教用語。佛教徒念佛時,唱南无阿弥陀佛之名號。

[21]三教:儒、道、釋三教。

[22]五乘:人、天、聲聞、緣覺、菩薩。

[23]釋經:佛經。

[24]李篇:老子《道德經》。寡和:指能理解《道德經》的人很少。

[25]桑籍:孔子的文章。

[26]游、夏:子游、子夏。

[27]屈、宋:屈原、宋玉。

[28]詞宗:指司馬相如。

[29]文伯:泛指文章宗伯,是对有文采的人的尊稱。

[30]沈侯:指沈約,南朝梁文學家,創"四聲八病"説。劉善:指隋劉善經,著《四聲指

歸》。

[31] 王、皎、崔、元:指王昌齡、皎然、崔融、元兢。

[32] 四聲:指平聲、上聲、去聲、入聲。

[33] 黃卷:泛指書籍。

[34] 緗帙:泛指書籍。緗:淺黃色。帙:書皮。

[35] 貧而樂道:出自《論語·學而》:"未若貧而樂,富而好禮者也。"

[36] 童而好學:出自《論語·公冶長》:"敏而好學,不恥下問,是以謂之文也。"

[37] 貧道:空海自稱。

[38] 藻麗:指華美的文辭。

[39] 西秦:指長安。

[40] 餘論:宏論。

[41] 一多後生:可能指空海的弟子實慧。

[42] 文囿:指文章彙聚之地。

[43] 詩圃:詩歌的園地。

[44] 披卷:指開卷。披:打開。函杖:講學的坐席。

[45] 卷軸:指書籍。

[46] 要樞:重要的樞紐。

[47] 刀筆:古代的書寫工具。此處指用刀刮去重復繁穢的文章。

[48] 六合:指天地。

[49] 不朽:《左傳·襄公二十四年》:"大上有立德,其次有立功,其次有立言,雖久不廢,此之謂不朽。"兩曜:指日、月。

[50] 緇素:指僧徒。緇:黑色。素:白色。

[51] 文會:指文人之間以文相交。

[52] 蛇珠:指珍珠,比喻出眾的才華。

[53] 旁搜:指四處搜尋。

[54] 彫龍:同"雕龍",雕鏤的龍紋,比喻博大閎深的文辭。

【导读】

《文镜秘府论》是由日本僧人空海编撰的一部关于中国古代诗文论的著作,书中保存了六朝至中唐时期不少重要的文献,为研究中国古代诗文论提供了宝贵的参考材料,具有重大的文学价值和史料价值。

空海(公元 774—835 年),日本平安时代的僧人,俗姓佐伯,谥号弘法大师。遍照金刚是他师从惠果接受学法灌顶时的法号。空海于唐贞元二十年(公元 804 年)随遣唐使入唐,次年十月回到日本,带回大量典籍。

空海为编撰《文镜秘府论》一书做了充分的准备。他幼时随表舅学习中国文化,熟习《论语》《孝经》等,文学造诣颇深。唐贞元二十年,他随遣唐使入唐,在长安生活期间,广泛结交文人,以文会友,赠诗往来,并且积极寻访文学典籍,为《文镜秘府论》的编撰积累了丰富的资料。在唐游学期间,空海切身感受到"沈侯、刘善之后,王、皎、崔、元之前,盛谈四声,争吐病犯,黄卷溢箧,缃帙满车。贫而乐道者,望绝访写;童而好学者,取决无由"。他意识到这种纷繁的局面亟待解决,回国后决定亲自整理这些典籍,编撰成书,名曰《文镜秘府论》。从书的题目也可看出,他编撰本书的目的是为学习诗文者提供写作的范式和方法指导。结合日本当时的时代背景,空海编撰本书或许还有其政治目的,即辅佐嵯峨天皇,以"文章为纪纲之要",正所谓"金玉笙簧,烂其文而抚黔首;郁乎焕乎,灿其章以驭苍生",以文章作为教化天下苍生的手段。

《文镜秘府论》分为天、地、东、西、南、北六卷,概取"六合"之意,即序中所说"配卷轴于六合"。全书从诗歌的立意、创作、形式、内容等各个方面给予规范,实用性较强,框架结构完整。天卷主要讲声律,分为《调四声谱》《调声》《诗章中用声法式》《八种韵》《四声论》几篇,详细介绍了四声和八种韵。四声,即平声、上声、去声、入声。八种韵,即连韵、叠韵、转韵、叠连韵、掷韵、重字韵、同音韵、交锁韵,这是诗歌的八种押韵格式。调声即调和声之平上去入、清浊轻重,使诗歌声律和谐。因本书记载的是六朝至中唐时期的诗文论,在这一历史范畴中,"永明体"是起着关键过渡作用的一种文体。"永明体"强调"平上去入"的四声说,强调声韵、格律,为唐代律诗的形成和发展奠定了基础。《文镜秘府论》的写作目的之一是要为日本人学习中国诗歌提供方法,故本书对此亦十分看重,将声律作为全书的基础,讨论四声、声韵、调声,并总结成诗文写作的技巧和方法,以资借鉴。

地卷主要讲文章体制,具体介绍文章的写作方法,分为《十七势》《十四例》《十体》《六义》《八阶》《六志》《九意》几篇,分别讲述文章体势、体例、诗之六义及具体的艺术表现手法,详细阐述了诗歌的情景理交融、赋比兴的创作手法、修辞手法的运用等问题。

东卷主要讲对属,分为《论对》《二十九种对》《笔札七种言句例》几篇。对属是诗歌的基本因素,本卷谈及对和句例,列举的名、隔句、双拟、连绵、互成、异类等二十九种对和十一种言句例,是针对诗歌创作实践的方法指导。

南卷主要讲诗文的意兴、立意和格调,侧重于诗文的内容,分为《论文意》《论体》《定位》《集论》,谈及诗歌意蕴、表达方式、体貌风格、谋篇布局、声律协调等问题。

西卷主要讲诗文的病犯,分为《论病》《文二十八种病》《文笔十病得失》。南朝沈约等人提出"八病",即平头、上尾、蜂腰、鹤膝、大韵、小韵、正纽、旁纽,指出作诗忌此

"八病",但未对"八病"做详尽的解释。本卷《文二十八种病》则对"八病"做了详细的说明。

北卷是带有附录及总结性质的一卷,分为《论对属》《句端》《帝德录》。《论对属》接东卷继续讨论对属。《句端》一篇汇集了句端发语词二十六种,《帝德录》则汇集了各种赞颂帝王的词语和句子,实际上是为诗文写作提供了范式。

《文镜秘府论》一书的价值首先在于保存了珍贵的文献材料。从序中所言"沈侯、刘善之后,王、皎、崔、元之前,盛谈四声,争吐病犯,黄卷溢箧,缃帙满车",可以窥见当时文坛的面貌,且书中引用众多原始材料,诸如陆机《文赋》、刘勰《文心雕龙》、沈约《四声谱》、刘善经《四声指归》、上官仪《笔札华梁》、崔融《唐朝新定诗体》《新唐诗格》、元兢《诗髓脑》《古今诗人秀句》、王昌龄《诗格》、皎然《诗式》《诗评》《诗义》、殷璠《河岳英灵集》及佚名《文笔式》《帝德录》等,这些材料很多在中国已经亡佚,故《文镜秘府论》的记载更显珍贵,对研究南北朝、隋唐文学文献,具有重要的史料价值与参考价值。

其次,《文镜秘府论》的成书过程也是对六朝至中唐时期诗文论的梳理总结过程,可帮助我们了解这时期诗文论发展的特点。同时,它提供了文章写作的范式,对日本文学的发展产生了重大的影响。

【附录】

华夏集(节选)

庞　德

Separation on the River Kiang

Ko-jin goes west from Ko-kaku-ro,

The smoke-flowers are blurred over the river.

His lone sail blots the far sky,

And now I see only the river, the long Kiang, reaching heaven.

【原文】

黄鹤楼送孟浩然之广陵

李 白

故人西辞黄鹤楼,烟花三月下扬州。孤帆远影碧空尽,惟见长江天际流。

The Jewel Stair's Grievance

The jeweled steps are already quite white with dew,

It is so late that the dew soaks my gauze stockings.

And I let down the crystal curtain,

And watch the moon through the clear autumn.

【原文】

玉阶怨

李 白

玉阶生白露,夜久侵罗袜。却下水晶帘,玲珑望秋月。

三、延伸思考

日本汉学家在唐宋诗词研究方面创获颇丰。汉学家森槐南精通诗词,其《唐诗选评释》《杜诗讲义》《韩诗讲义》《李诗讲义》等影响很大。盐谷温《唐宋八大家文新钞》及铃木虎雄《杜少陵诗集》《白乐天诗解》《陆放翁诗解》等对唐宋诗人的作品在日本的流布起到了较大的作用。此外,吉川幸次郎、小川环树、目加田诚等人对唐宋文学也做了精深的研究。日本汉学家在唐宋诗词研究方面所取得的成果值得高度重视。

（房锐撰）

第四节　宋　诗

一、概述

蒋士铨云："宋人生唐后，开辟真难为。"宋诗是在唐诗的基础上发展变化的。宋诗既体现出了对唐诗的继承，又取得了巨大的突破，形成了自己的特色，于"唐音"之外又创"宋调"。宋诗既反映了宋代文人的思想性格，也体现了宋代的文化积累和创造精神。宋人或在诗中炫耀广博的知识学问，或安排机智的句法字眼，或注入深刻的义理哲思，或营造含蓄的韵味心境。

宋初，诗坛的风气主要是模仿唐人，大抵可分为学白居易诗的"白体"、学贾岛诗的"晚唐体"及学李商隐诗的"西昆体"三派。李昉、徐铉、李至、王禹偁即是"白体"代表诗人，白居易、元稹流连杯酒光景、以小碎篇章相互唱和的作诗方式，正合君臣的胃口，为时流所仿效。王禹偁在仿效的同时部分继承了白居易讽喻诗的精神。"晚唐体"主要流行于真宗朝，成员多为在野的隐士和僧人。他们隐居山林，不求闻达，诗学贾岛，"惟搜眼前景而深刻思之"，诗歌内容、题材较为狭窄。与晚唐五代乱世文人的作品相比，魏野、林逋等人的诗多了几分盛世的气象，于苦吟中加进了闲吟，于孤峭中注入了幽雅。随着宋初经济的发展与文化的初步繁荣，"西昆体"兴起。真宗朝，杨亿、刘筠诸人在馆阁编纂类书，闲时相互唱酬，编为《西昆酬唱集》，较之"白体"的浅俗直白与"晚唐体"的枯寂冷淡，"西昆体"用事精巧、丰富藻丽。欧阳修《六一诗话》载："自《西昆集》出，时人争效之，诗体一变。"但"西昆体"也存在着模仿较多而创新不足的艺术缺陷。

仁宗庆历年间，北宋诗文革新运动拉开了序幕。梅尧臣、欧阳修、苏舜钦在复古旗帜下开启了诗坛的创新之风。他们推崇学习韩愈诗歌，以为文之手法为诗，多用赋体，形成以文为诗的风貌；同时继承了韩诗"资谈笑，助谐谑，叙人情，状物态"的特色并加以发扬，扩大了诗歌的题材范围。在梅、欧、苏笔下，几乎所有题材皆可谈道寓情，无论写景状物，抑或咏史言情，触处皆生议论。他们在学韩过程中随才情的自由表现而形成了不同的创作个性，如梅诗深远闲淡、欧诗则多平易舒畅、苏诗超迈横绝。

庆历以后宋诗风貌逐渐鲜明，"以文字为诗，以才学为诗，以议论为诗"的特征越发显著。这集中体现在王安石、苏轼及以黄庭坚为代表的元祐士人的诗歌中。王安石前期诗歌"以意气自许"，政治见解、历史反思、艺术评价发于诗中，辩驳翻案，纵横捭阖。退居钟山之后，其诗风转变较大；禅宗的直觉体悟和静观照物方式使其诗歌呈现出了重兴象、意境的唐风倾向,达到了"悠游不迫"的诗歌境界。王安石晚期作品在感悟中仍带有强烈的理性色彩,对偶、用典和炼字极为精巧严格,体现出对唐诗的有意竞技和自觉超越。

苏轼是北宋中叶后文化全面繁荣造就的天才诗人。他的诗将前辈诗人作品中已出现的宋调特征推向成熟。沈德潜《说诗晬语》盛赞苏轼诗如"天马脱羁,飞仙游戏,穷极变幻,而适如意中所欲出",指出了其诗歌风格多变的一面,苏轼"以议论为诗",长于譬喻,说理透彻,雄辩无碍,以丰富的生活内容、清新畅达的语言表现和深厚的文学修养,避免了浅率无味或生硬晦涩。其"以文字为诗",下字精审,造语新奇,对仗巧妙,以"随物赋形"的流畅准确避免了板滞雕琢。其"以才学为诗",用事广博,左抽右取,无不如意,以妙趣横生的联想、浑然天成的组接避免了典故堆砌。诗歌的表现力在苏轼手中得到空前的扩展。

苏门文人黄庭坚、陈师道在"以文字为诗"和"以才学为诗"方面更甚。在理学、禅宗讲求反观内省的学术影响下,在党争激烈、朝局复杂多变的政治影响下,黄、陈诗由指陈时弊、干预现实转向吟咏情性、涵养道德,转向对诗歌形式的追求。他们追求诗歌语言的陌生化,继承了韩愈的"务去陈言",并发展为"以俗为雅,以故为新"的原则,提出了"点铁成金""夺胎换骨"等诗学理论,他们在艺术上树起学杜的大旗,黄诗七律的瘦劲、陈诗五律的沈挚,都有杜诗"句法"的神韵。北宋晚期诗坛在黄庭坚的影响下形成了"江西诗派"。该派诗人大多标举气格,鄙弃流俗,以日常生活、文化用品、师友亲情等为题材,句法上保持"破弃声律"的态势及"资书以为诗"的倾向。韩驹、吕本中、曾几等人受禅宗思维的影响,提出了"悟入""活法"等诗学理论,诗风转向流动自然、轻快活泼。

靖康之变,宋室南渡,士大夫经历了国破家亡的巨变,诗风变得沉郁悲凉。江西诗派重新认识到杜诗的意义,将杜诗的"句法"凝结为深沉的忧国情怀渗入其作品中。陈与义即这一时期江西诗派代表诗人,刘克庄《后村诗话・前集》言其:"避地湖峤,行路万里,诗益奇壮。"

宋金和议之后,社会相对稳定,南宋诗坛出现尤袤、杨万里、范成大、陆游等"中兴四大诗人"。他们在艺术上与江西诗派有渊源关系,但其创作观念和实践已突破该派藩篱。陆游尤为典型,其诗涉及内容极为广泛,最突出的有两点:一是抗金报国、收复中原的梦想和呼号;二是日常生活、眼前景物的玩赏和咀嚼。二者并存,形成了悲壮激烈、闲适细腻兼具的艺术风格。杨万里的"诚斋体"在艺术上颇有创造性,不是在书本文字上翻新出奇,而是与千姿百态的自然景物直接对话,生动活泼,幽默诙谐,所谓"不笑不足以为诚斋之诗"(《宋诗钞》)。范成大的诗平易朴素,善写农村题材,《四时田园杂兴》反映了广阔的农村生活场景,为偏于隐逸的传统田园诗注入新的内容。

南宋理学的昌盛极大影响了诗歌创作,造成"理学兴而诗律坏"的状况,但也有一些理学诗人文学修养深厚,以诗说理而不陈腐枯燥,如朱熹的诗歌,哲理寓于形象,有理趣而无理语。宁宗朝"永嘉四灵"（徐照、徐玑、翁卷、赵师秀）的创作不仅抛开理学家的说教，而且极力恢复被江西诗派废弃已久的"唐律"。他们的诗以贾岛、姚合为仿效对象，尚五言，重白描，摹写物态，研炼声律，又重新回到宋初"晚唐体"的道路。"永嘉四灵"的"捐书以为诗"矫正了江西诗派"资书以为诗"的恶习，但因缺乏深厚艺术修养的支持，他们的诗难免有寒俭刻削之态。

南宋后期，诗坛出现了一大批官职卑小或科举落第的诗人，他们的诗被书商陈起收入《江湖前、后、续集》中，因而号称"江湖诗派"。他们的诗多习唐律，无聊庸俗之作颇多。当然，其中也有一些忧国忧民的诗篇，尤其是戴复古和刘克庄的诗，他们的诗歌题材的广泛性和艺术风格的多样性都超越了同时代的诗人。宋元易代之际，家国的变故使士大夫高度推崇以诗为史、以诗明志的杜甫，文天祥即其代表，其诗真实地表现出深挚的爱国情怀和崇高的人格力量。在他的精神感召下，一批南宋遗民坚持民族气节，或以诗表明不屈的斗志，或以诗寄托亡国的哀思，成为宋诗最动人的绝唱。

二、原典选读及导读

村　行

王禹偁

　　馬穿山徑菊初黃，信馬悠悠野興長。萬壑有聲含晚籟[1]，數峯無語立斜陽。棠梨[2]葉落胭脂色，蕎麥花開白雪香。何事吟餘忽惆悵，村橋原樹似吾鄉。

（王禹偁撰《小畜集》，上海商务印书馆 1937 年版）

【注释】

[1]晚籟：傍晚風吹空穴之聲。
[2]棠梨：即杜梨，一名甘棠，俗稱野梨。

【导读】

此诗为宋太宗淳化二年（公元 991 年）王禹偁被贬商州团练副使时所作。首联于动态中写景，骑马穿过黄菊夹道之山路，马既悠然自得，人亦野性正浓。颔联紧接着写景，由下而上、由深而高。"万壑"，明言山壑之多。"有声"，暗写山泉淙淙。炼一"含"字，写声音全在壑里、全从壑出。"晚"字点明时间，又呼出下句的"斜阳"。"籟"字是应"有声"。这一句本属平平，但对下句有衬托作用。"数峰无语立斜阳"是全篇的精髓。山峰本不能言,以"无语"称之,是透过一层写法,无理中有理。"立斜阳",更见晚山可爱,无限好景。人对山而忘言,山对人而"无语",真是契合无间。颈联则又从行道中所见的草木写起。"棠梨叶落胭脂色,荞麦花开白雪香",色彩鲜明,红白交杂,花实并存。美景如此,看来当叫人流连忘返。然而尾联陡然一转,不是赏心乐事,而是"何事吟余忽惆怅",吟诗之后,悲从中来,"村桥原树似吾乡"。作者对景思家,却不明说,辗转委婉。

这首诗风格飘逸,淡中有味,明白自然,看似毫不费力,实从千锤百炼中得来,王禹偁自称"本与乐天为后进,敢期子美是前身"。他确实能得白居易七律的精神,也继承了杜甫在长安、成都两地所作七律的风貌。

山園小梅[1]

林 逋

眾芳搖落獨暄妍[2],占盡風情向小園[3]。疏影橫斜水清淺,暗香浮動月黃昏[4]。霜禽欲下先偷眼,粉蝶如知合斷魂[5]。幸有微吟可相狎,不須檀板[6]共金樽。

(林逋著,沈幼徵校注《林和靖集》,浙江古籍出版社 2012 年版)

【注释】

[1]原詩共二首,此選其一。司馬光《溫公續詩話》:"人稱其梅花詩云'疏影橫斜水清淺,暗香浮動月黃昏',曲盡梅之體態。"周紫芝《竹坡詩話》稱"疏影""暗香"二句,"膾炙天下殆二百年"。

[2]暄妍:鮮媚。

[3]"占盡"句:紀昀曰:"次句'占盡風情'四字亦不似梅。"

[4]"疏影"二句:費袞《梁溪漫志》卷七:"陳輔之云:'林和靖梅花詩云'疏影橫斜水清淺,暗香浮動月黃昏,殆似野薔薇。'是未為知詩者。予嘗踏月水邊,見梅影在地,疏瘦清絕。熟味此詩,真能與梅傳神也。野薔薇叢生,初無疏影,花陰散漫,烏得橫斜也哉!"

[5]"霜禽"二句:以白鶴、粉蝶襯托梅花之潔白。霜禽:白鳥,此指白鶴。

[6]檀板:檀木拍板,歌時用以擊拍。

【导读】

这首诗首联直抒对梅花的赞赏,点明梅花在百花凋零的严冬迎着寒风昂然盛开,其明丽的姿色占尽了小园的风光,用"独""尽"二字,突出了梅花不同凡响的性格和引人入胜的风韵。"占尽风情",更是写出它独有的天姿国色。作者虽是咏梅,但实际是他本人"弗趋荣利""趣向博远"思想性格的自我写照。苏轼在《书林逋诗后》说:"先生可是绝俗人,神清骨冷无由俗。"可知其诗确是作者人格的化身。颔联对梅花进行具体描绘,写尽了梅花的气质风韵。尤其是"疏影""暗香"二词用得极好,既写出了梅花稀疏的特点,又写出了它清幽的芬芳。"横斜"绘姿态,"浮动"表神韵,加上黄昏月下、清澈水边的环境烘托,就更突出了梅花的个性。所以这两句咏梅诗成为千古绝唱,一直为后人所称颂。颈联则是着意渲染环境。"霜禽欲下先偷眼,粉蝶如知合断魂。"前句写白鹤爱梅之甚,言其还未及飞下,就迫不及待地偷看梅花几眼。"先偷眼"三字极为传神。后句则变换手法,用设想之词,写假托之物,意味更深远。而"合断魂"则显得凝重,因爱梅而至销魂,就把粉蝶对梅的喜爱夸张到了极点。该联的拟人化手法更进一步烘托了作者对梅花的喜爱之情及幽居之乐。联中那不为人留意的"霜""粉"二字,其实也是诗人精心择取,用以表现一尘不染的情操和恬淡的趣味。至尾联,作者被梅所陶醉,其喜爱之情不能自抑,于是从借物抒怀一跃而为直抒胸臆。言如在赏梅之时低声吟诵,那么,在恬静的山林里尽可自得其乐,檀板金樽的豪华热闹场面又有何用? 这就把诗人的情操趣味和盘托出,使咏物与抒怀达到水乳交融的地步。

戲答元珍

歐陽修

春風疑不到天涯,二月山城未見花。[1]殘雪壓枝猶有橘,凍雷驚筍欲抽芽。夜聞歸雁生鄉思,病入新年感物華。曾是洛陽花下客,野芳雖晚不須嗟。[2]

（歐陽修著,洪本健校箋《歐陽修詩文集校箋》,上海古籍出版社 2009 年版）

【注釋】

[1]"春風"二句:歐陽修《筆說·峽州詩說》曰:"若無下句,則上句何堪? 既見下句,则上句頗工。"《瀛奎律髓匯評》卷四《風土類》引許印芳評:"起句妙在倒裝,若從未見花說起,便是凡筆。"山城:指夷陵,其地在三峽口,多山。

[2]"曾是"二句:仁宗天聖八年(1030 年)至景祐元年(1034 年),歐陽修曾在西京留守錢惟演幕下任推官。西京即洛陽,以牡丹花著稱。其《洛陽牡丹記·風俗記》:"洛陽之俗,大抵好花。春時,城中無貴賤皆插花,雖負擔者亦然。花開時,士庶競為遊遨。"

【导读】

此诗为欧阳修仁宗景祐四年(1037年)降职峡州夷陵知县时所作,应和好友丁宝臣(字元珍)《花时久雨》之诗,抒发了自己山居寂寞的情怀,透露出诗人被贬后的抑郁情绪。《宋诗精华录》卷一谓此诗:"结韵用高一层意自慰。又《黄溪夜泊》结韵云:'行见江山且吟咏,不因迁谪岂能来?'亦是。"

魯山山行[1]

梅堯臣

適與野情愜,千山高復低。好峯隨處改,幽徑獨行迷。霜落熊升樹,林空鹿飲溪。人家在何許? 雲外一聲雞。

(梅堯臣著,朱東潤編年校注《梅堯臣集編年校注》,上海古籍出版社 2006 年版)

【注释】

[1]此詩作於仁宗康定元年(1040年),時梅堯臣知襄城縣。魯山:一名露山,在河南魯山縣東北,毗鄰襄城縣。《瀛奎律髓匯評》卷四《風土類》引查慎行語,謂此詩"句句如畫,引人入勝,尾句尤有遠致"。

【导读】

这首诗首联开篇即言"千山高复低",意谓崎岖山路正与自己爱好山野风光的情趣相契合,"好峰"之"峰"前应"千山高复低","好峰"之"好"则包含了诗人的美感,对应"适与野情愜"。颔联言"好峰随处改",见得人在千山中继续行走,也继续看山,眼中的"好峰"也自然移步换形,不断变换美好的姿态。第四句才出"行"字,但不单是点题。"径"而曰"幽","行"而曰"独",正合了诗人的"野情"。着一"迷"字,不仅传"幽""独"之神,而且以小见大,进一步展示了"千山高复低"的境界。山径幽深,独行无伴,皆易使人"迷",着此"迷"字更见野景之幽与野情之浓。颈联"霜落熊升树,林空鹿饮溪",互文见义,写山行所见之动景。"霜落""林空",既点时,又写景。因"霜落"故"林空",山行人视野开阔,故见"熊升树""鹿饮溪"。此既为"山行"者眼中的野景,又饱含着"山行"者的野情,突出了作者心境的闲适自然。尾联以"人家在何许? 云外一声鸡"收尾,余味无穷,将"山行"者望云闻鸡的神态及喜悦心情描写得淋漓尽致,曲尽其妙。

题西太一宫壁二首[1]

王安石

柳葉鳴蜩[2]綠暗,荷花落日紅酣。三十六陂[3]春水,白頭想見江南[4]。

三十年前此地,父兄持我東西[5]。今日重來白首,欲尋陳跡都迷。

(王安石著,李壁箋注,高克勤點校《王荊文公詩箋注》,上海古籍出版社 2010 年版)

【注釋】

[1]此詩約作于熙寧元年(1068 年),時神宗召王安石入京,準備變法。詩為六言絕句,蘇軾、黃庭堅均有次韻之作。西太一宮:神廟名,祭祀太一尊神,其地在汴京西南八角鎮。詩以今昔對照表現人世滄桑的感慨。《宋詩精華錄》卷二評曰:"絕代銷魂,荊公詩當以此二首壓卷。"

[2]鳴蜩:《詩經·小雅·小弁》:"菀彼柳斯,鳴蜩嘒嘒。"

[3]三十六陂:汴京附近蓄水塘。《宋史·河渠志四》:"引古索河為源,注房家、黃家、孟家三陂及三十六陂,高仰處瀦水為塘,以備洛水不足,則決以入河。"

[4]江南:安石故鄉臨川屬江南西路,故稱。

[5]"三十年前"二句:仁宗景祐三年(1036 年),王安石十六歲,曾隨父王益、兄安仁至汴京。距作此詩時隔三十二年。

【导读】

陈衍《宋诗精华录》卷二选此六言绝句,评之为"压卷"之作。王安石擅"绝句",严羽云:"荆公绝句最高,得意处高出苏黄。"此为其绝句代表作。

王安石于景祐三年随其父王益到京,曾游西太一宫,当时是十六岁的青年,满怀壮志豪情。次年,其父任江宁府(今江苏南京)通判,他也跟到江宁。王安石十八岁时,王益去世,葬于江宁,亲属也就在江宁安家。嘉祐六年(1061 年),王安石任知制诰,其母吴氏死于任所,他又扶柩回江宁居丧。熙宁元年,王安石奉神宗之召入京,准备变法,重游西太一宫,距初游之时已经三十二年,他已是四十八岁之人。在初游与重游之间的漫长岁月里,他父母双亡,家庭多故,因而触景生情,感慨极深。此诗正是他的真情实感的自然流露。

第一首诗含蓄地表现了抚今追昔、思念亲人的情感。前两句"柳叶""荷花"写夏景之美,用了"绿暗""红酣"一类的词语,色彩浓艳美丽。"红"与"绿"对照,因而"红"者更

"红","绿"者更"绿"。第四句的"白头"与"绿暗""红酣"的美景也是对照的,但这对照在"白头"人的心中却引起无限波澜,韵味无穷。第二首诗从初游与重游的对照中表现了今昔变化,言浅而意深,言有尽而情无极。

書湖陰先生壁[1](選一)

王安石

茅簷長掃靜無苔,花木成畦手自栽。一水護田[2]將綠繞,兩山排闥[3]送青來。

（王安石著,李壁箋注,高克勤點校《王荊文公詩箋注》,上海古籍出版社 2010 年版）

【注释】

[1]此詩作於元豐年間王安石退居鐘山后。湖陰先生:即楊驥,字德逢,號湖陰先生,與王安石為鄰。此詩以擬人化手法寫山水,用古典而不露痕跡。葉夢得《石林詩話》:"荊公詩用法甚嚴,尤精於對偶。嘗云:'用漢人語,止可以漢人語對;若參以異代語,便不相類。'如'一水護田將綠繞,兩山排闥送青來'之類,皆漢人語也。此法惟公用之不覺拘窘卑凡。"

[2]護田:《漢書·西域傳上》:"輪台、渠黎皆有田卒數百人,置使者校尉領護。"顏師古注:"統領保護營田之事也。"

[3]排闥:《漢書·樊噲傳》:"噲乃排闥而入,大臣隨之。"按:"護田""排闥"均出自《漢書》,故曰"用漢人語止可以漢人語對"。

【导读】

这首诗首二句赞杨家庭院的清幽。"茅檐"代指庭院。"静"即净。诗人摈弃一切平泛的描绘,而仅用"无苔"二字写"净",别具手眼。江南地湿,又时值初夏多雨季节,这对青苔的生长极为有利。况青苔性喜阴暗,总是生长在僻静之处,较之杂草更难清扫。但杨家庭院却"无苔",平淡无奇的形象由于恰当的用字却具有异常丰富的表现力。"花木"是庭院内最引人注目的景物,因为品种繁多,所以要分畦栽种。这样,"成畦"二字就并非仅仅交代花圃的整齐,也有力地暗示出花木的丰美,既整齐又不单调。后一联,"一水护田"加一"绕"字,形象地描绘出了小溪曲曲折折环绕绿油油稻田的景象,用"护"字拟人化表现出绕的形态,言溪水似人一般将田围绕以保护之。又在"送青"之前冠以"排闼",言两山如两扇大门般主动打开,将绿色送入眼帘。二者融洽无间,相映生色:既奇崛又自然,既经锤炼又无斧凿之痕,清新隽永,韵味深长。这两句诗也与杨德逢的形象吻合。在前联里,已可看到一个人品高洁、富于生活情趣的湖阴先生。所居仅为"茅檐",他不仅"扫",而且"长扫(即常扫)",以至于"静无苔"。"花木成畦",非赖他人,乃"手自栽",可见他清静脱俗。如此高士,徜徉于山水之间,当然比别人更能欣赏到闲居景物之美,更能感到"一水""两山"之可爱;诗人想象山水有情和湖阴先生早已缔结了深厚的交谊。诗以《书湖阴先生壁》为题,处处关合,处处照应,由此也可见出诗人诗思的细致绵密。

和子由澠池懷舊[1]

蘇 軾

人生到處知何似? 應似飛鴻踏雪泥。泥上偶然留指爪,鴻飛那復計東西。[2]老僧已死成新塔,壞壁無由見舊題。[3]往日崎嶇還記否? 路長人困蹇驢嘶。[4]

(蘇軾著,馮應榴輯注《蘇軾詩集合注》,上海古籍出版社 2001 年版)

【注釋】

[1]此詩作於嘉祐六年,時蘇軾離京赴鳳翔任,與弟蘇轍別於鄭州之西門,過澠池,和轍《懷澠池寄子瞻兄》詩。蘇轍詩見《欒城集》卷一:"相攜話別鄭原上,共道長途怕雪泥。歸騎還尋大梁陌,行人已度古崤西。曾為縣吏民知否? 舊宿僧房壁共題。遙想獨遊佳味少,無言騅馬但鳴嘶。"澠池:縣名,在今河南省。劉壎《隱居通議‧詩歌五》:"此詩若繩以唐人律體,大概疏直欠工。然鴻泥之諭,真是造理,前人所未到也。且悠然感慨,令人動情。"

[2]"人生"四句:魏慶之《詩人玉屑》卷一七引《陵陽室中語》以此四句為蘇軾"長於譬喻"之例。

[3]"老僧"二句:蘇轍詩自注曰:"昔與子瞻應舉,過宿縣中寺舍,題老僧奉閑之壁。"新塔:指新建之佛塔。僧人死後,建塔以葬其骨灰。

[4]"往日"二句:末句下自注云:"往歲馬死於二陵,騎驢至澠池。"往歲:指嘉祐元年。

【导读】

这首诗首联开篇直言人世无定,以飞鸿之来去喻之。一开始就发出感喟,有发人深思、引人入胜的作用,并引出下联的议论。颔联"泥上偶然留指爪,鸿飞那复计东西"言当飞鸿远去之后,除了在雪泥上偶然留下几处爪痕,又有谁会管它是要向东还是往西呢?

苏轼结合生活中的情景发出对人生的见解，用雪泥、鸿爪作喻，较之一般叙事文字直叙人生漂泊不定要形象蕴藉得多。本联诗在宋代即被人称道，并被作为苏轼"长于譬喻"的例证之一。"雪泥鸿爪"这个成语也一直流传至今。前四句不但理趣十足，从写作手法上来看，也颇有特色。纪昀评道："前四句单行入律，唐人旧格；而意境恣逸，则东坡之本色。"颈联点明了首联"雪泥鸿爪"感叹的由来，透出无可奈何的惆怅。当年相交的老僧如今已经故去，只空余墓塔一座；庙里的墙壁也残破不堪，已经看不见我们曾经题写的诗句了，寄寓了人事无常、人生短促的感慨。尾联是针对苏辙原诗"遥想独游佳味少，无言骓马但鸣嘶"而引发的往事追溯。这两句作者自注云："往岁马死于二陵，骑驴至渑池。""二陵"指崤山，在渑池县西。"蹇驴"即跛足驴。逝者如斯，往日之困窘今日回味，别有感触。

这首诗是借怀旧之题，抒发作者的人生感慨。作者善于把自己的身世际遇、悲愁感兴，巧妙地结合到诗歌的形象中去，从而揭示某种哲理，给人启迪。虽然诗中关于人生渺小、短促之类的感慨有消极意味，但被作者在作品中流露出的眷念人生的深情冲淡了，体现出作者独特的性格、情趣及精神面貌。这首诗在语言运用上讲究含蓄、蕴藉。虽然以议论入诗，但是诗人抛却抽象的概念，借用鲜明生动的形象，以其所长的比喻阐发人生哲理，言近旨远，耐人寻味。

六月二十日夜渡海[1]

蘇　軾

參橫斗轉欲三更[2]，苦雨終風也解晴[3]。雲散月明誰點綴[4]？天容海色本澄清。空余魯叟乘桴意[5]，粗識軒轅奏樂聲[6]。九死南荒吾不恨，茲游奇絕冠平生[7]。

（蘇軾著，馮應榴輯注《蘇軾詩集合注》，上海古籍出版社 2001 年版）

【注釋】

[1]元符三年(1100 年)，徽宗即位，五月大赦，蘇軾受命自昌化軍(今海南省儋州市)移廉州(今廣西省合浦縣)安置。此詩作於渡瓊州海峽時。詩以澄明之夜海景色，抒發"雖九死其猶未悔"之高潔情懷。查慎行《初白庵詩評》："前半四句，俱用四字作疊，而不覺其板滯，由於氣充力厚，足以陶鑄熔冶故也。"

[2]"參橫"句：參星橫斜，北斗轉向，謂夜已深。參：二十八宿之一。

[3]"苦雨"句：以風雨轉晴喻政治局勢由黑暗轉清明。《左傳·昭公四年》："秋無苦雨。"杜預注："霖雨為人所患苦。"《詩經·邶風·終風》："終風且暴。"

[4]"雲散"句：《世說新語·言語》："司馬太傅齋中夜坐，于時天月明淨，都無纖翳，

太傅歎以為佳。謝景重在坐,答曰:'意謂乃不如微雲點綴。'太傅因戲謝曰:'卿居心不淨,乃復強欲滓穢太清邪?'"

[5] "空餘"句:謂此次渡海再不必如孔子感歎世道。《論語·公冶長》:"子曰:'道不行,乘桴浮於海。'"

[6] "粗識"句:謂從黃帝奏樂般海濤聲中粗略體會忘懷得失榮辱之哲理。《漢書·律曆志》:"黃帝始垂衣裳,有軒冕之服,故天下號曰軒轅氏。"《莊子·外篇·天運》:"黃帝張咸池之樂於洞庭之野。"

[7] "茲遊"句:《瀛奎律髓》卷四三《遷謫類》評曰:"或謂尾句太過,無省愆之意,殊不然也。章子厚、蔡卞欲殺之,而處之怡然。當此老境,無怨無怒,以為茲遊奇絕,真了生死、輕得喪天人也。"

【导读】

这首诗首联"参横斗转"乃夜渡海峡时所见,"欲三更"乃诗人自渡之时间,言黑夜将尽,征途将止。次句"苦雨终风也解晴"言此前尚是风雨交加,一片漆黑,而在三更天竟雨霁风止,使夜航之人瞥见参横斗转。颔联就"晴"字做进一步抒写。"云散月明","天容"是"澄清"的;风恬雨霁,星月交辉,"海色"也是"澄清"的。这两句以"天容海色"对"云散月明",仰观俯察,形象生动,连贯而下,灵动流走,还用了句内对,前句以"月明"对"云散",后句以"海色"对"天容"。这四句诗,在结构方面又有共同点:短句分两节,先以四个字写客观景物,后以三个字表主观抒情或评论。唐人佳句,多浑然天成,情景交融。宋人造句则力求精练。从这四句诗,既可看出苏轼诗的特点,也可看出宋诗的特点。颈联转入写"海",上下交错,活用孔子"道不行,乘桴浮于海"之典。苏轼此时渡海北归,回想多年来的苦难经历,发出了"空余鲁叟乘桴意"的感慨。此句用典灵活,意蕴丰厚,苏轼言自己在中原与孔子同样是"道不行",孔子欲"乘桴浮于海"未能成行,而自己虽远至海外,但渡海北归时回想海外的经历,却未留下任何实绩。而"乘桴"一词,又准确地表现了正在"渡海"的情景。后句苏轼用《庄子·外篇·天运》之典故,以黄帝奏咸池之乐形容大海波涛之声,与"乘桴"渡海的情境很合拍。尾联推开一步,"兹游"既指渡海,又指儋州谪居的三年岁月,虽饱受政敌打击,以致远播海外,"九死南荒",但正因此得以见到海内难以看到的"奇绝"美景,故"兹游奇绝冠平生"。此联既将苏轼达观超越之精神风貌现于言外,又包含着对政敌含蓄幽默的调侃。

登快閣[1]

黃庭堅

　　癡兒了卻公家事[2]，快閣東西倚晚晴。落木千山天遠大，澄江一道月分明。朱弦已為佳人絕[3]，青眼聊因美酒橫[4]。萬里歸船弄長笛，此心吾與白鷗盟[5]。

（黃庭堅著，任淵、史容、史季溫注，黃寶華點校《山谷詩集注》，上海古籍出版社 2003 年版）

【注釋】

[1] 此詩作于元豐五年(1082 年)，時黃庭堅知吉州太和縣。快閣在太和縣治東澄江之上，以江山廣遠、景物清華著稱。方東樹《昭昧詹言》卷二〇："起四句且敘且寫，一往浩然。五六句對意流行。收尤豪放，此所謂寓單行之氣於排偶之中者。姚先生云：'此移太白歌行於七律內者。'"

[2] "癡兒"句：《晉書・傅咸傳》載夏侯濟與傅鹹書："生子癡，了官事，官事未易了也。了事正作癡，復為快耳！"此處作者以癡兒自指，以了公家事為快，引出"快閣"之"快"。

[3] "朱弦"句：《呂氏春秋・本味》："鐘子期死，伯牙破琴絕弦，終身不復鼓琴，以為世無足復為鼓琴者。"《瀛奎律髓刊誤》卷一《登覽類》曰："此佳人乃指知音之人，非婦人也。"

[4] "青眼"句：謂聊且從美酒中尋求樂趣。《晉書・阮籍傳》："籍又能為青白眼……及嵇喜來弔，籍作白眼，喜不懌而退，喜弟康聞之，乃齎酒挾琴造焉，籍大悅，乃見青眼。"

[5] "此心"句：《列子・黃帝》："海上之人有好鷗鳥者，每旦之海上，從鷗鳥遊，鷗鳥之至者百數而不止。"

【导读】

　　首联之"痴儿"出自《晋书・傅咸传》，黄庭坚这里反用其意，以"痴儿"自许。后句用杜甫"注目寒江倚山阁"及李商隐"万古贞魂倚暮霞"之典，还多有翻新出奇之妙。"痴儿"二字翻前人之意，直认自己是"痴儿"；"了却"二字，渲染出诗人如释重负的欢快心情，与"快阁"之"快"暗相呼应，从而增加了一气呵成之感；"倚晚晴"三字，跃出前人窠臼。杜诗之"倚"，倚于山阁，乃实境平叙；李诗之"倚"，乃"万古贞魂"之"倚"，为虚境幻生而成；黄诗之"倚"，可谓虚实相兼；所"倚"乃是实景，却倚在无际无垠暮色晴空之中。

颔联言诗人登上快阁之所见：远望，秋山无数，万叶飘零。天空浩渺，此时因木叶黄落显得更加辽远阔大，如练之澄江在快阁亭下淙淙流过，一弯新月映照在江水中，显得更加空明澄澈，既是写景，亦是诗人胸襟怀抱的写照。颈联巧用典故，前句用伯牙捧琴谢知音的故事，后句用阮籍青白眼事。而此处之"横"字把诗人无可奈何、孤独无聊的心情挥洒无余，言自己抱负无由实现、胸怀无人可会。尾联引出了诗人"归船""白鸥"之想，言欲摆脱人生羁绊、为官蹭蹬，去过乘舟弄笛、白鸥为伴的隐居生活。此联结尾，呼应了首联，顺势作结，给人以"一气盘旋而下之感"，意味隽永，想象无穷。

寄黃幾復[1]

黃庭堅

我居北海君南海[2]，寄雁傳書謝不能[3]。桃李春風一杯酒，江湖夜雨十年燈[4]。持家但有四立壁[5]，治病不蘄三折肱[6]。想見讀書頭已白，隔溪猿哭瘴溪藤[7]。

（黃庭堅著，任淵、史容、史季溫注，黃寶華點校《山谷詩集注》，上海古籍出版社 2003 年版）

【注釋】

[1] 題下原注："乙丑年德平鎮作。"乙丑即元豐八年（1085 年），時黃庭堅監德州德平鎮（今山東省商河縣境）。黃幾復，名介，南昌人，與庭堅少年交遊。時知四會縣（今屬廣東省）。《昭昧詹言》卷二〇稱此詩"一起浩然，一氣湧出"，"山谷兀傲縱橫，一氣湧現"。

[2] "我居"句：北海：即渤海。黃庭堅所在德平鎮地近渤海。南海：黃幾復所在四會縣地近南海。《左傳·僖公四年》載楚王派使者答齊國諸侯聯軍之語："君處北海，寡人處南海，惟是風馬牛不相及也。"此化用其語。

[3] "寄雁"句：謂彼此通信困難。《漢書·李廣蘇建傳》："（常惠）教使者謂單于，言天子射上林中，得雁，足有系帛書，言武等在某澤中。"相傳湖南衡陽有回雁峰，雁至此不再南飛。四會在衡陽之南，故設想雁辭謝不能傳書。《宋詩精華錄》卷二謂此句"語妙，化臭腐為神奇"。

[4] "桃李"二句：謂往日一同進士及第，春風得意，今日各自宦海沉浮，夜雨蕭瑟。

[5] "持家"句：謂黃幾復因清廉而家貧無所有。《史記·司馬相如列傳》："文君夜奔相如，相如馳歸成都，家徒四壁立。"

[6] "治病"句：《左傳·定公十三年》有"三折肱知為良醫"之說，意謂多次挫折，可增長歷練。此反其意而用之。任淵注："言其諳練世故，不待困而後知也。"蘄：

通"祈"。

[7]瘴溪:舊云廣東一帶多瘴氣,任淵注:"四會在廣東,故曰瘴溪。"

【导读】

首联"我居北海君南海",起势突兀,写彼此所居之地一"北"一"南",已露故旧飘零、羁旅天涯、望而不见之意,各缀一"海"字,更显得相隔辽远,海天茫茫。"寄雁传书谢不能",次句从前句中自然涌出,在人意料之中,但又有出人意料之外的地方。二人一在北海,一在南海,相思不相见,故引出寄信之行为。杜甫《天末怀李白》诗云:"凉风起天末,君子意如何? 鸿雁几时到,江湖秋水多!"用"鸿雁几时到"言音书难达。黄庭坚一反前作,言"寄雁传书谢不能",言托鸿雁传书,鸿雁因路途遥远而谢绝,将自己与友人相隔天涯的感慨渲染到极致。

颔联乃此诗之佳句,当时已广为称颂,《王直方诗话》云:"张文潜谓余曰:黄九云:'桃李春风一杯酒,江湖夜雨十年灯。'真奇语。"此联上句追忆京城相聚之乐,下句抒写别后相思之深。述往昔相会之乐,用"一杯酒"三字,沈约《别范安成》云:"勿言一樽酒,明日难重持。"王维《送元二使安西》云:"劝君更尽一杯酒,西出阳关无故人。"杜甫《春日忆李白》云:"何时一樽酒,重与细论文?"故人相见,必把酒言欢,故黄庭坚仅用"一杯酒"三字就写出了两人相会的情景。诗人还选了"桃李""春风"二词。这两个词也很陈熟,但正因为熟,才能够把阳春烟景一下子唤到读者面前,用这两个词给"一杯酒"以良辰美景的烘托,就把朋友相会之乐表现出来了。"江湖夜雨十年灯"一句,连续运用三个名词组合,用"江湖"指流转漂泊,杜甫《梦李白》云:"江湖多风波,舟楫恐失坠。"用"夜雨"指怀人之情,李商隐《夜雨寄北》云:"君问归期未有期,巴山夜雨涨秋池。"在"江湖"听"夜雨",就增加了萧索之感。"夜雨"之时,需要点灯,所以接着选了"灯"字。"灯"是一个常用词,而"十年灯",则是作者的首创,用以和"江湖夜雨"相连缀,就能激发读者的一连串想象:朋友二人,各自漂泊江湖,每逢夜雨,独对孤灯,互相思念,深宵不寐,而这般情景已延续了十年。本联诗全用名词或名词性词组合成,其中每一个词或词组都能使人想象出特定的景象、特定的情境,展现了耐人寻味的艺术天地。同时本联诗又是相互对照的。两句诗除各自表现的情景,还从相互对照中显示出许多内容。"桃李春风"与"江湖夜雨",这是"乐"与"哀"的对照;"一杯酒"与"十年灯",这是"一"与"多"的对照。"桃李春风"而共饮"一杯酒",欢会极其短促。"江湖夜雨"而各对"十年灯",漂泊极其漫长。快意与失望,暂聚与久别,往日的交情与当前的思念,都从时、地、景、事、情的强烈对照中表现出来,令人回味无穷。张耒评为"奇语",并非偶然。

颈联连用司马相如及《左传》里的典故,说明黄几复为人清正廉洁,全部心思用于"治病"。黄庭坚在《送范德孺知庆州》诗里也说范仲淹"平生端有活国计,百不一试薶九京"。作者称黄几复善"治病",但并不需要"三折肱",言外之意是几复才干超群,为何仕途蹭蹬,沉沦下僚,不得重用?

尾联以"想见"领起,与首联"我居北海君南海"相照应。在作者的想象里,十年前在京城的"桃李春风"中把酒畅谈理想的朋友,如今已白发萧萧,却仍然像从前那样好学不倦,他"读书头已白",还只在海滨做一个县令。其读书声是否还像从前那样欢快悦耳?作者没有明写,而以"隔溪猿哭瘴溪藤"作映衬,就给整个图景营造出一种凄凉的氛围,不平之鸣,怜才之意,也都蕴含其中。其中亦包含了作者对黄几复虽不见用于世却抱道自居、淡然平和之人格精神的由衷钦佩。

春懷示鄰里[1]

陳師道

　　斷牆著雨蝸成字[2],老屋無僧燕作家。剩欲[3]出門追語笑,卻嫌歸鬢著塵沙[4]。風翻蛛網開三面[5],雷動蜂窠趁兩衙[6]。屢失南鄰春事約,只今容有未開花。

　　(陈师道撰,任渊注,冒廣生補箋,冒懷辛整理《後山詩注補箋》,中華書局1995年版)

【注釋】

[1] 此詩作於元符三年(1100年)春,時作者在徐州。詩前半寫春意之蕭條,為塵沙而擔憂,不願與鄰出遊;後半寫春光之濃豔,為節候所感召,相約與鄰賞花。《瀛奎律髓》卷一〇《春日類》評曰:"淡中藏美麗,虛處著工夫,力能排天斡地,此後山詩也。"《瀛奎律髓刊誤》曰:"起二句言居處之荒凉,五、六句言節候之暄妍,故兩聯寫景而不為複。"

[2] 蝸成字:蝸牛爬行時所留痕跡,彎曲如篆字,亦稱蝸篆。任淵注引《酉陽雜俎》曰:"睿宗為冀王時,寢室壁上,蝸跡成'天'字。"

[3] 剩欲:猶言頗欲,真想。

[4] "卻嫌"句:任淵注謂此句"頗用元規塵汙人之意"。《世說新語·輕詆》:"庾公(庾亮字元規)權重,足傾王公(王導)。庾在石頭,王在冶城坐,大風揚塵。王以扇拂塵,曰:'元規塵汙人。'"

[5] "風翻"句:謂春風吹破蜘蛛網。《史記·殷本紀》:"湯出,見野張網四面,祝曰:'自天下四方皆入吾網。'湯曰:'嘻,盡之矣!'乃去其三面。"此用其語不用其意。

[6] "雷動"句:謂蜂羣早晚兩次聚集其聲如雷。眾蜂簇擁蜂王,如朝拜屏衛,稱蜂衙。

陸佃《埤雅·釋蟲》:"蜂有兩衙應朝,其主之所在,眾蜂為之旋繞如衛。"

【导读】

这首诗首联以"断墙""老屋",点明所居的简陋。残破的墙壁上,在春雨淋湿之后,蜗牛随意爬行,留下了歪歪斜斜的痕迹。老屋因久无人居,所以任凭燕子飞来做巢。作者在这里不写"老屋无人",而代以"无僧",实际上是自嘲的戏笔。作者号后山居士,此以僧喻己,暗示自己如行脚僧一般漂泊无定。颔联写作者亦想外出追寻笑语,无奈又感到归来之后,鬓角上更会染上沙尘。这两句显示作者虽处于贫困之中,但仍然保持傲然的情操,不愿在风尘中追逐。颈联即景抒怀,屋角的蛛网,檐口的蜂巢,在"风翻""雷动"的情况之下,形成了老屋的风光,而"开三面""趁两衙",则是有所寄寓的笔墨。作者先写风翻蛛网,却是网开三面,昆虫仍好有个避开的去处。次写雷动蜂衙,那些蜂儿仍然有主,有秩序地拥簇在一起,就像衙门里排衙一样。而人在尘网之中,倒是网张四面,受到党祸牵连,难有回旋的余地。过去他虽曾奔走多年,此时依旧有途穷之感,不似蜂儿还有走动的机会,语意中对世路崎岖深表慨叹。尾联言平白地辜负了春天,虽然邻家几次以春事相邀,都因未能赴约而失去机会,此时不会再有未开的花儿,因为春天已去,欲赏无由了。

陈师道时居徐州,生活清贫,以读书作诗自遣。这首七律是他当时写给邻里的作品,表现作者贫居闲静的心境,也委婉地流露出世路艰辛的愤慨。

傷　春[1]

陳與義

廟堂無策可平戎,坐使甘泉[2]照夕烽。初怪上都聞戰馬,豈知窮海看飛龍![3]孤臣霜髮三千丈,每歲煙花一萬重。[4]稍喜長沙向延閣,疲兵敢犯犬羊鋒。[5]

（陳與義著,吳書蔭、金德厚點校《陳與義集》,中華書局 2007 年版）

【注釋】

[1]此詩作於建炎四年(1130 年)春,時作者流寓湖南。標題取自杜甫《傷春》。

[2]甘泉:漢行宮名,此處代指宋行宮。

[3]上都:當指北宋首都汴京。聞戰馬:當指靖康年間(1126—1127 年)金人進攻汴京事。窮海:或指溫州,即永嘉郡。謝靈運任永嘉太守時作《登池上樓》詩有"徇祿反窮海"之語。飛龍:指皇帝,語出《周易·乾》:"飛龍在天。"據《宋史·高宗本紀》載,建炎三年十二月金帥兀術犯臨安府,高宗逃往明州入海,次年正月退至

溫州,始免金人追擊。

[4]"孤臣"二句:借用李白《秋浦歌》"白髮三千丈,緣愁似箇長"和杜甫《傷春》"關塞三千里,煙花一萬重"之語。

[5]"稍喜"二句:據李心傳《建炎以來系年要錄》卷三十一建炎四年金人攻潭州,向子諲初聞警報,率軍民固守。長沙為潭州治所。向延閣即向子諲,字伯恭,時以龍圖閣直學士知潭州。

【导读】

这首诗深刻地反映了南宋前期战乱动荡的社会现实。诗中一方面对南宋朝廷不采取抵抗政策表示出极大的不满,另一方面对向子諲等官兵奋起抗敌的爱国壮举进行热情讴歌。清代纪昀在方回《瀛奎律髓》的批注中说:"逼近杜甫。"具体地说,他的爱国思想和风格都与杜甫感怀世事的七律接近。

这首诗前四句一气贯注。首联慨叹朝廷没有平戎之策,致使金兵深入。"甘泉照夕烽"是借用汉代故事。《史记·匈奴列传》说,汉文帝时,"胡骑入代句注边,烽火通于甘泉、长安"。甘泉在今陕西省淳化县,汉帝有行宫在此。这句诗说边塞的烽火照亮了甘泉宫,以汉事比况金兵逼近京都,用典贴切。颔联表达了痛心。"上都",指京都,班固《西都赋》:"实用西迁,作我上都。""飞龙"比作高宗,暗喻其逃难远走。这两句诗是说正在惊怪敌人的"战马"逼近京都,怎能想到皇帝竟然被迫逃入穷海之中呢?"初怪"与"岂知"互相呼应,不但句法灵活,而且表达出深切的哀痛。"初怪"二字写出了作者见敌来之速的心境。颈联用虚浑之法,既伤叹国事,又融入自己。陈与义在这里化用了李白、杜甫的诗句,"孤臣"是陈与义自称,因为忧国情深,头发花白,将原句的"白发"改为"霜发",使其形象更加鲜明。杜诗作于唐代宗广德二年(公元764年)的阆州。原注:"巴阆僻远,伤春罢始知春前已收宫阙。"即是广德元年十月,吐蕃攻陷长安,代宗逃奔陕州,不久,郭子仪击退吐蕃,收复长安。杜甫作《伤春五首》时,因道远尚未听到收复的消息,这种情况与陈与义身居湖南而忧念远在江浙的朝廷危难恰好相似,所以他借用杜甫这句诗以托喻,可谓非常贴切,既能意蕴丰融,又兴象华妙,由此可见陈与义诗艺之精。末二句转出一意,称赞向子諲的勇敢抗敌,说明宋朝军民决不肯屈服于强敌。这两句的句法也是从杜诗"稍喜临边王相国,肯销金甲事春农"点化而来。

临安春雨初霁

陆游

世味年来薄似纱,誰令騎馬客京華?小樓一夜聽春雨,深巷明朝賣杏花[1]。矮紙斜行閑作草,晴窗細乳戲分茶。[2]素衣莫起風塵歎[3],猶及清明可到家。

(陸游撰《陸游集》,中華書局 1976 年版)

【注釋】

[1]"小樓"二句:陳與義《懷天經智老因訪之》詩有"杏花消息雨聲中"。

[2]閑作草:宋人認為草書是悠閒時的消遣,事忙不宜作草書。細乳:分茶時水面浮起的白色泡沫。蘇軾《浣溪沙》詞云:"雪沫乳花浮午盞。"分茶:宋代流行的一種茶道。

[3]"素衣"句:晉陸機《為顧彥先贈婦》詩云:"京洛多風塵,素衣化為緇。"

【导读】

这首诗作于淳熙十三年(1186 年)春,时陆游奉诏知严州,入京辞谢。自淳熙五年(1178 年)孝宗召见陆游以来,他并未得到重用,只是在福建、江西做了两任提举常平茶盐公事,家居五年,更是远离政界,但对世态炎凉及官场倾轧体会极深。所以这首诗的首联巧用譬喻,感叹世态人情薄如纱。世情既然如此浇薄,何必出来做官? 所以下句反问自我:为什么骑马到京城,过这客居寂寞与无聊的生活呢? 颔联乃陆游的名句,语言清新隽永。诗人只身住在小楼上,彻夜听着春雨的淅沥;次日清晨,深幽的小巷中传来了叫卖杏花的声音,告诉世人春已深了。绵绵的春雨,由诗人的听觉写出;而淡荡的春光,则由卖花声里透出,写得形象而有深致。其中更有隐约的深意寄寓其中,"小楼一夜听春雨",正是说绵绵春雨如愁人的思绪。其中"一夜"两字尤为重要,它正暗示诗人一夜未眠,国事家愁,伴着雨声涌上了眉间心头。这也正回答了首联的自问,暗示着虽厌恶官场但因难忘国事,故再至京师应召。陆游这里写得极为含蓄深蕴,他虽然用了比较明快的字眼,但用意还是要表达自己的郁闷与惆怅,而且正是用明媚的春光作为背景,才与自己的落寞情怀构成了鲜明的对照。颈联写自己无事而作草书,晴窗下品着清茗,表面上看极为闲适恬静,然而这背后正藏着诗人无限的感慨与牢骚。陆游素来有为国家干一番轰轰烈烈事业的宏愿,而严州知府的职位本与他的素志不合,何况觐见一次皇帝,不知要在客舍中等待多久。国家正是多事之秋,而诗人却在以作书品茶消磨时光,真是无聊而可悲,于是再也捺不住心头的怨愤,写下了结尾两句。陆机诗云:"京洛多风尘,素衣化为缁",不仅指羁旅风霜之苦,又寓有京中恶浊,久居为其所化之意。陆游这里反用其意,其实是自我解嘲。"莫起风尘叹",是因为不等到清明就可以回了,然回家本非诗人之愿。因京中闲居无聊,志不得伸,故不如回乡躬耕。"犹及清明可到家"实为激楚之言。偌大一个杭州城,竟然容不得诗人有所作为,悲愤之情见乎言外。

暮泊鼠山聞明朝有石塘之險[1]

楊萬里

　　下水船逢上水船,夕陽仍更澀沙灘。鴈来野鴨却驚起,我與舟人俱仰看。回望雪邊山已遠,如何篷底暮猶寒。今朝莫説明朝路,萬石堆心一急湍。

　　　　　　　　　　　　　(楊萬里撰,辛更儒箋校《楊萬里集箋校》,中華書局 2007 年版)

【注釋】

　　[1]此詩見於《朝天集》。作於宋孝宗淳熙十三年冬,當時作者"丁母憂"服滿,奉詔回臨安,自江西吉州出發,輾轉抵衢州後,沿衢江、蘭江、富春江順水而下,此詩即作於途中。

【导读】

　　这首诗首联首句"下水船逢上水船",言上水船刚过,便与作者的下水船相遇而同泊鼠山了,同泊一地自然从行人处得知前方有险滩,次日一早,作者之下水船便要北上,很快便会到达险滩,故称"明朝"。此句信手拈来,不仅是即兴写实,还暗暗地担负着点题的妙用。"夕阳仍更涩沙滩","夕阳"正扣题"暮"字。"涩",本不润滑之意,言夕阳将落未落,余光滞留沙滩。这时"雁来野鸭却惊起",大雁飞来,惊动了野鸭,乱飞起来。这就引起了"我与舟人俱仰看"。领联两句,一气直下。此诗前二联写景生动,夕照之红霞、白色之沙滩相映成趣,意境优美静谧。然大雁飞来惊飞野鸭,生气顿出。作者本身参与到画面中来,以仰看飞雁、野鸭的形象出现,化为画中一景。颈联言走过一段路程,雪山已过,渐离渐远。但由于时当仲冬,可以遮风御寒的船舱内却依旧寒意浓烈。尾联才明白点出题中的"明朝""石塘"之险,不仅是"闻"来的,而且是"明朝"之事,如此则"今宵"就不必悬于心头、挂在唇边,因此而心中惴惴无济于事。其实所谓险滩,在作者看来,不过是"万石堆心一急湍",也没有什么了不起,不过是水石相激而产生的一股急流而已。"一"者,言其少也,用此字充分显示出作者的镇定自若,这与众人之说来说去、惊慌失措完全不同。

　　这首诗的语言通俗易懂,质朴无华,即兴而作,信手拈来,毫无艰涩之弊,乃"诚斋体"代表作品。

金陵驛[1]

文天祥

　　草合離宮轉夕暉[2]，孤雲漂泊復何依！山河風景元無異[3]，城郭人民半已非[4]。滿地蘆花和我老[5]，舊家燕子傍誰飛[6]？從今別卻江南路，化作啼鵑帶血歸[7]。

（文天祥撰《文文山文集》，商務印書館 1937 年版）

【注釋】

[1] 金陵驛：今江蘇省南京市。

[2]“草合”句：言金陵離宮（又稱行宮）一片荒涼。建炎元年（1127 年）五月，高宗即府治建行宮。

[3]“山河”句：出《世說新語·言語》：過江諸人於新亭飲宴，“周侯中坐而歎曰：‘風景不殊，正自有山河之異。’”

[4]“城郭”句：《搜神後記》載漢遼東人丁令威學道成仙後化鶴歸來，落城門華表柱上，飛鳴作人言：“有鳥有鳥丁令威，去家千年今始歸，城郭如故人民非，何不學仙冢纍纍。”

[5]“滿地”句：暗用劉禹錫《西塞山懷古》有“金陵王氣黯然收”和“故壘蕭蕭蘆狄秋”之句。

[6]“舊家”句：用劉禹錫《烏衣巷》：“舊時王謝堂前燕，飛入尋常百姓家。”

[7] 江南路：南宋時金陵屬江南東路。啼鵑：據說蜀王杜宇死時化作杜鵑。

【导读】

　　这首诗为文天祥兵败被俘后押赴燕京途中过金陵驿时所作。首联言南宋初年高宗行宫画廊飞檐，金碧辉煌，何等繁华。而如今，却是衰草斜阳，满目疮痍，一片凄凉。“夕晖”暗寓南宋朝廷已如夕阳之沉沦，宗国覆灭，自己无所依托，悲叹自己如天边孤云，不知归宿在何方。这里“孤云”既是实景也是自比。颔联抒写“山河依旧，人事已非”的感慨。前句化用“新亭对泣”、后句化用丁令威化鹤回辽东的典故，采用对比手法，用依然如故的青山绿水反衬经战争摧残后城垣毁弃及人民的离散死亡，感慨极深。颈联以“满地芦花”和“旧家燕子”抒写家国沧桑之感。言自己如秋天芦花般随风飘零，并且即将为故国殉难。刘禹锡诗云：“旧时王谢堂前燕，飞入寻常百姓家。”现在，国破家亡，旧家燕子又将飞往何处？这里将身世之感与黍离之悲融为一体，沉郁至极。尾联化用《楚辞·招魂》“魂兮归来哀江南”的语意和望帝死后化为杜鹃的神话，表示自己虽被迫离开故乡，决意以死明志,但一片忠魂终归故土。

宋亡后,文天祥诗作多悲壮慷慨,气贯长虹,此为其代表作之一。这首诗触景生情,景中寓情,巧妙地化用典故,将自己的亲身感受、金陵的历代兴亡及前人的咏叹等交织在一起,抒发了自己深沉而又复杂的内心情感,柔婉含蓄但又淋漓尽致,外柔内刚,沉挚悲壮。

三、延伸思考

宋代诗歌的发展始自对唐诗的学习与摹仿,受宋初文化发展状况的制约,宋诗以对白居易、贾岛、姚合的仿效拉开了其发展的序幕,而后随着宋代文化日渐繁荣,讲求辞藻华丽、意象精工的"西昆体"兴起。但宋初三体皆存在模拟较多而创新不足的特点。

至仁宗庆历年间,梅尧臣、欧阳修、苏舜钦等学习韩愈诗歌以矫西昆之弊,并渐次由学韩转而崇杜,确立了杜诗的典范地位。继之而起的王安石、苏轼、黄庭坚、陈师道等人继续学习杜诗,并形成了"以文字为诗,以议论为诗,以才学为诗"的宋诗特征。江西诗派诸人的诗学理论及具体创作将此种特征发展到了极致,但也产生了种种弊端,"或抄袭剽窃,缺少新意,或磔章裂句,失于晦涩"。南宋诗人的诗学理论及创作皆有意识突破江西诗派之藩篱,至"永嘉四灵"、江湖诗派形成了"捐书以为诗"的特征。因此,从宋诗演进的脉络来看,宋诗的发展可谓宗唐与变唐的消长史。

(左志南撰)

第九章 明清小说

　　宋元以来,中国"俗文学"长足发展,其中小说成为一种全新的文学样式迅速成熟并走向繁荣,从而打破了诗文作为正统文学的垄断地位,开始与唐诗、宋词、元曲并列为"一代之文学"。明清是中国古典小说的繁荣时期,产生了各种短篇及长篇小说,如明代有短篇白话小说"三言二拍",即冯梦龙辑纂的《喻世明言》(一名《古今小说》)、《警世通言》、《醒世恒言》和凌濛初编的《初刻拍案惊奇》《二刻拍案惊奇》,清代有文言短篇小说《聊斋志异》等。这一时期,长篇章回体小说迅速发展成熟,产生了《三国演义》《水浒传》《西游记》《金瓶梅》《儒林外史》、"四大谴责小说"(《官场现形记》《老残游记》《孽海花》《二十年目睹之怪现状》)及中国古典小说的巅峰之作《红楼梦》等。其中《三国演义》《水浒传》《西游记》《红楼梦》代表了我国古典小说的最高成就,被誉为中国古典"四大名著"。

第一节 《三国演义》

一、概述

　　《三国演义》全名《三国志通俗演义》,是中国第一部长篇章回体历史演义小说。元末明初,小说家罗贯中以陈寿的《三国志》为蓝本,同时汲取长久以来流传于文坛与民间的各类三国故事题材编撰整理成书,清初小说评论家毛宗岗改定为现在通行于世的一百二十回本《三国演义》。

　　《三国演义》以史实为基础,艺术再现了汉末到晋初这一历史时期群雄逐鹿的宏阔历史场景。全书结构宏伟,严密精巧,脉络清晰,描写了曹魏、蜀汉、孙吴三个统治集团间政治、军事、外交等各方面的复杂斗争,其中以蜀汉矛盾为中心,以魏、蜀、吴三国之间的交叉斗争为主线来展开情节,这样既保证了情节发展的纵向连贯性,又使整部小说富于曲折和变化,大大增强了故事性。小说第一回至第三十四回,以袁曹官渡之战为主线,写曹氏集团灭掉袁绍,迅速兴起,并占据黄河流域;第三十五回至第七十二回,以吴魏赤壁之战为中心,写孙刘结盟,大败曹操,刘备以荆州为据点,逐渐向西川发展,蜀汉集团崛起,三足鼎立局面开始形成;第七十三回至第八十六回,以夷陵之战为线索,写吴蜀、魏吴之间的斗争,蜀汉集团发展受挫,三国鼎立局面最终形成;第八十七回至第一百二十回,以六出祁山之战为中心,写诸葛亮北伐中原,壮志难酬,鞠躬尽瘁而终,司马氏统一中国,三家归晋。《三国演义》从第一回至第一百〇七回将近百分之九十的篇幅都是以蜀汉人物活动为中心来展开故事情节的,故小说有明显的"拥刘贬曹"思想倾向,这与《三国志》等正史不大相同,说明了《三国演义》作为"小说"的艺术独特性。

《三国演义》的叙事场面极其壮观,尤其擅长描写战争场面。小说描写了大大小小上百次战役,作者通过高超的艺术手法把这些战役写得复杂多变,各具特色,展现了一个个惊心动魄的场面,体现了全景式的艺术描写手法。第一,小说针对每次战争的不同特点在相似的比较中写出了战争的独特之处。如最著名的"三大战役":官渡之战、赤壁之战、夷陵之战,都是以少胜多、以弱胜强的典范之战,在揭示强者失败的原因方面却各有不同。官渡之战中,袁绍因用人不当而坐失良机;赤壁之战中,曹操因骄傲自负、采取战术不当而失败;夷陵之战中,刘备则因意气用事、战略失误而惨败。在战术上,三大战役都使用了火攻计,但不同的是,官渡之战是火烧粮草,赤壁之战是火烧连船,夷陵之战是火烧连营,三者写来毫不重复。第二,作者在描写战争时,体现了不同条件下各种战术和谋略的综合运用才能。在小说所描写的上百次战役中,各种军事奇计纷纷运用,除传统的连环计、离间计、美人计、苦肉计,更有空城计、火攻计、水淹计等在特殊战争条件下产生的军事策略,这些谋略和战术对战争的胜负往往起着决定性的作用,中国古代丰富的兵学理论与军事智慧在作者的笔下得到了充分发挥。第三,小说并不是单一地描写战争,而是兼写其他与战争相关的一切活动,通过双方智慧与谋略的较量交锋,写出战争的前奏和余波,使紧张的战争场面变得张弛有度、急缓相间,避免了战争双方简单的蛮力对抗,如在赤壁之战前写孙、刘之间的合作,诸葛亮、周瑜之间的斗智斗谋等。《三国演义》通过战争场面的描写展示了三国军事家们的非凡智慧。

《三国演义》是古典小说中写人物最多的巨著,一共写了一千七百余人,其中有姓有名的大约一千二百人。全书成功地塑造了孙权、诸葛亮、曹操、关羽、张飞、周瑜、司马懿等一批鲜明、生动的人物形象。有些人物颇具特色,成为某一类型人物的代表,其中被誉为"三绝"的人物,如"智绝"诸葛亮是"贤相"的化身、智慧的代表,"奸绝"曹操是"宁教我负天下人,不教天下人负我"的奸雄代表,"义绝"关羽则成了"威猛刚毅""义重如山"的"关圣帝君"和"武圣"。此外,作者还善于把对人物的塑造放在紧张的矛盾或激烈的冲突之中,通过特定的场面描写和环境衬托,将人物的个性化特征和独特的思想性格表现出来。如赤壁之战中,既表现了诸葛亮和周瑜的智慧与运筹帷幄的才能,又体现出二人的高下之分。《三国演义》在塑造人物上所取得的成就,标志着中国古典小说的新发展。

《三国演义》在艺术表现上,虚实相间,主实重虚。小说在叙述惊心动魄的历史事件、展现恢宏阔大的历史场景及塑造典型人物时,往往通过巧妙的艺术构思和独特的文学创作进行表现,夸张、对比、烘托、渲染等艺术手法广泛地被运用于小说的描写中,显示出作者极高的文学造诣。此外,全书语言半文半白、雅俗共赏、畅达通晓、明快简练,人物语言富于个性化,张飞的豪猛、关羽的傲气、刘备的仁义、孔明的智慧、曹操的奸诈等,常在简练的勾画中尽显无遗。

《三国演义》一方面通过艺术的方式比较真实地反映了三国时期的历史风云,另一方面又有元末明初这个特定时代的影子,它不仅是较早的一部历史演义小说,也代表着中国古代历史小说的最高成就,它在传播三国历史知识、政治、军事与外交斗争经验,推动历史演义小说创作的繁荣等多方面都起到过积极的作用。《三国演义》在民间的流传范围、影响程度,都是中国古代历史小说中独一无二的。

二、原典选读及导读

三國演義(節選)

……玄德只得隨二人入府見操。操笑曰:"在家做得好大事!"嚇得玄德面如土色。操執玄德手,直至後園,曰:"玄德學圃不易!"玄德方才放心,答曰:"無事消遣耳。"操曰:"適見枝頭梅子青青,忽感去年征張繡時,道上缺水,將士皆渴;吾心生一計,以鞭虛指曰:'前面有梅林。'軍士聞之,口皆生唾,由是不渴。今見此梅,不可不賞。又值煮酒正熟,故邀使君小亭一會。"玄德心神方定。隨至小亭,已設樽俎[1]:盤置青梅,一樽煮酒。二人對坐,開懷暢飲。

酒至半酣,忽陰雲漠漠,驟雨將至。從人遙指天外龍掛,操與玄德憑欄觀之。操曰:"使君知龍之變化否?"玄德曰:"未知其詳。"操曰:"龍能大能小,能升能隱:大則興雲吐霧,小則隱介藏形;升則飛騰於宇宙之間,隱則潛伏於波濤之內。方今春深,龍乘時變化,猶人得志而縱橫四海。龍之為物,可比世之英雄。玄德久歷四方,必知當世英雄。請試指言之。"玄德曰:"備肉眼安識英雄?"操曰:"休得過謙。"玄德曰:"備叨恩庇,得仕於朝。天下英雄,實有未知。"操曰:"既不識其面,亦聞其名。"玄德曰:"淮南袁術,兵糧足備,可為英雄?"操笑曰:"塚中枯骨,吾早晚必擒之!"玄德曰:"河北袁紹,四世三公,門多故吏;今虎踞冀州之地,部下能事者極多,可為英雄?"操笑曰:"袁紹色厲膽薄,好謀無斷;幹大事而惜身,見小利而忘命:非英雄也。玄德曰:"有一人名稱八俊,威鎮九州——劉景升可為英雄?"操曰:"劉表虛名無實,非英雄也。"玄德曰:"有一人血氣方剛,江東領袖——孫伯符乃英雄也?"操曰:"孫策藉父之名,非英雄也。"玄德曰:"益州劉季玉,可為英雄乎?"操曰:"劉璋雖系宗室,乃守戶之犬耳,何足為英雄!"玄德曰:"如張繡、張魯、韓遂等輩皆何如?"操鼓掌大笑曰:"此等碌碌小人,何足掛齒!"玄德曰:"舍此之外,備實不知。"操曰:"夫英雄者,胸懷大志,腹有良謀,有包藏宇宙之機,吞吐天地之志者也。"玄德曰:"誰能當之?"操以手指玄德,後自指,曰:"今天下英雄,惟使君與操耳!"玄德聞言,吃了一驚,手中所執匙,不覺落於地下。時正值大雨將至,雷聲大作。玄德乃從容俯首拾曰:"一震之威,乃至於此。"操笑曰:"丈夫亦畏雷乎?"玄德曰:"聖人迅雷風烈必變,安得不畏?"將聞言失緣故,輕輕掩飾過了。操遂不疑玄德。後人有詩贊曰:

　　勉從虎穴暫趨身,說破英雄驚殺人。巧借聞雷來掩飾,隨機應變信如神。

(羅貫中撰《三國演義》第二十一回,人民文學出版 1997 年版)

【注釋】

[1]樽俎:古代盛酒肉的器皿。樽以盛酒,俎以盛肉,後來常用作宴席的代稱。

【导读】

　　本段文字节选自《三国演义》第二十一回"曹操煮酒论英雄,关公赚城斩车胄"。吕布被杀后,曹操带着刘、关、张三人回到许昌,汉献帝称刘备为皇叔。曹操对刘备起戒备之心,遂上演了"青梅煮酒论英雄"的精彩一幕。首先曹操指天为题,以龙升龙隐之变为喻来试探刘备,并追问他谁才称得上当今之英雄。作为"隐龙"的刘备,因时机未到,羽翼不丰,故在曹操的逼问之下假装糊涂,步步谨慎,处处设防,尽量掩饰自己内心的真实想法,只用一些不相干的诸侯们来搪塞曹操,最终在危急时刻急中生智,巧渡难关。曹操则对刘备所提之"英雄"完全不屑一顾,先是对他们逐一评价,再得出他们"非英雄"的结论,其言看似狂妄自大,实则体现了一个政治家的高瞻远瞩和自信与自负。本段文字的精彩之处在于,刘备在曹操面前韬光养晦,不动声色,却被曹操一语道破心机,为了掩饰自己的惊慌失措,"一震之威,乃至于此"的借口让刘备躲过了一劫,却成为读者的笑柄。

三、延伸思考

　　《三国演义》作为中国古典名著之一,其中许多故事脍炙人口,经久传诵,如桃园三结义、三英战吕布、三顾茅庐、舌战群儒、草船借箭、单刀赴会、刮骨疗毒、失街亭、空城计、七擒孟获等都是经典桥段,在这些精彩的文字叙述中,读者看到了一个个个性鲜明的活化人物。章学诚在《丙辰杂记》中提到这部小说时说"七分实三分虚",正是这三分艺术虚构,让历史人物在故事情节中鲜活起来。鲁迅在《中国小说的历史变迁》中称:"因为三国底事情,不像五代那样纷乱;又不像楚汉那样简单;恰是不简不繁,适于作小说。而且三国时底英雄,智术武勇,非常动人,所以人都喜欢取来做小说底材料。"当代阴阳易辨派创始人高煜翔评价《三国演义》说:"男儿不展凌云志,枉负今生八尺躯。"评论者从各个角度再现了《三国演义》的存在价值。

（崔宏艳撰）

第二节　《水浒传》

一、概述

《水浒传》全名《忠义水浒传》,简称《水浒》,是中国古代著名的章回体英雄传奇小说,中国四大古典名著之一。元末明初,著名小说家施耐庵根据北宋末年以来流传的宋江起义故事编次而成。真实的宋江起义发生在北宋徽宗时期,这在正史如《宋史》和《东都事略·侯蒙传》等都有记载。南宋以后,这一故事开始在民间流传,许多人物故事开始成为宋元时期各类文学样式的取材对象,人物形象逐渐丰满起来,故事情节也逐渐连贯起来,如《醉翁谈录》《大宋宣和遗事》及元代一些水浒戏,都为《水浒传》的最终成书提供了重要的基础。因此,《水浒传》是宋江起义故事在民间长期流传基础上产生的,吸收了民间文学的营养,是一部世代积累的长篇文学作品。

目前出版的多为一百二十回本《水浒全传》,前七十回主要以个体英雄单传为线索展开故事情节,讲述了一百〇八个英雄好汉被逼上梁山的全过程,后五十回主要描写梁山聚义以后,宋江带领一百〇八位水浒英雄替天行道、杀富济贫、除恶扬善、对抗朝廷,并取得一系列战争的胜利,之后,宋江带领水浒英雄接受朝廷招安,镇压方腊起义为朝廷效力,最终,多数英雄战死沙场,余者凯旋也终被奸臣所害。清代著名小说评论家金圣叹曾"腰斩"《水浒》,删掉梁山聚义之后的情节,成为七十回金评本《水浒传》。《水浒传》采用复式结构模式,既纵横交错,又相对独立,梁山起义发生、发展和失败的全过程纵贯全篇,其间连缀着一个个自成整体的主要人物故事。这些个体英雄的故事既独立成篇,又纵横开合连缀成整体,构成《水浒传》极富特色的艺术成就。

《水浒传》是中国文学史上第一部以农民起义为题材的长篇小说,以其杰出的艺术描写手法,全景式地为读者展示了宋江领导的农民起义酝酿、形成和发展直至失败的全过程,揭示了农民揭竿而起的社会根源,即封建社会的黑暗腐朽和统治阶级的罪恶残暴,同时也具体揭示了起义失败的内在历史原因,即农民起义领袖思想上的局限性和软弱性。《水浒传》不仅深刻批判了"官逼民反"的残酷现实,也满腔热情地歌颂了梁山英雄们的反抗斗争和他们的社会理想,同时在批判和歌颂中展示了这场农民起义从辉煌走向失败的悲壮画卷。所以,《水浒传》是中国文学中最具史诗特征的作品之一。

《水浒传》人物众多,共涉及人物七百八十七位,其中有名有姓的有五百七十七位,有名无姓的有九位,有姓无名的有九十九位。其最突出的艺术成就就是对英雄人物的塑造,全书成功塑造了二十个以上个性鲜明的典型形象,包括鲁智深、李逵、武松、林冲、阮小七等一批英雄人物。小说在刻画梁山英雄时,紧扣"官逼民反""逼上梁山"的题旨,把人物置身于历史的真实当中,尽管缺少具体的环境描写来衬托人物,但往往伴随人物的经历和遭遇的描写来不断推进情节,在情节展开之中描述其行为、刻画其性格,构成了《水浒传》中精彩纷呈的人物故事。此外,小说还善于把人物放在各种激烈紧张的矛盾中进行刻画,甚至把人物置于生死存亡的关头,以自己的行动、语言来显示他们的性格特征,进一步深化了人物性格。如石秀劫法场、李逵救柴进等,这些形象饱满鲜活、栩栩如生,成为中国文学史上的经典形象。

《水浒传》继承并发展了现实主义和浪漫主义的优秀创作传统,且把二者紧密结合起来,从而使小说既植根于现实又富有浪漫主义色彩,使情节更为生动,更贴近人物生活环境,故事本身亦跌宕有致,引人入胜。同时,小说故事发生在北方,小说人物大部分为各行各业的底层百姓,故其语言、行为及生活环境无不透着浓厚的民间文学色彩,尤其人物语言在北方口语的基础上,经过提炼加工,形成明快、洗练、生动、色彩浓烈而富个性化、塑造力强的特色。因此,《水浒传》是中国历史上第一部用带有民间口语色彩的白话文写成的长篇小说,开创了白话章回体小说的先河。

关于《水浒传》的主题思想,历来争论不休。一种观点认为小说表现的是忠义思想,主要代表人物是明代思想家李贽。另一种观点认为这是一部描写强盗的书,会教坏百姓,主要代表人物是明代著名政治家左懋第,明朝政府因此将《水浒传》列为禁书,下令在全国各地收缴。另外,清代小说评论家金圣叹亦持此观点,他也因此而"腰斩"《水浒传》。

但无论怎样禁止,《水浒传》成书以后,还是以极快的速度流传开来,许多水浒故事妇孺皆知,一百〇八位水浒英雄更是脍炙人口。这种影响甚至远及海外,早在18世纪就出现了《水浒传》的日文译本,由此对东亚各国的叙事文学艺术产生了极其深远的影响。19世纪《水浒传》开始传入欧美,先后出现德、法、英、意等外文译本,还出现了许多独立成篇的水浒英雄的故事译本。

二、原典选读及导读

水浒传(節選)

那個搗子[1]逕奔去報了蔣門神。蔣門神見說,吃了一驚,踢翻了交椅,丟去蠅拂子,便鑽將來。武松卻好迎著,正在大闊路上撞見。蔣門神雖然長大,近因酒色所迷,淘虛了身子,先自吃了那一驚,奔將來,那步不曾停住,怎地及得武松虎一般似健的人,又有心來算他。蔣門神見了武松,心裏先欺他醉,只顧趕將入來。說時遲,那時快,武松先把兩個拳頭去蔣門神臉上虛影一影,忽地轉身便走。蔣門神大怒,搶將來,被武松一飛腳踢起,踢中蔣門神小腹上,雙手按了,便蹲下去。武松一踅,踅將過來,那只右腳早踢起,直飛在蔣門神額角上,踢著正中,望後便倒。武松追入一步,踏住胸脯,提起這醋缽兒大小拳頭,望蔣門神頭上便打。原來說過的打蔣門神撲手:先把拳頭虛影一影,便轉身,卻先飛起左腳,踢中了,便轉過身來,再飛起右腳。這一撲有名,喚做"玉環步,鴛鴦腳"。這是武松平生的真才實學,非同小可!打的蔣門神在地下叫饒。

（施耐庵著《水滸傳》第二十九回,人民文學出版社 2005 年版）

【注釋】

[1]搗子:對人的鄙視稱呼。猶傢夥、流氓、惡棍之類。

【导读】

本篇文字选自《水浒传》第二十九回"施恩重霸孟州道,武松醉打蒋门神"。武松因杀了西门庆和潘金莲为兄报仇惹上官司,被刺配孟州,结识金眼彪施恩。孟州恶霸蒋门神霸占了施恩的快活林,武松听完他对蒋门神的控诉后,决定替他抱打不平,惩恶扬善。武松趁着酒醉来到快活林,对人人畏惧的恶霸蒋门神故意挑衅,三用激将之法,最终激怒蒋门神。武松是打虎英雄,对这个恶霸毫不留情,先是猛一回身踢中小腹,痛得蒋门神双手按住肚子蹲下去。接着武松又飞起右脚,踢在蒋门神额头正中,蒋门神顿时倒在地上动弹不得。最后,武松一脚踏在蒋门神的胸脯上,提起钵儿大小的拳头,往蒋门神脸上打,打得蒋门神连声求饶,武松三招打败蒋门神,招招稳、准、狠、快,动作连贯,一气呵成,伸张正义,惩治恶人,令人解气。全篇三百余文字便刻画出一位疾恶如仇、扶危济困、重义轻财、有勇有谋的英雄好汉的形象。

三、延伸思考

《水浒传》作为中国第一部英雄传奇小说,塑造了无数英雄人物,而这些人物在故事情节中富于个性的行为活动便成就了小说中的精彩篇章。《水浒传》中的精彩片段不胜枚举,单是武松就能举出一系列的例子来,如景阳冈打虎、怒杀潘金莲、斗杀西门庆、大闹飞云浦、血溅鸳鸯楼等,至于小说其他部分更是精彩不断,如鲁智深大闹五台山、倒拔垂杨柳、大闹野猪林、李逵杀虎报母仇、李逵遇李鬼、七星智取生辰纲,后期水浒英雄们三打祝家庄、踏平曾头市、三赢童贯等,这些精彩篇章构成了《水浒传》经久不衰的永恒魅力。阿根廷著名作家博尔赫斯曾专门撰文对《水浒传》进行点评,他认为《水浒传》的情节有"史诗般的广阔",并认为其与西班牙17世纪的"流浪汉小说"有异曲同工之妙。

(崔宏艳撰)

第三节　《西游记》

一、概述

《西游记》是中国四大古典名著之一,成书于明嘉靖年间,吴承恩在前代多年积累的并在民间广为流传的有关唐僧取经的文学作品和故事的基础上进行了艺术加工与再创造,成为现在流传于世的百回本《西游记》。唐太宗时期经玄奘法师根据亲身经历口述而成的《大唐西域记》,以及玄奘逝世后,其弟子根据他的西行经历又编纂成一本《大慈恩寺三藏法师传》,前者是《西游记》故事的原型,而后者则被认为是《西游记》神话故事的开端。唐宋以后,唐僧取经故事在民间广泛流传开来,其神异色彩越来越浓厚。其中的故事和人物形象也成为各种文学样式刻画和演绎的题材。小说家吴承恩正是在这样的基础上完成了对这部著名的神魔小说的改造。

《西游记》和《水浒传》一样也采用单线发展的线性结构的叙事模式,每个故事既有相对的独立性,又被一根主线贯串在一起。但不同的是,《西游记》以孙悟空这个主要人物为中心来展开故事情节和小说结构,孙悟空的形象贯穿了整部小说的始终。小说开篇以整整七回的篇幅讲述孙悟空大闹天宫的故事,把孙悟空的形象提到全书首要的地位。第八回至第十二回写如来说法、观音访僧、唐僧出世等故事,交待取经的缘起。从第十三回到全书结束,讲述了孙悟空被压在五行山下五百年,在观音的点化下,唐僧救出孙悟空并收为徒弟,一起西行取经的故事。孙悟空与猪八戒、沙僧等齐心合力共同对付取经路上的妖魔鬼怪,历经九九八十一难,终于功德圆满。从中可以看出,《西游记》总的格局也不同于《水浒传》,它主要由"孙悟空大闹天宫""唐僧出身及取经缘由"和"唐僧师徒西天取经"三大故事板块构成,其中大多数情节都在取经路上展开,师徒四人一起经历故事,而每个故事之间并没有严格的顺序关系。这种独特的艺术构思丰富了我国长篇小说的创作宝库。

《西游记》作为中国古代最优秀的神魔小说之一，描写了众多幻想世界和神话人物、天庭和冥界、各路神仙、妖魔鬼怪，以及赋予他们的各种变幻莫测、升天入地的高超本领，无不体现出浪漫主义的神话色彩。唐僧师徒取经遭遇八十一难的故事情节，包括那些五花八门、神奇魔幻的各色武器等都充满了玄幻荒诞和光怪陆离的色彩，向人们展示了一个绚丽多彩、变化多端的神魔世界。因此，《西游记》构成了浪漫主义最基本的艺术特征。当然，这些充满玄幻色彩的塑造大都以现实生活为基础，既有深刻揭露批判现实丑恶的一面，也有体现作者某些美好愿望的一面。所以，通过《西游记》中虚幻的神魔世界，我们处处可以看到现实社会的投影。作者旨在通过故事情节的展开和人物的塑造，表达对天庭的蔑视、对佛祖的揶揄、对神仙下界为乱的痛恨及对各国君臣的虚伪的讽刺，同时展示给我们一个混乱而昏聩的统治秩序，以及这种混乱产生的深层原因。作者通过取经路上随时发生的一个个妙趣横生的小故事，带领读者走进一个充满魔幻色彩的另类世界，并用善意的嘲笑、幽默而辛辣的讽刺和真实而严峻的批判深化了主题、表达了爱憎。取经路上这些充满艰辛斗争的荒诞情节，实则寄寓了广大人民不屈不挠地反抗强暴与黑暗、要求战胜自然与困难的大无畏精神，曲折地反映了封建时代的真实社会状态。

《西游记》在艺术上最鲜明的特点是奇幻荒诞的思维方式和幽默诙谐的讽刺风格，这就决定了小说充满了神奇之笔和戏弄之笔，二者不仅运用娴熟且达到水乳交融。首先，小说通过这种巧妙的艺术方式展示了漫长的西行路上所发生的一切，在幽默讽刺中体现深刻的现实意义。其次，小说通过这些独到的艺术手段塑造了神通广大的孙悟空、贪心自私的猪八戒、诚实吃苦的沙和尚及肉眼凡胎的唐僧等主要人物形象。最后，作者用幽默诙谐的艺术手法将动物的形态、神魔的法力和人的意志三者有机地结合起来，从而产生了很多形状各异、个性差异的独特的艺术形象，最典型的就是孙悟空的形象，他是人间英雄的正义、猴子的聪明顽劣和神仙神通广大、无所不能的巧妙结合体。

总之，丰富奇特的艺术想象、神奇浪漫的表现手法、生动曲折的故事情节、栩栩如生的人物形象、幽默诙谐的白话语言，不仅构筑起《西游记》在明清小说中独树一帜的文学名著地位，而且自16世纪明朝中叶《西游记》问世以来，西游故事就在中国广为流传，并被翻译成多种语言，影响了世界文学艺术殿堂。当代多样化的文学艺术形式，如影视剧等，更使西游故事家喻户晓、妇孺皆知，经典的《西游记》电影和电视剧几乎伴随着几代人一起成长。

二、原典选读及导读

西遊記（節選）

　　話表齊天大聖被眾天兵押去斬妖台下，綁在降妖柱上，刀砍斧剁，槍刺劍劙，莫想傷及其身。南門星奮令火部眾神，放火煨燒，亦不能燒著。又著雷部眾神，以雷屑釘打，越發不能傷損一毫。那大力鬼王與眾啟奏道："萬歲，這大聖不知是何處學得這護身之法，臣等用刀砍斧剁，雷打火燒，一毫不能傷損，卻如之何？"玉帝聞言道："這廝這等，這等……如何處治？"太上老君即奏道："那猴吃了蟠桃，飲了禦酒，又盜了仙丹，——我那五壺丹，有生有熟，被他都吃在肚裏，運用三昧火，煆成一塊，所以渾做金鋼之軀，急不能傷。不若與老道領去，放在八卦爐中，以文武火煆煉。煉出我的丹來，他身自為灰燼矣。"玉帝聞言，即教六丁、六甲，將他解下，付與老君。老君領旨去訖。一壁廂宣二郎顯聖，賞賜金花百朵，禦酒百瓶，還丹百粒，異寶明珠，錦繡等件，教與義兄弟分享。真君謝恩，回灌江口不題。

　　那老君到兜率宮，將大聖解去繩索，放了穿琵琶骨之器，推入八卦爐中，命看爐的道人，架火的童子，將火扇起煆煉。原來那爐是乾、坎、艮、震、巽、離、坤、兌八卦。他即將身鑽在"巽宮"位下。巽乃風也，有風則無火。只是風攪得煙來，把一雙眼熿紅了，弄做個老害病眼，故喚作"火眼金睛"。

　　真個光陰迅速，不覺七七四十九日，老君的火候俱全。忽一日，開爐取丹。那大聖雙手侮著眼，正自揉搓流涕，只聽得爐頭聲響。猛睜睛看見光明，他就忍不住，將身一縱，跳出丹爐，唿喇一聲，蹬倒八卦爐，往外就走。慌得那架火、看爐，與丁甲一班人來扯，被他一個個都放倒，好似癲癎的白額虎，風狂的獨角龍。老君趕上抓一把，被他一摔[1]，摔了個倒栽蔥，脫身走了。即去耳中掣出如意棒，迎風幌一幌，碗來粗細，依然拿在手中，不分好歹，卻又大亂天宮，打得那九曜星閉門閉戶，四天王無影無形。好猴精！有詩為證。詩曰：

　　混元體正合先天，萬劫千番只自然。渺渺無為渾太乙，如如不動號初玄。

　　爐中久煉非鉛汞，物外長生是本仙。變化無窮還變化，三皈五戒總休言。

　　又詩：

　　一點靈光徹太虛，那條拄杖亦如之：或長或短隨人用，橫豎橫排任卷舒。

　　又詩：

　　猿猴道體配人心，心即猿猴意思深。大聖齊天非假論，官封"弼馬"是知音。

　　馬猿合作心和意，緊縛牢拴莫外尋。萬相歸真從一理，如來同契住雙林。

　　這一番，那猴王不分上下，使鐵棒東打西敵，更無一神可擋。只打到通明殿裏，靈霄殿外。幸有佑聖真君的佐使王靈官執殿。他見大聖縱橫，掣金鞭近前擋住道："潑猴何往！有吾在此，切莫倡狂！"這大聖不由分說，舉棒就打。那靈官鞭起相迎。兩個在靈霄殿前廝

渾一處。好殺:

赤膽忠良名譽大,欺天誑上聲名壞。一低一好幸相持,豪傑英雄同賭賽。鐵棒凶,金鞭快,正直無私怎忍耐? 這個是太乙雷聲應化尊,那個是齊天大聖猿猴怪。金鞭鐵棒兩家能,都是神宮仙器械。今日在靈霄寶殿弄威風,各展雄才真可愛。一個欺心要奪鬥牛宮,一個竭力匡扶元聖界。苦爭不讓顯神通,鞭棒往來無勝敗。

他兩個鬥在一處,勝敗未分,早有佑聖真君,又差將佐發文到雷府,調三十六員雷將齊來,把大聖圍在垓心,各騁兇惡鏖戰。那大聖全無一毫懼色,使一條如意棒,左遮右擋,後架前迎。一時,見那眾雷將的刀槍劍戟、鞭簡撾錘、鉞斧金瓜、旌鐮月鏟,來的甚緊,他即搖身一變,變做三頭六臂;把如意棒幌一幌,變作三條;六只手使開三條棒,好便似紡車兒一般,滴流流,在那垓心裏飛舞。眾雷神莫能相近。真個是:

圓陀陀,光灼灼,亙古常存人怎學? 入火不能焚,入水何曾溺? 光明一顆摩尼珠,劍戟刀槍傷不著。也能善,也能惡,眼前善惡憑他作。善時成佛與成仙,惡處披毛並帶角。無窮變化鬧天宮,雷將神兵不可捉。

當時眾神把大聖攢在一處,卻不能近身,亂嚷亂鬥,早驚動玉帝。遂傳旨著遊奕靈官同翊聖真君上西方請佛老降伏。

(吳承恩著,黃肅秋注釋,李洪甫校訂《西遊記》第七回,人民文學出版社 2012 年版)

【注釋】

[1]攢:揪住、抓住。

【导读】

本段文字选自《西游记》第七回"八卦炉中逃大圣,五行山下定心猿"中孙悟空大闹天宫的一个精彩片段。小说从第四回到第七回连续三段写孙悟空"大闹"天宫的经过:第一次,孙悟空因发觉"弼马温"为"未入流"的"末等"小官,而气愤地"把公案推倒","直打出御马监";第二次,孙悟空自封为"齐天大圣",却因识破玉帝的假加封,实际上并未真正看重他而搞乱蟠桃大会;第三次,在被擒遭"刀砍斧剁,雷打火烧"之后,他"又大乱天宫",甚至提出"皇帝轮流做,明年到我家"的反抗口号。这段文字主要讲述众天神无法收服孙悟空,遂将其捉来放入太上老君的八卦炉,炼了七七四十九天,孙悟空没被烧死,反倒练就了一双火眼金睛。冲出八卦炉的孙悟空一路追杀天兵天将,上演了一出"大闹天宫"中最热闹的桥段。孙悟空以一己之力对抗整个天神世界,一根金箍棒就可以打掉整个不公平和虚伪的现实,充分体现了他大无畏的勇敢精神和不屈不挠的反抗精神,这和他后来西天取经路上勇于除妖的精神是一致的。

三、延伸思考

《西游记》作为中国古典名著之一,其精彩之处比比皆是。如三打白骨精、智斗黄袍怪、三借芭蕉扇、真假美猴王、女儿国奇遇、大战狮驼岭等,皆是人们熟知的精彩篇章。《英国大百科全书》写道:"十六世纪中国作家吴承恩的作品《西游记》,即众所周知的被译为《猴》的这部书,是中国一部最珍贵的神奇小说。"《美国大百科全书》写道:"在十六世纪中国出现的描写僧人取经故事的《西游记》,被译为《猴》,是一部具有丰富内容和光辉思想的神话小说。"鲁迅先生在《中国小说史略》中指出,《西游记》"讽刺揶揄则取当时世态,加以铺张描写",又说"作者禀性,'复善谐剧',故虽述变幻恍忽之事,亦每杂解颐之言,使神魔皆有人情,精魅亦通世故,而玩世不恭之意寓焉"。

(崔宏艳撰)

第四节　《红楼梦》

一、概述

《红楼梦》,中国古代四大名著之一,章回体长篇小说,成书于1784年(清乾隆四十九年),又名《石头记》《情僧录》《风月宝鉴》《金陵十二钗》等,梦觉主人序本正式题为《红楼梦》。前八十回作者为清代著名小说家、诗人曹雪芹,无名氏续作后四十回,关于续作者高鹗、程伟元之说因近年来争议颇大,故暂为存疑。

曹雪芹(约1715—1763年),名霑,字梦阮,号雪芹、芹圃、芹溪。清代小说家、诗人,祖籍辽阳(一说河北,后迁辽东)。曹雪芹出身于一个"百年望族"的大官僚地主家庭,后家道中落,备尝人情冷暖和世事辛酸,于落魄中开始了《红楼梦》的艰辛创作,最迟在乾隆十九年(1754年)已完成前八十回初稿,后不断修订整理,前后用了十年左右的光阴。"于悼红轩中披阅十载,增删五次,纂成目录,分出章回","字字看来皆是血,十年辛苦不寻常",终于成就了这部伟大的奇书。

《红楼梦》是一部具有高度思想性和艺术性的文学巨作,代表着中国古典小说艺术的巅峰。全书以荣国府的日常生活为中心,以宝玉、黛玉、宝钗三人的爱情悲剧及大观园中的点滴琐事为主线,以金陵贵族贾、王、薛、史四大家族由盛而衰的历史为暗线,展现了整个封建社会终将走向灭亡的必然趋势。全书丰富多彩的社会内容、复杂曲折的故事情节、深刻透辟的思想内涵、精湛绝伦的艺术手法，都使其成为中国古典小说中最伟大的现实主义作品。该书系统总结了中国封建社会的文化、制度，对封建社会的各个方面进行了深刻的批判，并且提出了朦胧的带有初步民主主义性质的理想和主张，这恰恰反映了封建社会末期腐朽的封建王朝不可避免的崩溃结局及新兴资本主义因素影响之下的初步民主主义思想缓慢发展的时代特点。

《红楼梦》以深沉悲凉的情感基调，描述了封建社会丰富多彩的社会百科和生动鲜活的生活百态，并从中透露出忧思高远的思想底蕴和典雅厚重的文化内涵，这在中国古代民风民俗、封建制度、社会图景、建筑金石等各领域皆有不可替代的研究价值，因此《红楼梦》被誉为"中国封建社会的百科全书"。

《红楼梦》情节缜密，细节真实，在结构处理上有了新的重大突破。它打破了传统小说情节和人物单线发展的特点，创造了一个宏大完整而又自然妥帖的艺术结构，使众多的人物活动于同一时间和空间，并且使情节的推移具有整体性，表现出作者卓越的艺术构思才能。

《红楼梦》艺术上的巨大成就，突出地表现在塑造了众多有血有肉、个性化的人物形象方面，它完全改变了过去古代小说人物类型化、绝对化的描写，写出了人物性格的丰富性和延展性。第一，作者善于在日常生活的细节中精雕细凿、反复皴染地来完成对人物性格的塑造，从而给人以深刻的印象。第二，作者善于将各种不同的或相同的人物进行全面对照，凸显其个性特征。第三，为了突出主要人物的独特性格，作者通过金陵十二钗正册、副册、又副册的幻设，来补充定位主要人物的性格特点。第四，作者还善于描写人物的心灵变化和心理活动，在中国古典小说的创作上取得了巨大进步。总之，《红楼梦》中有名有姓的人物就多达四百八十人，其中能给人以深刻印象的典型人物至少也有几十人，因其独具一格的形象塑造，已经成为千古不朽的艺术典型，在中国文学史和世界文学史上永远闪耀着璀璨的光辉。

《红楼梦》的语言艺术成就，更是代表了中国古典小说语言艺术的高峰。全书语言优美，充满诗意。其个性化语言往往只需三言两语，就勾画出一个活生生的具有鲜明个性特征的形象，从而使读者仅仅凭借这些语言就可以判别人物。作者的叙述语言具有高度的艺术表现力，包括小说里的诗词曲赋，不仅能与小说的叙事融为一体，而且这些诗词的创作也能为塑造典型性格服务，做到了"诗如其人"，非常契合小说中人物的身份口吻。

《红楼梦》的影响由来已久。它一问世，便大受欢迎，陆续有十几种续《红楼》出现，更有人不断地将其搬上舞台进行演出。据不完全统计，清代以《红楼梦》为题材的传奇、杂剧有近二十种。到了近代，在京剧和各个地方剧种、曲种中都出现了数以百计的红楼梦折子戏，有的已成为戏剧精品，经久上演而不衰。至于当代改编而成的影视剧《红楼梦》更是风靡了整个华人世界。

《红楼梦》仍然是许多作家永远读不完、永远值得读的书,成为中国作家创造出高水平作品的不可多得的借鉴。《红楼梦》问世后,引起人们对它进行评论和研究的兴趣,并形成一种专门的学问——红学。在红学的殿堂里,专家学者们就《红楼梦》的作者、文本的思想内涵、人物形象、艺术特征等诸多方面,进行了日益深细的探讨、解析,至今,红学依然欣欣向荣,充满生机。

因此,《红楼梦》是一部伟大的世界性名著,到目前为止,它不仅在国内已有数以百万计的发行量,有藏、蒙古、维吾尔、哈萨克、朝鲜多种文字的译本,成为家喻户晓的名著,而且已有英、法、俄等十几种外文择译本、节译本和全译本,且有越来越多的外国学者开始对《红楼梦》进行较为深入的研究。《红楼梦》正日益成为世界人民共同的精神财富。

二、原典选读及导读

红樓夢(節選)

忽然抬頭,見寶玉進去了,寶釵便站住低頭想了想:寶玉和林黛玉是從小兒一處長大,他兄妹間多有不避嫌疑之處,嘲笑喜怒無常;況且林黛玉素習猜忌,好弄小性兒的。此刻自己也跟了進去,一則寶玉不便,二則黛玉嫌疑。罷了,倒是回來的妙。想畢抽身回來。

剛要尋別的姊妹去,忽見前面一雙玉色蝴蝶,大如團扇,一上一下迎風翩躚[1],十分有趣。寶釵意欲撲了來玩耍,遂向袖中取出扇子來,向草地下來撲。只見那一雙蝴蝶忽起忽落,來來往往,穿花度柳,將欲過河去了。倒引的寶釵躡手躡腳的,一直跟到池中滴翠亭上,香汗淋漓,嬌喘細細。寶釵也無心撲了,剛欲回來,只聽滴翠亭裏邊喊喊喳喳有人說話。原來這亭子四面俱是遊廊曲橋,蓋造在池中水上,四面雕鏤槅子糊著紙。

寶釵在亭外聽見說話,便煞住腳往裏細聽,只聽說道:"你瞧瞧這手帕子,果然是你丟的那塊,你就拿著;要不是,就還芸二爺去。"又有一人說話:"可不是我那塊! 拿來給我罷。"又聽道:"你拿什麼謝我呢? 難道白尋了來不成。"又答道:"我既許了謝你,自然不哄你。"又聽說道:"我尋了來給你,自然謝我;但只是揀的人,你就不拿什麼謝他?"又回道:"你別胡說。他是個爺們家,揀了我的東西,自然該還的。我拿什麼謝他呢?"又聽說道:"你不謝他,我怎麼回他呢? 況且他再三再四的和我說了,若沒謝的,不許我給你呢。"半晌,又聽答道:"也罷,拿我這個給他,算謝他的罷。——你要告訴別人呢? 須說個誓來。"又聽說道:"我要告訴一個人,就長一個疔,日後不得好死!"又聽說道:"噯呀! 咱們只顧說話,看有人來悄悄在外頭聽見。不如把這槅子都推開了,便是有人見咱們在這裏,他們只當我們說頑話呢。若走到跟前,咱們也看的見,就別說了。"

寶釵在外面聽見這話,心中吃驚,想道:"怪道從古至今那些姦淫狗盜的人,心機都不錯。這一開了,見我在這裏,他們豈不臊了。況才說話的語音,大似寶玉房裏的紅兒的言語。他素昔眼空心大，是個頭等刁鑽古怪東西。今兒我聽了他的短兒，一時人急造反，狗急跳牆，不但生事，而且我還沒趣。如今便趕著躲了，料也躲不及，少不得要使個'金蟬脫殼'的法子。"猶未想完，只聽"咯吱"一聲，寶釵便故意放重了腳步，笑著叫道："顰兒，我看你往那裏藏！"一面說，一面故意往前趕。

那亭內的紅玉墜兒剛一推窗，只聽寶釵如此說著往前趕，兩個人都唬怔了。寶釵反向他二人笑道："你們把林姑娘藏在那裏了？"墜兒道："何曾見林姑娘了。"寶釵道："我才在河那邊看著林姑娘在這裏蹲著弄水兒的。我要悄悄的唬他一跳，還沒有走到跟前，他倒看見我了，朝東一繞就不見了。別是藏在這裏頭了。"一面說，一面故意進去尋了一尋，抽身就走，口內說道："一定是又鑽在山子洞裏去了。遇見蛇，咬一口也罷了。"一面說一面走，心中又好笑：這件事算遮過去了，不知他二人是怎樣。

（曹雪芹、高鶚著《紅樓夢》第二十七回，人民文學出版社 2005 年版）

【注释】

［1］翩躚：形容轻快地跳舞的样子。

【导读】

本段文字选自《红楼梦》第二十七回"滴翠亭杨妃戏彩蝶，埋香冢飞燕泣残红"。小说通过对人物的行为及内心活动的生动描绘，形象地再现了精彩的画面之美和故事情节的曲折跌宕之美，尤其是对人物性格的塑造显得立体而饱满，刻画出了主要人物性格的多面性。先是"避嫌疑"之举，表现出宝钗处事沉稳谨慎和考虑问题精细周密的性格特点；接着"扑蝶"画面，再现了一个天真少女的活泼可爱，使宝钗的形象一下子丰满起来；"煞住脚细听"表明宝钗也是个具有强烈好奇心的少女；至于"金蝉脱壳"之法，则聪明地避免了"一时人急造反，狗急跳墙"当场冲突的尴尬，真切、动人，给读者留下了丰富的想象。在芒种节之日，大观园所有的女孩子都早早起来忙着摆设礼物，祭饯花神，作者在这主要场面的描绘之中，不仅进一步完成了对各个主次人物的性格塑造，还突出了小说情节的发展推进，如本段文字"宝钗扑蝶"，让红芸一线发展顺利延续，而接下来的"黛玉葬花"，也体现了宝黛之间由矛盾产生到高潮再到冰释前嫌的过程。

三、延伸思考

《红楼梦》是一部奇书，是一部难以用语言来概括它、赞誉它，对之唯有感到惊奇的著作，具有不朽的艺术生命力。《红楼梦》自问世以来，就获得了历代名家的青睐，并奉之为瑰宝，形成千人眼中千种《红楼梦》的奇特景观。王国维在《红楼梦评论》中说："《红楼梦》一书与一切喜剧相反,彻头彻尾之悲剧也。"胡适的《〈红楼梦〉考证》说:"《红楼梦》这部书是曹雪芹的自叙传。"以蔡元培为代表的索隐派认为《红楼梦》是"揭清之失,悼明之亡"。而高煜翔评价《红楼梦》:"一入侯门深似海,从此不知身后事。"现在,《红楼梦》已成为一种独特的价值存在,《中国大百科全书》这样评价道:"《红楼梦》的价值怎么估计都不为过……《红楼梦》是一部大书。有评论家这样说,几千年中国文学史,假如我们只有一部《红楼梦》,它的光辉也足以照亮古今中外。"

(崔宏艳撰)

第五节　明清小说与古代叙事艺术

一、概述

在中国古代文学的长河中,小说早在魏晋时期便渐露端倪,但直到明清时期,中国古代的小说创作才蔚为大观,达到鼎盛。这不仅体现在种类、数量繁多等方面,而且体现在对当时和后世的影响方面。明清小说按语言类型可分为文言小说与白话小说两种,文言小说以《聊斋志异》为代表。白话小说可分为短篇与长篇两种,短篇以"三言二拍一型"("一型"指陆人龙编写的《型世言》)为代表,长篇则以"四大名著"(吴承恩的《西游记》、罗贯中的《三国演义》、施耐庵的《水浒传》和曹雪芹的《红楼梦》)为代表。当然,明清时期的白话长篇小说瑰丽绚烂,除了"四大名著",还有很多优秀作品,如《儒林外史》《金瓶梅》等。其中,白话小说是主流,体现了说话、口叙文学的痕迹,总体呈现出模式化、非个性的特点。

在明清小说中,作者与叙事者之间的关系并不是简单等同的。在中国古代小说发展的早期,有许多叙事者对所要叙述的人或事无所不知、无所不晓,形成了全知型叙事视角。在明清小说中,全知型叙事视角运用得相当广泛,这一方面受小说由说话发展而来的影响,另一方面也是小说发展的必经之路。而明清小说中的全知型叙事视角也并不是无限度全知,也经历了中立型全知视角、编辑型全知视角、多重选择全知视角和选择全知视角的发展过程。[1]所谓中立型全知视角,是指叙事者置身于故事之外,不对故事进行干预,如魏晋时期的志人志怪小说。编辑型全知视角是指类似于"说话"的叙事者在讲述故事时所采用的视角。这种叙事视角一般灵活多变,几乎不受任何限制。叙事者既可以置身事外,以旁观者的身份进行讲述,也可以从某一人物的视角出发进行讲述,还可以模仿故事中某一人物进行对话,更可以深入人物内心揭示其观念和感情,甚至可以自由地发表种种议论,表达自己的爱憎褒贬及对人生、历史、社会的看法,以《三国演义》《水浒传》等为代表。多重选择全知视角是指叙事者依然运用全知视角,却采取不断改变内在角度的叙事方式。所谓"内在角度",指主要运用人物的内视角进行讲述;所谓"不断改变",指视角并非固定在一个人物身上。与编辑型全知视角相比,其运用内视角之处大大增多,在全书中的地位也更加重要,如《儒林外史》。叙事者外在于故事,在以某一人物为叙事聚焦的同时又相对固定地以这一人物的视角作为叙事视角,这种叙事视角可称为选择全知视角,以刘鹗的《老残游记》为代表。

除此之外,在明清小说中,第一人称叙事视角和外部聚焦叙事视角的叙事方式已经出现。第一人称叙事视角在中国古代小说中出现较早,如唐传奇。在清代中叶之前,第一人称叙事视角仅仅在《聊斋志异》中偶尔出现;自清中叶之后,情况发生了变化,某些白话小说开始运用第一人称叙事视角,比较有代表性的当属吴趼人的《二十年目睹之怪现状》。外部聚焦叙事视角是指叙事者隐藏在故事中的人物和事件背后,使读者几乎无法感知他的存在。它主要依赖于人物的对话、行动,再加上非常简练的描写与叙述报道,形成限制型叙事模式,即外部聚焦。这种叙事方式严格限制在人物的对话和行动上,基本不涉及人物的所思所感及其内心世界,如《警世通言·三现身包龙图断冤》。外部聚焦叙事视角所提供的信息,可以小于或等于小说中人物所知道的情况,但不能大于小说中人物所知道的情况。一旦叙事者提供的信息大于了小说中人物所知道的情况,就不再是外部聚焦叙事视角,而是全知型叙事视角了。明清长篇章回小说,自始至终都运用外部聚焦叙事视角的情形几乎没有,某一局部情节运用此叙事视角却比较常见,从而与其他形式的叙事视角构成了流动的小说叙事视角。

明清长篇章回小说长则叙述将近百年之事,如《三国演义》,短则叙述数十年之事,如《红楼梦》《金瓶梅》,大多是按照时间顺序进行讲述的。所谓顺序,是指或按照时间,或按照空间,或按照事情发展的内在逻辑为依据进行叙述的叙事方法,是叙述中最常见的叙事方法。按照常理,以大体相同的篇幅叙述长短不一的故事,自然是故事时间长的其叙事中省略的就多;反之,故事时间短的则叙事中省略的就少。除了顺序,明清小说中还出现了插叙、倒叙、补叙、预叙、分叙等叙事顺序。插叙指在叙述中心事件的过程中,为了帮助展开情节或刻画人物,暂时中断叙述的线索,插入一段与主要情节相关的内容,然后再接着叙述原来的内容。如《聊斋志异》中的《胭脂》《王者》及《金瓶梅》《儒林外史》《红楼梦》《三国演义》《水浒传》中都运用了不少插叙。倒叙指根据表达的需要,把事件的结局或某个最突出的片段提到前边叙述,然后再从事件的开头按原来的发展顺序进行叙述。如《聊斋志异》中的《诗谳》,可以说,文言小说发展到《聊斋志异》,才出现了真正意义上的倒叙。在明清小说中,整体上全书倒叙的几乎没有,但局部倒叙的非常多。补叙也叫追叙,是行文中用三两句话或一小段话对前边说的人或事做一些简单的补充交代。

如在《三国演义》中，每当一个人物登场时，叙事者往往要追叙其以前之事，这几乎成为一种定律。所谓预叙，即提前讲述某个后来才发生的事件。预叙也有明示与暗示之别，明示的预叙清楚地交代出在某一具体时间之后发生的某一件事，暗示的预叙只隐约地预示人物未来的命运和结局。明清长篇章回小说中的预叙常常以伏笔的形式出现，或者是对后来情节的提示，或者是对后来情节的重复，或者是对人物命运的暗示。这在《三国演义》《水浒传》中最为明显。在《金瓶梅》《红楼梦》中，以偈语、占卜、梦境、谶言等带有神秘色彩的方式作为暗示的预叙越来越多。分叙是指叙事者在同一故事时间内讲述不同空间或不同线索的时间的叙事方式。在同一故事时间内，可能会同时发生许多事件，但叙事者只能先讲述其中的一件，然后再回过头来讲述另一件。所谓"花开两朵，各表一枝"便是分叙的通俗说法。《警世通言·杜十娘怒沉百宝箱》《醒世恒言·卖油郎独占花魁》《三国演义》中都有分叙出现。

　　什么是叙事结构？杨义在《中国叙事学》中认为，沟通写作行为和目标之间的模样和体制，就是"结构"。"结构一词，在叙事学体系中虽然已经是名词，但从它的中国词源上看，它是动词，或具有动词性。……因此，我们在考察叙事作品的结构的时候，既要视之为已经完成的存在，又要视之为正在完成中的过程。"明清小说有文言和白话两大类型，两者在叙事结构上虽有不少相似之处，但其差异更为明显。简而言之，文言小说以短篇为主，其结构受史传文学影响较多；白话小说则兼有短篇与长篇，其结构受说话技艺影响较多。《聊斋志异》是明清文言小说的代表，它的叙事结构体现了结构之道与结构之技的统一，即"表层结构"与"深层结构"的统一。明清白话短篇小说以拟话本小说为代表，而长篇小说则以长篇章回小说为代表。明清拟话本小说的作者中，冯梦龙、凌濛初、李渔等人最有代表性。冯梦龙强调小说必须体现"报"的原则，凌濛初更为相信天道和宿命论，李渔则认为小说的主要作用是娱乐和供人享受。由于他们对小说的结构之道有不同的理解，所以他们所创作的拟话本小说也具有不同的结构之技。从结构之道与结构之技的关系入手，可以将长篇章回小说的叙事结构分为缀段式、单体式、网络式三种。所谓"缀段式"结构，是指一连串的故事是并列关系，石昌渝先生说："这些故事或者由一个几个行动角色来串连，或者由某个主题把它们统摄起来，它们之间不存在因果关系，因而挪动它们在小说时间和空间的位置也无伤大体。"我们留意一下《水浒传》《西游记》及《儒林外史》的回目，便不难发现这样一个规律，即某些章回可以组成一个相对独立且完整的叙事单元，如：《水浒传》从第七回至第十二回，前后用了六回的篇幅讲述"林冲被逼上梁山"；《西游记》从开头第一回至第七回，用了七回的篇幅讲述孙悟空"闹三界"；《儒林外史》几乎每两三回便构成一个小的叙事单元。至于叙事者按照什么原则将这些段落缀合起来，那就要取决于结构之道的需要了。

　　石昌渝先生指出："一部小说，不论它是短篇、中篇和长篇，只要是由一个故事所构成，那就是单体式结构。"所谓"由一个故事所构成"，是指在这一个大故事中虽然包含许多相对独立的小故事，但这些小故事之间存在着复杂的因果关系，决不允许颠倒和错位。单体式结构在讲史小说中比较多，另外，在表现某种盛衰消长人生哲理的小说中也经常使用，如《三国演义》和《金瓶梅》。

所谓"网络式"叙事结构，顾名思义，即叙事的线索犹如一张铺开的大网，虽纵横交叉，但井然有序，纲明目晰。在《红楼梦》之前的章回小说中，只有《金瓶梅》最接近这种结构形态。之所以称其为"接近"，是因为这部小说中的确存在着错综复杂的矛盾冲突，但所有的矛盾又都围绕着西门庆展开，所以将其归为辐射式更为妥当。《红楼梦》则不同，其情节线索既有平行的经线，又有交叉的纬线。经纬之间的关系或隐或显，似断实连，微妙而又合理，变幻而又有序，这一切都由结构之道决定。

中国古代没有形成关于叙事学的系统学科，"叙事"一词与叙事学理论散见于中国古代作品中，不仅局限于文学作品，在文字学、语言学，甚至关于音乐、绘画的著作中均可见到关于叙事学理论的阐述。明清小说中的叙事艺术主要体现在各家评点之中，而明清小说评点又主要集中于长篇章回小说中，尤其是"四大名著""四大奇书"（《金瓶梅》和《西游记》《三国演义》《水浒传》）之中。评点体例分为序言、夹批、眉批、回末总批。在叙事学方面有较高造诣的明清小说评点分别是金圣叹评《水浒传》、毛宗岗评《三国演义》、张竹坡评《金瓶梅》、脂砚斋评《红楼梦》及黄周星评《西游记》。

二、原典选读及导读

金聖歎評《水滸傳》（節選）

寫急事不得多用筆，蓋多用筆，則其事緩矣。獨此書不然，寫急事不肯少用筆，蓋少用筆，則其急亦遂解矣。如宋江、戴宗謀逆之人，決不待時，雖得黃孔目捱延五日，然至第六日，已成水窮雲盡之際。此時只須云："只等午時三刻，便要開刀。"一句便過耳。乃此偏寫出早晨先著地方打掃法場，飯後點士兵、刀仗、劊子，巳牌時分，獄官稟請監斬，孔目呈犯由牌、判斬字，又細細將貼犯由牌之蘆席亦都描畫出來。此一段是牢外眾人打扮諸事，作第一段。次又寫匾扎宋江、戴宗，各將膠水刷頭髮，各綰作鵝梨角兒，又各插朵紅綾紙花；青面大聖案前，各有長休飯、永別酒，然後六七十個獄卒，一起推擁出來。此一段，是牢裡打扮宋、戴兩人，作第二段。次又寫押到十字路口，用槍棒團團圍住，又細說一個面南背北，一個面北背南，納坐在地，只等監斬官來。此一段是宋、戴已到法場，只等監斬，作第三段。次又寫眾人看出人，為未見監斬官來，便去細看兩個犯由牌。先看宋江，云：犯人某人，如何如何，律斬。逶巡間，不覺知府已到，勒住馬，只等午時三刻。此一段是監斬已到，只等時辰，作第四段。使讀者乃自陡然見有"第六日"三字便吃驚起，此後讀一句嚇一句，讀一字嚇一字，直至兩三頁後，只是一個驚嚇。

吾嘗言讀書之樂，第一莫樂於替人擔憂。然若此篇者，亦殊恐得樂太過也。

（王平著《中國古代小說敘事研究》，河北人民出版社 2001 年版）

【导读】

本段文字是金圣叹对《水浒传》第四十回的点评。对于《水浒传》中的减缓叙事，金圣叹名之以"急事缓说"。第四十回宋江眼看要被蔡九知府处决，幸得黄孔目从中斡旋，拖延五日。但到了第六天，宋江之死已成定局。在这万分危急之时，小说有意放慢了叙事的速度，似乎在故意考验读者的耐心。通过上面一段点评，我们可以看出，金圣叹认为"急事缓说"可以抓住读者，制造悬念，所谓"譬如画龙，鳞爪都具，而不点睛，直是使人痒杀"。

毛宗崗評點《三國志演義》

讀《三國志》法（節選）

《三國》一書，有笙簫夾鼓，琴瑟間鐘之妙。如正敘黃巾擾亂，忽有何後、董後兩宮爭論一段文字；正敘董卓縱橫，忽有貂蟬鳳儀亭一段文字；正敘汜猖狂，忽有楊彪夫人與郭汜之妻來往一段文字；正敘下邳交戰，忽有呂布送女、嚴氏戀夫一段文字；正敘冀州廝殺，忽有袁譚失妻、曹丕納婦一段文字；正敘荊州事變，忽有蔡夫人商議一段文字；正敘赤壁鏖兵，忽有曹操欲娶二喬一段文字；正敘宛城交攻，忽有張濟妻與曹操相遇一段文字；正敘趙雲取貴陽，忽有趙範寡嫂敬酒一段文字；正敘昭烈爭荊州，忽有孫權親妹洞房花燭一段文字；正敘孫權戰黃祖，忽有孫翊妻為夫報仇一段文字；正敘司馬懿殺曹爽，忽有辛憲英為弟劃策一段文字。至於袁紹討曹操之時，忽帶敘鄭康成之婢；曹操救漢中之日，忽帶敘蔡中郎之女：諸如此類，不一而足。

（王平著《中國古代小說敘事研究》，河北人民出版社 2001 年版）

【导读】

毛宗岗认为《三国演义》中的插叙运用得十分巧妙，取得了极好的艺术效果。本段文字所说的"正叙"，就是按照正常的叙事时间讲述，所说的"忽有"某某事，都是讲述的以往之事，也就是插叙。他特别指出了这些插叙之事与龙争虎斗不同，乃是一些凤鸾莺燕之事，从而"令人于干戈队里，时见红裙；旌旗影中，常睹粉黛"。这就形成了一种错综有致的艺术效果，避免了单调重复的弊病。在毛宗岗看来，插叙不仅是一个叙事时间问题，还直接关系到艺术表现问题。

張竹坡評點《金瓶梅》

第一奇書非淫書論(節選)

然則《金瓶梅》,我又何以批之也哉? 我喜其文之洋洋一百回,而千針萬線,同出一絲,又千曲萬折,不露一線。閑窗獨坐,讀史、讀諸家文,少暇,偶一觀之曰:如此妙文,不為之遞出金針,不幾辜負作者千秋苦心哉!

予小子憫作者之苦心,新同志之耳目,批此一書,其"寓意說"內,將其一部姦夫淫婦,悉批作草木幻影;一部淫詞艷語,悉批作起伏奇文。

(王平著《中國古代小說敘事研究》,河北人民出版社 2001 年版)

【导读】

张竹坡对《金瓶梅》的评点由《竹坡闲话》《〈金瓶梅〉寓意说》《苦孝说》《批评第一奇书〈金瓶梅〉读法》《冷热金针》等总评文字和每回前的回评及正文中的眉批、旁批、行内夹批等组成。我们从上一段文字中可以看出张竹坡评点《金瓶梅》的目的,张竹坡最为看重的是《金瓶梅》的细密结构和深刻寓意,这也正是其叙事理论的精华所在。

脂硯齋評點《紅樓夢》(節選)

此回亦非正文本旨,只在冷子興一人,即俗謂冷中出熱、無中生有也。其演說榮府一篇者,蓋因族大人多,若從作者筆下一一敘出,盡一二回不能得明,則成何文字? 故借用冷子興一人,略出其大半,使閱者心中已有一榮府隱隱在心,然後用黛玉、寶釵等兩三次皴染,則耀然於心中眼中矣:此即畫家三染法也。未寫榮府正人,先寫外戚,是由遠及近、由小至大也。若使先敘出榮府,然後一一敘及外戚,又一一至朋友,至奴僕,其死板拮据之筆,豈作十二釵人手中之物也? 今先些外戚者,正是寫榮國一府也,故又怕閑文贅累,開筆即寫賈夫人已死,是特使黛玉入榮府之速也。通靈寶玉於士隱夢中一出,今又於子興口中一出,閱者已洞然矣。然若於黛玉、寶釵二人目中極精極細一描,則是文章鎖合處。蓋不肯一筆直下,有若放閘之水、燃信之爆,使其精華一泄而無餘也。究竟此玉原應出自釵、黛目中,方有照應。今預從子興口中說出,實雖寫而卻未寫。觀其後文可知此一回,文則是虛敲旁擊者文,筆則是反逆隱曲之筆。

(王平著《中國古代小說敘事研究》,河北人民出版社 2001 年版)

【导读】

本段文字是脂砚斋在"甲戌本"第二回前的评点,对《红楼梦》的叙事逻辑进行了评

328

说:一是由远及近、由小及大,二是事件具有其独特功能,三是注意前后的关联锁合。

三、延伸思考

两千多年前,《左传》《国语》《战国策》等历史著作的出现,标志着中国的叙事文学已经达到了相当高的水平,但是在理论探讨中把叙事作为一种文类术语进行运用,则要晚得多。从叙事功能角度对作品进行全面的分析,以明代"四大奇书"的出现为标志。小说评点家金圣叹、毛宗岗、张竹坡、黄周星、冯镇峦、但明伦、脂砚斋等,虽然没有提出系统的叙事学理论,但在他们的评点中包含着丰富的叙事学思想,应给予充分重视。以金圣叹、毛宗岗、张竹坡等为代表的小说评点派的形成,使中国的小说叙事理论日渐成熟。

（李若熙撰）

第十章　古代艺术

中国古代艺术源远流长,博大精深,在数千年的历史演进过程中,形成了音乐、舞蹈、雕塑、建筑、书法、绘画、戏剧等众多的艺术门类。中华民族在漫长的艺术探索过程中,涌现出了一大批灿若星辰、辉映古今的艺术大家,创作出无数熠熠生辉、璀璨夺目的艺术珍品。中国古代艺术体系完备,理论深厚,成就辉煌,充分体现出中华民族的审美情趣和艺术精神。中国古代艺术深深植根于中华民族传统文化的丰厚土壤,表现出浓郁的民族风格。深沉厚重、异彩纷呈的古代艺术既是中华民族优秀的文化遗产,也是世界文化艺术宝库中不朽的艺术瑰宝。

第一节　古代音乐与舞蹈

一、概述

音乐与舞蹈是中国古代艺术的重要门类。中国音乐有着数千年的发展史,中华民族在漫长的历史演进过程中创造出了灿烂辉煌的音乐文化。音乐的起源与先民的生产劳动密切相关,逐步发展为一门艺术。在诸艺术门类中,音乐最能沟通人的心灵。西周制礼作乐,其朝会享宴,无不辅以音乐,官府设立掌管音乐的机关,建立较为完备的宫廷雅乐体系。音乐不仅具有娱乐功能、教育功能,而且具有政治功能。周代雅乐盛行,中正平和,庄重肃穆,周王朝将乐作为统治工具,以歌功颂德,维系统治。随着周室的式微,礼崩乐坏,礼乐制度逐渐衰落,雅乐在内容和形式上都僵化刻板,已不能适应时代的需要,日渐式微,而新兴的民间音乐蔚然勃兴并取而代之,之后不断壮大成熟。汉代,张骞开辟丝绸之路,对外交往频繁。随着丝绸之路的开拓,西域乐器如琵琶、箜篌等传入中原,西域音乐与中原音乐不断交融,西域乐器和西域音乐的传入丰富了中原音乐的表演手段和表现内容,使音乐面貌为之一新,极大地促进了古代音乐的发展。古代乐器根据制作材料可分为八类：金、石、土、革、丝、木、匏、竹，称为"八音"。中国古代音乐在发展历程中形成了自己鲜明的艺术特色，江南丝竹曲调悠扬婉转，北国打击乐器高亢激越。古代音乐理论也历史悠久，成果丰硕，1978 年湖北随县擂鼓墩曾侯乙墓曾侯乙编钟的出土，是我国音乐史上的重大发现，钟体镌刻先秦乐论，颇能代表我国古代音乐文化取得的辉煌成就，弥足珍贵。

　　早期的舞蹈与音乐常常是合二为一的，称为乐舞。现在一些岩画遗存保留有原始乐舞的场景，1973 年在青海省大通县上孙家寨村新石器时代遗址出土的一个舞蹈纹彩陶盆，是迄今为止我国发现最早的一幅乐舞图，距今大约有五千年。舞蹈与音乐水乳交融，密不可分，二者相辅相成、相得益彰。《毛诗序》言："言之不足，故嗟叹之，嗟叹之不足故永歌之，永歌之不足，不知手之舞之足之蹈之也。"载歌载舞是远古先民最常见的表达情感的方式。如同音乐一样，中国传统舞蹈溯流探源，也萌芽于原始社会的劳动生活，先民狩猎、农耕、征战、祭祀都会有舞蹈。原始舞蹈与巫术密不可分，郑玄《诗经笺注》言："巫以歌舞为职，以乐神人者也。"王国维《宋元戏曲考》言："歌舞之兴，其始于古之巫乎？巫之兴也，盖在上古之世。"周代统治阶级骄奢淫逸，声色享乐，官府制礼作乐，并设立掌管乐舞的专门机构，礼乐制度的建立规范了音乐与舞蹈艺术。春秋战国时期社会动荡不安，礼崩乐坏。秦代天下一统，设立乐府主管音乐，汉承秦制，并进一步强化了乐府机构，采集民间乐舞。魏晋南北朝时期，随着民族文化的大交流、大融合，乐舞也得到空前的发展，焕发出新的光彩，各种音乐和舞蹈相互影响、相互吸纳，都得到了交融和发展。唐代国力强盛，朝廷设有专门的音乐机构，如太乐署、鼓吹署、教坊。唐玄宗统治时期设立宫廷音乐机构梨园，教习法曲，统治阶级的好尚有力地推动了乐舞文化的发展。在中华民族灿烂的乐舞文化中，少数民族乐舞是重要的支脉，唐乐气度恢宏，包容性强，对各种乐舞兼收并蓄，"胡戎之技"传播到中原地区，并进一步在南方得到发展。唐代音乐舞蹈艺术繁荣昌盛，《霓裳羽衣舞》因杨贵妃善为此曲而名播海内，宫廷乐舞一时大兴，而民间乐舞也欣欣向荣，蓬勃发展。唐代舞蹈艺术取得了高度成就，既有疏朗刚劲的健舞，也有柔婉妩媚的软舞，舞姿或奔放，或含蓄，各显风华，难分轩轾。唐代涌现出了许多技艺精湛的舞蹈艺术家，古代乐舞发展到了黄金时期，呈现出了盛况空前的局面。宋代随着商品经济的繁荣和市民阶层的壮大，说唱艺术快速发展，舞蹈的独立性逐渐减弱，艺术成就远逊于唐。元代戏曲艺术繁荣，表演技法日臻纯熟完美，乐舞依附于综合艺术戏曲，作为其重要组成部分也相应得到进一步的发展。明清时期在封建礼教和道统思想的束缚下，乐舞受到禁锢，逐渐没落，难以复现往昔的昌盛。

　　中国古代的音乐与舞蹈艺术是中华民族宝贵的精神财富，以精美多样的形式、丰富厚重的内涵展现出无与伦比的艺术魅力。中国古代的音乐与舞蹈以其鲜明的民族特色和艺术风格，表现出中华民族高昂的精神风貌，在世界音乐与舞蹈的艺术殿堂独树一帜、大放异彩。

二、原典选读及导读

禮記·樂記·樂本(節選)

　　凡音之起,由人心生也。[1]人心之動,物使之然也。感於物而動,故形於聲;聲相應,故生變;變成方,謂之音;比音而樂[2]之,及干戚羽旄[3],謂之樂也。樂者,音之所由生也,其本在人心之感於物也。是故其哀心感者,其聲噍以殺[4];其樂心感者,其聲嘽以緩[5];其喜心感者,其聲發以散[6];其怒心感者,其聲粗以厲[7];其敬心感者,其聲直以廉[8];其愛心感者,其聲和以柔[9]。六者非性也,感於物而後動,是故先王[10]慎所以感之。故禮以導[11]其志,樂以和[12]其聲,政以壹[13]其行,刑以防[14]其姦。禮樂刑政,其極一也,所以同民心而出治道也。

　　凡音者,生人心者也。情動於中,故形於聲[15],聲成文謂之音。是故治世之音安以樂[16],其正[17]和;亂世之音怨[18]以怒,其正乖[19];亡國之音哀以思,其民困。聲音之道,與正通矣。宮為君,商為臣,角為民,徵為事,羽為物。五者不亂,則無怗懘[20]之音矣。宮亂則荒,共君驕;商亂則陂[21],其臣壞;角亂則憂,其民怨;徵亂則哀,其事勤;羽亂則危,其財匱。五者皆亂,迭相陵[22],謂之慢。如此則國之滅亡無日矣。鄭衛之音[23],亂世之音也。比於慢矣。桑間濮上之音[24],亡國之音也,其政散,其民流,誣上行私而不可止。

　　凡音者,生於人心者也;樂者,通於倫理者也。是故知聲而不知音者,禽獸是也;知音而不知樂者,眾庶是也。唯君子為能知樂。是故審[25]聲以知音,審音以知樂,審樂以知政,而治道備矣。是故不知聲者不可與言音。不知音者不可與言樂。知樂則幾於禮矣。禮樂皆得,謂之有德。德者得也。是故樂之隆[26],非極音也;食饗之禮,非極味也。清廟[27]之瑟,朱弦而疏越,一倡而三嘆,有遺音者矣。大饗之禮,尚玄酒而俎腥魚,大羹不和,有遺味者矣。是故先王之制禮樂也,非以極口腹耳目之欲也,將以教民平[28]好惡而反人道之正也。

　　人生而靜,天之性也;感於物而動,性之欲也。物至知知[29],然後好惡形焉。好惡無節於內,知誘於外,不能反己,天理滅矣。夫物之感人無窮,而人之好惡無節[30],則是物至而人化物也。人化物也者,滅天理而窮人欲者也。於是有悖逆詐偽[31]之心,有淫佚作亂[32]之事。是故強者脅弱,眾者暴[33]寡,知者詐愚,勇者苦[34]怯,疾病不養,老幼孤寡不得其所,此大亂之道也。是故先王之制禮樂,人為之節:衰麻哭泣,所以節[35]喪紀也;鐘鼓干戚,所以和安樂也;婚姻冠笄[36],所以別男女也;射鄉食饗,所以正交接也。禮節民心,樂和[37]民聲,政以行[38]之,刑以防[39]之。禮樂刑政四達而不悖[40],則王道備矣。

(吉聯抗譯注,陰法魯校訂《樂記》,音樂出版社 1958 年版)

【注釋】

　　[1]凡音之起,由人心生也:古人認為人的思想感情由心這一身體器官掌握,所以音

　　樂是在心中產生的。

[2]樂:演奏。

[3]干:盾牌。戚:斧頭。羽:野雞毛。旄:牦牛尾。

[4]噍以殺:焦急短促。

[5]嘽以緩:寬暢和緩。

[6]發以散:開朗輕快。

[7]粗以厲:粗獷嚴厲。

[8]直以廉:正直端莊。

[9]和以柔:柔和纏綿。

[10]先王:夏商周三代的大禹、商湯、周文王、周武王,儒家認為他們都是圣王賢君。

[11]導:引導。

[12]和:調和。

[13]一:統一。

[14]防:防止。

[15]情動于中,故形于聲:感情在内心激動起來,所以表現為聲。

[16]安:安詳。樂:歡樂。

[17]正:通"政",后同。

[18]怨:怨恨。

[19]乖:背離,違背。

[20]惉懘:弊敗不和。

[21]捶:傾斜,不平正。

[22]迭相陵:互相排斥。

[23]鄭衛之音:鄭國和魏國描寫愛情的民間音樂。

[24]桑間濮上之音:極盡聲色之樂的宫廷音樂。

[25]審:辨别。

[26]隆:盛大。

[27]清廟:周代祀奉文王的家廟。

[28]平:懂得。

[29]物至知知:外界事物的影響使人形成一定的智力去認識它。

[30]無節:不加節制。

[31]悖逆詐偽:犯上作亂,欺詐虛偽。

[32]淫佚作亂:邪惡放縱胡作非為。

[33]暴:虐待。

[34]苦:折磨。

[35]節:節制。

[36]冠:戴帽子。笄:戴髮飾。古代男子二十而冠,女子十五而笄,表示男女成年。

[37]和:調和。

[38]行:推行。

[39]防:防范。

[40]不悖:沒有抵觸。

【导读】

《乐记》是《礼记》中的一个篇章,共十一个子篇,五千余字,是中国古代一部系统的音乐理论著作,体大思精,对音乐的起源和本质、音乐的特征、音乐的形式与内容、音乐的教化功能等诸多问题都有深刻的论述。《乐记》体现出儒家丰富的音乐美学思想,对其后中国古典音乐的发展影响深远。《乐记》是中华民族宝贵的文化遗产,至今依然闪耀着璀璨的光辉。

本选段《乐本》主要探讨音乐的本源和本质特征。《乐本》对声、音、乐的概念进行了界定。"感于物而动,故形于声;声相应,故生变;变成方,谓之音;比音而乐之,及干戚羽旄,谓之乐。"强调情感与音乐之间有紧密的联系。《乐本》认为音乐是通过声音来表现情感的,而情感是人们对现实社会生活的一种反映和表现。音乐源起于物动心感,人喜怒哀乐的情感是感于物而被激发出来、表现出来的。音乐是感情的艺术,外物引起人内心情感的起伏波动,而音乐则是这种情感变化的外在表现,人的复杂情感可以借助节奏富于变化的音乐来表达。声音按照宫、商、角、徵、羽的排列变化,形成或高昂或低沉,或欢快或哀怨的音调。"心"决定"声",主体心灵的状态对声的感受会产生直接的影响。"是故其哀心感者,其声噍以杀;其乐心感者,其声啴以缓;其喜心感者,其声发以散;其怒心感者,其声粗以厉;其敬心感者,其声直以廉;其爱心感者,其声和以柔。"

《乐本》指出音乐与政治有密切的关系,社会的理与乱都在音乐中有相应的反映。"治世之音安以乐,其正和;乱世之音怨以怒,其正乖;亡国之音哀以思,其民困。声音之道,与正通矣。"因为音乐与政治和伦理道德息息相关,声通气应,"是故审声以知音,审音以知乐,审乐以知政,而治道备矣"。音乐具有突出的政治教化功能,可以辅助政治、端正世风,音乐能够使政治清明、社会稳定。《乐本》也认为音乐对人有潜移默化的教育作用,音乐可以陶冶情操,规范人的行为,提高人的道德素养,进而能够善人心、修教化、移风易俗。孔子曰:"移风易俗,莫善于乐。"同时,《乐本》也认识到音乐具有和的功能,音乐需要和谐,和不仅在音乐中具有重要意义,在社会政治生活中同样具有重要作用。《乐本》最后指出,如果礼乐刑政并举,互不抵触,共同发挥作用,那么就会出现安定祥和的社会政治局面。

觀公孫大娘[1]弟子舞劍器[2]行并序

大歷二年十月十九日,夔州別駕元持宅,見臨潁李十二娘舞《劍器》,壯其蔚跂[3],問其所師?曰:"余公孫大娘弟子也。"開元五載,余尚童稚,記于郾城觀公孫氏舞《劍器渾脫》[4],瀏漓頓挫,獨出冠時。自高頭宜春梨園二伎坊內人,洎外供奉舞女,曉是舞者,聖文神武皇帝初,公孫一人而已!玉貌錦衣,況余白首!今茲弟子,亦匪盛顏。既辨其由來,知波瀾莫二。撫事慷慨,聊為《劍器行》。昔者吳人張旭[5]善草書、書帖,數嘗于鄴縣見公孫大娘舞《西河劍器》,自此草書長進,豪蕩感激,即公孫可知矣!

昔有佳人公孫氏,一舞《劍器》動四方。觀者如山色沮喪,天地為之久低昂。爌如羿射九日落,矯如群帝驂龍翔。來如雷霆收震怒,罷如江海凝清光。絳唇珠袖[6]兩寂寞,晚有弟子傳芬芳[7]。臨潁美人[8]在白帝,妙舞此曲神揚揚。與余問答既有以,感時撫事增惋傷。先帝[9]侍女八千人,公孫《劍器》初第一。五十年間似反掌,風塵澒洞[10]昏王室!梨園弟子散如煙,女樂[11]餘姿映寒日。金粟堆南木已拱,瞿唐[12]石城草蕭瑟。玳筵急管曲復終,樂極哀來月東出。老夫[13]不知其所往,足繭荒山轉愁疾!

(杜甫著,楊倫箋注《杜詩鏡銓》,上海古籍出版社 1981 年版)

【注】

[1]公孫大娘:唐玄宗時著名的舞蹈家。

[2]《劍器》:指唐代流行的武舞,舞者為戎裝女子。

[3]蔚跂:光彩照人,姿態矯健。

[4]《劍器渾脫》:《渾脫》是唐代流行的一種武舞,把《劍器》和《渾脫》綜合起來,成為一種新的舞蹈。

[5]張旭:唐朝吳縣(今江蘇省蘇州市)人,著名書法家,擅草書。

[6]絳唇珠袖:喻指公孫大娘的歌舞。

[7]傳芬芳:繼承了高超的技藝。

[8]臨潁美人:指李十二娘。

[9]先帝:唐玄宗李隆基。

[10]澒洞:廣大無邊。

[11]女樂:女性歌舞藝人。

[12]瞿唐:瞿塘峡。

[13]老夫:作者自谓。

【导读】

剑器舞在中国有着悠久的历史,春秋战国时期已经出现,为贵族人士所喜爱,楚汉相争时,著名的项庄舞剑的典故也可见其流行程度。其后,剑器舞一直是古代社会颇为流行的健身和娱乐方式。唐代裴旻剑器舞天下闻名,与李白诗歌、张旭草书,被唐文宗誉为三绝。剑器舞是唐代著名的舞蹈,风行一时,公孙大娘是唐玄宗时期著名的舞伎,善为剑器舞,其高超精湛的技艺为时人所赏爱。

杜甫写此诗时55岁,诗人触景生情,叙写自己在夔州观看李十二娘精彩的剑器舞,进而追忆幼时在郾城观赏其师公孙大娘精彩绝伦的舞蹈技艺。诗歌述说公孙大娘的剑器舞深受时誉,名播四海,采用一系列形象生动的比喻,表现公孙大娘剑器舞的出神入化与其表演时的飒爽英姿。诗中作者引著名的书法家张旭因睹公孙大娘剑器舞而草书大进的故事,来表达对公孙大娘舞蹈技艺的由衷赞叹和钦佩。虽然斯人已逝,幸而舞技为弟子李十二娘传承而不至于湮没无闻。接着诗人笔锋一宕,遥想唐玄宗时的盛世辉煌,梨园教坊人才辈出,大唐王朝是何等的气度恢宏,却因安史之乱而国力衰落,日薄西山,畴昔物华天宝、俊采星驰,现在却是落暮霜天、人才凋零。李唐王朝数十年间发生天翻地覆的变化,作者饱经离乱,于垂暮之秋抚今追昔,抒发物是人非的沧桑之感。全诗气势浑灏,力透纸背,感情深婉,鲜明地体现出杜诗沉郁顿挫的艺术风格。

(岳振国撰)

第二节 雕塑艺术

一、概述

雕塑是一种立体造型艺术,在中华五千年文明的发展历程中,雕塑的源起颇为久远,据考古发现,雕塑在新石器时代就已经出现。早期的雕塑造型以人物和动物为主,多为实用器。距今约六千年的仰韶文化遗址出土了许多生活用具的陶器,其他如龙山文化遗址、河姆渡文化遗址等都出土了原始的陶塑器皿。原始雕塑造型古朴庄重,线条简练明快,初具审美意味,是最早的雕塑艺术。中国的雕塑艺术凝结着中华民族的聪明才智,原始陶塑如陶猪、陶羊、陶狗等已经兼具实用与审美功能。商周时代青铜文化鼎盛,青铜雕塑艺术具有非常浓厚的装饰性意味,雕塑以饕餮纹、夔龙纹等装饰器物,雕塑庄重典雅,恢宏壮丽。古代工匠通过长年累月地摸索,使雕塑技术日臻成熟。

秦始皇陵陪葬坑那些深埋于地下的兵马俑,大小仿似真人,形态逼真,神采奕奕,历经两千多年岁月依然面貌生动、栩栩如生,体现出雕塑写实的风格,彰显出大秦帝国的赫赫声威和秦始皇的不世功勋。秦始皇兵马俑仪态威武雄壮,阵容恢宏浩大,一经出土就震惊世人,代表了秦代雕塑艺术的最高成就。汉代承袭前朝的雕塑技艺并有所创新,雕塑由重写实转向尚写意。汉代石雕艺术成就斐然,主要表现在陵墓石雕方面,霍去病墓前的马踏匈奴雕塑造型雄浑,体态匀称,质朴浑厚,充分表现出雕塑的力度美,显示出了大汉王朝的非凡气度,是强盛的汉帝国精神风貌的艺术体现。汉代陶塑在题材和造型上均较前代有所进步。在今天所见到的汉代考古实物中,陶塑明器种类繁多,造型生动,如四川汉墓中出土的说唱俑,姿态各异,生动逼真,面部表情丰富细腻,诙谐幽默,雕塑手法夸张,妙趣横生。汉代陶塑人物俑充满了生命的动感和活力,体现了工匠精湛的技艺。汉代的砖雕艺术也卓有成就,今天所能看到的汉代砖雕题材包罗万象,内容丰富多彩,造型各式各样。这一时期,其他雕塑艺术如玉雕、木雕等也得到了相应的发展。东汉时佛教东传,随后在中国的影响日益增大,雕塑艺术也深受其影响。魏晋南北朝时期,佛教极为隆盛,随着佛教的广泛流布,佛教雕塑也兴盛一时,石窟造像艺术是其主要代表,敦煌莫高窟、云冈石窟、洛阳龙门石窟是这一时期石窟雕塑艺术的代表,这些石窟中有众多以佛教故事为题材的雕塑作品,塑像比例匀称,生动逼真。

雕塑艺术在唐代取得了辉煌成就,并对后世产生了深刻的影响。唐代国力强盛,经济文化繁荣,由于唐王朝统治思想开放自由,三教并行不悖,所以佛教雕塑艺术继续得到发展。四川乐山大佛体量硕大,造型宏伟,龙门奉先寺卢舍那大佛伟岸端庄,慈容满目,这些都是唐代佛教雕塑艺术的杰作,享誉海内外。此外,如石雕艺术也取得了非凡的成就,如昭陵六骏雕刻技艺高超,以洗练的技法刻画出战马的神态个性,栩栩如生,呼之欲出,也是唐代石雕艺术的珍品。而以黄、绿、白为主色调的唐三彩雕塑制作精美,色彩艳丽,种类繁多,形态各异,造型逼真,唐三彩雕塑所流溢出的是大唐繁荣昌盛的文化艺术,唐代雕塑以艺术的形式反映了唐王朝的时代精神面貌。随着岁月的变迁,雕塑艺术也应时而变,宋代的雕塑艺术继承唐的写实风格并日趋世俗化,雕塑艺术写实风格突出,大足石刻、麦积山石刻艺术人物表情生动,惟妙惟肖。泥塑艺术也焕发光彩,如晋祠圣母殿侍女像神态各异,表情丰富,生机盎然。

元明清三代雕塑艺术虽不复畴昔的鼎盛辉煌,但也各具千秋。元代国祚虽短,但雕塑艺术可圈可点,留存于世的雕塑技法细腻纯熟,造型优美生动,达到了很高的艺术水平。明清时期,雕塑艺术也取得了突出成就。明清陵墓雕刻表现不俗,墓前石雕如麒麟、狮子、马、象、虎等千姿百态,形象生动。皇家宫殿气宇非凡,富丽堂皇,北京故宫台阶的石刻浮雕、九龙壁、华表等图案繁复,雕刻精细。明清时期工艺雕塑蔚然勃兴,大放异彩。民俗雕塑兴盛,内容丰富多彩,富有浓郁的生活气息,中国的雕塑艺术掀开了新的篇章。传统雕塑艺术在继承中创新,不断取得新的成就,工艺日臻成熟,竹雕、石雕、木雕、玉雕、牙雕等手工艺雕塑作品玲珑剔透,风靡四海。泥塑也是一门古老的雕塑工艺,明清泥塑作品造型考究,形态各异,并施以彩绘以增强艺术表现力,给人赏心悦目的艺术美感。工匠们将器物的实用功能和审美功能巧妙地结合起来,创作出令人叹为观止的艺术珍品。民间艺人和工匠以孜孜不倦的艺术探索精神创造出卓越的民间雕塑艺术。

中国雕塑题材广泛,取材多样,青铜、黏土、玉石、木料等都是雕塑的常见用材,古代雕塑家在漫长的雕塑艺术历史发展过程中逐渐创造并娴熟运用圆雕、浮雕、透雕等多种艺术技法,雕塑造型写实、写意并重,实用、审美两谐。中国雕塑艺术是无数工匠艺人几千年智慧和辛劳的结晶,具有迷人的艺术魅力,深受广大人民的喜爱。中国雕塑艺术,尤其是佛教等宗教题材的雕塑,其雕塑作品往往跨越几个朝代,保留有大量宗教、艺术、建筑等方面的实物资料,体现了千余年来各个朝代雕塑艺术的特点,反映了中国雕塑艺术发展和演变的过程,丰富了中国古代文化史,为后世研究我国佛教文化提供了丰富的资料和史实。中国雕塑艺术植根于博大精深的传统文化,既具历史时代的特征也有鲜明的民族烙印,体现了中华民族的审美情趣和艺术精神。中国雕塑艺术取得了卓越的成就,千百年来薪火相传,生生不息,至今依然闪耀着夺目的艺术光辉。

二、原典选读及导读

彫作制度(《營造法式》節選)

混作[1]

彫混作之制有八品:一曰神仙【真人、女真、金童、玉女之類同】。二曰飛仙【嬪伽、共命鳥之類同】。三曰化生【以上並手執樂器或芝草、華果、餅盤、器物之屬】。四曰拂菻【蕃王、夷人之類同,手内牽拽走獸,或執旌旗、矛、戟之屬】。五曰鳳皇【孔雀、仙鶴、鸚鵡、山鷓、練鵲、錦雞、鴛鴦、鵝、鴨、鳧、鴈之類同】。六曰師子【狻猊、麒麟、天馬、海馬、羚羊、仙鹿、熊、象之類同】。以上並施之於鈎闌[2]柱頭之上或牌帶[3]四周【其牌帶之內,上施飛仙,下用寶牀真人等,如系御書,兩頰作昇龍,並在起突華地之外】。及照壁版[4]之類亦用之。七曰角神【寶藏神之類同】。施之於屋出入轉角大角梁之下,及帳[5]坐腰内之類亦用之。八曰纏柱龍【盤龍、坐龍、牙魚之類同】。施之於帳及經藏柱之上【或纏寶山】,或盤於藻井[6]之內。

凡混作彫刻成形之物,令四周皆備,其人物及鳳皇之類,或立或坐,並於仰覆蓮華或覆瓣蓮華坐上用之。

彫插寫生華[7]

彫插寫生華之制有五品:一曰牡丹華;二曰芍藥華;三曰黄葵華;四曰芙蓉華;五曰蓮荷華。以上並施之於栱眼壁[8]之内。

凡彫插寫生華,先約栱眼壁之高廣,量宜分布畫樣,隨其卷舒,彫成華葉,於寶山之上,以華盆安插之。

起突卷葉華[9]

彫剔地起突[10]【或透突】卷葉華之制有三品:一曰海石榴華;二曰寶牙華;三曰寶相華【謂皆卷葉者,牡丹華之類同】。每一葉之上,三卷者為上,兩卷者次之,一卷者又次之。以上並施之於梁、額[11]【裏貼同】,格子門腰版、牌帶、鉤闌版、雲栱[12]、尋杖頭、橡頭盤子【如殿閣橡頭盤子,或盤起突龍鳳之類】。及華版。凡貼絡,如平棊心中角内,若牙子版之類皆用之。或於華内間以龍、鳳、化生、飛禽、走獸等物。

凡彫剔地起突華,皆於版上壓下四周隱起。身内華葉等彫鎪,葉内飜卷,令表裏分明。剔削枝條,須圜混相壓。其華文皆隨版内長廣,勻留四邊,量宜分布。

剔地窪葉華[13]

彫剔地【或透突】窪葉【或平卷葉】華之制有七品:一曰海石榴華;二曰牡丹華【芍藥華、寶相華之類,卷葉或寫主者並同】;三曰蓮荷華;四曰萬歲藤;五曰卷頭蕙草【長生草及蠻雲、蕙草之類同】;六曰蠻雲【胡雲及蕙草雲之類同】。以上所用,及華内間龍、鳳之類並同上。

凡彫剔地窪葉華,先於平地隱起華頭及枝條【其枝梗並交起相壓】。減壓下四周葉外空地。亦有平彫透突【或壓地】。諸華者,其所用並同上。若就地隨刃彫壓出華文者,謂之實彫[14],施之於雲栱、地霞、鵝項或义子(應為"叉子",後同)之首【及义子鋜脚版内】。及牙子版,垂魚、惹草等皆用之。

【注釋】

[1]混作:圓彫,指沒有實地,可以從多方位欣賞的立體彫刻。

[2]鉤闌:又作勾欄,即欄杆。

[3]牌帶:牌面板兩側之邊板。

[4]照壁版:房屋内柱之間上部的隔板。

[5]帳:木制的神龕。

[6]藻井:建筑室内裝飾性的頂棚,一般用在殿堂明間的正中。

[7]彫插寫生華:指鎪彫,是將彫出的整枝花束,貼在拱眼壁上。

[8]栱眼壁:古建筑屋檐下斗拱與斗拱之間的部分。

[9]起突卷葉華:高浮雕,花形四周地子减低,花瓣、花葉翻卷處和枝梗穿插交搭處都
鏤雕成立體狀。

[10]剔地起突:高浮雕,將圖案以外的底子較深地剔挖。

[11]額:用在小木作門、窗、隔斷等上部,起聯系或框架作用的横木。

[12]雲栱:雕飾云狀花紋的斗栱。

[13]剔地窪葉華:指不突出地子之上的浮雕。花、葉翻卷,枝梗交搭,其地子只沿花
形四周用斜刀壓下,突出花紋而不整個减低。

[14]實雕:不去地而就地雕壓出花紋的雕法。

【导读】

《营造法式》是由北宋李诫编修、官方颁布的一部有关建筑工程技术的理论著作,北宋元符三年(1100 年)成书,崇宁二年(1103 年)刊行,全书共三十四卷,共有释名、各作制度、功限、料例和图样五个部分。《营造法式》的编写目的是"关防工料",书中对工程设计、用料尺寸、结构比例、用工定额都做了具体详细的规定,还附有各种建筑构件的详图。《营造法式》是中国第一部系统介绍建筑工程技术的著作,全书体例完备、内容丰富、建筑规范阐释精准,是我国古代建筑设计与施工经验的大总结。《营造法式》对后世的建筑工程设计产生了深刻的影响,书中收录了大量的古代建筑文献资料,尤其是在许多古建筑实物已经湮没不存的情况下,该书对研究古建筑具有重要价值。

木雕是中国传统雕塑艺术的重要组成部分,其产生、发展与人们的社会生活紧密相关。雕木作就是木雕工程,宋代木雕工艺有混作、雕插写生花、起突卷叶花、剔地洼叶花、透突雕、实雕六种,多种木雕技法的运用,反映出宋代木雕工艺已经达到非常成熟的阶段。以上选文翔实地讲述了宋代木雕工艺的情况,包括木雕的图案设计、材分规格及雕刻方法等内容。中国古代的建筑以木结构为主,木材是建筑最常用的材料。随着建筑工艺的不断发展成熟,古代建筑在主体架构之外,还附着非常丰富的木雕装饰,这些雕塑根据木材的大小、色泽、文理进行雕镂,而雕饰的题材多样,内容丰富,有人物故事、花卉禽兽,可谓包罗万象,应有尽有。图案纹样有回纹、火纹、水纹、卷草纹、祥云纹、铜钱纹等,雕塑师技艺精湛娴熟,刀法苍劲有力,线条流畅自然,造型写实生动,内容机趣盎然。宋代建筑木雕工艺充分表现了当时人们的情趣爱好、理想信念,雕塑图案常常寓意着吉祥如意、平安幸福、延年益寿等美好心愿。许多雕塑图案内容体现出浓郁的佛教、道教色彩,反映了建筑主人笃深的宗教信仰,别具情韵。

宋代建筑工匠凭借丰富的想象力和高超的雕刻技术,匠心独运,将艺术融入生活,创作完成了既具实用功能,也具审美作用的建筑雕饰构件。这些雕饰层次分明,种类繁多,

千姿百态,生动逼真,颇富艺术表现力。宋代建筑巧夺天工、精美绝伦的雕塑承载着丰厚深沉的文化蕴含,给人心旷神怡的艺术享受。以上选段体现出宋代木雕高超的艺术水准和鲜明的时代风格。

(岳振国撰)

第三节 书画艺术

一、概述

书法和绘画是中国的传统艺术门类,源远流长,璀璨绚丽,体现着中华民族的审美情趣和艺术精神,具有浓郁的民族特色,历来为人们所钟爱。原本用来表意的汉字在漫长的历史演进过程中,逐渐形成篆、隶、楷、行、草等书体。书法是一种线条艺术,作为一个独立的艺术门类,形成于汉代,汉以隶书为主,结体扁平,讲究蚕头燕尾,一波三折;行书是介于楷书和草书之间的一种书体,既具刚健之态又有婀娜之姿,魏晋时行书得到长足发展,笔画连贯,字体隽秀。晋人王羲之的《兰亭集序》是行书的杰出代表,历来被视为艺术珍品。唐代书法创作蔚为大观,楷书风靡一时,楷书笔画工整规则,结构均衡和谐,横平竖直,庄重沉稳,法度严谨,苍劲雄浑。这一时期草书也得到了极大的发展,草书点画信手,自如灵活,洒脱飘逸,飞动流走。自此,书体完备,各臻其美。

中国的书法是书写者通过对毛笔的操纵来完成书写的,同时墨、纸也对书写至关重要。书法是表现的艺术,书写者的情感凭借轻重缓急的运笔、枯润浓淡的墨色加以表现,喜怒哀乐蕴藏在点画之间。"艺之至,未始不与精神通。"(姜夔《续书谱》)书法是书写者性情的表露和外化,书写者的情感借助笔墨线条得以宣泄,这方面以酣畅淋漓的草书最具有表现力。书写者创作时凝神静气,心手相应,使得笔画线条机趣盎然,气韵生动,展现出盎然的生命律动。诚如苏轼所言:"书必有神、气、骨、肉、血,五者阙一,不为成书也。"(《东坡题跋·论书》)

对于不同时代的书法,人们的审美情趣也迥然有别,晋代尚韵,唐代尚法,宋代尚意。书法家也是灿若繁星,涌现出颜真卿、柳公权、苏轼等一大批震古烁今的书法大家。历代书法家潜心钻研书艺,师古、师心、师自然,广收博采,兼容并蓄,融会贯通,不拘泥古人,在继承中创新,不断丰富和发展传统书法技艺,使之虽经历沧桑岁月,却依然熠熠生辉、光华夺目,保持着蓬勃的艺术生命力。

中国书法崇尚个性,讲求修为,书如其人,那些传世佳作或具阳刚之美,或显阴柔之美,或刚柔相济,二美兼之,笔墨神采飞扬,鲜活灵动,精美绝伦,体现出书法家深厚的功力和精湛的技艺,令人赏心悦目,击节赞叹。而在书法理论上,孙过庭的《书谱》、张怀瓘的《书断》等理论作品也是层出不穷,史不绝书,不断对书法艺术进行理论总结。

中国传统绘画是中华民族的一门古老艺术,书画同源,绘画也是线条艺术,绘画"以线造形",利用线条来塑造形象,结构图案,其源头可以上溯到新石器时代,先民在彩陶上所绘制的图案及散见于各地的原始岩画可以说是最古老的绘画。夏商以降,绘画进一步发展,由构图朴拙、色彩简素渐趋绵密富丽。汉代绘画表现内容和艺术形式渐趋完善,绘画样式丰富,图案也日益精美,长沙马王堆汉墓出土的帛画内容充实,构图繁复,色彩艳丽,体现出这一时期古代绘画艺术的非凡成就。魏晋南北朝时期,绘画艺术空前发展,出现了如顾恺之、张僧繇等造诣精深的绘画大家。中国绘画进入自觉时期,得到空前的发展,表现题材大为扩展,在佛教壁画、山水画、人物画等方面都取得了重要的成就。唐及五代,绘画艺术进入繁盛期,表现领域进一步扩大,人物画、山水画、花鸟画都有发展,绘画艺术表现手法变革,既有五彩缤纷的金碧山水,也有浓淡相宜的水墨山水,阎立本、吴道子、李思训等群星璀璨,各竞风流。宋代,在统治阶级的倡导下,出现了官方的绘画机构,文人画也方兴未艾,院体画和文人画相互颉颃,佳作纷呈,一时画风炽烈,蔚为大观,这一时期山水花鸟之作成就显著。元代承宋之余绪,绘画艺术继续发展,"元四家"黄公望、倪瓒、吴镇、王冕,各标风韵,争华竞秀。明清时期,绘画延续传统,继承创新,流派众多,画风迥异,或清隽秀逸,或简古疏朗,笔墨恣肆,妙趣横生。明代的徐渭、董其昌、"吴门四家",清代的"四僧""四王""扬州八怪",这些画家笔墨飞动,各显其能,各尽其妙。

绘画是表现的艺术,以线条、色彩和构图来描绘景物。中国绘画重写意,采用散点透视法,不若西方绘画的焦点透视法固定一点取材布局,散点透视不受时间、空间限制,使中国传统绘画突破了有限画面的拘束,而得到极大的丰富和扩展。中国传统绘画是画家思想情感的载体和传媒,山水林泉、花鸟鱼虫无不包蕴、折射着画家的情思。中国画家受"天人合一"思想的影响,注重性灵,强调人与自然的和谐统一,创作时"外师造化,中得心源"。中国传统绘画描绘物象崇尚的是"重神轻形",重视以形写神,注重表现对象的精神气质,艺术形象强调以神韵取胜,画家通过粗细、浓淡、疏密的线条来表现思想,寄寓情感。中国传统绘画与书法、诗歌也联系密切,三者相互生发,交相辉映,使绘画展现出诗情画意的意境美,诗、书、画巧妙融合,浑然一体,臻于妙境。

中国的书法与绘画艺术承载着深沉的文化蕴含,取得了辉煌的成就。千百年来名家辈出、流派纷呈、佳作迭现,书画家借书画作品陶写襟怀,抒发情感,愉悦心灵,传承文化。中国传统书法和绘画艺术是中华民族的艺术瑰宝和珍贵精神财富,光辉灿烂,历久弥新。

二、原典选读及导读

書譜（節選）

夫自古之善書者，漢、魏有鐘、張[1]之絕，晉末稱二王[2]之妙。王羲之云："頃尋諸名書，鐘、張信為絕倫，其餘不足觀。"可謂鐘、張云沒，而羲、獻繼之。又云："吾書比之鐘、張，鐘當抗行[3]，或謂過之。張草猶當雁行[4]。然張精熟，池水盡墨[5]。假令寡人耽之若此，未必謝之。"此乃推張邁鐘[6]之意也。考其專擅[7]，雖未果於前規，摭以兼通，故無慙於即事。

評者云："彼之四賢[8]，古今特絕。而今不逮古，古質而今妍。"夫質以代興，妍因俗易。雖書契之作，適以記言，而淳醨[9]一遷，質文三變，馳騖[10]沿革，物理常然。貴能古不乖[11]時，今不同弊，所謂"文質彬彬，然後君子"。何必易雕宮[12]於穴處，反玉輅於椎輪者乎！

又云："子敬之不及逸少，猶逸少之不及鐘、張。"意者以為評得其綱紀，而未詳其始卒也。且元常專工於隸書，百英尤精於草體。彼之二美，而逸少兼之；擬草則餘真，比真則長草；雖專工小劣，而博涉多優；摠其終始，匪無乖互[13]。

謝安素善尺牘，而輕子敬之書。子敬嘗作佳書與之，謂必存錄。安輒題後答之，甚以為恨[14]。安嘗問敬："卿書何如右軍？"答云："故當勝。"安云："物論殊不爾。"[15]子敬又答："時人那得知！"敬雖權以此辭折安所鑒，自稱勝父，不亦過乎！且立身揚名，事資尊顯；勝母之里，曾參不入[16]。

以子敬之豪翰，紹右軍之筆劄，雖復粗傳楷則，實恐未克箕裘。況乃假託神仙，恥崇家范，以斯成學，孰愈面墻！後羲之往都，臨行題壁。子敬密拭除之[17]，輒書易其處，私為不惡。羲之還見，乃嘆曰："吾去時真大醉也。"敬乃內慙。是知逸少之比鐘、張，則專博斯別；子敬之不及逸少，無或疑焉。

余志學之年，留心翰墨，味[18]鐘、張之餘烈，挹羲、獻之前規，極慮專精，時逾二紀[19]。有乖入木之術，無間臨池之志。

觀夫懸針垂露之異，奔雷墜石之奇，鴻飛獸駭之資[20]，鸞舞蛇驚之態，絕岸頹峰[21]之勢，臨危據槁[22]之形，或重若崩雲，或輕如蟬翼。導之則泉注[23]，頓之則山安[24]。纖纖乎似初月之出天崖[25]，落落乎猶眾星之列河漢[26]。同自然之妙有，非力運之能成。

信可謂智巧兼優，心手雙暢；翰不虛動，下必有由。一畫之間，變起伏於峰杪；一點之內，殊衄挫於豪芒。況雲積其點畫，乃成其字。曾不傍窺尺牘，俯習寸陰[27]；引班超以為辭，援項籍而自滿；任筆為體[28]，聚墨成形；心昏擬效之方[29]，手迷揮運之理，求其妍妙，不亦謬[30]哉！

（李印良著，馬永強譯注《孫過庭書譜淺釋》，白山出版社 2006 年版）

【注释】

[1]鐘、張:鐘繇、張芝,鐘繇字元常,三國魏杰出書法家,張芝字伯英,東漢著名書法家。

[2]二王:王羲之、王獻之父子,東晉著名書法家。

[3]抗行(háng):抗衡,不相上下。

[4]雁行:相次斜列,如雁飛時排行。

[5]池水盡墨:相傳張芝臨池學書,以池水涮筆,久之,池水濃黑如墨。

[6]推張邁鐘:推舉張芝,超邁鐘繇。

[7]專擅:專精擅長。

[8]四賢:鐘繇、張芝、王羲之、王獻之。

[9]淳醨:酒味厚者為醇,味薄者為醨。淳:通"醇"。

[10]馳騖:奔走趨赴。

[11]乖:背離,違背。

[12]雕宮:華麗的宮殿。

[13]乖互:違背、抵觸、差錯。

[14]恨:遺憾。

[15]物論殊不爾:輿論卻不是這樣。物論:猶眾論。爾:如此。

[16]勝母之里,曾參不入:事見《淮南子》,"里名勝母,而曾子不入。蓋以名不順也"。《史記·魯仲連鄒陽列傳》:"里名勝母,曾子不入。"里:街坊、里巷。古時五家為鄰,五鄰為里。曾參:春秋時魯國武城(今山東省費縣)人,字子輿,孔子弟子。

[17]密拭除之:悄悄擦拭除掉它。

[18]味:體會、體味。

[19]二紀:二十四年。古人以十二年為一紀。

[20]鴻飛獸駭之資:鳥飛獸驚時的動態。鴻:大鳥。駭:受驚。資:應作"姿"。

[21]絕岸頹峰:斷崖和崩塌的山峰。

[22]臨危據槁:臨危地,靠著枯木。據:靠著。槁:枯木。

[23]導之則泉注:形容行筆暢達。

[24]頓之則山安:形容筆力凝重。

[25]纖纖乎似初月之出天崖:形容運筆的細微輕柔。纖纖:細小輕柔的樣子。

[26]落落乎猶眾星之列河漢:形容點畫布局疏闊有序。落落:疏闊有序的樣子。

[27] 俯習寸陰：認真學習片刻。俯習：猶"躬習"，認真學習。寸陰：一會兒，片刻。

[28] 任筆為體：隨意書寫成體。任：聽憑，放任。

[29] 心昏擬效之方：心裏不懂得臨摹的方法。昏：迷惑，不懂得，不明白。擬效：模擬仿效，此指臨摹。

[30] 謬：錯誤。

【导读】

　　《书谱》是唐代著名书法理论家孙过庭撰写的书论专著，孙过庭，字虔礼，吴郡（今江苏省苏州市）人，其书法继承二王。宋米芾评孙过庭书法："过庭草书《书谱》，甚有右军法。作字落脚差近前而直，此乃过庭法。凡世称右军书有此等字，皆孙笔也。凡唐草得二王法，无出其右。"（《书史》）《书谱》著于唐垂拱三年（公元 687 年），是作者对长期书法实践的理论总结。孙过庭认为自汉迄唐论书者"多涉浮华，莫不外状其形，内迷其理"，故为是著。《书谱》问世后被历代书法研习者奉为圭臬，推崇备至，因其主要阐述运笔之法，故此书也被后人称为《运笔论》。书中对篆、楷、行、草诸体及书法艺术的本质和规律多有探究，内容丰富，议论煌煌，见解精辟，论述深刻，对后世书法的发展影响深刻，在中国书法史上具有重要意义。

　　节选部分，作者认为从汉到魏晋时期的书家，以张芝、钟繇、王羲之、王献之四人造诣最为精深，书法绝妙，罕有其比。二王在张、钟之后，能够取其所长，融会贯通，自成一家。孙过庭指出书家要不拘一格，善于从其他书体中汲取营养，取精用宏，博采众长，楷书与草书要兼取所长，其书论为历代书家所重。孙过庭认为书法的审美观念应当"趋变适时"，正所谓"质文三变，驰骛沿革，物理常然"。古人书风质朴，今人书风妍美，虽然文字的功能是记录语言，但事物总是随着时间的推移在不断地发展变化着的，书风也随时代发展而变化，因而对于书法的规范也要在沿袭中有变革、继承中有创新，做到"文质彬彬，然后君子"。孙过庭反对拘泥陈法，因循守旧，故步自封。作者在文中又指出，王羲之与钟、张二人的差别是专精与多能，而王献之与王羲之的差别，则鲜明地体现在技艺的高低程度上。文章讲述自己从十五岁就注意研习书法，至今已二十余年，潜心学习钟、张及二王法度，师法先贤，兼收博采，殚精竭虑，孜孜以求，致力于专精，以张芝临池水墨为楷模。观赏那些夺天地造化之功的精妙书法，可谓智慧和技巧完美结合，有浑然天成之妙。作者只有笔耕不辍，长期积累，集诸家所长并融会贯通，运笔才能心手相应，游刃有余，点画形神兼备。而如果不躬身翰墨，刻苦钻研，虽欲书法妍妙，却也只能是缘木求鱼，痴人说梦。

歷代名畫記・論畫六法(節選)

　　昔謝赫云:"畫有六法:一曰氣韻生動,二曰骨法用筆,三曰應物象形,四曰隨類賦彩,五曰經營位置,六曰傳模移寫。自古畫人,罕能兼之。"彦遠試論之曰:古之畫或能移其形似,而尚其骨氣。以形似之外求其畫,此難可與俗人道也。今之畫縱得形似,而氣韻不生。以氣韻求其畫,則形似在其間矣。上古之畫,跡簡意澹而雅正,顧、陸之流是也;中古之畫,細密精緻而臻麗,展、鄭之流是也;近代之畫,煥爛而求備,今人之畫,錯亂而無旨,眾工之跡是也。夫象物必在於形似,形似須全其骨氣,骨氣形似,皆本於立意[1]而歸乎用筆,故工畫者多善書。然則古之嬪[2]擘纖[3]而胸束,古之馬喙[4]尖而腹細,古之臺閣竦[5]峙,古之服飾容曳[6],故古畫非獨變態有奇意也,抑亦物象殊也。至於臺閣、樹石、車輿、器物,無生動之可擬,無氣韻之可侔,直要位置向背而已。顧愷之曰:"畫人最難,次山水,次狗馬。其臺閣,一定器耳,差易為也。"斯言得之。至於鬼神人物,有生動之可狀,須神韻而後全。若氣韻不周,空陳形似,筆力未遒[7],空善賦彩,謂非妙也。故《韓子》[8]曰:"狗馬難,鬼神易,狗馬乃凡俗所見,鬼神乃譎[9]怪之狀。"斯言得之。至於經營位置,則畫之總要。自顧、陸以降,畫跡鮮存,難悉詳之。唯觀吳道玄之跡,可謂六法俱全,萬象必盡,神人假手[10],窮極造化也。所以氣韻雄狀,幾不容於縑素[11];筆跡磊落,遂恣意於壁墻[12]。其細畫又甚稠密,此神異也!至於傳模移寫,乃畫家末事[13]。然今之畫人,粗善寫貌,得其形似,則無其氣韻,具其彩色,則失其筆法,豈曰畫也?嗚呼!今之人斯藝不至也。宋朝顧駿之常結構高樓,以為畫所。每登樓去梯,家人罕見。若時景融朗,然後含毫,天地陰慘,則不操筆。今之畫人,筆墨混於塵埃,丹青和其泥滓,徒污絹素,豈曰繪畫。自古善畫者,莫匪衣冠貴胄[14],逸士高人,振妙一時,傳芳千祀,非閭閻[15]鄙賤之所能為也。

(張彦遠著,俞劍華注譯《歷代名畫記》,江蘇美術出版社 2007 年版)

【注釋】

[1]立意:即構思,也就是主題思想,必須用巧妙的筆法,始能表現出來。

[2]嬪:音頻,婦女、婦官、婦人之美稱。

[3]擘纖:擘音博,大指也。《孟子・滕文公下》:"吾必以仲子為巨擘焉。"但此處應作手解。纖:音暹,細小。擘纖:十指纖纖之意。

[4]喙:音灰,嘴。

[5]竦:音悚,與聳字通。

[6]容曳:古人衣服寬大,拖在后邊,《詩經・山有樞》:"子有衣裳,弗曳弗婁。"傳:"婁亦曳也。"

[7]遒:音酋,作劲讲,强有力的意思。

[8]韩子:即韩非。所著《韩非子·外储说左上》:"客有为齐王画者,齐王问曰:'画孰最难者?'曰:'犬马最难。''孰易者?'曰:'鬼魅最易。夫犬马人所知也,旦暮罄于前,不可类之,故难。鬼魅无形者,不罄于前,故易之也。'"

[9]谲:音决,权诈、乖违。

[10]神人假手:好像神人借吴通玄的手画出来。

[11]不容于缣素:所谓跃然纸上。

[12]壁墙:吴道玄壁画画了三百间。

[13]画家末事:成了画家,必以创作为主,临摹自然成为次要。

[14]衣冠贵胄:文人学士,达官贵人。

[15]闾阎:泛指里巷,引申为一般百姓。闾:里门,阎里中门。

【导读】

张彦远,字爱宾,蒲州猗氏(今山西省临猗县)人,唐代画家、绘画理论家,张彦远的《历代名画记》是我国第一部系统的绘画艺术理论著作。《历代名画记》完成于唐大中元年(公元847年),作者整理了前人的绘画理论著作,收集了绘画资料,编撰成书。全书共十卷,大致由三部分内容组成:讲述绘画发展史、画家传记及相关的资料、作品的收藏鉴赏。《历代名画记》广收博采,著录了丰富的古代绘画相关文献资料,为后世研究者提供了重要的依据,弥足珍贵。《历代名画记》体例完备,内容充实,张彦远对绘画理论诸方面的问题都做了深刻精辟的阐述,在中国古代绘画理论上取得了卓越的成就,对后世绘画创作及理论研究产生了深远影响。

节选部分为《历代名画记》之绘画六法,指气韵生动、骨法用笔、应物象形、随类赋彩、经营位置、传模移写。绘画六法最早由南朝齐谢赫提出,其著作《画品》做了较为详细的阐述。谢赫的绘画六法影响深远,宋代郭若虚就言:"六法精论,万古不移。"(《图画见闻志》)绘画六法也成为品评和衡量绘画优劣的标准。自谢赫绘画六法论提出之后,中国传统绘画进入了理论自觉的时期。张彦远在《历代名画记》中对谢赫的绘画六法论做了进一步阐释发挥,文章纵论古今之画的艺术风貌,时出新见,他将绘画依高下分为"自然、神、妙、精、谨细"五个等级。张彦远强调把形似和神似作为"气韵生动"的核心内容,通过象形来表现对象的骨气,并认为绘画不在形貌之似,而应以风骨气韵取胜,"气韵"和"骨气"是绘画的根本。在绘画创作上,张彦远提出"以形写神""传神写照"。六法中,气韵生动是灵魂。张彦远认为绘画技巧的根本在于立意和用笔,但终归还是在于用笔,对于鬼神人物有生命动态的事物,绘画要突出其神态气韵,而对于无生命的事物,绘画重在经营位置,至于传模移写,则认为那是微不足道的事情。张彦远非常重视画家的人格修养,认为这对绘画具有重要影响。张彦远提出:"自古善画者,莫匪衣冠贵胄,逸士高人,振妙一时,传芳千祀,非闾阎鄙贱之所能为也。"他认为绘画应当是文人,尤其是隐逸之士的事情。

（岳振国撰）

第四节　园林建筑艺术

一、概述

建筑是凝固的艺术,中国传统建筑历史悠久,成就辉煌,新石器时代的河姆渡遗址有干栏式房屋建筑,而半坡遗址也有方形和圆形的房屋建筑。数千年来中国传统建筑普遍采用木结构的形式,木材是最主要的建筑材料,以间为建筑单位,进而组成院落,而若干个院落又组成一个建筑群。中国传统建筑营造方式具有稳定性和连续性,实用和审美并重,体现出浓郁的民族风格。榫卯结构建筑物的框架灵活多变,采用斗拱结构使屋檐向外伸展,既有利于采光,也美观大方,能产生良好的视觉效果。中国传统建筑重视方位,向阳采光,注重群体组合,布局上左右对称,主次分明,高低错落,等级森严,合乎礼制秩序要求。

古代建筑主要有宫殿建筑、陵墓建筑、寺庙建筑和园林建筑几类。中国古代宫殿建筑在漫长的发展过程中逐渐形成前朝后寝、明堂辟雍的定制和格局。宫殿是帝王理政和居住的场所,是皇权的体现,宏伟壮丽是皇家宫殿建筑的标准。宫殿是最能体现建筑成就、最具有艺术价值的建筑。宫殿建筑通常采用大屋顶和高台基,以高、大、深、广的结构规模突出庄重雄伟、巍峨壮阔的视觉感受,以高台榭、美宫室显示帝王至高无上的地位和威仪。据历史文献的描述,秦汉皇宫殿宇规模宏大,气势磅礴,雄伟壮丽。历代帝王不惜人力、物力、财力,大兴土木建造宫殿,秦之阿房宫、汉之未央宫、唐之大明宫皆华美壮观、富丽堂皇。明清以前的宫殿建筑多已湮没于历史的云烟中,故宫是我国现存最大、最完整的古代木结构宫殿建筑群,殿宇红墙黄瓦,金碧辉煌,布局庄严肃穆,气势雄宏壮观,是中国古典建筑艺术宝库中的瑰宝。

古人视死如生,厚葬之风盛行,推动了陵墓建筑的发展,陵墓建筑秩序谨严,等级分明,地表建筑体式雄伟,地下还建有神秘的地宫。秦始皇陵墓规模庞大,地宫建筑恢宏,世罕其比,汉唐帝王陵墓规模浩大,明清皇家陵墓也气度雄浑,帝王陵墓都是古代建筑艺术的精品,是中华民族建筑智慧的高度体现。今天这些地方已经成为驰名中外的旅游名胜,吸引着八方人士纷至沓来、流连忘返。

随着佛教的东传,作为宗教活动场所的寺庙在中国陆续出现,东汉明帝时洛阳的白马寺是最早的寺庙建筑,其后寺庙建筑也大量兴建,大江南北寺院林立,塔刹庙宇随处可见。中国佛教建筑起初还未能脱离印度佛教建筑的影响,后来逐渐与传统建筑艺术结合,吸收融合中华文化精华而形成独具特色的佛教建筑艺术。中华大地那些古刹名寺规模宏大,建筑精美,虽历经劫难依然佛香袅袅,在暮鼓晨钟中延续着佛教建筑艺术的辉煌。

古典园林是中国传统建筑艺术宝库中的一朵奇葩,主要由建筑、山水、花木组成,具有独特的艺术风格和丰厚的文化蕴含。中国园林建筑的历史悠久,其源头可追溯到古代帝王的苑囿,如商纣王建有鹿台、周文王建有灵台、楚灵王建有章华台、秦始皇建有上林苑等。其后的皇家园林也代有兴建,到明清时达到极致,如清圆明园号称万园之园,是中国园林建筑的精华,达到了无可比拟的艺术高度,而蜚声海内外的皇家园林颐和园、承德避暑山庄也雍容华贵、气势雄伟、恢宏壮丽、不同凡俗。中国私家园林建造始于汉魏,如西晋大官僚石崇建有金谷园,而豪门贵族群起效尤,叠石修木,模山范水,各尽其能。唐宋时期园林建筑得到继续发展,江南经济发达,环境优美,人文荟萃,私家园林大量兴造,到明清时期园林建筑达到顶峰,现存的园林主要是在明清两代建造的。明清时期许多著名的园林集中于江南的苏州、扬州、杭州等地,如苏州的拙政园、留园、狮子林、沧浪亭,无锡的寄畅园,上海的豫园,扬州的瘦西湖园林建筑群,都是风景名胜。明清的园林建筑登峰造极,是中国古典园林艺术的代表。

古典园林建筑在造园艺术方法上以曲折有致、富于变化为胜,巧用障隔,使园林曲折幽深,引人入胜,力避单调死板,要能以小见大、以少总多,虚实结合,动静相宜,形成一个有机的整体,营造出一个恬淡自然、宁静清幽的艺术境界。古典园林的营造常常使用借景手法,将园外的景致纳入园内,突破园林的固有局限,拓展空间,使人在园林有限的空间中欣赏到无穷景致,取得最佳的艺术效果。古典园林以山水为主体,亭台楼阁是不可或缺的重要组成部分,亭台楼阁装点自然山水,有机融合,布局自由灵活,成为可居可游的处所,而建筑式样、设置布局则体现出园主人的情趣爱好和审美追求,凝聚在园林的一草一木、一山一石之中。园主人游目骋怀于湖山盛景,畅游于宛如仙境的园林,于其中观照自然、观照人生,陶冶情性,启迪智慧,获得身心愉悦的审美享受。

中国古代园林建筑艺术与中国人的文化观念等都有着密切的关系,孔子言"仁者乐山,智者乐水",园林建筑体现了中国传统文化内涵和艺术精神。中国的园林建筑讲究人与自然的和谐统一,崇尚自然、天人合一的哲学思想对造园艺术产生了深刻的影响,在园林建造上得到鲜活的艺术体现。中国的园林建筑是综合的艺术,建筑要求师法自然,工匠因地制宜进行艺术处理,巧妙地将建筑融于自然而不露斧凿之痕,浑然天成。同时,园林的营造也借鉴传统绘画艺术的表现方法,进而创造出富有诗情画意的艺术境界。

中国古代园林建筑以精巧的艺术构思、优美的建筑景观、深厚的文化蕴含而具有迷人的艺术魅力,其以鲜明的民族特色在世界园林建筑史上独树一帜,影响广泛而深远。

二、原典选读及导读

園冶(節選)

興造論

世之興造,專主鳩匠,獨不聞三分匠七分主人之諺乎?非主人也,能主之人也。古公輸[1]巧,陸云精藝,其人豈執斧斤[2]者哉?若匠惟雕鏤是巧,排架是精,一架[梁]一柱,定[3]不可移,俗以"無竅之人"呼之,甚確也。故凡造作,必先相地立基,然后定其間進,量其廣狹,隨曲合方,是在主者,能妙於得體合宜,未可拘牽[率]。假如基地偏缺,鄰嵌[4]何必欲其齊,其屋架何必拘三、五間,為進多少?半間一廣,自然雅稱,斯所謂"主人之七分"也。第園筑之主,猶須什九,而用匠什一,何也?園林巧於因借[5],精在體宜[6],愈非匠作可為,亦非主人所能自主者;須求得人,當要節用。因者:隨基勢高下,體形之端正,礙木刪椏,泉流石注,互相借資;宜亭斯亭,宜樹斯樹,不妨偏徑,頓置婉轉,斯謂"精而合宜"者也。借者:園雖別內外,得景則無拘遠近,晴巒聳秀,紺宇[7]凌空;極目所至,俗則屏之,嘉則收之,不分町畽[8],盡為煙景,斯所謂"巧而得體"者也。體宜因借,匪得其人,兼之惜費,則前工并棄,即有后起之輪、雲,何傳於世?予亦恐浸失其源,聊繪式於后,為好事者[9]公焉。

【注釋】

[1]公輸:公輸班,世稱為古代巧匠。

[2]斧斤:砍伐樹木的器物,此處指匠人所用工具。

[3]定:固定不變。

[4]鄰嵌:建筑物上的專名,意指拼鑲。

[5]因借:因緣假借,即因地制宜借景取勝之意。

[6]體:體制、規劃。宜:合宜,適宜。

[7]紺宇:寺廟。

[8]町畽:田野。

[9]好事者:好事之人,此處指同好者。

園 說

　　凡結林園，無分村郭，地偏[1]為勝，開林[2]擇剪蓬蒿；景到隨機，在澗共修蘭芷。徑緣三益，業擬千秋[3]。圍墻隱約[4]於蘿間，架屋蜿蜒[5]於木末。山樓憑遠，縱目皆然；竹塢尋幽，醉心即是。軒楹[6]高爽，窗戶虛鄰；納千頃之汪洋，收四時之爛熳。梧陰匝地，槐蔭當庭；插柳沿提，栽梅繞屋；結茅竹里[7]，濬一派之長源；障錦山屏，列千尋[8]之聳翠，雖由人作，宛自天開。剎宇隱環窗，彷彿片圖小李[9]；巖巒堆劈石[10]，參差半壁大癡[11]。蕭寺可以卜鄰，梵音到耳；遠峰偏宜借景，秀色堪餐[12]。紫氣[13]青霞，鶴聲送來枕上；白蘋紅蓼[14]，鷗盟同結磯邊。看山上個籃輿[15]，問水拖條櫪杖；斜飛堞雉[16]，橫跨長虹[17]，不羨摩詰[18]輞川，何數季倫金谷。一灣僅於消夏[19]，百畝豈為藏春；養鹿堪游，種魚可捕。涼亭浮白[20]，冰調竹樹風生；暖閣偎紅[21]，雪煮[22]爐鐺濤沸。渴吻消盡，煩頓開除。夜雨芭蕉，似雜鮫人[23]之泣淚；曉風楊柳，若翻蠻女[24]之纖腰。移竹當窗，分梨為院；溶溶[25]月色，瑟瑟[26]風聲；靜擾一榻琴書，動涵半輪秋水[27]。清氣覺來幾席，凡塵頓遠襟懷。

　　窗牖無拘，隨宜合用；欄杆信畫，因境而成。制式新翻，栽除舊套；大觀[28]不足，小筑[29]允宜。

（計成著，陳植注釋《園冶注釋》，中國建筑工業出版社 1988 年版）

【注釋】

[1]地偏：隔離市街喧鬧復雜的所在。

[2]開林：開采林木后的伐木跡地或林間隙地。

[3]千秋：千年或久遠之意。

[4]隱約：不分明之意。

[5]蜿蜒：屈曲之狀。

[6]軒楹：屋宇。

[7]竹里：竹林或竹林內之意。

[8]尋：《周禮·地官·媒氏注》謂"八尺曰尋"。

[9]小李：指唐李昭道，父李思訓，唐代著名畫家，昭道亦工山水之作。

[10]劈石：如斧劈型之石。

[11]大癡：元代畫家黃公望，字子久，號一峰，又好大癡道人，常熟人，善畫山水。

[12]秀色堪餐：山水的秀色堪飽眼福。

[13]紫氣：祥瑞之氣。

[14]白蘋紅蓼：白蘋即浮萍，水萍，屬水木科，生于水上。紅蓼亦稱葒草、水蓼、天蓼，

屬蓼科,生于水濱或低濕之地。

[15]籃輿:簾轎或竹轎。

[16]堞雉:本作雉堞,指城上女墻。

[17]長虹:大橋,因長橋橫跨,遠望如垂虹。

[18]摩詰:唐人王維字,工詩善畫。

[19]消夏:消夏灣,在今江蘇省蘇州市洞庭西山,吳王夫差曾避暑于此。

[20]浮白:罰人飲酒曰浮。白:罰爵名。

[21]偎紅:圍爐烤火。

[22]雪煮:取雪水煮茶。

[23]鮫人:傳說中水居之人。《搜神記》:"南海之外有鮫人,水居如魚,不廢織績。
　　其眼泣則能出珠。"

[24]蠻女:小蠻。小蠻善舞,唐白居易有詩曰:"楊柳小蠻腰。"

[25]溶溶:月色廣泛之意。唐許渾詩云:"波靜月溶溶。"

[26]瑟瑟:風聲。

[27]半輪秋水:本作半輪明月解,此處指半圓形的池塘。

[28]大觀:規模宏大或景物壯麗之意。

[29]小筑:小型園林。

【导读】

《园冶》是由明末著名造园师计成撰写的一部古代造园艺术著作,于崇祯七年(1634年)刊行,全书共三卷。《园冶》系统阐述了作者的园林建造理论,该书见解深刻,论说周详,文采华茂,对于研究古代园林建造和园林美学思想具有重要意义。

节选部分总体讲述了园林的建造艺术。《园冶》特别重视园林建造者的作用,认为园林建造可谓"三分匠七分主人",也就是园林主要取决于设计建造者的主观意图。"得体合宜"是园林营构的重要法则。首先要勘察好地势,根据园林的地理条件做出整体规划,并巧妙利用地形来设计安排园林的结构布局。构园无格,建造时要因地制宜,依照自然地形,充分发挥其特点,当曲则曲,当方则方,灵活巧妙地加以改造,而不必拘泥教条,墨守成规。作者认为园林建造师的作用远远比工匠重要,因为造园结构要顺应地势,得体合宜,其妙就在于巧于"因""借",精在"体""宜",而这都不是工匠所能做到的,就是园林的主人也无力而为。《园冶》强调建造园林要善于借景,"借景,林园之最要者也"。作者认为借景是园林建造艺术中最重要的方法,而借景的方法也丰富多样,如远借、邻借、仰借、俯借、应时而借等。虽然园林有内外之别,但借景则不分时节,春、夏、秋、冬皆可,借景也不拘方位,远、邻、仰、俯都行,只要是目力所及之处,无益于景观的就遮蔽掉,有益于景观的就要引接过来,景物的因借要随机变化,不主故常,"因借无由,触情皆是"。在园说部分,作者主要从相地、立基、屋宇、装折、门窗、墙垣、铺地、掇山、选石、借景方面来详细论述园林建造艺术。

在园林的建造上,计成特别注意人与景物的关系,景为人设,园林景物的营造要服从于人的欣赏需求。建造时要遵循自然,设计得体,摈弃陈规旧套,别出心裁,突破园林有限地域的限制,充分借用远近不同景致,以交相辉映,各尽其妙。精美的园林景致如同水墨丹青,使人置身其中心旷神怡,获得游赏的雅趣。园林景物的营造要做到虽出自人力雕琢,然看起来却好像是天工所开,自然与人工和谐统一,浑然一体,达到虽由人作,宛自天开的艺术境界。

(岳振国撰)

第五节 古代戏曲

一、概述

戏曲由演员以代言体的言语、动作、歌舞等来扮演故事,包含了文学、音乐、舞蹈等多种艺术,是我国传统的戏剧形式。

古代戏曲起源于先秦,而成熟于元代。先秦时期的歌舞、俳优、巫觋与祭祀活动等,或装扮表演,或歌唱舞蹈,已出现了戏曲的萌芽。从汉至隋的百戏如"东汉黄公""许胡相争"等,有简单的故事情节。唐代出现了参军戏和歌舞戏,歌舞之时,结合角抵打斗,具备了很强的戏曲要素。

宋金时期经济繁荣,城市里有瓦舍勾栏等专供表演的娱乐场所,出现了宋杂剧、金院本和傀儡戏、影戏等,标志着戏曲的成熟。宋杂剧一般分四段,有末泥、引戏、副净、副末、装孤五种角色,金院本与之类似。

元代是我国戏曲发展的成熟时期,主要戏曲形式是元杂剧。元杂剧一般一本四折,有的还有楔子,结尾则有题目正名,用以总结全剧内容。折是剧本情节的一个自然段落,也是音乐组织的一个单元,一折戏就是一个套曲。楔子短小独立,位置不定,有时在剧本开头,简单介绍人物和故事背景,相当于序幕;有时位于折与折之间,用以过渡、连接剧情,类似于过场戏。

元杂剧的剧本由曲词、宾白和科范组成。曲词按一定的宫调和曲牌写成,句式长短错落,有很多衬字,因而生动活泼。宾白一般是口语化的散体,有时也用韵白。科范用以说明动作表演或音响效果。作家们大量运用口语、俗语,又广泛使用诗词、经史中比较通俗的典故,且有许多独特的修辞手法,如连用比喻、叠字等,雅俗相兼,直露透辟。其角色则有旦、末、净、杂四类。旦有正旦、贴旦、搽旦等,扮演女性人物,其中正旦为女主角;末有正末、外末、副末等,扮演男性人物,其中正末为男主角;净扮演性格刚猛的人物;杂扮演上述三类不能包括的人物,如孤(官员)、洁(和尚)、邦老(强盗)等。演出时,一本戏由男主角或女主角一个角色主唱,称旦本或末本。

元杂剧作品众多,见于前人记录的剧目有七百余种,其中如关汉卿《窦娥冤》、马致远《汉宫秋》、纪君祥《赵氏孤儿》、无名氏《陈州粜米》、王实甫《西厢记》、白朴《墙头马上》、康进之《李逵负荆》等,皆为脍炙人口的佳作,涉及历史、公案、婚姻恋爱、英雄传奇、佛道隐士和社会、家庭问题等多方面的内容。著名的作家有关汉卿、王实甫、马致远、白朴、郑光祖等,其中成就最高的是关汉卿和王实甫。

关汉卿是"本色"派的代表,其作品语言自然、真切、质朴,富有生活气息。关汉卿的杂剧现存约十八种,其中最著名的是《窦娥冤》,此剧批判和暴露了当时政治的黑暗、官府的腐败及其他种种社会问题。剧中的窦娥善良、安分守己,却被处以死刑。临刑前,她痛斥官府甚至天地,显示了强烈的反抗精神。全剧既是"悲戚"的,又是"悲壮"的,感人肺腑。王实甫是"文采"派的代表,其作品语言典雅、富丽,同时又不失本色。王实甫最著名的杂剧是《西厢记》。全剧分五本,二十折,突破了元杂剧通过一本四折来演出一个故事的体例。该剧通过张生和崔莺莺的爱情故事,提出了"愿普天下有情的都成了眷属"的婚姻理想,具有进步意义。

杂剧在明清时期依然有创作,虽然在体制等方面有所变化,但未能再现元代的辉煌。

除了杂剧,当时南方地区还流行南戏,并在元末达到鼎盛。同北方的杂剧相比,南戏体制灵活,篇幅长短不限,开场常由副末介绍剧情,音乐则带有南方的地域性特色,角色分为生、旦、净、丑、外、末、贴七种,每个角色都可以唱,有独唱、对唱、轮唱等多种方式。这些特点都与元杂剧有所不同。流传至今的南戏作品,除了早期的"永乐大典戏文三种"(南戏《张协状元》《宦门子弟错立身》《小孙屠》),最著名的有高明的《琵琶记》及被称为"四大南戏"的《荆钗记》《白兔记》《拜月亭》和《杀狗记》等。

明代的主要戏曲形式是传奇。传奇由南戏发展而来,情节复杂,头绪繁多,篇幅较长。传奇分出,每出都标写题目;角色分工也更细致,如在生、旦的基础上分化出小生、小旦。这些都与南戏不同。传奇所用声腔,主要是昆山腔。明代正德、嘉靖年间,著名音乐家魏良辅对昆山腔进行改革,使其婉转细腻、轻圆流丽,被称为"水磨调",此后流行全国。

明初的传奇创作比较沉寂,到了嘉靖、隆庆年间,出现了三大传奇,即李开先《宝剑记》、梁辰鱼《浣纱记》和无名氏《鸣凤记》（一说为王世贞作），揭开了明代传奇发展的新篇章。

明代后期，传奇创作更加繁荣，出现了大量作家和作品，形成了以沈璟为代表的吴江派和以汤显祖为代表的临川派。沈璟的贡献主要在戏曲理论方面，他致力于昆腔格律体系的建立，主张剧本创作必须合乎音乐规范，语言必须本色，围绕在他身边的一批作家形成了"吴江派"。汤显祖的传奇主要有"临川四梦"，即《紫钗记》《牡丹亭》《南柯记》和《邯郸记》，歌颂真情，语言清丽秀美，围绕在他身边的一批作家形成了"临川派"，影响比较大的作品有孟称舜《娇红记》、阮大铖《燕子笺》等。

明代最著名的传奇当属汤显祖的《牡丹亭》。作品以情反理，通过杜丽娘的传奇经历，肯定了情欲的本真自发性和不可抗拒性，批判"存天理，灭人欲"的官方理学思想对人性的压抑。作品情节奇幻浪漫，杜丽娘出生入死、起死回生，生死不渝地追寻爱情；同时深入人物的内心世界，描写女性心理，刻画其内心幽微细腻的情感；其语言则重抒情，重意境，典雅蕴藉，时而朦胧缥缈。

清代的戏曲创作也取得了辉煌的成就，杂剧和传奇的数量都超过了前代。

清代杂剧作品众多，如吴伟业《临春阁》《通天台》，尤侗《读离骚》《桃花源》，唐英《梅龙镇》《面缸笑》，杨潮观的杂剧剧本集《吟风阁杂剧》等。许多作品语言典雅华丽，抒情色彩浓厚，矛盾冲突淡化，更适宜案头阅读而非实际演出。

清代传奇在数量上超越了明代，质量也足以与之抗衡，许多作品如李玉《千忠戮》、朱素臣《双熊梦》、李渔《风筝误》和《意中缘》、蒋士铨《冬青树》、方成培《雷峰塔传奇》等，在当时和后世都有广泛的流传。

清代传奇的高峰在清初。当时，苏州地区出现了以李玉为代表的苏州派作家，创作了大量关注社会现实的作品。李玉的《清忠谱》写明末东林党人、苏州地区百姓和魏忠贤阉党集团之间的政治斗争，悲壮激越。此外，李玉尚有《一捧雪》《人兽关》《永团圆》和《占花魁》四部传奇，反映世态人情。同时代的另一位作家李渔有《笠翁十种曲》和《闲情偶寄》，在传奇创作和戏曲理论方面都取得了很高的成就。而洪昇的《长生殿》和孔尚任的《桃花扇》则堪称清代传奇的代表作。

《长生殿》展现了唐明皇和杨贵妃的爱情悲剧。该剧前半部分写李、杨的爱情故事及安史之乱、马嵬之变，后半部分写二人的相互思念及最后的仙界重圆，歌颂了两人生死不渝的爱情，同时感叹家国兴亡，充满了浓郁的悲剧气氛。全剧现实和虚幻有机结合，人物性格突出，曲辞清丽典雅，抒情色彩浓厚。

《桃花扇》是一部历史剧，作者"借离合之情，写兴亡之感"，即以复社文人侯方域和秦淮名妓李香君的爱情故事为线索，展现南明弘光小王朝的兴亡历史。剧中昏君佞臣追逐声色，热衷内讧，而忠臣贤士也无所作为，导致弘光王朝覆灭。全剧构思新颖，以桃花扇为线索来写爱情,通过爱情来展现国家的兴亡。剧中的人物形象鲜明,尤其是李香君,刚烈果敢、忠于爱情、深明大义、藐视权奸,给读者留下了深刻的印象。

清代中期,传统戏曲(主要指杂剧和传奇)由盛转衰。由于题材狭窄,格律谨严,语言过分典雅,加之进入宫廷后的贵族化倾向,使得昆腔传奇脱离大众。同时,形式活泼、风格粗犷、语言朴素自然、富有生活气息的地方戏迅速发展起来,受到民众的喜爱。乾隆五十五年(1790年),著名艺人高朗亭带领"三庆"徽班进京演出,轰动京城。不久,又有四喜、和春、春台等徽班进京,形成了四大徽班雄踞北京的局面。大约在道、咸年间,余三胜等湖北汉调艺人进京演出。徽、汉交流,使皮黄腔的演唱艺术得到了进一步发展,并在此基础上形成了京剧,流行全国。

二、原典选读及导读

西廂記(節選)

第三本第二折

......

【中呂】【粉蝶兒】風靜簾閒,透紗窗麝蘭香散,啟朱扉搖響雙環。絳臺高,金荷小,銀釭猶燦。比及將暖帳輕彈,先揭起這梅紅羅軟簾偷看。

【醉春風】只見他釵鑷[1]玉斜橫,髻偏雲亂挽。日高猶自不明眸,暢好是懶、懶。[旦做起身長歎科][紅唱]半晌抬身,幾回搔耳,一聲長歎。

我待便將簡帖兒與他,恐俺小姐有許多假處哩。我則將這簡帖兒放在妝盒兒上,看他見了說什麼。[旦做照鏡科,見帖看科][紅唱]

【普天樂】晚妝殘,烏雲嚲,輕匀了粉臉,亂挽起雲鬟。將簡帖兒拈,把妝盒兒按,開拆封皮孜孜看,顛來倒去不害心煩。[旦怒叫]紅娘![紅做意云]呀,決撒了也!厭的早扢皺了黛眉。[旦云]小賤人,不來怎麼![紅唱]忽的波[2]低垂了粉頸,氲的呵[3]改變了朱顏。

[旦云]小賤人,這東西那裏將來的?我是相國的小姐,誰敢將這簡帖來戲弄我,我幾曾慣看這等東西?告過夫人,打下你個小賤人下截來。[紅云]小姐使將我去,他着我將來。我不識字,知他寫着甚麼?

【快活三】分明是你過犯,沒來由把我摧殘;使別人顛倒惡心煩[4],你不慣,誰曾慣?

姐姐休鬧,比及你對夫人說呵,我將這簡帖兒去夫人行出首去來。[旦做揪住科]我逗你耍來。[紅云]放手,看打下下截來。[旦云]張生兩日如何?[紅云]我只不說。[旦云]好姐姐,你說與我聽咱![紅唱]

【朝天子】張生近間、面顏、瘦得來實難看。不思量茶飯,怕待動彈;曉夜將佳期盼,廢寢忘餐。黄昏清旦,望東牆淹淚眼。[旦云]請个好太醫看他證候咱。[紅云]他證候吃藥不濟。病患、要安,只除是出幾點風流汗。

[旦云]紅娘,不看你面時,我將與老夫人看,看他有何面目見夫人?雖然我家虧他,只是兄妹之情,焉有外事。紅娘,早是你口穩哩;若別人知呵,甚麽模樣。[紅云]你哄着誰哩,你把這个餓鬼弄得他七死八活,卻要怎麽?

【四邊靜】怕人家調犯,"早共晚夫人見些破綻,你我何安。"問甚麽他遭危難?攛斷、得上竿,掇了梯兒看。[5]

[旦云]將描筆兒過來,我寫將去回他,着他下次休是這般。[旦做寫科][起身科云]紅娘,你將去說:小姐看望先生,相待兄妹之禮如此,非有他意。再一遭兒是這般呵,必告夫人知道,和你个小賤人都有話說。[旦擲書下][紅唱]

【脫布衫】小孩兒家口沒遮攔,一味的將言語摧殘。把似你使性子,休思量秀才,做多少好人家風範。[6][紅做拾書科]

【小梁州】他為你夢裏成雙覺後單,廢寢忘餐。羅衣不奈五更寒,愁無限,寂寞淚闌干。

【幺篇】似這等辰勾空把佳期盼[7],我將這角門兒世不曾牢拴,只願你做夫妻無危難。我向這筵席頭上整扮,做一个縫了口的撮合山[8]。

[紅云]我若不去來,道我違拗他,那生又等我回報,我須索走一遭。[下]

……

（王實甫著,王季思校注《西廂記》,上海古籍出版社 1978 年版）

【注釋】

[1]睥:斜墜。

[2]忽的波:忽然間。波:襯字,無意義。

[3]瓸的呵:氣憤,惱怒。

[4]使別人顛倒惡心煩:意謂讓我實在惡心不耐煩。別人:紅娘自稱。

[5]"攛斷"二句:意謂攛掇別人登梯子爬上竿去,自己卻撤走梯子,看人家下不來的樣子。

[6]"把似"三句:與其你發脾氣,不如不想念張生,那才是大家閨秀的樣子。把似:假如,與其。

[7]"似這等"句:謂盼望佳期到來,就像等待辰勾星出來一樣困難。辰勾:指水星,亦稱辰星、勾星,肉眼難以看見,故以喻佳期之難。

[8]撮合山:媒人。

【导读】

本折所选展示的是次要矛盾,即崔莺莺和红娘之间的矛盾:红娘提防小姐假意变脸训斥自己，小姐则因矜持、谨慎等提防红娘，言语之间充满训斥、威胁、哄骗，在一系列冲突中淋漓尽致地展现了人物的性格。

红娘拿着张生的书信，却又担心小姐见信后装腔作势地教训自己，于是把信放在妆盒上。在看到张生的信后，莺莺无限喜悦，但在警觉到红娘在身边时，立刻假意变脸，责备红娘："我是相国的小姐，谁敢将这简帖来戏弄我？我几曾惯看这等东西？"而红娘早吃透了小姐的心思，所以假装要向老夫人自首，于是莺莺服软。

莺莺很担心张生的病情，她急切地向红娘询问，却又说自己与张生"只是兄妹之情，焉有外事"。这又被红娘一语戳穿："你哄着谁哩！你把这个饿鬼弄得他七死八活，却要怎么？"

莺莺明明在回信中主动暗约张生幽会，却欺骗红娘，说回信是要拒绝张生。后来红娘得知真情，不免有些牢骚。

虽然莺莺一再提防红娘，但红娘依然热心地为他们穿针引线，她希望有情人终成眷属："则愿你做夫妻无危难。"此剧后半部分，张生更称红娘为"擎天柱"，又跪在红娘面前，苦苦哀求红娘帮忙。在张生对赴约表示犹豫时，红娘又鼓励他大胆前去。联系全剧，若无红娘一片热心，那么依老妇人的威严、小姐的犹豫，二人的结合必定更加艰难。

可以看出，本折戏中每个人的个性都非常鲜明。莺莺有许多"假意儿"，红娘则热心、聪明、口吻灵便，而张生则酸而痴情。尤其是莺莺，其性格塑造得十分真实。相国小姐的身份及长期以来所受到的传统教育、家长的严厉管束等，造成了她在追求爱情时矜持、犹豫、反复，想爱又不敢公开爱。

《西厢记》的语言在本色之中，又时见典雅清丽。作品中经常用大量白描口语组成曲辞，如【快活三】、【朝天子】、【四边静】等，无异于宾白，令人忘其为曲。同时，作品善于吸收前代名作佳句，如【小梁州】中的"罗衣不耐五更寒，愁无限，寂寞泪阑干"，即源自李煜的《浪淘沙》中的"罗衾不耐五更寒"和白居易《长恨歌》中的"玉容寂寞泪阑干"。

牡丹亭（節選）

第十齣　驚夢

【繞池遊】（旦上）夢回鶯囀，亂煞年光遍[1]。人立小庭深院。（貼）炷盡沉煙[2]，拋殘繡線，恁今春關情似去年[3]？（烏夜啼）"（旦）曉來望斷梅關，宿妝殘。（貼）你側著宜春髻子恰憑闌。（旦）翦不斷，理還亂，悶無端。（貼）已分付催花鶯燕借春看。"（旦）春香，可曾叫人掃除花徑？（貼）分付了。（旦）取鏡臺衣服來。（貼取鏡臺衣服上）"雲髻罷梳還對鏡，羅衣欲換更添香。"鏡臺衣服在此。

【步步嬌】（旦）裊晴絲吹來閒庭院[4]，搖漾春如線。停半晌、整花鈿。沒揣菱花，偷人半面,迤逗的彩雲偏。[5]（行介）步香閨怎便把全身現！（貼）今日穿插的好。

【醉扶歸】（旦）你道翠生生出落的裙衫兒茜,豔晶晶花簪八寶填,可知我常一生兒愛好是天然[6]。恰三春好處無人見。不提防沉魚落雁鳥驚諠,則怕的羞花閉月花愁顫。[7]（貼）早茶時了,請行。（行介）你看:"畫廊金粉半零星,池館蒼苔一片青。踏草怕泥新繡襪,惜花疼煞小金鈴。"（旦）不到園林,怎知春色如許!

【皂羅袍】原來姹紫嫣紅開遍,似這般都付與斷井頹垣。良辰美景奈何天,賞心樂事誰家院！恁般景致,我老爺和奶奶再不提起。（合）朝飛暮捲,雲霞翠軒;雨絲風片,煙波畫船——錦屏人忒看的這韶光賤!（貼）是花都放了,那牡丹還早。

【好姐姐】（旦）遍青山啼紅了杜鵑,荼蘼外煙絲醉軟。春香呵,牡丹雖好,他春歸怎占的先!（貼）成對兒鶯燕呵。（合）閒凝眄,生生燕語明如翦,嚦嚦鶯歌溜的圓。（旦）去罷。（貼）這園子委是觀之不足也。（旦）提他怎的!（行介）

【隔尾】觀之不足由他繾[8],便賞遍了十二亭臺是枉然。到不如興盡回家閒過遣。（作到介）（貼）"開我西閣門,展我東閣牀。瓶插映山紫,爐添沉水香。"小姐,你歇息片時,俺瞧老夫人去也。（下）（旦歎介）"默地遊春轉,小試宜春面。"春呵,得和你兩留連,春去如何遣?咳,恁般天氣,好困人也。春香那裏?（作左右瞧介）（又低首沉吟介）天呵,春色惱人,信有之乎!常觀詩詞樂府,古之女子,因春感情,遇秋成恨,誠不謬矣。吾今年已二八,未逢折桂之夫;忽慕春情,怎得蟾宮之客?昔日韓夫人得遇于郎,張生偶逢崔氏[9],曾有《題紅記》、《崔徽傳》二書。此佳人才子,前以密約偷期,後皆得成秦晉。（長歎介）吾生於宦族,長在名門。年已及笄,不得早成佳配,誠為虛度青春,光陰如過隙耳。（淚介）可惜妾身顏色如花,豈料命如一葉乎!

（湯顯祖著,徐朔方、楊笑梅校注《牡丹亭》,人民文學出版社 1963 年版）

【注釋】

[1]亂煞年光遍:到處是繚亂的春光。年光:春光。

[2]炷:燃燒。沉煙:沉香燃燒時的煙,這裏指沉香。

[3]恁今春關情似去年:為什麼今年的春情比去年濃呢? 恁:為什麼。

[4]晴絲:遊絲、飛絲,蟲類所吐的絲縷,春季晴天最易看見。

[5]"沒揣"三句:意謂不料鏡子偷偷滴照見了自己,羞澀地急忙躲閃,連髮髻都弄歪了。沒揣:不料。迤逗:引惹。

[6]愛好:愛美。天然:天性使然。

[7]"不提防"二句:意謂自己的美貌即使不能沉魚落雁,也能閉月羞花。

[8]繾:留戀。

[9]昔日韓夫人得遇于郎:唐傳奇故事。唐僖宗時,宮中韓夫人紅葉題詩,從禦溝中

流出,被于佑拾得;于亦以红叶题诗,投入沟水,寄给韩夫人,后二人结为夫妇。

张生偶逢崔氏:即《莺莺传》中张生和崔莺莺的故事。

【导读】

"惊梦"由游园和惊梦两段情节构成,表现了杜丽娘的青春觉醒。此前,她深受封建教养的熏陶。父母一心想把她塑造成知书达理的女子,将来做一位贤妻良母,所以严加管教,让她每日刺绣、读书。刺绣之余,她偶尔午睡片刻,甚至在裙子上绣成双成对的鸟都会被批评。她所接触到的人,除了丫鬟春香,就是严父、慈母和迂腐的塾师。这种生活环境压抑着人性,令人窒息,以至于杜丽娘长到了十六岁,居然还不知道家里有个花园。

但在"惊梦"中,她的青春意识被彻底唤醒了。

为了排遣心中的烦闷,杜丽娘背着父母,前去游园。春光明媚,满园的鲜花争奇斗艳,姹紫嫣红,黄莺、燕子的叫声悦耳动听,生机勃勃。然而这一切却无人欣赏,陪伴这美景的只有断井残垣。

由此,杜丽娘不禁想到了自身:自己"如花美眷",正值青春妙龄,但每天被禁锢着。眼看时光似水东流,她无限伤心,感叹自己"不得早成佳配,诚为虚度青春"。游园之后,由"叹"到"长叹",直到"落泪",一系列的动作设计,深刻地展现了杜丽娘因无奈而无限伤心的心理。因此,她春情萌动,羡慕那些爱情故事中终成眷属的才子佳人。她渴望找到真爱,但自己的爱情,自己无法做主,而只能听凭父母的安排。

怀着满腹的伤心、无奈和渴望,杜丽娘沉沉睡去。在梦中,她见到了柳梦梅并与之欢会。这梦境美好、甜蜜,寄托了杜丽娘的憧憬与追求,开启了她封闭的内心,以致在后来的"寻梦"一出中,她竟不由自主地独自去花园寻梦。

"惊梦"一出细致地刻画了杜丽娘的心理变化,深入到了女性幽微细密的内心,这在以前是很少见的。其语言则典雅蕴藉、纤丽缥缈,能感觉而难以指实,妙在可解不可解之间。如"袅晴丝吹来闲庭院"和"雨丝风片"等,在生活中,"晴丝"和"雨丝"显然是不能同时出现的。其实,这些都是情绪化的措辞,表达杜丽娘内心对轻柔春光的感受,所以无须坐实,读者只要意会即可。其他如"遍青山啼红了杜鹃,荼蘼外烟丝醉软"等均可作如是理解。

长生殿(节选)

第二十四龄 弹变

······〔生、旦乘辇,老旦、贴随后,二内侍引,行上〕

【北中呂粉蝶兒】天淡雲閒,列長空數行新雁。御園中秋色爛斑:柳添黃,蘋減綠,紅蓮脫瓣。一抹雕闌,噴清香桂花初綻。

〔到介〕〔丑〕請萬歲爺娘娘下輦。〔生、旦下輦介〕〔丑同內侍暗下〕〔生〕妃子,朕與你散步一回者。〔旦〕陛下請。〔生攜旦手介〕〔旦〕

【南泣顏回】攜手向花間,暫把幽懷同散。涼生亭下,風荷映水翩翻。愛桐陰靜悄,碧沉沉並繞廻廊看。戀香巢秋燕依人,睡銀塘鴛鴦蘸眼[1]。

〔生〕高力士,將酒過來,朕與娘娘小飲數盃。〔丑〕宴已排在亭上,請萬歲爺娘娘上宴。〔旦作把盞,生止住介〕妃子坐了。

【北石榴花】不勞你玉纖纖高捧禮儀煩[2],子待借小飲對眉山。俺與你淺斟低唱互更番,三杯兩盞,遣興消閒。妃子,今日雖是小宴,倒也清雅。廻避了御廚中,廻避了御廚中烹龍炰鳳堆盤案,呀呀啞啞樂聲催趲。只幾味脆生生,只幾味脆生生蔬和果清肴饌,雅稱你仙肌玉骨美人餐。

妃子,朕與你清遊小飲,那些梨園舊曲,都不耐煩聽他。記得那年在沉香亭上賞牡丹,召翰林李白草《清平調》三章,令李龜年度成新譜,其詞甚佳。不知妃子還記得麼?〔旦〕妾還記得。〔生〕妃子可為朕歌之,朕當親倚玉笛以和。〔旦〕領旨。〔老旦進玉笛,生吹介〕〔旦按板介〕

【南泣顏回】花繁、穠豔想容顏。雲想衣裳光璨,新粧誰似,可憐飛燕嬌懶。名花國色,笑微微常得君王看。向春風解釋春愁,沉香亭同倚闌干。

〔生〕妙哉,李白錦心,妃子繡口,真雙絕矣。宮娥,取巨觴來,朕與妃子對飲。〔老旦、貼送酒介〕〔生〕

【北鬥鵪鶉】暢好是喜孜孜駐拍停歌,喜孜孜駐拍停歌,笑吟吟傳杯送盞。妃子乾一杯,〔作照乾介〕不須他絮煩煩射覆藏鈎,鬧紛紛彈絲弄板。〔又作照杯介〕妃子,再乾一杯。〔旦〕妾不能飲了。〔生〕宮娥每,跪勸。〔老旦、貼〕領旨。〔跪旦介〕娘娘,請上這一杯。〔旦勉飲介〕〔老旦、貼作連勸介〕〔生〕我這裡無語持觴仔細看,早子見花一朵上腮間。〔旦作醉介〕妾真醉矣。〔生〕一會價軟咍咍柳軃花敧[3],軟咍咍柳軃花敧,困騰騰鶯嬌燕懶。

妃子醉了,宮娥每,扶娘娘上輦進宮去者。〔老旦、貼〕領旨。〔作扶旦起介〕〔旦作醉態呼介〕萬歲!〔老旦、貼扶旦行〕〔旦作醉態介〕

【南撲燈蛾】態懨懨輕雲軟四肢,影濛濛空花亂雙眼,嬌怯怯柳腰扶難起,困沉沉強擡嬌腕,軟設設金蓮倒褪,亂鬆鬆香肩軃雲鬟,美甘甘思尋鳳枕,步遲遲倩宮娥擁入繡幃間。

〔老旦、貼扶旦下〕〔丑同內侍暗上〕〔內擊鼓介〕〔生驚介〕何處鼓聲驟發?〔副淨急上〕"漁陽鼙鼓動地來,驚破霓裳羽衣曲。"〔問丑介〕萬歲爺在那裡?〔丑〕在御花園內。〔副淨〕軍情緊急,不免徑入。〔進見介〕陛下,不好了。安祿山起兵造反,殺過潼關,不日就到長安了。〔生大驚介〕守關將士何在?〔副淨〕哥舒翰兵敗,已降賊了。〔生〕

【北上小樓】呀,你道失機的哥舒翰……稱兵的安祿山,赤緊的離了漁陽[4],陷了東京,破了潼關。唬得人膽戰心搖,唬得人膽戰心搖,腸慌腹熱,魂飛魄散,早驚破月明花粲。

卿有何策,可退賊兵?〔副淨〕當日臣曾再三啟奏,祿山必反,陛下不聽,今日果應臣言。事起倉卒,怎生抵敵?不若權時幸蜀,以待天下勤王。〔生〕依卿所奏。快傳旨,諸王百官,卽時隨駕幸蜀便了。〔副淨〕領旨。〔急下〕〔生〕高力士,快些整備軍馬。傳旨令右龍武將軍陳元禮,統領羽林軍士三千扈駕前行。〔丑〕領旨。〔下〕〔內侍〕請萬歲爺回宮。〔生轉行嘆介〕唉,正爾歡娛,不想忽有此變,怎生是了也!

【南撲燈蛾】穩穩的宮庭宴安,擾擾的邊廷造反。鼕鼕的鼙鼓喧,騰騰的烽火黫[5]。的溜撲碌臣民兒逃散[6],黑漫漫乾坤覆翻,磣磕磕社稷摧殘[7],磣磕磕社稷摧殘。當不得蕭蕭颯颯西風送晚,黯黯的一輪落日冷長安。

〔向內問介〕宮娥每,楊娘娘可曾安寢?〔老旦、貼內應介〕已睡熟了。〔生〕不要驚他,且待明早五鼓同行。〔泣介〕天那,寡人不幸,遭此播遷,累他玉貌花容,驅馳道路。好不痛心也!

【南尾聲】在深宮兀自嬌慵慣,怎樣支吾蜀道難!〔哭介〕我那妃子呵,愁殺你玉軟花柔,要將途路趲。

宮殿參差落照間,盧綸 漁陽烽火照函關。吳融

遏雲聲絕悲風起,胡曾 何處黃雲是隴山。武元衡

(洪昇著,徐朔方校注《長生殿》,人民文學出版社1958年版)

【注释】

[1]蘸眼:耀眼,引人注目。

[2]玉纖纖:纖細的手指。

[3]軟咍咍:軟綿綿。嚲:垂下。攲:即倚。

[4]赤緊的:實在是,真個是。

[5]黫:黑色。

[6]的溜撲碌:形容慌亂狼狽的逃竄情景。

[7]磣磕磕:悲慘、慘痛。磣:即慘。磕磕:不表示意義。

【导读】

这出戏是全剧剧情的转折。此前,李、杨二人深居皇宫,享受着荣华富贵;此后,二人经历马嵬之变,杨贵妃死去,唐明皇生活在悲伤与思念之中。

由甜蜜、幸福转为惊恐、凄凉,是这出戏剧情的特点。前半部分,展现了二人的幸福生活。他们沉浸在爱情的甜蜜之中,如胶似漆,携手漫步花间荫下,并摆下酒宴,举杯对饮。兴酣处,杨贵妃歌唱,唐明皇和之以笛。二人爱意缠绵,“喜孜孜”“笑吟吟”,欢愉无限。正在此时,传来安禄山造反并杀过潼关、直逼京城的消息。唐明皇惊慌失措,仓促之

间决定幸蜀。

剧中李、杨二人的形象塑造得非常鲜明。唐明皇既是情种，又是昏君。一方面，他对杨贵妃充满了爱意，体贴有加，饮酒时告诉杨贵妃不必拘束君臣礼节，在后者歌唱时，亲自吹笛以和，并频频劝酒。决定幸蜀时，他心疼贵妃长途跋涉，跟着自己受罪："累他花容月貌，驱驰道路。好不痛心也！"可算是多情天子。另一方面，他又是昏庸无能的君王。在听到安禄山叛乱的消息后，他"胆战心摇，肠慌腹热，魂飞魄散"，根本没有力挽乾坤的气概和能力。束手无策的他只好问计于杨国忠："卿有何策，可退贼兵？"然后听从杨国忠之言，仓促传令幸蜀。

杨贵妃色艺双全、恃宠而骄。她有美妙的歌喉，依仗着唐明皇的宠爱，在君王面前放纵地饮酒，展现出自己的娇美，满怀获得专宠后的骄矜。

本出戏的语言典雅华丽，有时能根据不同的人物和环境气氛写出不同风格的曲辞。【北中吕粉蝶儿】、【南泣颜回】写清新明快的秋景，令人心旷神怡，这正是沉浸在爱河中的李、杨二人的心情写照。而听到安禄山叛乱的消息后，"当不得萧萧飒飒西风送晚，黯黯的一轮红日冷长安"，景物描写变得萧瑟、衰飒，这也正是唐明皇此时仓皇、凄凉的心理感受。又如杨贵妃所唱【南扑灯蛾】一曲，柔美纤巧，生动形象，活脱脱刻画出其娇美的姿态。

桃花扇（節選）

第二十四齣　驚變

……〔末看旦介〕你看香君上頭之後，更覺豔麗了。〔向生介〕世兄有福，消此尤物。〔生〕香君天姿國色，今日插了幾朵珠翠，穿了一套綺羅，十分花貌，又添二分，果然可愛。〔小旦〕這都虧了楊老爺幫襯哩。

【江兒水】送到纏頭錦，百寶箱，珠圍翠繞流蘇帳，銀燭籠紗通宵亮，金杯勸酒合席唱。今日又早早來看，恰似親生自養，賠了妝奩，又早敲門來望。

〔旦〕俺看楊老爺，雖是馬督撫至親，卻也拮据作客，為何輕擲金錢，來填煙花之窟？在奴家受之有愧，在老爺施之無名；今日問個明白，以便圖報。〔生〕香君問得有理，小弟與楊兄萍水相交，昨日承情太厚，也覺不安。〔末〕既蒙問及，小弟只得實告了。這些妝奩酒席，約費二百餘金，皆出懷寧之手。〔生〕那個懷寧？〔末〕曾做過光祿的阮圓海。〔生〕是那皖人阮大鋮麼？〔末〕正是。〔生〕他為何這樣周旋？〔末〕不過欲納交足下之意。

……〔末〕圓老當日曾遊趙夢白之門，原是吾輩。後來結交魏黨，只為救護東林，不料魏黨一敗，東林反與之水火。近日復社諸生，倡論攻擊，大肆毆辱，豈非操同室之戈乎？圓老故交雖多，因其形跡可疑，亦無人代為分辯。每日向天大哭，說道："同類相殘，傷心慘目，非河南侯君,不能救我。"所以今日諄諄納交。〔生〕原來如此,俺看圓海情辭迫切,亦覺可憐。就便真是魏黨,悔過來歸,亦不可絕之太甚,況罪有可原乎。定生、次尾,皆我至交,明日相見,即為分解。〔末〕果然如此,吾黨之幸也。〔旦怒介〕官人是何說話,阮大鋮趨附權奸,廉恥喪盡;婦人女子,無不唾罵。他人攻之,官人救之,官人自處於何等也?

【川撥棹】不思想,把話兒輕易講。要與他消釋災殃,要與他消釋災殃,也隄防旁人短長。官人之意,不過因他助俺妝奩,便要徇私廢公;那知道這幾件釵釧衣裙,原放不到我香君眼裏。〔拔簪脫衣介〕脫裙衫,窮不妨;布荊人[1],名自香。

〔末〕阿呀! 香君氣性,忒也剛烈。〔小旦〕把好好東西,都丟一地,可惜,可惜!〔拾介〕〔生〕好,好,好! 這等見識,我倒不如,真乃侯生畏友[2]也。〔向末介〕老兄休怪,弟非不領教,但恐為女子所笑耳。

【前腔】〔生〕平康[3]巷,他能將名節講;偏是咱學校朝堂,偏是咱學校朝堂,混賢奸不問青黃。那些社友平日重俺侯生者,也只為這點義氣;我若依附奸邪,那時群起來攻,自救不暇,焉能救人乎。節和名,非泛常;重和輕,須審詳。

〔末〕圓老一段好意,也還不可激烈。〔生〕我雖至愚,亦不肯從井救人。〔末〕既然如此,小弟告辭了。〔生〕這些箱籠,原是阮家之物,香君不用,留之無益,還求取去罷。〔末〕正是"多情反被無情惱,乘興而來興盡還。"〔下〕〔旦惱介〕〔生看旦介〕俺看香君天資國色,摘了幾朵珠翠,脫去一套綺羅,十分容貌,又添十分,更覺可愛。〔小旦〕雖如此說,舍了許多東西,到底可惜。

【尾聲】金珠到手輕輕放,慣成了嬌癡模樣,辜負俺辛勤做老娘。

〔生〕些須東西,何足掛念,小生照樣賠來。〔小旦〕這等才好。

〔小旦〕花錢粉鈔費商量,〔旦〕裙布釵荊也不妨,

〔生〕只有湘君能解佩,〔旦〕風標不學世時妝。

(孔尚任著,王季思、蘇寰中、楊德平合注《桃花扇》,人民文學出版社 1982 年版)

【注釋】

[1]布荊人:穿布衣、戴荊釵的窮人。

[2]畏友:方正剛直,能嚴格要求別人、敢於當面批評朋友的人。因被朋友所敬畏,故稱畏友。

[3]平康:唐代長安有平康里,為妓女聚居之地,後因以代指妓院。

【导读】

本出戏写李香君坚拒阮大铖资送妆奁的故事。走投无路的阮大铖借侯、李新婚之际,暗助妆奁,求侯方域拯救自己。李香君得知原委后,毅然拔簪脱衣,表示绝不与权奸

妥协。她的行为挫败了阮大铖的阴谋,体现了自己高尚的政治气节,也教育了侯方域。

剧本通过侯、李二人的对比,表现了李香君清醒的政治头脑和刚烈的性格。

虽是急需,但面对这笔财物,李香君并没有被新婚宴尔的甜蜜冲昏头脑,她仍然要问个明白。在杨龙友说出实情后,侯方域便一口应承,决定对阮大铖施以援手,而李香君立即阻止:"〔旦怒介〕官人是何说话,阮大铖趋附权奸,廉耻丧尽;妇人女子,无不唾骂。他人攻之,官人救之,官人自处于何等也?"

为了表示决绝,李香君立即拔簪脱衣:"官人之意,不过因他助俺妆奁,便要徇私废公;那知道这几件钗钏衣裙,原放不到我香君眼里。〔拔簪脱衣介〕脱裙衫,穷不妨;布荆人,名自香。"虽然身为妓女,她却没有一般妓女爱财如命的特点,而是"富贵不能淫,贫贱不能移",同时能将"公"与"私"分得很清楚,表现出清醒的政治头脑、大义凛然的气节,可谓萃天地之正气,出淤泥而不染。这一举动,也显示了李香君刚烈的性格,以致杨龙友惊叹说:"阿呀! 香君气性,忒也刚烈。"

面对香君,侯方域如梦初醒,自愧不如:"这等见识,我倒不如……""平康巷,他能将名节讲;偏是咱学校朝堂,偏是咱学校朝堂,混贤奸不问青黄。"两相对比,李香君虽然地位低贱,但其见识超过复社文人侯方域。

其他几个人物如杨龙友圆滑,没有政治立场,鸨母李贞丽爱财,更不理会什么复社、阉党,也都从侧面衬托了李香君的形象。

这出戏取材自侯方域《李姬传》。在《李姬传》中,李香君在得知事情原委后,"姬私语侯生曰:'妾少从假母识阳羡君,其人有高义,闻吴君尤铮铮,今皆与公子善,奈何以阮公负至交乎! 且以公子之世望,安事阮公?'"这是私底下通过道理分析来劝导侯方域。而剧中改为李香君当着杨龙友的面却奁,行动激烈,表现出刚烈的性格和清晰的是非观念,这是历史真实和艺术真实的结合。

三、延伸思考

每个读者或观众都希望戏曲故事结局圆满,主人公得到一个幸福的归宿,所以中国戏曲经常有大团圆式的结局——夫荣妻贵,阖家团圆,有情人终成眷属,恶人受到惩罚,即使现实生活本不如此。

《西厢记》中崔、张二人经历重重磨难,终成夫妻;《牡丹亭》中杜丽娘生生死死,终与柳梦梅结合;《长生殿》中李、杨二人虽有人间之死别,却终在仙界团圆。唯独《桃花扇》中,侯、李二人历经千难万险,好不容易在兵荒马乱中重逢,却旋即各奔东西,长相分离,让人唏嘘不已。

(赵俊波撰)

下　编

第十一章　上古史

上古史是介于远古史与中古史之间的历史阶段,一般包括从史籍中记载的传说时代至秦统一之前的历史,可分为古史传说时代、夏、商、西周、东周(春秋、战国)几个时期。中国传统古史系统与上古史的历史阶段大致相应。关于古史传说时代与夏代的历史争议较大,还需要考古发现与出土文献进一步证明。

第一节　古史系统

中国古人通常以一位远古帝王作为历史的开端,建构传统古史系统。但究竟以哪一位帝王为起点,文献上的记载多有不同。黄帝、伏羲、燧人氏、盘古、尧等都曾被视为历史开端的代表人物,中国传统古史系统的形成也经历了一个较长的历程。

一、传统古史系统的形成

先秦时期的典籍中已出现了很多古帝王的名字,如少昊、黄帝、炎帝、共工、太昊、祝融、伏羲、神农、有巢氏、燧人氏、颛顼、帝喾、尧、舜、禹等,但这些古帝王之间的关系不明确,时代顺序不定。《庄子·外篇·天运》说到了"三皇五帝",但没有明确是指哪些古帝王,只笼统指久远的年代。《吕氏春秋》中出现了"太昊、炎帝、黄帝、少昊、颛顼"五个古帝王的名称,但不是指时代先后,只用于表示五个方位。从现存文献来看,先秦时期还没有形成完善的古史系统,但先秦典籍中出现的古帝王成为后代古史系统的重要人物。

中国传统古史系统的建构是在两汉时期完成的,最具代表性的是司马迁《史记·五帝本纪》、刘歆《世经》、王符《潜夫论·五德志》。

《史记·五帝本纪》以黄帝为古史系统的开端,五帝是指黄帝、颛顼、帝喾、尧、舜,他们之间的世系关系为:

黄帝—玄嚣—蟜极—帝喾—尧

黄帝—昌意—颛顼—穷蝉—敬康—句望—桥牛—瞽叟—舜

可见，《史记》中已形成以黄帝为始祖、具有时代先后与传承关系的古史系统。

《汉书·律历志》所引刘歆《世经》以太昊帝为百王之先，顺序依次为：

太昊帝炮牺氏（木德）—炎帝神农氏（火德）—黄帝轩辕氏（土德）—少昊帝金天氏（金德）—颛顼帝高阳氏（水德）—帝喾高辛氏（木德）—唐帝陶唐氏（火德）—虞帝有虞氏（土德）—伯禹夏后氏（金德）—成汤（水德）

《世经》以每个帝王分属一德，按照"五德相生"的理论，说明时代的推移，形成了以古帝王为代表的古史系统。

《潜夫论·五德志》关于"三皇五帝"的记载：

"世传三皇五帝，多以为伏羲、神农为二皇；其一者或曰燧人，或曰祝融，或曰女娲。其是与非，未可知也。我闻古有天皇、地皇、人皇，以为或及此谓，亦不敢明。凡斯数，其与五经，皆无正文。故略依《易系》，记伏羲以来，以遗后贤。虽多未必获正，然罕可以浮游博观，共求厥真。"

"三皇五帝"指哪几个古帝王，王符已难以说清，他避开这些具体数字，以《易传·系辞传》《大戴礼记·五帝德》《大戴礼记·帝系》为基础，采取"五德相生"原则来建构古史系统。王符的古史系统涉及伏羲、炎帝、黄帝、少昊、共工、颛顼、帝喾、祝融、皋陶、尧、舜、禹，延伸至夏、商、周三代，体系较为完整。

两汉时期的古史系统基本为后代所沿用，如：南宋郑樵《通志·三皇纪第一》记太昊、黄帝、炎帝，《通志·五帝纪第二》记少昊、颛顼、帝喾、尧、舜；清代《御批历代通鉴辑览》采用的古史系统为太昊伏羲氏、炎帝神农氏、黄氏轩辕氏、少昊金天氏、颛顼高阳氏、帝喾高辛氏、帝尧陶唐氏、帝舜有虞氏至夏、商、周三代。

盘古进入古史系统的时代较晚。盘古开天辟地的传说最早出现于三国吴人徐整的《三五历纪》。

《太平御览·天部》引《三五历纪》：

"天地混沌如鸡子，盘古生其中。万八千岁，天地开辟，阳清为天，阴浊为地，盘古在其中，一日九变。神于天，圣于地，天日高一丈，地日厚一丈，盘古日长一丈，如此万八千岁。天数极高，地数极深，盘古极长。后乃有三皇。数起于一，立于三，成于五，盛于七，处于九，故天去地九万里。"

盘古开天辟地的传说神话色彩浓厚，直到南宋胡宏《皇王大纪》才开始以盘古为古史系统的开端，明代袁黄、王世贞《纲鉴合编》，清代吴楚材等《纲鉴易知录》沿用。这种观点虽然争议较大，但也产生了一定的影响。

综上所述，中国传统古史系统可概括为盘古开天时代、三皇五帝时代、夏商周时代。我们一般所说的尧舜禹时代往往融入五帝与夏两个时代之中。

二、传统古史系统的危机

中国传统古史系统沿用了两千多年,中间只是小有变动,但 20 世纪 20 年代初,古史辨运动兴起,传统古史系统遭遇了空前的危机。

对传统古史系统破坏最严重的是顾颉刚提出的"层累地造成的中国古史说"。

顾颉刚《与钱玄同先生论古史书》中提到:

"我很想做一篇《层累地造成的中国古史》,把传说中的古史的经历详细一说。这有三个意思。第一,可以说明'时代愈后,传说的古史期愈长'。如这封信里说的,周代人心目中最古的人是禹,到孔子时有尧、舜,到战国时有黄帝、神农,到秦有三皇,到汉以后有盘古等。第二,可以说明'时代愈后,传说中的中心人物愈放愈大'。如舜,在孔子时只是一个'无为而治'的圣君,到《尧典》就成了一个'家齐而后国治'的圣人,到孟子时就成了一个孝子的模范了。第三,我们在这上,即不能知道某一件事的真确的状况,但可以知道某一件事在传说中的最早的状况。我们即不能知道东周时的东周史,也至少能知道战国时的东周史;我们即不能知道夏、商时的夏商史,也至少能知道东周时的夏、商史。……从战国到西汉,伪史充分的创造,在尧、舜之前更加上了多少古皇帝。于是春秋初年号为最古的禹,到这时真是近之又近了。……时代越后,知道的古史越前;文籍越无征,知道的古史越多。汲黯说'譬如积薪,后来居上。'这是造史很好的比喻。看了这些胡乱伪造的史,《尧典》那得不成了信史! 但看了《诗经》上稀疏的史,更那得不怀疑商以前的史呢!"

顾颉刚指出古人的古史系统是逐渐累积丰富起来的,盘古、神农、黄帝、尧、舜、禹等传说中的人物出于后人的伪造。这样,传统古史系统也就被彻底推翻了。

传统古史系统受当时的政治、思想、社会环境等因素的影响,难免存在一些不足,但其建构并非毫无来源,对其完全否定亦缺乏充分的证据。

徐旭生在《中国古史的传说时代》中提到:

"近三十余年,疑古学派几乎笼罩了全中国的历史界,可是他的大本营却在《古史辨》及其周围。他们工作的勤奋是很可敬的,成绩也是很大的,但是他们所用的治学方法却很有问题。主要的,去世的张荫麟先生已经指出,就是太无限度地使用默证。这种方法就是因某书或今存某时代之书无某史事之称述,就断定某时代无此观念。……极端疑古学派的工作人对于载籍湮灭极多的时代,却是广泛地使用默证,结果如何,可以预料。第二,他们看见了不合他们的论证,并不能常常地审慎处理,有不少次悍然决然宣布反对论证的伪造,可见他们的理由是脆弱的,不能成立的。……第三,在春秋和战国的各学派中间所称述的古史,固然有不少歧异、矛盾,可是相同的地方实在更多。比方说,禹治水的传说,尧、舜、禹三人相互的关系,在先秦诸子中可以说是大致相同的,没有争论的。而疑古学派的极端派,却夸张他们的歧异、矛盾,对于很多没有争论的点却熟视无睹,不屑注意。……第四,他们对于参杂神话的传说和纯粹神话的界限似乎不能分辨,或者是不愿意去分辨。……炎帝、黄帝、蚩尤、尧、舜、禹的传说里面所参杂的神话并不算太多,可是极端的疑古派却漫无别择,一股脑儿把他们送到神话的保险柜中封锁起来,不许历史的工作人再去染指!"

古史辨派的学术贡献与影响是巨大的,但对传统古史系统近乎全盘地否定难以令人信服。

三、原典选读及导读

大戴禮記·五帝德

宰我[1]問於孔子曰:"昔者予聞諸榮伊令,黄帝三百年。請問黄帝者人邪?抑非人邪?何以至於三百年乎?"

孔子曰:"予!禹湯文武成王周公可勝觀也!夫黄帝尚矣,女何以為?先生難言之。"

宰我曰:"上世之傳,隱微之說,卒業之辨,闇昏忽之意,非君子之道也,則予之問也固矣。"

孔子曰:"黄帝,少典之子也,曰軒轅。生而神靈,弱而能言,幼而慧齊,長而敦敏,成而聰明。治五氣[2],設五量[3],撫萬民,度四方,教熊羆貔豹虎,以與赤帝戰于版泉之野。三戰,然後得行其志。黄帝黼黻[4]衣,大帶,黼裳,乘龍扆[5]雲,以順天地之紀,幽明之故,死生之說,存亡之難。時播百穀草木,故教化淳鳥獸昆虫,厤離日月星辰,極畋土石金玉,勞心力耳目,節用水火材物。生而民得其利百年,死而民畏其神百年,亡而民用其教百年,故曰三百年。"

宰我請問帝顓頊。

孔子曰:"五帝用記,三王用度,女欲一日辨聞古昔之說,躁哉予也。"

宰我曰:"昔者,予也聞諸夫子曰:'小子無有宿問。'"

孔子曰:"顓頊,黄帝之孫,昌意之子也,曰高陽。洪淵以有謀,疏通而知事,養材以任地,履時以象天,依鬼神以制義,治氣以教民,絜誠以祭祀。乘龍而至四海,北至於幽陵,南至于交趾,西濟于流沙,東至于蟠木。動靜之物,大小之神,日月所照,莫不祗勵。

宰我曰:"請問帝嚳。"

孔子曰:"玄囂之孫,蟜極之子也,曰高辛。生而神靈,自言其名。博施利物,不於其身。聰以知遠,明以察微。順天之義,知民之急。仁而威,惠而信,修身而天下服。取地之財而節用之,撫教萬民而利誨之,厤日月而迎送之,明鬼神而敬事之。其色郁郁,其德嶷嶷[6]。其動也時,其服也士。春夏乘龍,秋冬乘馬,黄黼黻衣,執中而獲天下,日月所照,風雨所至,莫不從順。"

宰我曰:"請問帝堯。"

孔子曰:"高辛之子也,曰放勳。其仁如天,其知如神,就之如日,望之如雲。富而不驕,貴而不豫。黃黼黻衣,丹車白馬,伯夷主禮,龍、夔教舞,舉舜、彭祖而任之,四時先民治之。流共工於幽州,以變北狄;放驩兜于崇山,以變南蠻;殺三苗于三危,以變西戎;殛鯀于羽山,以變東夷。其言不貳,其行不回,四海之內,舟輿所至,莫不說夷。"

宰我曰:"請問帝舜。"

孔子曰:"蟜牛之孫,瞽叟之子也,曰重華。好學孝友,聞于四海,陶家事親,寬裕溫良,敦敏而知時,畏天而愛民,恤遠而親親。承受大命,依于倪皇[7]。叡明通知,為天下工:使禹敷土,主名山川,以利於民;使后稷播種,務勤嘉穀,以作飲食;羲和掌厤,敬授民時;使益行火,以辟山萊;伯夷主禮,以節天下;夔作樂,以歌簫舞,和以鐘鼓;臯陶作士[8],忠信疏通,知民之情;契作司徒,教民孝友,敬政率經。其言不惑,其德不愿,舉賢而天下平。南撫交趾、大教,鮮支、渠廋、氐羌,北山戎、發、息慎,東長、鳥夷羽民。舜之少也,惡頑[9]勞苦,二十以孝聞乎天下,三十在位,嗣帝所,五十乃死,葬于蒼梧之野。"

宰我曰:"請問禹。"

孔子曰:"高陽之孫,鯀之子也,曰文命。敏給克濟,其德不回,其仁可親,其言可信;聲為律,身為度,稱以上士;亹亹[10]穆穆,為綱為紀。巡九州,通九道,陂九澤,度九山。為神主,為民父母,左準繩,右規矩,履四時,據四海,平九州,戴九天,明耳目,治天下。舉臯陶與益以贊其身,舉干戈以征不享不庭無道之民,四海之內,舟車所至,莫不賓服。"

孔子曰:"予! 大者如說,民說至矣。予也非其人也。"

宰我曰:"予也不足誠也,敬承命矣!"

他日,宰我以語人。有為道諸夫子之所,孔子曰:"吾欲以顏色取人,於滅明[11]邪改之。吾欲以語言取人,於予邪改之。吾欲以容貌取人,於師[12]邪改之。"宰我聞之,懼,不敢見。

（王聘珍撰,王文錦點校《大戴禮記解詁》卷七,中華書局 1983 年版）

【注釋】

[1]宰我:即宰予,字子我,魯國人,孔子弟子。

[2]五氣:五行之氣。

[3]五量:指龠(yuè)、合(gě)、升、斗、斛五種量器。二龠為一合,十合為一升,十升為一斗。斛的容量本為十斗,後改為五斗。

[4]黼(fǔ):禮服上黑白相間的花紋。黻(fú):禮服上青黑相間的花紋。

[5]宸:依靠、背靠。

[6]巍(yí):有"高峻"之意,巍巍形容道德高尚。

［7］倪：通"藐"，"藐皇"即"藐祖"，鄭玄注云："藐祖，文祖，猶周之明堂。"

［8］士：鄭玄注云："士，察也。主察獄訟之事。"

［9］頛：即"悴"，憔悴。

［10］亹亹（wěi）：勤勉不倦。

［11］滅明：即澹臺滅明，孔子弟子，武城人，字子羽。

［12］師：即顓孫師，孔子弟子，陳人，字子張。

【导读】

《五帝德》是《大戴礼记》中的一篇。《大戴礼记》，又称《大戴礼》《大戴记》。按照传统的说法，《大戴礼记》是西汉戴德选编，但经近代学者研究，这种说法并不可靠。《礼记》即《礼经》之"记"，先秦两汉的《礼经》是指《仪礼》。《仪礼》是礼仪的详细记录，难读难懂，礼学家们传习《仪礼》时，不得不附带传习一些相关的参考资料，这种资料被称为"记"，是对《仪礼》的阐释。一般认为，《大戴礼记》只是流传下来的"记"的选辑本之一，不是一时一人之作，原有八十五篇，现存三十九篇。

《五帝德》通过孔子与宰我的对话，叙述五帝的世系与功德，五帝的世系可归纳为：

少典—黄帝（轩辕）—昌意—颛顼（高阳）—鲧—禹（文命）

玄嚣—蟜极—帝喾（高辛）—帝尧（放勋）

蟜牛—瞽叟—舜（重华）

《五帝德》所述五帝的世系并不完整，只有结合《帝系》篇，才能建立五帝的完整谱系。《五帝德》所揭示的儒家的道统为黄帝、颛顼、帝喾、尧、舜、禹、汤、文、武、成王、周公。

世本·作篇（節選）

燧　人

燧人出火。造火者燧人，因以为名。

庖　犧

伏犧制以儷皮[1]嫁娶之禮。庖犧氏作瑟。瑟，潔也，使人精潔於心，純一於行也。宓羲作瑟。八尺一寸，四十五絃。庖犧作五十絃。黄帝使素女鼓瑟，哀不自勝，乃破為二十五絃，具二均聲。伏犧作琴，伏犧造琴瑟。伏義臣芒氏作羅。芒作網。宋衷曰：芒，庖犧之臣。

神 農

神農和藥濟人。神農作琴。神農氏琴長三尺六寸六分,上有五絃,曰宮商角徵羽。文王增二絃,曰少宮商。神農作瑟。蚩尤作兵。蚩尤以金作兵器。蚩尤作五兵,戈、矛、戟、酋矛、夷矛,黃帝誅之涿鹿之野。宋衷注曰:蚩尤,神農臣也。

黃 帝

黃帝見百物始穿井。黃帝樂名《咸池》。黃帝造火食、旃冕。黃帝作旃冕。黃帝作旃。黃帝作旃,亦曲柄旃,以招士眾也。黃帝作冕旒,黃帝作冕。垂旒,目不邪視也。充纊,耳不聽讒言也。宋均曰:通帛為旃。冕,冠之有旒者。應劭曰:周始垂旒也。宋仲子曰:冕,冠之有旒者。羲和占日。常儀占月。羲和作占月。后益作占歲。臾區占星氣。大撓作甲子。黃帝令大撓作甲子。宋衷曰:大撓,黃帝史官。隸首作算數。隸首作數。宋衷注曰:隸首,黃帝史也。伶倫造律呂。容成造歷。宋衷注曰:容成,黃帝史官。蒼頡作書。蒼頡造文字。沮誦、蒼頡作書。並黃帝時史官。宋衷注曰:蒼頡、沮誦,黃帝史官。黃帝之世,始立史官,蒼頡、沮誦,居其職矣。至於夏商,乃分置左右。史皇作圖。……

顓 項

祝融作市。宋衷云:顓項臣也。祝融,顓項臣,為高辛氏火正。

堯

陶制五刑[3]。巫咸初作醫。巫咸,堯臣也,以鴻術為帝堯之醫。巫咸作筮。巫咸作鼓。無句作磬。注云:無句,堯臣也。化益作井。宋衷曰:化益,伯益也,堯臣。

舜

舜始陶,夏臣昆吾更增加也。倕作規矩準繩。垂,舜臣。垂作耒耜,垂作耒耨,垂作銚[4]耨。垂作耜,垂作銚,垂作耨。宋仲子注曰:銚,刈也。咎繇作耒耜。伯夷作五刑。簫,舜所造。其形參差象鳳翼,十管,長二尺。垂作鐘。夔作樂。磬,叔所造。叔,舜時人。烏曹作簙[5]。

夏

鯀作城郭。鯀作城，鯀作郭。禹作宮室。禹作宮。奚仲作車。夏作贖刑。儀狄造酒。儀狄始作酒醪，辨五味。夏禹之臣。杜康造酒。少康作秫酒。少康作箕帚。箕帚少康作。杼作甲。宋衷云：少康子，杼也。與少康子，少康之子，與也，甲鎧也。逢蒙作射。

商

湯作五祀。戶、井、竈、中霤、行，至周而七，曰門、行、厲、戶、竈、司命、中霤。微作裼五祀。紂為玉牀。

周

武王作翣[6]。武王始作箑[7]。暴辛公作塤。塤，暴辛公所作也，圍五寸半，長三寸半，六孔也。暴辛為塤。宋衷曰：暴辛，周平玉時諸侯，作塤，有三孔。蘇成公作篪[8]。篪，蘇成公所作，長一尺二寸。蘇成公作篪，管樂十孔，長尺一寸，吹孔有嘴，如酸棗。秦穆公作沐。魯昭公作弁。宋均曰：制素弁也。魯昭公始作璗。宿沙作煮鹽。宋衷曰：宿沙、衛，齊靈公臣，齊濱海，故衛為魚鹽之利。衛公叔文子作輗軸。公輸作石磑。韓哀作御。宋衷曰：韓哀，韓文侯也，時已有御，此復云作者，加其精巧也。

（宋衷注，秦嘉謨等輯《世本八種》，中華書局 2008 年版）

【注釋】

[1] 儷：成對、匹偶之意。皮：指鹿皮。上古時期，貴族訂婚要用一對鹿皮作為聘禮。

[2] 屝（fèi）：粗草鞋、麻鞋。《左傳·僖公四年》："共其資糧屝屨。"杜預注："屝，草屨。"孔穎達疏："麻作之曰屝。"

[3] 五刑：指墨、劓、荆、宮、大辟五種刑罰。

[4] 銚（yáo）：大鋤，除草工具。《說文解字·金部》："銚，田器。"

[5] 簙（bó）：古代的一種棋戲。《說文解字·竹部》："簙，局戲也。六箸十二棋也。"

[6] 翣（shà）：古代儀仗中的大掌扇，亦指棺飾。《說文解字·羽部》："翣，棺羽飾也。天子八，諸侯六，大夫四，士二。下垂。"

[7] 箑（shà）：扇子。

[8] 篪（chí）：竹管樂器。

【导读】

　　《世本》是先秦时期的重要典籍,记载从黄帝到春秋时期的帝王、诸侯、卿大夫的世系、氏姓、名号、居地、制作等方面的内容。司马迁的《史记》从取材到体例都受到了《世本》的影响。《汉书·艺文志》《隋书·经籍志》《旧唐书·经籍志》《新唐书·艺文志》著录了《世本》或其注本,《崇文总目》《宋史·艺文志》已不见著录,当亡佚于宋元之际。清代辑佚学大兴,辑佚《世本》的达十余家,其中茆泮林的辑本质量较高。中华书局《世本八种》收录王谟、孙冯翼、陈其荣、秦嘉谟、张澍、雷学淇、茆泮林七家辑本以及王梓材《世本集览》,颇便读者,本篇据茆泮林辑本改定。

　　《作篇》可说是从远古到战国时期的发明史,内容涉及生产工具、生活用具、乐器、兵器的制造和技术发明,以及服饰、文字、历法、占卜、刑罚、礼仪制度的产生等。《作篇》把所有发明都归功于圣贤,自然不太可信,但所述内容基本符合生产力与社会发展的一般情形,如"燧人出火"是钻木取火技术产生的反映、"祝融作市"是商品交换出现的反映、"陶制五刑""伯夷作五刑""夏作赎刑"是阶级分化与刑罚产生的反映、"杜康造酒""少康作秫酒"是酿酒技术进步的反映等。《作篇》是研究上古时期技术发展历史的重要资料。

史記·五帝本紀(節選)

　　帝堯者,放勳。其仁如天,其知如神。就之如日,望之如雲。富而不驕,貴而不舒。黃收純衣[1],彤車乘白馬。能明馴德,以親九族。九族既睦,便章百姓。百姓昭明,合和萬國。

　　乃命羲、和,敬順昊天,數法日月星辰,敬授民時。分命羲仲,居郁夷,曰暘谷。敬道日出,便程東作。日中,星鳥,以殷中春。其民析,鳥獸字微。申命羲叔,居南交。便程南為,敬致。日永,星火,以正中夏。其民因,鳥獸希革。申命和仲,居西土,曰昧谷。敬道日入,便程西成。夜中,星虛,以正中秋。其民夷易,鳥獸毛毨[2]。申命和叔,居北方,曰幽都。便在伏物。日短,星昴,以正中冬。其民燠[3],鳥獸氄毛[4]。歲三百六十六日,以閏月正四時。信飭百官,眾功皆興。

　　堯曰:"誰可順此事?"放齊曰:"嗣子丹朱開明。"堯曰:"吁!頑凶,不用。"堯又曰:"誰可者?"讙兜曰:"共工旁聚布功,可用。"堯曰:"共工善言,其用僻,似恭漫天,不可。"堯又曰:"嗟,四嶽,湯湯洪水滔天,浩浩懷山襄陵,下民其憂,有能使治者?"皆曰鯀可。堯曰:"鯀負命毀族,不可。"嶽曰:"异哉,試不可用而已。"堯於是聽嶽用鯀。九歲,功用不成。

　　堯曰:"嗟!四嶽:朕在位七十載,汝能庸命,踐朕位?"嶽應曰:"鄙德忝帝位。"堯曰:"悉舉貴戚及疏遠隱匿者。"眾皆言於堯曰:"有矜[5]在民間,曰虞舜。"堯曰:"然,朕聞之。其何如?"嶽曰:"盲者子。父頑,母嚚[6],弟傲,能和以孝,烝烝治,不至姦。"堯曰:"吾其試哉。"於是堯妻之二女，觀其德於二女。舜飭下二女[7]於媯汭[8]，如婦禮。堯善之，乃使舜慎和五典，五典能從。乃徧入百官，百官時序。賓於四門，四門穆穆，諸侯遠方賓客皆敬。堯使舜入山林川澤，暴風雷雨，舜行不迷。堯以為聖，召舜曰：“女謀事至而言可績，三年矣。女登帝位。”舜讓於德不懌。正月上日，舜受終於文祖。文祖者，堯大祖也。

於是帝堯老，命舜攝行天子之政，以觀天命。舜乃在璿璣玉衡[9]，以齊七政。遂類于上帝，禋[10]于六宗，望于山川，辯于羣神。揖五瑞，擇吉月日，見四嶽諸牧，班瑞。歲二月，東巡狩，至於岱宗，祡[11]，望秩於山川。遂見東方君長，合時月正日，同律度量衡，脩五禮五玉三帛二生一死為摯，如五器，卒乃復。五月，南巡狩；八月，西巡狩；十一月，北巡狩：皆如初。歸，至于祖禰[12]廟，用特牛禮。五歲一巡狩，羣后四朝。徧告以言，明試以功，車服以庸。肇十有二州，決川。象以典刑，流宥五刑，鞭作官刑，扑作教刑，金作贖刑。眚[13]烖過，赦；怙終賊，刑。欽哉，欽哉，惟刑之靜哉！

讙兜進言共工，堯曰不可而試之工師，共工果淫辟。四嶽舉鯀治鴻水，堯以為不可，嶽彊請試之，試之而無功，故百姓不便。三苗在江淮、荊州數為亂。於是舜歸而言於帝，請流共工於幽陵，以變北狄；放讙兜於崇山，以變南蠻；遷三苗於三危，以變西戎；殛鯀於羽山，以變東夷：四辠而天下咸服。

堯立七十年得舜，二十年而老，令舜攝行天子之政，薦之於天。堯辟位凡二十八年而崩。百姓悲哀，如喪父母。三年，四方莫舉樂，以思堯。堯知子丹朱之不肖，不足授天下，於是乃權授舜。授舜，則天下得其利而丹朱病；授丹朱，則天下病而丹朱得其利。堯曰“終不以天下之病而利一人”，而卒授舜以天下。堯崩，三年之喪畢，舜讓辟丹朱於南河之南。諸侯朝覲者不之丹朱而之舜，獄訟者不之丹朱而之舜，謳歌者不謳歌丹朱而謳歌舜。舜曰“天也”，夫而後之中國踐天子位焉，是為帝舜。

虞舜者，名曰重華。重華父曰瞽叟，瞽叟父曰橋牛，橋牛父曰句望，句望父曰敬康，敬康父曰窮蟬，窮蟬父曰帝顓頊，顓頊父曰昌意：以至舜七世矣。自從窮蟬以至帝舜，皆微為庶人。

舜父瞽叟盲，而舜母死，瞽叟更娶妻而生象，象傲。瞽叟愛後妻子，常欲殺舜，舜避逃；及有小過，則受罪。順事父及後母與弟，日以篤謹，匪有解。

舜，冀州之人也。舜耕歷山，漁雷澤，陶河濱，作什器於壽丘，就時於負夏。舜父瞽叟頑，母嚚，弟象傲，皆欲殺舜。舜順適不失子道，兄弟孝慈。欲殺，不可得；即求，嘗在側。

舜年二十以孝聞。三十而帝堯問可用者，四嶽咸薦虞舜，曰可。於是堯乃以二女妻舜以觀其內，使九男與處以觀其外。舜居媯汭，內行彌謹。堯二女不敢以貴驕事舜親戚，甚有婦道。堯九男皆益篤。舜耕歷山，歷山之人皆讓畔；漁雷澤，雷澤上人皆讓居；陶河濱，河濱器皆不苦窳[14]。一年而所居成聚，二年成邑，三年成都。堯乃賜舜絺衣，與琴，為築倉廩，予牛羊。瞽叟尚復欲殺之，使舜上塗廩，瞽叟從下縱火焚廩。舜乃以兩笠自扞[15]而下，去，得不死。後瞽叟又使舜穿井，舜穿井為匿空旁出。舜既入深，瞽叟與象共下土實井，舜從匿空出，去。瞽叟、象喜，以舜為已死。象曰：“本謀者象。”象與其父母分，於是曰：“舜妻堯二女，與琴，象取之。牛羊倉廩予父母。"象乃止舜宮居,鼓其琴。舜往見之。象鄂不懌,曰:"我思舜正鬱陶!"舜曰:"然,爾其庶矣!"舜復事瞽叟愛弟彌謹。於是堯乃試舜五典百官,皆治。

(司馬遷撰《史記》卷一,中華書局 1982 年版)

【注釋】

[1]收:冕名,色黃,故稱黃收。純衣:即緇衣,黑色的祭服。

[2]毨(xiǎn):秋天鳥獸毛羽更生。

[3]燠(yù):溫暖。

[4]氄(rǒng)毛:鳥獸的茸毛。

[5]矜(guān):同"鰥",無妻或喪妻之人。

[6]嚚(yín):愚蠢、奸詐。

[7]舜之二女,長為娥皇,次為女英。

[8]汭(ruì):水涯。

[9]璿璣玉衡:古代觀測天象的儀器。

[10]禋(yīn):祭名。以柴焚燒牲體及玉帛,升煙祭天。

[11]柴(chái):焚柴祭天。

[12]禰(nǐ):祭祀亡父的宗廟。

[13]眚(shěng):過失、罪孽。

[14]窳(yǔ):粗劣。

[15]扞(hàn):護衛、防禦。

【导读】

　　《五帝本纪》是《史记》中的第一篇,记载传说中的黄帝、颛顼、帝喾、帝尧、帝舜时代的史事,涉及战争、禅让、治理洪水、发展生产、推算历法等方面的内容,大致反映了氏族社会末期的一些历史线索。《五帝本纪》是在《尚书》《世本》《五帝德》《帝系》等材料的基础上,并结合司马迁的实地访谈写成的。五帝德才兼备、知人善任、大公无私、任人唯贤、从谏如流、明德慎罚、以德服人、鞠躬尽瘁,是贤君圣主的楷模。五帝之中,叙述舜的事迹最多,特别突出了舜不仅是一位杰出的政治家,还是至孝的典范。

(郭国庆撰)

第二节　出土文献与考古资料

研究上古时期的历史,因年代久远,可资利用的书面文献材料有限,必须充分利用出土文献与考古资料,才能进行深入全面的研究。甲骨文、金文、出土竹简等可以弥补书面文献的不足,也可以验证书面文献,为上古史研究开辟了广阔的空间。

一、概述

(一) 甲骨文

甲骨文是刻在龟甲和兽骨上的文字,是王室贵族占卜的记录,目前发现的甲骨文大多出现于商代后期,西周初期也有发现。商代的甲骨文主要出土于河南安阳小屯村,西周的甲骨文主要出土于陕西岐山凤雏村。目前已发现的甲骨约十五万片,其中有文字的十万余片。

国内外关于甲骨文著录的资料已有一百二十余种。1899 年,王懿荣首先发现并开始收藏甲骨。刘鹗《铁云藏龟》是第一部著录甲骨文的著作。孙诒让《契文举例》是学界公认的第一部甲骨文字考释专著。《甲骨文合集》是中国现代甲骨学方面的集成性资料汇编。

《甲骨文合集》由郭沫若任主编、胡厚宣任总编辑,历时二十多年完成,在广泛收集材料的基础上,选录学术价值较高的甲骨 41956 片,采用分期分类的编辑体例,颇便使用。《甲骨文合集》的分期情况为:第一期包括武丁及其以前;第二期包括祖庚、祖甲时期;第三期包括廪辛、康丁时期;第四期包括武乙、文丁时期;第五期包括帝乙、帝辛时期。《甲骨文合集》的内容分为四大类二十二小类:

1.阶级和国家

奴隶和平民;奴隶主贵族;官吏;军队、刑罚、监狱;战争;方域;贡纳。

2.社会生产

农业;渔猎、畜牧;手工业;商业、交通。

3.思想文化

天文、历法;气象;建筑;疾病;生育;鬼神崇拜;祭祀;吉凶梦幻;卜法;文字

4.其他

我们从分类就可以看出甲骨文的丰富内容与学术价值。

研究甲骨文的学者，早期比较著名的是"甲骨四堂"。

王国维：号"观堂"，代表作为《戬寿堂所藏殷墟文字》《殷卜辞中所见先公先王考》《殷卜辞中所见先公先王续考》等。王国维把甲骨文中有关商王世系的材料与《史记·殷本纪》比勘，证明了《史记》对商王世系的记载基本上是可靠的，但也存在一些错误。如《史记·殷本纪》"三报"的顺序为"报丁、报乙、报丙"，王国维根据甲骨卜辞先公先王的次序校正为"报乙、报丙、报丁"，数千年来信史中的讹误得以纠正，产生了很大影响。

罗振玉：号"雪堂"，代表作为《殷墟书契前编》《殷墟书契菁华》《殷墟书契后编》《殷墟书契续编》《殷墟书契考释三种》等。罗振玉最早确认甲骨文的出土地点是河南安阳小屯村，并得出甲骨卜辞是"殷室王朝之遗物"的结论。《殷墟书契考释三种》被誉为后来字汇的基础。

董作宾：号"彦堂"，代表作为《殷墟文字甲编》《殷墟文字乙编》《甲骨文断代研究例》《殷历谱》等。董作宾创立了甲骨文分期断代学说，使运用甲骨文研究殷商史有了科学的依据。

郭沫若：号"鼎堂"，代表作为《卜辞通纂》《殷契粹编》《甲骨文字研究》《卜辞中的古代社会》等。《卜辞通纂》运用甲骨文整理出了殷代先公先王先妣世系表，解决了不少长期争论不休的问题。

商承祚《殷墟文字类编》、李孝定《甲骨文字集释》、孙海波《甲骨文编》、于省吾《甲骨文字释林》《甲骨文字诂林》、陈梦家《殷虚卜辞综述》、胡厚宣《甲骨学商史论丛初集》《甲骨文合集释文》、李学勤和彭裕商《殷墟甲骨分期研究》、黄天树《殷墟王卜辞的分类与断代》等，也是影响较大的甲骨学著作。

中国社会科学院历史研究所先秦史研究室编纂的大型学术资料文库《甲骨文献集成》，收录论著两千余种，是查找甲骨文研究著作最为方便的丛书。

（二）金文与青铜器

金文是指铸刻在青铜器上的文字，因铸刻金文的器具以钟鼎居多，故又称"钟鼎文"。考古发现表明，早在公元前3000—前2300年，青铜器就已经产生。商代中期，青铜器上开始出现铭文，西周最为盛行，东周之后开始减少。目前出土的有铭文的青铜器已达一万余件。

汉代文献中已有关于青铜器出土的记载。《汉书·武帝纪》元鼎四年"六月，得宝鼎后土祠旁。秋，马生渥洼水中。作《宝鼎》《天马》之歌"。《说文解字·序》"郡国亦往往于山川得鼎彝，其铭即前代之古文"。两宋时期，随着青铜器等文物出土的增多，金石学兴起，出现了《考古图》《宣和博古图》《啸堂集古录》《历代钟鼎彝器款识法帖》等著名的金文汇集著作。清代是金石学的繁荣时期，出现了《西清古鉴》《西清续鉴甲编》《西清续鉴乙编》《宁寿鉴古》《十六长乐堂古器款识考》《积古斋钟鼎彝器款识》《怀米山房吉金图》《筠清馆金文》《长安获古编》《清爱堂家藏钟鼎彝器款识法帖》《捃古录金文》《两罍轩彝器图释》《攀古楼彝器款识》《恒轩所见所藏吉金录》《愙斋集古录》《缀遗斋彝器款识考释》《奇觚室吉金文述》《陶斋吉金录》等较有影响的金文著作。

民国以来，随着田野考古发掘的不断发展，出土了大量青铜器，金文的著录与研究进入了一个全新阶段。代表性成果有：罗振玉《三代吉金文存》，郭沫若《两周金文辞大系图录考释》，容庚、张维持《殷周青铜器通论》，容庚《金文编》，陈梦家《西周铜器断代》，郭宝钧《商周青铜器群综合研究》，周法高主编《金文诂林》，朱凤瀚《古代中国青铜器》，王世民、陈公柔、张长寿《西周青铜器分期断代研究》，彭裕商《西周青铜器年代综合研究》，中国青铜器全集编辑委员会《中国青铜器全集》等。

关于金文的大型资料文献有：

《殷周金文集成》，中国社会科学院考古研究所编，收录器物 11983 件，铭文约十万字，是目前收罗最丰富的金文著录著作。

《金文文献集成》，中国社会科学院考古研究所编，收录古今中外金文研究论著两千余种，是目前国内外最完备的有关商周金文研究的文献总集。

金文内容丰富，是研究商周历史的重要资料，具有很高的学术价值。

李学勤《古文字学初阶》：

"有关战争的金文，数量很多，也很有价值。……1976 年在陕西临潼出土的利簋，铭载武王征商，战胜纣王的日子是甲子，与《尚书》、《逸周书》等文献记载完全相合。……1980 年陕西长安下泉村发现的多友鼎，也是记周朝与玁狁的战争的。鼎铭二十二行，二百七十八字，详述玁狁侵伐京师，王命武公追击，武公于是令多友率领兵车西追。经过几次交战，所俘战车即在一百二十七辆以上，可见战争的规模。这暗示我们，玁狁虽系戎人，并不仅仅是游牧骑射，而是有较高文化的少数民族。"（李学勤《古文字学初阶》，中华书局，2013：49—50）

裘锡圭《谈谈地下材料在先秦秦汉古籍整理工作中的作用》：

"《诗经》里有'以介眉寿'（《豳风·七月》）、'以介景福'（《小雅·楚茨》）、'以介我稷黍'（《小雅·甫田》）等语。旧时于'介'字不得其解。林义光受到铜器铭文中屡见的'用匄眉寿''用祈匄眉寿'等语的启发，指出《诗经》里的这些'介'字应读为'匄'（丐），当祈求讲（《诗经通解》）。……于省吾利用铜器铭文校读《尚书》，也有较多收获。例如他受铜器铭文借'俗''谷'等字为'欲'的启发，读《康诰》'裕乃身不废在王命'的'裕'为'欲'；据匽侯旨鼎'匽侯旨初见事于周'之文，读《康诰》'……见士于周'之'士'为'事'（皆见《尚书新证》）。"（裘锡圭《古代文史研究新探》，江苏古籍出版社，1992：52）

（三）竹简文献

竹简作为文献载体，主要应用于战国至汉晋时期。目前发现的先秦时期的竹简，以战国时楚国为主。新中国成立后关于战国竹简的主要发现有：五里牌楚简、仰天湖楚简、杨家湾楚简、望山楚简、信阳楚简、天星观楚简、九店楚简、慈利楚简、包山楚简、曾侯乙墓竹简、郭店楚墓竹简、上海博物馆藏战国楚竹书、清华大学藏战国竹简、安徽大学藏战国竹简。

郭店楚墓竹简：1993 年，湖北省荆门市郭店战国楚墓出土，其中有字简七百三十枚，主要是道家与儒家的著作。道家著作有《老子》《太一生水》，儒家著作有《缁衣》《五行》《成之闻之》《尊德义》《性自命出》《六德》《鲁穆公问子思》《穷达以时》《唐虞之道》《忠信之道》《语丛》（四篇），是研究战国中后期道家思想、儒家哲学思想以及儒家关系的重要资料。

上海博物馆藏战国楚竹书：1994 年，上海博物馆从香港文物市场购回，共有竹简一千二百余枚，内容较为丰富。儒家类著作有《性情论》《缁衣》《孔子诗论》《民之父母》《子羔》等，道家类著作有《恒先》《彭祖》等，兵家类著作有《曹沫之陈》，都具有很高的学术价值。

清华大学藏战国竹简：2008 年，清华大学校友捐赠，共有竹简二千三百余枚，时代属于战国中晚期。目前已公布的包括《尹至》《尹诰》《程寤》《保训》《耆夜》《金縢》《皇门》《祭公》《楚居》《系年》《傅说之命》等珍贵文献，内容涉及夏、商、周三代的史事，有很多不见于传世文献的记载，史料价值极高。

安徽大学藏战国竹简：2015 年初，安徽大学自香港购入，经鉴定，其年代为战国时期，共 1167 枚，其内容为书籍类文献，具体包括《诗经》、楚国历史、诸子学说、楚辞及其他方面的作品，多不见于传世文献，为古代经学史、思想史、楚史和文学史研究提供了新的宝贵资料，对准确认识先秦古籍的原貌、重建中国早期历史、更好研究和传承中华古代文明均有重大价值。

近年来出土的竹简，往往成为学术研究的热点。如郭店楚墓竹简公布之后，陆续出版了崔仁义《荆门郭店楚简〈老子〉研究》、侯才《郭店楚墓竹简〈老子〉校读》、邹安华《楚简与帛书老子》、丁四新《郭店楚墓竹简思想研究》、尹振环《楚简老子辨析——楚简与帛书〈老子〉比较研究》、郭沂《郭店楚简与先秦学术思想》、李零《郭店楚简校读记》、廖名春《郭店楚简老子校释》、陈伟《郭店竹书别释》、聂庆中《郭店楚简〈老子〉研究》、李若晖《郭店竹书〈老子〉论考》、刘钊《郭店楚简校释》、梁涛《郭店竹简与思孟学派》等相关论著。

新出土竹简对学术史研究意义重大，有学者提出了重写学术史的主张。

李学勤《新发现简帛分类举要》：

"新出土简帛书籍与学术史研究的关系尤为密切。学术史的研究在最近几年趋于兴盛,已逐渐成为文史领域内的热门学科,而简帛书籍的大量涌现,正在改变着古代学术史的面貌,影响至为深远。……总之,新出简帛古籍对学术史的很多方面都有非常重大的关系。不妨说,我国的古代学术史由于这些发现,是必须重写了。"(李学勤《失落的文明》,上海文艺出版社,1997:220,226)

二、原典选读

古史新證·總論

研究中國古史為最糾紛之問題,上古之事,傳說與史實混而不分,史實之中固不免有所緣飾,與傳說無異;而傳說之中亦往往有史實為之素地,二者不易區別,此世界各國之所同也。在中國古代已注意此事,孔子曰"信而好古",又曰"君子於其不知,蓋闕如也",故於夏殷之禮,曰吾能言之,杞宋不足徵也,文獻不足故也。孟子於古事之可存疑者則曰於傳有之,於不足信者曰好事者為之。太史公作《五帝本紀》,取孔子所傳《五帝德》及《帝系姓》,而斥不雅馴之百家言;於《三代世表》,取《世本》而斥黃帝以來皆有年數之諜記,其術至為謹慎。然好事之徒,世多有之,故《尚書》於今古文外,在漢有張霸之《百兩篇》,在魏晉有偽孔安國之《書》。《百兩》雖斥於漢,而偽孔《書》則六朝以降,行用迄於今日。又汲冢所出《竹書紀年》,自夏以來皆有年數,亦諜記之流亞;皇甫謐作《帝王世紀》,亦為五帝三王盡加年數,後人乃復取以補太史公書,此信古之過也。至於近世乃知孔安國本《尚書》之偽,《紀年》之不可信,而疑古之過,乃併堯、舜、禹之人物而亦疑之。其於懷疑之態度、反批評之精神,不無可取,然惜于古史材料未嘗為充分之處理也。吾輩生於今日,幸於紙上之材料外更得地下之新材料,由此種材料,我輩固得據以補正紙上之材料,亦得證明古書之某部分全為實錄,即百家不雅馴之言,亦不無表示一面之事實。此二重證據法,惟在今日始得為之,雖古書之未得證明者,不能加以否定;而其已得證明者,不能不加以肯定,可斷言也。

所謂紙上之史料,茲從時代先後述之。

(一)《尚書》

《虞夏書》中如《堯典》《皋陶謨》《禹貢》《甘誓》,《商書》中如《湯誓》,文字稍平易簡潔,或系後世重編,然至少亦必為周初人所作。至《商書》中之《盤庚》《高宗肜日》《西伯戡黎》《微子》,《周書》中之《牧誓》《洪範》《金縢》《大誥》《康誥》《酒誥》《梓材》《召誥》《洛誥》《多士》《無逸》《君奭》《多方》《立政》《顧命》《康王之誥》《呂刑》《文侯之命》《費誓》《秦誓》諸篇,皆當時所作也。

（二）《詩》

自周初迄春秋初所作，《商頌》五篇疑亦宗周時宋人所作也。

（三）《易》

卦辭、爻辭，周初作，《十翼》相傳為孔子作，至少亦七十子後學所述也。

（四）《五帝德》及《帝繫姓》

太史公謂孔子所傳，《帝繫》一篇與《世本》同。此二篇後並入《大戴禮》。

（五）《春秋》

魯國史，孔子重脩之。

（六）《左氏傳》《國語》

春秋後、戰國初作，至漢始行世。

（七）《世本》

今不傳，有重輯本。漢初人作，然多取古代材料。

（八）《竹書紀年》

戰國時魏人作，今書非原本。

（九）《戰國策》及周秦諸子

（十）《史記》

地下之材料僅有二種：

（一）甲骨文字

殷時物，自盤庚遷殷後迄帝乙時。

（二）金文

殷、周二代。

今茲所講，乃就此二種材料中可以證明諸書或補足糾正之者，一一述之。

（王國維著《古史新證——王國維最後的講義》，清華大學出版社 1994 年版）

三、延伸思考

　　了解和研究上古史，仅仅依靠传世文献是远远不够的。要重建上古的信史，必须重视考古资料与出土文献，还要有宏观的学术视野，运用考古学、人类学、民族学、社会学、民俗学等学科的理论与方法，对相关问题进行全面、系统、深入的分析与研究。

（郭国庆撰）

第十二章 史书体例

著作的编写格式或文章的组织形式叫体例,史书体例即史书编撰的方式。清代史学家姚仲实在《史学研究法》一书中说:"史之为法大端有二:一曰体;二曰例。必明乎体,乃能辨类,必审乎例,乃能属辞,二者如鸟有两翼,车有两轮,未可缺一也。"根据史书编撰方式的不同,中国的史书大致可分为编年体、纪传体和纪事本末体三类,每类又各有其"例",如纪传体史书以人物为中心记载历史,分为"纪""传""志"等几个部分。唐代历史学家刘知几是我国古代第一个全面考察史书体例的人,其论著《史通》是世界上第一部对史书体例进行系统讨论的著作。

第一节 二十四史

一、概述

二十四史,是我国二十四部"正史"的总称。"正史"之名,始见于《隋书·经籍志》:"世有著述,皆拟班、马,以为正史。"清代乾隆年间编《四库全书》时,正式确定纪传体史书为"正史",并由乾隆帝钦定了"二十四史"。

二十四史卷帙浩繁,总共三千二百四十九卷,约四千万字。它记叙的时间,上起传说中的黄帝,下至明崇祯十七年(1644年),前后历时四千多年,用统一的纪传体体例写成。二十四史内容十分丰富,记载了上至君王将相,下至平民百姓的各色人等,以及历朝政治、经济、文化、军事、外交等各方面情况,是反映中华民族历史面貌最重要的历史文献。

《史记》是二十四史之首,西汉司马迁著,一百三十篇,五十二万多字,记载了从黄帝到汉武帝时期三千多年的历史,是我国第一部规模宏大、内容丰富的百科全书似的纪传体通史。

《汉书》,又称《前汉书》,东汉班固编著,一百篇,约八十万字,其记事始于汉高帝刘邦元年（公元前256年），终于王莽地皇四年（公元23年），记载了西汉时期的历史，是我国第一部纪传体断代史。

《后汉书》，南朝宋范晔撰，九十八卷，记事起于刘秀起兵推翻王莽，终于汉献帝禅位于曹丕，详载了东汉一百九十五年的历史。

《三国志》，西晋陈寿著，六十五卷，包括《魏书》三十卷、《蜀书》十五卷、《吴书》二十卷，记载了从魏文帝黄初元年（公元220年）到晋武帝太康元年（公元280年）共六十年的历史。

《晋书》，唐代房玄龄等著，今存一百三十卷，记事上起司马懿早年的活动，下至晋恭帝元熙二年（公元420年），包括西晋和东晋的历史，并用"载记"的形式兼述了与东晋同时存在的北方"十六国"的历史。

《宋书》，南朝齐、梁时期的沈约著，一百卷，记事起于东晋安帝义熙初，止于宋顺帝升明三年（公元479年），记录了东晋末年及刘宋一代的历史。

《南齐书》，南朝梁萧子显著，五十九卷，记载了萧齐朝代二十三年的历史。该书原名《齐书》，后人为了区别唐初李百药所著《齐书》，故把萧著称为《南齐书》、李著称为《北齐书》。

《梁书》《陈书》，这两部史书是姚思廉在唐代初年撰成的，但其编撰工作实始于其父亲姚察，因此可以说是父子两代共同完成的。《梁书》，五十六卷，记载了梁武帝萧衍建国至梁敬帝萧方智亡国共五十六年的历史；《陈书》，三十六卷，记载了陈武帝即位至陈后主被隋文帝灭国共三十三年的史事。

《魏书》，北齐魏收著，一百二十四卷，该书记述了北方鲜卑族拓跋氏建国从4世纪末叶到6世纪中叶的历史，即北魏和东魏的历史。《魏书》是我国正史中第一部专记少数民族政权史事的著作。

《北齐书》，五十卷，唐代李百药撰。北齐是高洋废东魏孝静帝后建立的王朝，《北齐书》所载以北齐历史为主，但实际上记载了高洋之父高欢起兵到北齐灭亡的前后五十多年的历史，反映了东魏、北齐王朝的兴衰盛亡。

《周书》，五十卷，唐代令狐德棻等著。北魏分裂后，鲜卑贵族建立了西魏（公元535—556年），后来鲜卑族宇文氏夺取了拓跋氏的皇位，建立周朝，史称"北周"（公元557—581年）。该书就是专记西魏和北周的史书。

《隋书》，八十五卷，唐代魏徵等撰。该书记述隋朝的历史，其中的纪传部分是魏徵主编，成书于唐太宗贞观十年（公元636年），还有史志部分，由长孙无忌监修，成于唐高宗显庆元年（公元656年）。

《南史》《北史》，唐代李延寿撰。《南史》，八十卷，是合南朝宋、齐、梁、陈四代历史为一编的纪传体史著，记述南朝四代一百七十年的历史。《北史》，一百卷，记述北朝的北魏、西魏、东魏、北周、北齐及隋六代共二百三十三年的历史。《南史》和《北史》合称"二史",《宋书》《南齐书》《梁书》《陈书》《魏书》《北齐书》《周书》《隋书》合称"八书","二史"和"八书"内容上可以互相补充。

《旧唐书》,二百卷,五代后晋刘昫等撰。该书记录唐代的历史,原名《唐书》,宋代《新唐书》问世后,才改称《旧唐书》。

《新唐书》,二百二十五卷,北宋欧阳修、宋祁等撰。该书同样记录唐代的历史,《新唐书》的编撰是由于宋朝廷不满《旧唐书》杂芜不精,但其实两书各有所长。

《旧五代史》,一百五十卷,北宋薛居正等著,原名《五代史》,后人为了区别欧阳修的《新五代史》,便习称《旧五代史》。公元907年唐朝灭亡到公元960年北宋王朝建立,中原地区相继出现后梁、后唐、后晋、后汉、后周五代王朝,中原以外存在过吴、南唐、吴越、楚、闽、南汉、前蜀、后蜀、南平、北汉等十个小国,周边地区还有一些少数民族建立的政权,习惯上称之为"五代十国"。《旧五代史》记载的就是这段历史。

《新五代史》,七十四卷,北宋欧阳修撰。该书原称《五代史记》,后来为了区别于《旧五代史》,才被称为《新五代史》。《新五代史》和《旧五代史》也各有所长,可相互参照。

《宋史》,四百九十六卷,元代脱脱等撰。该书记录北宋、南宋共三百二十年的历史,篇幅之大,居二十四史之首。

《辽史》,一百一十六卷,元代脱脱等撰。该书记载了我国古代契丹族建立的辽朝两百多年的历史,还兼叙了辽将耶律大石所建西辽的部分历史。

《金史》,一百三十五卷,元代脱脱等撰。该书记载了女真族所建的金朝的兴衰始末。

《元史》,二百一十卷,明代宋濂等撰。该书记载了1206年铁木真称成吉思汗到元顺帝卒年(1370年)共一百六十五年的历史。

《明史》,三百三十二卷,清代张廷玉等撰。该书记载了自朱元璋1368年建国到崇祯十七年(1644年)明朝灭亡两百多年的历史。

二、原典选读及导读

史記卷九十二·淮陰侯列傳第三十二(節選)

淮陰侯韓信者,淮陰人也。始為布衣時,貧無行,不得推擇為吏[1],又不能治生商賈,常從人寄食飲[2],人多厭之者。常數從其下鄉南昌亭長寄食[3],數月,亭長妻患之,乃晨炊蓐食[4]。食時信往,不為具食。信亦知其意,怒,竟絕去。

信釣於城下,諸母漂,有一母見信飢,飯信,竟漂數十日。信喜,謂漂母曰:"吾必有以重報母。"母怒曰:"大丈夫不能自食,吾哀王孫而進食,豈望報乎!"

淮陰屠中少年有侮信者，曰："若雖長大，好帶刀劍，中情怯耳。"眾辱之曰："信能死，刺我；不能死，出我袴下。"於是信孰視之[5]，俛出袴下，蒲伏[6]。一市人皆笑信，以為怯。

……

信數與蕭何語[7]，何奇之。至南鄭，諸將行道亡者數十人[8]，信度何等已數言上，上不我用，即亡。何聞信亡，不及以聞，自追之。人有言上曰："丞相何亡。"上大怒，如失左右手。居一二日，何來謁上，上且怒且喜，罵何曰："若亡，何也？"何曰："臣不敢亡也，臣追亡者。"上曰："若所追者誰何？"曰："韓信也。"上復罵曰："諸將亡者以十數，公無所追；追信，詐也。"何曰："諸將易得耳。至如信者，國士無雙。王必欲長王漢中，無所事信；必欲爭天下，非信無所與計事者。顧王策安所決耳。"王曰："吾亦欲東耳，安能鬱鬱久居此乎？"何曰："王計必欲東，能用信，信即留；不能用，信終亡耳。"王曰："吾為公以為將。"何曰："雖為將，信必不留。"王曰："以為大將。"何曰："幸甚。"於是王欲召信拜之。何曰："王素慢無禮，今拜大將如呼小兒耳，此乃信所以去也。王必欲拜之，擇良日，齋戒，設壇場，具禮，乃可耳。"王許之。諸將皆喜，人人各自以為得大將。至拜大將，乃韓信也，一軍皆驚。

……

韓信使人閒視[9]，知其不用，還報，則大喜，乃敢引兵遂下。未至井陘口三十里，止舍。夜半傳發，選輕騎二千人，人持一赤幟，從閒道萆山而望趙軍[10]，誡曰："趙見我走，必空壁逐我，若疾入趙壁，拔趙幟，立漢赤幟。"令其裨將傳飱[11]，曰："今日破趙會食！"諸將皆莫信，詳應曰："諾。"謂軍吏曰："趙已先據便地為壁，且彼未見吾大將旗鼓，未肯擊前行，恐吾至阻險而還。"信乃使萬人先行，出，背水陳[12]。趙軍望見而大笑。平旦，信建大將之旗鼓，鼓行出井陘口，趙開壁擊之，大戰良久。於是信、張耳詳棄鼓旗，走水上軍。水上軍開入之[13]，復疾戰。趙果空壁爭漢鼓旗，逐韓信、張耳。韓信、張耳已入水上軍，軍皆殊死戰，不可敗。信所出奇兵二千騎，共候趙空壁逐利，則馳入趙壁，皆拔趙旗，立漢赤幟二千。趙軍已不勝，不能得信等，欲還歸壁，壁皆漢赤幟，而大驚，以為漢皆已得趙王將矣[14]，兵遂亂，遁走，趙將雖斬之，不能禁也。於是漢兵夾擊，大破虜趙軍，斬成安君泜水上，禽趙王歇。

……

信知漢王畏惡其能，常稱病不朝從。信由此日夜怨望，居常鞅鞅，羞與絳、灌等列[15]。信嘗過樊將軍噲，噲跪拜送迎，言稱臣，曰："大王乃肯臨臣！"信出門，笑曰："生乃與噲等為伍！"上常從容與信言諸將能不，各有差。上問曰："如我能將幾何？"信曰："陛下不過能將十萬。"上曰："於君何如？"曰："臣多多而益善耳。"上笑曰："多多益善，何為為我禽？"[16]信曰："陛下不能將兵，而善將將，此乃信之所以為陛下禽也。且陛下所謂天授，非人力也。

陳豨拜為鉅鹿守，辭於淮陰侯。淮陰侯挈其手，辟左右與之步於庭，仰天歎曰："子可與言乎？欲與子有言也。"豨曰："唯將軍令之。"淮陰侯曰："公之所居，天下精兵處也；而公，陛下之信幸臣也。人言公之畔，陛下必不信；再至，陛下乃疑矣；三至，必怒而自將。吾為公從中起，天下可圖也。"陳豨素知其能也，信之，曰："謹奉教！"漢十年，陳豨果反。上自將而往，信病不從。陰使人至豨所,曰:"弟舉兵,吾從此助公。"信乃謀與家臣夜詐詔赦諸官徒奴[17],欲發以襲呂后、太子。部署已定,待豨報。其舍人得罪於信,信囚,欲殺之。舍人弟上變,告信欲反狀於呂后。呂后欲召,恐其黨不就,乃與蕭相國謀,詐令人從上所來,言豨已得死,列侯羣臣皆賀。相國紿信曰:[18]"雖疾,彊入賀。"信入,呂后使武士縛信,斬之長樂鐘室。信方斬,曰:"吾悔不用蒯通之計,乃為兒女子所詐,豈非天哉!"遂夷信三族。

（司馬遷撰《史記》,中華書局 1982 年版）

【注釋】

[1]推擇為吏:戰國以來,鄉官有向國家推薦本鄉人才使之為吏的制度。

[2]從人寄飲食:到別人家蹭飯吃。

[3]下鄉:淮陰縣的一個鄉。南昌亭:下鄉的一個亭名。秦時十裏一亭,每亭設有亭長一名,負責維持秩序並接待過往官吏。

[4]晨炊蓐食:早上做飯,人在床上就把飯吃了。蓐:同"褥",被褥。

[5]孰視之:盯著他看了半天。

[6]蒲伏:同"匍匐",爬行。

[7]蕭何:秦時為沛縣小吏,此時為劉邦丞相。

[8]南鄭:今陝西漢中市,當時為漢之都城。此時劉邦已被項羽封為漢王,從咸陽趕赴南政。行道亡者:在行進過程中開小差的。亡:逃離,離開。

[9]閒視:暗中窺視。

[10]從閒道萆山:從小路上山,隱蔽到山上,指靠近趙營的山上。萆:同"蔽"。

[11]裨將:副將。傳飧:傳令用一些早點。飧:小食。言破趙後再共飽食也。

[12]背水陳:指渡河後背靠著河水列陣。

[13]開入之:讓開通道,讓士兵退入水上之陣。

[14]以為漢皆得趙王將矣:以為漢軍已全部擒獲了趙王和趙將。

[15]居常鞅鞅:時常內心不平。居:平居,日常。羞與絳、灌等列:羞與絳、灌等為伍。絳:指絳侯周勃。灌:指潁陰侯灌嬰。

[16]禽:同"擒",擒獲。此前有人告韓信謀反,韓信被劉邦囚禁,後雖釋放,但已從楚王貶為淮陰侯。

[17]詐詔:假造劉邦的詔書。赦諸官徒奴:釋放各衙署關押的苦役和官奴。

[18]紿:欺騙。

【导读】

《史记》不仅是一部伟大的历史名著,也是伟大的文学著作,因此被鲁迅先生誉为"史家之绝唱,无韵之《离骚》"。《史记》的文学成就主要体现在司马迁通过纪传体的体例塑造了一个个光彩夺目的人物形象,《淮阴侯列传》就是其中的代表。这篇传记刻画了汉代开国功臣韩信曲折的一生,可以分为三个部分:从韩信微时困顿到刘邦设坛拜将,这是第一部分,标志着韩信正式登上了楚汉相争的历史舞台;从明修栈道、暗度陈仓,到韩信平楚破齐,战无不胜,被封为齐王,这是第二部分,韩信达到了人生的最高峰;第三部分从韩信被徙为楚王,到最后身死长乐宫,是他郁郁不得志的后半生。此处从三部分各选了一些片段来进行分析。

前三段记载了韩信落魄时的三件事:一是寄食于南昌亭长家时,因受辱而愤然离去;二是漂母一饭之恩;三是甘受胯下之辱。这些都是细微末事,但司马迁很善于通过小事来表现人物性格。从第一件事可以看出,韩信并不善于治生,甚至连温饱都成问题,他有远大的理想和抱负,但并不为庸碌众生理解,甚至招致厌恶。离开亭长之家又表现了他的自尊与自信,这与下文不受项羽重视而投奔刘邦,后又因不受刘邦重视而欲离开,是一脉相承的。

第二件事表现的是韩信知恩图报的美德,在他功成名就,被封楚王后,司马迁特意写了他的报恩之举:"信至国,召所从食漂母,赐千金。"然而作者深意并不在于此,他似乎是在暗示我们,韩信既然连漂母的一点小恩都要报答,那刘邦的知遇大恩能不报吗?这既与下文谋士蒯通劝他背汉自立时,他的"汉王遇我甚厚……吾岂可以乡利倍义乎!"的回答相照应,又更加突出了韩信最终"鸟尽弓藏,兔死狗烹"的悲剧命运。

第三件事旨在突出韩信的沉毅和远大抱负,"于是信孰视之"这一细节把他矛盾斗争的复杂内心刻画得很生动,可以看出,对于"出我胯下"之事韩信是忍了又忍、想了又想,他不是懦弱无能、贪生怕死之人,但为什么甘受如此大辱呢?后文做了解释:"[韩信]召辱己之少年令出胯下者以为楚中尉。告诸将相曰:'此壮士也。方辱我时,我宁不能杀之邪?杀之无名,故忍而就于此。'"忍辱负重的英雄是作者乐于刻画的人物,韩信如此,刺客荆轲也是如此,这实在与他自己的遭遇分不开。司马迁在遭受不测之祸、受到宫刑后,他痛不欲生,用自己话说:"是以肠一日而九回,居则忽忽若有所亡,出则不知其所往。"但他之所以隐忍苟活,是因为"恨私心有所不尽,鄙陋没世,而文彩不表于后世也"(《报仁安书》)。可见,《史记》不少地方打上了司马迁个人情感的深深烙印,这也是他的作品能打动人心的重要原因。

第四段是后世戏文小说常常演绎的"萧何月下追韩信"的故事来源,这里作者用侧面烘托法,通过萧何的推崇来表现韩信的才能。文中数句连用"上大怒""上且怒且喜""骂何曰""上复骂曰"几个动作,把刘邦的神情、心理刻画得活灵活现。韩信虽未出场,但主角当也是韩信无疑。

明人茅坤在读《史记》时评价韩信云:"予览观古兵家流,当以韩信为最,破魏以木罂,破赵以立汉赤帜，破齐以囊沙，彼皆从天而下，而未尝与敌人血战者。予故曰：古今来，太史公，文仙也……而韩信，兵仙也。"这是说韩信打仗并非硬拼，而是依靠谋略取胜。第五段写韩信并不迷信兵法，而是陷死地以坚士心，并出奇兵拔赵旗帜乱其耳目，终于大获全胜，后人评论韩信为兵仙，并非过誉。

最后两段既写出了韩信矜才自负，羞与绛、灌等人为伍的高傲，也表现了他在政治上的幼稚。韩信临死前那句"吾悔不用蒯通之计"，正说明了他并无反心，对他的惨死，司马迁寄予了无限的惋惜与同情，而对刘邦、吕后的猜疑与残忍，也隐约透露出作者的愤慨与厌恶，联系到《史记》写于汉武帝时期，可见司马迁的勇气与批判精神，这正是《史记》受到无数读者喜爱的原因。

漢書卷六十四上·嚴朱吾丘主父徐嚴終王賈傳第三十四上（節選）

朱買臣字翁子，吳人也。家貧，好讀書，不治產業，常艾薪樵[1]，賣以給食，擔束薪，行且誦書。其妻亦負戴相隨，數止買臣毋歌嘔道中[2]。買臣愈益疾歌[3]，妻羞之，求去。買臣笑曰："我年五十當富貴，今已四十餘矣。女苦日久，待我富貴報女功。"妻恚怒曰："如公等，終餓死溝中耳，何能富貴！"買臣不能留，即聽去。其後，買臣獨行歌道中，負薪墓間。故妻與夫家俱上冢，見買臣饑寒，呼飯飲之。

後數歲，買臣隨上計吏為卒[4]，將重車至長安，詣闕上書，書久不報。待詔公車[5]，糧用乏，上計吏卒更乞匃之[6]。會邑子嚴助貴幸，薦買臣，召見，說《春秋》，言《楚詞》，帝甚說之，拜買臣為中大夫，與嚴助俱侍中。是時方築朔方，公孫弘諫，以為罷敝中國。上使買臣難詘弘，語在《弘傳》。後買臣坐事免，久之，召待詔。

是時，東越數反覆，買臣因言："故東越王居保泉山，一人守險，千人不得上。今聞東越王更徙處南行，去泉山五百里，居大澤中。今發兵浮海，直指泉山，陳舟列兵，席卷南行，可破滅也。"上拜買臣會稽太守。上謂買臣曰："富貴不歸故鄉，如衣繡夜行[7]，今子何如？"買臣頓首辭謝。詔買臣到郡，治樓船，備糧食、水戰具，須詔書到，軍與俱進。

初，買臣免，待詔，常從會稽守邸者寄居飯食[8]。拜為太守，買臣衣故衣，懷其印綬，步歸郡邸。直上計時，會稽吏方相與羣飲，不視買臣。買臣入室中，守邸與共食，食且飽，少見其綬。守邸怪之，前引其綬，視其印，會稽太守章也。守邸驚，出語上計掾吏[9]。皆醉，大呼曰："妄誕耳！"守邸曰："試來視之。"其故人素輕買臣者入內視之，還走，疾呼曰："實然！"坐中驚駭，白守丞，相推排陳列中庭拜謁。買臣徐出戶。有頃，長安廄吏乘駟馬車來迎，買臣遂乘傳去。會稽聞太守且至，發民除道，縣長吏並送迎，車百餘乘。入吳界，見其故妻、妻夫治道[10]。買臣駐車，呼令後車載其夫妻，到太守舍，置園中，給食之。居一月，妻自經死，買臣乞其夫錢，令葬。悉召見故人與飲食諸嘗有恩者，皆報復焉[11]。

居歲餘,買臣受詔將兵,與橫海將軍韓說等俱擊破東越,有功。徵入為主爵都尉,列於九卿。

數年,坐法免官,復為丞相長史。張湯為御史大夫。始買臣與嚴助俱侍中,貴用事,湯尚為小吏,趨走買臣等前。後湯以廷尉治淮南獄[12],排陷嚴助,買臣怨湯。及買臣為長史,湯數行丞相事,知買臣素貴,故陵折之。買臣見湯,坐牀上弗為禮。買臣深怨,常欲死之。後遂告湯陰事,湯自殺,上亦誅買臣。買臣子山拊官至郡守,右扶風。

(班固撰,顏師古注《漢書》,中華書局 1962 年版)

【注释】

[1]艾:通"刈",割。

[2]嘔:通"謳",唱歌。

[3]疾:大聲。

[4]上計吏:戰國、秦、漢時期,地方官於年終將轄內戶口、賦稅、獄訟等項編造計簿,遣吏上報朝廷,謂之上計,負責上報的吏稱為上計吏。

[5]待詔:漢代徵召士人,未有正官者,均待詔公車,使隨時聽候皇帝的詔令。公車:官署名,天下上事及徵召等事宜,都經由此受理。

[6]更:輪流。乞:給予。匃:通"丐",給予。

[7]"富貴"二句:此二句為當年項羽破秦都咸陽後欲東歸楚地時所說,見《史記·項羽本紀》。衣繡:《史記》作"衣錦"。

[8]會稽守邸者:當時諸郡國在京師設邸,即辦事處,會稽守邸者,即守會稽郡邸的人。

[9]掾吏:官府中輔佐官吏的總稱。

[10]治道:修路。

[11]報復:報答。

[12]廷尉:最高司法長官。淮南獄:指淮南王劉安謀反一案。

【导读】

班固的《汉书》记录的是西汉一代的历史,其中汉武帝中期以前的史事主要采自《史记》,但做了一些增删剪裁的工作,武帝以后的历史主要是独撰。《汉书》的人物传记,虽然总体上没有《史记》那么生动活泼,但还是有不少成功的范例,例如《严朱吾丘主父徐严终王贾传》合传中的《朱买臣传》就是如此。该篇通过对比的写法,刻画了朱买臣发迹前后的精神面貌和世态炎凉,颇具有戏剧色彩。

其中有两件事写得最为生动:一是买臣妻离夫,买臣富贵后又羞愧自杀;一是买臣官拜会稽太守后,故意捉弄守邸的官吏。前一则尤为后人津津乐道,元明戏曲小说多有改编,多是讽刺买臣妻有眼不识荆山玉,不能与夫共患难,其死实是咎由自取,这自然与宋以后一女不事二夫的思想有关,也是以科举成败论英雄的社会价值观发展到极致的体现。但细读该篇,作者并没有把买臣妻写成一个狠心妇人,如果丈夫能安心打柴,而不是一路颂歌令她羞愧,她未必离开丈夫,而且在买臣饥寒交迫之时,还与新婚丈夫招待他吃喝。相反,作者对买臣却暗中贬斥,故妻为何在买臣园中一月就自经而死,其间发生了什么? 作者惜墨如金,并没有明写,但下句"买臣乞其夫钱,令葬",却暴露了他睚眦必报的狭隘心理,后来朱买臣因张汤排陷其友严助,并常欺凌自己,便告发了张汤,导致张汤自杀,同样也表现了他的这种性格特征。朱买臣是与司马迁同时代的人,《史记》中没有朱买臣单独的传记,而是在《酷吏列传》写张汤时附记了朱买臣联合两个长史告发张汤之事,比较详细,《汉书》此处较略,不少内容移入了《张汤传》中。

这篇传记对朱买臣没有进行浅白直露的道德评价,而是通过人物的言语、行为来表现他的内心世界,代表了我国史传文学的最高水平。

三國志·蜀書·關張馬黃趙傳(節選)

關羽字雲長,本字長生,河東解[1]人也。亡命奔涿郡。先主於鄉里合徒眾,而羽與張飛為之禦侮。先主為平原相,以羽、飛為別部司馬,分統部曲。先主與二人寢則同床,恩若兄弟。而稠人廣坐,侍立終日,隨先主周旋,不避艱險。先主之襲殺徐州刺史車胄,使羽守下邳城,行太守事,而身還小沛。

建安五年,曹公東征,先主奔袁紹。曹公禽羽以歸,拜為偏將軍,禮之甚厚。紹遣大將顏良攻東郡太守劉延於白馬,曹公使張遼及羽為先鋒擊之。羽望見良麾蓋,策馬刺良於萬眾之中,斬其首還,紹諸將莫能當者,遂解白馬圍。曹公即表封羽為漢壽亭侯。初,曹公壯羽為人,而察其心神無久留之意,謂張遼曰:"卿試以情問之。"既而遼以問羽,羽歎曰:"吾極知曹公待我厚,然吾受劉將軍厚恩,誓以共死,不可背之。吾終不留,吾要當立效以報曹公乃去。"遼以羽言報曹公,曹公義之。及羽殺顏良,曹公知其必去,重加賞賜。羽盡封其所賜,拜書告辭,而奔先主於袁軍。左右欲追之,曹公曰:"彼各為其主,勿追也。"

從先主就劉表。表卒,曹公定荊州,先主自樊將南渡江,別遣羽乘船數百艘會江陵。曹公追至當陽長阪,先主斜趣漢津[2],適與羽船相值,共至夏口。孫權遣兵佐先主拒曹公,曹公引軍退歸。先主收江南諸郡,乃封拜元勳,以羽為襄陽太守、盪寇將軍,駐江北。先主西定益州,拜羽董督荊州事。羽聞馬超來降,舊非故人,羽書與諸葛亮,問超人才可誰比類。亮知羽護前,乃答之曰:"孟起兼資文武,雄烈過人,一世之傑,黥、彭之徒[3],當與益德並驅爭先,猶未及髯之絕倫逸群也。"羽美鬚髯,故亮謂之髯。羽省書大悅,以示賓客。

羽嘗為流矢所中,貫其左臂,後創雖愈,每至陰雨,骨常疼痛,醫曰:"矢鏃有毒,毒入於骨,當破臂作創,刮骨去毒,然後此患乃除耳。"羽便伸臂令醫劈之。時羽適請諸將飲食相對,臂血流離,盈於盤器,而羽割炙引酒,言笑自若。

二十四年,先主為漢中王,拜羽為前將軍,假節鉞[4]。是歲,羽率眾攻曹仁於樊。曹公遣于禁助仁。秋,大霖雨,漢水汎溢,禁所督七軍皆沒。禁降羽,羽又斬將軍龐德。梁、郟、陸渾群盜或遙受羽印號,為之支黨,羽威震華夏。曹公議徙許都以避其銳,司馬宣王[5]、蔣濟以為關羽得志,孫權必不願也。可遣人勸權躡其後,許割江南以封權,則樊圍自解。曹公從之。先是,權遣使為子索羽女,羽罵辱其使,不許婚,權大怒。又南郡太守麋芳在江陵,將軍士仁屯公安,素皆嫌羽輕己。自羽之出軍,芳、仁供給軍資,不悉相救。羽言"還當治之",芳、仁咸懷懼不安。於是權陰誘芳、仁,芳、仁使人迎權。而曹公遣徐晃救曹仁,羽不能克,引軍退還。權已據江陵,盡虜羽士眾妻子,羽軍遂散。權遣將逆擊羽,斬羽及子平於臨沮。追諡羽曰壯繆侯。

(陳壽撰,陳乃乾校點《三國志》,中華書局1985年版)

【注釋】

[1]河東解:今山西省夏縣。

[2]斜趣:抄近路走。

[3]黥、彭之徒:黥布、彭越一類的人。黥布、彭越:漢初名將,輔佐劉邦取得天下,以驍勇善戰聞名。

[4]假節鉞:表示授予統軍大權。假:借。節:符節。鉞:黃鉞,為天子儀仗。

[5]司馬宣王:即司馬懿。後來追稱為晉宣王,故以此稱呼。

【导读】

三国历史脍炙人口,与《三国演义》的广泛流传分不开,而《三国演义》又是承袭《三国志》而来的,《三国演义》中精彩之处不少都可以在《三国志》中见到,本篇关羽的传记就是其中之一。

《三国志》文辞简洁,但作者陈寿善于叙事,寥寥数笔便把关羽的性格特征表现得很鲜明。一是忠义,关羽自刘备起事之初就跟随他,对刘备十分敬重,"稠人广坐,侍立终日",而且"随先主周旋,不避艰险",无论何时也绝不背叛。建安五年(公元200年),曹操东征,刘备兵败后投靠袁绍,关羽被俘,曹操对之优宠有加,企图使他死心塌地跟随自己。但关羽不为利诱所动,在报答了曹操后,义无反顾地重归刘备。二是刚强勇猛,本篇写关羽超群的武艺极少,但斩颜良一事十分精彩,"羽望见良麾盖,策马刺良於万众之中,斩其首还,绍诸将莫能当者",短短一句,千军万马中取人首级的勇将形象便跃然纸上。

"刮骨疗毒"一节中,关羽在"臂血流离"中仍"割炙引酒,言笑自若",当真令人难忘。三是骄傲自负,正如陈寿在评论中所说"羽刚而自矜……以短取败,理数之常也",关羽最终兵败,身首异处,落得个悲惨的结局。

可以看出,《三国演义》对关羽的描写,并没有脱离《三国志》的范畴,只是虚构了许多事迹,如三英战吕布、千里走单骑、单刀赴会等等,小说之繁,史书之简,乃是文体所决定的,于此可见一斑。

三、延伸思考

1.将《史记》和《汉书》的相同部分进行比较,看看《汉书》在《史记》的基础上做了哪些改动?为什么要做这些改动?各有什么优劣?

2.将《三国志》和《三国演义》进行比较,分析《三国演义》的作者在"拥刘反曹"的思想倾向下是怎样进行虚构的?

3.《史记》《汉书》《后汉书》和《三国志》被称为"前四史",思考为什么人们对它们的评价要高于"二十四史"中的其他二十部史书?

(汪燕岗撰)

第二节　编年体和纪传体

一、概述

编年体是我国传统史书的一种体裁,它按照年、月、日的顺序来编排历史事实,是最早采用的史书编撰方式,故《隋书·经籍志》称之为"古史"。编年体史书出现于春秋时期,当时数量较多,流传至今的还有《春秋》《左传》《竹书纪年》等。

《春秋》是我国现存最早的一部编年体史书,该书按鲁国的正统年代编写,记载了从鲁隐公元年(公元前722年)至鲁哀公十四年(公元前481年)共十二个国君、二百四十二年的历史。相传此书是孔子根据原来鲁国国史改编的,其编撰有明确的时间顺序,如司马迁《史记·三代世表》中说:"孔子因史文次春秋,纪元年,正时日月,盖其详哉。"尽管《春秋》记事十分简略,但它草创了史书中的编年体裁,对后世编年体史书的发展产生了很大的影响。《春秋》现存版本仅一万六千多字,因文字过于简洁,后人不易明白,因此诠释之书纷纷出现,这些书被称为"传",其中最翔实的是《春秋左氏传》,简称《左传》。《左传》一般认为是春秋时期鲁国史官左丘明所著,对编年体有较大的发展,打破了编年体单一的顺叙模式,首创了集中记事和写人物活动的撰述方法。

东汉荀悦编著的《汉纪》对编年体体例的进一步完善也做出了重要贡献。建安三年(公元198年),汉献帝不满班固《汉书》文繁难省,命荀悦依《左传》体例,删略《汉书》。《汉纪》采用"通比其事,例系年月"(《汉纪·序》)的方法,主要摘取《汉书》纪、表、志、传中的重要史事,分别纳入高祖、惠帝等十二帝纪中。《汉纪》充分借鉴了纪传体的长处,写人记事相对集中,开创了编年体著述中连类列举法,即在有关人物和事件之下兼记与之有关的其他人物和事件,这极大地扩大了编年体史书记事的范围,使编年体重新受到重视,焕发生机。人们常称荀悦以前的编年体为古体,荀悦以后的编年体为近体或新体。

北宋司马光编著的《资治通鉴》是编年体史书的顶峰之作,代表着中国古代编年体史书的最高成就。一方面,《资治通鉴》首创了编年体通史体例,突破断代史的限制,重视流动的时间性,年经事纬,使读者对一千三百多年的历史一目了然;另一方面,《资治通鉴》注意避免编年体流水账似的弊病,每逢重大历史事件,注重交代前因后果,对典章制度扼要地述其沿革,以助读者深入了解历史进程。司马光对编年体史书中的记事方法加以改进,完善了追叙、补叙、类叙等方法,还创立了总叙法,即在重要人物的重要事迹分头叙述之后,再进行一次概括性叙述,从而在一定程度上避免了编年体史书中"事隔数卷"的弊端。《资治通鉴》成书后影响很大,当时人们就竞相传抄,一时洛阳纸贵。此后继作纷起,如南宋李焘的《续资治通鉴长编》、李心传的《建炎以来系年要录》,直到清代毕沅的《续资治通鉴》、夏燮的《明通鉴》,编年体成为和纪传体并驾齐驱的史书编撰方式。

编年体是一种以时间为本位的编撰方式,优点是便于考察历史事件发生的具体时间,比较容易反映同一时期各个历史事件的联系,并避免重复叙事。缺点是记事按年、月、日杂陈,不能集中叙述每一历史事件的全过程及其前后的因果关系,有时还会出现因事件的时间不明确而不好编排的情况,这就导致往往详于时间明确的政治事件,而略于时间不详的经济文化,详于帝王将相,而略于下层民众。这些都是纪传体的优势。

纪传体,是西汉时伟大的历史学家司马迁开创的一种历史记述体裁。《史记》分为十表、八书、十二本纪、三十世家和七十列传。"本纪"记帝王,兼记国之大事,"世家"记诸侯,"列传"记人物,"书"记典章制度,"表"排列人事,这就打破了以年月为顺序排列的编年体,创立了贯穿古今和涵盖社会生活各个方面的编史体例,成为后代正史的典范。正如清代学者赵翼在《廿二史札记》中所说:"司马迁参酌古今,发凡起例,创为全史,本纪以叙帝王,世家以记侯国,十表以系时事,八书以详制度,列传以志人物。自此例一定,历代作史者遂不能出其范围,信史家之极则也。"

东汉班固的《汉书》继承了《史记》的体例,略有改动。如把"本纪"省称为"纪","列传"省称为"传","书"改为"志",取消了"世家",诸侯世家都归为"传"。后来的纪传体史书大都沿用《史记》《汉书》的体例，或小有变化。

与编年体以时间为本位的编撰方式不同，纪传体以人物为中心，无论是本纪、世家还是列传，都主要是记人，纪传体能集中描写人物一生，凸显其历史功绩，刻画其人物形象。同时，纪传体史书能包罗万象，上至天文下至地理，无不备载，不能编年的历史事件也能够记录。纪传体也有缺点，如记事重复互见，人物、事件的时间关系混乱不清等，正如唐代史学家刘知几《史通·二体》中云："若乃同为一事，分在数篇，断续相离，前后屡出。于高祖则云语在项传，于项传则云事具高纪。又编次同类，不求年月，后生而擢居首秩，先辈而抑归末章。遂使汉之贾谊与楚屈原同列，鲁之曹沫与燕荆轲并编。"正因为有这些缺点，所以后来又出现了纪事本末体这一史书编撰方式。

二、原典选读及导读

春秋左傳正義卷第二·隱公元年至二年（節選）

元年春，王周正月。不書即位[1]，攝也。

三月，公及邾儀父盟于蔑，邾子克也。未王命，故不書爵[2]。曰"儀父"，貴之也。公攝位，而欲求好於邾，故為蔑之盟。

夏四月，費伯帥師城郎[3]。不書，非公命也。

初，鄭武公娶于申，曰武姜，生莊公及共叔段[4]。莊公寤生[5]，驚姜氏，故名曰"寤生"，遂惡之。愛共叔段，欲立之。亟請於武公，公弗許。及莊公即位，為之請制[6]。公曰："制，嚴邑也[7]，虢叔死焉[8]。佗邑唯命[9]。"請京[10]，使居之，謂之京城大叔。祭仲曰："都，城過百雉[11]，國之害也。先王之制：大都，不過參國之一[12]；中，五之一；小，九之一。今京不度，非制也，君將不堪。"公曰："姜氏欲之，焉辟害？"對曰："姜氏何厭之有？不如早為之所，無使滋蔓！蔓，難圖也。蔓草猶不可除，況君之寵弟乎？"公曰："多行不義，必自斃，子姑待之。"

既而大叔命西鄙、北鄙貳於己[13]。公子呂曰："國不堪貳，君將若之何？欲與大叔，臣請事之；若弗與，則請除之，無生民心。"公曰："無庸，將自及。"大叔又收貳以為己邑，至於廩延。子封曰："可矣，厚將得眾。"公曰："不義不暱[14]，厚將崩。"

大叔完聚[15]，繕甲兵[16]，具卒乘[17]，將襲鄭，夫人將啟之。公聞其期，曰："可矣！"命子封帥車二百乘以伐京。京叛大叔段，段入于鄢，公伐諸鄢。五月辛丑，大叔出奔共。

書曰："鄭伯克段于鄢。"段不弟，故不言弟；如二君，故曰克；稱鄭伯，譏失教也：謂之鄭志。不言出奔，難之也。

遂寘姜氏于城潁[18]，而誓之曰："不及黃泉，無相見也。"既而悔之。

潁考叔為潁谷封人[19]，聞之，有獻於公，公賜之食，食舍肉。公問之，對曰："小人有母，皆嘗小人之食矣,未嘗君之羹,請以遺之。"公曰:"爾有母遺,繄我獨無!"潁考叔曰:"敢問何謂也?"公語之故,且告之悔。對曰:"君何患焉? 若闕地及泉,隧而相見,其誰曰不然?"公從之。公入而賦:"大隧之中,其樂也融融!"姜出而賦:"大隧之外,其樂也洩洩!"遂為母子如初。

君子曰:"潁考叔,純孝也,愛其母,施及莊公[20]。《詩》曰'孝子不匱,永錫爾類。'其是之謂乎!"

秋七月,天王使宰咺來歸惠公、仲子之賵[21]。緩,且子氏未薨,故名[22]。天子七月而葬,同軌畢至[23];諸侯五月,同盟至[24];大夫三月,同位至[25];士踰月,外姻至。贈死不及尸[26],弔生不及哀,豫凶事[27],非禮也。

（阮元校刻《十三經注疏·春秋左傳正義》,中華書局影印本 1980 年版）

【注釋】

[1]不書:指《春秋》不記載,因為魯隱公是攝政,因此不記其即位。

[2]未王命,故不書爵:由於邾儀父沒有正式受周王冊命,因此《春秋》未記載其爵位。

[3]費伯:魯國大夫。城郎:在郎地築城。

[4]共叔段:鄭莊公的同母弟,他年齡最小,故稱叔段。後來段失敗後出奔共（國名,今河南省輝縣）,故又稱共叔段。

[5]寤生:倒生,即出生時腳先見,就是難產。

[6]為之請制:為共叔段請求制地為封邑。制:鄭國邑名。

[7]嚴邑:險要的城邑。

[8]虢叔死焉:虢國的國君死在那裏。岩邑原為東虢國的領地,東虢國為鄭武公所滅。

[9]佗:同"他"。唯名,聽從你的命令。

[10]京:鄭國邑名。

[11]雉:量詞。古代城牆長三丈,高一丈為一雉。害:禍害。

[12]參國之一:即國度的三分之一。

[13]西鄙、北鄙:西邊和北邊的邊邑。貳於己:即一方面屬於鄭莊公,一方面又屬於共叔段自己。貳:兩屬。

[14]暱:親近。

[15]完聚:完治城郭,聚集百姓。

[16]繕甲兵:修整了鎧甲和武器。繕:修理,製造。

[17]具卒乘:準備了步兵和戰車。具:準備。

[18]寘:同"置",放置,安排。

[19]潁考叔:鄭國大夫。封人:管理疆域的官。

［20］施：延，擴展。

［21］歸：同“饋”，贈送。賵：送給喪家的助葬之物。

［22］緩：遲了。子氏：仲子。名：指直書宰咺的名字。按：天子的卿大夫本不應書名，但他來的不是時候，不合禮儀，故稱名。

［23］同軌：猶言諸侯。

［24］同盟：指同盟的諸侯。

［25］同位：指官位相同的。

［26］贈死不及尸：贈送死者東西沒有趕上下葬。不及尸：沒有趕上下葬。

［27］豫凶事：人未死而先贈送喪物。豫：同“預”，事先。

【导读】

《左传》是编年体史书，记事依照年月的顺序而写，以上所选是《左传》的开篇，即隐公元年一月至七月发生的事。如一月是鲁隐公即位，二月无事，三月是隐公和邾仪父在蔑地会盟，四月是费伯带领军队修郎地的城墙，七月是周天子派宰咺来赠送助鲁惠公、仲子丧事的财物，其中五月之事篇幅最长，这就是著名的“郑伯克段于鄢”的史事。

《左传》在《春秋》的基础上有很大的发展，开始用集中写人和记事的手法来叙述，“郑伯克段于鄢”体现得很鲜明。这个故事提到时间的是“五月辛丑，大叔出奔共”，即大叔段战败后逃走，兄弟俩的这场战斗也可以说发生在这个月或之前不久，战前和战后又发生了什么？为什么郑伯要攻打弟弟？郑伯怎样处理与偏心的母亲的关系？如果按照编年体的一般写法，这些内容应放在什么地方呢？但作者显然是集中在一起叙述了。一个“初”字引起了倒叙，说明了兄弟交恶的原因，原来郑伯是难产儿，惊吓了母亲，因此不受姜氏喜爱。小儿子共叔段虽然未能继承国君之位，但在母亲明里暗里的支持下，向哥哥步步紧逼，夺位之心昭然若揭。郑庄公虽然一再退让，但胸有成竹，在时机成熟时才发动战事。得胜后，庄公把母亲姜氏安置于城颍这个地方，发誓不到黄泉不相见，后在颍考叔的开悟劝解之下又反悔了，于是挖了地道去见母亲，表明这就是黄泉了，母子遂和好如初。前一件事横亘了数十年，后一件事未交代时间，但从挖地道等记载看，很可能在五月之后。作者把发生在不同时间的事件放在一起叙述，整个故事就显得首尾完整十分清楚了。

编年体史书由于按照时间顺序排列事件，致使有些跨度较大的历史事件被前后割裂，首尾不明，不能反映事件的前因后果和整体面貌，因此宋代杨万里感叹道：“予每读《通鉴》之书，见事之肇于斯，则惜其事之不竟于斯。盖事以年隔，年以事析，遭其初莫绎其终，揽其终莫志其初，如山之峨，如海之茫，盖编年系日，其体然也。”（《通鉴纪事本末序》）从整体上说，编年体史书自然有这些问题，但从《左传》开始，作者已有意识地用追叙、补叙等方法来表现某些历史事件的完整过程。而编年体史书的优势,如时间清楚、内容不重复,以及容纳信息量大等特点,也是其他史书体例所不具备的,像上述引文中一月到四月,以及七月发生的事件,纪传体和纪事本末体都不一定能囊括进去。

史記卷七·項羽本紀第七(節選)

項羽遂入,至于戲西。沛公軍霸上,未得與項羽相見。沛公左司馬曹無傷使人言於項羽曰:"沛公欲王關中,使子嬰為相,珍寶盡有之。"項羽大怒,曰:"旦日饗士卒[1],為擊破沛公軍!"當是時,項羽兵四十萬,在新豐鴻門,沛公兵十萬,在霸上。范增說項羽曰:"沛公居山東時,貪於財貨,好美姬。今入關,財物無所取,婦女無所幸,此其志不在小。吾令人望其氣,皆為龍虎,成五采,此天子氣也。急擊勿失。"

楚左尹項伯者,項羽季父也,素善留侯張良。張良是時從沛公,項伯乃夜馳之沛公軍,私見張良,具告以事,欲呼張良與俱去。曰:"毋從俱死也。"張良曰:"臣為韓王送沛公,沛公今事有急,亡去不義,不可不語。"良乃入,具告沛公。沛公大驚,曰:"為之奈何?"張良曰:"誰為大王為此計者?"曰:"鯫生說我曰'距關,毋內諸侯[2],秦地可盡王也'。故聽之。"良曰:"料大王士卒足以當項王乎?"沛公默然,曰:"固不如也,且為之奈何?"張良曰:"請往謂項伯,言沛公不敢背項王也。"沛公曰:"君安與項伯有故?"張良曰:"秦時與臣遊,項伯殺人,臣活之。今事有急,故幸來告良。"沛公曰"孰與君少長?"良曰:"長於臣。"沛公曰"君為我呼入,吾得兄事之。"張良出,要項伯。項伯即入見沛公。沛公奉巵酒為壽[3],約為婚姻,曰:"吾入關,秋豪不敢有所近,籍吏民[4],封府庫,而待將軍。所以遣將守關者,備他盜之出入與非常也[5]。日夜望將軍至,豈敢反乎!願伯具言臣之不敢倍德也。"項伯許諾。謂沛公曰:"旦日不可不蚤自來謝項王。"沛公曰:"諾。"於是項伯復夜去,至軍中,具以沛公言報項王。因言曰:"沛公不先破關中,公豈敢入乎?今人有大功而擊之,不義也,不如因善遇之。"項王許諾。

沛公旦日從百餘騎來見項王,至鴻門,謝曰:"臣與將軍戮力而攻秦,將軍戰河北,臣戰河南,然不自意能先入關破秦,得復見將軍於此。今者有小人之言,令將軍與臣有郤。"項王曰:"此沛公左司馬曹無傷言之;不然,籍何以至此。"項王即日因留沛公與飲。項王、項伯東向坐。亞父南向坐。亞父者,范增也。沛公北嚮坐,張良西嚮侍。范增數目項王,舉所佩玉玦以示之者三,項王默然不應。范增起,出召項莊,謂曰:"君王為人不忍,若入前為壽。壽畢,請以劍舞,因擊沛公於坐,殺之。不者,若屬皆且為所虜。"莊則入為壽,壽畢,曰:"君王與沛公飲,軍中無以為樂,請以劍舞。"項王曰:"諾。"項莊拔劍起舞,項伯亦拔劍起舞,常以身翼蔽沛公,莊不得擊。於是張良至軍門,見樊噲。樊噲曰:"今日之事何如?"良曰:"甚急。今者項莊拔劍舞,其意常在沛公也。"噲曰:"此迫矣,臣請入,與之同命。"噲即帶劍擁盾入軍門。交戟之衛士欲止不內,樊噲側其盾以撞,衛士僕地,噲遂入,披帷西嚮立,瞋目視項王,頭髮上指,目眥盡裂。項王按劍而跽曰[6]：“客何為者？”張良曰：“沛公之參乘樊噲者也。”項王曰：“壯士，賜之卮酒。”則與斗卮酒。噲拜謝，起，立而飲之。項王曰：“賜之彘肩。”則與一生彘肩。樊噲覆其盾於地，加彘肩上，拔劍切而啗之。項王曰：“壯士，能復飲乎？”樊噲曰：“臣死且不避，卮酒安足辭！夫秦王有虎狼之心，殺人如不能舉，刑人如恐不勝，天下皆叛之。懷王與諸將約曰‘先破秦入咸陽者王之’。今沛公先破秦入咸陽，豪毛不敢有所近，封閉宮室，還軍霸上，以待大王來。故遣將守關者，備他盜出入與非常也。勞苦而功高如此，未有封侯之賞，而聽細說，欲誅有功之人。此亡秦之續耳，竊為大王不取也。”項王未有以應，曰：“坐。”樊噲從良坐。坐須臾，沛公起如廁，因招樊噲出。

沛公已出，項王使都尉陳平召沛公。沛公曰：“今者出，未辭也，為之奈何？”樊噲曰：“大行不顧細謹，大禮不辭小讓。如今人方為刀俎，我為魚肉，何辭為。”於是遂去。乃令張良留謝。良問曰：“大王來何操？”曰：“我持白璧一雙，欲獻項王，玉斗一雙，欲與亞父，會其怒，不敢獻。公為我獻之。”張良曰：“謹諾。”當是時，項王軍在鴻門下，沛公軍在霸上，相去四十里。沛公則置車騎，脫身獨騎，與樊噲、夏侯嬰、靳彊、紀信等四人持劍盾步走，從酈山下，道芷陽間行。沛公謂張良曰：“從此道至吾軍，不過二十里耳。度我至軍中，公乃入。”沛公已去，間至軍中，張良入謝，曰：“沛公不勝桮杓，不能辭。謹使臣良奉白璧一雙，再拜獻大王足下；玉斗一雙，再拜奉大將軍足下。”項王曰：“沛公安在？”良曰：“聞大王有意督過之，脫身獨去，已至軍矣。”項王則受璧，置之坐上。亞父受玉斗，置之地，拔劍撞而破之，曰：“唉！豎子不足與謀。奪項王天下者，必沛公也，吾屬今為之虜矣。”沛公至軍，立誅殺曹無傷。

史記卷八·高祖本紀第八（節選）

沛公左司馬曹無傷聞項王怒，欲攻沛公，使人言項羽曰：“沛公欲王關中，令子嬰為相，珍寶盡有之。”欲以求封。亞父勸項羽擊沛公。方饗士，旦日合戰。是時項羽兵四十萬，號百萬。沛公兵十萬，號二十萬，力不敵。會項伯欲活張良，夜往見良，因以文諭項羽，項羽乃止。沛公從百餘騎，驅之鴻門，見謝項羽。項羽曰：“此沛公左司馬曹無傷言之。不然，籍何以生此！”沛公以樊噲、張良故，得解歸。歸，立誅曹無傷。

史記卷五十五·留侯世家第二十五（節選）

項羽至鴻門下，欲擊沛公，項伯乃夜馳入沛公軍，私見張良，欲與俱去。良曰：“臣為韓王送沛公，今事有急，亡去不義。”乃具以語沛公。沛公大驚，曰：“為將奈何？”良曰：“沛公誠欲倍項羽邪？”沛公曰：“鯫生教我距關無內諸侯，秦地可盡王，故聽之。”良曰：“沛公自度能卻項羽乎？”沛公默然良久，曰：“固不能也。今為奈何？”良乃固要項伯。項伯見沛公。沛公與飲為壽,結賓婚。令項伯具言沛公不敢倍項羽,所以距關者,備他盜也。及見項羽後解,語在項羽事中。

史記卷九十五·樊酈滕灌列傳第三十五(節選)

項羽在戲下,欲攻沛公。沛公從百餘騎因項伯面見項羽,謝無有閉關事。項羽既饗軍士,中酒,亞父謀欲殺沛公,令項莊拔劍舞坐中,欲擊沛公,項伯常蔽之。時獨沛公與張良得入坐,樊噲在營外,聞事急,乃持鐵盾入到營。營衛止噲,噲直撞入,立帳下。項羽目之,問為誰。張良曰:“沛公參乘樊噲。”項羽曰:“壯士。”賜之卮酒彘肩。噲既飲酒,拔劍切肉食,盡之。項羽曰:“能復飲乎?”噲曰:“臣死且不辭,豈特卮酒乎!且沛公先入定咸陽,暴師霸上,以待大王。大王今日至,聽小人之言,與沛公有隙,臣恐天下解,心疑大王也。”項羽默然。沛公如廁,麾樊噲去。既出,沛公留車騎,獨騎一馬,與樊噲等四人步從,從閒道山下歸走霸上軍,而使張良謝項羽。項羽亦因遂已,無誅沛公之心矣。是日微樊噲犇入營譙讓項羽[7],沛公事幾殆。

(司馬遷撰《史記》,中華書局 1982 年版)

【注釋】

　　[1]旦日:明日。饗:犒勞。

　　[2]內:同“納”。

　　[3]卮酒為壽:舉起酒杯,祝健康長壽。卮:酒杯。

　　[4]籍吏民:登記所有的人口。籍:登記。

　　[5]非常:意外的變故。

　　[6]跽:跪起。古人席地而坐,兩膝著地,臀部壓在小腿上,如果臀部離開小腿,身體挺直,就是跽,表示警戒。

　　[7]犇:即“奔”。譙:譴責。

【导读】

　　纪传体史书是以人物为中心来描写的,一般都是先介绍人物姓名、籍贯、出生等情况,然后记载其一生所发生的重要事情。由于一件事往往涉及不同的人物,因此多人的记述中往往都会提到该事件,造成记事重复互见的情况,被唐代史学家刘知几批评为:“同为一事,分在数篇。断续相离,前后屡出。”(《史通·二体》)例如,著名的“鸿门宴”就是如此,局中主要人物,除了项伯无传,其他的《项羽本纪》《高祖本纪》《留侯世家》《樊酈滕灌列传》都有记载,但该怎样分配篇幅呢?是平均用力,还是详略有别?从上述引文可以清楚看到,无疑是后者,该事件最详细的记载在《项羽本纪》。按理说,刘邦在鸿门宴中也是绝对的主角,篇幅也很多,但为何该事件不在《高祖本纪》中详记呢？原因有二:一是刘邦后来做了皇帝,可记的事情太多,如果事事都要详记,则非常烦琐;二是鸿门宴是楚汉相争过程中的关键事件,项羽丧失了杀刘邦的最好机会,最终未能夺取天下。项羽的结局虽然是一个悲剧,但作者深感遗憾,寄予同情,正如明人钟惺所云:"司马迁以项羽置本纪,为《史记》入汉第一篇文字,俨然列汉诸帝之前,而无所忌,盖深惜羽之不成也。不以成败论英雄,是其一生立言主意,所以掩其救李陵之失也。"

项羽是秦末起义的重要领袖,一生亲历七十余战,但司马迁只精选了那些事关反秦斗争的成败与项羽人生转折的重大事件来加以集中描写,如巨鹿之战、鸿门宴、分王诸侯、垓下之战等,而略去了不少次要事件,这些都放在其他楚汉人物身上来描写,这样相互勾连,又互相补充,共同构成了一个既全面完整,又复杂多样的历史大网。

细读不同记载中的"鸿门宴",我们可以发现,《项羽本纪》大致可以涵盖其他三传的记载,但又不是完全等同。例如,《项羽本纪》写刘邦的左司马曹无伤向项羽告密,并未说明是何原因,是内奸,还是卖主求荣？《高祖本纪》云"欲以求封",让我们知道是后者。再如,樊哙在鸿门宴上与项羽的问答,《樊郦滕灌列传》与《项羽本纪》也详略不同,可以互参。钱锺书先生引用了《高祖本纪》《项羽本纪》《陈相国世家》及《淮阴侯列传》中对项羽的不同记载后,云:"'言语呕呕'与'喑恶叱咤','恭敬慈爱'与'骠悍滑贼','爱人礼士'与'妒贤嫉能','妇人之仁'与'屠坑残灭','分食推饮'与'玩印不予',皆若相反相违;而既具在羽一人之身,有似两手分书,一喉异曲,则又莫不同条共贯,科以心学性理,犁然有当。"

能够达到这样的效果,自然与纪传体一事分见数篇的特点有关,因此在伟大的作家手里,纪传体所谓的缺点往往能成为优点,更能写出人物的复杂性,因为历史本身就是复杂的。

三、延伸思考

1.阅读《史记》,分析"楚汉争霸"这一历史事件,分别见于《史记》中哪些篇章的记载？
2.阅读《资治通鉴》,分析项羽的一生经历,分别见于《资治通鉴》中哪些篇章的记载？
3.以诸葛亮"六出祁山"为例,比较《三国志》与《资治通鉴》的记载有何不同？

（汪燕岗撰）

第三节　纪事本末体

一、概述

　　纪事本末体是中国传统三大史书体裁之一,它的特点是以事件为中心叙述历史,将所记载的内容归纳为若干个历史事件,每个历史事件独立成篇,立以相应的标题,并按照时间顺序详述其经过。南宋袁枢(1131—1205年)编纂的《通鉴纪事本末》标志着纪事本末体的形成。袁枢将卷帙浩繁的编年体史书《资治通鉴》进行整理编排,按照原来的年次,按类分为二百三十九个题目,加上附录,共记三百〇五件事。从"三家分晋"始,到"世宗征淮南"终,每个标题一篇,记述该事件发生之始末。如写秦统一六国,先有标题"秦灭六国",然后从秦孝公继位写起,记秦经过商鞅变法逐渐强盛,最后通过战争统一天下的过程。袁枢虽然全是抄《资治通鉴》原文,但他把每件事分散在《资治通鉴》各处的记载集中到一起,"每事各详起讫,自为标题。每篇各编年月,自为首尾。……包括数千年事迹,经纬明晰,节目详具。前后始末,一览了然"。

　　《通鉴纪事本末》由于能给读者提供完整的历史事实,使读者能迅速了解事件的来龙去脉,便于阅读,因此受到读者的好评,后世继作踵起,蔚为大观。南宋时期就出现了杨仲良撰的《皇宋通鉴长编纪事本末》,明清两代更多,较著名的有明代陈邦瞻撰的《宋史纪事本末》和《元史纪事本末》,清代谷应泰撰的《明史纪事本末》,杨陆荣撰《三藩纪事本末》,高士奇撰的《左传纪事本末》,张鉴撰的《西夏纪事本末》,李铭汉撰的《续通鉴纪事本末》,李有棠撰的《辽史纪事本末》和《金史纪事本末》,以及近人黄鸿寿整理的《清史纪事本末》等。其编撰方式除了借鉴模仿《通鉴纪事本末》,也有发展,主要表现在以下三方面。

　　其一,史料来源从改编编年史到改编纪传史,从取材一书发展到广稽博采。如陈邦瞻的《宋史纪事本末》的史料主要是元修《宋史》,此外还有《东都事略》《续资治通鉴长编》《三朝北盟会编》《建炎以来系年要录》等书。再如谷应泰的《明史纪事本末》,其史料来源也十分广泛,如《石匮书》《石匮书后集》《鸿猷录》《国榷》《明实录》《皇明大事记》《复辟录》《宪章录》等,大量采用公私撰著的各种史书、笔记等。由于该书早于《明史》,所含史料又十分丰富,故后人常用此书考证《明史》,从而改变了纪事本末体史书仅为二手史料、史料价值不高的现象。

　　其二,内容从专记军政大事扩展到其他方面。《通鉴纪事本末》中军政大事占绝大部分,涉及经济方面的只有两则,另有一则记自然灾害。后来的纪事本末则将内容扩展到经济、有典制、文化、宗教、人物等方面,十分丰富。例如,陈邦瞻的《元史纪事本末》,全书共二十七题,其中文化、宗教和经济就有十二题,如"科举学校之制""诸儒出处学问之概""郭守敬授时历""佛教之崇""运河"等。再如谷应泰的《明史纪事本末》,全书八十题,对明代的经济、文化典制、少数民族事务、外交等方面都设了不少专题来叙述,除了"亲征漠北"和"俺答封贡"两题,每题后均有一论,用骈俪之文来进行评论,大多数为谷应泰自己所作,也有引用他人之论者。

其三,有的纪事本末体史书还增加了注文,对史事进行补充、考证或评论。如高士奇的《左传纪事本末》一书,各题均有"补逸""考异""考证""发明"等项。张鉴的《西夏纪事本末》中注文以按语形式出现,有两种格式,一种是比正文低一格,另一种是小字双行。清末李有棠的《辽史纪事本末》和《金史纪事本末》,注文分量占全书一半,他在凡例中说:"凡事有同异,词有详略……取温公所著《考异》三十卷散入各条例,小注分行,分载每条之下,名曰'考异',以便浏览,以资考证。"这些作者将自己的研究成果援入书中,对史料进行补充、考辨,大大提高了纪事本末体史书的学术价值。

梁启超在《中国历史研究法》中说:"盖纪传体以人为主,编年体以年为主,而纪事本末体以事为主。"纪事本末体关注的焦点在于事件,最大优势是叙事的完整性,编年体因要兼顾事与时的关系,叙事不免支离,纪传体则侧重于人的生平,事不免重复。只有纪事本末体关注事件发展的首尾关系,能够把事件的产生、发展到完结的全过程展现出来。但纪事本体也有缺点,那就是事与事之间缺乏联系,读者无法从中寻出历史发展的基本线索。此外,由于纪事本末体的作者选择的都是他认为的重要事件,因此有些历史人物和史事也无法纳入具体的条目之中,造成遗漏。如果说编年体关注的是历史发展的线,纪传体关注的是历史发展的面,纪事本末体关注的就是历史发展的点,三者共同构成了中国古代的三大史书体例。

二、原典选读及导读

《通鉴纪事本末》卷九"劉備據蜀"(節選)

漢獻帝初平二年。初,涿郡劉備,中山靖王之後也。少孤貧,與母以販履為業,長七尺五寸,垂手下膝,顧自見其耳;有大志,少語言,喜怒不形於色。嘗與公孫瓚同師事盧植,由是往依瓚。瓚使備與田楷徇青州有功,因以為平原相。備少與河東關羽、涿郡張飛相善;以羽、飛為別部司馬,分統部曲。備與二人寢則同牀,恩若兄弟,而稠人廣坐,侍立終日,隨備周旋,不避艱險。常山趙雲為本郡將吏兵詣公孫瓚,瓚曰:"聞貴州人皆願袁氏,君何獨迷而能反乎?"雲曰:"天下訩訩,未知孰是,民有倒縣之厄,鄙州論議,從仁政所在,不為忽袁公,私明將軍也。"劉備見而奇之,深加接納,雲遂從備至平原,為備主騎兵。

興平元年十二月。徐州牧陶謙疾篤,謂別駕東海麋竺曰:"非劉備不能安此州也。"謙卒,竺率州人迎備。備未敢當,曰:"袁公路近在壽春,君可以州與之。"典農校尉下邳陳登曰:"公路驕豪,非治亂之主。今欲為使君合步騎十萬,上可以匡主濟民,下可以割地守境;若使君不見聽許,登亦未敢聽使君也。"北海相孔融謂備曰:"袁公路豈憂國忘家者邪!塚中枯骨,何足介意!今日之事,百姓與能。天與不取,悔不可追。"備遂領徐州。

建安元年夏六月。袁術攻劉備以爭徐州,備使司馬張飛守下邳,自將拒術於盱眙、淮陰,相持經月,更有勝負。下邳相曹豹,陶謙故將也,與張飛相失,飛殺之,城中乖亂。袁術與呂布書,勸令襲下邳,許助以軍糧。布大喜,引軍水陸東下。備中郎將丹楊許耽開門迎之。張飛敗走,布虜備妻子及將吏家口。備聞之,引還,比至下邳,兵潰。備收餘兵東取廣陵,與袁術戰,又敗,屯於海西。饑餓困踧,吏士相食,從事東海麋竺以家財助軍。備請降於布,布亦忿袁術運糧不繼,乃召備,複以為豫州刺史,與並勢擊術,使屯小沛。

······

三年夏四月,呂布復與袁術通,遣其中郎將高順及北地太守雁門張遼攻劉備。曹操遣將軍夏侯惇救之,為順等所敗。秋,九月,順等破沛城,虜備妻子,備單身走。

四年。初,車騎將軍董承稱受帝衣帶中密詔,與劉備謀誅曹操。操從容謂備曰:"今天下英雄,惟使君與操耳,本初之徒,不足數也!"備方食,失匕箸,值天雷震,備因曰:"聖人云:'迅雷風烈必變',良有以也。"

······

六年秋九月,操自擊劉備於汝南,備奔劉表,龔都等皆散。表聞備至,自出郊迎,以上賓禮待之,益其兵,使屯新野。備在荊州數年,嘗於表坐起至廁,慨然流涕。表怪,問備,備曰:"平常身不離鞍,髀肉皆消。今不復騎,髀裏肉生。日月如流,老將至矣,而功業不建,是以悲耳。"

十二年。初,琅邪諸葛亮寓居襄陽隆中,每自比管仲、樂毅。時人莫之許也,惟潁川徐庶與崔州平謂為信然。州平,烈之子也。

劉備在荊州,訪士於襄陽司馬徽。徽曰:"儒生俗士,豈識時務,識時務者在乎俊傑。此間自有伏龍、鳳雛。"備問為誰,曰:"諸葛孔明、龐士元也。"徐庶見備於新野,備器之。庶謂備曰:"諸葛孔明,臥龍也,將軍豈願見之乎?"備曰:"君與俱來。"庶曰:"此人可就見,不可屈致也,將軍宜枉駕顧之。"備由是詣亮,凡三往,乃見。

······

十三年。初,劉表二子琦、琮,表為琮娶其後妻蔡氏之姪,蔡氏遂愛琮而惡琦。……操遂進兵。時劉備屯樊,琮不敢告備。備久之乃覺,遣所親問琮,琮令其官屬宋忠詣備宣旨。時曹操已在宛,備乃大驚駭,謂忠曰:"卿諸人作事如此,不早相語,今禍至方告我,不亦太劇乎!"引刀向忠曰:"今斷卿頭,不足以解忿,亦恥丈夫臨別復殺卿輩。"遣忠去。乃呼部曲共議。或勸备攻琮,荆州可得。备曰:"刘荆州临亡托我以孤遗,背信自济,吾所不为,死何面目以见刘荆州乎!"备将其众去,过襄阳,驻马呼琮;琮惧,不能起。琮左右及荆州人多归备。备过辞表墓,涕泣而去。比到当阳,众十馀万人,辎重数千两,日行十馀里,别遣关羽乘船数百艘,使会江陵。或谓备曰:"宜速行保江陵,今虽拥大众,被甲者少,若曹公兵至,何以拒之!"备曰:"夫济大事必以人为本,今人归吾,吾何忍弃去!"

……

徐庶母为操所获,庶辞备,指其心曰:"本欲与将军共图王霸之业者,以此方寸之地也。今已失老母,方寸乱矣,无益于事,请从此别。"遂诣操。张飞将二十骑拒后,飞据水断桥,瞋目横矛曰:"身是张益德也,可来共决死!"操兵无敢近者。或谓备:"赵云已北走。"备以手戟擿之曰:"子龙不弃我走也。"顷之,云身抱备子禅,与关羽船会,得济沔,遇刘琦众万馀人,与俱到夏口。

……

十四年冬十二月,孙权以备领荆州牧,周瑜分南岸地以给备。备立营于油口,改名公安。权以妹妻备。妹才捷刚猛,有诸兄风,侍婢百馀人,皆执刀侍立,备每入,心常凛凛。

十五年冬十二月,刘表故吏士多归刘备,备以周瑜所给地少,不足以容其众,乃自诣京见孙权,求都督荆州。

……

周瑜卒,权以鲁肃代瑜领兵,鲁肃劝权以荆州借刘备与共拒曹操,权从之。

十六年冬十二月,扶风法正为刘璋军议校尉,璋不能用,又为其州里俱侨客者所鄙,正邑邑不得志。益州别驾张松与正善,自负其才,忖璋不足与有为,常窃叹息。松劝璋结刘备,璋曰:"谁可使者?"松乃举正。璋使正往,正辞谢,伴为不得已而行。还,为松说备有雄略,密谋奉戴以为州主。

……

法正至荆州,阴献策于刘备曰:"以明将军之英才,乘刘牧之之懦弱;张松,州之股肱,响应于内;以取益州,犹反掌也。"备疑未决。庞统言于备曰:"荆州荒残,人物殚尽,东有孙车骑,北有曹操,难以得志。今益州户口百万,土沃财富,诚得以为资,大业可成也!"备曰:"今指与吾为水火者,曹操也。操以急,吾以宽;操以暴,吾以仁;操以谲,吾以忠。每与操反,事乃可成耳。今以小利而失信义于天下,奈何?"统曰:"乱离之时,固非一道所能定也。且兼弱攻昧,逆取顺守,古人所贵。若事定之后,封以大国,何负于信!今日不取,终为人利耳。"备以为然。乃留诸葛亮、关羽等守荆州,以赵云领留营司马,备将步卒数万人入益州。

孙权闻备西上,遣舟船迎妹,而夫人欲将备子禅还吴,张飞、赵云勒兵截江,乃得禅还。

……

十九年夏五月,诸葛亮留关羽守荆州,与张飞、赵云将兵泝流克巴东。至江州,破巴郡太守严颜,生获之。飞呵颜曰:"大军既至,何以不降,而敢拒战!"颜曰:"卿等无状,侵夺我州,

407

我州但有斷頭將軍,無降將軍也!"飛怒,令左右牽去斫頭。顏容止不變,曰:"斫頭便斫頭,何為怒邪!"飛壯而釋之,引為賓客。分遣趙雲從外水定江陽、犍為,飛定巴西、德陽。

......

備入成都,置酒,大饗士卒。

......

成都之圍也,備與士眾約:"若事定,府庫百物,孤無預焉。"及拔成都,士眾皆舍干戈赴諸藏,競取寶物。軍用不足,備甚憂之,劉巴曰:"此易耳。但當鑄直百錢,平諸物價,令吏為官市。"備從之。數月之間,府庫充實。

時議者欲以成都名田宅分賜諸將。趙雲曰:"霍去病以匈奴未滅,無用家為。今國賊非但匈奴,未可求安也。須天下都定,各反桑梓,歸耕本土,乃其宜耳。益州人民,初罹兵革,田宅皆可歸還,令安居複業,然後可役調,得其歡心,不宜奪之以私所愛也。"備從之。

......

春三月,魏王操自長安出斜谷,軍遮要以臨漢中。劉備曰:"曹公雖來,無能為也,我必有漢川矣。"乃斂眾拒險,終不交鋒。操運米北山下,黃忠引兵欲取之,過期不還。翊軍將軍趙雲將數十騎出營視之,值操揚兵大出,雲猝與相遇,遂前突其陳,且鬥且卻。魏兵散而復合,追至營下,雲入營,更大開門,偃旗息鼓。魏兵疑雲有伏,引去;雲雷鼓震天,惟以勁弩於後射魏兵。魏兵驚駭,自相踩踐,墮漢水中死者甚多。備明旦自來,至雲營,視昨戰處,曰:"子龍一身都為膽也!"

操與備相守積月,魏軍士多亡。夏五月,操悉引出漢中諸軍還長安,劉備遂有漢中。

秋七月,劉備自稱漢中王。

......

遣益州前部司馬犍為費詩即授關羽印授,羽聞黃忠位與己並,怒曰:"大丈夫終不與老兵同列!"不肯受拜。詩謂羽曰:"夫立王業者,所用非一。昔蕭、曹與高祖少小親舊,而陳、韓亡命後至;論其班列,韓最居上,未聞蕭、曹以此為怨。今漢中王以一時之功隆崇漢室;然意之輕重,寧當與君侯齊乎!且王與君侯譬猶一體,同休等戚,禍福共之。愚謂君侯不宜計官號之高下、爵祿之多少為意也。僕一介之使,銜命之人,君侯不受拜,如是便還,但相為惜此舉動,恐有後悔耳。"羽大感悟,遽即受拜。

魏文帝黃初二年春三月,蜀中傳言漢帝已遇害,於是漢中王發喪制服,諡曰孝湣皇帝。群下競言符瑞,勸漢中王稱尊號。

......

夏四月,丙午,漢中王即皇帝位於武擔之南,大赦,改元章武。

(袁樞撰《通鑒紀事本末》,中華書局1964年版)

【导读】

《通鉴纪事本末》的作者袁枢,字机仲,建州建安(今福建省建瓯市)人。南宋孝宗初中进士,官至工部侍郎兼国子监祭酒。乾道九年(1173 年),袁枢为严州(今浙江省建德市)教授,《通鉴纪事本末》就成于次年。据袁枢所云,他喜读《资治通鉴》,但苦于卷帙浩繁,要了解某一历史事件的来龙去脉很不方便,于是他便以事件为纲,集中抄录《资治通鉴》有关原文,把原书内容缩减改编为二百三十九个专题,因各专题记一事之本末,故称之为"纪事本末"。孝宗淳熙二年(1175 年),《通鉴纪事本末》刊行,立即受到时人推重,著名学者杨万里、吕祖谦、朱熹先后为此书作序跋,备加赞誉。

《通鉴纪事本末》以事件为中心叙述,例如"三国分立"的史事,纪传体的《三国志》分散在各传、纪中记载,编年体的《资治通鉴》用了十几卷的内容依次排列。《通鉴纪事本末》则用"曹操篡汉""孙氏据江东"和"刘备据蜀"三个专题分述三国建立的始末,而用"宦官亡汉""黄巾之乱""韩马之叛""袁绍讨公孙瓒""吴蜀通好""诸葛亮出师""吴侵淮南""魏平辽东""明帝奢靡""司马懿诛曹爽""吴易太子""诸葛恪寇淮南""魏灭蜀""淮南三叛""司马氏篡魏""晋灭吴"十六个专题来述三国其他史事。

"刘备据蜀"叙述刘备从崛起到称帝建国的过程,即从汉献帝初平二年(公元 191 年)到魏文帝黄初二年(公元 221 年),共三十年的历史,《通鉴纪事本末》此部分共一万一千字左右,今选其中约三千字。《通鉴纪事本末》被梁启超赞为"善抄书者可以成创作"的典范,袁枢几乎全抄《资治通鉴》,并没有综合汇集其他史料,例如《三国志·蜀书·先主传》开头有一些关于刘备少时的小故事:"先主少孤,与母贩履织席为业。舍东南角篱上有桑树生高五丈余,遥望见童童如小车盖,往来者皆怪此树非凡,或谓当出贵人。先主少时,与宗中诸小儿于树下戏,言:'吾必当乘此羽葆盖车。'叔父子敬谓曰:'汝勿妄语,灭吾门也!'年十五,母使行学,与同宗刘德然、辽西公孙瓒俱事故九江太守同郡卢植。德然父元起常资给先主,与德然等。元起妻曰:'各自一家,何能常尔邪!'起曰:'吾宗中有此儿,非常人也。'"司马光可能因为此系传说,故没有采入《资治通鉴》,因此《通鉴纪事本末》也未收。

尽管袁枢是全部抄录《资治通鉴》,但他并不是随意组合,在剪裁连缀史料时,能照顾到各历史事件的相互联系,按照事件的先后安排,反映历史发展的线索,这样的工作并不简单。如"刘备据蜀"第一段是介绍刘备的身世及与关、张、赵三人的相识,第二段即写陶谦让徐州。《资治通鉴》前部分在卷六十,接下来又写了不少其他史事,如袁术、董卓之事等,陶谦让徐州已到了卷六十一;《通鉴纪事本末》的第三段,即袁术、吕布与刘备争徐州,《资治通鉴》已是在卷六十二了。可以说,袁枢对《资治通鉴》是十分熟悉的,虽然《通鉴纪事本末》只花了两年即编撰成书，但袁枢读《资治通鉴》却不知花了多少时间！

　　《通鉴纪事本末》采用的专题叙事方式，颇似讲一个个首尾完整、生动曲折的故事，使人容易接受，起到了普及历史知识的作用。但需要注意的是，《通鉴纪事本末》的篇幅只有《资治通鉴》的一半，原因是它只是选择了重要的历史事件来叙述，而不像《资治通鉴》一样事无巨细都囊括进去，这也是纪事本末体的局限。

三、延伸思考

　　1.比较《左传》《左传纪事本末》与通俗小说《东周列国志》的相同部分，分析三本书在记载上各有什么特色？

　　2.仔细阅读《通鉴纪事本末》中"三国分立"的相关章节，以及《三国志》中的相关传记，比较两者对于了解三国历史各有什么优缺点？

（汪燕岗撰）

第十三章　古代史学

　　史学即历史学,是研究和阐述人类社会发展具体过程及其规律的科学,是社会科学的一个部门,是社会意识形态的一部分。中华民族是具有深刻历史意识的民族,自这个民族跨进文明的门槛以来,经过漫长的发展过程,出现了众多史学家,产生了丰富的历史典籍、完备的修史制度、优良的史学传统。梁启超在《中国历史研究法》中说:"中国于各种学问中,惟史学为最发达;史学在世界各国中,惟中国为最发达。"这话有一定道理。中国古代史学是一座瑰丽的宝库,是中国古代文化的重要组成部分。

第一节　史官与历史意识

一、概述

　　史,这个字早在甲骨文时代就已经产生了,《说文解字》诠释道:"史,记事者也,从又持中,中正也。"所以,在中国古代,"史"与"事""吏"的含义是相通的。中国古代的"史学"概念亦是从对"史"的认识发展而来的,或者说它最初也包含在"史"中。

　　中国历代均设置专门记录和编撰历史的官职,统称史官。各朝对史官的称谓与分类多不相同,但主要可以分为记录类和编纂类。春秋时期,"君举必书",有大史、小史、内史、外史、左史、右史等史官。"大史掌国之六典,小史掌邦国之志,内史掌书王命,外史掌书使乎四方,左史记言,右史记事。"(刘知几《史通·史官建置》)。《礼记·玉藻》说"动则左史书之,言则右史书之"。可见,史官的分工和职责是十分细致、明确的。汉承秦制,至武帝时置太史令,以司马谈任其职。谈卒,其子司马迁继其任。司马父子,为西汉著名史官。迁卒,知史务者皆出于他官,而太史不复掌史事,职掌范围仅限于天文历法。这是古代史官职责的一大变化。汉武帝置史官,除太史令外,似在宫中置女史之职,以记皇帝起居,故有《汉武帝禁中起居注》,东汉因之。后世以"起居"作为史官的一种职掌和名称,与此有很大关系。东汉时,以他官掌史官之事,如班固以兰台令史之职撰述国史。三国魏明帝置史官,称著作郎,隶属中书省;晋惠帝时,改称大著作,专掌史任,并增设佐著作郎人,隶属秘书监。宋、齐以下,改佐著作郎为著作佐郎。齐、梁、陈又置修史学士(亦称撰史学士)之职。十六国、北朝大多设有史职,或有专称,或杂取他官,其体制、名称,多源于魏、晋而有所损益。三国两晋南北朝时期,中国古代史学形成多途发展的趋势,而皇朝"正史"撰述尤为兴盛,故史官当中名家辈出,被誉为"史官之尤美,著作之妙选"。其间,关于起居之职,魏、晋以著作兼掌。北齐、北周,著作、起居二职逐渐分开。隋炀帝时,以著作如外史,于内史省置起居舍人如内史。

唐代,正式设立了史馆,史官制度趋于规范化。史馆以宰相为监修,称监修国史;修撰史事,以他官兼领,称兼修国史;专职修史者,称史馆修撰;亦有以卑品而有史才者参加撰史,称直史馆。著名政治家房玄龄、魏徵、朱敬则,著名史学家刘知几、吴兢,著名文学家、思想家韩愈,著名诗人杜牧等,都先后参与史馆的工作,并担任各种修史职务。自史馆设立而以宰相监修史事,由是著作局始罢史职,这是古代史官制度的又一重大变化。唐初,于门下省置起居郎,后又在中书省置起居舍人,分为左右,对立于殿,掌起居之事,故有时也曾称为左右史。其所撰起居注送交史馆,以备修史之用。

五代迄清,史官制度多因唐制而各有损益,其名称虽因代而异,但职掌略同。其中以宋、清两朝较为繁复。宋有国史院、实录院、起居院和日历所,各有史职。辽有国史院,金有国史院和记注院,元有翰林兼国史院,明以翰林院掌史事。清以翰林院掌国史、图籍管理与侍读等职,以国史馆、实录馆掌修撰史事,以起居注衙门掌起居之事,其史职则多以他官兼任。

史官们对于"君举必书"的态度颇为认真。中国古代的史官有"秉笔直书"好传统,成为后世史官竞相继承的品操和史德。他们都知道"史之为务,申以劝诫,树之风声","夫所谓直笔者,不掩恶,不虚美,书之有益于褒贬,不书无损于劝诫"(刘知几《史通》)。

历史意识是人类对自然、人类自己在时间长河中发展变化现象与本质的认识。人类的历史意识是人类特有的一种认识能力。这种能力逐步发展为继承历史、创造历史的能力。正是这种特有的认识历史、继承历史、创造历史的能力,使人类不断地由低级向高级发展、由愚昧向文明进步。所以从某种意义上说,人类成为自然界的精灵,是从历史意识的萌芽开始的。

中国远古时期的先民已经有了原始的历史意识,当时口耳相传的神话传说中就包含着先民对自身历史的记忆。在文字产生以后,原始的历史意识逐渐发展为自觉的历史意识,通过卜辞、史官记事反映对时事的记载和对历史的追述。自此,中国古代的史官,以及后世的史家,世代相传,继承和发展了中华民族自觉的历史意识并取得了突出的成就。第一,认识到历史、现实、未来的联系,所谓"述往事,思来者"(《汉书·司马迁传》)。第二,认识到历史是变化的,如《左传》中记载史墨的话:"社稷无常奉,君臣无常位,自古以然。"第三,认为可以以史为鉴,《尚书》曰:"我不可不监于有夏,亦不可不监于有殷。"司马光也说过:"鉴前世之兴衰,考当今之得失,嘉善矜恶,取是舍非。"这些历史观点促进了中华民族的发展和兴盛。

二、原典选读及导读

史記卷一百三十·太史公自序第七十(節選)

太史公曰[1]:"先人有言[2]:'自周公卒五百歲而有孔子[3]。孔子卒後至於今五百歲,有能紹明世,正《易傳》[4],繼《春秋》[5],本《詩》[6]《書》[7]《禮》[8]《樂》[9]之際?'意在斯乎!意在斯乎!小子何敢讓焉!"

上大夫壺遂曰[10]:"昔孔子何為而作《春秋》哉?"太史公曰:"余聞董生曰[11]:'周道衰廢,孔子為魯司寇[12],諸侯害子,大夫壅之。孔子知言之不用,道之不行也,是非二百四十二年之中,以為天下儀表,貶天子,退諸侯,討大夫,以達王事而已矣。'子曰:'我欲載之空言,不如見之於行事之深切著明也。'夫《春秋》,上明三王之道[13],下辨人事之紀,別嫌疑,明是非,定猶豫,善善惡惡,賢賢賤不肖,存亡國,繼絕世,補弊起廢,王道之大者也。《易》著天地陰陽四時五行[14],故長於變;《禮》經紀人倫,故長於行;《書》記先王之事,故長於政;《詩》記山川、谿谷、禽獸、草木、牝牡[15]、雌雄,故長於風;《樂》樂所以立,故長於和;《春秋》辨是非,故長於治人。是故《禮》以節人,《樂》以發和,《書》以道事,《詩》以達意,《易》以道化,《春秋》以道義。撥亂世反之正,莫近於《春秋》。《春秋》文成數萬,其指數千[16]。萬物之散聚皆在《春秋》。《春秋》之中,弑君三十六[17],亡國五十二,諸侯奔走不得保其社稷者不可勝數[18]。察其所以,皆失其本已。故《易》曰'失之毫釐,差之千里。'故曰'臣弑君,子弑父,非一旦一夕之故也,其漸久矣'。故有國者不可以不知《春秋》,前有讒而弗見,後有賊而不知。為人臣者不可以不知《春秋》,守經事而不知其宜,遭變事而不知其權。為人君父而不通於《春秋》之義者,必蒙首惡之名。為人臣子而不通於《春秋》之義者,必陷篡弑之誅,死罪之名。其實皆以為善,為之不知其義,被之空言而不敢辭。夫不通禮義之旨,至於君不君,臣不臣,父不父,子不子。夫君不君則犯,臣不臣則誅,父不父則無道,子不子則不孝。此四行者,天下之大過也。以天下之大過予之,則受而弗敢辭。故《春秋》者,禮義之大宗也。夫禮禁未然之前,法施已然之後;法之所為用者易見,而禮之所為禁者難知。"

壺遂曰:"孔子之時,上無明君,下不得任用,故作《春秋》,垂空文以斷禮義,當一王之法。今夫子上遇明天子,下得守職,萬事既具,咸各序其宜,夫子所論,欲以何明?"

太史公曰:"唯唯,否否,不然。余聞之先人曰:'伏羲至純厚[19],作《易》《八卦》。堯舜之盛[20]，《尚書》載之[21]，禮樂作焉。湯武之隆[22]，詩人歌之[23]。《春秋》采善貶惡，推三代之德[24]，褒周室，非獨刺譏而已也。'漢興以來，至明天子，獲符瑞[25]，封禪[26]，改正朔[27]，易服色[28]，受命於穆清[29]，澤流罔極，海外殊俗，重譯款塞[30]，請來獻見者，不可勝道。臣下百官力誦聖德，猶不能宣盡其意。且士賢能而不用，有國者之恥；主上明聖而德不布聞，有司之過也。且余嘗掌其官，廢明聖盛德不載，滅功臣世家賢大夫之業不述，墮先人所言，罪莫大焉。余所謂述故事，整齊其世傳，非所謂作也，而君比之於《春秋》，謬矣。"

於是論次其文。七年而太史公遭李陵之禍[31]，幽於縲紲[32]。乃喟然而歎曰："是余之罪也夫！是余之罪也夫！身毀不用矣。"退而深惟曰："夫《詩》《書》隱約者，欲遂其志之思也。昔西伯拘羑裏，演《周易》[33]；孔子厄陳蔡，作《春秋》[34]；屈原放逐，著《離騷》[35]；左丘失明，厥有《國語》[36]；孫子臏腳，而論兵法[37]；不韋遷蜀，世傳《呂覽》[38]；韓非囚秦，《說難》《孤憤》[39]；《詩》三百篇[40]，大抵賢聖發憤之所為作也。此人皆意有所鬱結，不得通其道也，故述往事，思來者。"於是卒述陶唐以來[41]，至于麟止[42]，自黃帝[43]始。

（司馬遷撰《史記》，中華書局1963年版）

【注釋】

[1]太史公：司馬遷自稱。

[2]先人：指司馬遷的父親司馬談。

[3]周公：姓姬，名旦，周武王之弟，周成王之叔。武王死時，成王尚年幼，於是就由周公攝政（代掌政權）。周朝的禮樂制度相傳是由周公制定的。

[4]《易傳》：《周易》的組成部分，是儒家學者對古代占筮用《周易》所作的各種解釋。

[5]《春秋》：儒家經典，相傳是孔子根據魯國史官編的《春秋》加以整理、修訂而成。

[6]《詩》：《詩經》，儒家經典之一，是我國第一部詩歌總集。

[7]《書》：《尚書》，儒家經典之一，是上古歷史檔案和部分追述古代事蹟著作的彙編。

[8]《禮》：儒家經典《周禮》《儀禮》《禮記》三書的合稱。

[9]《樂》：儒家經典之一，今已不傳。《易傳》《春秋》《詩》《書》《禮》《樂》，漢時稱"六藝"。

[10]壺遂：人名，曾和司馬遷一起參加太初改曆，官至詹事，秩二千石，故稱"上大夫"。

[11]董生：指漢代儒學大師董仲舒。

[12]孔子為魯司寇：魯定公十年（公元前500年），孔子在魯國由中都宰升任司空和大司寇，是年五十二歲。司寇：掌管刑獄的官。

[13]三王：指夏、商、周三代的開國之君禹、湯、文王。

［14］陰陽:古代以陰陽解釋世間萬物的發展變化,凡天地萬物皆分屬陰陽。四時:春、夏、秋、冬四季。五行:水、火、木、金、土等五種基本元素,古人認為它們之間會相生相剋。

［15］牝牡:牝為雌,牡為雄。

［16］指:同"旨"。

［17］弑:古時稱臣殺君、子殺父母曰"弑"。

［18］社稷:土神和穀神。古時王朝建立,必先立社稷壇;滅人之國,也必先改置被滅國的社稷壇。故以社稷為國家政權的象徵。

［19］伏羲:神話中人類的始祖。曾教民結網,從事漁獵畜牧。據說《易經》中的八卦就是他畫的。

［20］堯:傳說中我國父系社會後期部落聯盟的領袖。舜:由堯的推舉,繼任部落聯盟的領袖。挑選賢才,治理國家,並把治水有功的大禹推為自己的繼承人。

［21］《尚書》載之:《尚書》的第一篇《堯典》,記載了堯禪位給舜的事蹟。

［22］湯:商朝的建立者。原是商族的領袖,消滅了鄰近幾個部落。最後一舉滅夏,建立商朝。武:周武王,西周王朝的建立者。繼承文王的遺志,率部東攻,在牧野(今河南省淇縣西南)大敗商紂王部隊,建立周朝。

［23］詩人歌之:《詩經》中有《商頌》五篇,內容多是對殷代先王先公的讚頌。

［24］三代:夏、商、周。

［25］符瑞:吉祥的徵兆。漢初思想界盛行"天人感應"之說,此曰"獲符瑞",指公元前122年,漢武帝獵獲了一頭白麟,於是改元"元狩"。

［26］封禪:帝王祭天地的典禮。秦漢以後成為國家大典。

［27］正朔:正是一年的開始,朔是一月的開始;正朔即一年的第一天。古時候改朝換代,都要重新確定何時為一年的第一個月,以示受命於天。周以夏曆的十一月為歲首;秦以夏曆的十月為歲首;漢初承秦制,至漢武帝元封元年(公元前104年)改用"太初曆",才用夏曆的正月為歲首,從此直到清末,歷代沿用。"改正朔"即指此。

［28］易服色:更改車馬、祭牲的顏色。秦漢時代,盛行"五德終始說",認為每一個朝代在五行中必定占居一德。與此相應,每一朝代都崇尚一種顏色。所謂夏朝為水德,故崇尚黑色;商朝為金德,故崇尚白色;周朝為火德,故崇尚赤色;漢初四十年,漢人認為自己是水德,故崇尚黑色,後經許多人的抗爭,到武帝時正式改定為土德,崇尚黃色。

［29］穆清:指天。

［30］重譯:經過幾重翻譯。喻遠方鄰邦。款塞:叩關。

[31] 遭李陵之禍：李陵：隴西成紀（今甘肅秦安）人，漢名將李廣之孫，善於騎射，漢武帝時官拜騎都尉。天漢二年（公元前 99 年），漢武帝出兵三路攻打匈奴，以他的寵妃李夫人之弟、貳師將軍李廣利為主力，李陵為偏師，李陵率軍深入腹地，遇匈奴主力而被圍。李廣利按兵不動，致使李陵兵敗投降。司馬遷認為李陵是難得的將才，在武帝面前為他辯解，竟被下獄問罪，處以宮刑。

[32] 縲絏：原是捆綁犯人的繩索，這裏引伸為監獄。

[33] 西伯拘羑裏，演《周易》：周文王被殷紂王拘禁在羑裏（今河南省湯陰縣北）時，把上古時代的八卦（相傳是伏羲所作）推演成六十四卦，這就是《周易》一書的骨幹。

[34] 孔子厄陳蔡，作《春秋》：孔子為了宣傳自己的政治主張，曾周遊列國，但到處碰壁，在陳國和蔡國，還受到了絕糧和圍攻的困厄。其後返回魯國寫作《春秋》。

[35] 屈原放逐，著《離騷》：屈原被流放期間創作《離騷》。

[36] 左丘失明，厥有《國語》：左丘是春秋時魯國的史官。相傳他失明以後，撰寫成《國語》一書。

[37] 孫子臏腳，而論兵法：孫子，即孫臏，因受一種截去兩腿膝蓋上臏骨的臏刑以後得名。齊國人，曾與龐涓一起從鬼穀子學兵法。後龐涓擔任魏國大將，忌孫之才，把孫臏騙到魏國，處以臏刑。孫臏後被齊威王任為軍師，著有《孫臏兵法》。

[38] 不韋遷蜀，世傳《呂覽》：不韋即呂不韋，戰國末年的大商人。秦莊襄王時，被任為相國。他曾命門下的賓客編撰了《呂氏春秋》（又稱《呂覽》）一書。

[39] 韓非囚秦，《說難》、《孤憤》：韓非是戰國末期法家的代表，出身韓國貴族。為李斯所讒，在獄中自殺。《說難》、《孤憤》是《韓非子》中的兩篇。

[40]《詩》三百篇：今本《詩經》共三百〇五篇，這裏是指約數。

[41] 陶唐：即唐堯。堯最初住在陶丘（今山東省定陶縣南），後又遷往唐（今河北省唐縣），故稱陶唐氏。《史記》列為五帝之一。

[42] 至于麟止：漢武帝元狩元年（公元前 122 年），獵獲白麟一隻，《史記》記事即止於此年。

[43] 黃帝：傳說中中原各族的共同祖先，姬姓，號軒轅氏、有熊氏。

【导读】

《太史公自序》是司马迁为《史记》一书撰写的序言。原序由三部分组成：第一部分历叙世系和家学渊源，并概括了自己前半生的经历；第二部分（这里节选的部分）利用对话的形式，鲜明地表达了作者撰写《史记》是为了完成父亲临终前的嘱托，以《史记》续孔子的《春秋》，并通过对历史人物的描绘、评价，来抒发自己心中的抑郁不平之气，表明自己以古人身处逆境、发愤著书的事迹自励，在遭受宫刑之后，忍辱负重，终于完成了《史记》这部巨著；第三部分是《史记》一百三十篇的各篇小序。全序规模宏大，文气深沉浩瀚，是《史记》全书的纲领。

正統論七首(節選)

原正統論

《傳》[1]曰："君子大居正。"又曰："王者大一統。"正者，所以正天下之不正也；統者，所以合天下之不一也。由不正與不一，然後正統之論作。堯、舜之相傳，三代之相代，或以至公，或以大義，皆得天下之正，合天下於一，是以君子不論也，其帝王之理得而始終之分明故也。及後世之亂，僭偽興而盜竊作，由是有居其正而不能合天下於一者，周平王[2]之有吳、徐是也；有合天下於一而不得居其正者，前世謂秦為閏是也。由是正統之論興焉。

自漢而下，至於西晉，又推而下之，為宋、齊、梁、陳。自唐而上，至於後魏，又推而上之，則為夷狄。其帝王之理舛，而始終之際不明，由是學者疑焉，而是非不公。非其不公，蓋其是非之難。自周之亡迄于顯德，實千有二百一十二年之間，或理或亂，或取或傳，或分或合，其理不能一概，是以論者於此而難也。大抵其可疑之際有四，其不同之說有三，此論者之所病也。

何謂可疑之際？周、秦之際也，漢、魏之際也，東晉、後魏之際也，朱梁、後唐之際也。秦親得周而一天下，其迹無異禹、湯，而論者黜之，其可疑一也。王莽得漢而天下一，莽不自終其身而漢復興，論者曰偽，宜也。魏得漢而天下三分，論者曰正統，其可疑二也。以東晉承西晉則無終，以周、隋承元魏則無始，其可疑者三也。梁之取唐，無異魏、晉，而梁為偽。劉備，漢之後裔，以不能一天下而自別稱蜀，不得正統，可也。後唐非李氏，未嘗一天下，而正統得之，其可疑四也。

何謂不同之說三？有昧者之論，有自私之論，有因人之論。

正統之說肇於誰乎？始於《春秋》之作也。當東周之遷，王室微弱，吳、徐並僭，天下三王，而天子號令不能加於諸侯，其《詩》下同於列國，天下之人莫知正統。仲尼以為周平雖始衰之王，而正統在周也。乃作《春秋》，自平王以下，常以推尊周室，明正統之所在。故書王以加正月而繩諸侯。王人雖微，必加於上，諸侯雖大，不與專封，以天加王，而別吳、楚。刺譏褒貶，一以周法。凡其用意，無不在於尊周。而後之學者不曉其旨，遂曰黜周而王魯。或曰起魯隱之不正，或曰起讓國之賢君，泥其說於私魯，殊不知聖人之意在於尊周，以周之正而統諸侯也。至秦之帝，既非至公大義，因悖棄先王之道，而自為五勝之說。漢興，諸儒既不明《春秋》正統之旨，又習秦世不經之說，乃欲尊漢而黜秦，無所據依，遂為三統五運之論，詆秦為閏而黜之。夫漢所以有天下者，以至公大義而起也。而說者直曰以火德當天統而已。甚者，至引蛇龍之妖，以為左驗。至於王莽、魏、晉，直用五行相勝而已。故曰昧者之論也。

自西晉之滅，而南為東晉、宋、齊、梁、陳，北為後魏、後周、隋。私東晉者曰：隋得陳，然後天下一。則推其統曰：晉、宋、齊、梁、陳、隋。私後魏者曰：統必有所授。則正其統曰：唐授之隋，隋授之後周，後周授之後魏。至其甚相戾也，則為《南史》者，詆北曰虜；為《北史》者，詆南曰夷。故曰自私之論也。

夫梁之取唐，無異魏、晉之取也，魏、晉得為正，則梁亦正矣。而獨曰偽，何哉？以有後唐故也。彼後唐者，初與梁為世仇。及唐之滅，欲借唐為名，託大義以窺天下，則不得不指梁為偽，而為唐討賊也。而晉、漢承之，遂因而不改。故曰因人之論也。

以不同之論於可疑之際，是以是非相攻，而罕得其當也。《易》曰：「天下之動，正夫一。」夫帝王之統，不容有二。而論者如此，然搢紳先生未嘗有是正之者，豈其興廢之際，治亂之本難言歟？自《春秋》之後，述者多焉，其通古今、明統類者希矣。司馬子長列序帝王，而項羽亦為《本紀》，此豈可法邪？文中子作《元經》，欲斷南北之疑也，絕宋於元徽五年，進魏於太和元年。是絕宋不得其終，進魏不得其始。夫以子長之博通，王氏之好學，而有不至之論，是果難言歟！若夫推天下之至公，據天下之大義，究其興廢，迹其本末，辨其可疑之際，則不同之論息，而正統明矣。

（歐陽修撰，洪本健校箋《歐陽修詩文集校箋》，上海古籍出版社2009年版）

【注釋】

[1]傳：指《公羊傳》。
[2]周平王：姬姓，名宜臼，東周第一代王。

【導讀】

"正統"一詞，出自《春秋》一書，又稱法統、道統、禮儀之統，意思是以宗周為正，尊先王法五帝，為天下一統。宗周包括血統上的嫡長子繼承制及文化上的華夷之辨。周禮和春秋大義是衡量正統的標準，中原王朝為了證明自己是正統，往往標榜本朝皇帝先祖是五帝感生，以獲得政治上的統治合法性。對正統的追求稱為撥亂反正、尊王攘夷。其中尤以歐陽修的正統論影響最深。從史學思想的角度看，歐陽修第一次從理論上對前代正統問題進行了批判總結，從新的角度，開辟了正統理論的新天地，並使之由政治神話變成了史學問題，創導了將正統融入史學的先河，而且提出了自己的歷史價值標準，對後世產生了很大的影響。通過對歷史上及現實中正統問題的反思批判，歐陽修提出了自己系統的正統理論。他從北宋"《春秋》學"尊王大一統角度提出對正統的理解，"臣愚因以謂正統，王者所以一民而臨天下"，"《傳》曰：君子大居正，又曰：王者大一統。正者，所以正天下之不正也；統者，所以合天下之不一也"。根據"居正"與"一統"，歐陽修指出歷史上的正统王朝有三类:第一类是"居天下之正,合天下于一",尧、舜、夏、商、周、秦、汉、唐属此类;第二类是"居其正而不能合天下于一",东周属此类;第三类是"虽不得其正,卒能合天下于一",西晋、隋属此类。在这里,欧阳修提出了"正"与"一"两个历史价值标准:所谓"正",是指道德而言,即封建的礼分:所谓"一",是指功业而言,即王朝的业绩。欧阳修反对纯粹用道德因素区分历史的做法,把现实功业放到了一个很重要的位置上,提出在论述王朝地位时要"较其德与迹",即确立道德、功业并重的历史评价标准。在区分了正统的三种类型,提出了从道德、功业两个方面评价王朝地位的同时,欧阳修又提出了"绝统"的概念。他认为前人所谓正统相承不绝的认识是错误的,它给人们解说分裂时期的历史造成了困难,也引起了许多无谓的争端。有鉴于此,欧阳修考察了历史的治乱分合、盛衰升降,认为正统有续有绝,他指出:"故正统之序,上自尧舜,历夏、商、周、秦、汉而绝,晋得之而又绝,隋唐得之而又绝。自尧舜以来,三绝而复续,惟有绝而复续,然后是非公、予夺当,而正统明矣。"欧阳修正统"三续三绝"的见解,较好地说明了统一王朝的历史与分裂割据时期的历史,以及统一与分裂的转化。

三、延伸阅读

　　早期史官不仅创造了文化,还起到了传播文化的作用。我国最早的书籍以史官文化作为产生的土壤,又随着史官文化的繁荣而走向繁荣。史官直书实录精神是一脉相承的,从晋的董狐到齐的太史简,到后来的孔子、左丘明,再到司马迁等,史官和他们书写的史都体现了中国文化中浓厚的"以古为鉴""为后世法"的历史意识及表现手法。在中华文化的历史长河中,由史官文化产生的著史传统,对后世著史乃至文学、文化都产生了重要影响,形成了独特的史家精神,影响深远。

(张海撰)

第二节　史学名著

一、概述

　　(一)《尚书》

　　《尚书》是中国最早的历史文献集,它保存了商周特别是西周初期的一些重要史料。

《尚书》相传由孔子编撰而成，但有些篇是后来的儒家学者补充进去的。西汉初存二十九篇，因用汉代通行的文字隶书抄写，称《今文尚书》。另有相传在汉武帝时从孔子旧宅壁中发现的《古文尚书》（现只存篇目和少量佚文，较《今文尚书》多十六篇）和东晋梅赜所献的伪《古文尚书》（较《今文尚书》多二十五篇）。通行的《十三经注疏》本《尚书》，就是《今文尚书》和伪《古文尚书》的合编本。

（二）《春秋》及"春秋三传"

《春秋》是我国第一部编年体史书，史料价值很高，但不完备，而且经文言简义深，如无注释，则无法了解。注释《春秋》的有左氏、公羊、穀梁三家，另有邹氏、夹氏二家，早在汉朝已失传。"春秋三传"即《春秋左氏传》《春秋公羊传》《春秋穀梁传》，都是编年体史书。自汉至今，学者多借助这三传研读《春秋》。《春秋》是记事的，后多散佚，仅留下经孔子整理的鲁国的《春秋》，汉代有重新编撰整理的"春秋三传"，即《公羊传》《穀梁传》《左传》。

（三）《左传》

《左传》原名为《左氏春秋》，汉代改称《春秋左氏传》，简称《左传》。旧时相传是春秋末年左丘明为解释孔子的《春秋》而作。《左传》实质上是一部独立撰写的史书，以《春秋》为本，通过记述春秋时期的具体史实来说明《春秋》的纲目，是儒家的重要经典之一。

《左传》是记录春秋时期社会状况的重要典籍，工于记事，长于记人。其内容多取材于王室档案、鲁史策书、诸侯国史等，记事基本以《春秋》鲁十二公为次序，内容包括诸侯国之间的聘问、会盟、征伐、婚丧、篡弑等，对后世史学、文学都有重要影响。《左传》主要记录周王室的衰微、诸侯争霸的历史，对各类礼仪规范、典章制度、社会风俗、民族关系、道德观念、天文地理、历法时令、古代文献、神话传说、歌谣言语均有记述和评论。

（四）《战国策》

《战国策》是一部国别体史书，又称《国策》《短长书》，为当时纵横家（即策士）游说之辞的汇编，主要记载战国时期谋臣策士纵横捭阖的斗争。全书按东周、西周、秦国、齐国、楚国、赵国、魏国、韩国、燕国、宋国、卫国、中山国依次分国编写，分为十二策、三十三卷，共四百九十七篇，约十二万字。《战国策》所记载的历史，上起公元前490年智伯灭范氏，下至公元前221年高渐离以筑击秦始皇，是先秦历史散文成就最高、影响最大的著作之一。

《战国策》是我国古代记载战国时期政治斗争最完整的著作。而当时战国七雄的风云变幻,合纵连横,战争绵延,政权更迭,都与谋士献策、智士论辩有关,具有重要的史料价值。

（五）《史记》

《史记》最初没有固定书名,或称"太史公书""太史公记",也省称"太史公"。"史记"本来是古代史书的通称,从三国开始,"史记"由通称逐渐成为"太史公书"的专名。《史记》是一部贯穿古今的通史,从传说中的黄帝开始,一直写到汉武帝元狩元年,叙述了我国三千多年的历史。《史记》有本纪十二篇、表十篇、书八篇、世家三十篇、列传七十篇,共一百三十篇。《史记》取材相当广泛,还有司马迁实地调查获取的材料。特别可贵的是,司马迁对搜集的材料做了认真的分析和选择,对一些不能弄清楚的问题,或者采用阙疑的态度,或者记载各种不同的说法。由于取材广泛,修史态度严肃认真,所以《史记》记事翔实,内容丰富。

（六）《汉书》

《汉书》把《史记》的"本纪"省称"纪","列传"省称"传","书"改曰"志",取消了"世家",汉代勋臣世家一律编入"传"。这些变化被后来的一些史书沿袭下来。《汉书》记载的时代与《史记》有交叉,汉武帝中期以前的西汉历史两书都有记述。

《汉书》新增加了《刑法志》《五行志》《地理志》《艺文志》。《刑法志》第一次系统地叙述了法律制度的沿革和一些具体的律令规定。《五行志》记载日蚀、月蚀、星体变异和各种灾害及阴阳学说,为后代正史继之。《地理志》记录了当时的郡国行政区划、历史沿革和户口数字,有关各地物产、经济发展状况、民情风俗的记载更加引人注目。《艺文志》考证了各种学术别派的源流,记录了存世的书籍,它是我国现存最早的图书目录。《食货志》是由《平准书》演变来的,但内容更加丰富。它有上下两卷:上卷谈"食",即农业经济状况;下卷论"货",即商业和货币的情况,是当时的经济专篇。

（七）《后汉书》

前面章节已有讲述,此处从略。《后汉书》是我们现在研究东汉历史最基本的依据。

（八）《三国志》

前面章节已有讲述,此处从略。《三国志》善于叙事,文笔简洁,详略得当,当时就受到人们赞许,后人更是推崇备至。

（九）《资治通鉴》

《资治通鉴》简称《通鉴》，是北宋司马光主编的一部多卷本编年体史书，共二百九十四卷，历时十九年完成。它以时间为纲、事件为目，从周威烈王二十三年（公元前 403 年）写起，到五代的后周世宗显德六年（公元 959 年）征淮南停笔，涵盖十六朝一千三百六十二年的历史。它是中国第一部编年体通史，在中国官修史书中占有极重要的地位。

《资治通鉴》的内容以政治、军事和民族关系为主，兼及经济、文化和历史人物评价，目的是通过对事关国家盛衰、民族兴亡的统治阶级政策的描述警示后人。

宋神宗认为该书"鉴于往事，有资于治道"，因此钦赐此名。由此可见，《资治通鉴》的得名，既是史家治史以资政的自觉意识增强的表现，也是封建帝王利用史学为政治服务自觉意识增强的表现。

（十）《续资治通鉴长编》

《续资治通鉴长编》是中国古代私家著述中卷帙最大的断代编年史。原本九百八十卷，今存五百二十卷。作者李焘（1115—1184 年），字仁甫，四川眉州丹棱（今四川省眉山市丹棱县）人。李焘仿司马光著《资治通鉴》体例，所记内容自宋太祖赵匡胤建隆元年始，迄於宋钦宗赵桓靖康元年，记北宋九朝一百六十八年事，定名《续资治通鉴长编》。近代治宋史者对该书史料价值评价甚高。

《续资治通鉴长编》有两个显著的特点：第一个显著特点是坚持司马光编《资治通鉴》的原则，就是"宁失于繁，勿失于略"。《续资治通鉴长编》的取材十分丰富，除宋代的实录、国史外，还大量采用经、史、子、集，笔记小说，家乘志状。第二个显著特点是李焘继承和发展了"考异"的优良传统。司马光在著《资治通鉴》时，著有《通鉴考异》，在书中排列不同材料，说明自己取舍的原因。《续资治通鉴长编》也采用了这一考异的方法，"若旧本有误处，及有合添处，即当明著其误削去，气添处仍具述所据何书，考按无违，乃听修换，仍录出为考异；不然则从旧，更勿增改"。《续资治通鉴长编》注文多达一万两千条，超七十万字。

（十一）《史通》

《史通》是中国及全世界首部系统性的史学理论专著，作者是唐朝的刘知几。全书内容主要评论史书体例与编撰方法，以及论述史籍源流与前人修史之得失。其范围十分广泛，基本上可以概括为史学理论和史学批评两大类。史学理论指有关史学体例、编纂方法及史官制度的论述；史学批评则包括评论史事、研讨史籍得失、考订史事正误异同等。

《史通》包括内篇三十九篇、外篇十三篇，总结了唐初以前编年体史书和纪传体史书在编纂上的特点和得失,认为这两种体裁不可偏废,而在此基础上的断代为史则是今后史书编纂的主要形式。它对纪传体史书的各部分体例,如本纪、世家、列传、表历、书志、论赞、序例、题目等,做了全面而详尽的分析,对编写史书的方法和技巧也多有论述。

(十二)《通典》

唐杜佑撰,是中国历史上第一部体例完备的政书。《通典》记述了唐天宝以前历代经济、政治、礼法、兵刑等典章制度及地志、民族等,共二百卷,内分九门,子目一千五百余条,约一百九十万字。《通典》在历史编纂学史上占有重要地位,是典章制度专史的开创之作。《通典》专叙历代典章制度的沿革变迁,从远古时代的黄帝起,到唐玄宗天宝末年止(肃宗、代宗以后的变革,有时也附载于注中),分为食货、选举、职官、礼、乐、兵、刑、州郡、边防类,每类又各分子目,对历代典章制度都详细地叙述了它们的源流,有时不但附载前人的有关议论,而且用说、议、评、论的方式提出自己的见解和主张。

(十三)《通志》

南宋郑樵著,《通志》是以人物为中心的纪传体通史。但传统史学将其归入典章制度的政书,全书二百卷,有帝纪十八卷、皇后列传二卷、年谱四卷、略五十一卷、列传一百二十五卷。《通志》把年表改称年谱,把志改称略。总序和二十略是全书的精华。

(十四)《文献通考》

《文献通考》是宋元时代著名学者马端临的重要著作。马端临,字贵与,号行州,江西乐平人,生于南宋理宗宝祐二年(1254年),卒于元泰定帝泰定元年(1324年)。该书是从上古到宋朝宁宗时期的典章制度通史,是继《通典》《通志》之后,规模最大的一部记述历代典章制度的著作。《文献通考》和《通典》《通志》合称"三通"。《文献通考》全书分为二十四门,三百四十八卷。书的内容起自上古,终于南宋宁宗嘉定年间。就其体例与内容来看,本书的取材中唐前以《通典》为基础,并进行适当补充。中唐后的史料则是马端临广收博采的结果,尤其是宋代部分,当时《宋史》尚未成书,而马氏所见到的宋代史料最丰富,所以其所收之材料多有为《宋史》所无者。《文献通考》取材广博,网罗宏富,对宋以前的历史做了全面的总结。

(十五)《文史通义》

《文史通义》是清代著名学者章学诚的代表作。本书是一部史学理论著作,共八卷,包括内篇和外篇两部分,内篇五卷,外篇三卷。但是,由于该书版本很多,内容不尽一致。1921年,吴兴刘承干所刻《章氏遗书》本,内篇增一卷。其史学理论主要有两个方面。其一,"六经皆史"论。以为"六经"皆属先王的政典,记述了古代的典章制度,说明史之源起先于经,并指明经术乃三代之史而为后人所重视。其二,有关历史编纂学问题。这是该书的主要内容之一,散见于《史德》《说林》《书教》《答客问》《原道》《释通》《古文十弊》诸篇中。章学诚发展了刘知几的史学理论,于"才、学、识"之外,提出"史德"问题。他说:"史所贵者义也,而所具者事也,所凭者文也。"具备"义、事、文"方可称为"史学"。"义"指历史观点,"事"指历史事实,"文"则是表达的文笔。在章学诚看来,三者以"义"为主,而"事"与"文"不过是求"义"的根据和技巧而已。

二、原典选读及导读

史通·內篇·六家第一

　　自古帝王編述文籍,《外篇》言之備矣。古往今來,質文遞變,諸史之作,不恒厥體。權[1]而為論,其流有六:一曰《尚書》[2]家,二曰《春秋》家,三曰《左傳》家,四曰《國語》家,五曰《史記》家,六曰《漢書》家。今略陳其義,列之於後。

　　《尚書》家者,其先出於太古。《易》曰:"河出《圖》,洛出《書》,聖人則之。"[3]故知《書》之所起遠矣。

　　至孔子觀書於周室,得虞、夏、商、周四代之典,乃刪其善者,定為《尚書》百篇。孔安國[4]曰:"以其上古之書,謂之《尚書》。"《尚書璇璣鈐》[5]曰:"尚者,上也。上天垂文象,布節度,如天行也。"王肅[6]曰:"上所言,下為史所書,故曰《尚書》也。"

　　推此三說,其義不同。蓋《書》之所主,本於號令,所以宣王道之正義,發話言於臣下,故其所載,皆典、謨、訓、誥、誓、命之文。至如《堯》《舜》二典,直序人事,《禹貢》[7]一篇,唯言地理,《洪範》總述災祥,《顧命》都陳喪禮,茲亦為例不純者也。

　　又有《周書》者,與《尚書》相類,即孔氏刊約百篇之外,凡為七十一章。上自文、武[8],下終靈、景[9]。甚有明允篤誠,典雅高義;時亦有淺末恒說,滓穢相參,殆似後之好事者所增益也。至若《職方》之言,與《周官》無異;《時訓》之說,比《月令》多同。期百王之正書,《五經》之別錄者也。

　　自宗周既殞,《書》體遂廢,迄乎漢、魏,無能繼者。至晉廣陵相魯國孔衍[10],以為國史所以表言行,昭法式,至於人理常事,不足備列。乃刪漢、魏諸史,取其美詞典言,足為龜鏡者,定以篇第,纂成一家。由是有《漢尚書》《後漢尚書》《漢魏尚書》,凡為二十六卷。至隋秘書監太原王劭[11],又錄開皇、仁壽時事,編而次之,以類相從,各為其目,勒成《隋書》八十卷。尋其義例,皆准《尚書》。

　　原夫《尚書》之所記也,若君臣相對,詞旨可稱,則一時之言,累篇咸載。如言無足紀,語無可述,若此故事,雖有脫略,而觀者不以為非。爰逮中葉,文籍大備,必翦截今文,摸擬古法,事非改轍,理涉守株。故舒元所撰《漢》《魏》等書,不行於代也。若乃帝王無紀,公卿缺傳,則年月失序,爵里難詳,斯並昔之所忽,而今之所要。如君懋《隋書》,雖欲祖述商、周,憲章虞、夏,觀其所述,乃似《孔子家語》、臨川《世說》,可謂畫虎不成,反類犬也。故其書受嗤當代,良有以焉。

《春秋》家者,其先出於三代。案《汲塚瑣語》記太丁時事,且為《夏殷春秋》。孔子曰:"疏通知遠,《書》之教也。""屬辭比事,《春秋》之教也。"知《春秋》始作,與《尚書》同時。

《瑣語》又有《晉春秋》,記獻公十七年事。《國語》云:晉羊舌肸[12]習於春秋,悼公使傳其太子。《左傳》昭二年,晉韓宣子[13]來聘,見《魯春秋》曰:"周禮盡在魯矣。"斯則春秋之目,事匪一家。至於隱沒無聞者,不可勝載。又案《竹書紀年》,其所紀事皆與《魯春秋》同。《孟子》曰:"晉謂之乘,楚謂之檮杌,而魯謂之春秋,春實一也。"然則乘與紀年、檮杌,其皆春秋之別名者乎!故《墨子》曰:"吾見百國春秋",蓋皆指此也。

逮仲尼之修《春秋》也,乃觀周禮之舊法,遵魯史之遺文;據行事,仍人道;就敗以明罰,因興以立功;假日月而定歷數,藉朝聘而正禮樂;微婉其說,志晦其文;為不刊之言,著將來之法,故能彌歷千載,而其書獨行。

又案儒者之說春秋也,以事系日,以日系月;言春以包夏,舉秋以兼冬,年有四時,故錯舉以為所記之名也。苟如是,則晏子、虞卿、呂氏、陸賈[14]其書篇第,本無年月,而亦謂之春秋,蓋有異於此者也。

至太史公著《史記》,始以天子為本紀,考其宗旨,如法《春秋》。自是為國史者,皆用斯法。然時移世異,體式不同。其所書之事也,皆言罕褒諱,事無黜陟,故馬遷所謂整齊故事耳,安得比於《春秋》哉!

《左傳》家者,其先出於左丘明。孔子既著《春秋》,而丘明受經作傳。蓋傳者,轉也,轉受經旨,以授後人。或曰傳者,傳也,所以傳示來世。案孔安國注《尚書》,亦謂之傳,斯則傳者,亦訓釋之義乎?觀《左傳》之釋經也,言見經文而事詳傳內,或傳無而經有,或經闕而傳存。其言簡而要,其事詳而博,信聖人之才羽翮,而述者之冠冕也。

逮孔子云沒,經傳不作。于時文籍,唯有《戰國策》及《太史公書》而已。至晉著作郎魯國樂資[15],乃追采二史[16],撰為《春秋後傳》。其書始以周貞王[17]續前傳魯哀公後,至王赧[18]入秦,又以秦文王[19]之繼周,終於二世[20]之滅,合成三十卷。

當漢代史書,以遷、固為主,而紀傳互出,表志相重,于文為煩,頗難周覽。至孝獻帝[21],始命荀悅[22]撮其書為編年體,依《左傳》著《漢紀》三十篇。自是每代國史,皆有斯作,起自後漢,至於高齊[23]。如張璠、孫盛、干寶、徐廣、裴子野、吳均、何之元、王劭[24]等,其所著書,或謂之春秋,或謂之紀,或謂之略,或謂之典,或謂之志。雖名各異,大抵皆依《左傳》以為的准焉。

《國語》家者,其先亦出於左丘明。既為《春秋內傳》,又稽其逸文,纂其別說,分周、魯、齊、晉、鄭、楚、吳、越八國事,起自周穆王,終於魯悼公,別為《春秋外傳》,合為二十一篇。其文以方《內傳》,或重出而小異。然自古名儒賈逵、王肅、虞翻、韋曜[25]之徒,並申以注釋,治其章句,此亦《六經》之流,《三傳》之亞也。

暨縱橫互起,力戰爭雄,秦兼天下,而著《戰國策》。其篇有東西二周、秦、齊、燕、楚、三晉、宋、衛、中山,合十二國,分為三十三卷。夫謂之策者,蓋錄而不序,故即簡以為名。或云,漢代劉向以戰國遊士為之策謀,因謂之《戰國策》。

至孔衍,又以《戰國策》所書,未為盡善。乃引太史公所記,參其異同,刪彼二家,聚為一錄,號為《春秋後語》。除二周及宋、衛、中山,其所留者,七國而已。始自秦孝公[26],終於楚、漢之際,比於《春秋》,亦盡二百三十餘年行事。始衍撰《春秋時國語》,復撰《春秋後語》,勒成二書,各為十卷。今行於世者,唯《後語》存焉。按其書《序》云:“雖左氏莫能加。”世人皆尤其不量力,不度德。尋衍之此義,自比於丘明者,當謂《國語》,非《春秋傳》也。必方以類聚,豈多嗤乎!

當漢氏失馭,英雄角力。司馬彪[27]又錄其行事,因為《九州春秋》,州為一篇,合為九卷。尋其體統,亦近代之《國語》也。

自魏都許、洛,三方鼎峙;晉宅江、淮,四海幅裂。其君雖號同王者,而地實諸侯。所在史官,記其國事,為紀傳者則規模班、馬,創編年者則議擬荀、袁[28]。於是《史》《漢》之體大行,而《國語》之風替矣。

《史記》家者,其先出於司馬遷[29]。自五經間行,百家競列,事蹟錯糅,前後乖舛。至遷乃鳩集國史,採訪家人,上起黃帝,下窮漢武,紀、傳以統君臣,書、表以譜年爵,合百三十卷。因魯史舊名,目之曰《史記》。自是漢世史官所續,皆以《史記》為名。迄乎東京[30]著書,猶稱《漢記》。

至梁武帝,又敕其群臣,上自太初,下終齊室,撰成《通史》六百二十卷。其書自秦以上,皆以《史記》為本,而別采他說,以廣異聞;至兩漢已還,則全錄當時紀傳,而上下通達,臭味相依;又吳、蜀二主皆入世家,五胡及拓拔氏列于《夷狄傳》。大抵其體皆如《史記》,其所為異者,唯無表而已。其後元魏濟陰王暉,又著《科錄》二百七十卷,其斷限亦起自上古,而終於宋年。其編次多依於仿《通史》,而取其行事尤相似者,共為一科,故以《科錄》為號。皇家顯慶[31]中,符璽郎隴西李延壽[32]抄撮近代諸史,南起自宋,終於陳,北始自魏,卒於隋,合一百八十篇,號曰《南北史》。其君臣流別,紀傳群分,皆以類相從,各附於本國。凡此諸作,皆《史記》之流也。

尋《史記》疆宇遼闊,年月遐長,而分以紀傳,散以書表。每論家國一政,而胡、越[33]相懸;敘君臣一時,而參、商是隔。此其為體之失者也。兼其所載,多聚舊記,時采雜言,故使覽之者事罕異聞,而語饒重出。此撰錄之煩者也。況《通史》已降,蕪累尤深,遂使學者寧習本書,而怠窺新錄。且撰次無幾,而殘缺遂多,可謂勞而無功,述者所宜深誡也。

《漢書》家者,其先出於班固[34]。馬遷撰《史記》,終於“今上”;自太初已下,闕而不錄。班彪[35]因之,演成《後記》,以續前編。至子固,乃斷自高祖,盡於王莽,為十二紀、十志、八表、七十列傳,勒成一史,目為《漢書》。

昔虞、夏之典,商、周之誥,孔氏所撰,皆謂之“書”。夫以“書”為名,亦稽古之偉稱。尋其創造,皆准子長,但不為"世家",改"書"曰"志"而已。自東漢以後,作者相仍,皆襲其名號,無所變革,唯《東觀》曰"記",《三國》曰"志"。然稱謂雖別,而體制皆同。

曆觀自古,史之所載也,《尚書》記周事,終秦穆,《春秋》述魯文,止哀公,《紀年》不逮於魏亡,《史記》唯論於漢始。如《漢書》者,究西都之首末,窮劉氏之廢興,包舉一代,撰成一書。言皆精煉,事甚該密,故學者尋討,易為其功。自爾迄今,無改斯道。

於是考茲六家,商榷千載,蓋史之流品,亦窮之於此矣。而朴散淳銷,時移世異,《尚書》等四家,其體久廢,所可祖述者,唯《左氏》及《漢書》二家而已。

（劉知幾著,浦起龍通釋,王煦華整理《史通通釋》,上海古籍出版社 2009 年版）

【注釋】

[1]榷:概括,總括。

[2]《尚書》:夏、商、周時期一些歷史事件和檔案資料的彙編,相傳為孔子編選而成。

[3]《圖》:《河圖》;《書》:《洛書》,均為傳說中最早的典籍。

[4]孔安國:西漢經學家,孔子後裔。

[5]《尚書璿璣鈐》:西漢末年的緯書《尚書緯》中的一部,當時儒生以神學迷信附會儒家經典,稱為緯。

[6]王肅:字子雍,三國時期曹魏著名經學家,著有《尚書傳》《尚書駁義》《尚書答問》等。

[7]《禹貢》:可能是戰國時期秦國人所總結的地理史料,把天下分為"九州",並分述其山川、藪澤、土壤等情況,是我國地理學的開山之作。

[8]文:周文王姬發。武:周武王姬旦。

[9]靈:周靈王姬泄。景:周景王姬貴。

[10]孔衍:字舒元,孔子後裔,東晉經學家,著述達百余萬言,《晉書》有傳。

[11]王劭:字君懋,隋著作郎秘書少監,掌管國史修撰,有《隋書》八十卷,另有《齊志》二十卷,《齊書》一百卷等,《北史》《隋書》均有傳。

[12]羊舌肸:即晉國大夫叔向。

[13]韓宣子:名起,晉國大夫。

[14]晏子:名嬰,字平仲,春秋時齊大夫。虞卿:戰國時期趙國的上卿,因不得志,退而著《虞氏春秋》八篇,該書今佚。呂氏:即呂不韋,戰國末期衛國人。陸賈:漢初政論家,楚人,曾協助劉邦平定天下,拜為太中大夫,曾著《新語》十二篇。

[15]樂資:晉人,生平事跡不詳。《隋書·經籍志》著錄其《春秋後傳》三十一卷。

[16]二史:指《戰國策》和《太史公書》(即《史記》)。

[17]周貞王:名姬介。

[18]王赧:周赧王姬延。

[19]秦文王:戰國時期的秦王之一,秦始皇祖父,公元前250年即位,三日而亡。

[20]二世:即秦二世胡亥。

[21]孝獻帝:東漢獻帝。

[22]荀悦:字仲豫,東漢末年的政論家、史學家。著有《漢紀》三十卷、《申鑒》五篇,《後漢書》本傳稱其書"辭約事詳,論辯多美"。

[23]高齊:指北朝的北齊,高氏建立的政權,建都鄴城(河南省安陽市),凡七帝,二十八年(公元550—577年)。

[24]張璠:北齊秘書郎,著《後漢紀》三十卷,未成。孫盛:字安國,博學,好言名理。曾任著作佐郎、秘書監等職,著有《晉陽秋》三十二卷,"詞直而理正,咸稱良史",又著《魏氏春秋》二十卷,均佚。干寶:字令升,以才識招為着作郎,領國史修撰,著《晉紀》二十卷。徐廣:字野民,曾任秘書郎、著作郎,著《晉紀》四十六卷,已佚。裴子野:字儿原,南朝梁代著作郎、中書通事舍人,因其祖父裴松之曾續何承天《宋史》未成,因此續修《宋略》二十卷,"其敘事評論多善",已佚。吳均:字叔庠,私撰《齊春秋》三十卷,遭梁武帝忌恨而焚稿罷官,又撰《通史》,起三皇至蕭齊,未成而卒。何之元:撰《梁典》三十卷,記載梁武帝至敬帝時事,已佚。王劭:生平見前注,有《北齊志》十七卷。

[25]賈逵:字景伯,東漢著名經學家,博通群經,尤精《左傳》《國語》。虞翻:字伯詳,三國吳經學家,有《春秋外傳國語注》二十二卷,已佚。韋曜:即韋昭,《三國志》為避司馬昭名諱而改,字弘嗣,曾任尚書郎、太子中庶子,封高陵亭侯。

[26]秦孝公:名嬴渠梁,在位二十四年(公元前361—前338年)。曾任用商鞅進行變法,勵精圖治,為秦統一六國奠定了基礎。

[27]司馬彪:字紹統,西晉宗室,晉武帝時任秘書郎、秘書丞,曾撰《續漢書》八十篇,存八志三十卷,為劉昭取以補入范曄《後漢書》。

[28]袁宏:字彥伯,東晉史學家,曾仿效荀悦《漢紀》而著《後漢紀》,八年不成,後得張璠《後漢紀》增補而成,共三十卷,今存。

[29]司馬遷:字子長,西漢著名史學家、文學家、思想家,出生於史官世家。其父司馬談官至太史令,曾撰寫通史未成。司馬遷繼任太史令,續撰其書,後因為投降匈奴的李陵辯解而下獄,受腐刑,出獄後任中書令,發憤著述成《史記》。

[30]東京:指東漢。

[31]顯慶:唐高宗李治年號。

[32]李延壽:字遐齡。唐貞觀中任崇賢館學士,參與修撰《晉書》和宋、齊、梁、陳、隨史,並著有《南史》八十卷,《北史》一百卷。

[33]胡、越：古代北方和南方的少數民族。

[34]班固：字孟堅，東漢史學家、文學家，初因續作其父班彪之《史記後傳》，以私改國史罪名下獄，得其弟班超辯解獲釋，後為蘭臺令史，校書郎，詔令續成其父所著書。其著作還有《白虎通義》《兩都賦》等。

[35]班彪：字叔皮，班固之父，曾撰有《後傳》六十五篇，與《史記》相接。

【导读】

本篇是刘知几对隋唐以前的史书体例的全面总结，也是全书开宗明义的总纲。文章认为隋唐以前的史书体例有六家：《尚书》为记言家，《春秋》为记事家，《左传》为编年家，《国语》为国别家，《史记》为通古纪传家，《汉书》为断代纪传家。文章对各种体例的发展流变、优劣得失进行了评述。

文史通義·史德（節選）

才、學、識三者，得一不易，而兼三尤難，千古多文人而少良史，職是故也。昔者劉氏子玄[1]，蓋以是說謂足盡其理矣。雖然，史所貴者義也，而所具者事也，所憑者文也。孟子曰："其事則齊桓、晉文，其文則史，義則夫子自謂竊取之矣。"非識無以斷其義，非才無以善其文，非學無以練其事，三者固各有所近也，其中固有似之而非者也。記誦以為學也，辭采以為才也，擊斷以為識也，非良史之才、學、識也。雖劉氏之所謂才、學、識，猶未足以盡其理也。夫劉氏以謂有學無識，如愚估操金，不解貿化。推此說以證劉氏之指，不過欲於記誦之間，知所決擇，以成文理耳。故曰：古人史取成家，退處士而進奸雄，排死節而飾主闕，亦曰一家之道然也。此猶文士之識，非史識也。能具史識者，必知史德。德者何？謂著書者之心術也。夫穢史者所以自穢，謗書者所以自謗，素行為人所羞，文辭何足取重。魏收[2]之矯誣，沈約[3]之陰惡，讀其書者，先不信其人，其患未至於甚也。所患夫心術者，謂其有君子之心，而所養未底於粹也。夫有君子之心，而所養未粹，大賢以下，所不能免也。此而猶患於心術，自非夫子之《春秋》，不足當也。以此責人，不亦難乎？是亦不然也。蓋欲為良史者，當慎辨於天人之際，盡其天而不益以人也。盡其天而不益以人，雖未能至，苟允知之，亦足以稱著述者之心術矣。而文史之儒，競言才、學、識，而不知辨心術以議史德，烏乎可哉？

夫是堯、舜而非桀、紂，人皆能言矣。崇王道而斥霸功，又儒者之習故矣。至於善善而惡惡，褒正而嫉邪，凡欲託文辭以不朽者，莫不有是心也。然而心術不可不慮者，則以天與人參，其端甚微，非是區區之明所可恃也。夫史所載者事也，事必藉文而傳，故良史莫不工文，而不知文又患於為事役也。蓋事不能無得失是非，一有得失是非，則出入予奪相奮摩矣。奮摩不已，而氣積焉。事不能無盛衰消息，一有盛衰消息，則往復憑弔生流連矣。流連不已，而情深焉。凡文不足以動人,所以動人者,氣也。凡文不足以入人,所以入人者,情也。氣積而文昌,情深而文摯;氣昌而情摯,天下之至文也。然而其中有天有人,不可不辨也。氣得陽剛,而情合陰柔。人麗陰陽之間,不能離焉者也。氣合於理,天也;氣能違理以自用,人也。情本於性,天也;情能汩性以自恣,人也。史之義出於天,而史之文,不能不藉人力以成之。人有陰陽之患,而史文即忤於大道之公,其所感召者微也。夫文非氣不立,而氣貴於平。人之氣,燕居莫不平也。因事生感,而氣失則宕,氣失則激,氣失則驕,毘於陽矣。文非情不深,而情貴於正。人之情,虛置無不正也。因事生感,而情失則流,情失則溺,情失則偏,毘於陰矣。陰陽伏沴之患,乘於血氣而入於心知,其中默運潛移,似公而實逞於私,似天而實蔽於人,發為文辭,至於害義而違道,其人猶不自知也。故曰心術不可不慎也。

夫氣勝而情偏,猶曰動於天而參於人也。才藝之士,則又溺於文辭,以為觀美之具焉,而不知其不可也。史之賴於文也,猶衣之需乎采,食之需乎味也。采之不能無華樸,味之不能無濃淡,勢也。華樸爭而不能無邪色,濃淡爭而不能無奇味。邪色害目,奇味爽口,起於華樸濃淡之爭也。文辭有工拙,而族史方且以是為競焉,是舍本而逐末矣。以此為文,未有見其至者。以此為史,豈可與聞古人大體乎?

韓氏愈曰:"仁義之人,其言藹如。"仁者情之普,義者氣之遂也。程子嘗謂:"有《關雎》、《麟趾》之意,而後可以行《周官》之法度。"吾則以謂通六藝比興之旨,而後可以講春王正月之書。蓋言心術貴於養也。史遷百三十篇,《報任安書》,所謂"究天地之際,通古今之變,成一家之言",自序以謂"紹名世,正《易傳》,本《詩》、《書》、《禮》樂之際",其本旨也。所云"發憤著書",不過敘述窮愁而假以為辭耳。後人泥於發憤之說,遂謂百三十篇,皆為怨誹所激發,王允[4]亦斥其言為謗書。於是後世論文,以史遷為譏謗之能事,以微文為史職之大權,或從羨慕而仿效為之;是直以亂臣賊子之居心,而妄附《春秋》之筆削,不亦悖乎! 今觀遷所著書,如《封禪》之惑於鬼神,《平准》之算及商販,孝武之秕政也。後世觀於相如之文,桓寬之論,何嘗待史遷而後著哉?《遊俠》、《貨殖》諸篇,不能無所感慨,賢者好奇,亦洵有之。餘皆經緯古今,折衷六藝,何嘗敢於訕上哉? 朱子嘗言,《離騷》不甚怨君,後人附會有過。吾則以謂史遷未敢謗主,讀者之心自不平耳。夫以一身坎軻,怨誹及於君父,且欲以是邀千古之名,此乃愚不安分,名教中之罪人,天理所誅,又何著述之可傳乎?

夫《騷》與《史》,千古之至文也。其文之所以至者,皆抗懷於三代之英,而經緯乎天人之際者也。所遇皆窮,固不能無感慨。而不學無識者流,且謂誹君謗主,不妨尊為文辭之宗焉,大義何由得明,心術何由得正乎? 夫子曰:"《詩》可以興。"說者以謂興起好善惡惡之心也。好善惡惡之心,懼其似之而非,故貴平日有所養也。《騷》與《史》,皆深於《詩》者也。言婉多風,皆不背於名教,而梏於文者不辨也。故曰必通六藝比興之旨,而後可以講春王正月之書。

(章學誠著,葉瑛校注《文史通義校注》,中華書局 1985 年版)

【注释】

[1]劉氏子玄:即劉子玄,名知幾,通覽羣史,與兄知柔俱以善文詞知名,著《史通》。

[2]魏收:字伯起,小字佛助,以文華顯,辭藻富逸,撰《魏書》一百三十卷。

[3]沈約:字休文,吳興康武人,篤志好學,能屬文,著《宋書》百卷。

[4]王允:字子師,太原祁人,東漢末年大臣。

【导读】

章学诚的《文史通义》,堪称能与《史通》匹敌的第二部史学理论巨著。章学诚在《文史通义》中,不仅批判了过去的文学和史学,也提出了编写文史的主张。他编纂史书的具体做法,又表现在他所修的诸种地方志之中。

本篇选文主要论史家修养。所谓"史德",指史家之"心术",心术不正,固然不能写出真实的历史,而不具备一定的心术也不能达到史学"致其道""达于天"的完美境界。只有慎于"心术",才有"史德"可言。章学诚的"史德"说比刘知几的"直书"论更深入一层,不仅包含据事直书、书法不隐的思想,还提出应慎重对待主观思想与客观事实之间关系的问题,他主张史家应培养史德,令学养淳粹,尽量避免将主观情感掺杂到史实中,以达到客观写史的目的。由"史德"而论及"心术",是章学诚在史学理论上的重要贡献。

三、延伸阅读

"二十四史"为中国古代各朝撰写的二十四部史书的总称,是被历来的朝代纳为正统的史书,故又称"正史"。它上起传说中的黄帝(约公元前 2550 年),止于明朝崇祯十七年(1644 年),用统一的有本纪、列传的纪传体编写。1921 年,中华民国大总统徐世昌下令将《新元史》列入正史,与"二十四史"合称为"二十五史",而多数地方不将《新元史》列入,而改将《清史稿》列为"二十五史"之一,或者将两书都列入正史,则形成了"二十六史"。

(张海撰)

第三节　古代史学的成就

一、概述

中国古代史学成就斐然,主要体现在两个方面:

一是史籍内容丰富,形式多样。

中国古代史学在其发展的光辉历程中,涌现出数以百计的史家和浩如烟海的史籍。丰富的历史内容和多样的表述形式之结合,是中国古代史学的特点和优点之一。

中国古代史籍分类的体制在《隋书·经籍志》里大致确定下来。《隋书·经籍志》析史书为十三类:正史、古史、杂史、霸史、起居注、旧事、职官、仪注、刑法、杂传、地理、谱系、簿录。此后不久,刘知几以编年、纪传为正史,另有"偏记小说"十品,即偏记、小录、逸事、琐言、郡书、家史、别传、杂记、地理书、都邑簿。这说明,在初唐时期,中国史书的积累已极繁富,分类亦相当细致。

编年体是中国史书的主要体裁之一,它以时间为中心,依照年月顺序记述史事。这种体裁的优点是史事和时间的紧密结合,给人以明确的时间观念,容易明了史事发生、发展的时代背景及因果关系。中国历史有确切纪年是公元前 1070 年,而在此前后,各诸侯国都有按年记事的编年史,这些编年史大抵皆名为"春秋",春秋即编年之意。

《春秋》是我国现存最早的编年体史书,它以鲁国为主,兼及周王室和其他诸侯国,是鲁人系统叙述春秋时期历史的著作。《春秋》原出于鲁国史官之手,后来经过孔子整理。孔子修《春秋》,体现了他的政治立场,以达到"惩恶扬善"的目的,这就是"寓褒贬,别善恶"的春秋笔法。

到东汉末年,荀悦的《汉纪》问世。《汉纪》是关于西汉一朝的编年体断代史著作。袁宏的《后汉纪》也是一部编年体断代史名著。袁宏博取众家之长,且治学严谨,在《汉纪》"通比其事,例系年月"的基础上,采取"言行趋舍,各以类书"的叙事方法,扩大了编年体的容量。故此书一出,后来居上。

《汉纪》和《后汉纪》的出现,完备了编年体的规模,从而促进了汉唐之际编年体的发展。至北宋司马光,打破断代格局,撰写编年体通史《资治通鉴》,上起战国,下终五代,按年记载,前后贯通,是中国史学史上一部划时代的名著。鉴于司马光的巨大成就,人们把他同司马迁相提并论,视为中国古代史学的两大伟人,并称为"两司马"。

《资治通鉴》是《史记》之后包含年代最长的通史之一。该书专评治乱兴衰,着重叙述历代重大的政治事件和战争,也记载一些重要人物的事迹、言行,兼及有关国计民生的制度和文化状况,是一部以政治为中心,比较全面反映历史内容的通史。南宋李焘竭四十年之精力撰《续资治通鉴长编》,记载了北宋九朝一百六十八年的历史。南宋李心传接续《续资治通鉴长编》,撰《建炎以来系年要录》,是关于宋高宗一朝的编年史。到了清代,毕沅在李焘、李心传的著作及清初徐乾学所撰《资治通鉴后编》的基础上,参用宋、辽、金、元四史,历二十年,撰成《续资治通鉴》。这部上自建隆元年(960年),下迄元顺帝至正三十年(1370年)的宋、元编年史一经出现,史家便认为可取代诸家续作,把它同《资治通鉴》合刊,称《正续资治通鉴》。到了清末,文网渐疏,陈鹤编《明纪》、夏燮编《明通鉴》等明代编年史。陈书早出,卷帙较简,所以后来苏州书局合刊《正续资治通鉴》时,取《明纪》相配,以使一脉相连。从《春秋左传》到《正续资治通鉴》《明纪》,形成了自春秋至明末近两千四百年前后衔接的编年史。这是世界史学史上的奇迹。

《隋书·经籍志》把司马迁的《史记》和班固的《汉书》视为纪传体之祖。因为《史记》以人物为中心,分为本纪、表、书、世家、列传五体,开创了纪传体的史书体例。班固因《史记》作《汉书》,断代为史,改"书"为"志",废去"世家",整齐为纪、表、志、传四体,而纪、传是这种题材的主体。班书以后,表、志或有缺略,但一定有纪有传。凡属于这一体例的,都叫作纪传体。纪传体实质上是一种综合体。本纪,基本上是编年体,叙述帝王事迹,排比历史大事。世家,记述诸侯、勋贵和特殊人物的大事,兼用编年和列传的写法。列传主要是记载各类历史人物的活动。

二是形成了优良的史学传统。

我国古代史学在漫长的发展过程中,逐渐形成了许多优良传统,它们是以往史学家们优良的思想、品德、学风和经验的集中表现。主要体现在以下几个方面:

(1)视野开阔,见解深刻

中国古代有代表性的史家及其撰述,一般都具有恢廓的历史视野。他们学兼天人、会通古今,用包容一切的气势和规模,阐述历史的发展过程,探究历史的前因后果。司马迁撰《史记》就明确提出"究天人之际,通古今之变,成一家之言"的著史宗旨。不论是通史家,抑或是断代史家,在他们的著作里,都力图展示其学兼天人和会通古今的恢宏气象。

(2)以史为鉴,经世致用

会通古今的目的在于鉴古知今,也就是"以古为镜""古为今用"。中国古代史家非常注重当代史的研究,非常注重史学研究的古为今用,这是中国古代史学的又一优良传统。

唐太宗说他有三面镜子:"以铜为镜,可以正衣冠;以古为镜,可以知兴替;以人为镜,可以明得失。"(《旧唐书·魏徵传》)"以古为镜"就是"古为今用",就是发挥史学的经世作用。司马光写《资治通鉴》的目的就是给帝王"周览"，从中鉴戒得失，神宗皇帝特赐名为《资治通鉴》，强调以史为鉴的作用。

在中国古代史学发展史上，史学家向来都对国家治乱兴衰给以极大关注，表现出饱满而深沉的政治情怀。这种政治情怀大多以经世致用为其出发点和归宿。孟子论及孔子作《春秋》说："世衰道微，邪说暴行有作，臣弑其君者有之，子弑其父者有之。孔子惧，作《春秋》。"（《孟子·滕文公下》）说明孔子作《春秋》就有自觉的社会目的。这一目的就是史学为现实服务，包括以理想来批判现实，也就是经世致用。

（3）尊重史实，秉笔直书

秉笔直书是中国古代史学的又一优良传统。在古代，记载历史是一项神圣的事业，中国古代史家历来把尊重史实、秉笔直书视为持大义、别善恶的神圣事业和崇高美德。他们以直书为荣、曲笔为耻，为了直书，不避强御，不畏风险，甚至不怕坐牢、不怕杀头，表现了中国史家的高风亮节。

早在中国史学开始兴起之时，秉笔直书就成为史家的崇高美德而受到称赞。《左传》记述了齐国太史、南史氏直书不惜以死殉职的故事。"大史书曰：'崔杼弑其君。'崔子杀之。其弟嗣书而死者，二人。其弟又书，乃舍之。南史氏闻大史尽死，执简以往。"（《左传·襄公二十五年》）这种直书的精神成为后世史家遵循的传统。刘知几在《史通》中，写了《直书》《曲笔》的专篇，总结唐以前史家直书的优良传统，表彰前代史家仗气直书、不避强御、无所阿容的直书精神。刘知几说："虽周身之防有所不足，而遗芳余烈，人到于今称之。"（《史通·直书》）

（4）德识为先，注重修养

中国古代史家注重修养，刘知几提出"史才""史学""史识"三长，清代章学诚添"史德"为四长。近代梁启超突出了"史德"的重要性，认为史家最重要的道德是"忠实"。史家还要有远见卓识，善于继承，勇于创新。没有远见卓识，便巨细莫辨，是非不分，方向不明；没有批判的创新精神，因袭旧惯，谨守绳墨，便不敢攀登史学的高峰。一般说来，中国古代史学中许多闪烁真理光辉的观点都是史家远见卓识的具体体现。

二、原典选读及导读

四庫全書總目 史部 正史類一

三國志六十五卷（內府刊本）

晉陳壽撰，宋裴松之注。壽事蹟具《晉書》本傳。松之事蹟具《宋書》本傳。凡《魏志》三十卷、《蜀志》十五卷、《吳志》二十卷。其書以魏為正統[1]，至習鑿齒[2]作《漢晉春秋》[3]，始立異議。自朱子以來，無不是鑿齒而非壽。然以理而論，壽之謬萬萬無辭。以勢而論，則鑿齒帝漢順而易，壽欲帝漢逆而難[4]。蓋鑿齒時晉已南渡，其事有類乎蜀，為偏安者爭正統，此孚[5]於當代之論者也。壽則身為晉武[6]之臣，而晉武承魏之統，偽魏是偽晉矣，其能行於當代哉[7]？此猶宋太祖[8]篡立近於魏，而北漢[9]、南唐[10]蹟近於蜀，故北宋諸儒皆有所避而不偽魏。高宗[11]以後偏安江左近於蜀，而中原魏地全入於金，故南宋諸儒乃紛紛起而帝蜀。此皆當論其世，未可以一格繩[12]也。惟其誤沿《史記》周、秦本紀之例，不託始於魏文，而託始曹操，實不及《魏書敘紀》[13]之得體，是則誠可已不已耳。宋元嘉[14]中，裴松之受詔為注，所注雜引諸書，亦時下己意。綜其大致，約有六端[15]：一曰引諸家之論以辨是非，一曰參諸書之說以核偽異，一曰傳所有之事詳其委曲，一曰傳所無之事補其闕佚，一曰傳所有之人詳其生平，一曰傳所無之人附以同類[16]。其中往往嗜奇愛博，頗傷蕪雜[17]。如《袁紹傳》中之胡母班[18]，本因為董卓使紹而見，乃注曰："班嘗見太山府君[19]及河伯，事在《搜神記》，語多不載。"斯已贅矣。《鍾繇傳》[20]中乃引陸氏《異林》一條，載繇與鬼婦狎昵事。《蔣濟傳》[21]中引《列異傳》[22]一條，載濟子死為泰山伍伯，迎孫阿為泰山令事。此類鑿空語怪，凡十餘處，悉與本事無關，而深於史法有礙，殊為瑕纇。又其初意似亦欲如應劭之注《漢書》，考究訓詁，引證故實，故於《魏志·武帝紀》沮授字，則注"沮，音菹"，獷平字則引《續漢書·郡國志》，注"獷平，縣名，屬漁陽"。甬道字則引《漢書》，"高祖二年與楚戰，築甬道"。贊旄字則引《公羊傳》，先正字則引《文侯之命》。釋位字則引《左傳》。致屆字則引《詩》。綏爰字、率俾字、昏作字則皆引《書》。虔天刑字則引《國語》。至《蜀志·郤正傳·釋誨》一篇，句句引古事為注，至連數簡。又如《彭羕傳》之"革不訓老"，《華佗傳》之"尃本似專"，《秦宓傳》之"棘革異文"，《少帝紀》之"叟更異字"，亦間有所辨證。其他傳文句，則不盡然。然如《蜀志·廖立傳》首，忽注其姓曰"補救切"，《魏志·涼茂傳》中，忽引《博物記》注一"繲"字之類，亦間有之。蓋欲為之而未竟，又惜所已成，不欲刪棄，故或詳或略，或有或無，亦頗為例不純。然網羅繁富，凡六朝舊籍今所不傳者，尚一一見其厓略。又多首尾完具，不似酈道元《水經注》、李善《文選注》，皆剪裁割裂之文。故考證之家，取材不竭，轉相引據者，反多於陳壽本書焉。

（永瑢等撰《四庫全書總目》，中華書局 1965 年版）

【注釋】

[1]正統：出自《春秋》一書，又稱法統、道統、禮儀之統，意思是以宗周為正，尊先王法五帝，為天下一統。

[2]習鑿齒：生卒年存疑，字彥威，東晉著名文學家，史學家，襄陽（今湖北省襄陽市）人。

[3]《漢晉春秋》：東晉習鑿齒撰，五十四卷。

[4]帝：尊奉為帝，此指以蜀漢為正統。順：順從，依順。逆：違背，逆料。

[5]孚:為人所信服。

[6]晉武:指西晉晉武帝司馬炎。司馬炎:字安世,河内溫(今河南省溫縣)人,晉朝開
國君主。

[7]偽:不合法的,竊權而不受擁護的。

[8]宋太祖:趙匡胤(公元927—976年),北宋王朝的建立者。

[9]北漢:公元951—979年,五代時十國之一,一稱東漢,劉崇所建,都晉陽(今山西
省太原市南),稱太原府。

[10]南唐:公元937—975年,五代十國的十國之一,定都金陵,有先主李昇、中主李
璟和後主李煜三位帝王。

[11]高宗:指宋高宗趙構(1107—1187年),字德基,徽宗第九子,欽宗弟。

[12]格:推究。繩:木工用的墨線,引申為標準、法則。

[13]魏書敍紀:指《魏書·帝紀第一·序紀》。《魏書》為北齊魏收撰,是一本紀傳體
史書,記載了公元4世紀末至6世紀中葉北魏王朝的歷史。

[14]元嘉:公元424—453年,南朝宋皇帝宋文帝劉義隆的年號,共計二十九年餘。

[15]端:原因,起因。

[16]是非:正確和謬誤。訛異:訛誤差異。委曲:事情的經過、底細。闕佚:殘缺散
失。同類:相同或相似事物的綜合。

[17]嗜:特別愛好。博:多,廣,大。傷:妨礙。蕪雜:雜亂無章,亂而雜。

[18]胡母班:? —190年,字季皮(一作季友),泰山(今山東省泰安市東北)人。東漢
末年大臣,官至執金吾,八廚之一,王匡的妹夫,關東軍聯合討董卓時與大鴻臚
韓融、少府陰循、將作大匠吳循、越騎校尉王瑰一起被派去說解關東聯盟軍,被
袁紹所使王匡所殺。

[19]太山府君:又曰泰山府君,本為道家所起之名,道家以泰山之神為泰山府君。

[20]鐘繇:公元151—230年,字元常,潁川長社(今河南省長葛市東)人。三國時期
曹魏著名書法家、政治家,官至太傅。

[21]蔣濟:? —249年,字子通,楚國平阿人,魏國重臣,官至太尉。

[22]《列異傳》:中國古代志怪小說集,暫認為是魏文帝曹丕所作,記述上至皇帝下到
甘露(高貴鄉公曹髦)年間的事,多為鬼神妖怪故事。

【导读】

《钦定四库全书总目提要》,简称四库全书总目、四库总目、四库提要,共二百卷,是中国清代永瑢、纪昀等编纂的一部大型解题书目,是中国古典目录学方法的集大成者。总目以经史子集提纲,部下分类,全书共分四部部、四十四类、六十七个子目,录收《四库全

书》的著作三千四百六十一种、七万九千三百〇七卷,又附录了未收入《四库全书》的著作六千七百九十三种、九万三千五百五十一卷。

纪昀的评论勾勒出了对陈寿尊魏抑蜀持否定意见的源流:由习凿齿发其端,至朱熹而张大其事。由于朱熹后来在中国学界的特殊地位,其《资治通鉴纲目》影响甚大,以致南宋以降的读书人往往以其是非为是非,"无不是凿齿而非寿",乃至牵连到持类似观点的司马光及《资治通鉴》。纪昀虽然看到了陈寿"欲帝汉逆而难",并对宋代诸儒的分歧给予了合理解释,说明他是懂得知人论世的,但又认为"以理而论,寿之谬万万无辞",说明他自己也深受朱子《资治通鉴纲目》的影响,为蜀汉正统说所拘囿。

三、延伸思考

中华民族是一个热爱历史的民族,史学传统则是构成中华民族精神心理结构的核心要素,历来的政治家盛倡以史为鉴,因为他们认为史学历记成败祸福古今之道,所以有益于治道。但若从中华民族自身整体上看,史学是支持全体成员道德生活信念的学术文化载体。中国古代史学是中国古代文化的重要组成部分。中国是世界文明古国,有着悠久的历史和灿烂的古代文化,而这些悠久的历史和灿烂的古代文化在很大程度上则是通过历代的史家记录与保存下来的。历史著作作为史学的社会表现形态,具有记录、综合人类文化创造、积累和发展的职能。流传至今的中国历史文化典籍涵盖了中国文化的方方面面。任何一个文化领域的具体部门本身都有其发生、发展的历史,而且各具体门类,如文学、艺术、哲学等,也和史学有密切的关系,都要从历史的研究中加以阐述。

(张海撰)

第十四章　民族融合与文化传播

中华民族是由五十六个民族组成的民族共同体,其历史悠久,文化灿烂。中华民族在漫长的历史演进过程中,农耕文化和游牧文化在广袤的中华大地上碰撞、冲突、融合。迁移内地的许多少数民族在汉文化氛围中逐渐被同化,而汉族也吸纳游牧民族的有益养分不断充实、丰富自身,深化文明程度。汉族与少数民族长期相互学习、彼此交流,民族隔阂逐渐消弭,各民族趋于融合。博大精深的汉文化与多姿多彩的少数民族文化的交融最终造就了绚丽璀璨、气度恢宏的中华文化。开放的中华文化通过陆上丝绸之路和海上丝绸之路传播到世界各地,促进了人类文明的发展与进步,对世界文明进程产生了重要而深远的影响。

第一节　人口迁移与民族融合

一、概述

中华民族是一个多民族的共同体,她植根于亚洲东部,数千年来繁衍生息,创造了灿烂的文明。中华民族依存的地域辽阔,北部大多是草原和荒漠,东南濒临大海,西南大多是高原地区,一直生活在一个相对比较封闭的地域。中华大地从文明初始直到秦汉时期,黄河流域一直是汉族人口的主要聚居繁衍地,其周边分布着各少数民族。在漫长的历史长河中,各民族彼此交流、相互融合,在长期的民族冲突和文化交流中,许多少数民族融入其他民族,民族融合成为历史潮流,最终形成五十六个民族的大家庭。

中国历史上农耕文化与游牧文化长期对峙,北方游牧民族与中原汉族不断碰撞,频频发生的民族冲突和战争带动了人口的迁移与民族的融合。由于北方游牧民族屡屡南侵,对中原汉族地区不断劫掠侵扰,汉族政权为了戍边防卫,许多汉族人随着军队远迁到边疆地区。同样,众多少数民族也来到中原地区,战乱、饥荒使人口在中华大地不断迁徙流动,你中有我,我中有你,犬牙交错,相互影响,民族关系日益复杂。秦汉时期,北方的游牧民族匈奴强盛一时,不断南下袭扰汉族地区,汉武帝采取了强力反击的策略。魏晋南北朝时期,北方少数民族大举南迁,匈奴、鲜卑、羯、氐、羌五族迁入中原,与汉族杂居,交往日益密切,汉化程度逐步加深,这些民族慢慢地融入汉族。入主中原的少数民族统治者向先进的汉文化学习,效法汉族政治经济制度,推行汉化政策。北魏孝文帝迁都洛阳,进行全面改革,禁用鲜卑语,改用汉姓,兴办汉学,效法汉制,任用汉人,与汉族通婚,一系列举措大大促进了政治经济的发展,使北魏国力逐渐强盛,也有力地促进了少数民族与汉族的融合。不仅少数民族向汉族学习,汉族也向少数民族学习,赵武灵王所倡导并推行的“胡服骑射”就表现出汉族对少数民族文化的借鉴吸纳。唐代统治者实行更为开放宽松的民族政策,这一时期各民族交流融合得到长足发展。唐朝与周边少数民族都保持着良好的关系,对各民族一视同仁,尊重各民族的风俗习惯,开明的民族政策使各民族交往更为密切,对加强民族融合起到了积极的作用。唐朝在西北地区还建立了安西、安北、单于、北庭等都护府,既有效地强化了对西域地区的管理和统治,也促进了民族的交流融合。正因为唐朝与西域各少数民族建立了友好关系,中原的桑蚕和丝织技术传入西域,而西域的葡萄酒酿造等技术也进入中原,彼此交流,互通有无。唐贞观四年(公元630年),西域各族奉唐太宗为“天可汗”,唐王朝以海纳百川的胸怀和气度接待西域人士,许多少数民族人士进入中原,或为官,或经商,汉化程度不断加深。当时唐都长安的坊市中活跃着各族商人,进行丝绸、茶叶、皮毛、珠宝等生意,盛况空前,中华民族迎来了民族融合的高潮。

宋、辽、金时期,民族融合继续深化。辽、夏、金少数民族政权都先后出现了推行汉化政策的统治者,实行汉化改革,设置府学,教授汉族文化,学习汉族的典章制度,各民族之间的交往进一步加深。少数民族统治者也有意识地组织人口迁移,使少数民族与汉族杂居,以稳固政权。如金太祖和金太宗将女真族迁往汉族地区、汉族迁移到女真族地区,促进了汉族与女真族的融合。而蒙古族和满族政权入主中原,统一寰宇,带来了人口的大幅流动和迁徙。元朝和清朝时期,虽然是少数民族政权统一中原,但汉族与少数民族之间的经济文化交流并没有中断,反而更为深化和强化。大量少数民族人口迁移至内地,北方游牧文化与中原农耕文化大规模交融,使移入农耕地区的少数民族人士从饮食起居到思想意识,逐渐弱化了原来的习惯,加之统治阶级强力推行汉化政策,在大一统王朝下,民族融合甚至民族同化的进程不断加快。

当然,中国历史上民族融合的道路并非一帆风顺,而是充满了曲折艰辛。各民族的政治、经济、文化背景不同,不可避免地会产生尖锐的民族矛盾,甚至发生大规模的战争。而少数民族汉化的过程也遭遇了强大的阻力,即便是在少数民族建立的统一王朝,民族矛盾与隔阂依然很深。不同历史时期出现的民族矛盾,尽管在一定程度上妨碍了民族的交流和融合,但中华各民族交融的脚步从来没有停止。

二、原典选读及导读

漢書·地理志(節選)

凡民函五常[1]之性,而其剛柔緩急,音聲不同,繫水土之風氣,故謂之風;好惡取舍,動靜亡常,隨君上之情欲,故謂之俗。孔子曰:"移風易俗,莫善於樂。"言聖王在上,統理人倫,必移其本,而易其末,此混同天下一之虖中和,然後王教成也。漢承百(年)[王]之末。國土變改,民人遷徙,成帝時劉向略言其(域)[地]分,丞相張禹使屬潁川朱贛條其風俗,猶未宣究,故輯而論之,終其本末著於篇。

秦地,於天官東井、輿鬼[2]之分壄也。其界自弘農故關以西,京兆、撫風、馮翊、北地、上郡、西河、安定、天水、隴西,南有巴、蜀、廣漢、犍為、武都,西有金城、武威、張掖、酒泉、敦煌,又西南有牂柯、越嶲、益州,皆宜屬焉。

秦之先曰柏益[3],出自帝顓頊,堯時助禹治水,為舜朕虞,養育草木鳥獸,賜姓嬴氏,歷夏、殷為諸侯。至周有造父,善馭習馬,得華騮[4]、綠耳之乘,幸於穆王,封於趙城,故更為趙氏。後有非子,為周孝王養馬汧、渭之間。孝王曰:"昔伯益知禽獸[5],子孫不絕。"乃封為附庸,邑之於秦,今隴西秦亭秦谷是也。至玄孫,氏為莊公,破西戎,有其地。子襄公時,幽王為犬戎所敗,平王東遷雒邑。襄公將兵救周有功,賜受郊、酆之地,列為諸侯。後八世,穆公稱伯,以河為竟。十餘世,孝公用商君,制轅田,開仟伯,東雄諸侯。子惠公初稱王,得上郡、西河。孫昭王開巴蜀,滅周,取九鼎。昭王曾孫政并六國,稱皇帝,負力怙威,燔書阬儒,自任私智。至子胡亥,天下畔之。

故秦地於禹貢時跨雍、梁二州,《詩》《風》兼秦、豳兩國。昔后稷封斄,公劉處豳,大王徙郊,文王作酆,武王治鎬,其民有先王遺風,好稼穡,務本業,故《豳詩》[6]言農桑衣食之本甚備。有鄠、杜竹林,南山檀柘,號稱陸海,為九州膏腴。始皇之初,鄭國[7]穿渠,引涇水溉田,沃野千里,民以富饒。漢興,立都長安,徙齊諸田,楚昭、屈、景及諸功臣家於長陵。後世世徙吏二千石、高訾富人及豪桀并兼之家於諸陵。蓋亦以彊幹弱支,非獨為奉山園[8]也。是故五方雜厝,風俗不純。其世家則好禮文,富人則商賈為利,豪桀則游俠通姦。瀕南山,近夏陽,多阻險輕薄,易為盜賊,常為天下劇。又郡國輻湊,浮食者多,民去本就末,列侯貴人車服僭上,眾庶放效,羞不相及,嫁娶尤崇侈靡,送死過度。

天水、隴西,山多林木,民以板為室屋。及安定、北地、上郡、西河,皆迫近戎狄,修習戰備,高上氣力,以射獵為先。故《秦詩》曰"在其板屋"[9];又曰"王于興師,修我甲兵,與子偕行"。及《車轔》《四載》《小戎》之篇,皆言車馬田狩之事。漢興,六郡良家子選給羽林、期門[10],以材力為官,名將多出焉。孔子曰:"君子有勇而亡誼則為亂,小人有勇而亡誼則為盜。"故此數郡,民俗質木[11],不耻寇盗。

自武威以西,本匈奴昆邪王、休屠王[12]地,武帝時攘之,初置四郡,以通西域,鬲絕南羌、匈奴。其民或以關東下貧,或以報怨過當,或以誖逆亡道,家屬徙焉。習俗頗殊,地廣民稀,水中宜畜牧,(古)[故]涼州之畜為天下饒。保邊塞,二千石治之,咸以兵馬為務;酒禮之會,上下通焉,吏民相親。是以其俗風雨時節,穀糴常賤,少盗賊,有和氣之應,賢於內郡。此政寬厚,吏不苛刻之所致也。

巴、蜀、廣漢本南夷,秦并以為郡,土地肥美,有江水沃野,山林竹木疏食果實之饒。南賈滇、僰僮[13],西近邛、莋馬旄牛。民食稻魚,亡凶年憂,俗不愁苦,而輕易淫泆,柔弱褊阸[14]。景、武間,文翁為蜀守,教民讀書法令,未能篤信道德,反以好文刺譏,貴慕權勢。及司馬相如游宦京師諸侯,以文辭顯於世,鄉黨慕循其迹。後有王褒、嚴遵、揚雄之徒,文章冠天下。繇文翁倡其教,相如為之師,故孔子曰:“有教亡類。”

武都地雜氐、羌,及犍為、牂柯、越巂,皆西南外夷,武帝初開置。民俗略與巴、蜀同,而武都近天水,俗頗似焉。

故秦地天下三分之一,而人眾不過什三,然量其富居什六。吴札觀樂,為之歌秦,曰:“此之謂夏[15]聲。夫能夏則大,大之至也,其周舊乎?”

自井十度至柳三度,謂之鶉首之次,秦之分也。

魏地,觜觿[16]、參之分野也。其界自高陵以東,盡河東、河內,南有陳留及汝南之召陵、㶏彊、新汲、西華、長平,潁川之舞陽、郾、許、傿陵,河南之開封、中牟、陽武、酸棗、卷,皆魏分也。

河內本殷之舊都,周既滅殷,分其畿內為三國,《詩》《風》邶、庸、衛國是也。鄁,以封紂子武庚;庸,管叔尹[17]之;衛,蔡叔尹之:以監[18]殷民,謂之三監。故《書序》曰“武王崩,三監畔”,周公誅之,盡以其地封弟康叔,號曰孟侯,以夾輔周室;遷邶、庸之民于雒邑,故邶、庸、衛三國之詩相與同風。《邶詩》曰“在浚之下”;《庸》曰“在浚之郊”;《邶》又曰“亦流于淇”,“河水洋洋”,《庸》曰:“送我淇上”,“在彼中河”,《衛》曰:“瞻彼淇奥”,“河水洋洋”。故吴公子札聘魯觀周樂,聞《邶》《庸》《衛》之歌,曰:“美哉淵乎！吾聞康叔之德如是,是其《衛風》乎?”至十六世,懿公亡道,為狄所滅。齊桓公帥諸侯伐狄,而更封衛於河南曹、楚丘,是為文公。而河內殷虛,更屬于晉。康叔之風既歇,而紂之化猶存,故俗剛彊,多豪桀侵奪,薄恩禮,好生分[19]。

河東土地平易,有鹽鐵之饒,本唐堯所居,《詩》《風》唐、魏之國也。周武王子唐叔在母未生[20],武王夢帝謂己曰:“余名而子曰虞,將與之唐,屬之參。”及生,名之曰虞。至成王滅唐,而封叔虞。唐有晉水,及叔虞子燮為晉侯云,故參為晉星。其民有先王遺教,君子深思,小人儉陋。故《唐詩》《蟋蟀》《山樞》《葛生》之篇曰“今我不樂,日月其邁”;“宛其死矣,它人是媮”;“百歲之后,歸于其居”。皆思奢儉之中,念死生之慮。吴札聞《唐》之歌,曰:“思深哉！其有陶唐氏之遺民乎?”

魏國,亦姬姓也,在晉之南河曲,故其詩曰“彼汾一曲”;“寘諸河之側”。自唐叔十六世至獻公,滅魏以封大夫畢萬,滅耿以封大夫趙夙,及大夫韓武子食采於韓原,晉於是始大。至於文公,伯諸侯,尊周室,始有河內之土。吳札聞《魏》之歌,曰:"美哉渢渢[21]乎! 以德輔此,則明主也。"文公後十六世為韓、魏、趙所滅,三家皆自立為諸侯,是為三晉。趙與秦同祖,韓、魏皆姬姓也。自畢萬後十世稱侯,至孫稱王,徙都大梁,故魏一號為梁,七世為秦所滅。

周地,柳、七星、張之分野也。今之河南雒陽、穀城、平陰、偃師、鞏、緱氏,是其分也。

昔周公營雒邑,以為在于土中,諸侯蕃屏四方,故立京師。至幽王淫褒姒,以滅宗周,子平王東居雒邑。其後五伯[22]更[23]帥諸侯以尊周室,故周於三代最為長久。八百餘年至於赧王,乃為秦所兼。初雒邑與宗周通封畿,東西長而南北短,短長相覆為千里。至襄王以河內賜晉文公,又為諸侯所侵,故其分墜小。

周人之失,巧偽趨利,貴財賤義,高富下貧,憙為商賈,不好仕宦。

自柳三度至張十二度,謂之鶉火之次,周之分也。

韓地,角、亢、氐[24]之分野也。韓分晉得南陽郡及潁川之父城、定陵、襄城、潁陽、潁陰、長社、陽翟、郟,東接汝南,西接弘農得新安、宜陽,皆韓分也。及《詩風》陳、鄭之國,與韓同星分焉。

鄭國,今河南之新鄭,本高辛氏火正祝融之虛也。及成皋、滎陽,潁川之崇高、陽城,皆鄭分也。本周宣王弟友為周司徒,食采於宗周畿內,是為鄭。鄭桓公問於史伯曰:"王室多故,何所可以逃死?"史伯曰:"四方之國,非王母弟甥舅則夷狄,不可入也,其濟、洛、河、潁之間乎! 子男之國,虢、會為大,恃勢與險,崇侈貪冒,君若寄帑與賄,周亂而散,必將背君;君以成周之眾,奉辭伐罪,亡不克矣。"公曰:"南方不可乎?"對曰:"夫楚,重黎之後也,黎為高辛氏火正,昭顯天地,以生柔嘉之材。姜、嬴、荆、羋,實與諸姬代相干也。姜,伯夷之後也;嬴,伯益之後也。伯夷能禮於神以佐堯,伯益能儀百物以佐舜,其後皆不失祀,而未有興者,周衰將起,不可偪也。"桓公從其言,乃東寄帑與賄,虢、會受之。後三年,幽王敗,(威)[桓]公死,其子武公與平王東遷,卒定虢、會之地,右雒左(沛)[泲],食溱、洧焉。土陿而險,山居谷汲,男女亟聚會,故其俗淫。《鄭詩》曰:"出其東門,有女如雲。"又曰:"溱與洧方灌灌[25]兮,士與女方秉蕑[26]兮。""恂盱且樂,惟士與女,伊其相謔。"此其風也。吳札聞《鄭》之歌,曰:"美哉! 其細已甚,民弗堪也。是其先亡乎?"自武公後二十三世,為韓所滅。

陳國,今淮陽之地。陳本太昊之虛,周武王封舜後媯滿於陳,是為胡公,妻以元女大姬。婦人尊貴,好祭祀,用史巫,故其俗巫鬼。《陳詩》曰:"坎[27]其擊鼓,宛丘之下,亡冬亡夏,值其鷺羽。"又曰:"東門之枌,宛丘之栩[28],子仲之子,婆娑其下。"此其風也。吳札聞《陳》之歌,曰:"國亡主,其能久乎!"自胡公後二十三世為楚所滅。陳雖屬楚,於天文自若其故。

潁川、南陽,本夏禹之國。夏人上忠,其敝鄙朴。韓自武子後七世稱侯,六世稱王,五世而為秦所滅。秦既滅韓,徙天下不軌[29]之民於南陽,故其俗夸奢,上氣力,好商賈漁獵,藏匿難制御也。宛,西通武關,東受江、淮,一都之會也。宣帝時,鄭弘、召信臣為南陽太守,治皆見紀。信臣勸民農桑,去末歸本,郡以殷富。潁川,韓都。士有申子、韓非,刻害餘烈[30],高(士)

[仕]宦,好文法,民以貪遴爭訟生分為失。韓延壽為太守,先之以敬讓;黃霸繼之,教化大行,獄或八年亡重罪囚。南陽好商賈,召父富以本業;潁川好爭訟分異,黃、韓化以篤厚。"君子之德風也,小人之德草也",信矣。

自東井六度至亢六度,謂之壽星之次,鄭之分野,與韓同分。

趙地,昂、畢之分壄。趙分晉,得趙國。北有信都、眞定、常山、中山,又得涿郡之高陽、鄭、州鄉;東有廣平、鉅鹿、清河、河間,又得渤海郡之東平舒、中邑、文安、束州、成平、章武,河以北也;南至浮水、繁陽、內黃、斥丘;西有太原、定襄、雲中、五原、上黨。上黨,本韓之別郡也,遠韓近趙,後卒降趙,皆趙分也。

自趙夙后九世稱侯,四世敬侯徙都邯鄲,至曾孫武靈王稱王,五世為秦所滅。

趙、中山地薄人眾,猶有沙丘紂淫亂餘民。丈夫相聚游戲,悲歌忼慨,起則椎剽[31]掘冢[32],作姦巧,多弄物,為倡優。女子彈弦跕[33]躡,游媚富貴,徧諸侯之後宮。

邯鄲北通燕、涿,南有鄭、衛,漳、河之間一都會也。其土廣俗雜,大率精急,高氣勢,輕為姦。

太原、上黨又多晉公族子孫,以詐力相傾,矜夸功名,報仇過直,嫁取送死奢靡。漢興,號為難治,常擇嚴猛之將,或任殺伐為威。父兄被誅,子弟怨憤,至告訐刺史二千石,或報殺其親屬。

鐘、代、石、北,迫近胡寇,民俗懁忮[34],好氣為姦,不事農商,自全晉時,已患其剽悍,而武靈王又益厲之。故冀州之部,盜賊常為它州劇。

定襄、雲中、五原,本戎狄地,頗有趙、齊、衛、楚之徙[35]。其民鄙朴,少禮文,好射獵。雁門亦同俗,於天文別屬燕。

燕地,尾、箕分壄也。武王定殷,封召公於燕,其後三十六世與六國俱稱王。東有漁陽、右北平、遼西、遼東,西有上谷、代郡、雁門,南得涿郡之易、容城、范陽、北新城、故安、涿縣、良鄉、新昌,及勃海之安次,皆燕分也。樂浪、玄菟,亦宜屬焉。

燕稱王十世,秦欲滅六國,燕王太子丹遣勇士荊軻西刺秦王,不成而誅,秦遂舉兵滅燕。

薊,南通齊、趙,勃、碣[36]之間一都會也。初太子丹賓養勇士,不愛後宮美女,民化以為俗,至今猶然。賓客相過,以婦侍宿,嫁取之夕,男女無別,反以為榮。後稍頗止,然終未改。其俗愚悍少慮,輕薄無威,亦有所長,敢於急人,燕丹遺風也。

上谷至遼東,地廣民希,數被胡寇,俗與趙、代相類,有漁鹽棗栗之饒。北隙[37]烏丸、夫餘,東賈眞番之利。

玄菟、樂浪,武帝時置,皆朝鮮、濊貉、句驪蠻夷。殷道衰,箕子去之朝鮮,教其民以禮義,田蠶織作。樂浪朝鮮民犯禁八條:相殺以當時償殺;相傷以穀償;相盜者男沒入為其家奴,女子為婢,欲自贖者,人五十萬。雖免為民,俗猶羞之,嫁取無所讎[38],是以其民終不相盜,無門戶之閉,婦人貞信不淫辟。其田民飲食以籩豆[39],都邑頗放效吏及內郡賈人,往往以杯器食。郡初取吏於遼東,吏見民無閉臧,及賈人往者,夜則為盜,俗稍益薄。今於犯禁寖多,至六十餘條。可貴哉,仁賢之化也! 然東夷天性柔順,異於三方^[40]之外,故孔子悼道不行,設浮於海,欲居九夷,有以也夫! 樂浪海中有倭人,分為百餘國,以歲時來獻見云。

（班固撰,顏師古注《漢書》,中華書局 1962 年版）

【注釋】

[1]五常:仁、義、禮、智、信。

[2]東井、輿鬼:星宿名稱。

[3]柏益:即伯益。

[4]騩:同騩,赤身黑鬃的馬。

[5]知禽獸:了解禽獸之性,善於牧養。

[6]《豳詩》:指《詩經·豳風·七月》。

[7]鄭國:戰國時期韓國著名的水利專家。

[8]山園:陵園。

[9]在其板屋:語出《詩經·秦風·小戎》。板屋:以木板構筑的房屋。

[10]羽林、期門:漢武帝時護衛軍名稱。

[11]質木:樸實。

[12]昆邪王、休屠王:匈奴二王號。

[13]僮:奴隸。

[14]褊陿:狹隘。

[15]夏:中原。

[16]觜觿:星宿名稱。

[17]尹:治理。

[18]監:監督。

[19]生分:父母在,兄弟分異。

[20]在母未生:懷孕時。

[21]渢渢:樂聲宛轉悠揚。

[22]五伯:春秋五霸齊桓公、晉文公、秦穆公、宋襄公、楚莊王。

[23]更:輪流。

[24]角、亢、氏:星宿名稱。

[25]灌灌:水流貌。

[26]菅:多年生草本植物。

[27]坎:鼓聲。

[28]栩:柞木。

［29］不轨:不遵循法度。

［30］烈:業。

［31］椎剽:椎殺人而剽劫之。

［32］掘冢:盗墓。

［33］跕:拖著鞋走。

［34］懁忮:強直剛愎。

［35］徙:遷徙之民。

［36］勃、碣:渤海、碣石。

［37］隙:鄰近。

［38］雠:售,給價。

［39］籩豆:古代食器。竹制曰籩,木制曰豆。

［40］三方:指南方、西方、北方。

【导读】

　　《汉书·地理志》是东汉史学家班固撰写的地理著作,分为上、下两卷,对三代至秦汉的地理演变、政区沿革、郡县建置、典章制度,以及各地的山川地理、人口物产、风俗民情等进行了详细说明介绍。《后汉书·郡国志序》言:“《汉书·地理志》记天下郡县本末及山川奇异、风俗所由,至矣。”《隋书·经籍志》亦言:“其州国郡县,山川夷险,时俗之异,经星之分,风气所生,区域之广,户口之数,各有攸叙,与古《禹贡》《周官》所记相埒。”《汉书·地理志》保存了汉代及以前许多珍贵的历史地理资料,而班固所开启的地理志撰写先河,对后世史家亦有重要影响。

　　本篇选文叙写汉代疆域的地貌物产、世情风俗等内容。文章讲述秦人的先祖世系及秦国的逐步强大,最终嬴政吞并六国,建立疆域广袤的大秦帝国的历史。始皇之初修建郑国渠,引泾水灌溉田地,使得秦地沃野千里,百姓富裕,国力强盛。汉朝立都长安,迁徙齐国田姓,楚昭、屈、景诸姓及众功臣家属到长陵,之后又迁徙各方人士充实他陵,因此五方杂厝、风俗不纯,造成人们行为混乱、举止失范。风俗也深受地域条件影响,天水、陇西之地,由于山上林木众多,百姓就用木板搭建房屋,而安定、北地、上郡、西河等地,皆迫近戎狄,人们就讲求战备,崇尚勇力。从武威往西,原本是匈奴昆邪王、休屠王的属地,汉武帝时夺取过来,起初设置四郡,目的是连通西域,隔绝南羌、匈奴。此地人口多从各处迁移而来,习俗颇为殊异,但因政令宽厚,官吏不苛刻,所以民众和睦相处,社会秩序安定。巴、蜀、广汉本是南夷,被秦国兼并后设郡,土地肥美,沃野平畴,物产丰富,有山林竹木蔬食果实之饶。南面滇、僰多出僮仆,西面邛、笮多产马匹、牦牛,百姓以稻、鱼为食,没有灾年的忧患,习俗不愁苦,故而世风放纵,人们体格羸弱,气度狭隘。武都郡地区混杂氐族、羌族,还有犍为、牂柯、越巂等郡,汉武帝时始设,其民皆为西南外夷,故民俗大略与巴蜀相同,同时,武都地理位置亦靠近天水郡,两地风俗颇多相似。因周公将邶、庸的百姓迁移到洛邑,故邶、庸、卫三国的诗风相同。

班固非常重视舆地风俗,着重阐述风俗的成因及其与政治、人文的密切关系。对于风俗,《汉书·地理志》指出:"凡民函五常之性,而其刚柔缓急,音声不同,系水土之风气,故谓之风;好恶取舍,动静亡常,随君上之情欲,故谓之俗。"风俗因地理人文环境、历史文化传统而形成,由于中国疆域辽阔,各地自然地理条件、经济基础、发展水平、文化传统千差万别,因此形成了迥然不同的风俗。班固还强调,历史文化传统和统治阶级施政的宽严缓急对风俗影响很大。历史上人口频繁迁移,外来移民对移入地区的风俗会产生重要影响,而其影响程度的大小与移民数量的多寡有关。由于移民来自不同地区,所属社会阶层不同,价值观念、文化传统、生活习惯皆大不相同,因此会对移入地区的风俗造成巨大冲击。人口迁移改变了目的地原来的社会结构,也改变了当地的传统风俗。地理条件的优劣也会对风俗产生重要影响,优越的地理条件使人懈怠,而恶劣的环境却能使人奋发,地理环境同时影响着人们的性格和行为方式、生活习惯。地区人口的多少会直接影响人们的风俗习惯,而相邻地区的风俗接近,彼此影响,相互交融。

风俗有着鲜明的地域性、时代性,其形成和演变亦有复杂的原因。由于风俗对王朝的政治制度和百姓的文化生活都会产生深刻影响,因此尤为历代统治者所重视,他们通过因势利导,大兴教化,移风易俗,以竭力维护社会秩序,巩固统治政权。

(赵红撰)

第三节 汉文化与少数民族文化的交融

一、概述

中华文化不仅包含丰富深厚的汉文化,而且包含瑰丽多彩的少数民族文化,汉文化与少数民族文化在中华民族的发展史上彼此影响,相互吸收,不断交融,最终形成一体多元的格局。少数民族文化是中华文化的重要组成部分,在汉文化对少数民族文化产生深刻影响的同时,少数民族文化也以其鲜明独特的文化魅力对汉文化产生了重要的影响,主要表现在生产生活、文学艺术等诸多领域。

汉文化与少数民族文化的交流源远流长。秦汉之前,汉族与周边少数民族的经济文化交流就从未断绝,到了汉代,汉族与北方少数民族的交往更为频繁。汉武帝建元三年(公元前138年),张骞出使西域,开辟了丝绸之路,使内地与西域各少数民族之间的经济文化交流不断加强。汉族与少数民族的互动交流,使得各自在物质文化和精神文化上都受益良多。通过丝绸之路,西域的优良种马、各种瓜果蔬菜(如西瓜、葡萄、石榴、苜蓿、胡豆)被引入中原,而琵琶、筚篥、胡琴、箜篌等乐器及胡舞的传入更是令人耳目一新。汉元帝时昭君出塞的故事为人们津津乐道,汉代的和亲进一步促进了汉文化和少数民族文化的交流与融合。魏晋南北朝时期,长江以北地区陆续建立起一些少数民族政权,北方游牧民族大举迁移内地,各民族间交往日益加深,少数民族文化与汉文化相互碰撞、相互交流,进入了融合的黄金时期。少数民族政权出于维系统治的需要,统治者多提倡学习汉文化,采用汉族的礼仪制度。如北魏孝文帝实行汉化改革,鲜卑族在生产方式、文化习俗等方面向汉文化学习,从而使鲜卑族不断汉化。同样,匈奴、羯、氐、羌等少数民族在与汉族交往过程中,也不断吸纳汉文化的有益养分,汉化程度逐渐加深。内迁和杂居的客观实际与仿效、学习的主观意愿所形成的长期的经济互渗和文化交融,使得少数民族文化与汉文化之间血脉相连、相互补充。

隋唐疆域统一,为汉文化与少数民族文化的交流融合提供了更为便利的条件。隋朝虽然国祚短暂,但民族文化交流继续向前发展,至唐代,国力空前强盛。贞观十四年(公元640年)安西都护府的设立和贞观二十二年(公元648年)安西四镇的建制,进一步加强了中原地区与西域的联系,龟兹、于阗等地与唐王朝文化交流频繁,而丝绸之路的畅通无阻,大大促进了西域各少数民族与汉族间的经济文化交流。唐朝统治者实行宏阔、开放的民族政策,当时唐都长安居住生活着数量众多的少数民族人士,成为各民族文化交流融合的中心。随着唐王朝与周边少数民族政权政治经济交往的日益密切,汉文化与少数民族文化的交融也不断深化。唐代胡乐、胡舞极为流行,西域杂技也传入中原,少数民族的饮食、服饰文化深刻地影响着唐人的日常生活,胡饼深受百姓喜爱,胡床、胡妆成为社会时尚,尤其是唐人学习胡服式样并加以改进制成的唐装风行一时。唐王朝以恢宏的气度和开阔的胸襟接纳周边少数民族文化,令汉文化得以汲取少数民族文化的有益养分。总而言之,唐代文化繁荣昌盛,长安成为文化荟萃之地,民族文化融合在这一时期呈现出崭新的局面。唐初,松赞干布统一吐蕃、建都逻些后,曾两度遣使向唐求婚,唐太宗终将文成公主嫁与松赞干布,促成汉藏和亲盛事。文成公主入藏时,带去了蔬菜种子、手工制品、科技书籍及药材等,将汉文化传播到了青藏高原。唐景云元年(公元710年),中宗又将金成公主婚配吐蕃赞普尺带丹珠,进一步加强了唐与吐蕃的关系,随着彼此关系的日益密切,汉文化在吐蕃地区的影响也更为广泛、深远。唐开元十四年(公元726年)设立黑水都督府,负责管理东北靺鞨各部,强化了唐王朝对东北地区的管辖,政治上的管治也促进了文化上的交流,汉字成为渤海地区通行的文字,使唐王朝与渤海地区的关系更趋紧密。唐朝也加强了与西南地区的联系,贞元十年(公元 794 年),唐德宗册封异牟寻为南诏王,此后,南诏多次派人来中原学习汉文化,深化了两地的文化交往。同时,岭南地区众多少数民族亦多方面从汉文化中汲取有益养分,丰富其民族文化,汉文化与岭南少数民族文化的融合逐渐深化。

宋、辽、金时期,北方党项族建立的西夏王朝,在饮食起居、典章制度、礼仪风俗等方面多向汉文化学习,特别是契丹族学习、仿效汉字,创造了契丹文,引得其他少数民族群起效尤。元朝蒙古族问鼎中原后,统治者尊崇儒学,重用儒学经师,推行汉法,极大地推动了蒙、汉文化的交流融合。清朝满族建立大一统政权,打破民族壁垒,大量吸纳汉族人士入朝为官,并沿袭汉律,鼓励满汉通婚,这些举措对强化少数民族文化尤其是满族文化与汉文化的深入交流无疑有着积极的意义。元朝和清朝作为少数民族入主中原的两个大一统封建王朝,面对具有强大吸引力、凝聚力的汉文化,不断通过自我调整、自我改造、自我变革全面学习汉文化。

文化有着强烈的民族性、地域性,历史上,汉文化与少数民族文化在发展演进过程中不可避免地会产生碰撞和冲突,同时,也不断进行着交流与融合。汉文化与少数民族文化各具特色,互有优劣,在碰撞交流中兼容并蓄,吸纳互补,共同进步。少数民族文化吸收汉文化的优秀成分而更具魅力,汉文化也吸纳少数民族文化的积极因子而进一步丰富和发展,呈现出崭新的面貌。汉文化与少数民族文化的交融在深度和广度上不断拓展,最终形成水乳交融、密不可分的中华文化,成为维护国家统一和民族团结的坚韧纽带。

二、原典选读及导读

史記卷一百十·匈奴列傳第五十(節選)

自淳維以至頭曼千有餘歲,時大時小,別散分離,尚矣,其世傳不可得而次云。然至冒頓而匈奴最彊大,盡服從[1]北夷,而南與中國為敵國,其世傳國官號乃可得而記云。

置左右賢王,左右谷蠡王,左右大將,左右大都尉,左右大當戶,左右骨都[2]侯。匈奴謂賢曰"屠耆",故常以太子為左屠耆王。自如左右賢王以下至當戶,大者萬騎,小者數千,凡二十四長,立號曰"萬騎"。諸大臣皆世官。呼衍氏,蘭氏,其後有須卜氏,此三姓其貴種也。諸左方王將居東方,直上谷以往者,東接穢貉、朝鮮;右方王將居西方,直上郡以西,接月氏、氐、羌;而單于之庭直代、雲中:各有分地,逐水草移徙。而左右賢王、左右谷蠡王最為大(國),左右骨都侯輔政。諸二十四長亦各自置千長、百長、什長、裨小王、相、封、都尉、當戶、且渠之屬。

歲正月,諸長小會單于庭,祠。五月,大會蘢城,祭其先、天地、鬼神。秋,馬肥,大會蹛林,課校人畜計。其法,拔刃尺者死,坐盜者沒入其家;有罪小者軋,大者死。獄久者不過十日,一國之囚不過數人。而單于朝出營，拜日之始生，夕拜月。其坐，長左而北鄉[3]。日上戊己。其送死，有棺槨金銀衣裘，而無封樹喪服；近幸臣妾從死者，多至數千百人。舉事而候星月，月盛壯則攻戰，月虧則退兵。其攻戰，斬首虜賜一卮酒，而所得鹵獲[4]因以予之，得人以為奴婢。故其戰，人人自為趣[5]利，善為誘兵以冒敵。故其見敵則逐利，如鳥之集；其困敗，則瓦解雲散矣。戰而扶輿死者，盡得死者家財。

後北服渾庾、屈射、丁零、鬲昆、薪犛之國。於是匈奴貴人大臣皆服，以冒頓單于為賢。

是時漢初定中國，徙韓王信於代，都馬邑。匈奴大攻圍馬邑，韓王信降匈奴。匈奴得信，因引兵南踰句注，攻太原，至晉陽下。高帝自將兵往擊之。會[6]冬大寒雨雪，卒之墮指者十二三，於是冒頓詳[7]敗走，誘漢兵。漢兵逐擊冒頓，冒頓匿其精兵，見其羸弱，於是漢悉兵，多步兵，三十二萬，北逐之。高帝先至平城，步兵未盡到，冒頓縱精兵四十萬騎圍高帝於白登，七日，漢兵中外不得相救餉。匈奴騎，其西方盡白馬，東方盡青駹馬[8]，北方盡烏驪馬[9]，南方盡騂馬[10]。高帝乃使使閒厚遺閼氏，閼氏乃謂冒頓曰：“兩主不相困。今得漢地，而單于終非能居之也。且漢王亦有神，單于察之。”冒頓與韓王信之將王黃、趙利期，而黃、利兵又不來，疑其與漢有謀，亦取閼氏之言，乃解圍之一角。於是高帝令士皆持滿傳矢[11]外鄉，從解角直出，竟與大軍合，而冒頓遂引兵而去。漢亦引兵而罷，使劉敬結和親之約。

是後韓王信為匈奴將，及趙利、王黃等數倍[12]約，侵盜代、雲中。居無幾何，陳豨反，又與韓信合謀擊代。漢使樊噲往擊之，復拔代、鴈門、雲中郡縣，不出塞。是時匈奴以漢將眾往降，故冒頓常往來侵盜代地。於是漢患之，高帝乃使劉敬奉宗室女公主為單于閼氏，歲奉匈奴絮繒[13]酒米食物各有數，約為昆弟以和親，冒頓乃少止。後燕王盧綰反，率其黨數千人降匈奴，往來苦上谷以東。

高祖崩，孝惠、呂太后時，漢初定，故匈奴以驕。冒頓乃為書遺高后，妄言。高后欲擊之，諸將曰：“以高帝賢武，然尚困於平城。”於是高后乃止，復與匈奴和親。

至孝文帝初立，復修和親之事。其三年五月，匈奴右賢王入居河南地，侵盜上郡葆塞蠻夷，殺略[14]人民。於是孝文帝詔丞相灌嬰發車騎八萬五千，詣高奴，擊右賢王。右賢王走出塞。文帝幸太原。是時濟北王反，文帝歸，罷丞相擊胡之兵。

其明年，單于遺漢書曰：“天所立匈奴大單于敬問皇帝無恙。前時皇帝言和親事，稱書意，合歡。漢邊吏侵侮右賢王，右賢王不請[15]，聽後義盧侯難氏等計，與漢吏相距，絕二主之約，離兄弟之親。皇帝讓[16]書再至，發使以書報，不來，漢使不至，漢以其故不和，鄰國不附。今以小吏之敗約故，罰右賢王，使之西求月氏擊之。以天之福，吏卒良，馬彊力，以夷滅[17]月氏，盡斬殺降下之。定樓蘭、烏孫、呼揭及其旁二十六國，皆以為匈奴。諸引弓之民，并為一家。北州已定，願寢兵休士卒養馬，除前事，復故約，以安邊民，以應始古，使少者得成其長，老者安其處，世世平樂。未得皇帝之志也，故使郎中係雩淺奉書請，獻橐他一匹，騎馬二匹，駕二駟。皇帝即不欲匈奴近塞，則且詔吏民遠舍。使者至，即遣之。”以六月中來至薪望之地。書至，漢議擊與和親孰便。公卿皆曰：“單于新破月氏，乘勝，不可擊。且得匈奴地，澤鹵[18]，非可居也。和親甚便。"漢許之。

　　孝文皇帝前六年,漢遺匈奴書曰:"皇帝敬問匈奴大單于無恙。使郎中係雩淺遺朕書曰:'右賢王不請,聽後義盧侯難氏等計,絕二主之約,離兄弟之親,漢以故不和,鄰國不附。今以小吏敗約,故罰右賢王使西擊月氏,盡定之。願寢兵休士卒養馬,除前事,復故約,以安邊民,使少者得成其長,老者安其處,世世平樂。'朕甚嘉之,此古聖主之意也。漢與匈奴約為兄弟,所以遺單于甚厚。倍約離兄弟之親者,常在匈奴。然右賢王事已在赦前,單于勿深誅[19]。單于若稱書意,明告諸吏,使無負約,有信,敬如單于書。使者言單于自將伐國有功,甚苦兵事。服繡袷綺衣[20]、繡袷長襦[21]、錦袷袍[22]各一,比余[23]一,黃金飾具帶一,黃金胥紕[24]一,繡十匹,錦三十匹,赤綈[25]、綠繒各四十匹,使中大夫意、謁者令肩遺單于。"

　　後頃之,冒頓死,子稽粥立,號曰老上單于。

　　老上稽粥單于初立,孝文皇帝復遺宗室女公主為單于閼氏,使宦者燕人中行說傅公主。說不欲行,漢彊使之。說曰:"必我行也,為漢患者。"中行說既至,因[26]降單于,單于甚親幸之。

　　初,匈奴好漢繒絮食物,中行說曰:"匈奴人眾不能當漢之一郡,然所以彊者,以衣食異,無仰於漢也。今單于變俗好漢物,漢物不過什二,則匈奴盡歸於漢矣。其得漢繒絮,以馳草棘中,衣袴[27]皆裂散,以示不如旃裘之完善也。得漢食物皆去之,以示不如湩酪[28]之便美也。"於是說教單于左右疏記,以計課其人眾畜物。

　　漢遺單于書,牘以尺一寸,辭曰"皇帝敬問匈奴大單于無恙",所遺物及言語云云。中行說令單于遺漢書以尺二寸牘,及印封皆令廣大長,倨傲其辭曰"天地所生日月所置匈奴大單于敬問漢皇帝無恙",所以遺物言語亦云云。

　　漢使或言曰:"匈奴俗賤老。"中行說窮[29]漢使曰:"而漢俗屯戍從軍當發者,其老親豈有不自脫溫厚肥美以齎送飲食行戍乎?"漢使曰:"然。"中行說曰:"匈奴明以戰攻為事,其老弱不能鬪,故以其肥美飲食壯健者,蓋以自為守衛,如此父子各得久相保,何以言匈奴輕老也?"漢使曰:"匈奴父子乃同穹廬而臥。父死,妻其後母;兄弟死,盡取其妻妻之。無冠帶之飾,闕庭之禮。"中行說曰:"匈奴之俗,人食畜肉,飲其汁,衣其皮;畜食草飲水,隨時轉移。故其急則人習騎射,寬則人樂無事,其約束輕,易行也。君臣簡易,一國之政猶一身也。父子兄弟死,取其妻妻之,惡種姓之失也。故匈奴雖亂,必立宗種[30]。今中國雖詳不取其父兄之妻,親屬益疏則相殺,至乃易姓,皆從此類。且禮義之敝,上下交怨望,而室屋之極,生力必屈。夫力耕桑以求衣食,築城郭以自備,故其民急則不習戰功,緩則罷於作業。嗟土室之人,顧無多辭,令喋喋而佔佔,冠固何當?"

　　自是之後,漢使欲辯論者,中行說輒曰:"漢使無多言,顧漢所輸匈奴繒絮米糵[31],令其量中,必善美而已矣,何以為言乎?且所給備善則已;不備,苦惡,則候秋孰[32],以騎馳蹂而稼穡耳。"日夜教單于候利害處。

　　漢孝文皇帝十四年,匈奴單于十四萬騎入朝郱、蕭關,殺北地都尉卬,虜人民畜產甚多,遂

450

至彭陽。使奇兵入燒回中宮,候騎[33]至雍甘泉。於是文帝以中尉周舍、郎中令張武為將軍,發車千乘,騎十萬,軍長安旁以備胡寇。而拜昌侯盧卿為上郡將軍,窜侯魏遬為北地將軍,隆慮侯周竈為隴西將軍,東陽侯張相如為大將軍,成侯董赤為前將軍,大發車騎往擊胡。單于留塞內月餘乃去,漢逐出塞即還,不能有所殺。匈奴日已驕,歲入邊,殺略人民畜產甚多,雲中、遼東最甚,至代郡萬餘人。漢患之,乃使使遺匈奴書。單于亦使當戶報謝,復言和親事。

孝文帝後二年,使使遺匈奴書曰:"皇帝敬問匈奴大單于無恙。使當戶且居雕渠難、郎中韓遼遺朕馬二匹,已至,敬受。先帝制:長城以北,引弓之國,受命單于;長城以內,冠帶之室,朕亦制之。使萬民耕織射獵衣食,父子無離,臣主相安,俱無暴逆。今聞渫惡民貪降其進取之利,倍義絕約,忘萬民之命,離兩主之驩,然其事已在前矣。書曰:'二國已和親,兩主驩說,寢兵休卒養馬,世世昌樂,闓然[34]更始。'朕甚嘉之。聖人者日新,改作更始,使老者得息,幼者得長,各保其首領而終其天年。朕與單于俱由此道,順天恤民,世世相傳,施之無窮,天下莫不咸便。漢與匈奴鄰國之敵,匈奴處北地,寒,殺氣早降,故詔吏遺單于秫蘖金帛絲絮佗[35]物歲有數。今天下大安,萬民熙熙,朕與單于為之父母。朕追念前事,薄物細故,謀臣計失,皆不足以離兄弟之驩。朕聞天不頗覆,地不偏載。朕與單于皆捐往細故,俱蹈大道,墮壞前惡,以圖長久,使兩國之民若一家子。元元萬民,下及魚鼈,上及飛鳥,跂行[36]喙息蠕動之類,莫不就安利而辟[37]危殆。故來者不止,天之道也。俱去前事:朕釋逃虜民,單于無言章尼等。朕聞古之帝王,約分明而無食言。單于留志,天下大安,和親之後,漢過不先[38]。單于其察之。"

單于既約和親,於是制詔御史曰:"匈奴大單于遺朕書,言和親已定,亡人不足以益眾廣地,匈奴無入塞,漢無出塞,犯(令)〔今〕約者殺之,可以久親,後無咎,俱便。朕已許之。其布告天下,使明知之。"

後四歲,老上稽粥單于死,子軍臣立為單于。既立,孝文皇帝復與匈奴和親。而中行說復事之。

軍臣單于立四歲,匈奴復絕和親,大入上郡、雲中各三萬騎,所殺略甚眾而去。於是漢使三將軍軍屯北地,代屯句注,趙屯飛狐口,緣邊亦各堅守以備胡寇。又置三將軍,軍長安西細柳、渭北棘門、霸上以備胡。胡騎入代句注邊,烽火通於甘泉、長安。數月,漢兵至邊,匈奴亦去遠塞,漢兵亦罷。後歲餘,孝文帝崩,孝景帝立,而趙王遂乃陰[39]使人於匈奴。吳楚反,欲與趙合謀入邊。漢圍破趙,匈奴亦止。自是之後,孝景帝復與匈奴和親,通關市,給遺匈奴,遣公主,如故約。終孝景時,時小入盜邊,無大寇。

今帝既位,明和親約束,厚遇,通關市,饒給之。匈奴自單于以下皆親漢,往來長城下。

漢使馬邑下人聶翁壹奸蘭[40]出物與匈奴交,詳為賣馬邑城以誘單于。單于信之,而貪馬邑財物,乃以十萬騎入武州塞。漢伏兵三十餘萬馬邑旁,御史大夫韓安國為護軍,護四將軍以伏單于。單于既入漢塞,未至馬邑百餘里,見畜布野而無人牧者,怪之,乃攻亭。是時鴈門尉史行徼[41],見寇,葆[42]此亭,知漢兵謀,單于得,欲殺之,尉史乃告單于漢兵所居。單于大驚曰:"吾固疑之。"乃引兵還。出曰:"吾得尉史,天也,天使若言。"以尉史為"天王"。漢兵約單于入馬邑而縱,單于不至,以故漢兵無所得。漢將軍王恢部出代擊胡輜重,聞單于還,兵多,不敢出。漢以恢本造兵謀而不進,斬恢。自是之後,匈奴絕和親,攻當路塞,往往入盜於漢邊,不可勝數。然匈奴貪,尚樂關市,嗜漢財物,漢亦尚關市不絕以中之。

(司馬遷撰,張守節正義,司馬貞索隱,裴駰集解《史記》,中華書局 1959 年版)

【注釋】

[1]服從:使服從。

[2]骨都:異姓大臣。

[3]北鄉:北向。

[4]鹵獲:指戰利品。鹵:通"虜"。

[5]趣:通"趨"。

[6]會:恰逢。

[7]詳:通"佯"。

[8]青駹馬:青色馬。駹:青色。

[9]烏驪馬:黑色馬。驪:黑色。

[10]騂馬:赤黃色馬。騂:赤黃色。

[11]持滿:把弓拉滿。傅矢:箭上弦。傅:通"附"。

[12]倍:通"背"。

[13]繒:絲織品的總稱。

[14]略:通"掠"。

[15]請:謁見。

[16]讓:責備。

[17]夷滅:平定,消滅。夷:平。

[18]澤鹵:低洼鹽城地。

[19]誅:責罰。

[20]繡袷綺衣:用繡花的絲織品做衣面,用織花絲綢做衣服里的夾衣。

[21]繡袷長襦:用繡花絲品做衣面的長夾襖。

[22]錦袷袍:用彩色絲織品做衣面的夾袍。

[23]比餘:一種金制的髮飾。

[24]胥紕:一種金制的衣帶鉤。

[25]綈:一種厚而光滑的絲織品。

[26]因:趁機。

[27]袴:通"褲"。

[28]湩:乳汁。酪:乳汁制品。

[29]窮:辨難。

[30]宗種:宗族的繼承人。

[31]蘖:通"糵",酒麴。

[32]孰:通"熟"。

[33]候騎:偵察騎兵。

[34]闟然:安定的樣子。

[35]佗:通"他"。

[36]跂行:爬行。

[37]辟:通"避"。

[38]漢過不先:漢不先犯過失。

[39]陰:暗中,背地里。

[40]蘭:通"欄"。

[41]行徼:巡察。

[42]葆:通"保"。

【导读】

　　《史记·匈奴列传》主要记述了北方游牧民族匈奴与汉民族的关系。匈奴是古代蒙古大漠和草原上的一个古老民族,历史悠久,到战国时期逐渐强大起来,在冒顿单于时代不断侵略扩张,尽服北夷,统一各部,达到鼎盛时期。司马迁在《史记·匈奴列传》中洋洋洒洒万言,备述匈奴的历史沿革、社会政治制度、民族特性、风土人情、疆域物产及与周边国家的关系等。司马迁以高超的叙事技巧、生动的笔墨,详细介绍了匈奴的千年发展史,通过概述匈奴与汉族纷繁芜杂的历史事件,梳理了匈奴与汉族错综复杂的民族关系的流变脉络,具有很高的文献史料研究价值。

　　作为游牧民族,匈奴人居无定所,逐水草迁徙,有着迥异于汉族的民族特性。秦汉时期,匈奴频频南下,入边杀掠,其骑兵快马利刃、出没无常,侵扰汉族百姓次数愈显频繁,规模也愈见扩大,严重威胁着汉族政权,成为封建帝国的心腹之患。秦始皇曾派大将蒙恬北筑长城,以宏大的军事工程防御匈奴的袭扰。匈奴和秦汉帝国长期对峙,匈奴和汉民族的矛盾冲突日益尖锐,边境战争时有发生。

　　节选部分主要就汉朝统治者对匈奴的战和政策及民族交往过程等做了详细的叙述。面对北方强悍的匈奴,汉初统治者审时度势,权衡利弊得失,委曲求全,忍辱求和。汉高祖派刘敬到匈奴缔结和亲盟约,此后在吕后当政和文帝、景帝时期,一直都奉行和亲政策。虽然汉朝与匈奴和亲修好,但二者的关系并未一帆风顺,汉朝的隐忍退让助长了匈奴的骄横和贪欲,匈奴依然不时侵犯汉朝边境,造成匈奴和汉廷的关系时战时和,反反复复。面对匈奴的狡悍贪婪、背信弃义、反复无常,汉朝统治者逐步改变了对匈奴的策略,一方面继续和亲政策,另一方面也积极防御,抗击匈奴入侵,维护边疆安宁,保证社会经济的发展。

从汉高祖到汉景帝统治时期,在和亲政策下,北部边境基本没有受到匈奴的大规模侵犯,保持了一个相对和平安定的环境,"万民耕织射猎衣食,父子无离,臣主相安,俱无暴逆";"使两国之民若一家子。元元万民,下及鱼鳖,上及飞鸟,跂行喙吸蠕动之类,莫不就安利而辟危殆"。汉朝由是得以休养生息,发展经济,为汉武帝时期国力空前强盛创造了有利条件,和亲政策对于加强和巩固汉族与匈奴的关系具有积极意义。

《史记·匈奴列传》言:"匈奴,其先祖夏后氏之苗裔也,曰淳维。"司马迁指出匈奴原本与汉族同根同源,没有对匈奴持歧视和轻蔑的态度,司马迁摈弃狭隘的民族主义观念,认为华夷无别,胡汉本是一家,不应相互排斥,而要平等相待、和睦共处。司马迁的观点深邃,切中肯綮,不能不令人钦佩其远见卓识。茅坤《史记钞》曰:"太史公甚不满武帝穷兵黩武匈奴事。"司马迁主张慎启战争,因为战争会给人民带来深重灾难和巨大损失,兵火之下,生灵涂炭,民不聊生。同时,司马迁希望建立和睦团结的民族关系,并对和亲政策持肯定态度,强调应以和亲方式维护边境的安宁。匈奴与汉民族在长期亦战亦和的关系中持续不断地进行着经济、文化上的交流,促进了民族交流与融合。

（赵红撰）

第三节　中华文化的传播

一、概述

中华民族有着悠久的历史和灿烂的文化,五千年文明史造就了绚丽多彩、博大精深的中华文化。中华文化有着很强的辐射性,东到朝鲜半岛和日本,南及东南亚各国,西达地中海和欧洲,在世界范围内都留下了中华文化的印迹。

中华文化在历史上曾通过多种渠道传播到海外。举世闻名的丝绸之路东起长安,西至地中海沿岸,是东西方文化交流的重要通道,中外商贾、使者、僧徒、教士在这条通道上络绎不绝,不仅将中国丰富的物产带到西亚和欧洲,也将先进的科学技术和文化传播到西方,古老的丝绸之路为东西方文化的交流发展做出了重要贡献。中国的桑蚕丝织技术领先世界,早在先秦时期,丝绸就传入中亚、西亚,不仅深受这些地区民众的喜爱,也成为其财富和身份的象征。而中国的养蚕和纺织技术传入葡萄牙、西班牙、意大利、法国等西方国家,深刻影响着欧洲人的日常生活,中国的冶金、水利灌溉等先进的生产技术也通过丝绸之路输出到西方。

中国与外域的交往,不仅有陆上丝绸之路,还有海上丝绸之路。秦汉时期已经开辟了海上航线,西汉海船可以从东南沿海抵达印度洋,东汉则辟有通往波斯的海路。至魏晋南北朝时,由于战乱频仍,对外交往的陆路被阻隔,海上贸易就变得更加频繁,因此海路交通得到快速发展。唐宋以降,广州、泉州成为重要的对外贸易通商港口,由于造船工艺和航海技术的不断发展进步,海上贸易日益繁荣,中国的瓷器、茶叶等货物通过海路大量输往国外,远达波斯湾、非洲、欧洲等地区。海上丝绸之路的开辟,促进了中国同世界各国的物质贸易和文化交流。

中华文化的对外传播随着封建王朝国力的强弱而时有盈缩。唐朝国力空前强大,陆路和海路交通畅达,对外文化交流也颇为繁盛。瓷器、丝绸、漆器大量出口,精美的唐三彩更是深受世人喜爱,远销朝鲜、日本及东南亚诸国。两宋时期,海上贸易非常兴盛,航线远至西亚、非洲等地。元代疆域辽阔,对外交往频繁,同亚、非、欧等大洲的国家多有往来,陆上和海上的交通都很发达,随着瓷器、丝绸、茶叶等源源不断运往国外,中国博大精深的文化和先进的科学技术也继续向海外传播。公元1275年,意大利人马可·波罗来到中国,并居住长达十七年之久,于1292年返回意大利。马可·波罗回国时不仅带回了中国先进的科学技术和文化,还根据其亲身经历创作了著名的《马可·波罗行纪》,通过其在中国的见闻详细地向西方人介绍了中华文化,使西方世界进一步了解中国这个古老神奇的国度及其绚丽璀璨的文化,马可·波罗为中西文化交流做出了重要贡献。明朝依然实行开放的政策,设置专门的对外机构市舶提举司,促进了海外贸易和文化交流。三保太监郑和率领庞大的远洋船队,在永乐三年(1405年)六月到宣德八年(1433年)七月的二十八年间七下西洋,先后到达马来半岛、印度、阿拉伯半岛,最远甚至到达非洲东海岸和红海,访问了数十个国家和地区。郑和船队与所经过的国家和地区进行货物贸易,也传播了中国先进的科学技术和文化。同时,有许多国家的使节也随船队来到中国长期居住、生活并学习中华文化,他们在回国后成为中华文化的有力传播者。清代虽然西学东渐,但中华文化并没有停止向世界各地传播的脚步,在海外依然闪耀着夺目的光辉。

中国与日本、朝鲜的文化交流源远流长。中、日两国是一衣带水的邻邦,交流历来频密,特别是在唐代空前繁盛。唐代社会、经济、文化高度发达,日本向唐王朝派出多批遣唐使和留学生,长期居住在中国学习典章制度、文化技术。日本效仿唐制,改革其政治经济制度,在语言文字上,也学习、借鉴汉字的字音、字形,创造了日本文字片假名、平假名,甚至语法、语汇也深受汉语影响。唐鉴真和尚不畏艰险东渡日本,弘扬佛法,传播文化,将先进的中国文化传播到日本,促进了中日文化的深入交流。此外,唐代大量的儒学和佛教典籍被输往日本,对其国民思想产生了深刻的影响;而建筑、书画、茶道等更是渗透到日本人的日常生活,内化为日本文化的重要组成部分。宋元时期,统治者将许多文化典籍馈赠给高丽王朝,如《史记》《汉书》《大藏经》《太平御览》《文苑英华》《册府元龟》等,中国的诗歌、书法、绘画、医药等也深得高丽人的喜爱。高丽王朝还曾遣使向宋朝学习,程朱理学得以传入高丽,受到极大的推崇。中国先进的科技文化也向南传播到东南亚诸国,使这一地区的国家受到先进中华文化的深刻影响。

作为世界文明古国,中国的科学技术在 17 世纪以前一直领先世界,造纸术大约在 3 世纪传入越南,4 世纪传入朝鲜,5 世纪传入日本,7 世纪传入印度,8 世纪传入中亚、阿拉伯地区,而后到达北非,12 世纪传入欧洲。造纸术结束了欧洲人用羊皮书写的历史。指南针约在 12 世纪经阿拉伯地区传入欧洲,开启了世界航海史的新时代,为哥伦布发现新大陆提供了技术支持。印刷术约在 8 世纪传入日本,12 世纪传入埃及,13 世纪欧洲开始使用中国的雕版印刷技术。大约在 13 世纪,火药传入阿拉伯地区,后又传入欧洲。四大发明在世界的传播大大推进了人类文明的进程。

中华文化对人类文明做出了重要贡献,千百年来中华文化源源不断传播到世界各地,其持续时间之久、涉及领域之广、传播范围之大,在世界文明史上罕有其比。

二、原典选读及导读

馬可·波羅行紀(節選)

第一五一章　蠻子國都行在城

自強安城發足,騎行三日,經行一美麗地域,沿途見有環墻之城村甚衆,由是抵極名貴之行在(Quinsay)城[1]。行在云者,法蘭西語猶言"天城",前已言之也。既抵此處,請言其極燦爛華麗之狀,蓋其狀實足言也,謂其為世界最富麗名貴之城,良非偽語。茲請續言此國王后致略地之伯顏書,請其將此書轉呈大汗,俾悉此城大佳,請勿毀壞事。吾人今據此書之內容以及馬可波羅閣下之見聞述之。

書中首稱此行在城甚大,周圍廣有百哩。內有一萬二千石橋,橋甚高,一大舟可行其下。其橋之多,不足為异,蓋此城完全建築於水上,四圍有水環之,因此遂建多橋以通往來。

書中並言此城有十二種職業,各業有一萬二千戶,每戶至少有十人,中有若干戶多至二十人、四十人不等。其人非盡主人,然亦有僕役不少,以供主人指使之用。諸人皆勤於作業,蓋其地有不少城市,皆依此城供給也。

此書又言城中有商賈甚衆,頗富足,貿易之巨,無人能言其數。應知此職業主人之為工廠長者,與其婦女,皆不親手操作,其起居清潔富麗,與諸國王無异。此國國王有命,本業只能由子承襲,不得因大利而執他業。

城中有一大湖[2],周圍廣有三十哩,沿湖有極美之宮殿,同壯麗之邸舍,並為城中貴人所有。亦有偶像教徒之廟宇甚多。湖之中央有二島,各島上有一壯麗宮室,形類帝宮。城中居民遇有大慶之事,則在此宮舉行。中有銀制器皿、樂器,舉凡必要之物皆備,國王貯此以供人民之用。凡欲在此宮舉行大慶者,皆任其為之。

在此城中並見有美麗邸舍不少,邸內有高大樓台,概用美石建造,城中有火灾時,移藏資財於其中,蓋房屋用木建造,火灾時起也。

居民是偶像教徒,自經大汗經略以後,使用紙幣。彼等食一切肉,基督教徒絶不食之狗肉及其他賤畜之肉亦食。自從大汗據有此城以後,於一萬二千橋上,每橋命十人日夜看守,俾叛亂之事不致發生。此城有一山丘,丘上有一塔,塔上置一木板,每遇城中有火警或他警時,看守之人執棰擊板,聲大遠處皆聞,人聞板聲,即知城內有火警或亂事。

大汗在此城警戒甚嚴者,蓋因其為蠻子地域都城,並因其殷富,而征收之商稅甚巨,其額之巨,僅聞其説而未見其事者絶不信之。

城中街道皆以石鋪地,蠻子地域之一切道路皆然,由是通行甚易,任往何處不致沾泥。蠻子地域多泥濘,設若道路不以石鋪地,則步騎皆難跋涉,蓋其地低而平,雨時頗多陷坑也。

尚應知者,此行在城中有浴所三千,水由諸泉供給,人民常樂浴其中,有時足容百餘人同浴而有餘。

海洋距此有二十五哩,在一名澉浦(Ganfu)城之附近。其地有船舶甚衆,運載種種商貨往來印度及其他外國,因是此城愈增價值。有一大川[3]自此行在城流至此海港而入海,由是船舶往來,隨意載貨,此川流所過之地有城市不少。

大汗區分蠻子地域為九部,而為九國,每國遣一國王治之。諸國王皆臣屬大汗,每年各以國中會計上之都城計院。行在城駐在之國王,所轄富庶大城一百四十。應知此廣大蠻子地域共有富庶大城一千二百餘所,其環墻之村莊及城市無數,尚未計焉。此一千二百城,大汗各置戍兵一隊,最少者額有千人,有至一萬、二萬、三萬人者,由是其人之衆不可勝計。此種戍守之人皆契丹州人,善戰之士也,然不人盡有馬,步卒甚衆,皆隸大汗軍。

凡關涉此城之事,悉具廣大規模。大汗每年征收種種賦税之巨,筆難盡述。其中財富之廣,而大汗獲利之大,聞此説而未見此事者,必不信其有之。

此地之人有下述之風習,若有胎兒產生,即志其出生之日時生肖,由是每人知其生辰。如有一人欲旅行時,則往詢星者,告以生辰,卜其是否利於出行,星者偶若答以不宜,則罷其行,待至適宜之日。人信星者之説甚篤,緣星者精於其術,常作實言也。

人死焚其屍,設有死者,其親友服大喪,衣麻,携數種樂器行於屍後,在偶像前作喪歌,及至焚屍之所,取紙制之馬匹、甲冑、金錦等物並屍共焚之。據稱死者在彼世獲有諸物,所作之樂,及對偶像所唱之歌,死者在彼世亦得聞之,而偶像且往賀之也。

此城尚有出走的蠻子國王之宮殿,是為世界最大之宮,周圍廣有十哩,環以具有雉堞之高牆,內有世界最美麗而最堪娛樂之園囿,世界良果充滿其中,並有噴泉及湖沼,湖中充滿魚類。中央有最壯麗之宮室,計有大而美之殿二十所,其中最大者,多人可以會食。全飾以金,其天花板及四壁,除金色外無他色,燦爛華麗,至堪娛目。

並應知者,此宮有房室千所,皆甚壯麗,皆飾以金及種種顏色。此城有大街一百六十條,每街有房屋一萬,計共有房屋一百六十萬所,壯麗宮室夾雜其中。城中僅有聶思脫裏派基督教徒之禮拜堂一所。

尚有一事須言及者,此城市民及其他一切居民皆書其名、其妻名、其子女名、其奴婢名以及居住家內諸人之名於門上,牲畜之數亦開列焉。此家若有一人死則除其名,若有一兒生則增其名,由是城中人數,大汗皆得知之。蠻子、契丹兩地皆如是也。

一切外國商賈之居留此種地域者,亦書其名及其別號,與夫入居之月日,暨離去之時期,大汗由是獲知其境內來往之人數,此誠謹慎賢明之政也。

茲請言大汗在此城及其轄境所征收之賦稅於後。

【注释】

[1]行在城:杭州城。

[2]大湖:西湖。

[3]大川:錢塘江。

【导读】

《马可·波罗行纪》也称《马可·波罗游记》或《东方见闻录》,由中世纪意大利著名旅行家马可·波罗口述其漫游东方的旅行经历,狱友记录完成,全书共四卷,二百二十九章,描述了中亚、西亚、东南亚各个国家的山川地理、气候物产、风土人情等情况,叙述了沿途的见闻,其中犹以中国的记载最为详尽。马可·波罗在中国居住了十七年,足迹遍布全国各地,在《马可·波罗行纪》中他详细讲述了在中国的亲身经历。《马可·波罗行纪》向世界介绍了神奇的东方世界及中华文明,丰富了欧洲人的地理知识,加深了西方人对东方和中国的认识和了解,为增进东西方经济文化的交流起到了积极的作用。《马可·波罗行纪》的刊行在西方世界产生了巨大影响,在欧洲掀起了东方的热潮,令欧洲人将目光投向东方这片神奇的土地,激发了欧洲人几个世纪以来对东方的探索和寻梦。《马可·波罗行纪》在中西文化交流史上具有重要意义。

节选部分是马可·波罗对杭州见闻的记录。元代的杭州是一个经济文化繁荣的大都市,物阜民丰,人杰地灵。《马可·波罗行纪》对繁荣富庶的杭州城做了详细的记述和生动的描绘,书中介绍了杭州的城市布局、社会政治制度、人们的居住饮食、风俗习惯及宗教信仰等方面的情况。杭州华丽的殿宇、整洁的街道、完善的交通、优美的景致、丰富的物产、发达的经济、友善的人民、兴旺的对外贸易，无不令马可·波罗啧啧赞叹，惊羡不已。正如马可·波罗书中所言："行在城所供给之快乐，世界诸城无有及之者，人处其中自信为置身天堂。"马可·波罗对杭州城的描述为后人了解古代杭州城提供了翔实的历史资料。

（赵红撰）

第十五章 古代教育与科学技术

中华民族创造了光辉灿烂的文化,傲立于世界东方,而这与教育密不可分。中国古代重视教育,早在先秦时期,就出现了庠、序等古代学校,并有具体的教育管理措施。此后,教育制度不断发展、完善,培养出了大量的人才。科举制更是具有世界影响的人才选拔制度。它曾被东南亚国家所效仿,且为许多西方国家所借鉴,是现代文官考试制度的历史渊源。古代的教育经常和科举联系在一起,教育的目标往往是进士及第,走向仕途。同时,中国的科学技术非常发达,在算术、农业、建筑等方面都有突出的成果。本章即介绍中国古代的学校与科举制及科学技术。

第一节 学校与科举制

一、概述

学校培育人才,科举制选拔人才,二者相互依存,兴衰与共。自《新唐书》立《选举志》之后,历代正史的《选举志》都包含学校与科举制两方面的内容。

（一）学校

学校分官学和私学,官学有中央和地方两级,以教授儒家经典为主。当然,也有部分学校教授专门知识,如医学、天文、算术、法律等等。

学校出现得很早,据董仲舒说,"成均"就是五帝时期的学校。夏商时期,在国都和地方都设有学校,称为"庠""序""学""校"等。西周的学校有一套具体的教育管理措施,如形成了天子及官员的视学制度、设立考核和奖惩办法、规定以"六艺"为主的教育内容等。

汉代的学校分为太学和郡国学,分属中央和地方,主要教授儒家经典,有严格的师法和家法,即谨守老师传授的知识,并进一步予以发展、完善。魏晋南北朝时期,天下动荡,儒、玄之学此消彼长,反映在教育中则是刘宋时代出现了儒、文、史、玄四馆。

唐代的中央官学包括国子学、太学、四门学、律学、书学、算学等,统一隶属于国子监。前三学以儒家经典为主要教学内容,在六学中占据主要地位;后三学是专科学校,专门学习某一方面的知识。地方官学由地方长官负责,包括州学、县学等,主要教授儒家经典,同时有医学和崇玄学,教授医术、道家经典等。

后代的官学继承了唐代的架构,如中央官学都以国子监为主,地方官学则分级设立学校。但其管理制度日渐规范、细密,尤其是明清两代。

明代的中央官学包括国子监、宗学等,其中国子监在管理方面有了新的变化:一是开始招收平民,改变了前代只收高级官员子嗣的做法;二是有具体的讲课安排,类似于课程表,包括时间、教学活动等。地方官学包括府、州、县设立的儒学和专门学校,前者学习儒家经典,入学者即称生员或秀才,后者学习阴阳五行、医学等知识。

清代的学校管理制度更为严密,其中央官学包括国子监、宗学与觉罗学、八旗官学等,地方官学包括府州县学、社学和义学等。其中国子监由王公大臣主持,由满汉祭酒、满蒙汉司业等负责教学和管理工作,下设四厅、六堂。学生分贡生和监生,主要学习四书五经、八股文,要按时呈交读书笔记、八股文等。地方官学的负责人,省为学政,府设教授,州设学正,县设教谕。教学内容也以四书五经和八股文为主,教学活动主要是考试,月课季考,以考代教。清代的学校在办学机构、教学内容等方面增加了民族方面的因素,如国子监的管理人员中有满、蒙、汉人,宗学以学习满族传统文化为主,八旗官学主要针对八旗子弟等。

私学主要是书院。书院是私人创办或主持的教育机构,源于唐、五代,盛于宋元。宋代著名的书院有白鹿洞书院、岳麓书院、嵩阳书院、应天府书院等。书院的主要活动有藏书、讲学和祭祀。大量的藏书,保障了书院高水平的教学或研究,发挥了保存、传播文化的功能。书院的讲学非常自由,教师讲述自己的学术思想,提倡互相辩难,同时各学术流派也常于书院进行学术交流活动,可谓百家争鸣。如南宋时的"鹅湖之会",由朱熹、陆九渊二人在江西铅山的鹅湖寺进行学术辩论。一些著名学者往往以书院为基地宣传自己的学术思想,如石介创办徂徕书院、泰山书院,周敦颐有濂溪书院,程颐有伊川书院,朱熹曾讲学于白鹿洞书院和岳麓书院。此外,书院还按时祭祀孔孟等儒学大师,使学生在立身处世等方面以先贤为楷模,不断提高自己的学问、道德修养。在教学内容方面,以周敦颐、张载、二程、朱熹等为代表的理学思想成为这一时期的特色。总之,书院的开设,对人才的培养、学术思想的传播等有十分重要的作用。

元朝政府加强了对书院的控制,如由官府委派山长,通过设置学田控制书院的经费来源,通过控制招生、毕业及毕业生的去向限制书院自由讲学。

明清两代,实行文化专制,书院受到了很大的负面影响。其时书院众多,如明代有紫阳书院、东林书院、白鹿洞书院等,清代有成都锦江书院、广州粤秀书院等,书院的组织管理制度也不断完善。其中著名思想家王阳明创办龙岗书院,并在文明书院、阳明书院等处讲学,宣传心学思想;卢文弨主讲南京钟山书院,讲习经史;阮元在杭州诂经精舍不讲八股,却讲经史、天文、地理、算法等。但明清两代的书院因讲学自由与专制思想相冲突,所以受到压制。朝廷在经济、招生等方面控制书院,使其官学色彩比较浓厚,致使书院自由讲学的精神逐渐消失。

古代的学校、教育附庸于科举制,而随着科举制的衰落直至废除,旧式学校的教学制度、教学内容等已不适应时代的发展。清末,西学东渐,新式学堂兴起,学校教育也揭开了新的篇章。

(二)科举制

中国古代的人才选拔制度,经历了一个漫长的发展变化过程,在科举制之前,有世袭制、察举制及九品中正制等。

商周时代,实行世袭制,王室大员及诸侯国的卿大夫等,都是子孙世代相承。

两汉时期,实行察举制,由三公九卿、地方郡守等考察并向朝廷推荐辖区内的优秀人才,朝廷再组织考试,试以策问,然后根据成绩授予官职。汉高祖十一年(公元前196年),刘邦诏令诸侯王和地方官员荐才,开了察举制的先河。此后,察举制在实践中不断完善,出现了"孝弟力田""贤良方正""能直言极谏""孝廉""茂才""明经""明法"等科目。

同先前的世袭制相比,察举制根据才能、品德等来选拔人才,明显是一个进步。但实行到后期,这种制度逐渐成为各级权贵谋取私家利益的工具。同时,很多求仕者通过矫情作伪、贿赂官员等不正当手段取得被荐举的资格,以致名实不符,所以东汉末年就有"举秀才,不知书;察孝廉,父别居"的民歌来讽刺这种现象。

魏晋南北朝时期,实行九品中正制。东汉末年,天下大乱,百姓流离失所,致使察举制难以实行。于是汉魏之际,开始以九品中正制选拔人才,即在州、郡设立中正官,根据家世、事迹、才能等将人物划分为上上、上中、上下、中上、中中、中下、下上、下中、下下九等,以此来确定地位的高下和官职的尊卑。

九品中正制实行之初,尚能严肃、公平地选拔人才,但后来也出现了弊端,如中正官权力过大、定品失实等,最主要的是门第几乎成了评定品级的唯一标准,而才能、德行等被抛置一边。西晋左思在其《咏史》诗中就痛斥这种现象:"世胄蹑高位,英俊沉下僚……金张藉旧业,七叶珥汉貂。冯公岂不伟,白首不见招。"

隋唐之后,实行科举制。科举制是朝廷设立不同的科目,允许社会所有人员自愿报考,然后根据成绩来选拔人才,任以官职。

科举制草创于隋朝,隋炀帝设立了进士科。但因隋朝享国日短,所以科举制在唐代才得以发展。此后,科举制不断完善,在科目、内容、主管机构等方面走向规范化和制度化,直至走向衰落,终被废除。

科举考试科目的设立由最初的繁杂发展到后来的简明,但不管怎样变化,进士科在各个时代都是最重要的。考试科目大体分为常科和制科两种:前者是常规性的考试,每年一次;后者是由皇帝根据需要临时设科,考试时间和科目名称均不固定。唐代常科的科目有秀才、明经、进士、明法、明字、明算、一史、三史、开元礼、道举等,宋代有进士、诸科、武举等,辽代主要是进士科和律科,金代设词赋进士科、经义进士科、律科和专经科,元代有策论、经义、词赋等科目,到后来合为德行明经科,实际上是前代进士科的延续。到了明清两代,几乎就只有进士科了。

科举的考试机构,最初设在吏部,唐玄宗时期改归礼部,将考试选拔权与官员的任命权分离。此后,科举考试就一直由礼部主管。

科举考试的内容逐渐趋向于儒家经典。唐代的进士科举行三场试,即帖经、杂文(主要是诗赋)和策论,分别考查儒学修养、文学知识和时务才干,而且字数、格式等均有规定。这种情况一直延续到清代,但各代的重点不同。唐代进士科考试以诗赋为重,宋代熙宁变法时以策论、经义为主,南宋进士科则分为诗赋、经义两科,明清时代,考查经义、杂文和策论三个方面,尤以经义最为重要,主要考查四书五经,而且用程、朱的注疏而排斥古注,文体则采用八股文。其他各科的考试内容据本科的特点而定,如明法考查法律,明算则考查算学。

各代都实行分级考试,包括地方性考试和中央级别的考试。地方性考试由地方各级组织,由此选拔出的人才将参加更高一级的考试,包括县试、府试等。中央级别的考试称为省试或会试,主考机构为尚书省礼部。宋代以后,在以上两级考试之外,又增加了殿试,由皇帝亲自主持。以明清为例,地方性考试包括县试、府试、院试、乡试等。考生参加县、府级考试,通过后称为"童生";童生在州府参加本省学政主持的考试,通过后称为"生员";生员在省城参加乡试,高中后称为"举人",此时才有了任官的资格。举人如果会试高中,即为贡士;贡士如果殿试成功,即为进士。

科举考试的周期,各代各不相同。唐代每年考试一次,宋代隔一两年考试一次,后来固定为三年考试一次。明清两代,规定三年考试一次,子、午、卯、酉年乡试,辰、戌、丑、未年会试。科举考试的时间,各代相差无几,大致乡试在秋天或冬初,会试在次年春天,殿试在会试后一两个月内。

科举考试的纪律也逐渐严格,以确保公平。唐代的考场氛围比较宽松,考生可以通过攀附权贵等手段及第。宋代在防止考试作弊方面做了很大改进,如全面实行弥封和誊录制度,使考官在阅卷时无法知道考生的姓名,保障了评判的公平。又如在考试机构方面实行内外帘制度,将考务和评卷分开。外帘包括弥封官、誊录官等,负责具体的考务工作;内帘由初考官、复考官等组成,负责命题、阅卷等工作。明清时代的防作弊措施更是不断细密,深入到每一个细节。

总的来说,科举制由隋到清,考试科目和考试内容逐渐简明,考试周期、考试纪律等逐渐规范。在这个过程中,儒家经典逐渐获得了绝对权威的地位。

同以前的制度相比,科举制相对公平,因为选拔的标准在于考试成绩,而与门第高下无关。察举制下,地方官员如果不推荐,那么士人就没有考试的资格;而科举制下,不分门第高下,士人都可以报名参加考试。九品中正制的时代,基本以门第高下论英雄,所以左思之赋即使能令洛阳纸贵,却也只能沉居下僚;实行科举制后,只以考试成绩定去留,而与门第无关。

但到了明清时期,科举制盛极而衰。一方面,考试内容和形式僵化,规定题目一律选自四书五经,并采用八股文体,束缚了人们的思想。另一方面,随着西方列强坚船利炮轰开国门,西学东渐,大家认识到仅靠传统的儒家经典并不能解决现实问题。于是在许多有识之士的呼吁下,光绪三十一年八月初四(1905年9月2日),朝廷下诏,废除科举制,实行了一千多年的科举制至此画上了句号。

二、原典选读及导读

文獻通考卷四十一‧學校考二(節選)

唐制,凡學六,皆隸於國子監:國子學,生三百人,以文武三品以上子孫若從二品以上曾孫及勳官二品、縣公、京官四品帶三品勳封之子為之;太學,生五百人,以五品以上子孫、職事官五品期親若三品曾孫及勳官三品以上有封之子為之;四門學,生千三百人,其五百人以勳官三品以上無封、四品有封及文武七品以上子為之,八百人,以庶人之俊異者為之;律學,生五十人,書學,生三十人,算學,生三十人,以八品以下子及庶人之通其事者為之。京都學生八十人,大都督、中都督府、上州各六十人,下都督府、中州各五十人,下州四十人,京縣五十人,上縣四十人,中縣、中下縣各三十五人,下縣二十人。國子監生,尚書省補,祭酒統焉。州縣學生,州縣長官補,長史主焉。

凡館二:門下省有弘文館,生三十人;東宮有崇文館,生二十人。以皇緦麻以上親[1],皇太后、皇大功以上親,宰相及散官一品、功臣身食實封者、京官職事從三品、中書黃門侍郎之子為之。

凡博士、助教,分經授諸生,未終經者無易業。凡生,限年十四以上,十九以下;律學十八以上,二十五以下。

凡《禮記》《春秋左氏傳》爲大經,《詩》《周禮》《儀禮》爲中經,《易》《尚書》《春秋公羊傳》《穀梁傳》爲小經。通二經者,大經、小經各一,若中經二。通三經者,大經、中經、小經各一。通五經者,大經皆通,餘經各一,《孝經》《論語》皆兼通之。凡治《孝經》《論語》共限一歲,《尚書》《公羊傳》《穀梁傳》各一歲半,《易》《詩》《周禮》《儀禮》各二歲,《禮記》《左氏傳》各三歲。學書,日紙一幅,閒習時務策,讀《國語》《說文》《字林》《三蒼》《爾雅》。凡書學,石經三體限三歲,《說文》二歲,《字林》一歲。凡算學,《孫子》《五曹》共限一歲,《九章》《海島》共三歲,《張邱建》《夏侯陽》各一歲,《周髀》《五經算》共一歲,《綴術》四歲,《緝古》三歲,《記遺》《三等數》皆兼習之。

旬給假一日。前假,博士考試,讀者千言試一帖,帖三言,講者二千言問大義一條,總三條通二爲第,不及者有罰。歲終,通一年之業,口問大義十條(原書"十義大條",有誤),通八爲上,六爲中,五爲下。併三下與在學九歲、律生六歲不堪貢者罷歸。諸學生通二經、俊士通三經已及第而願留者,四門學生補太學,太學生補國子學。每歲五月有田假,九月有授衣假,二百里外給程。其不帥教及歲中違程滿三十日,事故百日,緣親病二百日,皆罷歸。既罷歸,條其狀下之屬所,五品以上子孫送兵部,准蔭配色。

每歲仲冬,州、縣、館、監舉其成者送之尚書省。

(馬端臨撰《文獻通考》,中華書局1986年版)

【注釋】

[1]"緦麻"句:謂血緣關係比較密切、超過緦麻程度的親屬。緦麻:喪服名,五服中最輕的一種,凡本宗爲高祖父母,曾伯叔祖父母,族伯叔父母,族兄弟及未嫁族姊妹,外姓中爲表史弟,岳父母等都服緦麻。

【导读】

本篇选文讲的是唐代学校的相关情况。

唐代的官学有中央和地方两级。中央官学有六类,即国子学、太学、四门学、律学、书学和算学,统归国子监领导。此外有弘文馆和崇文馆,分属门下省和东宫。地方官学依据各地面积大小和人口多少,设立京都学,大、中、小都督府学,上、中、下州学,上、中、下县学,京县学等。国子监由祭酒管理,州县学校由长史主持。教学人员称博士、助教。

本篇选文记录了唐代各类学校不同的招生规模、教学内容及学生的学习程度、学习时间等。

唐代中央官学体现了鲜明的等级制。

从选文可知,唐代的学校要定期举行考试。学校每旬放一天假,放假前考试帖经和口问大义。年终考试,口问大义十条,成绩分上、中、下三等。根据成绩优劣,实行奖惩制度。如果成绩很差,三次为下,已在学九年,则开除学籍;如果学习优秀,能通二经或三经,已及第而愿意继续学习的,则可以升入高一级的学校,即四门学生升入太学,太学生升入国子学。

学校每年还有假期,五月有田假,九月有授衣假,如果逾期不归,就视为违反校纪,会受到一定的处分,严重者开除学籍。

学习合格后,每年仲冬,官学送优秀者参加科举考试。

可见,唐代的官学教育体制比较完备。较之前代,无论是学校种类、招生规模、日常管理等,都有了比较详细的规定。另外,联系唐代的科举制度,可以看出,学校和科举制密切相关,所学和所考高度吻合。其中儒家经典占据了重要的地位,朝廷正是以学校和科举制为工具,建立起独尊儒术的文化特色。

白鹿洞書院揭示

父子有親,君臣有義,夫婦有別,長幼有序,朋友有信。

右五教之目,堯舜使契為司徒,敬敷五教,即此是也。學者學此而已,而其所以學之之序,亦有五焉,其別如左:

博學之,審問之,謹思之,明辨之,篤行之。

右為學之序。學、問、思、辨,四者所以窮理也。若夫篤行之事,則自修身以至于處事接物,亦各有要,其別如左:

言忠信,行篤敬,懲忿窒欲[1],遷善改過[2]。

右修身之要。

正其義不謀其利,明其道不計其功。

右處事之要。

己所不欲,勿施於人。行有不得,反求諸己。

右接物之要。

熹竊觀古昔聖賢所以教人為學之意,莫非使之講明義理,以修其身,然後推以及人,非徒欲其務記覽、為詞章,以釣聲名、取利祿而已也。今人之為學者,則既反是矣。然聖賢所以教人之法,具存於經,有志之士,固當熟讀深思而問辨之。苟知其理之當然,而責其身以必然,則夫規矩禁防之具,豈待他人設之而後有所持循哉!近世於學有規,其待學者為已淺矣,而其為法又未必古人之意也。故今不復以施於此堂,而特取凡聖賢所以教人為學之大端,條列如右而揭之楣間。諸君其相與講明遵守而責之於身焉,則夫思慮云為之際,其所以戒謹而恐懼者,必有嚴於彼者矣。其有不然,而或出於此言之所棄,則彼所謂規者必將取之,固不得而略也。諸君其亦念之哉!

（朱熹撰，朱傑人、嚴佐之、劉永翔主編《朱子全書·晦庵先生朱文公文集》卷七十四，安徽教育出版社 2010 年版）

【注释】

[1]懲忿窒欲：戒止愤怒，杜塞情欲。

[2]遷善改過：改正错误而向善。

【导读】

这是朱熹为白鹿洞书院订立的学规，前半部分是学规，后半部分是朱熹的跋语。

朱熹以为，学习的目的不是求取功名利禄，而是讲明义理，修养自身，然后推己及人。既然如此，就不应简单地制定一些规章制度来约束学生。因此，他只是选取经典中关于学习的原则并罗列出来，希望大家学习、遵守。

这些原则有三：一是学习内容或目的，即"五教"；二是学习方法，即"为学之序"；三是行动，即"笃行之事"。

五教即五伦，是古代最基本的五种人伦关系的道德准则。

"为学之序"共有五个步骤，揭示了学习的阶段和顺序，反映了知行合一的教育理念。前四个步骤是通过思辨达到穷理，最后一个步骤是将所学的东西付诸实践。知是基础，行是目的；知在行先，但行更重要。

学到的知识最终要转化为行动。行包括三方面，即修身、处事、接物，注重道德的完善和人格的修养。

这篇文章体现了朱熹的办学思想，对后世影响很大。南宋以后，历代书院都恪守这一思想，只是补充一些大同小异的条目而已。如清康熙年间，李文炤担任岳麓书院山长时，提出"注重于立身、敦品、养性"的主张，这和朱熹的观念一脉相通。

通典卷十五·選舉三（節選）

大唐貢士之法，多循隋制。上郡歲三人，中郡二人，下郡一人，有才能者無常數。其常貢之科，有秀才，有明經，有進士，有明法，有書，有算。自京師郡縣皆有學焉。（並具《學篇》）。每歲仲冬，郡縣館監課試[1]其成者，長吏會屬僚，設賓主，陳俎豆，備管絃，牲用少牢，行鄉飲酒禮，歌《鹿鳴》之詩，徵者艾、敘少長而觀焉。既餞，而與計偕[2]。其不在館學而舉者，謂之鄉貢。舊令諸郡雖一、二、三人之限，而實無常數。到尚書省，始由戶部集閱，而關于考功課試，可者為第。（武德舊制，以考功郎中監試貢舉。貞觀以後，則考功員外郎專掌之。）《律》曰：

"諸貢舉非其人,(謂德行乖僻,不如舉狀者。)及應貢舉而不貢舉者,(謂才堪利用,蔽而不言也。)一人徒一年,二人加一等,罪止徒三年。"

初,秀才科等最高,試方略策五條,有上上、上中、上下、中上,凡四等。貞觀中,有舉而不第者,坐其州長,由是廢絕。(開元二十四年以後,復有此舉。其時以進士漸難,而秀才本科無帖經及雜文之限,反易於進士。主司以其科廢久,不欲收獎,應者多落之,三十年來無及第者。至天寶初,禮部侍郎韋陟始奏請,有堪此舉者,令官長特薦,其常年舉送者並停。)自是士族所趨嚮,唯明經、進士二科而已。其初止試策,貞觀八年,詔加進士試讀經史一部。

至調露二年,考功員外郎劉思立始奏二科並加帖經。其後,又加《老子》、《孝經》,使兼通之。永隆二年,詔明經帖十得六,進士試文兩篇,識文律[3]者,然後試策。

武太后載初元年二月,策問貢人於洛城殿,數日方了。殿前試人自此始。……

長安二年,教人習武藝,其後每歲如明經、進士之法,行鄉飲酒禮,送於兵部。……

(開元)二十四年,制移貢舉於禮部,以侍郎掌之。(因考功員外郎李昂詆訶進士李權文章,大為權所陵訐,朝議以郎官地輕,故移於禮部,遂為永制。)二十五年二月,制:"明經每經帖十,取通五以上,免舊試一帖;仍按問大義十條,取通六以上,免試經策十條;令答時務策三道,取粗有文理者與及第。其進士停小經,準明經帖大經十帖,取通四以上,然後準例試雜文及策,考通與及第。其明經中有明五經以上,試無不通者;進士中兼有精通一史,能試策十條得六以上者:奏聽進止。其應試進士等,唱第訖,具所試雜文及策,送中書、門下詳覆。"(禮部侍郎姚奕奏。)玄宗方弘道化,至二十九年,始於京師置崇玄館,諸州置道學,生徒有差,(京、都各百人,諸州無常員。習《老》、《莊》、《文》、《列》,謂之四子。蔭第與國子監同。)謂之"道舉"。舉送、課試與明經同。凡舉司課試之法,帖經者,以所習經掩其兩端,中閒開唯一行,裁紙為帖,凡帖三字,隨時增損,可否不一,或得四、得五、得六者為通。(後舉人積多,故其法益難,務欲落之,至有帖孤章絕句,疑似參互者以惑之。甚者,或上抵其注,下餘一二字,使尋之難知,謂之"倒拔"。既甚難矣,而舉人則有驅聯孤絕、索幽隱為詩賦而誦習之,不過十數篇,則難者悉詳矣。其於平文大義,或多牆面焉。)

天寶元年,明經停《老子》,加習《爾雅》。十一載,禮部侍郎楊浚始開為三行,(不得帖斷絕、疑似之言也。)明經所試一大經及《孝經》、《論語》、《爾雅》,帖各有差;帖既通而口問之,一經問十義,得六者為通;問通而後試策,凡三條。三試皆通者為第。進士所試一大經及《爾雅》,(舊制,帖一小經并注。開元二十五年,改帖大經,其《爾雅》亦并帖注。)帖既通而後試文試賦各一篇,文通而後試策,凡五條。三試皆通者為第。(經策全通為甲第,通四以上為乙第。通三帖以下及策全通而帖經文不通四,或帖經通四以上而策不通四,皆為不第。)明法試律令各十帖,試策共十條,(律七條,令三條。)全通為甲,通八以上為乙,自七以下為不第。書者試《說文》、《字林》凡十帖,(《說文》六帖,《字林》四帖。)口試無常限,皆通者為第。算者試《九章》、《海島》、《孫子》、《五曹》、《張丘建》、《夏侯陽》、《周髀》、《五經》、《綴術》、《緝古》,帖各有差,(《九章》三帖,《五經》等七部各一帖,《綴術》六帖,《緝古》四帖。)兼試問大義,皆通者为第。凡众科有能兼学，则加超奖，不在常限。

（杜佑撰，王文锦、王永兴、刘俊文、徐庭云、谢方点校《通典》，中华书局 1988 年版）

【注释】

[1]課試：考查，考核。

[2]計偕：本謂應徵召之人偕計吏同行，這裏指舉人赴京應試。

[3]文律：文章的格律。

【导读】

本篇选文梳理了唐代科举制度的相关规定，包括考生来源、科目、考试内容等。后代科举制度的发展，正是建立在这一基础上的。

科目以常科为主，制科为辅。常科的科目有秀才、明经、进士、明法、书、算等。考生的来源有二：一是通过学校途径报考，二是不通过学校而自己报考，后者称"乡贡"。

主考部门，最初是吏部，先后由考功郎中、考功员外郎任主持。因为郎官级别较低，所以开元二十四（公元 736 年）年，将考试权划归礼部，由级别较高的礼部侍郎主持。同时，这一变化也将人才选拔和官员任命的权力分离开来。

各科的地位颇有升降。起初，秀才科等最高，但因考试难度较大，要试方略策五条，而且士子一旦被举而不第，那么就要连带地方官受惩罚。这样一来，地方官没有推荐的热情，士子也不愿应举，于是秀才科渐废。此后士子纷纷趋向明经、进士二科，其中尤以进士科为人所重。

在考试内容方面，明经、进士二科最初都只试策。贞观八年（公元 634 年），进士科加试经史一部。调露二年（公元 680 年），二科开始加试帖经。永隆二年（公元 681 年），进士科又加试杂文两篇。此后，进士科形成了三场试，即帖经、杂文和试策；明经则有帖经、口问大义及试策。帖经即填空，考查记诵能力；杂文通常是诗、赋，考查文学水平，为进士科的三场试中最重要者；试策即论述题，考查对儒家经典的掌握程度或对时政的看法；口问大义则考查对儒家经典理论的掌握情况。

在考试方法方面，唐代的科举考试是逐场定去留。在进士科考试中，帖经及格才能继续试杂文，杂文通过才能继续试策，试策及格则为及第。考试结束后，主考将所试杂文及策送中书、门下复核。明经科的考试方法与此相同。

除了明经、进士科，当时的科目还有明法、书、算及武举等，文中对这几科的考试内容也有说明。另外，因为唐代统治者重视老庄之学，所以科举考试中常有道教的影子。如明经科有时也考《老子》。开元二十九年（公元 741 年），唐玄宗令京师建立"崇玄馆"，各州建立道学，习《老子》《庄子》《文子》和《列子》，并按时开科选人。

選舉略第二·雜議論上（節選）

洋州刺史趙匡[1]《舉選議》曰：三代建侯，與今事異，請自漢言之。漢朝用人，自詔舉之外，其府寺郡國屬吏，皆令自置，故天下之士，修身於家，而辟書交至，以此士務名節，風俗用修。魏氏立九品之制，中正司之，於是族大者第高，而寒門之秀屈矣。國朝舉選，用隋氏之制，歲月既久，其法益訛。夫才智因習而就，固然之理。進士者，時共貴之，主司褒貶，實在詩賦，務求巧麗，以此為賢，不唯無益於用，實亦妨其正習，不唯撓其淳和，實又長其佻思[2]，自非識度超然，時或孤秀，其餘溺於所習，悉昧本源。欲以啟導性靈，獎成後進，斯亦難矣，故士林鮮體國之論，其弊一也。又人之心智，蓋有涯分，而九流七略[3]，書籍無窮。主司問目，不立程限，故脩習之時，但務鈔略，比及就試，偶中是期。業無所成，固由於此。故當代寡人師之學，其弊二也。疏以釋經，蓋筌蹄[4]耳。明經讀書，勤苦以甚，其口問義，又誦疏文，徒竭其精華，習不急之業，而當代禮法，無不面牆，及臨民決事，取辦胥吏之口而已，所謂所習非所用，所用非所習者也。故當官少稱職之吏，其弊三也。舉人大率二十人中方收一人，故沒齒而不登科者甚眾，其事難，其路隘也如此，而雜色之流廣通其路也。此一彼十，此百彼千，揆其秩序，無所差降，故受官多底下之人，修業抱後時之嘆。待不才者何厚，處有能者何薄？崇末抑本，啟昏窒明，故士子捨學業而趨末伎。其弊四也。收人既少，則爭第急切，交馳公卿，以求汲引，毀譽同類，用以爭先。故業因儒雅行成，險薄非受性如此，勢使然也。浸以成俗，虧損國風。其弊五也。大抵舉選人以秋末就路，春末方歸。休息未定，聚糧未辦，即又及秋。事業不得脩習，益令藝能淺薄。其弊六也。羈旅往來，靡費實甚，非唯妨闕生業，蓋亦隳其舊產，未及數舉，索然以空。其弊七也。貧窶之士在遠方，欲力赴京師，而所冀無際。以此揆度[5]，遂至沒身。使茲人有抱屈之恨，國家有遺才之闕。其弊八也。官司運江淮之儲，計五費其四，乃達京邑。芻薪之貴又十倍四方。而舉選之人，每年攢會，計其人畜，蓋將數萬。無成而歸，十乃七八，徒令關中煩耗。其弊九也。為官擇人，唯才是待。今選司並格之以年數，合格者判雖下劣，一切皆收，如未合格而應科目者，纔有小瑕，莫不見棄。故無能之士，祿以例臻，才俊之流，坐成白首。此非古人求賢審官之義，亦以明矣。其弊十也。選人不約本州所試，悉令聚於京師，人既浩穰，文簿煩雜，因此偷濫，其事百端。故俗間相傳云：“入試非正身[6]，十有三四，赴官非正身，十有二三。”此弊之尤者。

（鄭樵撰，王樹民點校《通志二十略》，中華書局 1995 年版）

【注釋】

[1]趙匡：唐代著名經學家，大約在大歷年間擔任洋州（今陝西省洋縣）刺史。

[2]"不唯"二句:意謂不僅干擾了士人淳樸的性格,而且助長了他們輕薄的思想。

[3]九流七略:九流是戰國時的九個學術流派,七略是劉歆所撰的圖書目錄分類著
　　作。這裏泛指各種學術思想、文獻典籍。

[4]筌蹄:比喻用以達到目的的工具或手段,目的達到後,"筌蹄"是可以被忽略的。

[5]揆度:揣度,估量。

[6]正身:指確為本人,而非替身。

【导读】

科举制草创于隋代,在唐代得到了充分的发展,但随之而起的是不绝于耳的批评声。原文前半部分是对科举制及官员选拔的抨击,后半部分提出自己的改革方法。限于篇幅,这里只选录了前半部分。

文章先回顾了前代的选举办法,汉代实行察举制,魏晋之后用九品中正制,本朝则用科举制。科举制实行既久,弊端丛生,大要言之有十一条,主要集中在以下几个方面:

一是考试内容不当。进士科试以诗赋和儒家理论,诗赋言辞华丽而不实用,儒家理论与治国所需的当代礼法相去甚远,这导致举子们没有从政能力,入仕后很难称职。

二是学风、考风败坏。举子们不踏实学习,而急功近利,节抄书籍,期望考试时能一举命中。为达目的,他们又常奔竞于权门以求汲引,诋毁他人以抬高自己。

三是考试时间不当。举子们秋末赴京准备参加省试,到来年春末,省试结束并放榜。如果考试失败,春末回家,不久又在秋末赶赴京城。间隔如此短暂,哪里有时间认真学习呢?而来往原籍与京城之间,动辄数月,所费甚巨。有些原籍偏远的贫寒举子们,因无力承担巨大的花费而不能参加省试。

其他还包括录取名额太少、常有冒名顶替者、资源浪费巨大等种种问题。

赵匡的看法基本切合实际,道出了唐代科举制及官员选拔中的积弊。

三、延伸思考

采用何种方式选拔人才,应该考什么内容,如何看待科举制的功过? 这是科举制产生以来备受争议的几个问题。自唐代以来,众说纷纭:或主张废除科举,恢复两汉的察举制;或以为科举制选人相对公平,应当继续。至于考试内容,或以为诗赋与治国无关,应当代之以经义或策论;或以为诗赋是对综合素质的考核,应当坚持。明太祖规定以八股文取士,但明朝灭亡后有人认为是八股文断送了明代江山,这简直是对明太祖极大的讽刺。至于科举制的功过,有人以为其选拔出了人才,予以赞赏,褒扬,但也有人以为其误

国误民,予以谴责、讽刺,《儒林外史》《聊斋志异》等文学作品中都有这方面的内容。针对以上问题,请谈谈自己的看法。

(赵俊波撰)

第二节　古代科学技术

一、概述

张岱年、方克立在所编撰的《中国文化概论》中指出,科学通常是指人们关于自然现象和规律的知识体系。技术一般被理解为关于工具、物质产品以及它们被用来达到食用目的的方式的知识。中国古代在科学技术的各个领域和部门都创造了辉煌的历史和卓越的成就,对人类文明做出了特有的贡献。

中国古代在天文学、数学和医学领域成就斐然。中国古代天文学起源很早。殷商时代,就有日食、月食的记录,并且出现了原始历法——阴阳历。《春秋·鲁文公十四年》有关于哈雷彗星的记载,战国时魏人石申绘制了人类历史上第一张星象表。春秋战国时采用的古四分历,取周年长度为 365.25 天。南北朝时的祖冲之编制的大明历取一周年长度为 365.24231481 天,和近代科学测定的数值相差仅五十余秒。随着天文学研究的深入,出现了系统的天文学理论,主要有《周髀算经》的盖天说、张衡的浑天说、郤萌的宣夜说。唐代天文学家僧一行主持进行了人类历史上第一次对子午线长度的测定。元代科学家郭守敬编制的恒星表多达二千五百颗恒星,他还在前人基础上,非常精确地制订了授时历,以 365.2425 天为一年,和当今通用的历法数值相无几。

中国古代数学成就非常突出。《周髀算经》中的勾股术:"折矩以为勾广三,股修四,经隅五",比古希腊毕达哥拉斯发现勾股定理早了五百多年。《九章算术》全书以问题集的形式,共分为方田、粟米、衰分、少广、商功、均输、盈不足、方程和勾股九章,全面反映了秦汉时期的数学成就。宋元时杨辉的《杨辉算法》、秦九韶的《数书九章》、李冶的《测圆海镜》等,记录了当时数学研究的最先进成果。

古代中医药学是一座伟大的宝库。春秋战国之际著名医生扁鹊诊治采用"望、闻、问、切",形成了中医的传统方法。秦汉时期的《神农本草经》是我国现存最早的医药学专著。东汉时"医圣"张仲景的《伤寒杂病论》用传统的四诊法,总结出了汗、吐、下、和、温、消、补、消八法,为中医临床的辨证施治奠定了基础。唐朝的《新修本草》是我国历史上第一部国家颁布的药典,约收录了八百四十四种药物,详细记载了对中药的选择、炮制、煎制、服用等方法。"药王"孙思邈编著的《千金方》载方五千三百个,是一部临床实用百科全书。北宋唐慎微所著的《经史证类备急本草》收录药物一千七百多种,是公认的本草学范本。明清时期,李时珍所著药物学巨著《本草纲目》共五十二卷,约一百九十万字,收录药物一千八百九十二种,为本草学集大成之作。中医药学绵延数千年,至今仍有顽强的生命力。

中国古代科学技术在农学、陶瓷、造船、纺织、冶炼等方面世界领先。考古发掘证实,我国在七八千年前就有了原始农业。春秋战国时就有人提出了"治田勤谨,则亩益三升"。汉代推行代田法、溲种法;宋元时期提出了"地力常新壮论"。中国古代农业机具制造技术也相当先进。春秋时发明了灌溉提水工具辘轳,战国时出现了铁制的犁,东汉时出现了龙骨水车,宋元时期农具制造水平世界领先。中国古代水利工程在世界首屈一指。建于公元前3世纪的都江堰工程闻名世界,由"分水鱼嘴""飞沙堰""宝瓶口"三部分组成,具有防洪、灌溉、航运三种作用。中国古代的农学著作以《齐民要术》和《农政全书》最为重要。

中国素有"瓷器之国"之称。商代采用高岭土作胎,经过一千二百摄氏度高温烧成原始青瓷。唐代越窑生产青瓷,邢窑烧制白瓷,唐三彩则更是以多色釉陶器闻名世界。宋代制瓷业出现了著名的五大窑,即官窑、钧窑、哥窑、定窑、汝窑。明清两代,江西景德镇成为全国制瓷中心。古代陶器制造的起源也很早,新石器时代就已出现了原始陶器制品。江苏宜兴生产的紫砂壶,享有"世间茶具称为首"的美誉。

在造船方面,新石器时代已出现了"桴"。秦汉时期出现了各种类型的船只。汉代所造楼船,甲板上高达三层,用途广泛。宋元明时期造船业在技术和数量上都居于世界前列。明代造船业达到了顶峰,郑和曾七次下西洋,所乘"宝船",船身长一百五十余米,宽十一米,船桅杆长约十一米,有帆十二张,排水量达万余吨,质量之高,是当时其他国家无法比拟的。

纺织在中国出现较早,原始社会已出现了纺织机具。中国纺织业以丝织和棉织最负盛名。古代中国被西方称为"丝绸之国",汉代丝织品主要有锦、绫、绮、罗、纱、绢、缣、缟、纨等不同品种。张骞出使西域后,中国丝绸走向了世界。在纺织机械方面,原始社会时有纺缚,西汉时有手摇纺车,宋代出现了水转大纺车,元代黄道婆改进旧的纺车,发明脚踏三锭纺车。宋元时期的纺织机已发展为多锭,而在欧洲,直到14世纪还只有一个锭的纺车。

中国古代冶炼技术在殷商时起步,当时人们已掌握了根据火焰颜色辨别青铜纯度的方法。春秋战国时已经出现了生铁冶炼技术,魏晋南北朝时又有灌钢技术。中国古代冶炼技术主要有泥范铸造、铁范铸造和熔模铸造。春秋时期已用竖炉炼铜,以高炉冶铁。东汉时期出现了利用水力鼓风的"水排",宋明时期采用的活门式木风扇和活塞式木风箱都处于世界前列。

四大发明更是中国人的骄傲,对世界文明的发展影响深远。据唐代孙思邈《丹经内伏硫黄法》记载,唐代中国人已掌握了火药的制造技术。西汉之际中国已经出现了麻纤维纸,东汉时蔡伦在前代造纸的基础上,用树肤、麻头及敝布、鱼网以为纸,制成了质地坚韧、造价便宜的纸张。北宋时毕昇发明了活字印刷,元代王桢又在泥活字的基础上制成木活字。《韩非子·有度》最早记载了关于磁石指示方向的现象。沈括《梦溪笔谈》中记载了装置指南针的四种方法:水浮法、缕悬法、指甲旋定法和碗唇旋定法。明嘉靖年间,旱罗盘取代了水罗盘。四大发明对世界文明做出了突出贡献。正如马克思所说:火药、指南针、印刷术——这是预告资产阶级社会到来的三大发明。火药把骑士阶层炸得粉碎,指南针打开了世界市场并建立了殖民地,而印刷术则变成新教的工具,总的来说变成科学复兴的手段,变成对精神发展创造必要前提的最强大的杠杆。

中国古代科学技术体现出一些具有中国文化特色的思想,有代表性的思想往往具有实用性和整体观,在这些思想的指引下,中国古代科学技术取得了非凡的成就,但如果囿于传统,不能突破,必然限制科学技术的创新和持续发展。中国古代科学技术的研究发展都受到了"天人合一""阴阳""五行"等古代哲学思想的深远影响。"天人合一"是古代哲学思想中关于天人关系的一个基本观念,它强调天道和人道、自然和人为的关系是相通、相类和统一的。中国古代科学技术中数学、天文学、中医学思想十分发达,但就思维方式而言,都被置于"天人合一"的思想框架之中。阴阳是古代思想家解释自然界两种对立和相互消长的物质势力的概念。战国末期,它和"天人感应"相结合,更广泛地应用在自然现象、具体事物等方面,并且有了神秘色彩。五行指水、木、金、火、土,战国时流行"五行相生相克"之说。中国古代科学技术在"天人合一""阴阳五行"等哲学理论的基础上发展,缺乏纯粹的思辨传统。在宇宙本体方面,中国古代缺少关于成因及事物内在运动规律的探讨,使古代科学技术在方法论上重实用、重经验,而轻理论、轻创新,导致古代科学技术出现了重技术而轻科学的倾向。

中国传统思想以儒学为主,历代读书人要入仕,必须熟读儒学经典,养成了崇尚经典的作风。数学以《九章算术》为经典,医学以《内经》为经典。后人的研究更多的是对前代经典的注疏、继承,在此基础上再补充、创新,"一代一代将经验如火炬般传递下去,构成了中国古代科学技术发展史的主要脉络,墨学中的'三表法'、韩非的'参验'等,虽然直接表明中国古代哲学认识方法论中的直理取向,但间接地代表着和引领中国古代科学技术的行指宿归"。中国古代科学技术成就卓绝,但在世界科学技术突飞猛进的近代没有更多创见,过分囿于传统是重要原因。

二、原典选读及导读

周禮·冬官考工記第六

总叙（節選）

國有六職[1]，百工與居一焉。

或坐而論道；或作而行之；或審曲、面執，以飭五材[2]，以辨[3]民器；或通四方之珍異以資[4]之；或飭[5]力以長地財；或治絲麻以成之。坐而論道，謂之王公[6]；作而行之，謂之士大夫；審曲、面執，以飭五材，以辨民器，謂之百工；通四方之珍異以資之，謂之商旅[7]；飭力以長地財，謂之農夫；治絲麻以成之，謂之婦功。

粵無鎛[8]，燕無函[9]，秦無廬[10]，胡[11]無弓、車。粵之無鎛也，非無鎛也，夫人而能為鎛也。燕之無函也，非無函也，夫人而能為函也。秦之無廬也，非無廬也，夫人而能為廬也。胡之無弓、車也，非無弓、車也，夫人而能為弓、車也。

知者創物，巧者述之，守之世，謂之工。百工之事，皆聖人之作也。爍[12]金以為刃，凝[13]土以為器，作車以行陸，作舟以行水：此皆聖人之所作也。

……

凡攻木之工七，攻金之工六，攻皮之工五，設色之工五，刮摩之工五，搏埴之工二。攻木之工：輪、輿、弓、廬、匠、車、梓；攻金之工：築、冶、鳧、㮚、段、桃。攻皮之工：函、鮑、韗、韋、裘。設色之工：畫、繢、鍾、筐、㡛。刮摩之工：玉、楖、雕、矢、磬。搏埴之工：陶、瓬。

（楊天宇撰《周禮譯注》，上海古籍出版社 2004 年版）

【注釋】

[1]六職：指王公、士大夫、百工、商旅、農夫、婦功六者。

[2]審曲、面執，以飭五材：林希逸曰："審曲者，審其文理曲直也。面執者。視其方圓。"五材：鄭《注》曰："金、木、皮、玉、土。"

[3]辨：鄭《注》曰："猶具也。"

[4]資：鄭《注》曰："取也，操也。"

[5]飭：賈《疏》曰："勤也。"

[6]王公：鄭《注》曰："天子、諸侯。"

[7]商旅：鄭《注》曰："販賣之客也。"

[8]粵無鎛：粵：賈《疏》曰："即今之'越'字也。"越，古國名，國都在今浙江紹興。鎛：農具，猶鋤。

[9]函:鄭《注》曰:"即鎧甲。"

[10]廬:《說文》認為是竹矛、戟矜。矜,柄也,指竹制的長兵器的柄,在此即指矛、戟
　　等長兵器。

[11]胡:鄭《注》曰:"今匈奴。"

[12]爍:通"鑠"。《說文》曰:"鑠,銷金也。"

[13]凝:鄭《注》曰:"堅也。"

【导读】

　　《周礼》是未完成的书,原缺《冬官》,汉人取《考工记》补之,以足六篇之数,而仍冠以《冬官》之名。冬官系统的官,按作者的构想,当为事官,掌"事典",亦即《小宰》所谓"事职",其职责在于"富邦国""养万民""生百物"。

　　本篇选自《总叙》,其中论百工的分工一节,是《考工记》全篇的大纲,略述各类工种的职事。第一类攻木之工,凡七工:轮人、舆人、弓人、庐人、匠人、车人、梓人。第二类攻金之工,凡六工:筑氏、冶氏、凫氏、栗氏、段氏、桃氏。第三类攻皮之工,凡五工:函人、鲍人、韗人、韦氏、裘氏。第四类设色之工,凡五工:画人、缋人、钟氏、筐人、㡛氏。第五类刮磨之工,凡五工:玉人、榔人、雕人、矢人、磬氏。第六类传植之工,凡二工:陶人、瓬人。以上六大类,总为三十工。《考工记》所记诸制作,不仅详其尺度、要求和要领,而且善于做经验总结以找出带规律性的东西,这是其显著特点。如《筑氏》总结铜锡合金因二者所占比例不同而区分为"六齐":"六分其金而锡居一,谓之钟鼎之齐。五分其金而锡居一,谓之斧斤之齐。四分其金而锡居一,谓之戈戟之齐。三分其金而锡居一,谓之大刃之齐。五分其金而锡居二,谓之削杀矢之齐。金、锡半,谓之鉴燧之齐。"也就是说,青铜中的含锡量分别为 16.7%、20%、25%、33.3%、40%、50%。这是世界上最早的关于合金配比的经验性总结,反映了战国时期的冶金业和手工制作业已达到相当高的水平,具有极其珍贵的史料价值。

九章算術·方田(節選)

　　今有三分之一,五分之二。問:合之得幾何。

　　答曰:十五分之十一。

　　又有三分之二,七分之四,九分之五。問:合之得幾何。

　　答曰:得一、六十三分之五十。

　　又有二分之一,三分之二,四分之三,五分之四。問:合之得幾何。

答曰：得二，六十分之四十三。

合分術[1]曰：母互乘子，並以為實，母相稱為法。實如法而一。不滿法者，以法應之。其母同者，直相從之。

（郭書春譯注《九章算術譯注》，上海古籍出版社 2009 年版）

【注释】

[1]合分術：分數相加的運演算法則。

【导读】

《九章算术》是"算经十书"中最重要的一种，成于公元 1 世纪左右，西汉的张苍、耿寿昌曾做过增补和整理，其时大体已成定本，现今流传的大多是三国时期魏元帝景元四年（公元 263 年），刘徽为《九章算术》所作的注本。该书内容十分丰富，系统总结了战国、秦、汉时期的数学成就。《九章算术》是世界上最早系统叙述分数运算的著作，其中盈不足的算法更是一项令人惊奇的创造，"方程"章还在世界数学史上首次阐述了负数及其加减运算法则。在代数方面，《九章算术》在世界数学史上最早提出负数概念及正负数加减法法则，中学讲授的线性方程组的解法和《九章算术》介绍的方法大体相同。注重实际应用是《九章算术》的一个显著特点。该书的一些知识还传播至印度和阿拉伯地区，甚至经过这些地区传到欧洲。

《方田》主要讲述了平面几何图形面积的计算方法，包括长方形、等腰三角形、直角梯形、等腰梯形、圆形、扇形、弓形、圆环八种图形面积的计算方法，另外还系统地讲述了分数的四则运算法则，以及求分子分母最大公约数的方法。本段选文就是讲述分数相加的运算法则，指出分数相加"以诸分母与诸分子交互相乘，所得诸乘积相加之和作为被除数，而诸分母相乘之积作为除数。以除数去除被除数，若除之不尽，则以余数作为分子，除数为分母，得一分数。若诸分数之分母相同，则可以用分子直接相加"。

为《九章算术》作校注的主要有：西汉张苍的增订、删补，三国时曹魏刘徽注，唐李淳风注，南宋杨辉著《详解九章算法》选用《九章算术》中八十道典型的题作过详解并分类，清李潢所著《九章算术细草图说》对《九章算术》进行了校订、列算草、补插图、加说明，图文并茂。现代钱宝琮曾对包括《九章算术》在内的"算经十书"进行了校点，用通俗的语言、近代数学术语对《九章算术》及刘、李注文详加注释。20 世纪 80 年代以来，今人白尚恕、郭书春、李继闵等都有校注本出版。

夢溪筆談·技藝（節選）

算術求積尺[1]之法，如芻甍[2]、芻童、方池、冥穀、塹堵、鱉臑[3]、圓錐、陽馬[4]之類，物形備矣，獨未有隙積一術。古法：凡算方積之物，有立方[5]，謂六冪皆方者。其法再自乘則得之。有塹堵，謂如土牆者，兩邊殺，兩頭齊。其法並上下廣，折半以為之廣以直高乘之[6]，以直高為股，以上廣減下廣，餘者半之為勾。勾股求弦，以為斜高。有芻童，謂如覆鬥者，四面皆殺。其法倍上長加入下長，以上廣乘之；倍下長加入上長，以下廣乘之；並二位，以高乘之，六而一。隙積者，謂積之有隙者，如累棋、層壇及酒家積罌[7]之類。雖似覆鬥，四面皆殺，緣有刻缺及虛隙之處，用芻童法求之，常失於數少。余思而得之，用芻童法為上位；下位別列[8]：下廣以上廣減，余者以高乘之，六而一，並入上位。假令積罌：最上行縱廣各二罌，最下行各十二罌，行行相次。先以上二行相次，率至十二，當十一行也。以芻童法求之，倍上行長得四，並入下長得十六，以上廣乘之，得之三十二；又倍下行長得二十四，並入上長，得二十六，以下廣乘之，得三百一十二；並二位得三百四十四，以高乘之，得三千七百八十四。重列[9]下廣十二，以上廣減之，餘十，以高乘之，一百一十，並入上位，得三千八百九十四；六而一，得六百四十九，此為罌數也。芻童求見實方之積，隙積求見合角不盡，益出羨積也。履畝之法，方圓曲直盡矣，未有會圓之術[10]。凡圓田，既能拆之，須使會之復圓。古法惟以中破圓法拆之，其失有及三倍者。余別[11]為拆會之術，置圓田，徑半之以為弦，又以半徑減去所割數，餘者為股；各自乘[12]，以股除弦，餘者開方除為勾，倍之為割田之直徑。以所割之數自乘倍之，又以圓徑除所得，加入直徑，為割田之弧。再割亦如之[13]，減去已割之弧，則再割之弧也[13]。假令有圓田，徑十步，欲割二步[14]。以半徑為弦，五步自乘得二十五；又以半徑減去所割二步，餘三步為股，自乘得九；用減弦外，有十六，開平方，除得四步為勾，倍之為所割直徑。以所割之數二步自乘為四，倍之得為八，退上一位為四尺，以圓徑除。今圓徑十，已足盈數，無可除。只用四尺加入直徑，為所割之弧，凡得圓徑八步四尺也。再割亦依此法。如圓徑二十步求弧數，則當折半，乃所謂以圓徑除之也。此二類皆造微之術[15]，古書所不到者，漫志[16]於此。

（沈括著《夢溪筆談》，吉林大學出版社 2011 年版）

【注釋】

[1] 積尺：在本文中泛指體積，也就是"立方尺"的意思。積：數學名詞，兩個或多個數相乘的結果稱為這些數的積。在古代算學書籍裏常借用長度單位名稱來兼表面積單位或者體積單位，因此，"積尺"在古代既可以表示"平方尺"，也可以表示"立方尺"。

[2] 芻萌：長方楔形狀，其底面為長方形，兩個側面為梯形，也稱為芻甍。

[3] 鱉臑：一種錐體，底面為直角三角形且有一棱與底面垂直。

[4] 陽馬：四棱錐，有時指底面為長方形且有一棱與底面垂直的錐體。

[5] 立方：文中指正方體。

[6] 以直高乘之：用梯形面的垂直高相乘，文中指用上句中所得的數值（梯形的上下寬相加除以二）與高相乘。至此，實際上就得到了這個梯形的面積，也為下一步

478

乘以長度得到物體的體積作了準備。

[7]罌:古代一種腹大口小的陶制容器。

[8]別列:文中指另外計算。

[9]重列:另外列出。

[10]會圓之術:會圓術,沈括所創的一種計算圓弓形弧長的近似方法,但沈括並未給出這一公式的推導,它很可能與《九章算術》中"弧田術"有著某種密切的關係。

[11]別:另,另外。古代無"另"字,用"另"的地方常寫作"別"。

[12]各自乘:文中指將弦、股各自平方。

[13]再割亦如之:再次切割也如此類推。減去已割之弧,則再割之弧也:(用總的弧長)減去已割部分的弧長,就是再切割之田的弧長了。

[14]步:古代計量單位,一步為五尺。

[15]造微之術:比較精確的計算方法。

[16]志:記,記述。

【导读】

《梦溪笔谈》包括《笔谈》《补笔谈》《续笔谈》三部分。《笔谈》二十六卷,分为十七门,依次为"故事、辩证、乐律、象数、人事、官政、机智、艺文、书画、技艺、器用、神奇、异事、谬误、讥谑、杂志、药议"。《补笔谈》三卷,包括上述内容中十一门。《续笔谈》一卷,不分门。全书共六百〇九条(不同版本稍有出入),内容涉及天文、数学、物理、化学、生物、地质、地理、气象、医药、农学、工程技术、文学、史事、音乐和美术等。在这些条目中,属于人文科学如人类学、考古学、语言学、音乐等方面的,约占全部条目的18%;属于自然科学方面的,约占全部条目的36%,其余的则为人事资料、军事、法律及杂闻轶事等,约占全部条目的46%。

就性质而言,《梦溪笔谈》属于笔记类。从内容上说,它以多于三分之一的篇幅记述并阐发自然科学知识,这在笔记类著述中是少见的。因为沈括本人具有很高的科学素养,所以他记述的科技知识也具有极高的价值,基本上反映了北宋的科学发展水平和他自己的研究心得。《梦溪笔谈》被英国学者李约瑟誉为"中国科学史上的坐标",还称誉沈括为"中国整部科学史中最卓越的人物"。

本段选文反映了沈括本人的数学成就:隙积术与会圆术。隙积术(有间隙垛体体积的计算方法)的计算方法和现代数学中"积弹"的算法相似,即把同样的大量物品如鸡蛋等层层堆积,各层都是一个长方形,自下而上,逐层在长、宽方面各减少一个,求其总数。其计算方法,可用下列公式表示:$s=n/6[a(2b+B)+A(2B+b)+(B-b)]$。其中,$a$是上底宽,$b$是上底长,$A$是下底宽,$B$是下底长,$n$为层数,$s$表总和。会圆术,即从已知圆的直径和弓形高度来求弓形底和弓形弧的方法,圆弓形弧长的近似公式可以表现为 $l = a + h^2/r$,其中,r 为半径,h 为矢高(即圆弓形的高),a 为弦长。公式的计算结果比实际值略小,并且圆弓形的弧所对圆心角越小,其精确度越大,当圆心角小于 45° 时,相对误差小于 2%。为此,日本数学家三上义夫曾给予沈括极高的评价。

天工開物上篇·甘嗜(節選)

蔗 種

凡甘蔗有二種,產繁[1]閩、廣間,他方合並得其十一而已。似竹而大者為果蔗,截斷生啖,取汁適口,不可以造糖。似荻而小者為糖蔗,口啖即棘傷唇舌,人不敢食,白霜、紅砂[2]皆從此出。凡蔗古來中國不知造糖,唐大曆間,西僧鄒和尚游蜀中遂寧始傳其法[3]。今蜀中種盛,亦自西域漸來也。

凡種荻蔗,冬初霜將至將蔗斫伐,去杪與根,埋藏土內(土忌窪聚水濕處)。雨水前五六日,天色晴明即開出,去外殼,斫斷約五六寸長,以兩個節為率。密佈地上,微以土掩之,頭尾相枕,若魚鱗然。兩芽平放,不得一上一下,致芽向土難發。芽長一二寸,頻以清糞水澆之,俟長六七寸,鋤起分栽。

凡栽蔗必用夾沙土,河濱洲土為第一。試驗土色,掘坑尺五許,將沙土入口嘗味,味苦者不可栽蔗。凡洲土近深山上流河濱者,即土味甘,亦不可種。蓋山氣凝寒,則他日糖味亦焦苦。去山四五十里,平陽洲土擇佳而為之(黃泥腳地毫不可為)。

凡栽蔗治畦,行闊四尺,犁溝深四寸。蔗栽溝內,約七尺列三叢,掩土寸許,土太厚則芽發稀少也。芽發三四個或六七個時,漸漸下土,遇鋤耨時加之。加土漸厚,則身長根深,庶免欹倒之患。凡鋤耨不厭勤過[4],澆糞多少視土地肥磽。長至一二尺,則將胡麻或芸薹枯[5]浸和水灌,灌肥欲施行內。高二三尺則用牛進行內耕之。半月一耕,用犁一次墾土斷旁根,一次掩土培根,九月初培土護根,以防斫後霜雪。

（宋應星著,潘吉星譯注《天工開物譯注》,上海古籍出版社 2013 年版）

【注釋】

[1]產繁:盛產於某地。

[2]白霜、紅砂:綿白糖、紅砂糖。

[3]"唐大曆間"句:這裏有兩處錯誤:一、鄒和尚不是西僧,而是華人;二、據南朝梁時陶弘景《本草經集注》,中國以蔗製糖早在六朝時已開始,不始於唐。

[4]不厭勤過:越勤越好。

[5]胡麻或芸薹枯:芝麻餅或油菜籽餅。

【导读】

　　《天工开物》为明末科学家宋应星编著。全书详细叙述了各种农作物和工业原料的种类、产地、生产技术和工艺装备，以及一些生产组织经验，既有大量确切的数据，又绘制了一百二十三幅插图。全书分上、中、下三篇，又细分为十八卷。上篇记载了谷物豆麻等农作物的栽培和加工方法，蚕丝棉苎的纺织和染色技术，以及制盐、制糖工艺。中篇内容包括砖瓦、陶瓷的制作，车船的建造，金属的铸锻，煤炭、石灰、硫黄、白矾的开采和烧制，以及榨油、造纸方法等。下篇记述金属矿物的开采和冶炼，兵器的制造，颜料、酒曲的生产，以及珠玉的采集加工等。

　　本选文主要介绍了甘蔗的来源、在我国的主要产地、种植时土壤的选择、日常的管理以及甘蔗成熟后的收割及用途，是我们了解古代农业科学重要的参考资料，在今天仍有十分重要的借鉴意义。

三、延伸思考

　　中国古代在科学技术方面有过骄人的成就，曾一度走在世界前列，为人类文明做出了突出贡献。但到了近代，中国科学技术迟滞不前，国家饱受列强坚船利炮之苦，发人深省。中国古代科学精神、科学理性的缺乏，既有文化传统的原因，又有社会制度的原因。

　　中国传统思想以儒学为主，汉代推行"罢黜百家，独尊儒术"，儒学成为中国社会的正统思想，导致"学而优则仕"的价值取向支配了封建士人两千余年。荀子在《荀子·天论》中甚至认为，研究自然是"无用之辩，不急之察"。同时，中国传统文化中封闭性的传统和"唯我独尊"的心态结合在一起，使近代中国对西方科学技术持抵制、排斥的态度。中国古代科学技术在近代发展迟滞还有传统思维方式的原因。张岱年先生指出，由于重视整体思维，因而缺乏对事物的分析研究，由于推崇直觉，因而特别忽视缜密论证的重要。因此，注重科学知识的弘扬、科学理性的推崇、科学精神的坚持、科学道德的恪守，对我们以科学去引领社会发展和建设意义重大。

（谭敏撰）

修订补记

　　本书初版于 2015 年,曾被多所高校作为本科和研究生课程教材或参考资料。按照全书体例,其内容由概述和原典选读两个基本部分构成,其中概述部分采用简体,古籍原典部分采用繁体,以加强对学生的训练,提高其古籍阅读能力,突出原典阅读特点。第 2版修订对全书内容没有大的调整和改动,主要对个别文字错讹做了校订,在部分章节后增加了延伸思考,另外第七章增补了第四节"诗骚传统与文学批评",特此说明!

编　者

2021 年 7 月 27 日